LEXIKON DER
DEUTSCHEN LIVE-SZENE

Charlie Wilfer

LEXIKON DER DEUTSCHEN LIVE-SZENE

Die deutsche Szene mit ihren regionalen und überregionalen Stars.
Mit vielen Geheimtips und Entdeckungen.

VORWORT

Das erste Lexikon der aktuellen deutschen Live- und Club-Szene! Dieses Buch bietet einen Überblick über die derzeitige aktuelle Live-Szene Deutschlands. Es bringt ein breites Panoptikum quer durch alle musikalischen Stile. Das Werk ist als ein Rock- und Pop-Führer gedacht‹ der ähnlich wie ein Opern- oder Musical-Führer zur Hand genommen werden kann, wenn eine Band oder ein Künstler in Ihrer Stadt oder Gemeinde gastiert oder wenn ein neuer Tonträger veröffentlicht wird. Bei der Auswahl der Bands stand die junge Szene in den späten 90ern eindeutig im Vordergrund. Deshalb finden sich hier viele Namen von Gruppen und Künstlern nicht, die nach wie vor auf Tour sind, die aber ihre großen Erfolge in den 60er, 70er oder 80er Jahren feierten.

Junge deutsche und in Deutschland lebende Künstler werden hier ausführlich vorgestellt. Bei dem vielfältigen kulturellen Angebot, das besonders in den großen Städten geboten wird, gehen Auftritte einheimischer Bands fast unter. Ihre Darbietungen enthalten selten Vorankündigungen und meistens keine Rezensionen. Dabei sind sie oft von erstaunlich guter Qualität und für einen schönen Abend bei geringen Eintrittspreisen ist meistens gesorgt. Mit diesem Handbuch erhalten Interessierte Gelegenheit, sich vorab zu informieren, was sie in den Clubs erwartet. Liebhabern aktueller Musik wird die Möglichkeit gegeben, auf Entdeckungsreise zu gehen. Neu hinzugekommene Fans werden über das bisherige Schaffen ihrer Lieblinge informiert und auf das Gesamtwerk hingewiesen. Clubbesitzer und Veranstalter können bei Durchsicht des Buches auf für sie interessante Bands und Künstler stoßen und diese mittels der angegebenen Adressen direkt kontaktieren. Außerdem können Lücken im Bücherregal gefüllt werden. Besprochen werden etwa 500 deutsche und in Deutschland wohnende Künstler und Gruppen. Bei ca. 60.000 aktiven Musikern ist es leider nicht möglich, eine lückenlose Bestandsaufnahme anzufertigen. Es wurde bei der Auswahl der Porträts darauf geachtet, dass die Bands beim Erscheinen des Buches aktiv sind und häufig auftreten. Berücksichtigung fanden in erster Linie Gruppen, die in den 90er Jahren gegründet wurden oder in dieser Zeit erst ihre großen Erfolge feierten. Dennoch enthält das Lexikon zusätzlich Beschreibungen einiger älterer noch aktiver Bands, vor allem aus den neuen Bundesländern, da viele von diesen in der alten BRD kaum bekannt waren und im Westen erst jetzt entdeckt werden. Ansonsten liegen noch einige Besprechungen älterer Bands aus den alten Bundesländern vor, die z. B. in anderer Formation vor einem künstlerischen Neuanfang standen (z.B. Bap) oder von Künstlern, die sich nach wie vor auf der Höhe der Zeit präsentierten (z.B. Herbert Grönemeyer).

Dabei ist es nicht wichtig, welche Art von Musik geboten wird. Rock, Postrock, Pop, Hardcore, Indie, Ska, Reggae, Punk, HipHop usw. sind in diesem Buch friedlich vereint. Es wurden die Gruppen und Künstler berücksichtigt, die mit ihrem Programm durch die Clubs von ganz Deutschland ziehen und solche, die regionale Bedeutung erlangt haben. Letzteren soll durch dieses Buch Gelegenheit gegeben werden, sich überregional vorzustellen. Auf Bands mit besonderem künstlerischem Anspruch wurde großer Wert gelegt, auch wenn sie nur ein kleines Spartenpublikum bedienen. Auch E-Mail, Internet und Kontaktadressen für Veranstalter und Fans sind, soweit es möglich war, mit angegeben.

Manche Künstler oder Gruppen zeigen von sich aus wenig oder kein Interesse, in einem Lexikon besprochen zu werden. Mehrfach übergaben Plattenfirmen, Agenturen, Manager oder Künstler versprochenes und notwendiges, der Besprechung dienendes Material nicht, weshalb aus Gründen der Genauigkeit auf eine Darstellung verzichtet wurde. In einigen wenigen Fällen war es nicht möglich, Kontakt zu den Künstlern oder deren Vertretern herzustellen.

Zudem unterliegt die Szene einem ständigen Wandel; was gestern neu war, ist heute alt und fast wöchentlich preisen uns die Plattenfirmen neue Stars oder hoffnungsvolle Nachwuchskünstler an und lassen sie ebenso schnell wieder fallen. Dies sind einige Gründe, warum die eine oder andere Band in diesem Lexikon nicht zu finden ist. Zudem hat natürlich jeder zu Recht seine eigene Meinung, wer wichtig ist oder nicht. Der Autor hätte gerne noch mehr Gruppen und Einzelinterpreten vorgestellt, nur wäre dann alleine aus zeitlichen Gründen dieses Buch nie erschienen. Für die Auswahl der Besprechungen wurden Tips von Journalisten, Redakteuren, Kulturbeauftragten, Vertretern von Rockmusikverbänden und Plattenfirmen und Empfehlungen von Bands für Bands aus ganz Deutschland angenommen, überprüft und verwertet. Damit hofft der Schreiber, die Szene so umfassend und vielseitig wie möglich dargestellt zu haben.

Dieses Lexikon wird fortlaufend aktualisiert. Die Printausgabe soll alle 12 bis 18 Monate in neuer Ausgabe erscheinen. In der Zwischenzeit werden die Bandporträts auf der neuen Website *www.liveszene.de* etwa monatlich aktualisiert. Dort können Leser wie auch Bands, Musikmanager usw. ihre Neuigkeiten, Umbesetzungen und Platten per E-Mail unter *aktuelles@liveszene.de* mitteilen.

Außerdem sind die Leser herzlich eingeladen, dem Autor mitzuteilen, welche Bands in die nächsten Ausgaben aufgenommen werden sollten: *neuaufnahme @liveszene.de*.

Viel Vergnügen mit dem »Lexikon der deutschen Live-Szene«!

Charly Wilfer

ABSOLUTE BEGINNER
Dennis Lisk (voc/Rap), Jan Eisfeldt (voc/Rap), Guido Weiss = DJ Mad
Bereits 1992 brachte das Quartett Absolute Beginners, wie sie sich zuerst nannten, den Titel »K.E.I.N.E.« auf dem Rap-Sampler »Kill The Nation With A Groove« unter. Damals betrug das Durchschnittsalter der HipHop-Fans gerade mal 16 Jahre. Besondere Beachtung fanden ihre Auftritte, wo sie sich als fulminante Live-Band erwiesen. Sie nahmen jede Möglichkeit wahr, auf Tournee zu gehen oder bei Jams aufzutreten. 1993 spielten sie die EP »Gotting« ein, der sie 1994 die Single »Ill Stylez« folgen ließen. Ihr erstes Album erschien 1996 unter dem Titel »Flashnizm (Stylopath)«, wurde mit kompletter Band eingespielt und war nach der Zeitschrift Spex »das beste HipHop Album mit deutschen Texten ever«. Bossa Nova, Dub, Funk und Reggae fanden auf der Scheibe Berücksichtigung. Die darauf folgenden Tourneen absolvierten sie wieder mit einer vollständigen Live-Band. Nach dem Ausstieg von Rapper Martin 1998 waren die Hamburger nur noch zu dritt, was sie mit der Umbenennung in Absolute Beginner auch äußerlich dokumentierten. Außerdem wechselten sie von der Independent-Firma Buback zum Giganten Universal. Die erste Single »Rock On« zeigte die Band in einem neuen, abgespeckten Format mit kargen rhythmischen Beats und Grooves. Mit den Gästen Bo 2000, Samy Deluxe, David P. und Ferris MC nahmen sie die CD »Bambule« auf. Ihr »Liebes Lied« entwickelte sich zu einem bundesweiten Top Ten Hit. Die im Frühjahr 99 durchgeführte Tournee mit einem Live-Drummer geriet zu einem sensationellen Erfolg und die gebuchten Hallen erwiesen sich meist als zu klein. 1999 begaben sie sich erneut in ein Studio, um für den Sampler »Pop 2000« Nenas »Irgendwie, irgendwo, irgendwann« zu covern und gelangten damit abermals in die Charts.
Discogr.: Gotting (1993, EP – Buback), Flashnizm (Stylopath) (1996, Buback), Bambule (1998, Buback/Universal). Kontakt: Buback Tonträger, Kampstr. 20, 20357 Hamburg. Internet: www.beginner.de

ACHINGER, KATRIN
Bei der stimmgewaltigen Sängerin handelt es sich um den weiblichen Teil der »Kastrierten Philosophen«. Auf ihrem Album »Icare« besticht sie durch Folk-Musik mit unterkühltem Charme und poetischen Texten und reihte sich damit unter die populären Songwriterinnen ein.
Discogr.: Icarus (Strange Ways/EFA)

ACROSS THE BORDER
Jake (voc), Roger Böttcher (voc/g), Andreas Kölsch (acc/voc), David (v), Stefan (b), Fezzo (dr)
Diese Gruppe aus Baden überschreitet Grenzen, sowohl in musikalischer Hinsicht als auch mit Blick auf den Tourneeplan. Ansonsten sind sie sehr lebendig. Across the Border gingen aus einer Schülerband hervor. Beeindruckt von Konzerten der Pogues und Levellers wollten sie diesen Musikstil weiterentwickeln. Viel Wert legten sie hierbei auf einen fetten Gitarrensound. Mit Gastspielen in Jugendzentren holten sie sich ihre musikalische Reife. 1993 veröffentlichten sie die erste EP »Dance Around The Fire«. Es folgten zahlreiche Konzerte und die erste CD »Hag Songs«, die im Eigenvertrieb herausgegeben wurde. Die schnelle, laute, tanzbare Musik mit Hang

zum Ohrwurm, dargeboten mit Geige, Akkordeon und Tin-Whistle, sorgte bei den Konzerten für ausgelassene Stimmung. Mit der CD »Crusty Folk Music For Smelly People« wurden sie weiter bekannt. Beim »Fest« in Karlsruhe brachten sie 20.000 Leute auf die Beine. Sie tourten mit Skyclad und der Oysterband. Auf der 1998er EP »Guardian Angel« kleideten sie das Stück »20th of July« in ein Tekknogewand, was ihnen allerdings den Mißkredit einiger Fans einbrachte. Ende des Jahres 1998 präsentierten sie beim traditionellen Weihnachtskonzert in der ausverkauften Durlacher Festhalle erstmals Lieder aus der CD »If I Can't Dance – It's Not My Revolution«, die 1999 auf den Markt kam. Sie transportierten neben autobiographischen auch sozialpolitische Texte zu partytauglicher Musik. Frank Keil nannte die CD »eine sichere Empfehlung für handgemachte Musik«. Genau darauf legte die Band besonderen Wert. In einem Interview mit der Zeitschrift Gaffa bezeichneten sie sich als »altmodische, schwitzende Typen mit altmodischen Instrumenten, die nicht mitbekommen haben, daß man heute Musik mit Computern machen kann und schon vor dem ersten Live-Auftritt ›Goldene Schallplatten‹ bekommt«. Nach acht Jahren stieg der Gitarrist »Imst« als erstes Gründungsmitglied aus Zeitgründen aus und wurde durch Roger Böttcher ersetzt. Während des 99er Konzertprogramms konnte man sie u.a. mit → Fiddler's Green, → Tocotronic und den Teenage Idols auf der Bühne sehen. Als Stimmungsgaranten waren sie besonders bei Open-Air-Auftritten gefragt, so bei der Saisonabschlußfeier des FC St. Pauli oder beim »Folk Punk«-Festival in Hannover. Ihr soziales Engagement bestätigten sie mit einem Auftritt in Kassel beim »Krüppelpauer gegen Treppenbauer«-Festival. Im Internet demonstrieren sie Fannähe: »Wenn du wissen willst, was wir zum Frühstück essen oder wie unser Bankkonto aussieht... «

Discogr.: Dance Around The Fire (1993, EP – Eigenvertrieb), Hag Songs (1994, Eigenvertrieb), Crusty Folk Music For Smelly People (1996, Wolverine/SPV), But Life Is Boring, Sir, Without Committing A Crime (1997, EP – Wolverine/SPV), Guardian Angel (1998, EP – Wolverine/SPV), If I Can't Dance It's Not My Revolution (1999, Wolverine/SPV); Kontakt: United Concerts Holger Müller, Weingartener Str. 9, 76646 Bruchsal 4, T: 07244-2583 o. 07257-3390, F: 07244-1480. E-Mail: across. the.border@s-direktnet.de • Internet: www. across-the-border.de

Across the Border

ADARO

Konstanze Kulinsky (Drehleier/voc), Christoph Pelgen (Bombarde/Gaita/fl/Krummhorn/voc), Davide Piai (b/voc), Ulli Stotz (dr), Jürgen Treyz (g/keyb/programm./voc)

Auf ihrer Internetseite bezeichnen sie ihre Musik als Ancient Dance Rock. Die vielfältigen Stile sind ein Mix aus Ethno, Rock, Progressive Rock, Sprenkel von Gothic und Dancefloor sowie elektronischen Sounds. Ihr Ziel ist, mittelalterliche Vorlagen in tanzbare, vielfältige Musik zu verwandeln. Die Texte singen sie in Mittelhochdeutsch, Latein, Alt-Galizisch und Englisch. Anfang 1997 hatten Konstanze Kulinsky, Jürgen Treyz und Christoph Pelgen die Idee, mittelalterliche Stücke auf alten und zeitgenössischen Instrumenten in modernen Arrangements zu interpretieren. Dazu wählten sie Kompositionen aus dem Spanien des 13. Jahrhunderts aus, nämlich Titel aus dem »Libre Vermell« des Klosters Montserrat und die »Cantigas de Santa Maria« des Königs Alfons X. Als Schlagzeuger holten sie Ulli Stotz in die Band. Dann begaben sie sich ins Studio. Das auf CD gepreßte Ergebnis hieß »Stella Splendens«. Im März 1997 folgten die ersten Konzerte, bei denen sie viel Wert auf die optische Aufbereitung legten. Gleich im ersten Jahr hatten sie die Möglichkeit, auf dem Bardentreffen in Nürnberg aufzutreten, erste Auslandsreisen führten sie nach Luxemburg, Italien und Österreich. Nachdem der Bassist Davide Piai dazu gestoßen war, begannen sie 1998 mit den Aufnahmen für eine Maxi-CD. Hierbei kombinierten sie textliche und musikalische Vorlagen mit selbstkomponierter Musik. Die 1999 herausgegebene MCD enthielt auch ein selbst komponiertes Instrumental, in dem Elemente der mittelalterlichen Musik, des Ethno und der Rockmusik zusammenkamen. Dies gab auch den Weg vor, den die Band in Zukunft verstärkt verfolgen will. Die CD wurde von Presse und Fachleuten gut angenommen. Ex-Deep Purple Ritchie Blackmore und Loreena McKennit meldeten sich bei der Band, um sich lobend über deren Werk zu äußern. Das Magazin Dirty Linen (USA) fand »... an excellent album and a band to look forward to«. Ihre musikalischen Live-Höhepunkte bildeten anschließend Auftritte beim Festival der Spielleute, beim Kulturfestival in Esch und in der Moritzbastei in Leipzig. Die Rockstiftung Baden-Württemberg nahm sie auf und stufte sie als besonders förderwürdig ein. Im Herbst 99 gingen sie in Süddeutschland auf Tour und besuchten dabei auch Österreich und die Schweiz.

Discogr.: Stella Splendens (1997, akku disc), Words Never Spoken (1999, akku disc). Kontakt: Music Contact, Saarstr. 8, 72070 Tübingen, T: 07073-2250, F: 07073-2134. E-Mail: zellner@musiccontact.com • Internet: www.musiccontact.com

ÄRZTE, DIE

Bela B. (voc/dr), Farin Urlaub (vov/g), Rod Gonzalez (b/voc)

Bald nach ihrer Gründung durch Bela B. und Farin Urlaub im Jahr 1983 erwarben sich die Ärzte den Ruf einer beliebten Teenie-Band. Ein Jahr später gaben sie mit der EP »uns geht's prima« auf dem Vielklang-Label ihren Einstand. Dann gewannen sie den Senatsrockwettbewerb der Stadt Berlin, was ihnen einen Plattenvertrag mit CBS Records einbrachte. Mit The Incredible Hagen am Bass veröffentlichten sie in der folgenden Zeit »Debil«, »Im Schatten der Ärzte« und »Die Ärzte« und brachten dabei das

Adaro

Kunststück fertig, mit ihren Liedern insgesamt sieben Mal auf dem Index der Bundesprüfstelle für jugendgefährdende Schriften zu landen, die Lieder wie »Geschwisterliebe«, »Claudia hat 'nen Schäferhund«, »Schlaflied« oder das mit der Pornokönigin Theresa Orlowski aufgenommene »Bitte bitte« nicht hören wollte. Langsam eroberten die Ärzte die Charts. Gerade auf dem Höhepunkt ihrer Karriere angekommen, lösten sie sich plötzlich und unerwartet auf. Obwohl mit »Geh'n wie ein Ägypter«, »Radio brennt« und »Westerland« Hit auf Hit folgte, waren sie (noch) nicht zu einer Reunion bereit. Farin widmete sich seiner neuen Formation King Kong und Bela gründete mit dem ehemaligen → Rainbirds-Mitstreiter Rod Gonzalez Depp Jones. Der Erfolg beider Gruppen blieb bescheiden, was Farin und Bela B. veranlaßte, die Ärzte wieder ins Leben zu rufen. Das dritte Mitglied hieß Rod Gonzalez. In einer groß angelegten Anzeigenkampagne suchten sie eine Plattenfirma und in einer Art Versteigerung erhielt Metronome den Zuschlag. Der Lohn für das hohe finanzielle Engagement der Plattenfirma hieß »Die Bestie in Menschengestalt« und läutete ein sensationelles Comeback ein. Die Teenie-Stars waren erwachsen geworden und erlaubten sich nun auch politische Themen. Ihre Single »Schrei nach Liebe« wurde zur Hymne der »Rock gegen Rechts«-Bewegung, gelangte auf Platz 9 der Single-Charts und nur einige der im Song gemeinten »Arschlöcher« verursachten Ärger. Die folgende Deutschland-Tournee war restlos ausverkauft. Auch mit den weiteren Alben »Planet Punk« und »Le Frisur«, einem Konzeptalbum zum Thema Haare mit Hits wie »3-Tage-Bart« und »Mein Baby war beim Frisör«, blieb ihnen der Erfolg treu. Im Dezember 96 begleiteten die Ärzte die Reunion-Tour von Kiss und gingen auch dort nicht in Rauch und Feuer unter. Anläßlich der Zensur und der anschließenden Durchsuchung von Buchläden nach Arbeiten der Comic-Künstler Ralf König und Walter Moers beteiligten sich die Ärzte 1997 mit dem Titel »Ein Lied über die Zensur« an dem Benefiz-Sampler »Zensur!?«. Da die Ärzte keine neue Scheibe herausbrachten, spielte die Elite der deutschen Rock- und Punkmusiker das Tribut-Album »Götterdämmerung« ein, das eine Art »Best of Ärzte«-Album darstellte. Nach einer Erholungsphase eroberten sie mit dem im Tamla Motown Sound gehaltenen »Ein Schwein namens Männer« und dem dazu gedrehten, spektakulären Lara-Croft-Video nicht nur die Herzen der weiblichen Fans, sondern auch Platz 1 der Charts. Selbstredend erreichte auch das Album »13« die Spitze der Hitparade. Ende 1999 ließen die Ärzte eine weitere Live-CD »Wir wollen nur deine Seele« mit Konzertmitschnitten ab 1993 folgen. Nur mußten diesmal die Fans nicht befürchten, daß mit der Veröffentlichung eine zweite Auflösung einherging. Zu der Single »Elke« produzierte der Zeichner Schwarwel in monatelanger Arbeit einen aufwendigen, in dieser Form noch nie dagewesenen Zeichentrickfilm.

Discogr.: Uns geht's prima (1984, EP – Vielklang), Debil (1984, CBS), Im Schatten der Ärzte (1985), Die Ärzte (1986), Die Ärzte ab 18 (1987), Ist das alles? 13 Höhepunkte mit den Ärzten (1987), Ist das nicht die ganze Wahrheit (1988), Live... nach uns die Sintflut (1988), Die Ärzte früher (1989), Die Bestie in Menschengestalt (1993, Metronome), Das Beste von kurz nach früher bis jetzt (1994, Sony), Planet Punk (1995, Metronome), Le Frisur (1996, Metronome), 13 (1988, Hot Action Records/Polygram), Wir wollen nur deine Seele – live (1999, Hot Action Records/ Polygram). Kontakt: Die Ärzte, Postfach 110402, 10834 Berlin. E-Mail: dro@ snafu.de • Internet: www.deutschrock.de

AFFAIR
Für die Fans des reinrassigen AOR steht die deutsch-belgische Supergruppe Affair. Bei ihnen trafen sich der ehemalige Ostrogoth- und Mystery-Sänger Peter de Wint, der frühere Lovetrick- und Helter

Skelter-Gitarrist Bobby Altvater, der schon mit Bonfire, Kip Winger, Russ Ballard und Joe Lynn Turner gearbeitet hatte, der ex-Frontline und ex-Railway Gitarrist und Keyboarder Chris Lausmann und der vielbeschäftigte Studio-Drummer Michi Schwager. Das Album »Face To Face« enthielt melodischen Hardrock amerikanischer Prägung.
Discogr.: Face To Face (Sky Production/KDC)

AGE OF IGNORANCE
Robert »Robse« Wolf (b), Dierk »Heste« Hesterberg (dr), Armin Bruckmaier (g), Axx (voc), Thomas Beer (Sampler/programm.)
Age of Ignorance wurden 1997 von Robse und Heste im schwäbischen Crailsheim aus der Taufe gehoben. Anfangs agierten sie noch als Artrockband. Auf der Suche nach einem neuen Gitarristen fanden sie im Allgäu Armin und Thomas, der künftig für das Sampling und Programming zuständig war. Als Sänger stieg Axel ein. Dieser hatte vorher in einer Hardcoreband gesungen. Der Sound wurde einer Restaurierung unterworfen, es entstand ein Eintopf aus melodiösen Tönen, Chören, die an Depeche Mode erinnerten, Rock, Rap und harter Elektronik. Das erste vollwertige Demo nahm Dieter Roth auf, der bereits für die → Schweisser das Album »Eisenkopf« produziert hatte. 1999 spielten sie die erste CD unter dem Titel »Zoom This Sound« ein – wieder mit Dieter Roth. Das Mastering erfolgte in den Wisselord-Studios von René Schardt, der schon am Erfolg von → Guano Apes und → Rammstein beteiligt war.
Discogr.: Zoom This Sound (1999, Element Records). Kontakt: Brainstorm Music GmbH, F: 08323-963329. E-Mail: info@brainzone.de • Internet: www.brainzone.de

AGENT ORANGE
Die schwäbische Band aus Bissingen hat ihre Wurzeln in den 80er Jahren. 1990 brachten sie vier ihrer klassisch angehauchten Rocksongs in der Fernsehserie »Mit Leib und Seele« unter. Auch ihr Debüt von 1992 enthielt ursprünglichen Hardrock und bekam von der Zeitschrift Rock Hard 7 Punkte. Diese Linie setzten sie auf den Alben »Living In Darkness« und »Just Do It« fort.
Discogr.: Living In Darkness (Empty Records/ Edel), Just Do It (B.O. Records/Edel)

AGE OF REBELLION
Die fünf Leverkusener gehören zur progressiven Melodic Metal Fraktion Deutschlands. Auf dem Debüt »Ikarus Dream« präsentierten sie ein weites Spektrum von Speed Metal über Melodic Rock bis hin zur Ballade. Saubere Arrangements, schöne Vokalakrobatik und gute Gitarrenarbeit ließen über kleinere Schwächen hinwegsehen.
Discogr.: Ikarus Dream (1998, Treasure/ISS Music). Kontakt: ISS Records GmbH, Waldnieler Str. 50, 41068 Mönchengladbach, F: 02161-3051-101. E-Mail: 106000.1332@ compuserve.com • Internet: www.iss-records. com

AIR LIQUIDE
Die beiden Kölner Musiker Cern Oral (Jammin' Unit) und Ingmar Koch (Dr. Walker) sind Erben von Can und Kraftwerk. Diesen Eindruck erweckte bereits ihr 97er Debüt »Air Liquid: Liquid Airmandrag«, mit der CD »Anybody Home« von 1999 wurde dieser Eindruck noch verstärkt. Die Veröffentlichung des zweiten Albums mußte verschoben werden, da sie ein Sample des Titels »Low Rider« nicht verwenden durften. Neben gefälligen Melodien, sanften Reggae-Rhythmen und funkiger Elektronik gab es Sprachcollagen, Geräuschfetzen und schräge Gitarrensequenzen. Gesangliche Unterstützung erhielten sie durch den Vokalisten Nik Frost. In ihren Konzerten sorgten sie für beste Partystimmung.
Discogr.: Air Liquide: Liquid Airmandrag (1997, President/EMI), Anybody Home? (1999, Harvest/EMI). Kontakt: EMI Electrola, Maarweg 149, 50825 Köln, F: 0221-4902-100. Internet: www.emimusic.de

AJUUCA

Bei Ajuuca handelt es sich um das erste Augsburger TripHop und Big Beats Rockin'-Trio. Die Mitglieder hatten vorher bereits in sogenannten konventionellen Gruppen Erfahrungen gesammelt. In einem Wohnzimmer nahmen sie in Eigenregie die CD »A Blue Trip To The Bright Side Of The Moon« auf und ließen davon 500 Stück pressen. Der Chef von Xpansion-Records begeisterte sich für das Werk und bot ihnen eine Studio-Neueinspielung an. Im Konzert improvisierten sie mit Schlagzeug, Gitarre und Keyboard zu DAT, Computer und Samples und ließen die Klänge verschmelzen. Gleich einer ihrer ersten Auftritte fand bei der skandinavischen Musikmesse in Kopenhagen statt. Neben Clubkonzerten spielten sie auch auf der Love-Parade in Berlin. Für ihr Debüt erhielten sie von Bite your ears einen Vertrag, wobei Koch Records International den Vertrieb übernahm. Bei der zweiten CD »A Green Leavy Substance Drifti«, für das sie viel Lob von der Presse erhielten, überließen sie Indigo den Vertrieb.

Discogr.: A Blue Trip To The Bright Side Of The Moon (1997, Bite your ears/Koch Intern.), A Green Leavy Substance Drifti (1998, Bit your ears/Indigo). Kontakt: Bite your ear, Langemarckstr. 9, 86156 Augsburg, T: 0821-444544

AKTION DIREKT

Die Goethe-Liebhaber aus Hamburg begannen ihre CD »Stumpf« mit dem Titel »Leckt uns am Arsch«. Auch der Rest der Platte der HipHopRock-Formation ist hart und deftig.

Discogr.: Stumpf (Autarc/EastWest). Kontakt: EastWest Records GmbH, Heußweg 25, 20255 Hamburg, F: 040-49062-267. Internet: www.eastwest.de

ALBOTH

Lieder (voc), Tito (g), Wertmüller (dr/vib), Loop-O (sound)

Alboth benannten sich nach einem angeblich von einem Geheimagenten ermordeten Schweizer Postbeamten. Sie starteten 1990 als Quartett und verblüfften bereits auf ihrem ersten Album »Amour '91« mit Klangcollagen jenseits der traditionellen und gängigen Rockmusik. Die Fachpresse feierte sie für ihre musikalische Welt aus Jazz, Pop, Rock, Klassik und vielem mehr, wobei Diedrich Diederichsen das Debüt sogar als »die genialste Platte aller Zeiten« bezeichnete. Amerikaner und Japaner, die durch die weiteren Veröffentlichungen auf die Schweizer aufmerksam geworden waren, luden die Gruppe regelmäßig in ihre Länder ein. Ihre größte Beliebtheit erreichten Alboth im benachbarten Frankreich, wo ihnen zahlreiche Tourneen unzählige Fans verschafften. Nach einem Wechsel im Line-up zog die Formation nach Berlin um. Dort spielte die zum Trio geschrumpfte Gruppe mit dem Soundtechniker Loop-O das Album »Ecco la fiera« ein, auf dem sie ihren Sound modernisierte, geräuschvolles Chaos organisierte und strukturierten Krach bot, aber auch Mut zur Melodie zeigte. Sie hielt sich nach wie vor zur Freude aller, die ein offenes Ohr für solche Klänge haben, an keine musikalischen Grenzen.

Discogr.: Amour '91 (1991, Permis de Construire), Liebefeld (1992, Permis de Construire), Leib (1993, Permis de Construire), Yorn (1996, What's so funny about), Ali (1996, What's so funny about), Amor fati (1998, Pandémonium), Ecco la fiera (2000, What's so funny about). Kontakt: What's so funny about, Schanzenstr. 75, 20357 Hamburg, F: 040-4322565. E-Mail: zickzack@ hotmail. com • Internet: www.alboth.ch

ALEKSEY

Aleksey hatte schon in jungen Jahren die Schattenseiten des Lebens kennengelernt, denn seine Eltern ließen sich scheiden und er wuchs bei seinen Großeltern auf. Eine Zeit lang war er gezwungen, von Sozialhilfe zu leben, Telefon, Strom und Heizung konnte er sich nicht leisten. Die Begeisterung für die HipHop-Kultur ließ ihn 1993 selber aktiv werden. Er schloß sich der HipHop-Gruppe »Phase V« an und veröffentlichte mit ihr mehrere Alben. Drei Plattenfirmen boten 1994 dem damals 16-Jährigen einen Plattendeal an, wobei BMG Ariola den Zuschlag bekam. Sein Solo-Debüt gab er mit der CD »Aleksey«. Damals gehörte er noch zu den wenigen jungen farbigen Rappern mit deutschsprachigem HipHop. Anschließend zog er als fester Partner mit der → Jazzkantine durch die Lande und wurde mit ihr berühmt. 1998 erschien sein zweites Album »Mikrokosmos«, das neben einigen Battle-Texten auch dunkle Seiten seines Lebens preisgab, musikalisch aber eher funky als düster war. Der Titel »Millenium – der countdown läuft« brachte ihn im Herbst 1999 in die Charts. Mit der Jazzkantine arbeitete er an einem Theaterprojekt, er nahm ein Angebot als Schauspieler für einen Kinofilm an, schrieb und produzierte für andere Künstler und ließ gegenüber Feedback verlauten, daß er im Sitzen pinkelt. Im Frühjahr 2000 veröffentlichte Aleksey sein neuestes Werk »Weltpremiere«.

Discogr.: Aleksey (1995, RCA/BMG), Mikrokosmos (1998, RCA/BMG), Millenium (1999) MCD - WEA, Weltpremiere (2000) WEA. Kontakt: WEA Records, Arndtstr. 16, 22085 Hamburg. F: 040-22805-297. Internet: www.wea.de

ALEX ORIENTAL EXPRESS

1970 zog Alex Wiska in die Türkei, um als Gitarrist bei der türkischen Band Cern Karaca Arkadashlar einzusteigen. Dort erhielt er für zwei seiner Songs Goldene Schallplatten und entdeckte die Saz, die er, zurück in Deutschland, elektrifizierte und in die Rockmusik einführte. Mit seinem deutschen Debüt 1974 begeisterte Alex mit seinem Oriental Express auch live die Zuhörer. Obwohl die Rockformation nie die Charts erreichte, veröffentlichte sie unbeirrt ihre Platten. AOE brachten Anleihen der türkischen Folklore in die westliche Rockmusik, gewöhnte das deutsche Publikum an orientalische Klänge und spielten Blues und Rock auf elektrisch verstärkten Saiteninstrumenten aus dem Morgenland. 1998 baute sich Alex ein eigenes Instrument, das er Stil nannte, das er auf der Basis der Saz entwickelte und mit dem er neue Techniken in die Rockmusik einführte. Seine besondere Wirkung erzielten Alex Orientel Express vor allem live – nach wie vor ist die Band ein gern gesehener Gast auf Deutschlands Bühnen.

Discogr.: (Auswahl): Live (1991, Wiska Records), Live (1995, Wiska Records), Best of (1996, Wiska Records), Free wheelin' (1999, Wiska Records). Kontakt: SPV GmbH, Brüsseler Str. 14, 30539 Hannover, F: 0511-8709181. Internet: www.spv.de

ALLERGIE, DIE

Die 1993 gegründete Hardcore-Band aus Baden-Württemberg mit ihren herausgeschrieenen Themen über Größenwahn, Aggressivität, sexuelle Abarten und zwischenmenschliche Beziehungen erhielt einen Major-Vertrag von Spin/EMI, der allerdings nach Erscheinen der Debüt-CD »Psalm in Blei« wegen musikalischer Differenzen wieder aufgelöst wurde, obwohl Konzerte mit Napalm Death und Crowbar auf eine große Zukunft hinwiesen. 1998 brachte sie das Album »Demokratie« selbst heraus und war darauf keinen Deut leiser. Diesen Weg setzte sie auch auf »Dunkelgraue Lieder für das nächste Jahrtausend« unbeirrt fort.

Discogr.: Psalm in Blei (1995, Spin/EMI), Demokratie (Eigenvertrieb), Dunkelgraue Lieder für das nächste Jahrtausend (1999, Rise up Records/Edel). Kontakt: Edel Music AG, Wichmannstr. 4, Haus 2, 22607 Hamburg, F: 040-896521. Internet: www.edel.de

ALTERNATIVE ALLSTARS

Der durch die Gruppe → Thumb bekannt gewordene Sänger Claus Grabke sang und spielte bei beiden Formationen, bevor er aufgrund der großen Erfolge von → Thumb sein Engagement bei den Alternative Allstars vorübergehend zurückstecken mußte. 1999 veröffentlichte er mit seiner zweiten Formation das Album

»Rock On«. Mit seinen rockigen Popsongs wollte er den Sound der 90er mit dem der Beach Boys der 60er verknüpfen. Dazu schrieb er Texte, die beim flüchtigen Anhören einfach wirkten, bei genauem Hinhören jedoch ihre Boshaftigkeit offenbarten.

Discogr.: Rock on (1999, Supersonic/Ariola) Kontakt: Gun Records Musikproduktion GmbH, Brückstr. 33, 44787 Bochum, F: 02 34-68792-22. Internet: www.gun-supersonic.de

ALWAYS ULTRA

Moni (voc), Susi Brändle (b/voc), Biggi Neugebauer (dr/voc), Kathrin Kipp (g)

Diese Damen behaupten von sich: Wir sägen am Sockel der Rock'n'Roll-Gockel. Always Ultra kommen aus der Möchtegern-Großstadt Reutlingen mit vergoldeten Kanaldeckeln in der Fußgängerzone und einem Mindestanteil an CDU-Wählern von 45 %. Ihre Klage, daß ihr Kontostand schon besser war, läßt vermuten, daß sie nicht in dieser Partei sind und für ihre Band keine Spenden erhielten. Aber diese Frauen stehen ihre Frau und seit 1992 zusammen. Damals trafen sich Susi, Biggi und Kathrin unregelmäßig, um in bester Punkmanier zusammen ein bißchen auf ihren Instrumenten zu klimpern. Per Zettelaushang suchten sie sich eine Sängerin, die sie in der Schauspielerin Beate Albrecht fanden. Als erstes studierten sie einen Coversong ein, das zweite Stück war schon eine Eigenkomposition. Noch ohne Namen traten sie während der Reutlinger Kulturtage mit ihrem Punkrock das erste Mal vor Publikum auf. Unzufrieden mit ihrem Spiel standen sie kurz vor der Aufgabe, gaben aber dem Druck der Öffentlichkeit nach, die den Gig anders beurteilte und von den jungen Damen mehr forderte. Über ihr erstes richtiges Konzert schreibt die Band in ihrer Bio: »Auf einer Party auf einem Abenteuerspielplatz mit Hütte vor mindestens hundert kunstbegierigen Zuschauern: auch hier waren sie wieder sehr aufgeregt und dies hätte beinahe wieder zum Abbruch einer großen Karriere geführt, denn nachdem erst ein halbstündiger Stromausfall repariert werden mußte, war die Basserin verschwunden, die geflüchtet war, um sich nicht der schon vorher johlenden Masse zum Fraß hingeben zu müssen. Unter Androhung von Folter durch Volksmusik aus der Konserve waren dann doch

Always Ultra

schließlich alle vier auf die Bühne gelangt und nachdem man ihnen ganz klischeemäßig erklärt hatte, in welches Loch sie ihre Kabel reinstecken sollten, brachten sie ihr ca. 20minütiges Programm unter komatischen Umständen doch noch unters Volk: A new stargroup was born.« Ein halbes Jahr später entstand ihre erste MC mit vier Liedern und sie spielten eine Reihe von Konzerten in Jugendhäusern, bei Stadtfesten und sonstigen Veranstaltungen.» Bei der Suche nach einem Bandnamen orientierten sich die Marketingexpertinnen von Always Ultra nach den neuesten Trends im Bereich der Menstruationshygiene und gaben der Band diesen Namen, der eine kleine Anspielung auf die in dieser Zeit offensivbelästigende Werbekampagne des gleichnamigen Herstellers von plastikfolienbezogenen Binden mit tamponverweigernder Zielgruppe war. In der folgenden Zeit kam es auch zu diversen Auslandstourneen: So fuhr die glorreiche Band im Rahmen eines Jugendaustausches nach Italien in die Berge von Modena, wo sie ein ganzes Dorf aufgemischt haben und außerdem auf einem Open-Air-Festival die Jungs der gegnerischen Bands an die Wand spielten. Auch in der Alpenrepublik Österreich konnte die Band ein wenig Entwicklungshilfe leisten. Vor malerischer Bergkulisse rockte das bis dahin in Österreich unbekannte Frauenrockbandphänomen bis vom barocken Gemäuer Innsbrucks der Putz abbröckelte.« Aus beruflichen Gründen verließ die Sängerin 1994 die Band und diese fand erst nach mehrmonatiger Schaffenspause in Monika Nagler äquivalenten Ersatz. »Fortan ging es mit den Girls nur noch steil bergauf, da die neue Sängerin nicht nur singen konnte, sondern sogar den richtigen Ton traf, konnte ab diesem Zeitpunkt sogar zwei- und dreistimmig gesungen werden, was sowohl die künstlerische Qualität als auch den Erfolg beim Publikum um ein Vielfaches steigerte.« Der erste öffentliche Auftritt mit der neuen Sängerin war eine Wahlveranstaltung der PDS. Die neue punkige MC stellten sie in fast jedem Auftrittsort Baden-Württembergs vor.»Always Ultra, nicht dumm und trotz allem unbedingt ins Radio kommen wollend hat es allen gezeigt: Sie nahmen den Song ›take space‹ auf und ließen dabei einfach alle Instrumente außer einer lieblichen Akku-Klampfe weg, experimentierten mit drei Stimmen und schon war man beim Radio-Rookies-Wettbewerb auf dem phänomenalen Platz 4 in der Jahreswertung gelangt: Schade, denn bei Platz 3 hätte es Geld gegeben.« Im November 95 gewannen sie in Nagold die Battle of the Bands. Zum Weihnachtskonzert urteilten die Reutlinger Nachrichten:»Jetzt waren die Damen wieder in ihrem Element und lieferten einen Auftritt der Extraklasse. In bester Spiellaune entfachten die Ultras einen Budenzauber, der mit tatkräftiger Unterstützung der Fans zu einem veritablen musikalischen Spektakel heranwuchs. Von schnoddrig punkigen Stücken bis hin zum sauber arrangierten, mehrstimmig vorgetragenen, ruhigeren Song reicht die Palette der charismatischen Rockladies.« Dabei erzählten sie Geschichten von Volksbanken, schlechtem Geschlechtsverkehr, unzufriedenen Ehefrauen und erklärten, wie man eine Krankenschwester fängt: »Catch A Nurse«. Nach der dritten MC »Sweet Poison Mix« kam 1998 endlich ihre erste CD »Respect The Men«. Wieder überzeugten sie mit flottem Punkrock und Erkenntnissen wie »Small To Be Big«. »Obwohl sie besser waren als all die anderen langweiligen Männerbands treten sie bis heute nicht überheblich auf, sondern bleiben auf dem Boden und sind trotz ihres Erfolgs immer noch Menschen wie du und ich.« (Text: Kathrin Kipp- Always Ultra)

Discogr.: Always Ultra (1995, MC – Eigenvertrieb), Sweet Poison Mix (1996, MC – Eigenvertrieb), Respect The Men (1998, CD – Eigenvertrieb). Kontakt: Birgit Neugebauer, T: 07121-230206 o. Susi Brändle, T: 07121-576631

AMOK PETERSON

Thorsten Nathan (V/G) Michael Haarnagell (G) Robert Hoffmann (B) Stellan Gottschalk (Dr)

Die Münchner Band Amok Peterson begeisterte mit ihrem alternativen Gitarrenpop das Publikum bei der Ausscheidung zum »Rock Feierwerk 99«-Wettbewerb, aus dem sie als Mitgewinner hervorging. Als eine der vier gleichrangigen Gewinner konnte sie in den renommierten Downtown-Studios zwei Titel für den Sampler »Rock Feierwerk 99« einspielen. Als weiteren Höhepunkt des Jahres feierten sie vor mehreren Tausend Zuschauern ihren Gewinn mit einem Auftritt im Münchner Theatron.

Kontakt: Thorsten Nathan, Asbacher Str. 10, 85256 Vierkirchen T: 08139-7913 F: 08138-9104. E-Mail: band@amok-peterson.de • Internet: www.amok-peterson.de

ANASTÁCIA UND ENSEMBLE

Seit mehr als zehn Jahren lebt die Brasilianerin Anastácia mit ihrem Partner Zé Eugénio in der Hauptstadt Berlin, sie bauten später das brasilianische Kulturzentrum »Quilombo« auf. Ein privater Schicksalsschlag im Jahr 1992 war der traurige Anlaß für die Sängerin, die bisher populäre brasilianische Standards zum Besten gegeben hatte, eigene Songs zu schreiben. Dabei verband sie südamerikanische Rhythmen mit Jazz, Funk und Soul. Allerdings dauerte es noch bis Ende der 90er, bis sie ihr Debüt »Lumeré lumerá« auf den Markt brachte. Bei den Aufnahmen hatten sich die besten Musiker der brasilianischen Szene Berlins im Studio versammelt.

Discogr.: Lumeré Lumerá (erhältlich über das brasilianische Kulturzentrum »Quilombo« in Berlin)

AND ONE

Steve Naghavi (voc/machines), Joke Jay (dr/voc), Rick Schah (keyb)

Nachdem 1989 die Band das Licht der Welt erblickt hatte, erschien als Debüt 1990 die Maxi-Single »Metalhammer« mit harten elektronischen Rhythmen. Damit gelang ihr gleich ein Szene-Hit, der vom Berliner Lokal »Linientreu« ausging, wo sich die Nummer erstmals als Tanzflächenknüller erwies. 1991 präsentierte die Band das erste Album »Anguish«, das stark von EBM-Strukturen geprägt war. Der Nachfolger »Flop« erwies sich als solcher und die Rundfunkstationen nahmen And One erst 1993 wahr und auch MTV sendete ihren Titel »Life Ain't Easy In Germany«. Unter dem Namen »Spot« erschien das dritte, diesmal eingängige und poppige Album der Band und sie erreichte erstmals die Charts. Bereits 1994 präsentierten die fleißigen Elektroniker mit dem vierten Album »I.S.T.« ein Werk, das sowohl deutsche als auch englische Texte enthielt, aber nicht den Erfolg des Vorgängers wiederholen konnte. Legte man das nächste Album »Nordhausen« und die Single »Sometimes« zusammen mit den früheren Scheiben auf eine Waage, kam man bereits auf 1,12 kg. Dazu

And One

kamen Veröffentlichungen in den USA, der GUS, in Korea und fast allen europäischen Staaten. Diesmal texteten sie auch wieder in beiden Sprachen, manchmal sogar in einem Titel, wie z.b. »I Don't Want To Drängel You But I Only Want A Kind From You«. Mehr als 9.000 Zuschauer erlebten ihre Tournee mit insgesamt neun Konzerten. Single und Album erreichten die deutschen Charts. Diesen Erfolg konnten sie mit »9.9.99.9Uhr« nochmals toppen. Das 44minütige Werk (ohne Pausen) enthielt Elektropop verschiedenster Machart wie die tanzbare Single »Get You Closer«, das theatralische »Und wieder«, den Elektro-Ska von »Evil Boy« oder das witzige, auf Platte zensierte »Pimmelmann«. Auf der limitierten, beigefügten Bonus-MCD »Maschinenstürmer« zeigten sich And One so hart wie zu Beginn ihrer Karriere. Im Frühjahr 2000 folgte dann mit »Virgin Superstar« der nächste Streich von And One.

Discogr.: Anguish (1991, SPV/Machinery), Monotonie (1992, EP – SPV/Machinery), Flop! (1992, SPV/Machinery), Spot (1993, SPV/Machinery), I.S.T. (1994, SPV/Machinery), Nordhausen (1997, Virgin), Best Of (1997, SPV/Machinery), 9 Uhr (1998, Virgin), Virgin Superstar (Frühjahr 2000) Virgin. Kontakt: Virgin Schallplatten, Herzogstr. 64, 80803 München. F: 089-38195-118. E-Mail: webcrew@virgin.de • Internet: www.virgin.de

ANGEFAHRENEN SCHULKINDER, DIE
Die Angefahrenen Schulkinder mußten schon mehrmals bluten. Vor allem, als sie 1992 Steffi Graf für die Zeilen »I Wanna Make Love To Steffi Graf Like Her Father Did It Thousand Times Before« vor Gericht zerrte. Nachdem sie die Single zurückziehen mußten, revanchierten sie sich mit »Steffie Doodle Doo«. Mit der Persiflage »Tötet Onkel Dittmayer« sorgte die Osnabrücker Band schon zu Beginn ihrer Karriere im Jahr 1982 für Aufsehen und sie erwies sich seither als Meister des schlechten Geschmacks. Das Punk-Rock-Kabarett bestach durch derbe Jokes und wurde so gut wie nie im Radio gespielt. Die dortigen Redakteure waren von Stücken wie »Gliedstinkerlied« und »Bumsen, Baby« (CD: Liebe ist möglich) nicht gerade begeistert. Auch 1998 verbogen sie sich nicht und berichteten auf dem Album »Gulasch« über Absonderlichkeiten wie »das verwichste Schnüffeltuch«. Aber am Ende behaupteten sie doch: »Alles nur Show«.

Discogr.: Osnabrück (1992, Pogo Pop/EFA), Konfirmiert (1993, Pogo Pop/EFA), Alles nur Show (1994, Pogo Pop/EFA), 15 Jahre Schräg (1997, Pogo Pop/EFA), Gulasch (1998, Pogo Pop/EFA). Kontakt: EFA Medien GmbH, Arnsburger Str. 70, 60385 Frankfurt/M., F: 069-943424-22. Internet: www.efa-medien.de

ANGEL DUST
Die Powermetal-Formation aus Dortmund war schon vielen Fans dieser Musikrichtung mit ihrem Demo »Thunder Of War« bekannt, bevor sie 1986 die erste CD »Into The Dark Past« veröffentlichte. Mit ihrem harten Sound kam sie nicht nur in Deutschland, sondern besonders in Polen und Japan gut an. Dauernde Streitereien führten wiederholt zum Austausch des Personals. Die Folge davon war, daß das Album »To Dust You Will Decay« in völlig veränderter Besetzung eingespielt wurde. 1990 kam das endgültige Aus für Angel Dust. Völlig unerwartet formierte sich die Band 1997 neu. Mit ihrem Demo erhielten sie einen Vertrag bei Century Media, die mit ihnen das Album »Border To Reality« aufnahmen. Der Sound war inzwischen nicht mehr so hart und erinnerte mehr an klassischen Hardrock. Das zeigte auch der Nachfolger »Blood«, der lt. »Hammer« zwar in mancher Hinsicht an Savatage oder die frühen Rainbow erinnerte, aber durchaus eigenständig klang und von der Zeitschrift mit einem »Superb« ausgezeichnet wurde.

Discogr.: Into The Dark Past (1986), The Dust You Will Decay (1988, Disaster), Border To Reality (Century Media), Blood (1999, Century Media/SPV). Kontakt: Century Media Re-

cords, Schäferstr. 33, 44147 Dortmund, F: 0231-8297-101. Internet: www.spv.de

ANGELRIPPER, TOM

Der Sänger der Heavy-Band Sodom gehört mit Sicherheit nicht zu den Lieblingen der Anonymen Alkoholiker. Tom Angelripper sucht sich Trinklieder wie »Der schönste Platz ist immer an der Theke« oder »Wir machen durch bis morgen früh« aus, um die Klassiker der deutschen Trinkkultur durch den Headbanger-Wolf zu drehen. Auch Popsongs wie Abbas »S.O.S« versieht er mit Alkohollobpreisungen. Seine Eigenkompositionen tragen Titel wie »Kampftrinkerlieder« oder »Ballermann«. Angelripper gröhlt vor, die Fans gröhlen nach und gehen in Partylaune nach Hause.

Discogr.: Ein schöner Tag (1996, Gun/BMG), Ein Tröpfchen voller Glück (1998, Gun/BMG), Ein Strauß bunter Melodien (1999, Gun/BMG), Das blaueste Album der Welt (1999, Gun/BMG). Kontakt: Gun Records, Brückstr. 33, 44787 Bochum, F: 0234-687 92-22. Internet: www.gunsupersonic.de

ANGER 77

Sigi (voc), Ludwig (g), Kocher (g), Daniel (b), Fabian (dr)

Anger 77 kommen aus Erfurt (Thüringen) und begannen in ihrer Schulzeit als Punkband mit Rockeinschlag. Zeitweise traten sie nur als Anger auf. Sie spielten quer durch alle Clubs der neuen Bundesländer. Später wechselte der Stil zu gitarrenlastigem Poprock mit deutschen Texten. In dieser Richtung wurde auch die MC »Raum mit Dancequeen« im Jahr 1995 aufgenommen. Dabei wurde schon das Talent der Band sichtbar, Alltagsgeschichten in geradliniger Form zu erzählen. 1995 begeisterte sich Kai Wingenfelder von → Fury in the Slaughterhouse für die Formation und gab ihnen Gelegenheit, seine Gruppe zu supporten. Die erste CD »Gruppentherapie« fand noch keine größere Beachtung. Es war wiederum Kai Wingenfelder, der Anger 77 die Möglichkeit gab, unter seiner und Paul Graus Produktion das Album »Allein im Flugzeug« aufzunehmen. Die Presse sah darin eine Alternative zur

Anger 77

Hamburger Schule. Hervorgehoben wurden die Frische, der ausdrucksvolle Gesang und die bittersüß bis ironisch wirkenden Geschichten. Im Anschluß an das Album stellte die Band im Vorprogramm von → Philip Boa die Titel live vor.
Discogr.: Raum mit Dancequeen (1995, MC), Gruppentherapie (1996, Intercord), Anger 77 (1998, EP – Intercord), Allein im Flugzeug (1998, Intercord, Ich hab dich trotzdem gern (1999, MCD – Intercord). Kontakt: Heart-Beat Music, T: 0221-955710, F: 9557123. E-mail: heartbeatmusic@compuserve.com • Internet: www.intercord.de und www.emimusic.de

ANTIKÖRPER
Nico Steinhoff (b), Peter Sagebiel (voc/g), Philip Weyer (dr), Ritchy Fondermann (voc/g)
Die Hamburger Musiker von Antikörper hatten vorher schon einschlägige musikalische Erfahrungen in anderen Formationen gesammelt. Mit der Gründung von Antikörper ging die Absicht einher, Punk mit Melodie und Texten in deutscher Sprache zu verbinden. Gleich das erste Tape wurde von der Viva Punkrock Radioshow aus Hamburg als Demo des Monats ausgezeichnet. Im Herbst 1997 begann die Band mit den Arbeiten an ihrem Debüt-Album. Allerdings war die Fertigstellung mit Schwierigkeiten verbunden. Neo-Nazis brachen in den Proberaum der Band ein. Mit abgesägtem Lauf schossen sie auf Anlage, Verstärker und Lautsprecher und zerstörten das gesamte Equipment. Viele Menschen solidarisierten sich mit der Band und unterstützten die Fertigstellung des ersten Albums »Raus«. Visions entdeckte darin »... eine sympathische Portion Pop, die das genaue Hinhören zu einem kleinen Erlebnis werden läßt. Dann entdeckt man auch die streckenweise sehr ambitionierten Texte.« Der Musikexpress/Sounds fühlte sich nach etwa einem Jahr bemüßigt, die CD zu beurteilen, vergab dafür aber fünf der sechs Sterne. Mit der ungarischen Punkrock-Legende Aurora coverten sie sich gegenseitig mit jeweils vier Songs. Das Ergebnis war auf einer 10"-Split CD zu hören. Für die zweite CD »Köhlbrand« von 1999 übernahm die Punklegende Christian Mevs (Slime) das Mastering. In den Texten erweisen sich Antikörper als aufmerksame Beobachter und erzählen von den Gefühlen und Gedanken der Jugend der 90er Jahre. Die Veröffentlichung erfolgte auf dem Rostocker Label Amöbenklang im Oktober 99. Diesmal war ME/Sounds schneller, vergab wiederum 5 Sterne und sah in dem Werk »... ein einzigartiges Kunstbauwerk zum Bestaunen«.
Discogr.: Raus (1997, Amöbenklang/EFA), Antikörper/Aurora (1998, 10"-Split-CD), Köhlbrand (1999, LP und CD (+ Bonustracks, Amöbenklang/EFA), Gefrierbrand (2000, 7"-Vinyl-EP). Kontakt: Amöbenklang Info-Service, St. Petersburger Str. 4, 18107 Rostock, T/F: 0381-7954412. E-Mail: post@ amoebenklang.de • Internet: www.amoebenklang.de

ANTWORT, DIE/BERND BEGEMANN
Bernd Begemann (voc/g), Thomas Kosinar (b), Henry Grant (dr)
Bernd Begemann kam von Bad Salzuflen nach Hamburg. Dort gründete er Mitte der 80er Jahre »Die Antwort«, die sich dabei auf Vorbilder wie The Jam berief und eine Verbindung zwischen Singer/Songwriter und Punk herstellte. Mit ihren Geschichten eilte sie der sogenannten Hamburger Schule voraus. 1987 erschien ihre erste LP »Die Antwort – Nr. 1« , wobei die Single »Unten am Hafen« zum Geheimtip und Dauerbrenner avancierte. Noch heute ist der Titel im Konzert gefragt und als Tonträger gesucht. Ihre romantisch-schwärmerischen Lieder fanden vor allem beim weiblichen Publikum Anklang. Doch mit den beiden Nachfolgern »Hier« und »Eine einfache Lösung« kamen sie über den Status des Geheimtips nie hinaus. Nach der Auflösung wurden sie zu einer Art Legende. Bernd Begemann arbeitete als Kolumnist für eine Szenezeitschrift und Buddy-Holly-Imitator. 1995 hatte er am Nationaltheater Mannheim eine Sprechrolle in

dem Gerhart-Hauptmann-Drama »Iphigenie auf Delphi«. Er spielte mit Anna Thalbach in dem Kurzfilm »Mein süßes häßliches Mädchen«. Außerdem moderierte er die N 3-Schlagernächte und entwickelte eine eigene Talk- und Musikshow »Bernd im Bademantel«. Als Produzent half er → Tilman Rossmy bei dessen CD »Willkommen Zuhause« und war mitverantwortlich für die Filmmusik zu dem Jürgen-Vogel-Film »Sexy Sadie«. Neben seinen anderen Tätigkeiten ließ ihn die Musik nie los. 1993 spielte er sein erstes Solowerk »Rezession, Baby« ein. Für seine Songs erhielt er viel Kritikerlob und Spex meinte sogar, das Album sei »unverzichtbar«. Seine Songs waren auf den CDs »Solange die Rasenmäher singen« von 1994, die die Zeitschrift Gala als »Meisterwerk« bezeichnete, und »Jetzt bist du in Talkshows« von 1996 zu hören. In diesem Werk befaßten sich drei Lieder direkt mit dem Thema »Talkshow«, während er in den weiteren Songs auf das wirkliche Leben zurückgriff. Neben viel Lob gab es für seine Platten auch Kritiker, die ihn zu nahe am Pop und Schlager sahen. Durchweg gelobt wurde er für seine Fähigkeiten als Entertainer, die er in seinen Solo-Konzerten ausleben konnte. Trotz der vielen Tätigkeiten trat Begemann so oft wie möglich auf. Alleine 95 und 96 absolvierte er über 300 Auftritte und erreichte damit mehr als 30.000 Besucher. Im Laufe der Jahre hatte Begemann einige Lieder komponiert, die nach seinem Verständnis für seine Solo-Platten nicht geeignet waren, da sie alleine schwer zu spielen waren und unvollständig wirkten. Zudem kamen immer wieder Nachfragen nach seiner früheren Band. Das führte dazu, daß Begemann mit seinem ehemaligen Gefährten Thomas Kosinar, der neben seiner Bandtätigkeit sehr erfolgreiche Werbejingles geschrieben hatte, und dem neu hinzugekommenen Schlagzeuger Henry Grant »Die Antwort« wieder aufleben ließ. Als Produzent konnte Franz Plasa gewonnen werden, der schon den Alben von Selig zum Erfolg verholfen hatte. Mit Reminiszenzen an die 60er Jahre und den Melodien der 80er verbanden sie Geschichten aus dem alltäglichen Leben, mit einer gewissen Naivität und Ehrlichkeit ohne den erhobenen Zeigefinger vieler Songwriter. Seither haben »Die Antwort« und die Solotätigkeiten Begemanns nebeneinander Bestand. Deshalb gab es zu Beginn des Jahres 2000 ein weiteres Solo-Album von Bernd Begemann. Er forderte seine Hörer auf: »Sag Hallo zur Hölle«, warb aber damit nicht für die Teufelsanbeter, sondern blickte hinter die Fassaden der bürgerlichen Moral.

Discogr.: Die Antwort – 1 (1987, 1994 WVÖ mit Bonus-Tracks, Rothenburgsort Records/EFA), Hier (1997, WVÖ), Eine einfache Lösung (WVÖ 1997), Die Antwort (1998, Laughing Horse); Bernd Begemann solo: Rezession, Baby! (1993), Solange die Rasenmäher singen (1994), Jetzt bist du in Talkshows (1996, BegaBeat/IRS-Intercord), Sag Hallo zur Hölle (2000, Rothenburgsort Records/EFA). Kontakt: OK Visions, Schenkendorfstr. 15, 22085 Hamburg, T: 040-2294650 oder Begemann, Postfach 104408, 20030 Hamburg. Internet: www.bernd-begemann.de • Internet: www.laughinghorse.com

APRIL DAZE
Carsten (voc/g), Stefan (g), Tobias (dr), Oliver (b)
1998 gewannen April Daze aus Remscheid mehrere Talentwettbewerbe. Dabei brachten sie melodischen Gitarrenpop britischer Prägung. Vorbilder sahen sie in der britischen Band Radiohead, allerdings ohne deren Stil zu kopieren. Ähnlich wie sie bevorzugte April Daze allerdings das Schreiben ironischer Texte Sie hatten den Remscheider Rock-Pop-Preis 1998 gewonnen und gingen als Sieger im Triebwerk 98 hervor. Viel Lob ernteten sie für ihren Auftritt im Vorprogramm von Dog Eat Dog, deren Sänger John Connor sie »als eine der besten deutschen Gruppen bezeichnete, die er je gesehen hatte«. Die Industrie wurde auf sie aufmerksam und schließlich einigten sie sich mit BMG. Als Debüt gab es die

MCD »Suck My Energy«. Produziert wurde das Werk von O.L.A.F. Opal, der schon → Liquido, → Miles, → Notwist und → Readymade zum Erfolg verholfen hatte. Der britische Sender BFBS war inzwischen auf die Gruppe aufmerksam geworden und strahlte ihre Songs in der »Worldwide Rockshow« in ganz Europa und bis nach Brunei, Belize und auf die Falkland-Inseln aus.

Discogr.: Suck My Energy (1999 MCD – BMG Ariola). Kontakt: Brainstorm, F: 08323-963 329. E-Mail: info@brainzone.de • Internet: www.lautstark.de und www. april daze. de

ARGILE AND AFRICAN HEAT

Aicha Kouyate (voc/perc/dance), Dieter Weberpals (fl/african fl/perc), Fiadelia King (voc/keyb/perc), Stefan Hörgenröder (b/Dundun), Charles Blackledge (dr/Djembe/perc), Kassoum Traore (Djembe), Ramata Conde (voc/dance)

Sieben Musiker aus drei Kontinenten und 5 Ländern bilden Argile and African Heat. Die Fusion aus afrikanischer Tradition und europäischem Jazz erhält bei der internationalen Kritik viel Anerkennung. Ursprünglich im Jahr 1988 als einmaliges Projekt gedacht, war der Erfolg so überwältigend, daß für 1989 gleich eine Folgetournee gebucht wurde. Bevor sie 1991 die erste CD »Koko« veröffentlichten, hatten sie mehrmonatige Auftritte in Deutschland, Frankreich und Polen. Ihre Tour 1993 durch Deutschland und Österreich dauerte sieben Monate, Gaststar war die Sängerin Oumou Sangara aus Mali. 1994 dehnten sie ihre Auftritte auf über 11 Monate aus. Diesmal hießen die Gäste Ramesh Shotham (perc – Indien) und Meki Nzewi (perc – Nigeria). Das anstrengende Tourleben forderte Opfer und machte Besetzungswechsel notwendig. Nach der zweiten CD »Idjo« von 1995 waren sie wieder 11 Monate unterwegs, wobei erstmals Italien und Spanien auf dem Plan standen. Das Album plazierte sich in den europäischen World Music Charts und erhielt eine Auszeichnung als eine der besten Neuerscheinungen des Jahres 1995. Auch 1996 gönnten sie sich nur einen Monat Pause. Auf diese verzichteten sie 1997 ganz. Dafür gingen sie erstmals nach Afrika und spielten an der Elfenbeinküste, in Burkina Faso, Togo und Ghana. In Abidjan lief die CD »Idjo« ein halbes Jahr lang jeden Tag im Radio. RTL brachte über die afrikanischen Konzerte einen eigenen TV-Film unter der Bezeichnung »Gegenbesuch«. In Burkina Faso bestritten sie das Vorprogramm für die Rolling Stones auf deren Steel Wheels Tour. Nach der dritten CD von 1998 »Live in Africa & Europe« verließ der bisherige Sänger Barry Sangare die Band, um wieder traditionelle afrikanische Musik zu spielen. Für ihn stieg die Vokalistin Aicha Kouyate aus Guinea ein. Wieder waren sie das ganze Jahr unterwegs, wobei sie von Sona Diabate, Sängerin der Amazones de Guinea und Begleiterin von Miriam Makeba, unterstützt wurden. Erstmals mit dem ausgezeichneten Djembe-Trommler Kassoum Traore aus Mali, der Kaba Kouyate ersetzte, spielten sie 1999 ihr 12-Monats-Programm in Deutschland, Frankreich, Italien, Österreich und Polen. Argile & African Heat hatten sich im Laufe der Jahre zu einem echten Geheimtip entwickelt und erreichten ihre Zuschauer durch permanentes Auftreten ohne die Unterstützung einer großen Plattenfirma. Nach wie vor lieben sie Clubkonzerte, da sie ihre Fans hautnah erleben möchten. Außerdem bieten Argile & African Heat

Aroma Gold

Workshops für African Dance, African Percussion sowie Schulkonzerte an, die zu den Konzerten oder einzeln gebucht werden können.
Discogr.: Koko (1991, Indigo), Idjo (1995, Indigo), Live In Africa & Europe (1998, Indigo). Kontakt: Barbara Bücking, Adamstr. 35, 90489 Nürnberg, F: 0911-581119. E-Mail: argile@t-online.de

AROMA GOLD

Zu Beginn ihrer Karriere hießen die Hildesheimer Aroma Gold noch Butter, aber nachdem der Sänger ausgestiegen war und der Rest der Band nicht über die Namensrechte verfügte, erfolgte die Umbenennung. Aroma Gold mochten zwar alternativen Rock aus den USA und Britpop, verschmähten aber auch den Synthesizer nicht und mixten daraus ihren Sound, der durchaus groovig daherkommen durfte. Ein besonderes Augenmerk legte die Band hierbei auf ihre deutschen Texte. Im Herbst 97 veröffentlichten sie die MCD »Plastikmatratze«, eine rockige Tanznummer mit Groove und Elektronik, und gingen damit und mit vielen Dias und eigener Plattensammlung auf Tournee durch 50 deutsche Dörfer und Städte. Daneben spielten sie noch Gigs mit Selig, Blumfeld, Tocotronic und vielen anderen. Zu Beginn des Jahres 1998 erschien ihr Debüt »Merci Beaucoup« mit schrammeliger Gitarrenmusik und deutschen Texten, in denen sie sich der Sprache der Jugend bedienten. 1999 arbeiteten Aroma Gold wieder an neuen Stücken und nahmen davon schon Rohfassungen auf, aber ein neues Album und eine neue Tournee wird voraussichtlich erst im Laufe des Jahres 2000 verwirklicht.
Discogr.: Plastikmatratze (1997, MCD), Merci Beaucoup (1998, Vielklang). Kontakt: Vielklang Musikproduktion GmbH, Forsterstr. 4 – 5, 10999 Berlin, F: 030-6189382. Internet: www.vielklang.de

ART, DIE

Holger »Makarios« Oley (voc), Thomas »Gumpi« Gumprecht (g), Christian Schierwagen (b), Thomas »Tom« Stephan (dr, programm.), Susanne Thiele (cello)

Noch zu DDR-Zeiten machte die Gruppe »Die Zucht« aus Leipzig 1986 die ersten Schritte aus dem Übungskeller. Damals spielte sie noch Punk. In der Zeit vor der Wende galten sie als Untergrund-Kultband, die sich an Gruppen wie »Bau-

Die Art

haus« oder »Joy Division« orientierte. Ihre Texte waren hart, düster und melancholisch. Da sie keinen Plattenvertrag erhielt, kopierte sie ihre Musik auf Kassetten und brachte diese unters Volk. Die vierte MC »Dry« entwickelte sich zum meistverkauften Underground-Tape der DDR. 1989 fanden die ersten Sessions für den Berliner Rundfunk statt. Nach der Umbenennung in »Die Art« konnten sie 1990 eine Platte herausbringen, die sie »Fear« tauften. Diese enthielt ursprünglichen Punk und mit »Marian« und »Wide Wide World« zwei Untergrundhits. 1991 folgte mit »Gold« das bisher härteste Album, produziert aus der Wut der Wendestimmung. Es enthielt den Titel »Heerlitz«, das für viele als eines der schönsten Stücke der Gruppe gilt. Der Nachfolger aus dem Jahr 1993 »Gift« ging auf dem Plattenmarkt unter, da er für die Fans zu weich und zu düster war. ME/Sounds dazu: »Zur Abkehr von Darkrock ist ›Gift‹ dennoch nicht geraten. Mit dem dreiteilig düsteren »Great white north« setzen sie neue Maßstäbe in Sachen Finsternis und Kälte«. Ihr Einstand bei der westlichen Plattenfirma Our Choice/Rough Trade war die CD »Blut«, die wieder die härtere Seite der Band betonte. Auf der CD von 1995 »Das Schiff« waren dann Nummern zu finden, die aus alten MCs stammten und aufgrund der großen Nachfrage neu eingespielt wurden, wie beispielsweise die Klassiker »Sie sagte«, »Das Schiff« und »Die Herde«. Auf der CD von 1996 »Still« sangen sie alle Lieder in deutscher Sprache. Der Titel selbst war eher ironisch, was schon der erste Song »Schreien« beweist. Die Texte waren diesmal sehr persönlich. 1997 kam das Album »Adnama« auf den Markt, eine Mischung aus alten und neuen Songs. Hierzu die Zeitschrift »Gaffa«: »Punkige Ausbrüche treffen auf bittersüße Melancholie, charismatische Popsongs auf ausufernde Noise-Orgien.« Verstärkt durch die Cellistin Susanne Thiele folgte Ende 1998 die CD »Mellow Visions«, auf der viele ältere Songs enthalten waren, denen aber durch die akustische Interpretation neues Leben eingehaucht wurde. In der Presse konnte man lesen: »Die Stücke strahlen traurig schönen Glanz aus. Verträumte Schmusemusik für die angenehmen Stunden des Lebens.« – Norbert Sonderfeld: »Die Band besinnt sich auf ihre eigentlichen Stärken, nämlich den Song an sich.« Danach erfüllte sich die Band den Wunsch, einmal eine Tour durch kleine Clubs durchzuführen. Bis dahin hatte »Die Art« über 750 Konzerte gegeben, die sie auch in die USA und nach Kanada führten. 1999 waren sie mit dem Titel »Vereinsamt« auf dem Rosebud-Red-Sampler zu hören, der zum Goethe- und Nietzsche-Jahr in Weimar veröffentlicht wurde. Da die Band an einer neuen CD arbeitete, die wieder härter ausfallen wird, beschränkten sich die Auftritte im Herbst 99 auf die Monate November und Dezember.

Discogr.: Fear (1990, DSB), Gold (1991, DSB), Gift (1993, DSB), Blut (1994, Our Choice/Zomba), Das Schiff (1995, Our Choice/Zomba), Still (1996, Our Choice/Zomba), Adnama (1997, Our Choice/Zomba), Mellow Visions (1998, Our Choice/Zomba), The Early Broadcast Sessions (1999, 7" – Label des Jahres) Hinweis: Für Sammler und Fans sind unter der nachstehenden Kontaktadresse weitere MC, MCD und Vinyl-Produktionen von »Die Zucht« und »Die Art« erhältlich. Kontakt: Wilma Concert, Wettiner Str. 32, 04105 Leipzig, F: 0341-9809395. E-Mail: wilma-concert@t-online.de • webmaster@helikon.de • Internet: www.dieart.de • www.zomba.de/artists/index.html

ARTWORK

Jochen Schoberth (g/perc/keyb), Oswald Henke (voc), Jan Kunold (voc), Andreas Hack (keyb), Markus Köstner (dr), Matthias Konrad (b), Katja Hübner (voc), Sven Kalinovski (Technik) und Gäste

Artwork ist das offene Projekt von Jochen Schoberth. Der Multi-Instrumentalist bewegt sich mit seiner Musik zwischen Artrock, Wave, Ethno und Klassik. Die Auftritte der Band finden in Clubs und Kirchen statt. Dabei steht der ausdrucksstarke, klassisch ausgebildete Tenor Jan Kunold im Mittelpunkt. Häufig ist auch Oswald Henke von → Goethes Erben bei Artwork aktiv. Nicht zuletzt dadurch erfreut sich das Projekt bei den Gothic-People großer Beliebtheit.

Sie haben keine große, aber eine sehr treue Anhängerschaft. Bemerkenswert ist, daß sie die meisten Besucher in den neuen Bundesländern anziehen. Auch die 96er CD »Madremonio« enthielt wieder ein Nebeneinander von klassischen und modernen, rockigen Teilen. 1997 nahmen sie die CD »Bella Donna« in zwei Tagen in der Kirche St. Veronika zu Birk auf. Der enthaltene CD-ROM-Teil bot eine Stunde Bild-, Ton- und Textanimation. Dabei spannten sie den Bogen vom Mittelalter über Barock bis zur Klassik. Diese Werke stellten sie live in verschiedenen Kirchen der Republik vor. Die AA Gera schrieb: »Entsprechend des musikalischen Könnens der Künstler erklärte das Publikum in zahlreichen ›Zugabe‹-Rufen, daß es mit einer Beendigung des Konzerts nach ›Bella Donna‹ noch nicht einverstanden sei. Unter Beifall folgten noch ›April day‹ und als besondere Überraschung ›Fascination Street‹ von The Cure als Solo von Andre Schuberth.« Beim Album »Digital Kharma« von 1999 wirkte Dirk Schlömer mit, früher an der Gitarre bei Ton Steine Scherben, der entscheidenden Einfluß auf das Ergebnis des Albums nahm. Die leicht mystische Aura der Stücke »Digital Kharma« und »Merlin« trug seine Handschrift. Die großen Zeiten von Genesis, Pink Floyd und Yes erlebten in ihrer Musik eine moderne Wiedergeburt. Teilweise war sie sogar tanzbar, enthielt aber auch mittelalterliche bis folkige Anklänge. Bemerkenswert sind wieder die auf der CD enthaltenen Teile für CD-ROM. Auch wenn man sich auf die Musik von Artwork einlassen muß und konzentriertes Zuhören erforderlich ist, kommt der Spaß nicht zu kurz. Beispielsweise spielten sie ein Cover vom Falco-Hit »Rock Me Amadeus« und schafften eine Symbiose aus Klassik, Hip-Hop und Rock, wie sie dem Österreicher nie gelungen ist.

Discogr.: Artwork, Ergo vivamus, Zwei Schritte, Madremonio, Bella Donna, Digital Kharma. Kontakt: Etage Music, Draisenfeld 2, 95517 Seybothenreuth, T: 0172-8635860. F: 09209-16201. Internet: www.etage-musik.bayreuth-online.de

ATARI TEENAGE RIOT
Alec Empire (programm./shouts), Hanin Elias (voc), Carl Crack (MC), Nic Endo (machines)

Die 68er Bewegung fand ohne sie statt. Für den klassischen Punk waren sie noch zu jung. Aber ihnen gelang es, die Wut der Großstadtkinder der 90er zu artikulieren, und das so aggressiv, daß es hieß: »Gebt ATR eine Minute und sie verwandeln euer Leben in einen Trümmerhaufen«. Sie erfanden den Punkrock mit Computern. Schon als Zwölfjähriger formte Alex seine erste Band, die er folgerichtig »Die Kinder« nannte und die bis 1988 Bestand hatte. Nach verschiedenen Aktivitäten dauerte es bis Frühjahr 1992, bis er mit Hanin und Carl Atari Teenage Riot ins Leben rief. Sie wollten ein politisches Gegengewicht zur Lethargie und Gleichgültigkeit der Techno-, Rave- und Jungle-Szene bilden. Gleich mit der ersten Single im Herbst 1992 erregten sie Aufsehen, als sie zur »Hetzjagd auf Nazis« aufriefen. Die wütenden Attacken wurden von harter elektronischer Musik unterhämmert. Viele Geschäfte weigerten sich, diese Titel zum Verkauf anzubieten. 1993 schlossen sie mit dem Major-Label Phonogram UK einen Vertrag, was von einigen Fans der ersten Stunden nicht verstanden und akzeptiert wurde. Die EP »Atari Teenage Riot« wurde 1993 veröffentlicht und der gleichnamige Titelsong wurde Kult. Kurz darauf folgte die EP »The Kids Are United«. Da sie besonders in der englischen Presse im Gespräch waren, konnten sie im Herbst 1993 durch das Vereinigte Königreich touren. Eine Europa-Tournee schloß sich an. Im August 94 gab es mit der 7" »Raverbashing« das nächste Lebenszeichen als Band. Bis März 1995 dauerte es, bis das lange erwartete Debüt »Delete Yourself« erschien. Ihre revolutionären Slogans brachten sie unters Volk, indem sich Hannah und Alec beim Ruinieren ihrer Stimmbänder überboten. John Peel lud ATR zu seinen BBC-Sessions nach London ein. Im November desselben Jahres veröffentlichten sie noch die Kompilation »Harder Than The Rest« mit den gefragten Titeln »Deutschland (Has Gotta Die)« und »Into The Death«. Atari Teenage Riot war inzwischen eine international angesehene Band. Sie trat 1996 beim Mt. Fuji Festival in Japan auf und tourte mit der Jon Spencer Blues Explosion durch die Vereinigten Staaten. Dort veröffentlichte die Firma Grand Royal, das Label der Beastie Boys, ihre Aufnahmen. Im Januar 97 traten sie in Japan auf und wurden als Pioniere der neuen Musik gefeiert. Nach der EP »Sick To Death« im Februar 1997 spielten sie die LP/CD »The Future Of War« ein, die sich weltweit über 200.000 mal verkaufte. Im Juli 97 stieg Nic Endo als viertes Bandmitglied ein und stellte damit auch das Gleichgewicht der Geschlechter her. In Amerika gaben sie Konzerte als Support von Beck im Frühjahr und im Sommer zusammen mit Rage Against The Machine und dem Wu Tang Clan. Auf dem Soundtrack zum Film »Spawn« gab es den Titel »No Remorse« in Zusammenarbeit mit Slayer. Wieder fühlten sich einige Fans vor den Kopf gestoßen, obwohl sich beide Gruppen tatsächlich überhaupt nicht begegnet waren. Zum friedlichen Weihnachtsfest brachte ATR im Dezember 97 noch den Titel »Destroy 2000 Years Of Culture« auf einer EP heraus. Außer dem Titel »Sex Law Penetration« für den Soundtrack »Orazmo« gab es 1998 keine weitere Ver-

Atari Teenage Riot

öffentlichung. Diese folgte im Mai 1999 unter dem Titel »60 Second Wipeout«. Wieder fühlten sich einige hartgesottene Fans brüskiert, da auf dem Album auch Gitarren zu hören waren und einige Stücke sogar Ansätze von Melodie verrieten. Doch in ihren Texten hatten sie nichts an Schärfe verloren. »Revolution Action« hieß gleich der erste Titel. Noch immer war ihr Motto »Gut gebrüllt Löwe«. Dies bewiesen sie auch auf der Demonstration zum 1. Mai, als drei Mitglieder der Band wegen Schreiens militanter Parolen von der Polizei kurzzeitig in Gewahrsam genommen wurden. In GB waren sie in allen wichtigen Zeitschriften präsent. Das britische Magazin Wire meinte zur deutschen Musikszene: »Die 70er stehen für Kraftwerk, die 80er für die Einstürzenden Neubauten und die 90er für ATR.« Spex lobte sie sogar »als den weltbewegendsten deutschen Act seit den Neubauten«. Der Rolling Stone hielt dagegen: »Der Berliner DJ-Guerillero Alec Empire wird nicht müde, seine teils naiven, teils haarsträubenden Verschwörungstheorien mit lärmender Punk-Propaganda unters Volk zu bringen. Auf dem 3. Album ›60 second wipe out‹ wird folglich wieder gegen das Establishment gehetzt, was die Stimmbänder aushalten.« Der Guide in Berlin wollte sich deshalb sogar »über die Platte totlachen«. Aber Deutschland tat sich schon immer mit der linken Szene schwer. Schlimmer traf da schon die Kritik im Hammer: »Ich für meinen Teil finde das Album richtig niedlich.« Dies wollte die Band bestimmt nicht. Dafür sah auch Visions in ihnen die »innovativste Band, die dieses Land in den Neunzigern hervorgebracht hat«. Die Zeiten der Tätigkeiten von Atari Teenage Riot wiesen längere Lücken auf. Der Workaholic Alec Empire nutzte dies zu einem enormen Ausstoß an eigenen Tonträgern, der Gründung seiner Plattenlabel DHR und Geist, Remix-Tätigkeiten für Cibo Matto, Björk, Nicolette, Einstürzende Neubauten, Shonen Knife u.v. a. und Arbeiten als Produzent.

Discogr.: Hetzjagd auf Nazis (1992, Single), Atari Teenage Riot (1993, EP – Phonogram England), Kids Are United (1993, EP – Phonogram England), Limited Edition 1990 – 1994 (1994, Mille Plateaux), Raverbashing (1994, 7" – nur über Mailorder), Delete yourself (1995, DHR), The future of war (1997, DHR), Destroy 2000 Years Of Culture (1997, MCD – DHR), Sick To Death (1997, MCD – DHR), 60 Second Wipe Out (1999, DHR). Kontakt: Digital Hardcore Recordings, F: 0171-434-1988. C&D Promotion, Widdersdorfer Str. 215, 50825 Köln, T: 0221-5466540, F: 0221-5463944

ATEMLOS
Alex (g), Dennis (voc/g), Jens (b/back.-voc), Holger (dr)
Atemlos besteht aus den drei Brüdern Dennis, Jens und Holger Köhler und ihrem langjährigen Freund Alex aus Ratingen bei Düsseldorf. Seit ihren ersten Auftritt im Februar 95 arbeiten sie an moderner Rockmusik mit deutschen Texten. Sie traten häufig in der Clubszene in und um Düsseldorf auf und belegten im Oktober 99 beim Popcorn-Talentwettbewerb vor über 10.000 Zuschauern den zweiten Platz. Danach nahmen sie mit Hilfe des Produzenten Markus Ehinger in Wien ihre ersten Demos auf. Diese Titel stellten sie beim Musikfest am Ring während der Popkomm ihren Fans live vor. Dann nahmen sie ein Angebot an, in der Fernsehserie »Gute Zeiten schlechte Zeiten« mitzuwirken. Als ihre erste Single »Schlaflos« auf den Markt kam, belegte sie gleich in der ersten Woche nach Erscheinen Platz 18 der Media-Control-Charts. Atemlos waren im Jahr 2000 ständig im Fernsehen präsent und nach einigen Auftritten im Februar waren sie am 4.3. neben Tom Jones und Puff Daddy in Top of the Pops zu sehen. Am 5.3. sendete Bravo TV ein Porträt der Gruppe, bevor sie am 19.3. in The Dome auftrat. Die Jugendpresse riß sich förmlich um die jungen Musiker, die besonders von den Mädchen umschwärmt wurden. *CDs: Schlaflos (2000) Edel. Kontakt: Edel Records, Wichmannstr. 4 Haus 2, 22607 Ham-*

burg, F: 040-89085-0. E-Mail: firstname_lastname@edel.com • Internet: www.edel.de/atemlos/index/de

ATROCITY

Alexander Krull (voc), Mathias Röderer (g), Thorsten Bauer (g), Chris Lukhaup (b), Michael Schwarz (dr)

1985 begannen Atrocity aus Ludwigsburg mit Death-Metal der härtesten Gangart. Dieser kam auch auf der ersten EP »Blue Blood« von 1989 zum Tragen. Nach »Hallucinations« und »Todessehnsucht« begann mit der CD »Blut« und den darin enthaltenen progressiven Klängen die experimentelle Phase. Auf der EP »Calling The Rain« von 1995, mit Krulls Schwester Yasmin als Gastsängerin, ließen sie Ethno-Sounds in ihre Musik einfließen. Die nächste CD »Die Liebe« nahmen sie gemeinsam mit der bekannten Gothic-Band Das Ich auf und schafften eine nahezu perfekte Symbiose aus Death Metal mit Dark Wave und EBM. Bei ihrer gemeinsamen Tournee sprengten sie die Grenzen der Genres und überzeugten Publikum und Kritik. Durch das vielschichtige Trash-Metal-Album »Willenskraft«, das die Presse einheitlich gut aufnahm, erreichten sie noch mehr Fans. Einige Medienvertreter versuchten, die Band mit diesem Werk in die politisch rechte Ecke zu drängen. Die öffentliche Zerstörung einer Hakenkreuzflagge auf dem Wacken Open Air ließ diese Vorwürfe verstummen. Dann gefiel sich Atrocity darin, ein Album mit für sie untypischen Cover-Songs aufzunehmen, mit »artfremden«Stücken wie Shout (Tears for Fears), Rage hard (Frankie goes to Hollywood), Wild boys (Duran Duran) und Tainted love (Soft Cell). Damit stiegen sie auf Platz 33 der deutschen Media-Control-Charts. Ihr bisheriges Publikum blieb der Band treu, doch fanden ihre Konzerte nun auch außerhalb der Metal- und Death-Metal-Szene Beachtung. Sie nahmen auf ihre Tour zwei Go-Go-Tänzerinnen mit und kreierten eine S/M-Show. Zum zehnjährigen Plattenjubiläum der Band veröffentlichten sie ihre erste »Best of«-Zusammenstellung auf einer Doppel-CD unter dem Titel »Non plus ultra 1989 – 1999«, worin Titel aus allen Schaffensperioden der Band, davon die meisten frisch remastered, und zusätzlich sieben CD-ROM-Tracks enthalten waren. 1999 spielten Atrocity im In- und Ausland und beendeten mit einem Auftritt auf einem Festival am 31.12.99 hart und düster das Millennium.

Discogr.: Blue Blood (1989, EP – Nuclear Blast), Hallucinations (1990, Nuclear Blast), Todessehnsucht (1992, Roadrunner), Blut (1994, Massacre), Calling The Rain (1995, EP – Massacre), Die Liebe (1995, Massacre), The Hunt (1996, EP – Massacre), Willenskraft (1996, Massacre), Werk 80 (1997, Swan Lake/IRS/ Massacre), Non plus ultra 1989 – 1999 (1999, DCD – Massacre). Kontakt: Massacre Records, c/o Atrocity, Rauheckstr. 10, 74232 Abstatt. Internet: www.atrocity.de

AUFBRUCH

Ralf Mattern (voc), Kai-Uwe Scheffler (g), Tom Schulz (b), Tobias Dähn (org/keyb), Tilo Hähnel (dr)

AufBruch werden vielfach mit den frühen Ton Steine Scherben verglichen. Wie diese sind sie für politische Aussagen zu intelligenter Rockmusik zuständig. Noch in DDR-Zeiten starteten sie 1986 unter dem Namen Flexibel, nachdem Mattern keine Auftrittserlaubnis als Liedermacher erhalten hatte. Im Frühjahr 1987 konnten sie ihr erstes Konzert geben und im Sommer spielten sie mit Underground-Größen wie Kraatz, Nr. 13 und → Freygang. Die erste Vorladung zur Stasi wegen seiner politischen Texte erhielt Mattern im Herbst 87. Diese Vorladungen kamen dann in schöner Regelmäßigkeit. Nachdem es im Frühjahr 89 bei einem Konzert von AufBruch zu Unmutsäußerungen im Publikum über die bestehenden Verhältnisse in der damaligen DDR gekommen war, folgte einige Wochen später das erste Auftrittsverbot. Der damalige Sänger verließ über Ungarn das Land. Ab November 89 durfte die Band wieder öffentlich spielen. Im Winter konnten sie ihren ersten Gig im Westen geben. 1990 teilten sie ihre Ansichten im Rahmen vieler Benefiz-Konzerte für Jugendorganisationen, Hausbesetzer, Behinderte und Demonstrationen mit. 1991 produzierten sie ihre erste MC und landeten mit einem Titel daraus auf Platz 3 der letzten Hitparade des Senders DT 64. Im Frühjahr 1992 erfolgte die Umbenennung in AufBruch. Ihre Ballade »Abend in der Stadt« erschien auf dem Sampler »Schlachtrufe BRD II« und wurde in der ARD, in MDR und Pro 7 vorgestellt. Wegen Meinungsverschiedenheiten und Geldmangel folgte im darauffolgenden Winter die Auflösung. Im Herbst 95 belebte Mattern seine Gruppe wieder und gleich das erste Konzert nach drei Jahren in Quedlinburg war vollkommen ausverkauft. 1996 veröffentlichte A.M.Music Stuttgart die CD »Abend in der Stadt«. Das Album verkaufte sich über Mailorder mehr als 30.000mal. Das Stück »Tschernobyl ist in der Nähe« erschien auf der Benefiz-Scheibe »Kein Castor«, welcher auf Anregung von AufBruch eingespielt wurde. 1997 erschien ihr Titel »Wir fahren durch den Tag« sowohl auf dem »Haste mal 'ne Mark 2« Sampler von A.M.Music als auch auf der Beilage-CD des Metal Hammer. Dann begannen sie mit der Produktion der zweiten CD. Im Juni 98 erschien diese mit dem Titel »Nicht ohne euch«. Persönliches und Politisches wechselten sich ab, AufBruch blieben aufmerksame Beobachter der Mißstände im Land. In den Verkaufscharts von A.M.Music belegten sie damit Platz 5 und in den Charts der ProMarkt-Kette Platz 8. Danach gaben sie Konzerte im Vorprogramm von City und den → Schröders und gingen auf 30-Städte-Tour mit → Brings.

Discogr.: Abend in der Stadt (1996, A.M. Music), Nicht ohne euch (1998, A.M.Music/ SPV). Kontakt: AufBruch Manager, F: 0391-2527231. E-Mail: Kurt.Gumpel@t-online.de • Internet: www.aufbruch.musicpage.de

AVALON

Chitral Somapala (voc), Sebastian Eder (g), Petra Hasselkuss (b), Jens Kuckelkorn (keyb), Pietro Ramaglia (dr)

Falls Metal wirklich tot ist, spielte die agile Formation im August 99 im Münchner Theatron vor geschätzten 3.000 Zombies. Die Mitglieder der Hardrocker Avalon hatten alle eine musikalische Ausbildung hinter sich und waren gerade vier Wochen zusammen, als sie 1992 einen Auftritt als Support für Victory bestrei-

AufBruch

ten durften. Sie nahmen eine MC mit drei Songs auf, die sie »One Night« betitelten. In München organisierten sie ihr erstes eigenes Festival: The Munich Rock Charity Festival. Während sie in der ersten Hälfte des Jahres 1993 in Süddeutschland unterwegs waren, ergatterten sie im Juni 3 Gigs in Montreal/Kanada. Danach arbeiteten sie an ihrem Debüt »Why Now«. Schon die erste CD etablierte die Band in der Hardrock-Szene. Im Frühjahr 1994 folgte die erste Kalifornien-Tournee, wo sie als Headliner in Clubs wie dem berühmten »Whisky a Go Go« in Hollywood oder dem »Marquee« in Orange Country spielten. Danach gaben sie Konzerte in Deutschland, bevor sie den Mittelwesten der USA bereisten und u.a. in Chicago, Cleveland, Detroit und Indianapolis auftraten. Im Winter 94/95 waren sie auch in der Schweiz unterwegs und spielten als Support für Gotthart. 1995 leitete eine Reihe erfolgreicher Jahre für Avalon ein. Auf der »Why Now«-Tour begleiteten sie Sinner und Savatage. 1996 nahmen sie sich Zeit, neue Titel zu komponieren, arrangieren und produzieren. Dabei erhielten sie Hilfe von dem bekannten Produzenten Charlie Bauerfeind. Dann bereisten sie Deutschland als Support von Uriah Heep. 1997 erschien die neue CD »Mystic Places«, die weltweit veröffentlicht wurde. Für die CD vergab Rock Hard 8,5 der 10 Punkte und sah einen gewaltigen Schritt nach vorne. 1997 und 1998 gab es Veränderungen im Line-up der Band, nachdem der bisherige Sänger Many Stürner aus gesundheitlichen Gründen aufgeben mußte und nach längerem Suchen durch den aus Sri Lanka stammenden Vokalakrobaten Chitral »Chity« Somapala ersetzt wurde. Außerdem stieg der Drummer Pietro Ramaglia ein. Er hatte für den Dance-Act La Bouche getrommelt und mit ihnen den Nr. 1 Billboard Hit »Be My Lover« gehabt. In der neuen Besetzung spielten sie das Album »Vision Eden« ein. Die CD erhielt vom Hammer 6 Punkte (Höchstwertung). Eine Promotiontour durch ganz Europa folgte. Sie traten sowohl als Headliner als auch in Support Shows mit Edguy und Hammerfall auf. 1999 gaben sie beispielsweise Konzerte auf dem Aaardschock Festival in Holland u.a. mit Dare und Grip Inc. sowie auf dem Gods of Metal Festival mit Metallica, Manowar, Motorhead.

Discogr.: Why Now (1993, Omega Records), Mystic Places (1997, Omega Records), Vision

Avalon

Eden (1998, Omega Records). Kontakt: Omega Records, Soldauer Str. 8, 81927 München, F: 089-9301599. E-Mail: avalon-omega@t-online.de • Internet: www.omega-records.de

AWG

Joe (g), Tippe (g), Pogo (b), Albi (dr), Lucky (voc)

Auf ihrer ersten Single »Sag mir was du willst« erklärten die Wiesbadener Teenies, wie man einer Frau richtig imponieren kann. Die jungen Funpunkrocker, alles gutaussehende Jungs um die 20, wählten die Leserinnen von Bravo zu ihren Lieblingen. Aber im Gegensatz zu vielen Boygroups beherrschen die Hessen ihre Instrumente. Dies bewiesen sie bei vielen Konzerten in Jugendclubs und bei Talentwettbewerben, wo sie so positiv auffielen, daß sie von den Talentsuchern nicht übersehen werden konnten. Mit ihrem Debüt »Alles wird geil« vom Oktober 99 wollten sie in die Fußstapfen der Ärzte und Toten Hosen treten.

Discogr.: Sag mir was du willst (1999, MCD – Zyx Music), Alles wird geil (1999), Nur für dich (1999, MCD). Kontakt: Zyx Music, Benzstr./Industriegebiet, 35799 Merenburg, F: 06471-505-199. E-Mail: zyxinfo@zyx.de Internet: www.zyx.de

AXEL RUDI PELL

Axel Rudi Pell (g), Johnny Gioeli (voc), Ferdy Doernberg (keyb), Volker Krawczak (b), Mike Terrana (dr)

Der Wattenscheider Axel Rudi Pell gehört zu den alten Hasen des klassischen Rock, der seinem musikalischen Stil ungeachtet der Schwankungen im Musikgeschäft treu blieb. Weniger treu blieben ihm seine Mitstreiter, denn im Laufe der Zeit verzeichnete die Axel Rudi Pell Band einige Besetzungswechsel. Seine ersten Erfolge hatte Axel Rudi Pell bereits mit der Metal-Band Steeler gefeiert, deren Gründer und Hauptsongschreiber er war. Mit dem ex-Vixtory-Sänger Charlie Huhn entstand 1989 das erste Album unter eigenem Namen, »Wild Obsession«, von dem über 20.000 Exemplare abgesetzt wurden. Auf »Nasty Raputation« ersetzte der Amerikaner Rob Rock den bisherigen Sänger, blieb aber auch nur für dieses Album und wurde auf »Eternal Prisoner« von Jeff Scott Soto abgelöst, dem früheren Shouter von Talisman. Dieser war dann längere Zeit dabei und sang auf den Alben »Between The Walls«, »The Ballads I« und »Made in Germany«, einem Live-Mitschnitt ihrer überaus erfolgreichen Tournee. Mit »Black Moon Pyramid« gelang nicht nur der Einstieg in die Media Control Charts, sondern auch der Beweis, daß Heavy Metal noch längst nicht tot war, und mit der CD »Magic« von 1997 setzte die Formation vorläufig ihren Erfolgsweg fort, brach aber nach den Aufnahmen zu diesem Album auseinander. Neben Jeff Scott Soto, der sich einer amerikanischen Coverband in Las Vegas anschloß, verließ auch Keyboarder Christian Wolff die Band. Dafür stieg Johnny Gioeli (ex-Hardline) als Sänger und Freddy Doernberg (früher: Rough Silk) als Keyboarder bei Axel Rudi Pell ein. Zu »Magic« fragte Götz Kühnemund: »Wie heißen die drei größten Blackmore Fans unter der Sonne? Antwort: Axel, Rudi und Pell« und vergab für das Album 8,5 der 10 Punkte. 1998 entstand mit »Oceans Of Time« das nächste Studioalbum, das mit seinem kraftvollen melodischen Hardrock bis auf Platz 58 der Charts vorstieß. Feedback bezeichnete »Oceans Of Time« »neben dem aktuellen Album von Dare als die bisher stärkste Veröffentlichung des Jahres«. Der Erfolg seiner ersten Balladensammlung von 1993 veranlaßte ihn, 1999 das Album »Ballads II« zu veröffentlichen, wobei bei den neuen Titeln mit dem erfahrenen Mike Terrana ein neuer Drummer den Takt angab. Manuela Graniglia vom Feedback freute sich, daß sie »wieder M.Ä.N.N.E.R. hören« könne und vergab dafür im Feedback 9 der 10 Herzkasper.

Discogr.: Wild Obsession (1989, Steamhammer/SPV), Nasty Reputation (1991, Steamhammer/SPV), Eternal Prisoner (1992, Steam-

hammer/SPV), *The Ballads (1993, Steamhammer/SPV), Between The Walls (1994, Steamhammer/SPV), Made in Germany – Live (1995, Steamhammer/SPV), Black Moon Pyramid (1996, Steamhammer/SPV), Magic (1997, Steamhammer/SPV), Oceans Of Time (1998, Steamhammer/SPV), The Ballads II (1999, Steamhammer/SPV).* Kontakt: *Steamhammer/SPV, Brüsseler Str. 14, 30531 Hannover, F: 0511-8709181. E-Mail: info@ spv.de • Internet: www.spv.de*

AXXIS

Axxis besteht seit 1984 und begeisterte mit klassischem pompösen Heavy-Rock im Stil der 70er und 80er 1989 mit dem Debüt »Kingdom Of The Night«, das inzwischen als Klassiker des deutschen Hardrock gilt, die Fans, allerdings weniger die Kritik. Die Dortmunder verkauften von der Platte mehr als 100.000 Einheiten und hielten für lange Zeit den Rekord des erfolgreichsten nationalen Hardrock-Debüts. Nach einer Europatournee im Vorprogramm von Black Sabbath erstellten sie ihre CD »Axxis II«, an deren Klangfülle der neu eingestiegene Keyboarder Harry Oellers maßgeblichen Anteil hatte. Danach tourten die Rocker als Headliner quer durch Europa und hinterließen als Dokument ihre Live-CD »Access All Areas«. Auf dem in Los Angeles aufgenommenen Album »The Big Thrill« von 1993 zeigte die Band gereiftes Songwriting und komplexe Arrangements. 1995 spielte der Fünfer mit Hilfe des Produzenten Keith Olsen, der auch Whitesnake und die Scorpions bei »Crazy world« bedient hatte, das Album »Matters Of Survival« ein und stellte anschließend die neuen Songs auf einer Tournee und mehreren Open Airs, u. a. beim Rock am Ring Festival, vor. Wieder zwei Jahre später produzierten sie selbst das Album »Voodoo Vibes«. Da sich dieses Werk nicht mehr so gut verkaufte wie die Vorgänger, löste die Plattenfirma den Vertrag auf. Dazu verabschiedeten sich mehrere Bandmitglieder und Axxis standen kurz vor der Auflösung. Gründungsmitglied, Sänger und Gitarrist Bernhard Weiss und Keboarder Harry Oellers wollten jedoch die Akte Axxis nicht zuschlagen und suchten sich neue Leute, mit denen sie das Album »Back To The Kingdom« einspielten, das ihren Stil würdig vertrat und die Atmosphäre der frühen Werke wieder aufleben ließ.

CDs: *Kingdom Of The Night (1989) EMI. Axxis II (1990) Harvest. Access All Areas (1991) EMI. The Big Thrill (1993) EMI. Matters Of Survival (1995) EMI. Voodoo Vibes (1997) EMI. Back To The Kingdom (1990) EMI.* Kontakt: *CCM, Goethestr. 3/5, 30169 Hannover, F: 0511-36069099. E-Mail: c-m-m@t-online.de • Internet: www.massacre-records.com*

B

BALLHAUS NUEVO
Adrian Ils (voc/acc), Verena Guido (v/acc/fl), Roman D. Metzner (tp/keyb/acc), Uwe Vogel (b/g), Klaus Mayer (perc/dr)
Ballhaus Nuevo könnte man unter »Element of Crime für den anspruchsvollen Hörer« einordnen. Ihre Reinkarnation in veränderter Besetzung fand 1995 statt, nachdem sie seit 1988 als Ballhaus unterwegs gewesen waren. Aus einer Theatergruppe hervorgegangen, unterhielten sie mit Elementen aus Klassik, Theater, Dadaismus, Brecht/Weill, Rock und Pop. Sie hatten auf Art-Festivals, Festivals der freien Szene, auf Chanson- und Rockfestivals und vielem mehr gespielt. Für die CD »Die neuen Fernen« erhielten sie 1994 den Vierteljahrespreis der Deutschen Schallplattenkritik. 1995 gründete Adrian Ils mit neuen Kollegen Ballhaus Nuevo, wobei das Ursprüngliche der Vorgängergruppe beibehalten, dabei aber mehr Wert auf das Musikalische gelegt wurde. Die Darbietung wirkte manchmal immer noch skurril, war aber leiser und intensiver als früher. Bei Ballhaus Nuevo spielen alle Musiker mehrere Instrumente, die im Studio und bei Konzerten abwechselnd eingesetzt werden. Besonders live sind Improvisationen erlaubt. Jaques Brel und Tom Waits scheinen durch, World Music- und Ethno-Einflüsse sind ebenso vorhanden wie Rock und Pop. Auffallend sind ihre Texte, die sie selbst als Gedichte in Musikform bezeichnen. Seit 1998 gibt es die bisher einzige CD »Lügen ist menschlich«, worüber MB schrieb: »Musik für die blauen Stunden, stimmungsvoll, wahr und unendlich melancholisch. Wir haben hier eine Scheibe, die jedem gefallen müßte, der nicht nur die Charts rauf und runter hört. Die Band hat einen Riesenschritt nach vorn gemacht und ich bin gespannt, wie weit sie noch gehen wird. Essentiell.« Im Konzert konnte man sie im Ulmer Zelt, auf dem Liedermacherfestival in Karlsruhe, während der Literaturtage in Baden-Württemberg und auf dem Folkfestival in Rudolstadt erleben. Der Westdeutsche Rundfunk urteilte in eine Nachbetrachtung: »Ballhaus Nuevo gehört keiner bestimmten Szene an. Das Publikum ist breit gefächert und die Musik bietet stilistische Vielfalt. Wer in die Konzerte kommt, wird reich belohnt.«
Discogr.: Lügen ist menschlich (1998, Kip Records/NRW); als Ballhaus: Ballhaus (1990, LP), Die neuen Fernen (1994). Kontakt: Kip Records Jürgen Kaiser, Flurstr. 124, 46535 Dinslaken, F: 02064-40367. NRW Records, Dorstener Str. 468, 44623 Herne, F: 02323-797872. E-Mail: info@nrwrecords.de

BANANAFISHBONES
Sebastian Horn (voc/b), Peter Horn (g/voc), Florian Rein (dr)
In Bad Tölz ist alles gut organisiert. Kurgäste prägen das Stadtbild. Der Tölzer Knabenchor singt. Rentner verlaufen sich. Der Bulle von Tölz frißt. Im Eishockey zehrt man vom Ruhm vergangener Tage. Nur das Alpamare, das örtliche Superbad, lockt noch jüngeres Publikum an. Und der »Knochen vom Bananenfisch« rüttelt seit 1991 am beschaulichen Leben seiner Mitbürger. Dies war das Gründungsjahr der »Bananafishbones«. Der Name wurde einem Titel von The Cure entlehnt. Die Band wollte sich von Beginn an keine musikalischen Grenzen setzen, ihre Musik ist eine Melange aus Alternative, Pop, Psychedelic, Folk, Country und Experiment und bildet trotzdem eine Einheit. Auch textlich sind der Phantasie keine Grenzen gesetzt. Un-

gewöhnlich für eine deutsche Band sind die unverkrampfte Lockerheit und der Humor. Durch emsiges Spielen konnten sie innerhalb kurzer Zeit beachtliche regionale Erfolge erzielen. 50 Konzerte im Jahr führten sie über Bayerns Grenzen bis nach Italien. 1995 nahmen sie ihre erste CD »Grey The Test« in Eigenregie auf. 1996 folgte die EP »Horsegone«. Auf dieser EP ist bereits der Titel »Easy Day« enthalten, der im Jahr 1999 neu aufgenommen und als Single veröffentlicht wurde. Um die Dynamik ihrer Auftritte präsentieren zu können, nahmen sie 1997 das Album »Live und Unplugged« auf. Obwohl sie keinen Plattenvertrag hatten, kamen zu ihrem Konzert im Münchner Theatron 4.000 Zuhörer. Beim »Fun for Free«-Festival auf dem Münchner Marienplatz versammelten sich 8.000 Besucher. Ebenfalls 1997 hatten sie Gelegenheit, im Rahmen eines Austauschprogramms in Sarajevo zu spielen. Eine Tour führte sie durch Italien und Frankreich. Die Modemuffel nahmen 1998 für den Branchenriesen »C&A« den Titel »Come To Sin« auf, wobei die Band sich beim Video-Dreh acht Stunden lang in telefonzellengroßen Wassertanks einweichen lassen mußte. Die Nummer stieg in die Top 50 der Media Control auf und erreichte Platz 32, in Bayern sogar Platz 16. Noch übertrumpft wurde der Erfolg im Nachbarland Österreich. Der verdiente Durchbruch war geschafft. Im Frühjahr 1999 veröffentlichten sie ihr erstes Major-Album »Viva Conputa« als Steigerung zu Radioheads »O.K.Computer«, was den schrägen Humor der Band widerspiegelt. Bei der CD-Präsentation im Colosseum in München spielte als Vorgruppe die »Tölzer Stadtkapelle«. ME/Sounds zu der CD: »Entweder es fetzt oder es tönt leise und melodiös – klingt abgefahren«, und das Fachblatt Musikmagazin urteilte: »Ein Album mit melodischem, kraftvollem und innovativem Rock aus deutschen Landen.« Die CD wurde in Dänemark, Norwegen, Polen, Tschechien, Österreich und in der Schweiz verkauft. Im Mai 1999 wurde die Single »Easy Day« ausgekoppelt. Im Video zu dieser Single war die bekannte Schauspielerin Franka Potente (»Lola rennt«) zu hören und zu sehen. Auch die Bananafishbones betätigten sich mimisch und spielten in der Pro 7-Produktion »Der Voyeur«. Ihre Kraft reichte noch aus, um im Frühjahr und Sommer 99 auf einer ausgedehnten Tournee über 70 Konzerte zu geben; u.a. waren sie Gäste beim »Southside Festival« in München mit Blur, Bush, Massive Attack usw., beim Festival in Garmisch-Partenkirchen mit Deep Purple und im österreichischen Wiesen mit Marilyn Manson, Creed etc. Im Herbst 99 erschien der neue Song »Dinosaurs«, der sich nicht auf die possierlichen Tiere bezog, sondern zur Werbung für den Audi TT Roadster lief. Nur der Wunsch von Sebastian, einmal »Dieter Bohlen« zu verprügeln, sollte auch in Zukunft unerfüllt bleiben.

Discogr.: Grey Test Hits (1995, Eigenvertrieb), Horsegone (1996, EP), Live & Unplugged (1997), Come To Sin (1998, EP – Bonanza/Universal), Viva computa (1999), Dinosaurs (1999). E-Mail: flo.rein@t-online.de • Internet: www.bananafishbones.de

Bananafishbones

BANDALOOP

Arnd Fischer (sound), Sarah Doering (voc/Text), Alexander Klick (g)

Ihren Bandnamen fanden sie in dem Buch »Panorama« von Tom Robbins. Darin kam eine wilde Truppe tibetanischer Mönche vor, die sich Bandalooper nannten. Arnd Fischer lernte Sarah Doering 1995 kennen. Mit ihr hatte er die Vokalistin gefunden, die seinen Klangschöpfungen Ausdruck verleihen konnte. Seine kleinen Kunstwerke waren im Text auf das klassische Strophe/Refrain-Schema fixiert, während die Musik Einflüsse der überlieferten und modernen englischen Popmusik, der Dancemusic, des New Wave und des TripHop und starke orchestrale Passagen aufwies. Der Gitarrist Alexander Klick komplettierte das Trio. Seit Anfang 1998 bemühten sie sich verstärkt um einen Partner, Hidden Force Music verschaffte Bandaloop schließlich einen Vertrag mit dem Major-Label Columbia. Dann begannen sie mit den Arbeiten an ihrem Debüt. Einige Stücke nahmen sie unter der Regie des Produzenten Mike »Spike« Drake in London auf, wobei ein Streichquartett, eine Trompete und ein Cello ihren Sound erweiterten. Nachdem sie sich schon bei der Namensgebung bei Tom Robbins bedient hatten, taten sie dies auch noch mit dem Titel der CD, die sie »Aromatik« tauften. Darauf fingen sie verschiedene Stimmungen ein. Manchmal klangen sie fröhlich und heiter und manchmal traurig oder sogar depressiv. Wichtig war, daß die Songstruktur in jedem Track erkennbar war. Besonders eindrucksvoll war hierbei die Stimme von Sarah Doering, die dem Pop-Core oder Trip-Pop das gewisse Etwas verlieh. Im Herbst 99 stellten sie sich auf einer Tournee live vor und nahmen hierzu einen Schlagzeuger mit.

Discogr.: Extraordinary (1999, MCD – Columbia), Aromatik (1999, Columbia). Kontakt: Columbia, Stephanstr, 15, 60313 Frankfurt/M. Hidden Force Music, Lichtstr. 38, 50825 Köln E-Mail: hfmusic@netcologne.de • Internet: www.bandaloop.de

BAP

Wolfgang Niedecken (V) Sheryl Hackett (Perc) Werner Kopal (B) Helmut Krumminga (G) Michael Nass (Key) Jens Streifling (Gebläse/G) Jürgen Zöller (Dr)

Seit 1979 »Andere Kölsche Lieder« erschienen sind, spielten sich BAP, die Band um den Sänger und Maler Wolfgang Niedecken, auf Rang 1 der Mundartrocker hoch. Bei der Produktion »Affjetaut« tauchte erstmals Gitarrist Klaus »Major« Heuser in der Band auf. Er und Niedecken ergänzten sich in den folgenden 20 Jahren nahezu ideal. Heuser sorgte für den rockigen Sound zu den aussagekräftigen Texten des Sängers. Die dritte Veröffentlichung »Für usszeschnigge« brachte ihnen den verdienten Durchbruch, erreichte Platz 1 der Charts, hatte mit den Titeln »Müsli Män« und »Waschsalon« zwei Kulthits und mit »Verdamp lang her« den Dauerbrenner schlechthin. Das Album »Vun drinne nach drusse« konnte an den Erfolg anknüpfen, wobei mit »Kristallnaach« einer der eindrucksvollsten Titel ihrer gesamten Karriere enthalten war. Mit der Single »Fortsetzung folgt« aus »Da Capo« von 1988 gelang ihnen ein weiterer großer Hit. 1991 hielten sie als eine der wenigen deutschen Bands den Mundartrock aufrecht und erreichten mit dem Album »X für'E U« wieder die Nummer 1 der Charts. Gegen den

Bandaloop

aufkommenden Nationalismus wandten sie sich 1993 in »Widderlich«. Zwischendurch gelang es ihnen, in Peking die Chinesen zum Absingen Kölscher Lieder zu bewegen. »Amerika« stellten sie 1996 mit Gigs in deutschen Bahnhöfen vor. 1999 folgten nach »Comics & Pin Ups«, das von 0 auf Platz 1 der Charts schoß und zeitlos schönen Rock enthielt, einschneidende Änderungen im Line-up. Nach einer erfolgreichen Jubiläumstournee stiegen der Keyboarder Alexander Büchel und der Major aus. Mit dem Keyboarder Michael Nass, dem Gitarristen Helmut Krumminga und der Percussionistin Sheryl Hackett eröffnete Niedecken das dritte Kapitel der Kölner Superband. Auf einer Promo-Tour durch deutsche Kinos stellte er die neue Besetzung und das dazugehörige Album »Tonfilm« mit acht Neueinspielungen alter Songs und acht neuen Liedern live vor. Alles über Bap ist in Niedeckens Buch »Verdamp lang her« enthalten.

Discogr.: (Auswahl): *Für usszeschnigge (1981), Vun drinne noh drusse (1982), Bess demnähx (1983), Da capo (1988), X für'E U (1991), Wahnsinn (Best of) (1995), Comics & Pin Ups (1999), Tonfilm (1999)*. Kontakt: EMI Electrola, Maarweg 149, 50825 Köln, F: 0221-4902-100. Internet: www.emimusic.de

BARBIE Q.
Maik Gon Jaeff (voc/b), Ahu (voc/g), Be Jammin' (voc/g), Nauke (dr)
Sie befassen sich nicht mit Plastikpuppen und haben mit Aqua nur gemeinsam, daß sie auch Popmusik mögen. Allerdings ist ihr Pop gitarrenlastig, wofür die Band die Bezeichnung Barbie-Pop wählte. Bassist und Sänger Gon und der Gitarrist Be kannten sich schon seit 1991. Beide schrieben ihre eigenen Songs und trafen sich oft am Wochenende, um sich ihre Kompositionen vorzuspielen und sich beim Arrangieren zu helfen. Sie bilden als Songschreiberduo den musikalischen Kern der Band. Es dauerte bis 1996, um unter dem Namen Barbie Q. gemeinsam aufzutreten. Nach einigen Konzerten in Kneipen und Musikklubs nahmen sie an dem in Dresden jährlich stattfindenden Wettbewerb »Bandüberfall« im Januar 97 teil und belegten dabei mit eigenen Titeln den ersten Platz. Seit einem Besetzungswechsel im September 1998 spielt Barbie Q. in der heutigen Formation. Alle Bandmitglieder hatten schon vorher musikalische Erfahrungen in anderen Bands gesammelt. 1999 bewarben sie sich um die Teilnahme an der Ausscheidung des Landes Sachsen für den f6 Music Award, den größten Bandwettbewerb der neuen Bundesländer. Sie kamen in die Endausscheidung und brachten die meisten eigenen Fans mit, von denen sie während des Auftritts lautstark bejubelt wurden. Bereits am Abend vorher hatten sie ein begeisterndes Gratiskonzert gegeben und dabei allen Besuchern für den Ausscheidungsabend einen Platz auf der Gästeliste angeboten. Viele nahmen dankend an. Über die Vorstellung beim Wettbewerb schwärmte Peter Matzke im Magazin: »Als der fesche Vierer dann loslegte, klappten reihum die Unterkiefer völlig ab – die Presselounge muß in diesen Minuten ein recht merkwürdiges Bild abgegeben haben. Barbie Q. boten eine Performance von atemberaubender Frische und Ursprünglichkeit. Die Jungs sind so unverbraucht wie ein frisches Tempotuch und liefern gleichzeitig eine rundherum professionelle Performance ab.« Der Sieg sicherte ihnen die Teilnahme an der Endausscheidung in Berlin. Eine erste CD ist in Vorbereitung. Da jeder

Barbie Q.

der beiden Songschreiber über 70 fertige Titel im Angebot hat, haben sie die Qual der Wahl, was letztlich zu hören sein wird.
Discogr.: Promo-CD (Eigenvertrieb). Kontakt: Maik Gon Jaeff, Demmeringstr. 38, 04177 Leipzig, T/F: 0341-4809792

BASEMENT APP.
Hubert Rössel (g/harp/cl), Christiane Hampel (s/voc/perc/dr/b), Margret McNair (s/voc/g/perc), Axel Ludwig (voc/Technik), Remy Schombora (dr)
Vor unseren Augen entfalten sich in unendlicher Weite sanfte Hügel. Wir sehen grüne saftige Wiesen und Wälder mit uralten Bäumen. In der Ferne glitzert silbern ein See. Darüber lacht der Himmel weißblau. Der Whisky liegt kastanienbraun im Glas. Entspannt lauschen wir den Klängen einer Gitarre. Hören wir Ry Cooder? Das Szenario erinnert an einen Film von Wim Wenders. Aber wir sind natürlich in Bayern und Gast bei Basement App. Diese Band wurde im Sommer 1990 durch den ex-Bluescrew-Rhythmusgitarristen Hubert Rössl gegründet. Sie spielen auf Folkblues-, Blues- und Bluesrockbasis eigene Nummern und einige wenige Covers traditioneller Herkunft, flexibel interpretiert, arrangiert und instrumentiert. Mit dem Start der Band wurde zugleich die erste CD »Basement App.« veröffentlicht. Hierbei zog die Presse Vergleiche mit den »Dire Straits« oder J. J. Cale. Live erspielte sich B. A. von Beginn an einen herausragenden Ruf. Alleine im Jahr 1991 wurden mehr als 50 Auftritte, überwiegend im süddeutschen Raum, absolviert. Mit der Veröffentlichung von »A View From Basement App.« setzten sie ihren Weg konsequent fort. Dazu gehörte unermüdliches Touren. Sie waren auf Veranstaltungen wie Kunstausstellungen und Privatfesten ebenso zu finden wie in Kneipen, Clubs, in Hallen oder auf Open-Air-Bühnen. Zu der dritten CD »Move On Your Heartbeat« meinte die Zeitschrift Soundcheck: Die Band »spielt Bluesrock und Countrypop mit viel Eleganz und Ausdruck und erinnert mit ihrer Fähigkeit, Musik fließen zu lassen, an Größen wie Little Feat oder Grateful Dead.« Es folgten gemeinsame Auftritte mit Donovan und Ralph McTell. Auch bei den Bikern war die Gruppe ein gerngesehener Gast. Um das musikalische Spektrum zu erweitern, setzten sie Instrumente wie Akkordeon, Maultrommel, Xylophon und Saxophon ein. Zur Bewahrung der Frische der Live-Darbietungen wechselte um den Kern der Band Rössel/Hampel öfter die Besetzung und für einzelne Auftritte wurden Gastmusiker herangezogen. 1995 folgte die CD »Backyard Of Desire«, worüber das Fachblatt Musikmagazin urteilte: »Sie bevorzugen eher ruhige Töne und haben mit viel Liebe zum Detail vierzehn schöne Songs aufgenommen. In den englischen Texten stehen menschliche Gefühle mit all ihren Nuancen im Vordergrund, die Inhalte werden mit den unterschiedlichsten Instrumenten eindrucksvoll umgesetzt.« In der Folge wurde es etwas ruhiger um die Band. Der allgemeine Trend des Besucherschwunds bei kleineren Konzerten machte auch Basement App. zu schaffen. Da Hubert Rössel seinen Mitmusikern feste Gagen garantiert, wurde manches Konzert zum Minusgeschäft. Für die jungen Jahrgän-

Basement App.

ge war diese Musik nicht zeitgemäß genug. Die im Jahr 1999 im Heimstudio aufgenommene CD »Minimal Changes« war eine weitere liebevolle Produktion mit stimmungsvoller Musik und solidem Songwriting, die entspannend wirkte und zum Träumen einlud. Da die Band über einen festen Fankreis verfügt und der Trend zu handgemachter Musik zurückkehrt, sehen sie hoffnungsvoll in die Zukunft.

Discogr.: Basement App. (1990), A View From... (1992), Move On Your Heartbeat (1993), Backyard Of Desire (1995), Minimal Changes (1998) (erhältlich bei: Black Ink Verlag, 86937 Scheuring, F: 08195-434). Kontakt: Basement App., Alte Schule, 86928 Hofstetten, T: 08196-1466. Internet: www. blackink.de

BASTARD

Frank Becker (voc/g/harp), Dirk Gauer (g/voc), Mattes Liesen (b), Karsten Wernet (dr)
Ursprünglicher gitarrenbetonter Rock in der reinsten Form ist das Markenzeichen von Bastard aus Saarwellingen. Sie laufen nicht dem Trend hinterher, sondern warten darauf, daß dieser zu ihnen kommt. Im November 1993 begannen sie, einige Rockstandards einzuüben. Irgendwann entschlossen sie sich, professioneller an ihr Hobby heranzugehen und begannen mit dem Schreiben eigener Songs, wobei sie ihre Inspiration aus der Musik von Bands und Künstlern wie Thin Lizzy, Rose Tattoo, Rory Gallagher, Neil Young und Bob Dylan holten. Unter der Leitung des Dänen Jes Kerstein nahmen sie im Oktober 96 ihre erste Mini-CD mit vier eigenen Songs auf, wovon die Erstauflage von 550 Stück innerhalb kürzester Zeit ausverkauft war. Ihr erstes Album »Falling To Pieces« erschien im Dezember 98, wobei Jes Kerstein und Michael Schorlepp bei der Produktion geholfen hatten. Ihre Gigs absolvierten sie hauptsächlich im Saarland und in der Pfalz, sie spielten aber auch im übrigen Bundesgebiet und im benachbarten Frankreich. Besonderer Beliebtheit erfreuten sie sich bei den Bikern, auf deren Festen sie gern gesehene Gäste waren. Ihre Konzerte dauerten mindestens zwei Stunden, aber auch dreistündige Auftritte waren keine Seltenheit, wobei sie ihr Programm um einige Cover-Songs ergänzten. Die Saarwellinger Zeitschrift schrieb über einen Auftritt beim Open Air 98: »Nach dem ›Spiel mir das Lied vom Tod‹-Intro betraten die Lokalmatadoren Bastard nacheinander die Bühne. Die Mannen um Franz Becker rockten sich zwei Stunden durch ihr Programm von Eigenkompositionen und Coversongs und konnten so die anwesenden 400 Zuschauer zu regelrechten Begeisterungsstürmen hinreißen, was sich auch in der Anzahl der Zugaben der Hardrock-Band widerspiegelte.« Ein regionaler Hit gelang ihnen mit der im Saarwellinger Platt gesungenen Version des Bob Dylan Titels »Like A Rolling Stone«. Ob dieser Text von den Litauern verstanden wurde, ist ungeklärt, aber Tatsache ist, daß deren Edge of Time Magazin die CD »Fallen To Pieces« ausführlich besprach.

Discogr.: Demo (1996, MCD – Eigenvertrieb), Fallen To Pieces (1998, Eigenvertrieb). Kontakt: Mattes Liesen, Am Hochgerichtswald 19, 66793 Saarwellingen, T: 06838-984708 oder 0170-2136950

BATES

Zimbl (b/voc), Reb (g), Klube (dr)
Die Bates liebt man nicht wegen des Kunstgenusses, sondern weil es ihnen wie kaum einer anderen Band gelingt, mit

Bastard

ihrem Funpunk-Trash Spaß und Freude zu vermitteln. Für ihr Debüt im Jahre 1989 fiel ihnen kein Titel ein, deshalb nannten sie es »No Name For The Baby«. Die fun(tastischen) Punker erspielten sich im Laufe der Jahre ein Stammpublikum durch ehrliche, harte Arbeit. Kein Club war vor ihnen sicher, keine Fete wurde ausgelassen und immer gab es viel Wein, Weib und Gesang. Zwischen Göttingen und Fulda nahm die Verehrung kulthafte Züge an. Zwischen ihren Auftritten veröffentlichten sie immer wieder Tonträger. 1990 gab es das Album »Shake«. Dann war aufgrund des Ausstiegs ihres Gitarristen ein Jahr Zwangspause. Dafür waren sie 1992 besonders produktiv mit »Psycho Junior« und »Unfucked Live«. Schließlich wurde die Industrie doch noch auf sie aufmerksam und sie unterschrieben bei Virgin Records. Das selbstbetitelte Major-Debüt enthielt den Coversong »Hello« von Shakespear's Sister, mit dem sie in vielen Rundfunkstationen wahrgenommen wurden. Die Eigenbearbeitung fremder Songs, wobei sie meistens Popmelodien auf hart trimmten, wurde zu einem Markenzeichen der Band. Nach wie vor erzielten sie live die größte Begeisterung. Die Kritiker reagierten sehr unterschiedlich auf die Band, doch die freundlichen Beurteilungen behielten die Oberhand. In der Abendzeitung München wurde »Pleasure An' Pain« von 1995 sogar die CD der Woche. Die darauf enthaltene Version des Michael-Jackson-Hits »Billie Jean« erreichte die oberen Ränge der Charts. Eingestreute nachdenkliche Töne bewiesen ihre Substanz. Sie hatten sich endgültig etabliert. Doch auf ihren Platten entfernten sie sich immer mehr vom echten Punk. Dafür machten sie »nette Musik«, meinte jedenfalls ME/Sounds zu der 96er CD »Kicks'n'Chicks«. Solchen Beurteilungen steuerten sie mit der Live-CD »What A Beautiful Noise« entgegen, auf der sie ihrer ungezügelten Aggressivität freien Lauf ließen. Sehr kraftvoll, wenn auch mit mehr Pop, Rock und Rock'n'Roll, hörte sich auch das Album »Intra Venus« von 1998 an, zu dessen Gelingen Freunde wie die → Inchtabokatables und Till Scholze (Dog Food Five) beitrugen. → Klaus Cornfield zeichnete die Biographie der Band als Comic. Beigefügt war die für den Fan-Club gedachte CD »Punk?«. Danach verabschiedete sich der Gitarrist Pogo, dem der Job zu anstrengend geworden war. Auch ohne ihn klangen sie auch auf dem Album »Right Here Right Now« von 1999 sehr vital. Als erste Single koppelten sie den Titel »Bitter End« aus. Wie üblich gab es wieder Neueinspielungen von Fremdkompositionen. Diesmal nahmen sie sich Nenas »Leuchtturm« vor. Live verstärkte Tilman Schüßler von der Kasselaner Band Schüssler Dü die Band. Dafür durfte er sich Dulli Bates nennen. Anschließend feierten sie auf ihrer Clubtour wieder Party bis zum Abwinken.

Discogr.: No Name For The Baby (1989), Shake (1990), Psycho Junior (1992), Unfucked live (1992), The Bates (1993), Pleasure & Pain (1995), Kicks'n'Chicks (1996), What A Beautiful Noise – Live (1996), Intra Venus (1998), Right Here! Right Now! (1999). Kontakt: Virgin Schallplatten GmbH, Herzogstr. 64, 80803 München. Internet: www.virgin.de

Bates

BATS IN THE HEAD

Die Gruppe um den Österreicher Johann von Ciriacywantrup startete bereits 1988 in Köln unter dem Namen ODD, taufte sich später nach dem Einstieg der Sängerin Annett Thoms in Bats in the Belfry um und trat einige Zeit nach dem Umzug nach Berlin unter Bats in the Head auf. Als Bats in the Belfry avancierten sie im Kölner Raum zu Local Hereos, gewannen einige Bandwettbewerbe, nahmen drei Alben auf und absolvierten eine dreiwöchige Tournee durch Amerika. Bereits 1995 wählte das Fachblatt Musikmagazin Bats in the Belfry zur »Gruppe des Monats 10/95«. Ein Jahr später erschien die CD »Hardcore«, die sie im Powerhouse Studio in Chicago komplett akustisch eingespielt hatten. Nach dem bereits erwähnten Umzug nach Berlin und einigen Besetzungswechseln meldeten sie sich als Bats in the Head mit der neuen Frontfrau Kristin Target zurück und veröffentlichten 1999 das Album »Headroom«, das ein weites Spektrum von kühlem Jazz bis ehrlichem geradlinigem Rock abdeckte, immer getragen von der Stimme der ausdrucksstarken Sängerin. Plötzliche Tempowechsel und Dissonanzen wechselten mit harmonischen Abschnitten und forderten intensives Zuhören. Für das Bats in the Head-Album »Headroom« übernahm die in Speyer ansässige Plattenfirma Goodlife Records den Vertrieb.

Discogr.: Headroom (1999). Kontakt: Goodlife Records, St.-German-Str. 7, 67346 Speyer, F: 06232-290682. E-Mail: info@ goodlife-records.de • Internet: www.gaffa.de/ Home/Inhalt/html

B.B. & THE BLUES SHACKS

B.B. & The Blues Shacks aus Hildesheim gehören zu den erfolgreichsten deutschen Vertretern des 40er und 50er Revival Blues. Ihre durchschnittlich 150 Konzerte pro Jahr spielen sie außer in Deutschland in den Benelux-Staaten, Frankreich, Österreich, Schweiz und Skandinavien und gewannen im Laufe der Zeit einige Blues Awards. Ließ ihre erste Scheibe »Feelin' Fine Today« schon aufhorchen, verhalf ihnen der Erfolg von »Jive Talk Slow Walk« zur ersten Europa-Tournee. Die dritte CD »Reality Show« nahmen sie in Kalifornien mit Hilfe von Lynwood Slim und dem Motown Mann Jerry Hall auf. »Live At The Lucerne Bluesfestival« zeigte die unverfälschten Qualitäten der Band. 1999 waren sie mit einer Blues- und einer Swing-Edition auf dem Plattenmarkt vertreten.

Discogr.: Feelin' Fine Today (1994, Elbtonal/Indigo), Jive Talk Slow Walk (1995, Elbtonal/Indigo), Reality Show (1997, Elbtonal/Indigo), Live At The Lucerne Bluesfestival (1998, Elbtonal/Indigo), Swing Edition (1999, Elbtonal/Indigo), Blues Edition (1999, Elbtonal/Indigo). Kontakt: Elbtonal, Pastorenstr. 12, 20459 Hamburg, F: 040-375001-85

BE

Gregor Blumenthal (voc), Malte Hagemeister (g/voc), Sascha Schmidt (perc), Daniel Simon (b), Florian »Flo« Scheffler (tp/voc/keyb)
Ihr Live-Debüt gaben die als Session Band gegründeten Be am 19.3.94 auf der Stoned-Soul-Picnic-Party und die Presse sah »die irrste Mischung aus Live und HipHop Act, wie es sie so in Hannover noch nie gab«. Im Sommer 94 gewannen sie unter mehr als 700 Bands den Radio-FFN-Wettbewerb Local Heroes, der ihnen einen Plattenvertrag einbrachte. Bei ihrem Debüt »Bold« von 1997 stand zwar HipHop an erster Stelle, dennoch baute das Quintett Zitate aus allen möglichen Bestandteilen der Popmusik mit ein. Für ihr erstes Album erhielten Be aus Hannover eine Viva-Comet-Nominierung. Ihre Single »Black Rain« erreichte Dauereinsätze im Rundfunk und den TV-Musikkanälen. Danach spielten die Niedersachsen mehr als 200 Konzerte in ganz Europa, wobei sie sich mit den beiden fest integrierten Musikern Andie Linkert (Schlagzeug) und Samon Kawamura (DJ/Rap/Songwriting) verstärkten und in verrückten Outfits Partystimmung verbreiteten. Arno Frank Eser schrieb über

einen Auftritt im Münchner Schlachthof: »Einmal quer durch das Spektrum der jungen Musik und wieder zurück – Be aus Hannover wirkt mit seinem Seiltanz zwischen den Stühlen zwar unentschlossen, aber ungeheuer abwechslungsreich und reizvoll. Zumal es wirklich in der Lage ist, auf allen Hochzeiten gleich gut zu tanzen.« Be begannen, in Hannover ihr eigenes Studio aufzubauen. Die einzelnen Bandmitglieder beteiligten sich als Remixer oder Gastmusiker auf Platten von Jimmy Sommerville, Jazzkantine oder Bobby Brown. Beim nächsten Album »Orange« produzierten sie mehr als die Hälfte der 16 Tracks selbst und nahmen zusätzlich die Hilfe verschiedener, teils prominenter Produzenten wie Jens Krause (→ Fury in the Slaughterhouse), Mousse T., der schon eine Grammy-Nominierung erhalten hatte, Ingo Krause (→Ärzte/→Fantastische Vier) oder den Elektronik-Klangtüftlern Bolleshon & Buttrich in Anspruch. Entsprechend vielschichtig fiel die CD »Orange« aus – mit einer Mixtur aus Pop, Rap, Britpop, Soul, HipHop, Jazz und Psychedelic.

Discogr.: Bold (1997, EMI), Orange (1999, EMI). Kontakt: EMI Electrola, Maarweg 149, 50825 Hannover, T: 0221-49020. Internet: www.emimusic.de

BEATSTEAKS
Arnim Reutoburg-Weiß (voc/g), Peter Baumann (g), Alexander Roßwaag (b), Bernd Kurtzke (g), Thomas Götz (dr)
Die Beatsteaks starteten 1995 als Melody-Core-Band. Von ihrem ersten Demo »Beatsteaks – die Erste« verkauften sie über 1.000 Stück. Im August 96 gewannen sie einen Auftritt im Vorprogramm der Sex Pistols in Berlin. 1997 lieferten sie mit dem Album »48/49«, benannt nach der Hausnummer ihres Übungsraums, frischen Punk und Hardcore ab. Zur Release Party fanden sich mehr als 600 Besucher ein. Mit mehr als 4.000 verkauften Exemplaren verzeichneten sie einen Achtungserfolg. Im Konzert nahmen sie sich selbst nicht zu ernst und konnten den Spaß an ihr Publikum weitergeben. Sie waren ein Teil der »Monsters of Hauptstadt«-Tour, an der sich u.a. → Terrorgruppe, Mothers Pride und Mad Sin beteiligten. Außerdem überzeugten sie beim »Bizarre Festival« 1998 und zeichneten sich als Support von Faith No More, Dog Eat Dog und Bloodhound Gang aus. Schließlich wurden sie im Rahmen von Metrobeat von über 300 Fachleuten zum »besten Live-Act Berlins« gewählt. Zum Jahresende erhielt jeder, der ihren Gig im Berliner »Knaack« besucht hatte, eine 7" mit unveröffentlichten Songs. Bei einem Gastspiel in Amsterdam fielen sie dem Chef des Labels »Epitaph« auf und er nahm sie als erste deutsche Band unter Vertrag. Die Arbeiten an der nächsten CD fanden im ehemaligem DDR-Rundfunkgebäude in Berlin statt, während das Mastern in den USA erfolgte. Der unter dem Titel »Launched« zusammengefaßte Punk, Hardcore und Crossover klang im Vergleich zum Vorgänger melodiöser und poppiger. Als exotisches Schmankerl gab es eine Bluesrock-Coverversion von Manowars »King Of Metal« und den deutschsprachigen Rock'n'Roll Titel »Schluß mit Rock'n' Roll«. Vision wählte »Lunched« im Mai 99 zur CD des Monats. Es folgte eine Festival-Tour mit NOFX und Lagwagon, die sie auch nach Venedig und Barcelona

Beatsteaks

führte. Im Sommer standen sie im österreichischen Oberwart beim »Mind Over Matter« Festival in direkter Konkurrenz zu Sepultura, Dio und → J.B.O.
Discogr.: 48/49 (1997, XNO Records), Launched (1999, Epitaph/Edel). Kontakt: Landmann, T: 030-69409661. Internet: www.xno.net/beatsteaks

BEBORN BETON
Stefan »Till« Tillmann (keyb/dr), Michael B. Wagner (keyb), Stefan Netschio (voc)
Bereits im Alter von 14 Jahren entdeckte Till seine Liebe zur elektronischen Musik. Er lernte Klavier spielen und legte sich einige Jahre später seinen ersten eigenen Synthesizer zu, einen Korg MS 20. Er überredete seinen Freund Michael, den er beim Ausprobieren einiger Instrumente kennengelernt hatte, mit ihm eine Band in der Art ihrer Helden wie z.B. New Order, Human League, Tears for Fears oder The Cure zu gründen. Tills Schulfreund Stefan, der über eine geschulte Stimme verfügte, übernahm den Part des Sängers und Frontmanns. Der Name Beborn Beton symbolisierte das Umfeld, in welchem Stefan und Michael damals wohnten. 1989 veröffentlichten sie ihr erstes Tape. In der Folge entstanden bis 1994 einige weitere MCs, wovon einige Beiträge auf diversen Samplern erschienen, sowie die beiden Alben »Tybalt« und »Concrete Ground«. Diese bei Subtronic veröffentlichten Werke erregten erste Aufmerksamkeit im deutschen Untergrund. Der Wechsel zum Plattenlabel Strange Ways Records ermöglichte ihnen die Zusammenarbeit mit dem Produzenten Jose Alvarez, der schon → Wolfsheim und → De/Vision betreute. Mit dem Album »Nightfall« gaben sie 1996 ihr Debüt bei der neuen Firma, dem sie ein Jahr später »Truth« folgen ließen. Beide Alben hielten sich an die Musik ihrer Vorbilder, ohne diese zu kopieren. Inzwischen kannte man die Band in Deutschland so gut, daß sich das Label Dark Star entschloß, die beiden ersten Alben neu aufzulegen. Besondere Erfolge feierten sie in den Vereinigten Staaten, wo die Single »Another World« ein Club-Hit wurde und Einzug in die College-Radiostationen hielt. Mit der Single »Poison« schaffte Beborn Beton Platz 11 der deutschen Alternativ Single Charts. Diesen Erfolg toppten sie mit dem Album »Fake«, das auf Platz 8 der Alternativen Album-Charts kam. Das Trio begann schon früh, mindestens je ein deutsch gesungenes Stück in ihren Alben unterzubringen. »Fake« enthielt davon zwei Titel. Der amerikanische Vertrieb meldete, daß »Fake« zum zweitbestverkauften Album ihres Labels »A Different Drum« avancierte. Dieses Ereignis und ihr 10jähriges Jubiläum feierte die Band mit einer Deutschland-Tournee und einigen Auftritten an der Ostküste der Vereinigten Staaten. Da Beborn Beton Fans u.a. auch in China, Rußland, Brasilien, Asien und Australien hat, können in Zukunft noch weite Reisen gebucht werden.
Discogr.: Concrete Ground (1994, SPV), Nightfall (1996, Strange Ways Records), Tybalt (+ Bonus, 1997, Dark Star/Indigo), Truth (1997, Strange Ways Records), Another World (1997, Strange Ways Records), Concrete Ground (199, WVÖ – Dark Star/Indigo), Poison (1999, MCD – Strange Ways Records), Fake (+ Bonus-CD, 1999, Strange Ways Records). Kontakt: Strange Ways Records, F: 040-4307666. E-Mail: strangeways@compuserve.com • Internet: www.bebornbeton.de

BECKER, MERET
Meret Becker stammt aus einer Schauspielerfamilie und ist in diesem Fach international erfolgreich. Auf der Leinwand kennt man sie u.a. aus den Filmen »Comedian Harmonists« und »Rossini«. Neben ihrem Mann und ihrem Kind gehört ihre Liebe auch der Musik. Jahrelang trat sie in Berliner Kleinkunst- und Szenekneipen auf. In der »Bar jeder Vernunft« hatte sie einen festen Platz. Dort spielte sie u.a. mit den Gewinnern des deutschen Kleinkunstpreises »Ars Vitalis« ein Programm aus Komik und Dadaismus. Zusammen mit Nina Hagen

ging sie im Jubiläumsjahr auf ausgedehnte Tournee durch deutsche Theater. 1998 veröffentlichte sie ihre erste CD mit eigenen Texten und Kompositionen unter dem Titel »Nachtmahr«. In ihren neuen Chansons erzählt sie überwiegend bösartige, düstere und melancholische Geschichten, schafft es aber manchmal auch, einfach nur lustig zu sein. Zur musikalischen Untermalung benutzt sie auch singende Sägen, Spieluhren und eine Flaschenorgel. Unterstützung erhielt sie hierbei von → Ulrike Haage (Rainbirds), mit der sie auch in ihren Konzerten zusammenarbeitete.

Discogr.: Nachtmahr (1998, Universal). Kontakt: Universal Music Deutschland, Glockengießerwall 3, 20095 Hamburg, F: 040-30872655. Internet: www.universalmusic.de

BEGA, LOU
Lou Bega ist in München-Schwabing aufgewachsenen und Sohn einer sizilianischen Mutter und eines afrikanischen Vaters aus Uganda. Das Gefühl für Rhythmus und Lebensfreude lernte er in Uganda kennen. Eineinhalb Jahre lebte er in Miami, wo er von Exil-Kubanern in deren musikalische Welten eingeführt wurde. Er lernte, die Menschen zu bewundern, die trotz aller Armut fröhlich und ansteckend positiv waren. Seine Bühnenkleidung, entwickelt aus dem nostalgischen Havanna-Look der 50er Jahre, zeigt noch heute seine tiefe Verbundenheit mit diesen Menschen. 1988 hatte er sich kurzzeitig einer Rap-Formation angeschlossen. Da er aber lieber singen als sprechen wollte, verdingte er sich in den folgenden Jahren als Studiosänger für Background- und Zweitstimmen. 1999 nahm er den Titel »Mambo No. 5« auf, wo er unter Mithilfe von D.Fact das Originalstück »Mambo« des Kubaners Perez Prado mit Elementen aus Swing, Soul und Rap verband. Mit diesem Titel schoß er auf Platz 1 der deutschen Charts. Von der Nummer wurden mehr als 1.300.000 Einheiten verkauft und Platinstatus erreicht. Auch in Italien, Skandinavien, Spanien und vielen weiteren europäischen Staaten enterte »Mambo No. 5« die Hitparaden. In Italien hielt er sich viele Wochen auf Platz 1. Im Juli 1999 war Lou Bega Gast bei der Sommerausgabe von »Wetten dass... ?«, wo er auch das Album »A Little Bit Of Mambo« vorstellte. Schon nach der ersten Woche waren 200.000 Einheiten verkauft. Veröffentlichungen in England und USA folgten. Im September 99 waren »Mambo No. 5« und das Album die Aufsteiger der Woche und die Single erreichte die Top Ten der U.S.-Charts. In GB schoß der Titel von 0 auf 1 der Hitparade. Selbst in Australien und Kanada wurde er zum Mambo-König und ließ alle anderen hinter sich. Das begeisterte die Plattenfirma. Weniger die Oktoberfest-Kapellen, da die ständigen Rhythmuswechsel für die Blasmusiker ein harte Prüfung darstellten. Deshalb tauchte Bega selbst unangemeldet im Hippodrom auf und verursachte dabei tumultartigen Trubel. Als zweite Single stellte der Schwabinger den Titel »I Got A Girl« vor, der in der ersten Woche die Nr. 32 der Charts belegte. Lou Bega wußte zuerst nicht, ob er sich über seinen Er-

Lou Bega

folg freuen sollte, denn für seine Hobbys wie Kino, Fußball und Basketball blieb ihm nur noch wenig Zeit. Dafür war er mit einem Hit ein Weltstar geworden und erhielt außerdem eine Grammy-Nominierung in der Sparte »Best Performance«. Beim der Verleihung des Grammys wurde ihm zwar Santana vorgezogen, dafür heimste er in Deutschland den Echo für den erfolgreichsten deutschen Künstler im Ausland und die erfolgreichste deutsche Pop-Rock-Single ein.

Discogr.: Mambo No. 5 (1999, MCD – Lautstark/BMG), A Little Bit Of Mambo (1999), I Got A Girl (1999, MCD). Kontakt: RSPS, Postfach 2462, 72714 Reutlingen. E-Mail: rsps@rsps.de • Internet: www.rsps.de

BELL BOOK & CANDLE

Jana Groß (voc), Andy Birr (g), Hendrik Röder (b)
Mit Mittelalter verbindet sich nicht das Alter der Akteure, sondern die Herkunft des Bandnamens, der auf einen historischen Brauch der Hexenaustreibung zurückgeht. Hendrik und Andy lag als Sprößlingen der Puhdys die Musik im Blut. Sie hatten schon lange Erfahrungen als Studiomusiker und in verschiedenen Bands gesammelt, sogar zusammen in einer Band namens Rosalili gespielt, bevor sie mit Jana, die sie schon lange kannten, 1994 Bell Book & Candle gründeten. Jana war bis dahin als Bedienung in zahlreichen Berliner Kneipen tätig gewesen. Von 1994 bis 1996 entstanden im Proberaum zahlreiche Songs, die sie ab 1996 bei Konzerten zu Gehör brachten. Dabei bevorzugten sie starke Melodien mit Be-

at-, Folk- und Singer/Songwriter-Einfluß. Die ersten beiden Gigs wurden von der Band selbst finanziert. Sie unterschrieben bei »Turbobeat« einen Vertrag, nachdem sie von der Führung überzeugt waren, die aus ehemaligen Musikern und Produzenten besteht. Der Vertrag wurde von BMG/Hansa übernommen, wo im Juni 1997 die MCD »Rescue Me« erschien. Nach einer gewissen Anlaufzeit wurde die Single ein Riesenerfolg, brachte die Band an die Spitze der Hitparaden, zum Dauereinsatz im Rundfunk und Fernsehen und auf die Titelseite von Bravo und anderen Zeitschriften. Veröffentlichungen in 25 Ländern und Charts-Erfolge in mehreren europäischen Ländern folgten. Für das im Januar 1998 veröffentlichte Album »Read My Sign« steuerte sogar Sheryl Crow einen Song bei, nachdem sie durch Zufall an Material der Gruppe gelangte, welches sie begeisterte. Die Kritiken auf den ersten Longplayer waren unterschiedlich. Fehlende Eigenständigkeit und zu stark auf Radiotauglichkeit zugeschnittene Songs wurden bemängelt, der Gesang aber allgemein gelobt. Andererseits meinte das Magazin Gaffa: »Wahrscheinlich die Pop/Rockplatte des Jahres 1998.« Und die Zuhörer bestätigten diese Meinung, denn es wurden Platz 3 der Verkaufs-Charts und Platin erreicht. Auch in Österreich, der Schweiz und Schweden gab es entsprechende Auszeichnungen. Die Band gab Konzerte auf allen großen Festivals. Im März 1998 durften sie ihr Programm auf der Musikmesse in Austin/Texas vorstellen. Dies führte zu einer Veröffentlichung des Albums in den USA zu Beginn des Jahres 1999. Im österreichischen Nachbarland waren sie einer der Abräumer beim Donauinselfest 1998 in Wien. Hingegen bewies das Konzert in London, daß die Gruppe für den internationalen Markt noch an sich arbeiten muß. Dies trifft vor allem auf die Ansagen in englischer Sprache zu. Am 6.12.98 war das Stück »Bliss

Bell Book & Candle

In My Tears« als Titelmusik einer »Schimanski«-Folge mit Götz George zu hören. Zusammen mit dem Filmorchester Babelsberg wurde die Single am 10.12.98 von Bell Book & Candle bei der Verleihung der Goldenen Europa in der ARD vorgestellt. Auch dieser Ohrwurm erreichte wieder die Charts. Das Jahr 1999 war ausgefüllt mit dem Schreiben neuer Songs und den Aufnahmen zu einem zweiten Album sowie zumeist großen Konzerten. 20 Monate nach dem Debüt erschien der zweite Streich namens »Longing«. Ungewöhnliche Elektronikklänge bereicherten den Sound. Als Single gab es »Fire And Run«. In einem ihrer vielen Interviews teilten die Gruppenmitglieder mit, daß Essen eine gemeinsame Leidenschaft ist. Demnach bleibt zu hoffen, daß fette Erfolge das einzig Fette bleiben.

Discogr.: Rescue Me (1997, MCD – BMG Hansa), Read my sign (1998, MCD – BMG Hansa), Read My Sign (1998, BMG Hansa), See Ya (1998, MCD – BMG Hansa), Bliss In My Tears (1998, MCD – BMG Hansa), Longing (1999, BMG Hansa), Fire And Run (1999, MCD – BMG Hansa). Kontakt: BMG Berlin Musik GmbH, Wittelsbacher Str. 18, 10707 Berlin, F: 030-250-65. Internet: www.bmgentertainment.de

BEND

Ben Gash (voc/g/b), Torsten Sense (keyb/b), Tom Schneider (dr/perc/voc/b), Konstanze Beckelmann (voc/dr/b)

Ben Gash wurde 1960 in Sofia geboren. In den 70ern spielte er Schlagzeug in Bands wie Boom Fire oder Coffin, beeinflußt von Glitter, Soul Rock und Blues. Er drehte Kurzfilme und lernte die Malerei lieben. Mit dem Song »Maskulin Kombale« seiner Gruppe Arm war er bereits acht Wochen in den Berliner Indie-Charts vertreten. Dann gründete er zusammen mit Torsten Sense Bend. Die ersten Stücke wurden im Dezember 96 geschrieben. Tom Schneider hatte schon vorher mit Ben bei Pizza 6 gespielt und stieß zu der Gruppe, die Konstanze Beckelmann dann komplettierte. Im Juni 1997 spielten sie erstmals live zusammen. Sie wollten sich keine musikalischen Grenzen setzen. Genauso klingt ihr Album »Bend«, das am 23.2.99 veröffentlicht wurde. Für das Fachblatt Musikmagazin waren sie die interessanteste Entdeckung des Monats März 99. »Teilweise brettern sie gnadenlos modern und krachend los, um gleich in den nächsten Takten wieder in eine nostalgische 60er Jahre Rock- oder gar Soul-Attitüde zu verfallen. Sängerin Karin hat ein stimmliches Spektrum zu bieten, das ansatzweise an Marianne Faithful oder Julie Driscoll erinnert. Bend erfordert tolerante und vor allem offene Ohren.« Feedback: »Obgleich sich nämlich auch die vier bei so allem bedienen, was der moderne Rock und Pop zu bieten hat, überwiegt bei ihnen der künstlerische Aspekt. Allerlei Sperriges wird hier präsentiert, mit verschiedenen Techniken gespielt und der Stilmix konsequent ausgekostet.« Ab April 1999 waren sie mit den Aufnahmen zu der zweiten CD »Black Hand« beschäftigt.

Bend

Discogr.: Bend (1999, Music Enterprises), Black Hand (Music Enterprises); Aufnahmen von Ben Gash 1980-1994 mit der Gruppe Arm: Konstanzer Str. 4, 10707 Berlin, F: 030-8833864. Kontakt: ARM Berlin, T: 030-2625433. E-Mail: music.enterprises@t-online.de • Internet: www.palatina.de/musicenterprises

BENTON, FRANZ
Der in Ratingen bei Düsseldorf aufgewachsene Songpoet brachte sich das Gitarrespielen selbst bei. In der Schule spielte er noch ganz brav Fahrtenlieder, aber schon bald entdeckte er seine Liebe zu Songwritern wie Bob Dylan und Donovan. Mit seiner Band The Tickets nahm er 1967 an einem großen Wettbewerb teil. Sie gelangten in die Endausscheidung und durften im Finale in der Essener Grugahalle spielen, wo sie immerhin den 6. Platz belegten. Später schloß er sich für kurze Zeit der damals sehr bekannten Formation Embryo an. Doch er wollte lieber seine eigenen Geschichten erzählen. Mitte der 70er Jahre zog er sich in die Berge Andalusiens zurück, um in einem von ihm gebauten Haus autonom zu leben. Nach vier Jahren zerstörte ein Erdrutsch seinen Traum als Selbstversorger und er wanderte für die nächsten drei Jahre nach Los Angeles aus. Dort erhielt er Gigs in berühmten Clubs wie Roxy, Troubadour und Whisky. Wieder in Deutschland, bemühte er sich um einen Plattenvertrag und schickte seine eigenen MCs an Plattenfirmen und Verlage. Diese waren an ihm interessiert, aber hauptsächlich als Sänger. So sollte er einen Titel für den Grand Prix singen. Aber Franz Benton hatte seine eigenen Vorstellungen und versuchte, seine Werke an den Mann/die Frau zu bringen – und er hatte Glück. Die Mitarbeiterin einer Plattenfirma legte die MC ein, als sie Mitglieder der Gruppe Supertramp zu einem Konzert abholte und fragte gleich nach, was diese von dem Gehörten hielten. Supertramp fanden diese Musik wunderbar, und dies fand Franz Benton wunderbar, denn er erhielt den lange erhofften Vertrag. 1986 erschien sein Debut »Talking To The Wall«. Die angesprochenen Wände waren dann sehr weit entfernt, denn auf der Tour im Vorprogramm von Chris de Burgh spielte er ausschließlich in großen Hallen vor 10.000 – 20.000 Besuchern. Nur von seiner akustischen Gitarre begleitet, begeisterte er die Konzertbesucher und wurde fortan zu einer festen Größe in der deutschen Songwriter-Szene. Wie schon bei der ersten CD nahm er auch den Nachfolger »Promises« wieder in London mit internationalen Musikern auf. Die gleichnamige Single erreichte in Deutschland und Spanien die Airplay-Charts. Mit dem Titelstück des dritten Albums »Carry On« gelang es ihm wiederum, in die Rundfunkcharts einzuziehen. Auch die vierte CD »Love Is The Ocean« enthielt abermals filigrane Songs, die mit Harfe, Oboe, Akkordeon und Mandoline eingespielt wurden. Inzwischen hatte er Tina Turner, Joe Cocker und Eric Clapton auf ihren Tourneen begleitet und auf vielen Festivals gespielt. Obwohl er sich einen treuen Fankreis schaffen konnte und beim Publikum und den Kritikern gut ankam, stellte sich der große Erfolg nicht

Franz Benton

ein. Daran änderte auch das 94er Album »Dust To Gold« nichts, obwohl es mit »Would You«, einer mit Housegrooves unterlegten Hymne, einen Radiohit und Konzertknüller vorweisen konnte. Er gab eine Live-CD »Ungeschminkt« heraus und war der Erste, der dieses Wort anstatt »Unplugged« verwendete – es bedeutete, daß keinerlei Nachbearbeitungen vorgenommen wurden. 1995 erschien sein Gedichtband »Silbermohn« mit einer Auswahl der schönsten Strophen aus zwanzig Jahren. Dann begann er, einen Roman zu schreiben und produzierte für Anne Haigis die CD »Dancing In The Fire«. 1998 unterschrieb Franz Benton einen Plattenvertrag bei Zyx Music, wo im Frühjahr 1999 »Fragile« erschien. Feedback teilte mit: »Obwohl auf dem Silberling nicht unbedingt ein neuer Hit im Stil von ›Carry On‹, ›She's Mine‹ oder ›Would You‹ enthalten ist, hat Benton wieder ein absolut hörenswertes Stück Musik abgeliefert. Meine Favoriten heißen ›Don't go‹ und das deutsch gesungene Stück ›Wollt dir noch sagen‹.« Zu einem Auftritt im Herbst schrieb »Ton«: »Die Musiker, allen voran der mit einem stadiontauglichen Organ ausgestattete Benton, verausgabten sich völlig, und das Publikum reagierte mit tosendem Applaus und Wunderkerzen.« Für die ruhigen Zeiten gab es ein Balladen-Album unter dem Titel »Here's To You – Best Of... « In einer Auflage von 1.000 Stück, alle handsigniert und nur auf Konzerten erhältlich, konnten die Fans die CD »Ungeschminkt 1998« erwerben. Von dieser CD gibt es einen Ableger, der lediglich Texte von Franz Benton enthält und auf vielfachen Wunsch der Fans aufgelegt wurde. Im Herbst 1999 gab er dann Konzerte im kleinen, intimen Rahmen, in denen ihn seine Verehrer hautnah bewundern konnten. Als Dankeschön an sein treues Publikum bestimmten die Fans durch die Einsendung ihrer Wunschlisten das Programm selbst.

Discogr.: Talking to a wall (1986), Promises (Zyx Music), Carry On (Zyx Music), Love Is The Ocean (Zyx Music), Dust To Gold (1994, Zyx Music), Here's To You ... Best Of... (Zyx Music), Ungeschminkt ... Live 1994 (Eigenvertrieb), Ungeschminkt... Live 1998 (limitiert & handsigniert, Zyx Music), Ungeschminkt... Live – Die Texte (Zyx Music), Fragile (1999, Zyx Music). Buch: Silbermohn, Gedichte 1974-1994. Kontakt: Zyx Music GmbH, Benzstr./Industriegebiet, 35799 Merenberg. Internet: www.zyx.de/surf.to/ franz_benton

BERGER

Bereits im Alter von sieben Jahren griff Berger zur Gitarre, immer wieder sonntags, aber auch wochentags und manchmal auch nachts. Hatte er Ärger mit einem Anwohner, grüßte er freundlich und sagte: Hallo Herr Nachbar, nimm dir lieber Zeit für Zärtlichkeit. Er bevorzugte nicht Spaniens Gitarren, sondern vor allem elektrische. Wollte sich sein Vater über seine Fortschritte informieren, meinte er nur: Gib mir Zeit, wenn die Rosen erblüh'n in Malaga, bin ich soweit. Voller Zuversicht dachte er sich, was die Sterne lenkt, muß auch gelingen. Er schloß sich verschiedenen Bands an und spielte ein Traumboot Medley aus Punk, Rock, HipHop und Pop. Erste Erfolge erzielte er im Fieber der Nacht mit seiner Formation »Das Reinheitsgebot«. Nach einiger Zeit kam ein Talentsucher auf ihn zu und überredete ihn mit den Worten: »Geh' die Straße des Erfolgs, du und ich, wir machen unseren Weg« zu einer Solo-Karriere. Berger war klar: »Ich fand eine Hand«. Er war nun unabhängig und fühlte sich forever grenzenlos und frei. Als erstes nahm er die Single »Heiligenschein« auf. Zu einer Mixtur aus Rock, Pop, Swing servierte er gerappte Texte. Dem Studioboss drohte er: »Ich komm bald wieder, um meine erste eigene CD einzuspielen«. Dies machte er mit seinem Debüt »In geheimer Mission« auch wahr. In seinen Songs präsentierte er sich als »Schwein«, das verkündete: »Ich mach's mir gern«. Vor Frauen hatte er Angst, und interessierte sich eine für ihn, ließ er sie wissen: »Komm mir nicht zu nah«. Doch letztendlich war er doch neugierig. Der »Single« sagte sich: »Augen zu und durch« und »Hallo Großstadt, ich suche mir eine ›Königin der Traumfabrik‹«. Bald fand er die Gesuchte und mit einem »hallo, schöne Frau« überzeugte er sie, es mit ihm zu probieren. Er nahm seinen »Heiligenschein« ab und wurde zum »King for a day«. Leider war sie verheiratet und deshalb teilte sie ihm kurz danach mit: »Du solltest besser gehen«. Er wollte nicht und versuchte sie zu einem weiteren Treffen zu überreden. Sie sagte nur: »Gib mir einen Grund«, doch er konnte sie mit dem Argument, er sei »besser als das Letzte« nicht überzeugen. Trotzdem war Berger auf den Geschmack gekommen. Deshalb kletterte er wieder auf die Bühne, denn ein Musiker erreicht mit Gesang Wein und Weib am besten. Übrigens ist Berger ein Sprößling des Schlagerduos Cindy und Bert, der mit seiner eigenständigen Musik und den frechen Texten mehr als einen Achtungserfolg verbuchen konnte (Nichts für ungut).

Discogr.: Heiligenschein (1999, MCD – RCA/BMG), In geheimer Mission (1999, RCA/BMG). Kontakt: BMG Ariola Hamburg, Osterstr. 116, 20243 Hamburg, F: 040-912060.

Silke Besa

Internet: www.bmg.de • www.bmgentertainment.de

BESA, SILKE

Silke Besa (voc), Mick Scheuerle (g), Susan Reed (g/back.-voc), Bernhard Mohl (v), Stefan (Drums), Martin Fleck (b)

Die wilde Silke machte Ende der 80er Jahre im Stuttgarter Raum punkigen Deutschrock mit der Gruppe Placebos. Sie war in der Punkszene das weibliche Gegenstück zu der Band ihres Bruders, der mit Normahl im Süden Deutschlands sehr erfolgreich war. Dort arbeitete sie auch als Gastsängerin und leitete das Tourmanagement. Ihre aggressiven Ausbrüche ruinierten beinahe die Stimmbänder. Dies ist ein Grund für die rauchig heiser klingende Stimme. Plattenfirmen wurden auf sie aufmerksam, aber da gerade deutsche Texte angesagt waren, sollte sie in dieser Sprache singen. Aber mit Sturheit und Eigenwilligkeit bestand sie darauf, ihr eigenes Ding durchzuziehen. Und dies war sperrige, vielseitige Musik mit Einflüssen von Folk, Punk, Rock, Pop, Wave und Jazz, waren energiegeladene Songs und sparsam instrumentierte Balladen. Aus diesem Holz war dann die CD »Stop Talking« von 1994 geschnitzt. Sie enthielt das Lou Reed Cover »Femme fatale« und Eigenkompositionen von Mick Scheuerle, wozu sie die Texte beisteuerte. ME/Sounds nannte die CD »ein erfreuliches Debüt« und vergab 4 Sterne (von 6). Newmag nannte sie sogar »die Entdeckung des Jahres«. Die Presse zog Vergleiche zu Marianne Faithful und Hazel O'Connor. Liz Phair oder Ani DiFranco könnte man ebenfalls als Geistesverwandte nennen. Neben ihren Konzerten hatte sie Auftritte bei Viva, Sat 1, ARD und verschiedenen Regionalsendern. Ihr Lebensmotto und ihre Einstellung zur Musikindustrie tat sie noch auf der Folge-CD kund: »Don't Wanna Be Everybody's Darlin'«. Der Sound war diesmal deutlich härter als auf dem Vorgänger. Auch hier war wieder ein Cover zu finden, nämlich David Bowies »God Knows I'm Good«. Dies wußte vielleicht Gott, aber nicht der Plattenkäufer. Erwartungsgemäß blieben die wirklich großen Umsätze aus. Ab Oktober 1999 arbeitete sie an der nächsten CD. Es bleibt zu hoffen, daß die eigenwillige, aber sehr sympathische Sängerin nicht resigniert, sondern sich weiter treu bleibt und ihre Fans weiter mit unbequemer, aber ehrlicher Musik beglückt. Dies hat sie fest vor. Sie möchte mit ihrer Musik genauso umgehen wie mit den Pflanzen in ihrem Beruf als Landschaftsgärtnerin. Da sie leidenschaftlich gerne Konzerte gibt, hofft sie, daß sie entweder einen Sponsor findet, der eine Tour finanziert, oder durch gute Verkäufe der nächsten CD viele gute Auftrittsmöglichkeiten bekommt.

Discogr.: Stop Talking (1994, Deshima Music), Don't Wanna Be Everybody's Darlin' (1996, Deshima Music). Kontakt: Deshima Music, Friedrich-List-Str. 9, 71364 Winnenden, F: 07195-103330

BETRAY MY SECRETS

Harald Winkler (dr), Christian Bystron (g), Stefan Hertrich (voc)
Die drei Künstler vereint die Liebe zur meditativen orientalischen und afrikanischen Musik. Bei Betray my Secrets präsentieren sie Metal auf orientalischer Basis. Stefan Hertrich plante das Projekt und bat Christian Bystron von Megaherz um Hilfe. Harald Winkler hatte schon mit Stefan Hertrich bei Darkseed gespielt. Bei den Aufnahmen für die CD »Shamanic Dream« holten sie zur Unterstützung zehn befreundete ausländische Musiker, die alle mehrere Instrumente spielen konnten. Das Werteverständnis zwischen Gut und Böse, der Einklang mit der Natur und die Beschäftigung mit der Religion waren die Themen des Albums. Martin Kreischer hörte »Orient und Okzident in perfekter Harmonie«.

Discogr.: Betray My Secrets (1999) Shamanic Dream (1999, EP – Serenades Records/ Connected/Edel). Kontakt: Pias Recordings GmbH, Dittmar-Koel-Str. 26, 20459 Hamburg, F: 040-313437. E-Mail: info@pias. hh.uunet.de

BLACKMAIL

Mario Matthias (dr), Carlos Ebelhäuser (b), Kurt Ebelhäuser (g), Aydo Abay (voc)
Aydo lernte Carlos und Kurt kennen, als sie jeweils Verwandte besuchten, die sich in einer Klinik einer Entziehungskur unterzogen. Mario und die beiden Geschwister machten bereits seit dreizehn Jahren Musik und suchten für ihre Band einen Sänger. Aydo stieg 1993 ein und Blackmail war geboren. Sie boten ein von Stuart Bruce (Duran Duran, Frankie goes to Hollywood) produziertes Demo den großen Plattenfirmen an. Diesen war es jedoch nicht kommerziell genug. Dann gerieten sie an die Firma BluNoise. Im Oktober 1997 brachten sie dort ihr Erstlingswerk heraus. Dabei wirkten Seattle und Grunge nach. Eine Clubtour mit B-thong schloß sich an. Ab April 1998 begaben sie sich wieder ins Studio, um an ihrem zweiten Werk zu arbeiten. Dieses Mal machten sie sich von alten Einflüssen frei und produzierten Stücke, die aus satten schweren Gitarrenwänden und Popmelodien bestanden, die mit viel Liebe zum Detail ausgearbeitet waren. Unter dem Titel »Science Fiction« wurde die CD im Februar 99 veröffentlicht und von der Kritik einhellig gelobt. Alex Brandt schrieb: »Blackmail, die poppigste und melodischste Band der ›BluNoise‹-Familie, stellt definitiv eine der intelligentesten Lebensformen des Gitarrenrock-Universums dar, und zwar nicht nur auf nationaler Ebene.« Über ein Konzert im Gebäude 9 in Köln schrieb Daniel Müller: »Der Druck ihrer beiden letzten Longplayer wurde 1 zu 1 in den Saal geblasen und durch einen satten Berg an akustischen Totalausbrüchen der ganzen Band angereichert – noch nie habe ich ein so extrem lautes und zugleich unglaublich differenziertes Konzert gesehen. Da war man nach einer Stunde absurderweise richtig froh, keine Zugabe mehr hören zu müssen. Schön, daß es am Ende eines

Jahrzehnts der musikalischen Superlative noch solche kraftvolle Rockmusik gibt.« Nach einer ausgiebigen Deutschland-Tour und Auftritten auf vielen Festivals ließen sie ihr »Science Fiction«-Album von Fischmob, Plexiq, Scumbucket, Console und weiteren Künstlern remixen. Als dieses Album Anfang des Jahres 2000 erschien, arbeiteten sie bereits am Nachfolger.

Discogr.: Blackmail (1997, BluNoise/EFA), Science Fiction (1999, BluNoise/EFA), Science Fiction Remix Platte (2000 BluNoise /EFA). Kontakt: BluNoise, Landgrafenstr. 37-39, 53842 Troisdorf, F: 0224-42812. Tourinfo: 0561-7393260. Internet: www manic-music.com/blackmail

BLAU

Daniel Schuch (voc/g), Michael Hugel (g), Thorsten Maier (b), Robert Burgert (dr)
Die Karlsruher Band bezeichnet ihre Musik als Alternativ-Pop. Nachdem sie unter dem Namen Wild Milk englisch gesungen hatten, änderten sie im Januar 1997 Namen und Sprache. Als Blau spielten sie gefühlsbetonte melancholische, manchmal auch funkige Musik mit hörenswerten Texten. Das Rockbüro Backstage kürte sie zu den Newcomern des Jahres. Mit Hilfe des Drummers von Six was Nine spielten sie ihr erstes Demo ein und kletterten danach mehr als 40mal auf verschiedene Konzertbühnen.
Kontakt: Daniel Schuch, Kronenstr. 2, 76133 Karlsruhe T: 0721-9379044 oder Energie Musikverlag OHG, Bebelstr. 24, 44623 Herne - T: 02323-95360.

BLIND GUARDIAN

Hansi Kürsch (voc/b), Andre Olbrich (g), Marcus Siepen (g), Thomen Stauch (dr/ perc)
Blind Guardian sind nicht die blinden Leibwächter von Anwar al-Sadat, sondern eine Rockband aus Krefeld. In der ersten Bandphase nannten sie sich Lucifer's Heritage und veröffentlichten die beiden Demos »Symphonies Of Doom« (1986) und »Battalions Of Fear« (1987). Sie erhielten von No remorse Records einen Plattenvertrag. Unter dem neuen Namen Blind Guardian folgte 1988 eine überarbeitete Ausgabe von »Battalions Of Fear«. Obwohl sich das Debüt über 10.000mal verkaufte, wurde die anschließende Tournee aufgrund von Managementfehlern ein Reinfall. Auf dem Album von 1989 »Follow The Blind« experimentierte die Band erstmals mit Orchester-Passagen. Dieses Album gelangte in die japanischen Indie-Charts und damit erhielt der Vierer einen Vertrag für den asiatischen Markt. Eine weitere Steigerung war 1990 das Album »Tales From The Twilight World«, das sie im deutschsprachigen Raum 30.000mal verkaufen konnten. Vermehrt wurden epische Stücke und orchestrale Einspielungen, zudem Heavy- und Power-Metal zu Gehör gebracht. Virgin Records übernahm die Gruppe und 130.000 weltweit verkaufte Exemplare des 92er Albums »Somewhere Far Beyond« brachten sie an die Spitze der deutschen Metal-Szene. Die Japaner entwickelten eine besondere Liebe zu Blind Guardian. Eine Tour durch Hallen mit einem Fassungsvermö-

Blackmail

gen von 2.500 Personen war restlos ausverkauft. Die Live-CD »Tokyo Tales« dokumentierte diese Auftritte. Mit dem 94er Album »Imaginations From The Other Side«, das mit seinen ausgeklügelten Arrangements eine weitere Steigerung darstellte, gelang es ihnen, die Verkaufszahlen nochmals zu verdoppeln. Es folgte eine Headliner-Tour mit Nevermore, weitere Gastspiele in Japan und erstmals in Thailand schlossen sich an die Veröffentlichung des Albums an. Ein japanisches Heavy-Metal-Magazin schrieb als Hauptpreis eines Wettbewerbs einen Flug nach Deutschland mit einem Besuch im Studio von Blind Guardian aus. 1996 probierten die Krefelder wieder etwas Neues und spielten ein Album ein, das u.a. Cover-Versionen der Beach Boys (»Surfin' U.S.A.«) und Mike Oldfields (»To France«) sowie Akustikausgaben eigener Songs und eine Orchesterfassung von »Theatre Of Pain« enthielt. Andreas Schöwe würdigte die CD als Special-Tip des Monats: »Das Krefelder Quartett hat sich extreme Mühe gegeben, auf ›The Forgotten Tales‹ eine grandiose Spielfreude sowie seine mit den Jahren zweifellos gewachsene kompositorische Kompetenz zu demonstrieren. Hoffentlich weiß der Freund anspruchsvoller Rockmusik dies zu würdigen.« Diesmal führte eine Tournee das Quartett auch nach Südamerika. Euphorische Reaktionen führten zum Super-Group-Status. Zu einem »Judas-Priest-Tribute-Sampler« steuerten sie ein Stück bei, bevor sie sich an die Arbeit des ambitionierten Werkes »Nightfall In Middle Earth« machten. Die Story lehnte sich an Tolkiens Fantasy-Geschichte »Das Silmarillion« an und bewegte sich zwischen Speedpower, epischen Orchestereinspielungen und klassischen, akustischen Teilen. Flöten- und Violinen-Arrangements ergänzten das Klangbild. Jetzt waren sie in aller Munde. Rock-Hard gab bekannt: »Allen anderen (den Nichtfans von B.G.) sei gesagt, daß es derzeit wohl kaum eine Metal-Band gibt, die derart grandios gestrickte, mit brillanten Vocal-Arrangements versehene Songs mit Gänsehautmelodien und sehr niedrigem Abnutzungsgrad komponieren kann.« Der Hammer wählte »Nightfall...« zum Album des Monats und vergab die Höchstwertung. Die Belohnung war dann auch Platz 7 der deutschen Verkaufscharts. Für die Tour verstärkte sich B.G. mit dem Bassisten Oliver Holzwarth von → Sieges Even, der bereits an der letzten CD-Produktion beteiligt war. Ansonsten möchte die Band wieder neue Wege gehen und ein orchestrales Musical schaffen, wo der Anteil an Melodien noch höher ausfallen soll. Dabei wollen sie den Fantasy-Geschichten von Tolkien treu bleiben.

Discogr.: Battalions Of Fear (1988, No remorse), Follow The Blind (1989, No remorse), Tales From The Twilight World (1990, No remorse), Somewhere Far Beyond (1991, Virgin), Tokyo-Tales – live (1993, Virgin), Imaginations From The Other Side (1995, Virgin), The Forgotten Tales (1996, Virgin), Nightfall In Middle Earth (1998, Virgin). Kontakt:

Blind Guardian

Fanclub, Kai Karczewski, Hellkamp 54, 20255 Hamburg. Internet: www.blind guardian.com

BLIND PASSENGERS

Rayner Schirner (voc/programm.), Nik Page (voc/keyb/samples), Lars Rudel (g), Andy Laaf (Text)

Rayner und Nik stiegen 1987 als Blind Passengers in das deutsche Musikgeschehen ein. Sie kannten sich bereits aus der Schule und begannen als rein elektronisches Duo. Ihre musikalischen Vorbilder sahen sie in Depeche Mode und Anne Clarke. Mit einem Tonband tauchten sie beim SFB auf und reichten dort ihren Titel »Headlights« ein. Die Hörer wählten die Nummer in die Hörercharts auf Platz 4. Zwar wurde damals schon die Plattenfirma Hansa auf die Gruppe aufmerksam, doch man wurde sich nicht über einen Vertrag einig. Aus 2 mach 3 – ab Juli 92 waren sie ein Trio. Im Juni 93 konnten sie ihren Fans die erste CD »The Glamour Of Darkness« präsentieren, die sie zunächst noch in Eigenregie vertrieben und die später Strangeways Records übernahm. Danach gab es nach vielen Einzelauftritten die erste »richtige« Tour unter dem Namen Pop & Wave. Im Dezember 93 drehten sie ihr erstes Video »Walking To Heaven«. Obwohl schon weit oben, den Himmel erreichten sie nicht, waren aber immerhin Headliner der Electronic for Nature Tour. 1995 begleiteten sie Anne Clark und nahmen die CD »Destroyka« auf, die ihnen zum Durchbruch verhalf und nur knapp den Charts-Einstieg verpaßte. Sie tourten 1996 unentwegt, sogar zu sechst, da sie für ihre Shows Performance-Künstler mitgenommen hatten. Zu Weihnachten schenkten sie ihren Anhängern die EP-CD »The Forgotten Times« mit frühen Aufnahmen von 1990. Trotz vieler Auftritte arbeiteten sie 1997 an der CD »The Trash Inside My Brain«, die deutlich experimenteller als die Vorgänger ausfiel. Die Kritiker lobten das Werk, sprachen für die CD »eine ganz dicke Empfehlung« aus oder verstiegen sich sogar zu der Beurteilung »genial«. Durch den Einstieg von Ecki Stieg wurde aus dem Trio ein Quartett. David Bowie, Front 242, Prodigy und Sisters of Mercy waren nur einige, mit denen sie die Bühne teilten. Für ihre neue Plattenfirma nahmen sie 1999 die CD »Bastard« auf, ein hartes, doch tanzbares Album mit nur wenigen Popeinflüssen. Die Texte befaßten sich wie auf dem vorletzten Album mit Fortschritt

Blind Passengers

und Zerstörung, weshalb der Untertitel »The Trilogy Of Destroyka Part II« gewählt wurde. Die Metal-Zeitschriften Hammer und Breakout kürten die CD zur Platte des Monats. Nachdem sie den Charts-Einstieg zweimal nur knapp verfehlt hatten, konnten sie dieses Mal den Erfolg für sich verbuchen. Auch das Jahr 1999 war mit Konzerten ausgefüllt. Durften sie 1998 nach Slowenien, Litauen und Schweden fahren, ging es im Herbst 1999 in wärmere Gefilde, nach Mexiko. Nach einem Konzert während der »Fiestas de Octobre« in Guadalajara vor 8.000 Fans verunglückte der Tour-Bassist Christoph Zimmermann bei einem Flugzeugabsturz tödlich. Deshalb sagten die Blind Passengers die Tournee mit → Kreator und Moonspell im Januar und Februar 2000 ab. Die Fans mußten sich mit der Maxi-CD »The Glory Of Success« vom September 99 begnügen.

Discogr.: The Glamour Of Darkness (1993, Indigo), Destroyka (1996, SPV), Forgotten Times (1996, SPV), The Trash Inside My Brain (1997, SPV), Bastard (1999, Dragnet/Sony), The Glory Of Success (1999, Dragnet/Sony). Kontakt: Blind Passengers, P.O.Box 23, 15 824 Blankenfelde, T/F: 03379-38705. Mail: webmaster@bpfanbase.de • Internet: www. sonymusic.de • www.blindpassengers. de

BLOCHIN 81
Die fünfköpfige Berliner Band um den aus England stammenden Sänger Des Squire und den Radiomoderator Martin Petersdorf (dr) spielt moderne Popmusik mit swingenden Arrangements und Ohrwurmcharakter zum Mitsingen. Von ihren Demo-Tapes verkauften sie bei ihren Konzerten mehr als 500 Stück. Sie gaben u.a. den Support für Gene und → Ralley ab. Von ihrer ersten selbstproduzierten CD, auf 500 Stück limitiert, stießen sie alle Exemplare ab. Dies verdankten sie ihrem Ruf als phantastische Live-Band. Den bereits 1998 als 7" Single herausgegebenen Titel »Popstar« spielten sie für ihre Maxi 1999 neu ein, nachdem sie von dem Label Fritz – die Schallplatte einen Vertrag erhalten hatten und Indigo den Vertrieb übernahm.

Discogr.: Popstar (1999, MCD – Fritz – die Schallplatte/Indigo). Kontakt: Fritz – die Schallplatte, Kampstr. 1, 25355 Darmstadt, F: 04123-68009-25

BLÜMCHEN – JASMIN WAGNER
Ein Blümchen tauchte 1995 in der deutschen Musikszene auf und ließ sich bisher weder zertreten, noch abreißen und wegwerfen. Auf einer NDW-Party fiel den beiden Hamburger Produzenten Stani Djukanovic und Arn Schlürmann die damals fünfzehnjährige Schülerin mit ihrem Temperament und ihrer Natürlichkeit auf. Sie gaben ihr die Möglichkeit, den früheren NDW-Hit von Paso Doble »Herz an Herz« in einer Rave-Pop-Version einzusingen. Dies war der Startschuß zu einer Karriere, die wahrscheinlich nicht einmal die Macher im Hintergrund erwartet hätten. Ihre fröhlichen, auf Techno-Dance-Pop getrimmten Schlager verkauften sich all die Jahre. Sie hat viele Fans unter den ZahnspangenträgerInnen, noch mehr allerdings unter den zukünftigen ZahnspangenträgerInnen. Trotzdem gab es auch Zahngebißträger, die sich heimlich eine Blümchen-CD zulegten. Sie wurde zu einem der Lieblinge der Bravo-Generation, wobei natürlich Bravo selbst kräftig mitwirkte. Jede ihrer Singles erreichte die Charts, selbst mit ihren Alben landete sie in der Hitparade. Nur mit der Mini-Playback-Show in RTL landete sie auf dem Bauch. Dafür durfte sie in »Wetten, daß...?« fröhlich plaudern. Für die Alben »Herzfrequenz« und »Verliebt« gab es Gold. Daß sie Auszeichnungen von Bravo, Popcorn und Pop Rocky erhielt, war zu erwarten, aber sie war auch die Gewinnerin des Echo 97 und des Echo 98, des Preises der Deutschen Phono-Akademie, in der Kategorie »Erfolgreichste nationale Künstlerin« und bekam vom ZDF die Goldene Stimmgabel. Neben den Schweizern und Österreichern liebten auch die Ungarn die Sängerin, denn das

Album »Herzfrequenz« erreichte Platz 9 der dortigen Charts. Der Titel des 98er Albums »Jasmin« läßt vermuten, daß jetzt langsam der Übergang von »Blümchen« zu »Jasmin« erfolgen soll. Zu dem Song »Hand in Hand – Gewalt ist doof« leistete sie einen Textbeitrag. 1998 ging Jasmin ausgiebig auf Tour. MRT schrieb zum Auftritt in der Muffathalle: »Vierjährige irren sich nie: Der deutsche Popstar Blümchen lädt zum Familientreffen. Fest steht: Romantik siegt gegen Techno. Ihr miesepetrigen Kulturpessimisten. Ihr meint, daß alles den Bach runtergeht. In Wirklichkeit wiederholen sich die Dinge, und es wird weder besser noch schlechter. Gegen Blümchen läßt sich nur eines sagen. Sie ist jung. Und wir sind alt. Und das ist vor allem unser Problem.« Blümchen selbst erklärte dem österreichischen Libro-Magazin: »Ich glaube nicht, daß man erst einmal dreißig werden muß, um mit Erfolg umgehen zu können. Was zählt, ist deine Einstellung, und ich arbeite hart für die Sachen, die ich tue, und ich versuche, das Beste zu geben. Das ist etwas, das ich bei manchen Dreißigjährigen nicht kennengelernt habe.« Wo sie Recht hat, hat sie Recht. Egal, welche Einstellung man zu ihrer Musik hat, daß sie wirklich hart arbeitet, bewies ein Auftritt im Nachmittagsprogramm auf dem Donauinselfest 1997, wo sie eine kraftraubende Show bot, obwohl sie am Abend in einer anderen Stadt ein weiteres Konzert gab. Mehrmals stellte sie sich für karitative Zwecke zur Verfügung. So verkaufte sie für den Tierschutzbund in der Hamburger Fußgängerzone Gebäck. Als richtigen Job wird sie dies jedoch nie machen müssen, nachdem sie über 30 Millionen Einheiten ihrer Tonträger verkauft hat und von ihr nicht zu erwarten ist, daß sie ihr Geld ähnlich wie Konstantin Wecker verpulvert. Außerdem feierte sie weitere Erfolge wie die Nominierung seitens der Deutschen Phono-Akademie zum Echo-Preis oder von der Zeitschrift Bravo zum Bravo-Otto und nahm das Album »Live in Berlin« auf.

Discogr.: Herzfrequenz (1996, Edel), Verliebt – Die Goldedition (1997, Edel), Verliebt – Die Fanedition (1998, Edel), Jasmin (1998, Edel), Jasmin – Die Fanedition (1999, Edel), Heut ist mein Tag (1999, MCD – Edel), Live in Berlin (2000, Edel). Video: Blümchen 95 – 98 (1998, Edel). Buch: Blümchen – Backstage Report – das offizielle Fan-Buch – von Sonya Reiche; Kalender 2000 – Zomba. Kontakt: Blümchen Fanclub Fliegende Herzen, Schönhauser Str. 63, 13127 Berlin. Internet: www.edel.de/bluemchen

BLUMENTOPF

Kung Schu (MC), Holunder (MC), Specht (MC), Master P (MC), Sepalot (DJ)
»Kein Zufall« war es, daß das 97er Debüt der Freisinger Deutschrapper blendend angenommen wurde, denn ihr erstes Album erschien auf Four Music, dem Label der → Fantastischen Vier, das bei jeder Gelegenheit die jungen Bayern anpries. Ihre heitere Single »6 Meter 90« erreichte die Airplay-Charts im süddeutschen Raum und knallte auf den Tanzflächen und in den Konzerten. Ihre 98er Tournee absolvierten sie mit Texta und Total Chaos aus Österreich und traten

Blümchen

dabei auch auf dem Donauinselfest in Wien auf. Mit ihrem zweiten Werk »Großes Kino« ernteten sie großen Erfolg, denn sie kamen unter die Top 30 der Media Control Charts. In dem humorvollen Album mit Scratches und Samples aus den 60ern und 70ern fiel ihre Fähigkeit auf, Dinge genau zu beobachten und Ereignisse trefflich zu analysieren. Die im Herbst 1999 begonnene »Großes Kino Tour« setzten sie im Januar und Februar 2000 mit ihren österreichischen Kollegen von Total Chaos fort.

Discogr.: Kein Zufall (1997, Four Music), Großes Kino (1999). Kontakt: Four Music Production, Mörikestr. 67, 70199 Stuttgart, F: 0711-96666401. Mail: FourMail@ compuserve. com • Internet: www.fourmusic. com

BLUMFELD

Jochen Distelmeyer (voc/g), Peter Thiessen (b/g/back.-voc), Michael Mühlhaus (keyb/synth/vib/back.-voc), André Rattay (dr/vib)

Die ersten Lebenszeichen von Blumfeld erklangen 1991 auf dem Plattenmarkt mit der ersten 7" »Ghettowelt«, der 1992 die Doppel 7" »Zeitlupe/Traum:2« folgte. Als sie 1992 die erste CD »Ich-Maschine« veröffentlichten, damals noch als Trio ohne Keyboarder und mit Eike Bohlken am Bass, bezeichnete ME/Sounds das Werk als einen »Aufschrei vereinsamter Intelligenz«, vergab aber trotzdem nur vier Sterne, was bewies, daß die Gescheiten in Deutschland in der damaligen Zeit nicht genügend gefragt waren. W.H. schrieb zu der CD: »Trotz der Geschwätzigkeit und trotz des oft krampfhaft-originellen Seminar-Deutsches mit seinen Bildungstrümmern ist ›Ich-Maschine‹ ein bedeutendes Stück deutscher Pop-Musik, da es Ausdruck der Irrungen und Wirrungen einer Generation ist. Von welcher deutschsprachigen Platte kann man das schon sagen.« Mit diesem Album sorgten sie für Furore in der Independent-Szene und avancierten zur Speerspitze des deutschen Untergrunds. Auf der Bühne imponierten sie mit ihrer Fähigkeit, zu lautem modernem Rock intellektuelle Inhalte zu vermitteln. So sah die Augsburger Szene ihren Auftritt im Oktober 94 als »eines der besten Konzerte des Jahres schlechthin«. Daß Blumfeld zu den besseren deutschen Bands gehörten, bewiesen sie auch 1994 mit ihrem Zweitwerk »L'etat et moi«, das intime, ironische und selbstironische, aber auch kritische Texte zu verzerrten, psychedelisch hypnotisierenden und manchmal auch speedigen Gitarren enthielt. Ohne großartige Werbung gelangte Blumfeld auf Platz 2 der Indie-Charts und Platz 96 der Media Control Charts. Für ihre Konzerte mußten sie mittlerweile größere Hallen buchen. 1996 verließ Bassist Eike Bohlken die Band. Peter Thiessen, Gitarrist und Sänger von → Kante, übernahm den verwaisten Posten. Verstärkt durch den Gastgitarristen Tobias Levin (Cpt. Kirk) begaben sich Blumfeld bis Ende 97 auf Tour. Anfang 98 stieß Keyboarder Michael Mühlhaus als festes Mitglied zur Formation. Da sie sich nicht den Gesetzen des Marktes unterwerfen und den Rhythmus CD-Tour-CD-Tour einhalten wollten, ließen sie sich bis 1999 Zeit, um das Album »Old Nobody« abzuliefern. Sie hatten den Mut, die CD mit einem sechsminütigen gesprochenen Gedicht zu beginnen. Trotzdem näherten sich Blumfeld mit dieser Veröffentlichung dem Pop. Das Eröffnungsstück »Tausend Tränen tief« konnte als Hommage an die Münchener Freiheit gesehen

Blumentopf

werden. Ansonsten fing die Band auf ihrer sentimentalen Reise durch die Gefühlswelt auch düstere und dunklere Stimmungen ein. Und es traf ihre Selbsteinschätzung zu: »Totgesagt und nicht gestorben geistern wir durch neue Formen.« Durch die neue Ausrichtung gewannen sie viele Fans hinzu, ohne die alten zu verlieren. Dies bewies sowohl die ausverkaufte Tournee als auch die hohe Chartplazierung. Außerdem wählten die Mitarbeiter von Spex »Old nobody« in der Jahreswertung 1999 zum Spex-Redaktions-Poll-Sieger.

Discogr.: Ich-Maschine (1992, What's so funny about/EFA), L'etat et moi (1994), Old nobody (1999, ZickZack/Rough Trade); weitere Veröffentlichungen (7", MCD) siehe Kontakt. Kontakt: ZickZack c/o What's so funny about, Schanzlerstr. 75, 20357 Hamburg, F: 040-4302565. E-Mail: zickzackhh@hotmail.com
• *Internet: www.zomba.de*

BLUTENGEL

Keine Angst vor Blut, Vampiren und S/M hat die Crew um Christian Pohl, der mit seinen Projekten Terminal Choice, Tumor und Seelenkrank bereits einer der Lieblinge der Elektro-Szene war. Tanzbare Rhythmen und eingängige Refrains führen in eine Welt aus Sehnsucht und Schmerz, wobei auch der Sex nicht zu kurz kommt. Die Gothic-Szene zeigt sich dankbar.

Discogr.: Child of glass. Kontakt: Out of line c/o Blutengel, P.O.Box 1127, 36094 Petersberg

BOA, PHILIP

Boa ist und war einer der eigenwilligsten Stars der deutschen Indie-Szene, der es mochte, wenn ihn seine Fans als Arschloch bezeichneten. Anlaß dazu lieferte er mit seinem rüden Auftreten oft genug. Aber er bekam auch den Titel »Kanzler des Crossover«. 1981 gründete er den Voodooclub und dann seine erste eigene Firma, um seine Platten selbst zu vertreiben. In seiner Musik verband er Gitarrenlärm mit nachvollziehbaren Melodien. »Philister« nannte er seine erste CD 1985. Mit »Copperfield« wechselte er zum Major Polydor. Sein erster Hit »Container Love« entstammte dem Album »Hair«. Sein Album »Hispañola« kam in der Jahreswertung 1990 unter die Top 100. Amerika und das Vereinigte Königreich wurden auf Boa & the Voodooclub aufmerksam und mit »This Is Michael« gelang ihm ein internationaler Erfolg. Anfang der 90er zog sich Boa nach Malta zurück. Von dort aus gelang ihm mit »Helios« 1991 ein weiterer Erfolg. »Live in Valetta« beinhaltete 1991 alle Hits des Voodooclubs. Aus »Boaphenia« von 1993 stammte einer der größten Hits, »Love For Sale«. Daneben eröffnete er mit dem Voodoo-Cult ein zweites musikalisches Standbein, mit dem er seiner Lust am harten Metal fröhnte. Das Konzept des Voodoo-Clubs hatte sich totgelaufen, wie die CD »She« bewies, auch wenn er inzwischen mit Dancebeats und Loops arbeitete. Folglich löste er 1997 den Voodooclub auf und veröffentlichte nach einigen Monaten sein Solo-Werk »Lord Garbage«, mit dem er an frühere Erfolge anknüpfen konnte, und auch die Reaktionen der Presse fielen durchaus positiv aus. Boa gelang ein Werk, das alte Qualitäten bewies, ohne sich neuen Einflüssen zu verschließen. Zu Beginn des Jahres 2000 veröffentlichte er die CD »My Private War«, die sofort nach Erscheinen in die Charts einstieg.

Discogr.: (Auswahl): Copperfield (1988, Polydor), Hair (1989, Polydor), Hispañola (1990, Polydor), Helios (1991, Polydor), Live – Exile on Valette Street (1991, Polydor), Boaphenia (1993, Polydor), Fine Art Of Silver (Best Of) (1998, Polydor), Lord Garbage (1998, Motor), My Private War (2000, Motor). Kontakt: Motor Music, Holzdamm 57, 20099 Hamburg F: 040-3087-2596. Internet: www.motor.de

BOBO (IN WHITE WOODEN HOUSES) – ALASKA

Die Band aus Halle/Saale um die stimmlich geschulte Pfarrerstochter gewann bereits den Leipziger Rockpreis, nahm eine MC auf, die bei den Konzerten reißenden Absatz fand und nahm in den Studios des Berliner Rundfunks ihr erstes Album auf, das sie auf ihrem eigenen kleinen Label vertrieben, bevor der Branchenriese Universal auf sie aufmerksam wurde. Dieser übernahm die nach der Band betitelte CD und stellte sie bundesweit vor, mit der Folge, daß die Band als hörenswertes Ergebnis der deutsch-deutschen Wiedervereinigung gefeiert wurde, der man zutraute, das Zeug zum Klassiker zu haben. Ihr halbakustischer Folkpoprock, größtenteils von Bobo komponiert und mit glasklarer Stimme gesungen, fand auch das Interesse von Viva und MTV. Gute Laune verbreiteten Bobo in White Wooden Houses sowohl auf ihrem zweiten Album »Passing Strangers« als auch auf der anschließenden Tour. Nach dem Ausstieg des Gitarristen Frank Heise ging Bobo auf dem Album »Cosmic Ceiling« Richtung elektronische Popmusik, ohne die gewohnten Songwriter-Qualitäten aufzugeben. Für das Album »Glow« gewann Bobo, inzwischen Solo, das London Session Orchestra unter der Leitung von Will Malone zur Mitarbeit und spielte viele alte Titel in vollkommen neuen Arrangements, wobei sie auf die klassische Rockbesetzung verzichtete. Ein Höhepunkt des Albums war zweifellos die klassische Interpretation von Soundgardens »Black Hole Sun«. Nach einer Babypause stieg Bobo unter dem neuen Namen Alaska wieder in die Szene ein.

Discogr.: Bobo In White Wooden Houses (1992, Polydor), Passing Strangers (1993, Polydor), Cosmic Ceiling (1995, Motor Music), Glow (1996, Motor Music

BÖHSE ONKELZ

Bei den Böhsen Onkelz handelt es sich um eine der umstrittensten Bands im deutschsprachigen Raum, die mit ihrem rauhen und derben Stadionrock die größten Hallen füllen. Ihre Vergangenheit bezeichnen sie selbst als Jugendsünde, inzwischen sind sie selbst Teilnehmer von »Rock gegen Rechts«-Veranstaltungen.

Viele deutsche Künstler und Journalisten nehmen ihnen den Wandel von Saulus zu Paulus allerdings nicht ab. Deshalb gibt es nach wie vor einen medienwirksamen Kleinkrieg zwischen den Toten Hosen, den Ärzten und den Onkelz. Auf ihrem ersten Album für den Major Virgin klangen sie zunächst sehr gezähmt. Auf »E.I.N.S.« ging es härter zu, wobei die Band politische Themen außen vor ließ. Das Album »Viva los tioz« erreichte mühelos Platz 1 der deutschen Charts. Ihre Single »Dunkler Ort« vom Januar 2000 belegte kurz nach Erscheinen Platz 1 der deutschen Hitparade und mit dem Album »Ein böses Märchen aus 1000 finstern Nächten« kündigten sie eine große Tour durch Deutschland und Österreich an.

Discogr.: (nach der Läuterung?): Hier sind die Onkelz (1995, Virgin), E.I.N.S. (1996, Virgin), Live in Dortmund (1997, Virgin), Viva los tioz (1999, Virgin), Dunkler Ort (2000) Virgin, Ein böses Märchen aus 1000 finsteren Tagen (März 2000) Virgin. Video: B.O.Tour 2000 (Winter 2000). CD-Rom: 20 Jahre Onkelz (2001). Kontakt: B.O. Management AG – F: 069-95967777. E-Mail: b.o.management@ onkelz.de • Internet: www.vorgin.de

BOILED KILT

Stewa (voc), Falk (g), Tober (dr), Fox (b), Marcel (g)

Boiled Kilt existieren seit 1995. Von Beginn an stand umfangreiches Touren auf dem Plan. Von März bis Mai 96 gaben sie mehr als 30 Auftritte als Support der Swamp Terrorists und → Think About Mutation. Ihr Weg führte sie auch nach Tschechien, in die Schweiz, nach Luxemburg und Österreich. Dazu präsentierten sie ihre erste CD »Broken Identity« mit sattem Hardcore, wo sie ihre versteckte Wut herausbrüllten. Ständige Auftritte hielten sie 1997 auf Trab. Sie standen u.a. mit Tienanmen, den → Blind Passengers, → J.B.O. und den Krupps auf einer Bühne. Dafür gab es 1998 eine halbjährige Konzertpause, während der sie sich mit den Aufnahmen zur zweiten CD »Boiled Kilt« beschäftigten. Es entstand eine Mixtur aus Hardcore, House'n' Techno, Trash-Metal, Dancegrooves und Melodie. Wollten sie mit dem ersten Album noch brutal schockieren, war jetzt Party mit dem Publikum angesagt. Die Veranstalter nahmen das neue Konzept an. Zu einem Auftritt von Sepultura in der Bochumer Zeche wurden sie im Juli 99 als einziges Vorprogramm verpflichtet und beim 6. »With Full Force«-Festival durften sie auf die Hauptbühne. Anschließend gab es im Herbst 1999 eine ausgedehnte Clubtour.

Discogr.: Broken Identity (1996, Twinline), Boiled kilt (1998, Twinline)
Kontakt: Schoelcke Promotions, P.O.Box 101019, 04010 Leipzig, F: 0341-3014809 E-Mail: mario.seelig@t-online.de • Internet: members.aol.com/BoiledKilt/boiled.html

BAND OHNE NAMEN (BON)
EHEMALS »DIE ALLIANZ«

Guy Cross (voc), Claus Capek (voc)
Der Deutsch-Amerikaner Guy und der Berliner Claus lernten sich bei der Produktion eines Präsentationsvideos über Berlin kennen, für das Claus die Musik geschrieben und Guy die Moderation übernommen hatte. Da sie musikalisch auf einer Welle lagen, gründeten sie Die Allianz. Um besser arbeiten zu können, zogen sie in eine Wohngemeinschaft. Sie wollten ihre eigenen Songs live vorstellen. Claus, der an der Musikhochschule Berlin studierte, stellte aus Studienkollegen eine Band zusammen. Damit gewannen sie 1997 den EVP Band Award, den Rio-Reiser-Preis und den Rockwettbewerb Brandenburg. George Glueck hatte schon → H-Blockx und → Lucilectric entdeckt und kümmerte sich fortan um die Formation. Annette Humpe, frühere Sängerin von Ideal, übernahm die Produktion des ersten Albums. Im Juli 1999 veröffentlichten sie die erste Single »Knockin'«, wobei sie deutsche Raps mit eingängigen, englisch gesungenen Refrains verbanden. Damit gelangten sie in die Media-Control-Charts. Schwierigkeiten bereitete der Gruppe die Beibehaltung ihres Bandnamens. Nachdem sie den Rio-Reiser-Song-Wettbewerb gewonnen hatten, wurden sie von dem Versicherungsunternehmen Allianz AG aufgefordert, sich umzubenennen. Die Künstler gingen darauf nicht ein. Nachdem eine außergerichtliche Einigung nicht zustande kam, erhob die Allianz AG Klage, definierte einen Streitwert von 1,5 Millionen DM sowie ein Ordnungsgeld in Höhe von 500.000 DM und warf ihnen Namensausbeutung vor. Die Band wollte sich nicht unterkriegen lassen und ließ in einer Stellungnahme verlauten, daß der Name das Zusammengehörigkeitsgefühl der Szene betonen sollte, ähnlich wie bei → Freundeskreis, Das Kartell usw. In erster Instanz waren sie mit ihrer Begründung erfolgreich. Die Klage wurde abgewiesen. Dagegen legte die Allianz AG Berufung ein. In der Berufungsverhandlung gewann die Versicherung und die Formation Die Allianz bekam bis zum März 2000 Zeit, ihren Namen zu ändern. Als »bon – Band ohne Namen« erreichten sie mit dem Titel »Boys« zum Jahrtausendwechsel die Top Ten der Single-Charts. Die Fans der Formation wollten, daß dieser Name beibehalten wird, weshalb auch die weiteren Veröf-

Boiled Kilt

Band ohne Namen (bon). Ehemals Die Allianz

fentlichungen unter bon – Band ohne Namen erfolgten
Discogr.: Knockin' (1999, MCD – Sony Music/X-Cell Records), Boys (1999, MCD), Sex Control (2000, MCD), No. 1 (2000). Kontakt: X-Cell Records, Wittellsbacher Str. 18, 10707 Berlin, F: 030-8852828. Internet: www.sonymusic.de • www.bandohnenamen.de

BONFIRE

Claus Lessmann (voc/ac-g), Jürgen »Bam Bam« Wiehler (dr/b/voc), Hans Ziller (g), Uwe Köhler (b), Chris Lausmann (keyb/g)
Aus der ehemaligen Schülerband Cacumen mit Claus Lessmann, Hans Ziller und Horst Maier-Thorn, die sich durch die deutschen Heavy-Clubs gehämmert hatte, entwickelte sich im Laufe der Jahre Bonfire. Ihre Managerin Heidi Weber verschaffte ihnen den Plattenvertrag bei RCA. 1986 erschien das Debüt »Don't Touch The Light«. Bei einem Auftritt beim Nürburgring-Festival bestanden sie neben internationaler Konkurrenz. Auch in der Münchner Olympiahalle konnten sie vor Z.Z.Top ihre Qualitäten beweisen. Die Titel »Don't Touch The Light«, »Starin' Eyes« und »You Make Me Feel« stießen auf viel Gegenliebe bei der Kritik, die in ihnen die Nachfolger der Scorpions sah. Der Nachfolger »Fire Works« verkaufte sich mehr als 100.000 mal, setzte sich in den Media-Control-Charts fest, erhielt hervorragende Rezensionen und verhalf ihnen zu einer äußerst erfolgreichen Headliner-Tour. Sie brachten es sogar zu einem Auftritt beim Reading Festival in UK. Die Titel »Ready For Action« und »American Nights« wurden Klassiker. Gründungsmitglied Horst Maier-Thorn mußte aus gesundheitlichen Gründen die Band verlassen und Ziller wurde während der Aufnahmen zum nächsten Album gefeuert und durch Angel Schleifer (Pretty Maids) ersetzt. Während die CD »Point Black« bei Publikum und Kritik wieder positiv aufgenommen wurde, versetzten die Musiker sich mit der schwachen CD »Knockout« den K.o.-Schlag. Lessman verließ die Band. Bonfire wurde aufgelöst. Lessmann versöhnte sich wieder mit Ziller, der mit seiner neuen Gruppe EZ Livin' ebenfalls nicht an alte Erfolge anknüpfen konnte. Sie nahmen den deutschsprachigen Ausstoß »Glaub dran« auf, wofür sie Ehrungen wie »die Arschbombe des Monats« erhielten. Das Album »Live... The Best« beinhaltete nach Meinung der Kritik äußerst schwache Aufnahmen. ACB teilte mit: »von dieser Scheibe kann man nur abraten«, obwohl er eigentlich ein Fan der Gruppe war. Ihr ehemaliger Bassist Jörg Deisinger besaß die Rechte am ehemaligen Gruppennamen. Lessmann/Ziller zahlten eine hohe Ablöse, um wieder unter »Bonfire« aufnehmen zu können. »Feels Like Comin' Home« war das Ergebnis, das in limitierter Auflage auch mit deutschen Texten zu erwerben war. Sie bekamen viel Presse und Rundfunkeinsätze und verkauften von dieser CD immerhin 20.000 Einheiten. Der Titelsong erschien auf »Kuschelrock 10«.

Bonfire

Auf einer ausgedehnten Promotiontour spielten sie unplugged und traten vor einem Bayern-München-Spiel im Olympiastadion auf. Rock Hard vergab für das Werk 8 Punkte (von 10) und meinte: »Freunde der Band dürften mit diesen Songs problemlos warm werden«. In GB wurde die CD ebenfalls sehr freundlich aufgenommen. Gordon Speirs vergab ebenfalls 8 der 10 Punkte und Mik Gaffney sah auf alle Fälle eine Besserung zu Werken wie »Point Black« und »Knockout«. Mit dem neuen Line-up gaben sie in Pfaffenhofen ihr erstes Konzert vor 2.800 Zuhörern. Dann arbeiteten sie an der nächsten CD, die unter dem Namen »Rebel Soul« im Herbst 97 veröffentlicht wurde. 1999 gab es dann »Fuel To The Flames«, das deutlich kräftiger als der Vorgänger ausfiel und sowohl im Guten wie im Schlechten an alte Zeiten erinnerte. Trotzdem war das Album für die Zielgruppe ein hochkarätiger Tip und kam in die Album-Charts.

Discogr.: Don't Touch The Light (1986, RCA), Fireworks (1987, RCA), Point Black (1989, RCA), Knockout (1991, RCA), Live... The Best (1993, BMG), Freudenfeuer (1996, LZ Records), Feels Like Comin' Home (1996, BMG), Hot And Slow – Best Of (1996, BMG), Rebel Soul (1997, BMG), Fuel To The Flames (1999, BMG). Kontakt: Hello Concerts, Schießgrabenstr. 2 ½, 86150 Augsburg, F: 0821-154020. LZ Records, Postfach 101050, 85010 Ingolstadt. E-Mail: HelloShow@ aol.com • bonfire@bingo.baynet.de • Internet: www.bonfire.de

BOOTLEGGIN' HOBOS

Marcus Staab (voc), Ralf Steinbacher (harm), Sven Schüpfer (ac-b/el-b), Gerhard Phillipp (dr), Thomas Lang (voc)

Mitte der 80er fielen dem damals 13jährigen Marcus Platten alter amerikanischer Blueslegenden in die Hand. Er überzeugte einige Freunde, eine Band zu gründen, die diese Musikrichtung vertreten sollte. 1987 begannen die Bootleggin' Hobos, mit Bluesrock ihren ersten Live-Erfahrungen im regionalen Bereich zu sammeln. Regelmäßigen Auftritten standen unregelmäßige Besetzungen gegenüber, wobei das Trio SSS (Steinbacher, Schüpfer, Staab) immer zum festen Kern gehörte. Mit dem Einstieg der ausdrucksstarken Sängerin Tanja Tischer im April 92 begann eine Rückbesinnung zum traditionelleren Blues. Ende 92 bereicherte der erfahrene Schlagzeuger Phillipp das Lineup der Band. Sein Debüt-Konzert fiel mit der Debüt-CD der Band zusammen. Am 29.1.93 schnitten sie ihren Würzburger Auftritt mit und veröffentlichten ihn auf der CD »Special Blues Meals All Night... Live«. Der Silberling fand in den Medien Beachtung, einzelne Titel daraus sendeten der Hessische Rundfund und der WDR. Das erste Album lehnte sich an den frühen britischen Bluesrock an, doch in der Folgezeit ging ihr Weg mehr zum traditionellen swingenden Jump-Blues mit leichten Rockabilly- und Jazz-Anklängen. Dabei kam besonders Tanjas Stimme zum Tragen. »Ain't Nobody Here But Us Chickens« trug der Stiländerung Rechnung und enthielt viele unbekannte Songs amerikanischer Komponisten der 40er und 50er Jahre. Lob für dieses Werk kam nicht nur aus Deutschland, sondern auch von der bekanntesten amerikanischen Blues-Zeitschrift, dem Living Blues Magazine. Den Song »No More Doggin'« übernahm Stumble Records auf ihren Sampler »Blues News Collection Vol. 1«. Nach Tourneen durch das In- und Ausland, bei denen die Konzerte durchaus auch vier Stunden dauern konnten, begannen sie Ende 97 mit den Aufnahmen zu ihrer CD »Jive Jungle«, die ausnahmslos aus eigenem Songmaterial bestand. Der Rolling Stone und die amerikanischen Magazine Living Blues und Blues Revue würdigten auch diesen Tonträger. Blues Revue 9/99: »Sixteen tracks makes for a long sequence, but all the songs hold up«. Das Blues News Magazin wählte das Album auf Platz 1 der Redaktionscharts. Auf dem »Blues News Collection Vol. II« Sampler landete diesmal das Instrumental »Würzburg Hop«. 1998 vertrat kurzfristig der renommierte Sänger Thomas Lang beim Würzburger Umsonst & Draußen-Festival Tanja Tischer. Als diese sich im September 99 aus beruflichen Gründen für ein Jahr in die USA verabschiedete, brauchten die Hobos nicht lange nach Ersatz zu suchen. Lang beschloß, in diesem Zeitraum mit ihnen auf Tour zu gehen.

Discogr.: Special Blues Meals All Night...Live (1993, Eigenproduktion), Ain't Nobody Here But Us Chickens (1995, Eigenproduktion), Jive Jungle (1998, Eigenproduktion) – erh. bei CrosscutRecords & Music Network Bremen Kontakt: Blues Promotion Staab & Steinbacher, Petrinistr. 11, 97080 Würzburg, T/F: 0931-284448. E-Mail: sven.schuepfer@merck.de • Internet: www.hobos.de

BOPPIN' B

Thomas Weiser (dr), Michael Treska (voc), Golo Sturm (g), Didi Beck (slap-b), Frank Seefeldt (s)

Schon 1985 versuchte die Schülerband den Geist und das Gefühl der frühen Fünfziger dem Aschaffenburger Publikum nahezubringen. Von Beginn an hatte die Rock'n'Roll- und Rockabilly-Crew Eigenkompositionen im Programm. Von 1986 bis 1988 trat sie hauptsächlich an den Wochenenden auf. Damit kam sie 1988 auf ca. 80 Shows. Allerdings mußte sie in diesem Zeitraum auch einige Besetzungswechsel verkraften. In Eigenproduktion wurde 1989 die LP »BeeBop« eingespielt. Der Rundfunk nahm Notiz von ihnen und im WDR und Tele 5 hatten sie ihre ersten Fernsehauftritte. Unter ihren 100 Konzerten 1989 waren auch die ersten im Ausland. 1990 steigerten sie die Zahl ihrer Auftritte auf 120, mußten dabei allerdings den Sänger wechseln. Die zweite CD »The Look« brachte MPR aus Wolfsburg 1991 heraus. Sie reisten nach Luxemburg, Frankreich, Dänemark, Belgien und in die Schweiz. 1992 gründeten sie mit der Boppin' B. GbR eine eigene Gesellschaft, mit der sie ihre Musikgeschäfte unter einen eigenen Hut brachten. Bei ihren 140 Auftritten im In- und Ausland waren eine Tour und Auftritte im Vorprogramm von Fats Domino, Pur, Chaka Khan und Badesalz. 1993 schafften sie es, 160 Shows zu geben und trotzdem die CD/LP »Go« einzuspielen. Diesmal mußten u.a. Little Richard und Chuck Berry nach ihnen spielen. Wieder ein Jahr später gab es auf CD/MC ihre »Hits« auf Mikado und ei-

Bootleggin' Hobos

ne Weihnachts-MCD auf NIWO-Records. Im September 94 kürte sie die Zeitschrift »Soundcheck« beim Demo-Check zum Monatssieger. Davon unbeeindruckt spielten sie das Vorprogramm bei DJ Bobo, Pur und Purple Schulz. 1995 wurde wieder der Posten des Sängers frei. Diesen übernahm Michael Treska. Bei den diesmal 180 Konzerten in halb Europa beehrten sie wieder einmal Fats Domino. Auf dem neu gegründeten bandeigenen Label FDR veröffentlichten sie 1996 ihre erste LP »Bee Bop« auf CD. Sie heizten den Backstreet Boys, Toto und Fools Garden ein, denn ihre Show war abgefahren, ausgereift und akrobatisch. Endlich hatten sie es geschafft, mehr als 200 Konzerte im Jahr zu spielen. Auch 1997 waren sie selbstverständlich im Radio und TV zu hören und zu sehen. Unterschiedliche Support-Aufgaben wie bei den Scorpions, Max Raabe und dem Salonorchester und Joe Cocker nahmen sie wie selbstverständlich wahr. Trotz 200 Konzerten spielten sie die CD »100 % Humba-Tätärä-Fisch-Mac-Tolle-Gefehlte-Cassette-Rock'n'Roll-Freundschaft« ein. Für die Fans der deutschen Sprache machten sie die Maxi »Ein toller Tag«. Mit vier deutschen Liedern konnten sie es sich erlauben, mit Guildo Horn auf einer Bühne zu stehen. Auch 1999 waren sie wieder auf jedem Fest, in jeder Halle und in jedem Klub zu finden, wo sie engagiert wurden. Selbst Sylvester kamen sie nicht zur Ruhe und läuteten im Kongresszentrum Basel das Jahr 2000 ein. 2000 erscheint eine Live-CD.

Discogr.: Bee-Bop (1989, LP – Eigenvertrieb), The Look (1991, LP, CD, Single – MPR Wolfsburg), Go (1993, MPR Wolfsburg), Hits (1994, Mikado/Rough Trade), Schöne Bescherung (1994, MCD – Niwo Records), Bee-Bop (1996, Re-Release auf CD – FDR), Hits (1996, Re-Release auf MC – FDR/Polymedia), 100 % Humba-Tätärä-Fisch-Mac...(1997), Ein toller Tag (1998, MCD), Boppin' B – live (2000) Videos: Live (1992, Eigenvertrieb), Live (1997, FDR). Kontakt: Boppin' B, Postfach 110140, 63717 Aschaffenburg, T: 0180-5212151, F: 06021-200153. E-Mail: Boppin98@aol.com
• *Internet: www.boppinb.de*

BRAINSTORM
Die Metal-Schwaben tummeln sich bereits seit 1989 in der Szene. Erst 1997 setzte ihr Debüt »Hungry« Akzente in Sachen süddeutscher Härte. Bei der Produktion des Nachfolgers »Unholy« halfen Dirk Schlächter (Gamma Ray) und Harald Spengler (ex-Stormwitch) sowie bei der Endabmischung Charly Bauerfeind (Blind Guardian usw.). In einigen Phasen härter als der Vorgänger schlich sich auch viel Melodie ein. Es folgten Touren durch ganz Europa mit Morgana Levy, Solitude Aeturnus und Skyclad.
CD: Hungry (1997), Unholy (1998, Last Episode/Edel). Kontakt: Edel Music AG, Wichmannstr. 4 Haus 2, 22607 Hamburg, F: 040-896521. Internet: www.edel.de

BRANDALLS
Markus Brendel (voc/ac-g), Wolfgang Liedtke (b), Günther Illi (g/b/keyb/programm.)
Wolfgang Liedtke und Markus Brendel spielten gemeinsam in Schülerbands, bevor sie es mit der Gruppe October im

Boppin' B

Stuttgarter Raum zu lokalem Ruhm brachten. Unter diesem Namen waren sie beim SDR-Talentwettbewerb als Sieger hervorgegangen. Nach Auflösung dieser Band 1995 wollten die beiden vorerst nur noch gemeinsam musizieren. Nachdem Günther Illi sich ihnen als Gitarrist angeschlossen hatte, waren sie zunächst ein reines Studioprojekt ohne Namen und ohne die Absicht, live zu spielen. Günter Illi war auch als Produzent tätig. Er erhielt den Auftrag, Musik für die Tatort-Folge »Das Mädchen mit der Puppe« zu schreiben. Allerdings schlug er dafür den bereits fertiggestellten Titel »Not The Time To Write A Love Song« vor. Dieser Song und ein weiterer namens »Puppets« wurden für den Film ausgewählt. Zur Veröffentlichung suchten sich den Namen »Brandalls« aus. Die Firma Virgin brachte die beiden Lieder als Single heraus, nahm aber die Option für ein Album nicht wahr. Deshalb gab es den Nachfolger »One Tangerine« bei Deshima Records. Auch dieser Song lief wieder im Fernsehen, und zwar in einer Folge der Serie »Marienhof«, wo die Gruppe auch bei einem Kurzauftritt zu sehen war. Inzwischen hatten sie sich entschlossen, auch Konzerte zu geben, wobei sie ihre Besetzung um einen Schlagzeuger und einen Keyboarder erweiterten. 1997 waren sie zum »Grushin«-Festival in Samara in der GUS eingeladen, wo sie ihr Programm vor mehr als 60.000 Zuhörern vorstellten. Im nächsten Jahr veröffentlichten sie die CD »Frequently« und die Single »Hope«. Zu der CD schrieb Feedback im Mai 98: »Könnte ein Riesenerfolg werden, diese Platte mit schöner eingängiger Rock-, Pop-, Folk- und Gitarrenmusik. Wir werden hier noch viel von hören, garantiert. Ganz schön catchy, dieser spielerische Sound. Geht sofort in die Gehörgänge und bleibt dort hängen.« Sie spielten in Balingen als Support von den Corrs, Joe Cocker und Tito & Tarantula, beim Eurofestival in Stuttgart mit Soraya, beim Summer Rock Festival in Bad Driburg/Neuenheerse und ließen eine ausgiebige Club-Tour durch Baden-Württemberg folgen. Über einen Auftritt in Weiler schrieb Dorothea Duschek: »Die Brandalls vermitteln ihrem Publikum den Spaß an der Musik. Auch in Weiler sprang der Funke schnell über und ihre Zuhörer ließen sich gerne auf die Stimmungen von Sehnsucht bis zur Harmonie ein. Die Bewunderer eines ganz in schwarz gekleideten Mannes auf der Bühne hängen fasziniert an seinen Lippen, verfolgen jede seiner geschmeidigen Bewegungen. Ihre Begeisterung ist unverkennbar, sie tanzen, klatschen, kreischen. Er bedankt sich mit einem Lächeln.« Obwohl sie keine Pilzköpfe hatten und auch nicht von Tausenden hysterischen Fans verfolgt wurden, nannte man sie bald die schwäbischen Beatles. Sie selbst waren anderer Meinung und sahen ihren Stil eher vom Sound der 80er Jahre beeinflusst, wie z.B. von The Cure, U 2 oder Big Country. Als nächstes ließen sie die Single »Wonderfly« folgen, die von der ARD als Titellied der »Schimanski«-Folge »Rattennest« bestimmt wurde. 1999 waren sie mit den Aufnahmen zu einer neuen CD beschäftigt, die sie nur für einige Auftritte im Sommer, wie z.B. beim U&D in Würzburg, unterbrachen.
Discogr.: Frequently (1998, Deshima Music, enthält alle Hits). Kontakt: Wolfgang Liedtke u. Markus Brendel, Tonweg 2, 71397 Leutenbach, F: 0711-524619

BRAUT HAUT INS AUGE, DIE
Katja Böhm (dr), Karen Dennig (keyb/synth/voc), Peta Devlin (b/voc), Bernadette Hengst (g/voc)
Die Braut haut ins Auge – das ist nicht die Geschichte der Boxweltmeisterin Regina Halmich und ihres ehemals beim FC St. Pauli spielenden Freundes, sondern eine dort ansässige Frauenband. Fünf Girls, die alle schon vorher musikalische Erfahrungen in gemischten Bands gesammelt hatten, trafen sich 1990, um die Tradition der 60er Jahre Girl-Groups in die 90er zu übertragen. In Clubs, auf Festen und bei vielen anderen Gelegenheiten

brachten sie ihr Programm zu Gehör. 1992 produzierten sie selbst eine Doppel-Single. Nachdem der Plattenvertrag nicht lange auf sich warten ließ, nahmen sie 1993 mit Frank Dostal (ex-Rattles) ihr erstes Album auf. Als eine der wenigen Frauenbands erhielten sie viel Presse und Auftritte in Rundfunk und Fernsehen, nachdem 1994 ihr Album auf den Markt gekommen war. Es folgte eine Tour durch deutsche und Schweizer Clubs. Während die Braut ihre Musik als perfektionierten Dilettantismus ankündigte, bezeichnete ein Münchner Journalist sie als »Musik zum Mitgröhlen«. Nach der anstrengenden Tournee stieg die Mitbegründerin Barbara Haas aus und »Die Braut...« setzte ihren Erfolgsweg als Quartett fort. Das zweite Album vom Herbst 1995 »Was nehm' ich mit« bezeichnete ihre Plattenfirma als »Hop'n'Roll Pop Cow Beat mit 80er Pop-Punk-Einflüssen«. Auffallend waren die diesmal tiefgründigeren Texte. ME/Sounds schrieb: »Kein Stück ist mehr als vier Minuten lang, jeder vorsichtige Punkriff wird sogleich von einer lustigen Orgel niedergeknutscht. Toll im Chor können sie singen, die vier Bräute, und richtig schmissig Twanggitarre spielen. Am Schluß steht eine Liebeserklärung an die Schellack-Platte. So wundersam wie die ganze CD.« 1996 und 1997 befand sich die Band permanent auf Tour, spielte 1996 auch in New York, Chicago und Nashville und war 1997 als einzige westliche und alleinige Frauenband auf einem der größten russischen Rockfestivals in St. Petersburg zu hören. Ein auf Super 8 gedrehtes 15minütiges Roadmovie zeigt u.a. Ausschnitte aus diesem Konzert, bei dem sie stürmisch gefeiert wurden. 1998 gab es dann die dritte CD, auf der sie behaupteten, »POP ist tot«, aber scheinbar widersprüchlich genau diesen ablieferten. Die CD war von Chris von Rautenkranz produziert worden, der schon für → Die Sterne, → Blumfeld, die Lassie Singers u.a. gearbeitet hatte. Der Sound war glatter und wurde einer Modernisierung unterworfen, setzte sich aber weiter aus 3-4-Minutenstücken zusammen, die Elemente aus dreißig Jahren Popgeschichte enthielten. Der »Rolling Stone« widmete der Gruppe zur Veröffentlichung eine eigene Seite. Die Braut haut ins Auge sind selbstbewußt, selbständig und ehrlich, aber nicht radikal feministisch. Sie fanden es lächerlich, daß bei einem Auftritt in einem Frauenzentrum kein Mann helfen durfte, die Geräte zu tragen. 1999 nahmen sie nach mehr als acht Jahren auf der Straße eine vorübergehende Auszeit. Im Frühjahr 2000 fühlte sich die Braut wieder frisch und stellte ihre wiedergewonnene Schlagkraft auf einer Clubtour unter Beweis. Zu bemerken ist noch, daß sie ihre 98er Tour extra vor die Fußballweltmeisterschaft legten, »damit wir uns jeden Abend besaufen, dabei Fußball gucken und die Kinder zum Bierholen schicken können«. Sie sind halt typische Mädels.

Discogr.: Die Braut haut ins Auge (1994, BMG), Was nehm' ich mit (1995, BMG), Pop ist tot (1998, BMG). Kontakt: Ja/Nein Musikverlag GmbH, Hallerstr. 72, 20146 Hamburg, F: 040-448850. E-Mail: JaNeinMv@aol.com • Internet: www.bmgentertainment.de

Die Braut haut ins Auge

BRINGS

Peter Brings (voc/g), Harry Alfter (g/voc), Stephan Brings (b/voc), Christian Blüm (dr), Kai Engel (keyb)

Bringt's Brings? Dies fragten sich viele, die nach Erscheinen des Debüts »Zwei zoote Minsche« in Brings die jüngeren Geschwister von BAP zu erkennen glaubten und für eine zweite Rockband mit Kölner Mundarttexten keinen Markt sahen. Die Verwandtschaft zu BAP wurde auch deshalb hergestellt, weil der Produzent der ersten Alben von Brings BAP-Gitarrist Klaus »Major« Heuser war. Doch Brings, die auch viele Stücke hochdeutsch sangen, zeigten es allen und spielten sich im Laufe der Jahre zunehmend frei. Nach dem zweiten Album »Kasalla« bestritt die Gruppe das Vorprogramm der Deutschland-Tournee von Tom Petty & the Heartbreakers und spielte in den größten Hallen Deutschlands. Doch auch dies brachte nicht den großen Durchbruch, vor dem sie immer wieder zu stehen schienen, der aber lange auf sich warten ließ. Die Rundfunkstationen brachten zwar Stücke aus den Alben »Glaube, Liebe, Hoffnung«, »Hex'n'Sex« (mit ex-Judas-Priest-Sänger Rob Halford) und »5«, aber ein richtiger Hit war nicht dabei. Nachdem Brings im Laufe der Jahre jede Menge Konzerte gegeben und sich einen hervorragenden Ruf als Konzertband erspielt hatte, war 1997 der Zeitpunkt gekommen, ein Live-Album in Angriff zu nehmen. Von ihrer Frühjahrstournee 1997 stellten sie elf Stücke aus Auftritten in Stuttgart und Köln zusammen, betitelten die Scheibe schlicht »Live« und präsentierten sie erstmals im Kölner Gefängnis Klingelpütz. Zu Beginn der Arbeiten an ihrem siebten Album kündigte die bisherige Plattenfirma EMI der Band, aber Chlodwig Musik nahm sie unter Vertrag und brachte 1999 das Album »Knapp« auf dem Markt, das Brings schon in der ersten Woche Platz 61 in den Album-Charts bescherte.

Discogr.: Zwei zoote Minsche (1991, EMI), Kasalla (1992, EMI), Hex'n'sex (1993, EMI), Glaube, Liebe, Hoffnung (1995, EMI), 5 (1996, EMI), Live (1997, EMI), Knapp (1998, Chlodwig/BMG Ariola). Kontakt: Chlodwig Musik GmbH, Hansaring 68 – 70, 50670 Köln, F: 0221-912693-33. E-Mail: ChlodwigMusik@t-online.de • Internet: www.brings.com

BRITTA

Christiane Rösinger (voc/g/Text), Juli Miess (b), Britta Neander (dr)

Nach dem Ende der Lassie Singers formierten Christiane Rösinger und Britta Neander 1997 zusammen mit Julie Miess »Britta«. Als Vorbilder gaben sie Lou Reed, Leonard Cohen, Joy Division, Ton Steine Scherben, Jane Austen und Heinrich Heine an. Die weibliche Post-Riot-Band brachte Kompositionen mit Ohrwurmcharakter, viel Bitterkeit und einer Portion Zynismus, daneben glaubten sie, ein Faible für Idioten zu haben. Die Texte handelten von der Suche nach Geborgenheit, der Sehnsucht, der neuen Bitterkeit und vom Zustand des Unglücklichseins und waren auf der ersten CD »Irgendwas ist immer« zu hören. Als Produzenten fanden sie Tobias Levin (Captain Kirk), der auch das Vibraphon und Harmonium bediente. Am Cello leistete Peter Thiessen von → Kante seinen Beitrag. Sie veröffentlichten das Album im Februar 99. Gleich zur Eröffnung gab es einen Text von Heinrich Heine und weiter enthielt das Album Querverweise zu

Britta

Schiller, Goethe, Günter Marquard und Rainer Maria Rilke. Wie zu erwarten, erwies sich die CD für die Hitparade als zu intelligent.

Discogr.: Irgendwas ist immer (1999, Flittchen Records/EFA). Kontakt: Flit 4 c/o Rösinger, Pücklerstr. 33, 10997 Berlin, F: 030-6187005. Mail: almut2000@berlin. snafu.de

BRIXX

Im Alter von fünf Jahren floh die gebürtige Ungarin mit ihren Eltern nach Deutschland und wurde in Kassel ansässig. Mit 16 hörte sie den Song »Bitch Better Have My Money« von AMG. Nachdem ihr der amerikanische Freund der Schwester den Text übersetzt hatte und sie empört darüber war, daß ein Mann so schlecht über Frauen sprach, schrieb sie das Lied »Dick Better Have My Money«. Mit ihrer Schwester und zwei Freunden war sie in der Band »Ain't No Joke«, wo sie diesen selbst komponierten Song auch einsetzten. Sie nahmen an einem Talente-Contest teil und gewannen unter 60 Mitwerbern einen Plattenvertrag. Dann wechselten sie den Namen und spielten unter Tibro die erste Single »Sonic Arts« ein. Bereits »Let Me Run It Down« und »Got Me A Man« machte einige Plattenfirmen auf sie aufmerksam. Zwei Amerikaner wollten sie managen und verschafften ihnen u.a. Auftritte im Vorprogramm von Da-Brat und → X-scape. 1996 brachten sie den Titel »Rap(proachment)« auf einem Sampler des Kölner Labels Groove Attack und »Ways Of Da Underground« auf der »Rugged'n'Raw«-Compilation unter. Im November gingen sie mit Yo-Yo, Lin-Que und McLyte auf »Queens of Hip Hop« Tour. Außerdem agierten sie 1997 als Support für Wyclef und die → Fantastischen Vier. Während der Popkomm in Köln standen sie mit Mobb Depp und Sir Menelik auf der Bühne. Ein von Brixx gerapptes und gesungenes Remake des Orange-Juice-Jones-Klassikers »The Rain« kam auf der Roey Marquis »III-Compilation« unter. Der große Erfolg stellte sich jedoch nicht ein. Columbia war aber von der Künstlerin überzeugt und bot ihr einen Solo-Vertrag an. Zusammen mit Shawn J. Period und Buckwild entstanden die ersten Aufnahmen in New York. Außerdem war sie auf vier Songs des Albums »Geheimrezept« der → Jazzkantine zu hören. Sie wirkte als Autorin auf dem Debüt von Brooke Russel »The Life I've Been Looking For« mit und war in zwei Songs des Walking Large Albums »Sell« zu hören. Dann spielte sie ihr eigenes Album »Everything Happens For A Reason«, das im Juni 99 veröffentlicht wurde, ein. Auf dem in New York sehr aufwendig produzierten Album standen ihr bekannte Kollegen wie u.a. Jane Blaze, Ava Denera, Camp Lo, Bahamadia, F.T., Mos Def und The Jazzyfatnastees zur Seite. Der große Erfolg blieb vorerst trotzdem noch aus, da die amerikanische Produktion für deutsche Ohren zu ungewohnt klang. Ende 1999 unterstützte Brixx zusammen mit → Cora E. Sabrina Setlur bei deren Hit »Hija«.

Discogr.: Everything Happens For A Reason (1999, Columbia/Sony). Internet: www. brixx.de

BRÖTZMANN, CASPAR (MASSAKER)

Thursten Moore von Sonic Youth bezeichnete Kaspar Brötzmann als einen der besten Gitarristen überhaupt. Der eigenwillige Hamburger erhält für seine Gitarreneskapaden im Ausland bedeu-

Brixx

tend mehr Anerkennung als in seiner Heimat. Wenig Bedeutung mißt er Vergleichen mit Jimi Hendrix bei. Seine Klangbilder sind oft brachial und nervenaufreibend, vermitteln aber auch viel Gefühl. In den Staaten spielte er im Vorprogramm von Helmet, absolvierte Auftritte als Gitarrist von Pigface und gab Konzerte mit Vater Peter, einem Freejazz-Pionier. Die erste CD von 1992 für Zomba hieß »Der Abend der schwarzen Folklore«. Das bisher letzte Album »Mute Massaker« spielte er ohne seine Massaker-Begleiter ein und lieferte wieder schwer verdaulichen Stoff für Experten.
Discogr.: (Auswahl): Der Abend der schwarzen Folklore (1992, Zomba), Merry Christmas (mit FM Einheit, 1994, Zomba), The Tribe (1998, Zomba), Black Axis (1998, Zomba), Mute Massaker (1999, Zomba). Kontakt: Zomba Records, Im Mediapark 6, 50670 Köln, F: 0221-912668-67. Internet: www.zomba.de

BRUDA SVEN

Der Stadtallendorfer Bruda Sven gab 1999 mit der CD »Patentierte Zungenakrobatik« und deutschem HipHop seinen Einstand auf dem Plattenmarkt. Dabei war Bruda Sven kein Frischling in der Szene, denn er vertrat bereits 13 Jahre die HipHop-Kultur, bis ihm Moses Pelham einen Vertrag gab. Bei seinem Debüt unterstützten ihn Xavier Naidoo, Illmatic und J-Luv und DJ Cherry, der für die Instrumentals verantwortlich war und Trompeten, orientalische Klänge, sphärische Flächen und Funk-Loops einsetzte.
Discogr.: Patentierte Zungenakrobatik (1999, 3p). Kontakt: Pelham Power Produktions 3p, Fuchstanzstr. 33-35, 60489 Frankfurt/M., F: 069-978270-40. Internet: www.3-p.de

BUDDY & THE HUDDLE

Roland Kopp (resophonic guitars/g/lap-steel-g/autoharp/perc/voc), Michael Ströll (g/bj/b/sampling/treatments/perc/voc)
Jahrelang kämpfte sich die »Blöde Hunde Bluesband« mit eigenem Material durch nahezu jede Kneipe, wo sie auftreten konnte, und lernte auf diese Weise Deutschland kennen. Doch den beiden Gitarristen wurde das Konzept zu eng und sie suchten sich neue Herausforderungen. Durch Zufall stießen sie auf Cormac McCarthy's Südstaatenroman »Suttree« und es setzte sich die Idee fest, dieses Werk als eine Art Hörfilm zu vertonen. Sie flogen nach Knoxville/Tennessee, um die Atmosphäre vor Ort aufzunehmen und Material zu sammeln. In vielen Gesprächen erfuhren sie viel über das wüste Leben in den 50ern und über die von McCarthy beschriebenen Personen. Erzählt wird die Story eines Aussteigers, der sein behütetes Elternhaus verläßt, um mit Randwelt-Existenzen ein elendes Leben in einem Hausboot zu führen. Noch in Knoxville wurden in den Underground Recording Studios die ersten Aufnahmen gemacht, die in Deutschland mit hochkarätigen Musikern beendet wurden, als Gesamtkunstwerk wurde die Bühnenshow entwickelt. Nach eigener Aussage war die Musik im Spannungsfeld zwischen Country-HipHop, gepflegtem Bar-Jazz und schrägen Instrumentals im Stil von Tom Waits angesiedelt. Das musikalische Spektrum reichte von Country-Schleichern bis hin zur Minimal Music. Gleichberechtigt zu klassischen Jazzinstrumenten wie Kontrabass und Vibraphon kamen Holzknüppel und Eisenplatten zum Einsatz. Ein Monochord, Klangobjekte, Dobros, Banjo, Mandoline, diverse Blasinstrumente und Streicher fügten sich in das musikalische Gesamtkonzept. Zuerst wurde im Herbst 1996 eine Vinylplatte veröffentlicht, dann folgte im Herbst 97 eine zweite Platte, später eine CD, auf der beide Produktionen zusammengefaßt wurden. Die Presse reagierte auf dieses Werk euphorisch. ME/Sounds vergab die Höchstwertung und im Rolling Stone konnte man lesen: »...und, ab und an, eine Platte, die das allgegenwärtige Gelumpe für eine Weile vergessen macht, die nicht nur aufhorchen läßt, sondern absorbiert, in ihren Bann zieht.« Die edlen Cover und die liebevollen Liner Notes machen diese Arte-

fakte zu einem wahrhaft mehrdimensionalen Erlebnis. Die Saarbrücker Zeitung nannte die Platten »eine Sensation«. Auch in England würdigte man im »Independent« das Werk mit einer halben Seite. Die Abendzeitung Nürnberg vergab dafür den »Stern des Jahres«, und vom Neumarkter Tageblatt erhielten sie den Kulturpreis 1998. Auch die Live-Umsetzung wurde bejubelt. Im Schwabacher Tageblatt stand: »Was dabei herausgekommen ist, faszinierte das Publikum in der vollbesetzten Kulturfabrik.« Ermutigt durch den Erfolg, wagten sich Buddy & the Huddle an die nächste Produktion, »Short Stories About Love, Hate & Other Banalities«. Die Texte basierten diesmal auf Kurzgeschichten und Episoden der Weltliteratur wie z.B. von Truman Capote, Li Taibo oder Robert Gerhard, die durch das Erzählen eigener Erlebnisse ergänzt wurden. Das musikalische Spektrum wurde erweitert. Es fanden sich Balladen, Country, Jazz, 60er Easy Listening und 50er Science Fiction-Schnipsel, Latin-grooves und diverse Klangcollagen auf der LP. Gesanglich wird diesmal besonders Andrea Bibel in den Mittelpunkt gestellt, deren variationsreiche Stimme schon auf der ersten CD und bei den Auftritten beeindruckt hatte. Auch diesmal erfolgte zuerst die Veröffentlichung auf Schallplatte. Die CD folgte am 6.4.99. W. Doebeling kritisierte im Rolling Stone: »›Short Stories‹ scheint profaner und durchsichtiger zu sein als sein Vorgänger, erweist sich nach mehrmaligem Hören jedoch als beinahe ebenbürtig. Bibi singt lead. Einschmeichelnd und anrührend, wenn leise und mit leichtem Hang zum Röhrigen, wenn laut. Ganz wunderbar sind Aufmachung und Klang, das Cover edel, die Akustik analog und gefühlsecht (zur Platte).« In Anerkennung ihres Schaffens erhielten Buddy & the Huddle 1999 den Förderpreis der Stadt Nürnberg. Im Winter 99 nahm die Gruppe eigenwillige Versionen der Beatles-Klassiker »Drive My Car« und »While My Guitar Gently Weeps« für eine Vinyl-Single auf. Derweil arbeitet die Band am nächsten Konzeptalbum, das den Menschen und Erfinder Thomas Alva Edison in all seinen Facetten zeigt. Ende Oktober 2000 findet in Roth bei Nürnberg die Premiere als Bühnenproduktion unter Einbeziehung von Schauspielern und Videoprojektionen statt.

Discogr.: Music For A Still Undone Movie Maybe Called Suttree (1997, LP – Ciclismo Rec.), More Music For A Still Undone Movie Maybe Called Suttree (1997, LP – Ciclismo Rec.), Music For A Still Undone Movie Maybe Called Suttree (1997, CD & LP 1 und 2 – Glitterhouse), Short Stories About Love, Hate & Other Banalities (1999, Ciclismo Rec./Glitterhouse), Drive My Car/While My Guitar Gently Weeps (2000, Vinyl-Single – Ciclismo Rec.), Edison (2000, CD – Glitterhouse/2 CD Ciclismo Rec.). Kontakt: Ciclismo Rec., Penzenhofener Hauptstr. 28, 90610 Winkelhaid, T/F: 09187-4995. E-mail: info@glitterhouse.com • Internet: www.glitterhouse.com

BUDDY, ANNIE

Die in Bamberg wohnhafte Singer-Songwriterin, Gitarristin und Pianistin Annie Buddy beschäftigt sich seit vielen Jahren mit klassischem Gesang und modernem Songwriting und singt im Chor der Bamberger Symphoniker und einem fränkischen Jazz-Trio. Sie fiel bereits 1995 beim Erlanger Newcomer-Festival positiv auf und die Nürnberger Nachrichten erwähnten sie 1996 lobend. Caotica bezeichnete die Sängerin mit der aus-

Buddy & the Huddle

drucksstarken Stimme als Bambergs zartestes Gewächs. Nachdem immer mehr Fans eine Platte forderten, nahm sie die CD »Somebody, Somewhere, Sometimes« auf, die besonders die Freunde amerikanischer Songwriter-Kunst erfreute. Für die Teilnahme an der Release Party bürdeten sich ihre Fans auch weite Wege von mehr als 100 km auf. Sowohl als Support von Rachel Morrison als auch beim Nürnberger Bardentreffen stellte sie ihre selbst geschriebenen Lieder vor.
Discogr.: Somebody, Somewhere, Sometimes (Eigenvertrieb)

BUMMTSCHACKS, SE

Sven Hieronymus (voc/dr/Dummgeschwätz), Jens Illmann (dr/g/keyb/voc/Medizin), Christoph Steigner (b/voc/Alkohol), Frank Wallmüller (g/voc/Grinsen/Zigaretten)
1996 machte es Bumm und tschak waren Se Bummtschacks da, und seit dieser Zeit lieben sie sich so sehr, daß sie unverändert durch dick und dick gehen. Ihre Mischung aus Comedy, Cover-Versionen und Selbstverbrochenem rührte »die etwas andere Bänt« aus Bodenheim bei Mainz zu einer mundenden Mätzelsupp'. Als 1997 Rheinland-Pfalz und der Südwestfunk den Talentwettbewerb »Unsere Bühne 97« ausrichteten, blies der Juke-Rock der Se Bummtschacks der Jury den letzten Rest Hirn aus deren Köpfen, was dazu führte, daß die Band zum Sieger gekürt wurde. Aus der Stadt gejagt, traten sie bundesweit auf Festivals und Stadtfesten auf. Mit dem Geld, das sie sich durch Klauen des Equipments gespart hatten, gründeten sie noch 1997 ihr eigenes Tonstudio. Selbstbewußt nahmen sie in kurzer Zeit ihr erstes Album »Wer probt hat Angst« auf, das bald awayable war, aber aach zum Fortschmieße. 1998 brachten sie die Leute für Manfred Mann's Earth Band in Stimmung und teilten sich u.a. mit Six was Nine und Captain Jack die Bühne. Nicht wenige fragten sich dabei: Comme dy aus de' Klappsmühl'?, wenn sie in immer neuen Verkleidungen skurrile Gags und derben Blödsinn aufführten. Mehr als 50 Auftritte im ganzen Bundesgebiet hinderten sie nicht daran, ihre zweite Studio-CD »Halldeimaul« und ihre erste Live-CD »Gassehauer« einzuspielen. Unterstützung erhielten sie von Sabrina Fettspur, Pur, der Kelly Family und Nena. Gegen Ende des Jahres 1998 bewarben sich die Bummtschacks um einen Plattenvertrag, den sie rechtzeitig im Goethejahr erhielten. Dadurch stand den Kulturschaffenden nichts mehr im Wege, ihre Kunst in ganz Deutschland zu verbreiten. Sie produzierten diesmal ihr Album »Halldeimaul II« unter professionellen Bedingungen. Dazwischen nahmen sie noch eine Fan CD für den 1. FSV Mainz 05 auf. Pünktlich zum Fasching veröffentlichte EMI im Januar 2000 die Single »Schunkel Schong« und im März 2000 stand die Release-Party des Albums an. Danach nahmen sie ihre Anhänger mit auf eine Reise ins Alditeuerland.
Discogr.: Wer probt hat Angst (1997, Eigenproduktion), Halldeimaul (1998, Eigenproduktion), Gassenhauer – live (1998, Eigenproduktion), Fan-CD (1999, Eigenproduktion), Schunkel Schong (2000, EMI), Halldeimaul II (2000, EMI). Kontakt: Se Bummtschacks, Schillerstr. 35, 55294 Bodenheim, T/F: 06135-2238. E-Mail: claudia.schwarz@emimusic.de

Se Bummtschacks

BUMS
Beim ersten Album von 1991 sangen sie den traditionellen Punk noch in Englisch. 1994 widmeten sie sich dem Fußball und huldigten (»Die Macht im Ruhrpott«) Borussia Dortmund. Die Band aus dem Ruhrpott verzeichnete mit ihrem Album »Fluchtpunkt Terror« einen Erfolg nach Maß. Das Album, das sich hauptsächlich aus früheren Samplerbeiträgen zusammensetzte, war eine der erfolgreichsten Neuerscheinungen des Deutschpunks des Jahres. Kompromißlose politische Texte zu schnellem Punk vermittelten sie auf der nächsten Scheibe »Räumt auf«.
Discogr.: *Dharma Blues* (1991, Welcome), *Die Macht im Ruhrpott* (1996, SPV), *Fluchtpunkt Terror* (1996), *Räumt auf* (1998, A.M.Music). Kontakt: A.M.Music, Robert-Bosch-Str. 3, 71088 Holzgerlingen, F: 07031-605503

BUSTERS
Hardy Appich (tp), Stefan Breuer (dr), Hans-Jörg Fischer (s), Robert Göhring (tb), Max Grittner (b), Jesse Günther (perc), Klaus Huber (voc), Stephan Keller (p, back.-voc), Alex Lützke (g), Peter Quintern (s), Markus Schramhauser (keyb/back.-voc), Markus Spengler (voc)
Die Busters sehen sich seit ihrer Gründung 1987 als Bewahrer der Ska-Musik. Sie wollen ihr den Platz in der Musiklandschaft sichern, den sie ihrer Meinung nach verdient. Als Quelle ihrer Inspiration berufen sie sich auf die Skatalites. Ins Leben gerufen wurde die Gruppe, nachdem sie im Wieslocher Jugendhaus ihrem Freund und späteren Manager Thomas Scholz den Geburtstagswunsch erfüllen wollte, ein einziges Mal vor Publikum seine geliebten Off-Beat-Klänge vorführen zu dürfen. Aus der losen Gemeinschaft erfahrener Musiker entwickelte sich eine Band. Schon dieses Konzert war mit 250 Zuschauern aus nah und fern eines der größten Musikereignisse in Wiesloch. Das zweite Konzert im bekannten Schwimmbad-Club in Heidelberg war zur Überraschung aller restlos ausverkauft. Ein von ihnen veranstaltetes Festival mit Skaos und → No Sports war das erste Ska-Festival auf deutschem Boden nach der Two-Tone-Ära. 1988 erschienen die ersten Aufnahmen für das Weser-Label. Die Stadtjugendpflege Wiesloch hatte bei der Finanzierung der ersten Single mitgeholfen. Die Single »Keen On Games/No Respect« fand viel Respekt. 1988 spielten sie innerhalb von 13 Tagen das Debüt »Ruder Than Rude« ein. Dafür übernahm das englische Unicorn-Label den weltweiten Vertrieb. Bundesweite Aufmerksamkeit und Radioeinsätze erhielten sie für die Ska-Fassung von »Don't Worry Be Happy« Ende des Jahres. Sie kam bis Platz 15 der EFA-Indie-Charts. Beim 2. Internationalen Ska-Festival in London waren sie als Headliner gebucht und erhielten dabei Unterstützung von Fatty, dem Sänger von Bad Manners sowie von der Ska-Legende Laurel Aitken. Mit diesem nahmen sie auch die Titel »Boogie With The Bartender« und »She Was My Girl« für ihre nächste CD »Couch Potatoes« auf. Eine gemeinsame Deutschland-Tournee schloß sich an. Dabei wurde der Titel »Summertime« zu einem »Alltime Favourite« der Fans. 1991 spielten sie u.a. in Toronto, Detroit, Washington, New York und Boston. Ihre Erfahrungen flossen in die nächste CD »Dead Or Alive« ein, wo der Ska mit Soul, Calypso, Reggae, Rock und Coun-

Busters

try angereichert wurde. Nachdem sie sich schon lange Zeit bei der Aktion »Ska Against Racism« engagiert hatten, nahmen sie neben den Toten Hosen und Herbert Grönemeyer an einem Konzert anläßlich der Großdemonstration gegen die Änderung des Asylrechts vor 150.000 Zuhörern teil. Das Staatliche Fernsehen Tschechiens lud sie zu einer Samstagabendshow ein. Sie wollten die Power und Leidenschaft ihrer Auftritte dokumentieren und gaben das Live-Album »Cheap Thrills« heraus. 1994 bereisten sie Kalifornien und Arizona. Mit Einflüssen aus HipHop, Acid Jazz, Klezmer und New Orleans Sound bewiesen sie auf der CD »Sexy Money« ihre Weiterentwicklung. Bei der anschließenden Tournee verkauften sie sogar die Hamburger »Fabrik« aus. 1995 traten sie als die einzigen Deutschen beim Jazz Festival in Montreux auf. Dabei begeisterten sie den Veranstalter so, daß er sie für 1996 gleich wieder einlud. Dazwischen arbeiteten sie an der CD »Stompede«, die sie u.a. in der Harald Schmidt Show, in Absolute Live bei NDR und in einem einstündigen Konzert bei »Live aus der Alabama« (Bayern 3) vorstellten. Die nimmermüde Formation machte im Rhythmus CD »Boost Best« und Tour-CD »Make A Move« und Tour weiter. Die Texte waren inzwischen nicht mehr so leicht zu verstehen, da sie auch in italienischer, spanischer, französischer und russischer Sprache sangen. Und während die Tonträger von der Kritik unterschiedlich beurteilt wurden, fanden die Butlers für ihre Show nur Anerkennung. Im November 99 erschien mit »Welcome To Busterland« ein neues Studioalbum, mit dem die Fans wieder sehr zufrieden waren.

Discogr.: Ruder Than Rude (1988, Indigo), Couch Potatoes (1989, Indigo), Dead Or Alive (1991 Indigo), Cheap Thrills (live), Sexy Money (1994, Indigo), Live In Montreux (1995, Indigo), Stompede (1996, Sony), Boost Best (1997, Sony), Make A Move (1998, DLP- Dogsteady Records/SPV), Welcome To Busterland (1999, Dogsteady Records/SPV). Kontakt: The Busters, Neue Heimat 5, 69231 Rauenberg, F: 049-6222-660109. E-Mail: busters@t-online • rude@busterland.de • Internet: www.busterland.de

BUTLERS

Wanja Glökler (voc), Sölve Preuß (g), Alex Czerny (keyb), Sem Barlas (tp/perc), Wowo Salzmann (dr), Can Ellendt (b), Christian Fischer (tb), Kapi Kapitzke (s) und Gäste

Die Berliner Butlers bedienen seit 1987 ihr Publikum. Begonnen hatten sie als Schülerband, die in Gruppen wie den Specials oder Madness ihre Vorbilder sahen und entsprechend deren Songs coverten. Der traditionelle jamaikanische Ska war ihnen von Beginn an zu puristisch, Punkeinflüsse waren von Anfang an vorhanden. Personalwechsel und Gastmusiker erweiterten den Stil der Band. Soul und Rock hielten ebenso Einzug wie Jazz und Swing. Deshalb gibt die Band selbst Wortschöpfungen wie Rebel Reggae, Dirty Soul und Roots Ska als Bei-

Butlers

spiele ihres Musikstils an. Das Einspielen von Tonträgern ist bei den Butlers nur Beiwerk. Wichtig ist und war ihnen immer das Spielen vor Publikum. Die Liebhaber des Ska waren und sind eine verschworene Gemeinschaft und die Butlers bekamen ein treues Gefolge. Ausgerechnet der Sänger hatte die Idee, im April 1999 ein Album mit reinen Instrumentalversionen bekannter Film- und Fernsehmelodien in ihrem Stil einzuspielen. Das Fachblatt Musik wählte sie daraufhin zur Gruppe des Monats. Im April 2000 erschien das Album »Fight Like A Lion«, auf dem sich die Butlers wieder verstärkt auf ihre Roots besinnen.

Discogr.: No Doubt (1990, LP/CD – Rude Records), Silver (1993, 7"-Single – Boom Records), Time Tunnel (1994, Heatwave), Trash For Cash (1996, LP/CD – Blackout Records), Skintight Live (1998, 10"LP/DCD – Blackout Records), Laß die Hölle warten (1998, MCD – Blackout Records), Wanja's choice (1999, LP/CD – Grover Records), Fight Like A Lion (2000, Grover Records/SPV). Kontakt: Moskito Promotion, Postfach, 3072 Münster, F: 0251-48489-40. E-Mail: http:// www.thebutlershot@hotmail.com

BUTTERMAKER

Der musizierende Beamte Michael Nieweg aus dem westfälischen Steinhagen mit dem Künstlernamen Buttermaker begann 1993, indem er sein erstes Demo mit Freunden auf einem Walkman einspielte. Seine Vorbilder waren in erster Linie die Beatles und die Musik der 60er Jahre. Die notwendigen Griffe auf der Gitarre hatte er sich selbst beigebracht. Sein Demo brachte er selbst zu Radiostationen, Zeitungen und Zeitschriften. Die Firma Langstrumpf Records brachte Mitte 95 die erste MCD »Hausmeister Hans« heraus. Anschließend ging er mit Band auf Tournee. Da erstere aber bald auseinanderbrach, arbeitete er mit Gästen weiter. Richtig populär wurde Buttermaker durch einen Auftritt bei Stefan Raab in VivaVision und Konzerte im Vorprogramm von Guildo Horn. Anfang 1996 erschien sein Debüt »Schick und sportlich«, in dem er in Low-Fi-Manier einfach und direkt über die Dinge des Lebens sang. Musikalisch mischten sich Pop, Punk, Schlager und Rock, wobei Buttermaker immer darauf achtete, daß die Lieder mitgesungen werden konnten. Im Anschluß an die Veröffentlichung gab er über 150 Solokonzerte, in denen er mit Hilfe eines Tapedecks mit aufgenommenen Bass- und Drumlinien sich selbst auf der Gitarre begleitete. Seine Auftritte erlangten Kultstatus, die Anhänger bildeten Fanclubs und gaben die Publikation »Beat-Emma« heraus. Für Aufsehen sorgte er mit der Unterschriftenaktion: »Ich will den Kanzler sprechen«. BMG Ariola bot ihm einen Vertrag an, der mit der CD »Sexy wie Elvis« begann. Als erste Single veröffentlichte er eine überarbeitete Fassung des Titels »Elke Nelke«, der zwar bereits auf dem letzten Album enthalten war, sich aber als besonderer Konzertknüller erwiesen hatte. Bei Buttermaker konnte sich die Presse nicht entscheiden, ob sie ihn unter Dilettant oder Genie einordnen sollte. Meinungen dazwischen gab es kaum.

Discogr.: Hausmeister Hans (1995, MCD – Langstrumpf Records), Schick und sportlich (1996, Langstrumpf Records), Sexy wie Elvis (1997, BMG Ariola). Kontakt: Langstrumpf Records, Desmacke 14, 59939 Olsberg

CAINE, THE
Sanjo Löffler (g), Mark Helmstädter (dr), Denis Schmidt (keyb), Susi Kemmer (voc), Stefan Schmidt (b)
Die »Caine« war ihr Schicksal. Unter diesem Namen kämpfen sie im Haifischbecken Musikbusiness. Schon seit 1993 bereichern The Caine aus dem thüringischen Mühlhausen die deutsche Poplandschaft. Mit Susan & the Wild Boys spielten sie Trash-Pop. Nach der ersten MCD »Black Dust« stieß die Sängerin Susi zur Gruppe. Geprägt vom britischen Gitarrenpop, ließ das 1994 erstellte Tape die Band zur »ostzonalen« Antwort auf den Post-Manchester-Rave werden. 1996 veröffentlichten sie die CD »Afternoon Cocktail«. Ihre Lieder wurden im MDR, bei Radio Energy Sachsen und bei Radio SAW gespielt, wo sie auch zu einer zweistündigen Live-Session geladen wurden. 1998 schrieben sie neue Songs für die 5-Track-CD »Once Killed A Man With A Guitar String«, auf deren CD-ROM-Teil das Video zu der Single »Take Me Up« enthalten war. Die Stücke bildeten eine moderne Antwort auf die von Rock und Blues beherrschte Live-Szene Thüringens.
Discogr.: Black Dust (1993, MCD – Eigenvertrieb), Diver (1994, MC – Eigenvertrieb) Afternoon Cocktail (1996 – Big Noise Rec.), Once Killed A Man With A Guitar String (1998, MCD – Big Noise Rec.). Kontakt: Big Noise Records, Hospeltstr. 66, 50825 Köln, T: 0221-542830. E-Mail 101674.1556@ compuserve. com • Internet: www.noisemail. com

CANE, CLAUDIA & MOTHER BONE
Seit Jahren treten Claudia Cane & Mother Bone, zu der zwei ehemalige Mitglieder der Punklegende Lustfinger gehören, regelmäßig jeden Mittwoch in der Schwabinger Rockkneipe Podium auf, um mit Songs aus eigenen und fremden Federn die Besucher zu unterhalten. Dieser ständige Kontakt zum Publikum verhalf ihnen zu einer Bühnenpräsenz, die nur wenige andere Gruppen aufweisen können. Durch den Titelsong »Miles Of Love« zur Sat 1-Fernsehserie »Die Rote Meile« kamen sie zum ersten Mal überregional ins Gespräch. Die Sängerin mit der rauhen Stimme und ihre Band nahmen im Februar 98 mit ihrer selbst geschriebenen und von Curt Cress produzierten Rockballade »Free« an der Vorausscheidung zum Grand Prix d'Eurovision teil.
Discogr.: Miles Of Love (1999, MCD – Electrola), Free (2000, MCD – Electrola. Kontakt: EMI Electrola, Maarweg 149, 50825 Köln, F: 0221-4902-100. Internet: www.emimusic.de

CAPPUCCINO
Cappuccino stammt aus Braunschweig und statt Kaffee mit Milchschaum rührt er deutschen HipHop mit fetten Beats. Sein 97er Album »Lautsprecher« fertigte ME/Sounds als »grausam« ab, konnte aber nicht verhindern, daß der Titel »Du fehlst mir« die Hitparaden stürmte. Durch seine Arbeit mit der → Jazzkantine lernte Cappuccino dazu, weshalb das zweite Album wesentlich vielseitiger und interessanter klang. Für das zweite Album von 1999 »Nur die Besten überleben« leistete der Filmstar Til Schweiger lautstark Schützenhilfe, indem er das Album anpries und Cappuccino den Titelsong rappen ließ. Platz 19 in den Charts war der Lohn seiner Arbeit, obwohl das Libro-Magazin Österreich der Ansicht

war, daß der Albumtitel um den Künstler bangen ließe.
Discogr.: Lautsprecher (1997, Mercury), Nur die Besten überleben (1999, Mercury). Kontakt: Mercury Records, Glockengießerwall 3, PF, 20097 Hamburg, F: 040-3087-2683. Internet: www.mercurybeat.de

CÄSAR

Peter »Cäsar« Gläser (g/voc/fl), Volkmar Große (b/voc), Jürgen Schötz (dr/voc); als Cäsar & die Spieler: plus Henning Plankl (s/fl), Mario Ferraro (g/voc), Cornelia Plänitz (v/mand)

Ausruhen bedeutet Stillstand – nach diesem Motto verfährt das Urgestein der Rockmusik der Neuen Bundesländer Peter »Cäsar« Gläser. Er ist eine Legende, die sich nie auf ihren Lorbeeren ausruhte. Als 8-Jähriger erhielt er eine Ausbildung an Klavier, Klarinette, Fagott und Blockflöte an der Volksmusikschule Leipzig. Das Spielen auf der Gitarre brachte er sich autodidaktisch bei. Klaus Renft entdeckte ihn 1966 und fortan war er bis 1975 Mitglied der Klaus Renft Combo, kurz »Renft«. Dazwischen betrieb er an der Hochschule für Musik ein Studium für Klavier, Gitarre, Tonsatz und Instrumentation, wurde aber 1975 wegen schlechter Studiendisziplin exmatrikuliert. Da Renft mit dem Kopf durch die Mauer wollten, was in der ehemaligen DDR nicht gern gesehen wurde, belegten die Behörden sie wegen Diffamierung der Arbeiterklasse mit einem totalen Auftrittsverbot. Nach der Auflösung war Gläser 1976 Gründungsmitglied von Karussell, die Anfang der 80er als totale Topband galten. 1983 verließ Cäsar Karussell, da ihm die Selbstzensur zuviel wurde. Einem kurzen Gastspiel in der Amiga Bluesband folgte die Gründung der ersten eigenen Gruppe »Cäsars Rockband«. Auch damit eckte er bei den Behörden an. Wegen des Vorwurfs des Pazifismus durfte er das fertiggestellte Album nicht veröffentlichen. Dies führte 1986 zur Auflösung der Band und Stellung eines Ausreiseantrags. Nach einem Kurzgastspiel in der Blankenfelder Boogie Band stellte er 1988 mit seinem Sohn Robert »Cäsar und die Spieler« zusammen. Eigene Texte wie »Ich bin ein Grenzsoldat, der keine Freunde hat« ließen das Regime aufhorchen und Cäsar endlich ausreisen. In Berlin mußte er sich seine Brötchen als Taxifahrer verdienen. 1991 gründete er Cäsar & Band. Damit ging er 1993 mit City, Zöllner und Andre Herzberg auf Tournee. 1995 gab es das erste Mal Cäsar solo. 1996 ließ er sein zweites Solowerk folgen. Inzwischen stand er 30 Jahre auf der Bühne. Dieses Jubiläum feierte er mit einer Tour, an der sich auch Klaus Renft beteiligte. 1997 ging er zurück nach Leipzig. Cäsar & Band sind stark am Rock und Blues orientiert, wobei unerwartete Wendungen ebenso überraschen wie Einflüsse orientalischer Folklore. 1999 folgte in erweiterter Besetzung die Neugründung von Cäsar und die Spieler. Mit den Musikern seines Trios und einigen Neumitgliedern debütierte er mit neuem Programm (CD »Wandersmann« von 1999). Rock, Folk, Ethno und Mittelalter waren hierauf zu hören. Er ist nach wie vor sehr aktiv und gibt im Jahr gut 100 Konzerte. Als Künstler beschäftigt sich Cäsar noch mit Musik für Theater, Film und Hörspiel. Schon 1991/92 schrieb er die Theatermusik zu »Moll Flanders« für die Freie Volksbühne Berlin. Seit 1995 arbeitet er an einer 24teiligen Edition zu Theodor Fontanes »Wanderungen durch die Mark Brandenburg«. Die Lesung mit Günther Schoß ist auf CD/MC erhältlich. 1996 komponierte er die Musik für den Film »Dituks Hochzeit«. »Ekkehard Schall liest aus ›Mein Kampf‹« hieß das nächste Projekt, wozu Cäsar die Musik schrieb. Diese Doppel-CD erschien im Eulenspiegel-Verlag. Das Werk löste starke Kontroversen aus und der Inhaber der Rechte, der Freistaat Bayern (wer sonst?) verbot kurzerhand die Veröffentlichung. Außerdem war er als Schauspieler von 1989-93 bei den Jedermann Festspielen in Berlin zu bewundern und schrieb den Lyrikband

»Der Freund – der Tod«, der bei Zyankrise Berlin erhältlich ist. Als Produzent gibt er seine langjährigen Erfahrungen an junge Musiker weiter.

Discogr.: Cäsar (1995, Löwenzahn), Cäsar – die Zweite (1996, Löwenzahn), Wandersmann (1999, Löwenzahn); weitere Tonträger mit Renft, Karussell, Amiga Bluesband usw. siehe Internet. Kontakt: Cäsar Büro c/o Agentur ProCon, Abtnaundorfer Str. 60, 04347 Leipzig, T: 0341-2118426, F: 0341-9809448. E-Mail: CaesarTrio@aol.com • Internet: members.aol.com/CaesarTrio

CAT SUN FLOWER
Heidi Triska (voc/keyb/handclaps), Gussie Germann (b/voc/Komposition/Text), Gerry Huber (g), Hannes Frisch (g), Stefan Kirner (dr/perc/voc)

Zu Zeiten des ersten Zusammentreffens im November 1990 huldigten sie noch Bands wie den Beatles, den Rolling Stones und Velvet Underground und waren begeistert von den Charlatans, Stone Roses und Happy Mondays. Dem Titel »China Cat Flower« von Grateful Dead entlehnten sie ihren Namen. Im Oktober 1991 setzten sie aus ihrem ersten und vierten öffentlichen Konzert die Live-EP »Masturbation« zusammen. Ihren Maximum Pop ließen sie im selben Jahr u.a. im Vorprogramm der Bollock Brothers hören. 1993 einigten sie sich mit dem Münchner Label Artysan und nahmen das erste Album »Furiosa« auf. Im Januar 1994 stand die Veröffentlichung an. Die guten Besprechungen des Debüts verhalfen ihnen zu einer Deutschland-Tournee im Vorprogramm der Blue Aeroplanes. Dazu kamen erste Auftritte in Italien und Österreich, wo sie u.a. beim Underground-Festival in Meran als Headliner gebucht waren. 1995 folgte die Trennung von ihrem Partner, da es Cat Sun Flower auf eigene Faust versuchen wollten. Sie gründeten das Label Freakscene und nahmen in Eigenregie die CD »Childish« auf. Den Vertrieb überließen sie den EFA Medien. Als Gastsänger leisteten Jock McDonald von den Bollock Brothers und Rodney Allen von den Blue Aeroplanes ihre Beiträge. Die Zeitschrift Visions zählte »Childish« zu den besten Veröffentlichungen des Jahres 1995« und das Fachblatt schrieb: »Das zweite Album der bajuwarischen Band um die bezaubernde Sängerin Heidi Triska ist ein kleines Wunder.« Joy bezeichnete ihre Version des Rolling-Stones-Titels »Play With Fire« als »Cover des Jahres« und Pop Rocky sah darin den »Kulthit des Jahres«. Zur Vorstellung ihres Werks begleiteten sie die Boo Radleys durch Deutschland. Eingängige Melodienbögen, groovende Drums und ungezügelte Gitarrenexplosionen, die besonders bei ihren Konzerten zündeten, schufen ihnen viele Freunde, vor allem im alternativ-melodischen Untergrund. Wie schon im Vorjahr brachten sie ihren kreativen Ausstoß auf der Popkomm zu Gehör. 1996 bestanden sie im Vorprogramm der Afghan Whigs und The Wedding Present und fanden als Höhepunkt des Konzertjahres verdiente Anerkennung als Support von Oasis, die von der englischen Presse als die beste Band aller Zeiten gefeiert wurden. Das Ergebnis eines neuen Vertrags mit High Gain/Arcade hieß 1997 »Adults Only«. Pop hieß diesmal sowohl tanzbarer Noise-Pop, glamiger Smash-Pop, harmonischer Punk-Pop, Gitarren-Pop, Industrial-Pop, balladeske Popmusik oder kurz maximaler Maximum-Pop. Dazu lieferten sie böse, spitzfindige und sarkastische Texte und bewiesen dabei viel Humor. Sogar Bravo wurde auf die Münchner auf-

Cat Sun Flower

merksam und machte CSF »berechtigte Hoffnungen auf den Gitarrenpop-Oskar«. Die Süddeutsche Zeitung konnte sich nicht mehr zurückhalten und bejubelte das Werk: »Wahrhaft schönes smashendes Popding, dies, und dies noch aus diesem Lande, unglaublich, aber hörbar existent.« Überschwengliche Rezensionen für Platten und Auftritte ließen erwarten, daß der große Durchbruch für die Band unweigerlich kommen mußte. Doch High Gain/Arcade Deutschland ging in Konkurs und Aktivitäten für die Band wurden nicht verwirklicht. Das Pech blieb ihnen vorläufig weiter treu, denn es ging auch noch der bandeigene Bus kaputt. Der Traum einer großen Karriere als Popmusiker schien am Ende. Aber für gestandene Bayern ist Aufgeben ein Fremdwort. Neben ihren elektrifizierenden Auftritten gaben sie schon längere Zeit Akustik-Konzerte, die ihnen viel Spaß bereiteten. Diese brachten den immer wieder gelobten Gesang von Heidi Triska noch besser zur Geltung. Nicht zuletzt deshalb wandten sie sich zunehmend den ruhigeren Spielarten der Popmusik zu, wobei sie sich an Bands wie Tindersticks, Cowboy Junkies, Element of Crime oder Belle & Sebastian orientierten. Im November 1999 zogen sie sich in ein ruhiges Landhaus mit offenem Kamin in der Toskana zurück, um mit Marcus Zilg (→ Moulinettes) ihr neuestes Album aufzunehmen. Die Veröffentlichung ist für Sommer 2000 geplant und beinhaltet im Vergleich zu früher mehr ruhige Songs.

Discogr.: Masturbation – Live (1991, EP – Eigenvertrieb), Furiosa (1994, Artysan/Semaphore), Childish (1995, Freakscene/EFA), Adults Only (1997, High Gain/Arcade). Kontakt: Freakscene/Cat Sun Flower, P.O.Box 950170, München, F: 089-62509611. E-Mail: gerald.huber@firemail.de

CATHRIN

Der Teenager aus München sammelt Hüte, treibt Sport und singt. Bereits mit sechs Jahren sang sie Background für einen österreichischen Grand-Prix-Titel. Sie trat auf Schulfeiern und Parties auf und entwickelte eine Vorliebe für Soul, wobei sie Balladen bevorzugte. Sie nahm mit dem Titel »Together We're Strong« an der deutschen Vorausscheidung des Grand Prix d'Eurovision teil. Anfang 1999 veröffentlichte sie das Album »Looking For Shelter«, in dem ihr namhafte Songschreiber die Melodien auf den Leib schrieben. Die Single »My Heart Keeps Looking For You« orientierte sich an ihrem Vorbild Whitney Houston. Es bleibt die Frage, ob sie zukünftig als Star aufgebaut werden kann oder ob sie in der Sparte »alter Hut« abgelegt wird.

Discogr.: Looking For Shelter (1999, Intercord). Kontakt: Intercord Tonträger, Aixheimer Str. 26, 70619 Stuttgart, F: 0711-4763-324. Internet: www.intercord.de • www.emimusic.de

CENTONZA, MICHELE

Im Süden der Republik wurde er schon als Remstal-Ramazzotti aus Weinstatt zum Anfassen bezeichnet. Der in Apulien geborene und in Deutschland lebende Italiener sammelte schon als 13-Jähriger seine ersten Erfahrungen im Showge-

Centonza, Michele

schäft. Mit der Italopopband »Europa« zog er durch die Lande. 1990 nahm er unter dem Künstlernamen »Divo« an der Vorentscheidung zum Grand Prix teil und belegte den 4. Rang. Ein Jahr später nahm er unter eigenem Namen das Album »Vita« auf. Darauf erzählte er in ruhigen Songs Geschichten aus seinem Privatleben. Mit dem Titelsong gelangte er in die »Italienische Nacht« der ARD. Trotzdem hatte er seine musikalische Richtung noch nicht gefunden. Auf dem Nachfolger von 1998 »Sono come sono« schrieb und arrangierte er nicht nur alle Songs selbst, sondern spielte auch Gitarre und Keyboards und programmierte die Computer. Die Texte verfaßte er diesmal zusammen mit Danilo Amerio, der schon für Umberto Tozzi, Nicola di Bari und Adriano Celentano gearbeitet hatte. Mit ihm im Duett nahm er »Passa tutto« auf, wobei sie vom Sinfonieorchester des Senders RAI unterstützt wurden. Insgesamt klang er bissiger, rockiger und rauher als früher. Dieses Album wurde auch in seinem Heimatland Italien veröffentlicht. Neben seiner eigenen Arbeit übersetzt er auch Texte internationaler Künstler für den italienischen Markt.

Discogr.: Vita (1995, Deshima Music), Marlene (1995, MCD – Deshima Music), Il coure del mondo (1995, MCD – Deshima Music), Sono come sono (1998, Deshima Music), Un' ora di felicita (1998, MCD – Deshima Music). Kontakt: Deshima Music, Friedrich-Liszt-Str. 9, 71364 Winnenden, F: 07195-103330. E-Mail: info @deshima.de • Internet: www.deshima.de

CENTURY

In den Umbaupausen der Konzerte von → Crematory ließ der Schlagzeuger Markus Jülich immer die EP »Lost« seiner zweiten Band Century laufen und erreichte damit, daß sie sämtliche 2.000 Exemplare verkauften. Gun Records nahm sie unter Vertrag und sie spielten ihren 80er Popwave mit harten Gitarren und modernen Einflüssen unter dem Titel »The Secret Inside« ein. Danach stellten sie ihr Programm als Support von Him auf deren Tournee vor.

Discogr.: The Secret Inside (1999, Gun/BMG) Kontakt: Gun Records GmbH, Brückstr. 33, 44787 Bochum, F: 0234-6879222. Internet: www.gun-supersonic.de

CHAINSAW HOLLIES

Atze Ludwig (voc/g), Carsten Drescher (b/voc), Willy Henke (dr)

Nach nur sechs Konzerten gab der Mediengigant Sony 1993 der Dortmunder Band Chainsaw Hollies, deren Mitglieder schon vorher in anderen erfolgreichen Formationen wie Depp Jones, Ferryboat Bill oder Secrets of Cash'n'-Carry gespielt hatten, einen Plattenvertrag und veröffentlichte 1994 deren Debüt »Bob«. Mit ihrem gitarrenlastigen Powerpop begleiteten sie 1995 Oasis auf deren Deutschland-Tournee. Anschließend spielten sie 40 Clubgigs in ganz Deutschland und eröffneten das Programm für Silverchair und Teenage Fanclub, wobei sie sich den Ruf einer hervorragenden Live-Band erwarben. Allerdings verloren sie ihren damaligen Gitarristen Tex Morton, der während der Tour seine spätere Frau kennenlernte,

Chainsaw Hollies

deshalb nach Berlin zog und sich dort eine Solo-Karriere aufbaute. Die Chainsaw Hollies, nun als Trio, wechselten die Plattenfirma und schlossen sich Intercord/Alternation an. Für das zweite Album »My One Weakness« übernahm Atze Ludwig das alleinige Songschreiben und Texten. Die Ärzte Bela B. und Rod Gonzales fungierten bei drei Titeln als Gastsänger des diesmal mit mehr Popelementen versehenen, nicht mehr so ungestümen Albums. 1999 veröffentlichten sie ihren 3. Streich unter dem Namen »Lifetime Guarantee«, wofür sie sich wieder am Independent-Sound ihrer Anfangstage orientierten und punkig/rockig gespielten Pop mit Sixties-Einflüssen servierten. Feedback bezeichnete das Album als »ein lecker Stück Musik«. Der schnörkellose Gitarrenpop ihrer optimistischen Hymne »It's a good life« verhalf ihnen zu beachtlichem Airplay. Als zweite Single bestimmten sie das melancholische »Photographs«, um ihre sensible Seite zu zeigen. Nebenbei sponsern die Chainsaw Hollies noch die Frauen-Fußballmannschaft vom FV Berghofen und nicht nur diese hoffen, daß der Band der große Durchbruch gelingt.

Discogr.: Bob (1994, Sony Music), My One Weakness (1997, Alternation/Intercord), Lifetime guarantee (1999, Alternation/Intercord), Photographs (2000, MCD – Alternation/ Intercord). Kontakt: Intercord Tonträger, Aixheimer Str. 26, 70619 Stuttgart, F: 0711-476 3222. E-Mail: dagmar.schmidt@intercord.de • Internet: www.intercord.de und www.emimusic.de

CHANDEEN

Antje Schultz (voc), Stephanie Härich (voc), Harald Löwy (Musik), Michael Schwalm (Grafik)
1990 riefen die Frankfurter Musiker Chandeen ins Leben. Für ihren Bandnamen fanden sie das Wort Chandeen, das aus dem religiösen Sprachschatz der Indianer stammt, aber lediglich wegen des guten Klangs genommen wurde – der Bekannte einer Freundin hatte seine Eidechse so getauft. Die Gruppe gab Konzerte und nahm einige Tapes auf, die heute nicht mehr erhältlich sind. Schon mit ihrer ersten CD »Shaded By The Leaves« mit Material aus den vergangenen drei Jahren wurde ihnen von der Plattenfirma und der Presse das Etikett »Heavenly Voices« angehängt. Wenn sie schon in Schubladen gesteckt werden sollten, so wählten sie selbst lieber die Bezeichnung »Electronic Poetry«. Spannungen während der Aufnahmen zur zweiten CD »Jutland« in Dänemark führten zum Ausscheiden der Gründungsmitglieder Catrin und Oliver, die später unter dem Namen Edera ein eigenes Album aufnahmen. Im Frühjahr 1995 stieß Stephanie Härich, die aus der Blues-/Folk-Szene kam, als zweite Sängerin zur Band. Mit ihr nahmen sie das Album »The Waking Dream« auf, wobei Folkelemente sorgsam eingebunden und vermehrt akustische Instrumente eingesetzt wurden. Besonders gelobt wurde hierbei ihr Arrangement des Dead-Can-Dance-Titels »In Power We Entrust The Love Advocated«. 1996 waren sie mit Stoa, Black Rose und La floa Maldita auf Tour, wobei wie immer Gastmusiker das Line-up ergänzten. Obwohl sie in ihren Konzerten viel Elektronik einsetzten, standen die beiden Sängerinnen absolut im Mittelpunkt. Auf der nächsten CD »Spacerider...Love At First Sight« hatte Chandeen sich neuen musikalischen Einflüssen geöffnet, auch Popmusik und TripHop, und dabei verstärkt Gitarren, einschließlich Slide-Gitarren, und TV-Samples eingesetzt. Mit dem Video »Skywalking« gelangten sie in die Rotation von Viva 2 und MTV Europe. In der Sparte »Newcomer des Jahres« erhielten sie dafür eine Nominierung für den »Deutschen Musikvideo Award«. Für den amerikanischen Markt brachte Cleopatra Records eine Compilation der Band heraus und das Label Play It Again Sam sicherte sich die Rechte für Frankreich, die Benelux-Staaten und das United Kingdom. Eine eigene Ausgabe der neuen CD mit dem Video zu »Skywalker«

gelangte auf den japanischen Markt. Im Frühjahr 99 gingen sie auf Tournee. Timo Hoffmann dazu über ein Konzert im Hamburger Logo: »Auf ihrer ersten eigenen Tournee bestach das melancholische Pop-Unikum Chandeen mit überwiegend akustischem Instrumentarium, einem makellosen Live-Sound und einer unverkrampften Umsetzung ihrer entrückten Balladen. Bemerkenswert: Trotz der relativen Menge an akustischen Instrumenten zeichnete sich das nahezu feedbackfreie Konzert durch studioähnliche Klangperfektion aus.«

Discogr.: Shaded By The Leaves (1994, Hyperium /Rough Trade) Red Letter Day (MCD – Hyperium/Rough Trade), Jutland (1995, Hyperium/Rough Trade), Strawberry Passion (MCD – Hyperium/Rough Trade), Papillon (MCD – Hyperium/Rough Trade), Light Within Me (1995, EP-CD – Hyperium/Rough Trade), The Waking Dream (1996, Hyperium/Rough Trade), A Taste Like Ginger (1998, Cleopatra/USA), Spacerider – Love At First Sight (1998, Synthetic Symphony/SPV), Spacerider (1998, Single-CD -Synthetic Symphony/SPV), Spacerider – Love At First Sight (1999, Nippon Crown/Japan). E-Mail: chandeen@skywalking.com • Internet: www.chandeen.com

CHEFS, DIE

Alexander »Scheellich« Klinkenberg (Liedklampfe, Chorgekrächze, Gesabber, Anrufbeantworterfrager), Tobias »Sir Tobi« Karl (Tasterei, Chorgepiepse, Spiegleinanderwand, Schubiduuh 2), Ruben »Don Schlappe« Abad (Des basst noch bässer), Danny »Emmet« Busch (Rüthmusklampf, Chorgejapse, Schlachzeuch, Schubiduuversuch), Stefan »Ichprangeredasan« Schmidt (Gesang, Parodien & Teilzeit-Conférencier), Ellen Ritz (Gesang, Hintergrundgesang)

Über diese Chefs lacht der gesamte Mannheimer und Heidelberger Raum mit Ausnahme der Spießer. Diese Chefs dienten sich nicht hoch, sondern ernannten sich selbst dazu. Diese Chefs haben keine Untergebenen, sie sind alle gleichberechtigt. Aber ihre Methoden sind erfolgreich. Das Konzept wurde von Alex Klinkerberg erdacht und die Band 1993 ins Leben gerufen. AC-DC-lastige Hardrockfetzer, epische und lockere Rocksongs und schlagerhafte Balladen werden vermengt mit witzigen Texten, Persiflagen auf bekannte Showgrößen, Sketchen und Blödeleien. Live bieten sie eine ausgewogene Balance zwischen Eigenkompositionen und eigenwilligen Coverversionen bekannter Hits. 1994 wurde die CD »Diebesgut« eingespielt. Die Chefs sangen über abnormale Gefühle, über die letzten Lichter und ließen den ehemaligen Minister Norbert Blüm fragen: »Warum bin ich so klein?«. Gleichzeitig wurde ein Info herausgegeben, welches im Stil des Spiegels gehalten war, genannt der Schniedel. Ihre Darbietungen auf der Bühne waren bald Tagesgespräch und sie avancierten innerhalb kürzester Zeit zu Lokalmatadoren. 1996 veröffentlichten sie die CD »Wahnsinn«, deren Cover ein Rinderkopf zierte. Neben Neueinspielungen der Szene-Hits »Abnormale Gefühle« und »Warum bin ich so klein?« drehten sich die Texte um das Dasein als Musiker, um Begebenheiten beim Fußball, um den Sensenmann und St. Pauli bei Nacht. 1997 spielten die Chefs über 60 Shows. Dazu der Zentralnerv: »Was die Truppe um den genialen Sänger, Parodisten und Chef-Blödler Markus Blum alles aus dem Ärmel schüttelt und durch den Satire-Sumpf zieht, sucht seinesgleichen. Spätestens, wenn Herr Blüm seine nicht zu schlagende Joe-Cocker-Parodie zum Besten gibt, würde selbst der selige John Belushi lachend zusammenbrechen.« Auf dem Daytona-Festival bestanden sie neben → Manowar, → Saxon und den → Scorpions vor 15.000 Besuchern. 1998 kam die CD »Lotus« mit den Publikumsfavoriten »Handyman«, »Zu spät« und »Hallo mein Schatz« auf den Markt. 1999 befand sich die Band im Umbruch, da Markus Blum ausschied, auf den die Show stark zugeschnitten war. Mit Stefan Schmidt wurde ein Ulktalent gefunden, das sich nahtlos in die Gruppe ein-

fügte. Mit der Sängerin Ellen Ritz erfolgte eine Umstellung des Konzepts auf zwei Hauptgesangsstimmen. Außerdem wurde eine neue Show inszeniert.
Discogr.: Diebesgut (1994, Goodlife Records), Wahnsinn (1996), Lotus (1998). Kontakt: Goodlife Records, T: 06232-290681, F: 06232-290682. E-Mail: glrecords@aol.com • Online: members.aol. com. glrecords

CHESTER
Olaf Dideloff (voc/g), Jörg Dideloff (b/voc), Frederic Latz (g/key), Daniel Enderer (dr/voc)
Der gleichnamige Käse kommt nicht aus Köln. Aber eine Gitarrenpopband namens Chester. Diese startete 1995 und nahm in nur zwei Tagen die erste EP »Grab The Whole« auf. Zahlreiche Liveauftritte mit positiver Resonanz folgten. Im Mai 1996 spielten sie im Vorprogramm der englischen Bluetones. Im Studio von Rausch wurde mit dem ehemaligen »Ton Steine Scherben«-Gitarristen Dirk Schlömer die MC »Lovecake & Other Great Torch Songs« eingespielt. Um einen Auftritt im Kölner MTC zu promoten, sorgte Chester mit unangemeldeten Konzerten auf den Schulhöfen von sechs Kölner Gymnasien für Aufsehen. Im Sommer 1997 spielten sie auf 17 Open-Air-Konzerten, auf der Popkomm, beim Musikfest am Ring und beim Bizarre-Festival, wobei über eine halbe Million Zuschauer erreicht wurden. Vom Kulturamt der Stadt Köln wurden sie zum Barcelona Accio Musical Festival entsandt und anschließend noch für vier Club-Dates in der Weltstadt gebucht. Das Jahr endete mit einem Auftritt im ausverkauften Kölner »Luxor« und einem Gastspiel im Vorprogramm von Ocean Colour Scene in der Kölner Live Music Hall. Eine gemeinsame Tournee durch Deutschland folgte. Anschließend hatte die Band Gelegenheit, im Vorprogramm von Marla Glen in Deutschland und der Schweiz zu spielen. Bei einem Konzert in Bremen trugen sich 800 Besucher in die Fanclub-Liste ein – alle waren weiblich. Die Singles »Lovecake« und »Fine Day In The Sun« wurden mit Producer David Nash erstmals auf CD eingespielt. Zuerst wurde »Lovecake« veröffentlicht. Bundesweite Besprechungen vom »Rolling Stone« über WOM, Bravo, Popcorn und Visions folgten ebenso wie entsprechende Radioeinsätze. Im Soundhouse war zu lesen: »Leichter Britpop-Touch genauso wie Einflüsse von modernem US-Rock. Griffige, einprägsame Gitarren-Riffs, vor allem aber catchy Melodien. Der Titeltrack hat Ohrwurmcharakter.« Der »Rolling Stone« nahm den Titel auf den »New Voices« Sampler. Da die Single über mehrere Monate viele Rundfunkeinsätze erzielte und aufgrund eines verregneten Sommers verschwand der vorgesehene Nachfolger »Fine Day In The Sun« im Archiv der Plattenfirma. Dafür wurde – wieder mit David Nash – die EP »Meet Again« produziert, die vier Songs mit einer Spielzeit von 20 Minuten enthielt.
Discogr.: Grab The Whole (1995, EP), Lovecake & Other Great Torch Songs (1996, Demo-MC – Eigenvertrieb), Lovecake/Your Groove (1998, 7" Vinyl Single – Day-Glo), Lovecake (1998, CD Single – Day-Glo), Meet again(1999, CD-Single – Day-Glo), X Change Rate (1999, MCD – Day-Glo/SPV). Kontakt: Julia Reinhardt Pr., Rheinaustr. 19, 50676 Köln, T: 0221-312245, F: 0221-2226827. Internet: www.day-glo.de

CHICKS ON SPEED
Die in Sydney geborene Alex Murray-Leslie, Melissa Logan aus New York und

Chester

die Münchnerin Kiki Moorse lernten sich 1997 an der Münchner Kunstakademie kennen und kreierten einen Stil aus Pop, New Wave und avantgardistischer Elektronik. Aufgrund ihrer auf dem eigenen Label Go Records veröffentlichten Stücke, die von Persönlichkeiten der elektronischen Szene, wie z.B. DJ Hell, ED DMX, Patrick Pulsinger und Chris Korda produziert wurden, und aufgrund ihrer Live-Performances erwarben sie sich weltweit einen legendären Ruf. Ihre Münchner Seppi-Bar-Parties erlangten Kultstatus. Zeitschriften wie The Face und der englische New Musical Express oder der Melody Maker widmeten Chicks on Speed viele Seiten, wobei sie manchmal mangels Alternativen als weibliche Beastie Boys bezeichnet wurden. Das Trio gründete mit Chicks on Speed Records 1 ein weiteres eigenes Label und veröffentlichte die CD »Chicks On Speed Will Save Us All«. Darauf waren auch die besten Titel ihrer bisherigen, inzwischen total ausverkauften 7"-Singles vereint. Der New Musical Express schrieb: »Chicks on Speed lassen Atari Teenage Riot wie das James Last Orchester aussehen« oder »Wenn die Beastie Boys hier wären, würden sie glauben, sie wären im Himmel.«

Discogr.: Chicks On Speed Will Save Us All (1999, Chicks on Speed Records 1/EFA). Kontakt: Disko B/Sub-Up-Records, Lindwurmstr. 71, 80337 München, F: 089-5438441. E-Mail: info@chicksonspeed.com • Internet: www.chicksonspeed.com

CHROMING ROSE
Tom Reiners (voc), S. C. Wuller (g), Harry Steiner (b), Tino Mende (dr)
Als 1990 die erste Platte der 1985 gegründeten bayerisch-schwäbischen Formation Chroming Rose erschien, sahen viele Kritiker in ihnen Epigonen der damals sehr populären Helloween. Ungeachtet dessen zogen sie mit »Louis XIV« in die deutschen Charts ein. Die Platte mit ihrem runden silbernen Cover gehört heute zu den gesuchten Raritäten. Sie wurde damals nicht nur im europäischen Ausland veröffentlicht, sondern auch in den USA und Japan. Die Band bekam Gelegenheit, in all diesen Staaten aufzutreten. Sie absolvierten Live-Shows im Gefolge von Gotthard, Mr. Big, Saxon, Extreme und White Lion, um nur die bekanntesten zu nennen. Mit »Garden of Eden« gelangten sie in Deutschland nicht mehr in die Hitparade, obwohl sie ähnlich hohe Verkäufe vorweisen konnten. Trotzdem standen sie bereits mit ihrer dritten Veröffentlichung »Under Pressure« unter Druck. Mit diesem Werk, das mit Hilfe des Metallica-Produzenten Flemming Rasmussen entstand, vollzogen sie den Schritt vom Speed Metal zum modernen harten Rock. Die Fans akzeptierten diesen Weg nicht und trotz guter Kritiken gingen vor allem in Europa die Verkäufe zurück, während ihnen die Japaner die Treue hielten. In der Folge verloren Chroming Rose sowohl den Plattenvertrag als auch ihren Sänger. Auf der offiziellen Bootleg-Live-CD »Art Works Live Now« mit Konzertausschnitten aus Japan und Deutschland waren sowohl der bisherige als auch der neue Sänger Tom Reiners zu hören. Dieses Album kam zuerst nur in Japan auf den Markt, während es in Deutschland nur bei Konzerten oder über Versand zu erhalten war. Das erste Studioalbum »New World« mit dem neuen Vokalisten konnte den in Deutschland verlorenen Boden nicht wieder gutmachen. Dafür stiegen sie in Japan in die Charts ein und führten diese in einigen osteuropäischen Ländern, in denen sie häufig gespielt hatten, sogar an. Häufiges Touren und positive Resonanzen auf ihre Konzerte führten dazu, daß sie in Zyx Music einen neuen Vertriebspartner für den einheimischen Markt fanden. Hatten sie sich in den letzten Jahren mit ihren Veröffentlichungen viel Zeit gelassen, gaben sie 1999 gleich drei Tonträger heraus. Das reguläre Album »Insight« enthielt melodiöse zeitlose Rockmusik, »Private« war eine semiakustische EP und beide zusammen plus

einer signierten Autogrammkarte lagen in der streng limitierten Box »The Gift«. Der Hammer vergab für »Insight« fünf Punkte. Die Zahl ihrer Hörer nahm dank guter Konzerte wieder zu und mit dem Comeback des Heavy Metal waren sie wieder im Gespräch. Über ein Konzert schrieb Giebel in der OZ Weschnitztal: »Drummer Tino Mende trieb mit seinen punktgenauen Beats die Band unaufhaltsam nach vorne und erschuf zusammen mit Bassist Harry Steiner eine schier unerklimmbare Rhythmuswand. Der charismatische Gitarrist S. C. Wuller lockte ein ums andere Mal messerscharfe Riffs in chirurgischer Präzision aus seiner Les Paul und zauberte blitzsaubere Soli. Der aus Traunstein stammende Frontmann Tom Reiners überzeugte mit erstklassigem Gesang, der ohne weiteres mit dem Prädikat Weltklasse versehen werden kann. Überhaupt wirkte Reiners auf die Band wie eine Frischzellenkur und sorgte als stets tobender Derwisch auf der Bühne für ständige Aktion«.

Discogr.: Louis XIV (1990, EMI), Garden Of Eden (1991, EMI), Under Pressure (1992, EMI), Art Works Live Now (1995, Miez), New World (1996, Miez), Insight (1999, Miez), The Gift (1999, Miez), Private (1999, Miez). Kontakt: Miez Records, Asternweg 11, 89264 Weissenhorn, F: 07309-42226. E-Mail: webmaster@miezrecords.de • Internet: www.miezrecords.de

C.I.A.

C.I.A. ist eine Hamburger Allstar-Punk-Band, deren Mitglieder in bedeutenden Gruppen, u.a. Slime, Heiter bis Wolkig, Elf, Abwärts, Rubbermaids, The Itch und Abstürzende Brieftauben, gespielt hatten. Zunächst nur als Projekt gedacht, beschlossen sie, nach dem Erfolg ihrer Auftritte und des Albums »Codename Freibeuter« die Gruppe weiter am Leben zu erhalten. Mit dem Rio-Reiser-Cover »König von Deutschland« kamen sie sogar über den Äther.

Discogr.: Codename Freibeuter (1998, SPV).

CITY

Toni Krahl (voc), Fritz Puppel (g), Klaus Selmke (dr), George Gogow (b), Manfred Henning (key)

Fritz Puppel und Klaus Selmke gründeten 1972 die Gruppe City, aber erst nach dem Einstieg des Sängers Toni Krahl im Jahr 1975 veröffentlichten sie die Debüt-Single mit den Titeln »Die Frau des Seiltänzers/Der Spatz«. Der erste Erfolg stellte sich mit der zweiten Single »Der Tätowierte/Es ist unheimlich heiß« ein. 1978 erschien die Langspielplatte »Am Fenster« und der Titelsong avancierte in der Kurzfassung zum Sommerhit des Jahres 1978 in der ehemaligen DDR. »Der King vom Prenzlauer Berg« hieß ein weiterer Erfolgstitel aus diesem Album, dessen zweite Seite eine über 17minütige Langfassung von »Am Fenster« enthielt. Damit sorgten sie nicht nur in der ehemaligen BRD für Gesprächsstoff und gute Verkäufe, sondern bekamen sogar 1981 von den Griechen eine Goldene Schallplatte überreicht. Nach der erfolgreichen LP »Der Tätowierte«, die im Westen unter »City II« herausgegeben wurde, erschien 1980 in veränderter und erweiterter Besetzung ihr für den internationalen Markt produziertes Album «Dreamland«, das englische Versionen ihrer besten Lieder enthielt. Weitere Mitgliederwechsel sorgten mit den Alben »Unter die Haut«, das mit »Glastraum« einen weiteren Hit aufwies, und »Feuer und Eis« für einen klareren Sound, zu dem in den Discotheken auch getanzt werden konnte. Als künstlerischer Höhepunkt wurde das Konzeptalbum »Casablanca« angesehen, das vom Leben der Kinder nach dem Krieg in Berlin erzählte. Nach der Wende verkauften City von der CD »The Best Of City« mehr als 80.000 Exemplare, während dem regulären Album »Keine Angst« nur wenig Erfolg beschieden war. Allerdings schränkten sie ihre Aktivitäten sehr stark ein, da sich Puppel und Krahl mit dem Aufbau der Firma K&P Music beschäftigten. Am 10. Oktober 1995 wagten City mit einem Konzert im Berliner Tempodrom in der oben genannten Besetzung einen Neuanfang und 1997 ließen sie mit der Herausgabe des Albums »Rauchzeichen« nach langer Zeit wieder neue Songs von sich hören.

CDs: Am Fenster (1978) alle BMG/Hansa Der Tätowierte (1979), Dreamer (1980), Unter der Haut (1983), Feuer im Eis (1985), Casablanca (1987), The Best Of City (1992), Keine Angst (1990 WVÖ 1997), Rauchzeichen (1997). Kontakt: K & P Music, Defreggerstr. 19, 12435 Berlin F: 030-536392-85. E-Mail: platinsong@startplus.de • Internet: www.bmg entertainment.de • www.bmg.de

CLASEN, REGY

Die Beatles, James Taylor und Joni Mitchell inspirierten die Hamburgerin Regy Clasen schon sehr früh, eine Ausbildung an Klavier und Gitarre zu beginnen, während der Soul sie zum Singen animierte. Sie war in verschiedenen Bands vertreten und schloß sich schließlich der A-capella-Formation »Five Live« an, die sehr erfolgreich tourte und deren Alben »Five live« und »Quintessence« bundesweit vertrieben wurden. Im Herbst 1997 endete das Gruppendasein durch den frühen Tod ihrer Sangeskollegin und Freundin Conny auf tragische Weise. Während sie früher ihre Texte in englischer Sprache verfaßt hatte, begann sie nun, auf Deutsch zu texten. Sie erhielt einen Vertrag vom Major Sony/Columbia und spielte mit Hilfe des Produzenten Roland Spremberg (The Land/A-ha) und u.a. der Musiker Jens Carstens (>Yellowide), Jörn Heilbutt (Jeremy Days und Dominic Miller (Sting) das Album »So nah« ein, das im Frühjahr 2000 veröffentlicht wurde. Dieses enthielt intensive, melancholische Songs mit anspruchsvollen Texten, in denen sich sanfter Soul und HipHop, Pop und feinfühliger Jazz trafen.

CDs: mit Five Live: Five Live (1993) Voice Pop/EFA. Quintessence (1996) EWR, Solo: So nah (2000) Sony/Columbia. Kontakt: Columbia (Sony), Stephanstr. 15, 60313 Frankfurt am Main, F: 069-13888-501. Internet: www.sonymusic.de/columbia

CLOUDBERRY

Marco Pfeil = Cloudberry begann schon 1990 als Sänger und Bassist der Frankfurter Punkpopgruppe Strange, mit der er bis zur Trennung 1997 zwei Alben herausgab und die mit ihrer Version des Boomtown Rats Klassikers »I Don't Like Mondays« einen kleinen Hit hatte. In der Zeit danach besann er sich seiner Liebe zur 80er Wave-Musik. Auf der im Alleingang eingespielten EP »Playground Crisis« programmierte er, bediente sich elektronischer Elemente und spielte dazu Gitarren- und Keyboard-Passagen. Heraus kamen sowohl leichte poppige Stücke wie »Inbetweener« und düstere Sounds wie »Pale«. Der Major EMI wurde aufmerksam und Marco erhielt einen Vertrag. Mit dem Produzenten Olaf Wollschläger, der sich mit Arbeiten für Paradise Lost und Close Encounters einen Namen gemacht hatte, und der Sängerin Stefanie Nerpel, die schon mit Liquido unterwegs gewesen war, spielte er die erste Single ein. Auf der Basis synthetischer Sounds und Drumloops entstand mit melodiösen Gitarren und melancholischem Gesang der Titel »Mother Of Creation« als Vorbote des ersten Albums.

Discogr.: Mother Of Creation (1999, MCD – EMI). Kontakt. Cloudberry c/o Marco Pfeil, Im Hain 6, 63179 Obertshausen, T: 0172-6949973 od. Brainstorm Music Marketing GmbH, Badeweg 9, 87509 Immenstadt, F: 08323-963329-30. E-Mail: info@brainzone.de • Internet: www.brainzone.de

COALMINERS BEAT, THE

Stefan Meissel (voc/g), Alexander Uhl (b), Susanne Schick (voc), Paul Schmitt (dr), Micha Speth (v/g)

The Coalminers Beat feierten 1999 ihr 10jähriges Bandjubiläum. In dieser Zeit hatten sie knapp 600 Konzerte vorrangig in Deutschland, Österreich und der Schweiz gegeben. Dazu verkauften sie in dieser Zeit ca. 40.000 Tonträger, wobei ihre Single »Land Of Green« bei den Hörercharts anläßlich der Fusion von SDR III und SWF III unter den größten Hits aller Zeiten auf Platz 236 gewählt wurde. Insgesamt kamen dabei 1.500 Titel in die Wertung. Sie standen u.a. mit New Model Army, Oysterband, → Fury in the Slaugtherhouse, → Philip Boa & the Voodoo Cult und den → Fantastischen Vier auf der Bühne. Ihren Stil bezeichnen sie als eine melodiöse Mischung aus Alternativ-Rock, Gitarrenpop und Folkrock mit Solo-Geigen und Streichersätzen. Anfangs wurden sie von vielen als eine Folkrock-Band mit starken keltischen Einflüssen betrachtet. Dazu trug hauptsächlich der intensive Gebrauch von Geige und Akkordeon bei. Aber schon die erste CD »Welcome To The Party«, noch in sieben Mann/Frau starker Besetzung eingespielt, beinhaltete eine eigene Mischung aus Ska, Soul, Rock, Punk und Folk. Dieses Folkrock-Album stand zwar der französischen und russischen Tradition näher als der irischen, trotzdem wurden die Coalminers als deutsche Ausgabe der Pogues oder Levellers angesehen. Bei ihren Konzerten war Party angesagt. Dies ließ die Branchenriesen aufhorchen. Sony brachte eine erneuerte Fassung ihres Debüts auf den Markt. Das darauf enthaltene Remake des schon erwähnten »Land Of Green« entwickelte sich zum Höhepunkt ihrer Konzerte und erhielt nicht nur im süddeutschen Raum viel Radioeinsatz, sondern wurde u.a. auch in Frankreich und Portugal gespielt. Schwer taten sich Presse und Fans mit dem Nachfolger »Colourblind« von 1995, auf der sich harte Gitarren und klassisch anmutende Passagen, sanfte Töne und bombastische Arrangements trafen. Der gewohnt leichte Folkrock war erst gegen Ende des Albums zu vernehmen. Während vielen Fans das Album zu experimentell war, ging es den Rezensenten nicht weit genug. Die Zusammenarbeit mit Sony Music wurde beendet, obwohl immerhin 30.000 Exemplare von beiden CDs verkauft wurden. Der damalige Sänger und der Bassist verließen die Band. Als Übergangslösung gaben sie die Eigenproduktion »Next To Nothing« heraus, eine Zusammenstellung älterer Aufnahmen und neuer Titel. Das Label Semaphore interessierte sich für die Coalminers und die Gruppe produzierte das Album »Waterproof«. Stefan Meissel hatte inzwischen die Rolle des Sängers übernommen. Diesmal erweiterten sie ihr Programm um Alternativ- und Gitarrenrock/-pop. Die ersten Rezensionen waren durchweg positiv. Allerdings hatten sie wieder Pech. Semaphore meldete kurz nach Erscheinen des Albums, aber nicht ihretwegen, Konkurs an. Allen Widerlichkeiten zum Trotz ließen sie sich nicht unterkriegen. Im Konzert hatten sie nichts von ihrer Energie eingebüßt. Ihre Waterproof-Tour im Herbst 98 sahen mehr als 23.000 Zuschauer. Das LKA in Stuttgart war mit 1.200 Besuchern gefüllt, obwohl sie in direkter Konkurrenz zu Lenny Kravitz spielten. Auch 1999 ließen sie weder in ihrer Konzerttätigkeit noch im Schreiben neuer Lieder nach. Ihre neuesten Kompositionen stellten sie im Februar 2000 auf der CD »Daily Dose Of...« vor, die eine Mischung aus Alternativ-Rock und Gitarrenpop enthielt, wobei Solo-Geigen und Streichersätze besondere Akzente setzten.

Discogr.: Welcome To The Miner's Party (1992, Eigenproduktion), The Coalminers' Beat (1993, Sony Music), Colourblind (1995, Sony Music), Next To Nothing (1997, Eigenproduktion), Waterproof (1998, Semaphore), Daily Dose Of... (1999, Eigenproduktion) Kontakt: Summertime – Marco Sommer, Weilstr. 13, 73734 Esslingen, F: 0711-3820465

COLOUR THE WORLD
Holger Kleinbauer (g), Oliver Kerl (dr), Thomas Becker-Kirchner (voc), Henning Klein (keyb), Hors Becker (b)
Bei Colour the World handelt es sich nicht um Pflastermaler in der Fußgängerzone, sondern um fünf junge Musiker, die ihre Freude an der Musik den Hörern

vermitteln wollen. »Innovativer Pop mit einem Schuß kernigem Rock« lautet die eigene Einschätzung ihres Stils. Dabei steht die Melodie immer im Vordergrund. In ihren Texten verarbeiten sie eigene Erfahrungen und Eindrücke. Die Konzerte dauern bis zu drei Stunden, wobei einige Cover-Versionen die Eigenkompositionen ergänzen. Damit sind sie seit 1992 unterwegs. 1994 erhielten sie beim Wettbewerb des Saarländischen Rundfunks die Auszeichnung als »Beste Nachwuchs Band«. Dazu kamen noch zwei zweite Plätze in der Sparte Pop beim Nachwuchs-Wettbewerb »Saar-Rocky«. 1995 stellten sie ihre erste CD »Always« vor. 25 Rundfunkanstalten spielten ihre Songs im Radio. Obwohl sie ständig präsent waren, wurde es 1999, bis die zweite CD erschien. »Nothing But The Truth« präsentierte zeitlosen Poprock. Das City-Journal schrieb im Juni 99 zur Vorstellung des Albums in der »Garage«: »Was dann anschließend an geballter Power und Spielfreude von der Bühne strömte, versetzte das Publikum in ein ständiges Wechselbad der Gefühle. Treibende Grooves und melancholische Balladen zogen innerhalb kurzer Zeit das Publikum in ihren Bann. Unverkennbar sind die musikalischen Ursprünge von Colour the World aus dem Mainstream der 80er und 90er. Dabei verstehen sie es, aktuelle, moderne Stilrichtungen in ihre Musik mit einfließen zu lassen. Bester Beweis dafür ist ihre neue CD mit dem Titel ›Nothing But The Truth‹. Mit ihrem über zweistündigen Auftritt stellten die fünf sympathischen Musiker unter Beweis, daß sie sich selbst als Live-Band sehen. Und dabei gehen sie mit großer Professionalität und Perfektion zu Werke. Colour the World, voran Frontmann Thomas Becker, verstand es, das Publikum stets mit einzubeziehen und es an der Spielfreude der Band teilhaben zu lassen.« Die Zeitschrift Feedback bezeichnete hernach die Gruppe als »Saarlands Pop-Perle Nr. 1«. Wer öffnet die Auster?

Discogr.: Always (1995, Eigenvertrieb), Nothing But The Truth (1999, Eigenvertrieb) Kontakt: Horst Becker, Feldstr. 13, 66119 Saarbrücken, F: 0681-9857620. E-Mail:h. becker@fbo.de

CONTRIVA
Contriva sind die Berliner Marsha Qrella, Max Punktezahl, Hanns Lehmann und Rike Schuberty, die versuchten, die Musik in sich selbst entwickeln zu lassen und entspannte, unaufgeregte, zeitgemäße Popmusik zu Gehör zu bringen. Im Januar 2000 erschien nach zwei Singles und zwei 10"-Veröffentlichungen ihre erste CD »Tell Me When«, die größtenteils Instrumentalstücke enthielt und sowohl an die Weilheimer Schule um Notwist als auch an Bands wie Stereo Total oder Stereolab erinnerte. Im Februar stellten sie ihre Titel live vor.
Discogr.: Tell Me When (2000, Monika/ Indigo). Kontakt: Monika Enterprise, Monumentenstr. 16, 10965 Berlin, F: 030-789 1759. Mail: info@m-enterprise.de • Internet: www.m-enterprise.de

CONVENT – WHITE ROSE TRANSMISSION
Carlo van Butten (voc), Joachim »Jojo« Brandt (g), Benjamin »Ben« Schadow (b), Stefan Bornhorst (keyb), Jörg »Schocko« Dubielowsky (dr)
Die 1985 gegründete deutsch-niederländische Formation The Convent ist eine der am längsten bestehenden Waverock-Bands in Deutschland, auch wenn von den Gründungsmitgliedern lediglich der Sänger Carlo van Putten übrig geblieben ist. Vom Start weg erspielte sich die Band in Deutschland, Belgien und den Niederlanden ein treues Publikum. Aus dieser Zeit sind nur noch die beiden Singles »The Endless Way« und »Kicked Out Of Time« übrig. Untrennbar mit der Geschichte von Convent sind Größen wie Mark Burgess (ex-The Chameleons) und Adrian Borland (ex-The Sound) verbunden. Burgess war einer der Produzenten des Debüt-Albums »Counting The Stars« von 1993, in dem neben acht Studioauf-

nahmen drei ihrer erfolgreichsten Live-Stücke enthalten waren, darunter »Amsterdam« und »First Impression Of The West«. The Convent begleitete anschließend Mark Burgess & the Sons auf deren Tour und gab Konzerte mit Fischer Z, bevor sie sich an die Arbeit zu ihrem zweiten Album »Tales From The Frozen Forest« machten. Dieses komplett von Burgess produzierte ruhige und intensive Album mit englischen, deutschen und niederländischen Texten begeisterte vor allem die deutsche Independent-Szene. Der im Album enthaltene Titel »Winning« war ein Cover von Adrian Borland, der es sich nicht nehmen ließ, bei der darauffolgenden Tour The Convent zu begleiten und das Stück jeden Abend mit van Putten im Duett zu singen. Ein weiteres Highlight in ihrer Karriere war die 1993 gemeinsam mit Heroes del Silencio durchgeführte Deutschland-Tournee. 1995 nahmen die Waver die EP »Macho For The Lions« auf und stellten diese in Konzerten mit Paul Roland vor. The Convent gründeten ihr eigenes Label »Red Sunshine Records« und veröffentlichten darauf 1996 »Crashed Cars & Loveletters«, in dem wieder wavig-poppige Klänge zu hören waren, diesmal jedoch mit druckvollen Gitarren und treibender Rhythmik. Anteil am Erfolg gebührte auch ihrem Gast Christian Komorowskis von → Deine Lakaien/Das Holz an der Geige, deren Klang das Album veredelte. 1998 veröffentlichte das Quintett seine erste Live-CD, die sie handnumerierten und von der sie eine streng limitierte Auflage von 1000 Stück pressen ließen. Auf der im Jahr 1999 durchgeführten Tournee stellte sich Mark Burgess höchstpersönlich als Bassist zur Verfügung. Wieder mit veränderter Besetzung begaben sich The Convent ins Studio, um mit den Aufnahmen ihrer nächsten Scheibe zu beginnen, die unter dem Titel »Red Light Melancholy« auf den Markt kommt. Neben seiner Tätigkeit als Kopf von The Convent nahm Carlo van Putten noch zwei Alben mit seinem Freund Adrian Borland unter den Gruppennamen White Rose Transmission auf. Nach dem gemeinsamen, sehr moody gehaltenen und mit Songwriter-Einflüssen versehenen Debüt »White Rose Transmission« von 1995 fand vor allem das 99er Album »700 Miles Of Desert« viel Beachtung mit seinem komplexen vielschichtigen Sound, in dem Elektronik auf Gitarre, Akkordeon, Piano, Mundharmonika und Violine traf. Letztere wurde von David Maria Gramse besonders effektvoll eingesetzt. Die Texte in deutscher und englischer Sprache lieferte Carlo van Putten, die Musik komponierte Adrian Borland, für den dieses Album zu seinem Vermächtnis wurde, denn leider verstarb der begabte Musiker im Laufe des Jahres 1999. Stereoplay zeichnete die Platte als Album des Monats aus und Intro fand »ein Album von durchdringender Schönheit und zeitlosem Charme, große Popmusik mit einem Höchstmaß an Intensität und Ausdruckskraft«. Ein weiterer Erfolg war die Nominierung für den »Preis der deutschen Schallplattenkritik« im 1. Quartal 1999.

Discogr.: Counting The Stars (1993, Red Sun Records), Tales From The Frozen Forest (1994, Red Sun Records), Macho For The Lions (1995, MCD – Red Sun Records), Crashed Cars & Loveletters (1996, Red Sun Records), For A Fistful Of Deutschmarks – A Collection Of Live Recordings 1992-1997 (1998, Red Sun Records), White Rose Transmission (1995, Red Sun Records), 700 Miles Of Desert (1998, Red Sun

Convent

Records). Kontakt: Red Sun Records, Postfach 1104, 27729 Hambergen, F: 04794-95015. E-Mail: info@redsunt.de • Internet: www.redsun.de

CORNFIELD, KLAUS

Mit der Gruppe »Throw that Beat in the Garbagecan« erfand Klaus Cornfield den dilettantischen Plastikspielzeugsound und erreichte mit Kinderliedern wie »Some Alien From Outer Space Must Have Fucked My Mother« Kultstatus. Nach der Kürzung zu »Throw that Beat« und der Zuwendung zum Pop mit Einflüssen aus New Wave, Glamrock, Punk, Britpop und Schrammelpop galten sie als Deutschlands Pop-Hoffnung Nr. 1. Auftritte führten sie bis nach Japan, Amerika und Russland. Doch die Band zerbrach. 1996 gab es die erste Solo-CD: »Klaus Cornfield Comes«, aufgenommen mit einer großen Anzahl an Instrumenten und fast so vielen Musikern wie späteren Käufern. Klaus Cornfield, der die Covers seiner Band schon immer selbst gezeichnet und auch Trickfilme für Throw that Beat hergestellt hatte, widmete sich nun ganz seinem Traum und gründete 1997 den »Fou Fou & Haha« Verlag, wo er seine eigenen Heftchen »Kranke Comics« veröffentlichte. Trotzdem gab es immer wieder Abstecher in die Musik und 1998 das zweite Solo-Album »Sweet Dreams Of Anarchy« mit melodiösem Schrammelpop und schrägem Humor (Textauszug: The world looks beautiful, oh Lord won't you buy me an Apple PC). Für die → Bates zeichnete er ein 40seitiges Punk-Comic und ging mit ihnen auf Deutschlandtour. Dabei absolvierte er seine Auftritte ganz alleine, begleitet nur von seiner Gitarre.

Discogr.: Klaus Cornfield Comes (1996), Sweet Dreams Of Anarchy (1998, Strange Ways Records). Kontakt: Strange Ways Records, T: 040-4307666, F: 040-4307696. E-mail: strangeways@compuserve.com

COUCH, THE

Michael Heilrath (b), Stefanie Böhm (keyb), Jürgen Söder (g), Thomas Geltinger (dr)

Die Gruppe »Couch« macht Instrumentalmusik. Bereits 1995 gaben sie ihr Debüt als Trio auf Vinyl. Michael Heilrath hatte mit Metal angefangen und kam über Hardcore und das Hören von Jazz zur Elektronik. Mit Couch verwirklichte er seine Ideen von fließender, minimalistischer Instrumentalmusik. Michael ist auch noch Bassist beim Tied & Tickled Trio und veröffentlicht Solo-Produktionen unter dem Namen Blond. Jürgen Söder ist nebenbei Gitarrist bei Schwermut Forrest. Im Gegensatz zu vielen Postrock-Bands finden Couch Rock und Schweiß gut. Ihre Stücke entstehen nicht am Reißbrett, sondern durch Tüfteln und Probieren. Hierbei vermischen sie Hardcore und Electronic. Das Album von 1997 nannten sie »Etwas benutzen«. Darauf war Gitarrensound mit Ecken und Kanten zu hören. Mit der Aufnahme der Keyboarderin Stefanie Böhm, die unter dem Namen Ms. John Soda 4-Spur-Songs produziert und noch als Sängerin/Gitarristin bei Subatomic tätig ist, wurden die Stücke entspannter und fließender, zu hören auf der CD »Fantasy« von 1999. Oliver Cremer: »Ein wunderbares Album. Ein Stück wie ›Gegen den‹ vermittelt in sechs Minuten mehr Emotionen und Inhalte als manches Blumfeld-Album – wohlgemerkt instrumental. Zwar werden einige Stücke noch immer in unglaublichen Taktarten gespielt, jedoch gesellen sich eindeutige Stücke ebenso dazu wie flinke, jazzige

The Couch

Grooves. Fantasy ist eine wortlose und poetische Platte, die in der Tat das ganze Vorstellungsvermögen des Hörers fordert – die Bilder und Texte zu den musikalischen Blaupausen, die Couch geben, muß man schon selbst entwickeln.« Mit den neuen Stücken im Gepäck begaben sie sich im In- und Ausland auf Tournee. *Discogr.: Couch (1995, LP – Eigenvertrieb), Etwas benutzen (1997, Kitty-Yo/Kollaps), Fantasy (1999, Kitty-Yo/Kollaps). Kontakt: Kitty-Yo, Rosenthaler Str. 3, 10119 Berlin, F: 030-28391452. E-Mail: info@kitty-yo.de • Internet: www.kitty-yo.de*

COYNE, KEVIN

Der 1944 in Derby/England geborene und in Nürnberg lebende Künstler wird es zwar kaum mehr zum Teenageridol oder zum Bravo-Starschnitt bringen, ist aber einer der unterbewertetsten und gleichzeitig kreativsten Köpfe in der deutschen Rockszene. Von 1955-61 besuchte er die Joseph Wright School of Art und begann anschließend ein Grafik- und Malereistudium am Derby College of Art, das er 1965 mit Diplom abschloß. Nebenbei spielte er in einigen Bands und eiferte darin seinen Vorbildern wie Little Richard, Fats Domino, Chuck Berry oder später Muddy Waters, John Lee Hooker und Jimmy Reed nach. Von 1965 bis 1968 arbeitete er als Therapeut in einer psychiatrischen Klinik und nach seinem Umzug nach London betreute er Drogenabhängige. Mit dem Gitarristen David Clague gründete er die Gruppe Siren, der allerdings kein Erfolg beschieden war. Viel Schmerz enthielt sein Solo-Debüt »Case History«, auf dem er seine Erfahrungen mit psychisch Kranken verarbeitete. Ein Angebot der Doors, als Sänger den verstorbenen Jim Morrison zu ersetzen, schlug er aus Gründen der Glaubwürdigkeit aus. Der linksorientierte Künstler unterschrieb bei dem damals jungen Label Virgin einen Plattenvertrag und brachte dort im Laufe der Zeit elf Alben heraus. Überragende Kritiken erhielt er dabei für »Marjory Razorblade« von 1973 mit seinen genauen Charakterstudien. Seine Musik, seine Texte und seine eigenwillige, voluminöse, charismatische Stimme begeisterte die Kritiker, aber die breite Öffentlichkeit nahm den Künstler kaum wahr. Das Album »Matching Head And Feet« spielte er u.a. mit Andy Summers (Police), Peter Wolf und Zoot Money ein. Diese Musiker gehörten auch zu seiner Live-Band, und ihnen gelangen erfolgreiche Konzerte, wie man auf der Doppel-Live-LP »In Living Black And White« hören konnte. Ihre Auftritte führten sie nach Australien, Europa und Nordamerika. Coyne schrieb nebenbei die Musicals »Babble« und »England England« und konnte beide in London uraufführen. Seine kompromißlose, aufrichtige Art fand die Anerkennung der aufkommenden Punk-Szene und Johnny Rotten von den Sex Pistols ließ verlauten, daß er massiv von Kevin Coyne beeinflußt sei. Mit Unterstützung von The Ruts und Robert Wyatt spielte er die Doppel-LP »Sanity Stomp« ein und beendete danach die Zusammenarbeit mit Virgin. 1981 führten Alkohol- und Eheprobleme und das hektische Leben zu einem totalen Nervenzusammenbruch. Seine für das Indie-Label Cherry Red eingespielten Platten gaben Zeugnis von den schwierigen Zeiten. Um Abstand zu gewinnen, begab sich Coyne 1985 zunächst

Kevin Coyne

für zwei Wochen nach Deutschland. Nach den 14 Tagen verlängerte er seinen Aufenthalt, nahm sich eine Wohnung und blieb seitdem Nürnberg treu. Er meisterte seine Probleme und begann in Deutschland eine rege Tätigkeit als Schriftsteller, Maler und Musiker. Mit seinen Vernissagen erlangte er internationale Reputation, dazu schrieb er vier Bücher, brachte weitere 11 Alben heraus und spielte Rollen im Fernsehen und auf der Bühne. 1992 würdigte ihn die Stadt Nürnberg mit dem Kulturpreis. In diesem Jahr veröffentlichte er seine bisher außergewöhnlichste CD »Burning Head«, die streng limitiert war und wovon jede der 1.000 Stück eine Originalzeichnung als Cover enthielt. Sein Rocktheater von 1995 »The Adventures Of Crazy Frank« basierte auf der Lebensgeschichte des englischen Komödianten und wurde mit ihm in der Hauptrolle in Deutschland und Österreich aufgeführt. Mit einer All-Star Band nahm er 1996 die CD »Knockin' On Your Brain« auf, wofür die Londoner Times in einer Schlagzeile die Überschrift »Still A Hero« vergab. Mit seinen Söhnen Eugene und Robert spielte er in London das Debüt »Sugar Candy Taxi« für seine neue Plattenfirma Ruf Records ein. Audio bezeichnete die Platte als »Herb, aber einzigartig« und Notes bemerkte: »Da hat einer noch eine ganze Menge zu sagen.«

Discogr.: (Auswahl): Case History (1972, Dandelion), Marjory Razorblade (1973, Virgin), In Living Black And White (1977, Virgin), Dynamite Days (1978, Virgin), Millionaires And Teddy Bears (1979, Virgin), The Peel Sessions (1990, Strange Fruit), Sugar Candy Taxi (1999, Ruf Records). Kontakt: Ruf Records, Kirchstr. 24, 37318 Lindewerra, F: 036087-92211. Mail: ruf@rufrecords.de

CREMATORY

Felix Stass (voc), Katrin Goger (keyb), Matthias Hechler (g), Markus Jüllich (dr), Harald Heine (b)

Crematory hat sich seit Januar 1991 in die erste Reihe der deutschen und europäischen Gothic-Bands gespielt. Im Oktober 91 nahmen die Pfälzer Düsterrocker mit der Gast-Keyboarderin Katrin, die später als festes Mitglied einstieg, ihr erstes Demo auf. Dabei legten sie Wert auf Härte, Eingängigkeit und Melodie. Im Oktober 92 durften sie bei Massacre den ersten Plattenvertrag unterschreiben. Ihr Debüt hieß im Januar 93 »Transmigration«. Die erste Deutschland-Tournee führten sie im Oktober 93 als Support von »My Dying Bride« durch. Im April 94 veröffentlichten sie ihr zweites Album »...Just Dreaming«, woraus sich »Shadows Of Mine« zu ihrem ersten Club-Hit entwickelte. Aus Holland, Belgien, Italien, Österreich und der Schweiz kamen Anfragen zur Band. Ihre Popularität steigerten sie anschließend weiter mit einer Tournee im Vorprogramm von Tiamat und im Januar 95 begleiteten sie Atrocity durch Europa. Danach spielten sie auf Festivals und in Clubs ihre ersten Konzerte als Headliner. Den endgültigen Durchbruch erreichten sie mit dem 95er Album »Illusions« und der Club-Hymne »Tears Of Time«. Bei der Europatournee mit Moonspell, The Gathering und Secret Discovery fungierte die Band als Hauptact. Das Album »Crematory« vom Juni 96 war erstmalig ganz in deutscher Sprache gehalten und damit gelang ihnen ihr erster Charteinstieg (Platz 88). Im Januar 1997 gründete die Band ihre eigene Plattenfirma CRC und brachte als Einstieg ein Live-Album mit Live-Video heraus. Im Februar fanden sie in Nuclear-Blast-Records einen neuen Partner. Ihren Einstieg feierten sie im September 97 mit Album Nr. 6 »Awake«, das Platz 54 der Album-Charts erreichte. Mit ihrer Version des Sisters of Mercy Titels »Temple Of Love« gelang ihnen der nächste Club-Hit. Auf der anstehenden Europa-Tour nahmen sie diesmal Therion, Lake of Tears und → Dark mit. Für den bisherigen Gitarristen Lotte stieg im Dezember 97 Atze ein, mit dem sie ihr siebtes Album in sieben Jahren Bandgeschichte aufnahmen. »Act Seven« erreichte im März

99 Platz 46 der Charts und steigerte damit ihren Erfolg nochmals. Feedback vergab dafür die Höchstwertung von 10 Punkten. Rechtzeitig zu Weihnachten 99 veröffentlichten sie die 3-CD-Box »Early Years« mit neu gemischten und digital gemasterten Titeln aus ihrer Zeit bei Massacre Records auf CD 1. Dazu kam eine CD mit Remixen namhafter Produzenten und eine weitere mit vier Video-Clips auf CD-Rom. Im Januar 2000 waren sie wieder in ganz Europa unterwegs und ab April 2000 gingen sie erneut ins Studio, um den »Act Seven«-Nachfolger aufzunehmen. Und wenn sie nicht gestorben sind, werden sie ab Januar 2001 Europa wieder als Headliner beehren.

Discogr.: Transmigration (1993, Massacre), ...Just Dreaming (1994), Illusions (1995) Cremtory (1996), Live...At The Out Of The Dark Festivals (1997, Eigenproduktion), Awake (1997, Nuclear Blast), Act Seven (1998, Nuclear Blast), Early years (1999, 3 CD-Box – Massacre). Kontakt: Massiv Management, Mittlere Blenz 14, 67593 Westhofen, F: 06244-905437. E-Mail: jüllich@aol.com • Internet: www.crematory.de

CUCUMBER MEN

Justin Balk (voc/g), Heiko Franz (dr/voc), Miko Wirtz (b/voc)
Nach 1990 erspielte sich innerhalb von zwei Jahren die dreiköpfige Pinneberger Gurkentruppe mit einer Mixtur aus Funk, Metal und HipHop den Ruf der härtesten Band im Norden Deutschlands. 1995 gewannen sie den Oxmox-Nachwuchswettbewerb, wurden für den Comet-Preis von Viva nominiert und erhielten einen Vertrag bei Mercury Records. Nach einer selbstproduzierten Langspielplatte hieß ihr erster Major-Ausstoß von 1996 »Früher waren wir besser«, der unter der Regie von Joszi Sorokowski (Goldene Zitronen) entstand und zum Crossover-Metal teils kuriose Texte wie »Ich kenn' den Bruder, dessen Freundin hat 'ne Schwester, deren Vater früher mal sein Fußballtrainer war« enthielt. Der Freitod des Bassisten Boris Büchner führte zu einer Besinnungspause der Band. Nachdem sie in Nico Wirtz Ersatz gefunden hatten, nahmen sie 1998 das Album »Turbo« auf, das mit Trashrock, Punk und Metal wieder sehr hart ausfiel, aber mit interessanten, vielfach heiteren Satzschöpfungen aufwartete.

Discogr.: (Auswahl): Früher waren wir besser (1996, Mercury Records), Turbo (1998, Mercury Records). Internet: www.mercuryrecords.de

CULTURED PEARLS

Astrid North (voc), Tex Super (b/tp/g/keyb) B. La (dr/keyb)
1991 lernten sich Tex Super und B. La an der Hamburger Musikhochschule kennen. Ein Jahr später kam Astrid dazu, die die ersten Jahre ihres Lebens in den USA verbracht hatte. Alle drei hatten vorher schon in diversen Schülerbands gespielt, wollten aber an einer professionellen Karriere arbeiten. Sie verfertigten ein Programm, mit dem sie durch die Clubs der Republik zogen. Stilprägend war hierbei der Soul der 70er Jahre. Dazu mixten sie eine Prise Rock und Jazz. Der Erfolg ihrer harten Arbeit wurde durch einen Vertrag mit dem Major WEA belohnt. 1995 erschien das Debüt »Sing de la sing«. Als Produzent hatte sich Jens Krause (→ Fury in the Slaughterhouse)

Cultured Pearls

zur Verfügung gestellt. Gleich mit der ersten Single »Tic Toc« erreichten sie Platz 87 der Airplay-Charts. Wie viele andere Bands hatten auch sie es sehr schwer, die Leute in die Clubs zu bringen. Doch alle, die den Aufwand nicht scheuten, wurden dafür belohnt, wie »anü« in der Augsburger Allgemeinen feststellte: »Mit ihren poppigen Soul-Arrangements verwandelten sie den nur schwach besuchten Lucky's Club Afra trotzdem in einen stimmungsgeladenen Hexenkessel. Daß mit den Cultured Pearls eine überragende Live-Band mit einem durchweg selbstkomponierten, spannungsgeladenen Programm, faszinierender warmer Ausstrahlung und erfrischender Lebendigkeit die Zuhörer derart unter Spannung setzen würde, war dann doch eine Überraschung. Sympathisch: Auch die geringe Zahl der Zuschauer war den Musikern drei Zugaben wert, die aber auch vehement gefordert wurden.« Diese Einstellung der Band wurde gewürdigt, denn im Laufe der Zeit stiegen die Besucherzahlen und machten größere Clubs und Hallen notwendig. Auf der nächsten CD »Space Age Honeymoon« bestachen sie durch ihre Stilvielfalt, neben Dancefloor war auch Country zu vernehmen. Im Anschluß an die Veröffentlichung zeigten sie wieder ihr Können auf der Bühne wie beispielsweise beim berühmten Donauinselfest 98 in Wien. Mit großem Aufwand startete im Mai 99 das dritte Album »Liquefied Days«, auf das die Single »Kissing The Sheets« vorab aufmerksam machen sollte. Single und Album erreichten die Charts. Hinzugekommen waren zeitgenössische moderne Sounds, die Elektronik hatte dezent Einzug gehalten, und die Presse lobte die emotionalen, gefühlvollen Songs. Der Rolling Stone fand »die atmosphärische Dichte ihrer Musik manchmal geradezu erstaunlich – sublim in den besten Momenten, immer sanft schwebend, zeugt sie von großer Souveränität ihrer Erzeuger«. Die Abendzeitung München wählte den Longplayer zur CD der Woche, und in den Media Control Charts erreichten sie Rang 19. Die neuen Lieder stellten sie auf einer Tour quer durch Deutschland vor. Auf die Frage, was sich Astrid für die Zukunft vorgenommen habe, antwortete sie dem »Fachblatt«: »Schlafen, einmal wieder lange schlafen.« Hoffen wir, daß ihr dieser Wunsch inzwischen erfüllt wurde.

Discogr.: Sing de la sing (1995, WEA), Space Age Honeymoon (WEA), Liquefied Days (1999, WEA). Kontakt: Peppermint Park, Weidendamm 8, 30167 Hannover, F: 0511-7010926. E-Mail: pepppark@aol.com • Internet: www.peppermint-park.de

CZECH

Das Bremer TripHop-Duo Czech besteht aus dem Sound-Spezialisten Gregcore Hennig, der durch seine Tätigkeit bei verschiedenen Bands auf mehr als zehn Jahre musikalischer Erfahrungen zurückblicken kann, und der Sängerin Katharina, die noch bei der Jazz-Combo Pearly Passion singt. Virgin veröffentlichte das Album »Czech«, das vom Fachblatt den Titel »Aufsteiger des Monats« erhielt. Die Single »I Do Believe« entwickelte sich zum Clubbrenner. Ende 1998 folgte mit »World Mad« der zweite Streich.

Discogr.: Czech (Virgin Records), World Mad (1998, Edel). Kontakt: Edel Records, Wichmannstr. 4, Haus 2, 22607 Hamburg, Postfach 520151 F: 040-896521. E-Mail: firstname_lastname@edel.com • Internet: www.edel.de

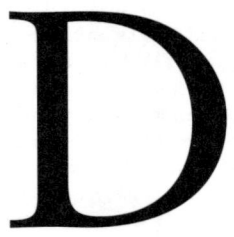

DAN
Dan (voc/s), Frank Becking (g), Andreas Hellwig (b), Lars Niekisch (keyb), Sven Schöene (dr)

Dan ist die Band um die in Berlin-Tempelhof geborene und in Berlin-Kreuzberg wohnende Sängerin und Saxophonistin gleichen Namens. Die Frontfrau Dan erlernte als Schülerin im Alter von zehn Jahren Geige und Klavier und begann schon zwei Jahre später, Saxophon zu spielen und eigene Songs zu schreiben. In Schülerbands griff sie manchmal auch zur Gitarre und setzte sich vor das Keyboard. Zusammen mit dem Gitarristen Frank Becking suchte sie 1994 per Kleinanzeige weitere Mitstreiter, die sie in Andreas, Lars und Sven fand. Mit dem wilden und aggressiven Album »Come When You Wanna« gelang ihnen 1996 ein vielversprechender Einstieg in den Rockmarkt und auch ihre Shows ließen eine große Zukunft ahnen. Sie nahmen ein zweites Album auf, das unter dem Titel »Electric« erscheinen sollte und das, obwohl bereits von der Presse angekündigt, von der Plattenfirma wieder zurückgezogen wurde. Dieser gefiel plötzlich das Ergebnis nicht mehr und nachdem sich die Gruppe mit den Firmenvertretern zerstritt, blockierten diese die Veröffentlichung. Erst nach einem Jahr Verspätung erschien bei ihrer neuen Plattenfirma die CD, die ursprünglich »Electric« geheißen hatte, mit neuem Cover und dem neuen Titel »Cosmic«. Im Vergleich zum Vorgänger fiel das Zweitwerk nicht mehr so wild und ungestüm aus und legte sich nicht mehr eindeutig auf eine Musikrichtung fest, sondern mischte Glam, Rock und Punk mit elektronischen Spielereien. Allerdings gelang es Dan nicht, mit den Titeln dieses durchaus hörenswerten Albums eine Verbindung zu ihren kraftvollen und energiegeladenen Konzerten herzustellen.

Discogr.: Come When You Wanna (1996, WEA), Cosmic (1998, Goldrush/BMG). Kontakt: Goldrush Entertainment GmbH, Nobbenburger Str. 13, 49076 Osnabrück, F: 0541 -67483. E-Mail: goldrush@t-online.de • Internet: www.goldrush.de

DARK
Mathias Fickert (voc), Jochen Donauer (dr), Thorsten Schmitt (g)

1991 gründeten Mathias Fickert und Jochen Donauer Gun. Schon von Beginn an bestand das Programm überwiegend aus eigenen Stücken. Dabei bevorzugten sie harten Death Metal. Im Laufe der Jahre veränderte sich ihr Stil zum technisch anspruchsvollen Rock mit düsteren Melodien. Ihre Musik boten sie in ihren Konzerten im Raum Kaiserslautern und Saarbrücken an. 1993 spielten sie, nach einigen Besetzungswechseln, das erste Demo ein, das sie »Visions« nannten. Die Erstauflage von 300 Stück war bereits kurz nach Erscheinen vergriffen. Aufgrund positiver Besprechungen in verschiedenen Fachzeitschriften verkauften sie davon weitere 500 Exemplare. Auch ihre erste Tour mit mehr als sechzig Auftritten in ganz Deutschland verlief sehr erfolgreich. In Eigenregie spielten sie ihre erste CD »Endless Dreams Of Sadness« ein, die stilistisch in den Bereich Gothic/Death Metal einzuordnen war, aber auch Melodie und Atmosphäre beinhaltete. Sie zogen einen Vertrag bei Gun Records an Land, die das Debüt im Januar 1997 veröffentlichten. Im März 1997 durften sie ihr Material beim dritten Out of the Dark Festival präsentieren. Schon kurz darauf begaben sie sich wieder ins

Studio, um den Nachfolger »Seduction« einzuspielen. Die Death-Metal-Elemente waren darin zugunsten düster-melancholischer Sounds hörbar zurückgedrängt. Der Gitarrist Michael Fickert brachte seine Stimme zum Einsatz und auch eine Frau war in dem Titel »Broken Down« zu hören. Die größten Veränderungen brachte die CD »Revolution« von 1999. Sänger Michael hatte die Band verlassen. Auch der Bassist verabschiedete sich. Gitarrist Michael Fickert übernahm nicht nur den Gesang, sondern spielte auch gleich den Bass und die Keyboards. Die Keyboard-Passagen hatten an Bedeutung gewonnen und bildeten den Teppich für metallastige Gitarrengewitter und Dark-Electronic-Einflüsse. Vom frühen Death Metal waren sie vollständig abgekommen. Dafür boten sie ausgefeilte Kompositionen mit viel Melodie. Mit »Pride (In The Name Of Love)« spielten sie sogar ein Cover des U2-Titels ein.

Discogr.: Endless Dreams Of Sadness (1997, Gun Records), Seduction (1997, Gun Records), Revolution (1999, Gun Records). Kontakt: Massive Management c/o Dark, Mittlere Blenz 14, 67593 Westhofen. E-Mail: office@crematory.de . Internet: www.bmg.de • www.gunsupersonic.de

DARK ILLUMINATION

Daniel Gamradt (samples/programm./Texte/voc) und Thomas Krüger (sampling/machines/keyb) nahmen klassische EBM-Sounds und reicherten diese mit Techno und sphärischen Melodien an, die mit verzerrtem Gesang zu Gehör gebracht wurden. Im Debüt »Realize The Error« ging es um die Beschreibung gesellschaftlicher Mißstände, während sie sich in »Pathfinder« mit der Wissenschaft der Zukunft und dem menschlichen Größenwahn befaßten. Für das Jahr 2000 ist eine große Tour geplant.

Discogr.: Realize The Error (1998, Zoth Ommog/Edel), Pathfinder (1999, Zoth Ommog/Edel). Kontakt: Edel Music AG, Wichmannstr. 4, Haus 2, 22607 Hamburg, F: 040-896521. Internet: www.edel.de

DAUERFISCH

Die Popper von Dauerfisch verrieten 1998 auf ihrem Erstling »1000 ganz legale Steuertricks«. Das Volk kaufte dann doch lieber das gleichnamige Buch. In ihrem zweiten Werk führten sie mit viel Witz ihre Zuhörer auf eine Reise durch das Universum der 60er Easy-Listening Musik, 70er Synthisizer-Disco, 90er Low-Fi HipHop und Schlager-Schubidu zur nächsten Station. Die Presse würdigte das Werk als eine der besten deutschsprachigen Produktionen des Jahres 1999.

Discogr.: 1000 ganz legale Steuertricks (1998, Bungalow/EFA), Crime Of The Century (1999, Bungalow/EFA). Internet: www.efa-medien.de

DAVISON BAND, HANK

Einst fuhren sie mit Harleys durch das Land. Dann mußten sie gegen Androhung des berühmten Herstellers ihren Vornamen Harley gegen Hank tauschen. Trotzdem blieben sie mit ihrem traditionellen Bluesrock Lieblinge der europäischen Biker-Szene. Schon nach den ersten erfolgreichen Auftritten erhielten sie Angebote verschiedener Plattenfirmen. Der Haken dabei war, daß alle die künstlerische Freiheit der Band einschränken wollten. Die Sturheit von Hank kostete ihn seine Band. Er mußte eine gewisse Zeit mit Mietmusikern überbrücken und stürzte sich dafür in Schulden. Nachdem Hank neue Mitstreiter gefunden hatte, stürzte er sich wieder in Arbeit. Auf den Bikerfesten spielten sie u.a. im Vorprogramm von Molly Hatchet, Lynyrd Skynyrd, Ten Years After, Mothers Finest, Saxon, Scorpions, Jethro Tull, Meat Loaf und ZZ Top. Sie erhielten Konzertanfragen aus ganz Europa und den USA und nahmen dabei ein Angebot von JB Walker and his Cheap Whiskey Band an, als deren Vorprogramm durch die Staaten zu touren. Dort konnten die Yankees den Mann im bodenlangen Ledermantel, mit schwarzer Sonnenbrille und schwarzem Hut (seinen Markenzeichen) hautnah erleben. Im Rahmen der Daytona Bike Week mit mehr als 750.000 Besuchern trat Hank in 10 Tagen mehr als 40mal als Gastmusiker amerikanischer Bands auf. Hank Davison bringt ausschließlich Live-Alben heraus, da nach seiner Meinung dies der einzig ehrliche Weg ist, seine Musik unverfälscht zu veröffentlichen. Die CD »Real Live« war ein Mitschnitt eines Konzerts vor über 20.000 Zuhörern beim Bikertreffen in Schleiz (Thüringen). Bei diesem Auftritt enterten Gäste wie Alvin Lee (Ten Years After), Dickie Petersen (Blue Cheer) und Glenn Hughes (Deep Purple) die Bühne, um gemeinsam mit der Hank Davison Band zu feiern. Ohne Plattenfirma setzten sie davon im Eigenvertrieb mehr als 15.000 Einheiten ab. 1999 mußte Hank aufgrund einer schweren Erkrankung seine Aktivitäten vorübergehend einschränken, aber im Laufe des Jahres 2000 soll es zum 10jährigen Bestehen der Formation eine weitere Live-CD mit Aufnahmen aus der Anfangszeit der Gruppe geben. Danach soll es wieder voll zur Sache gehen.

Discogr.: Hank Davison & Friends – Real Live (1996, Eigenvertrieb). Kontakt: Bikers Agency, F: 0821-5678-023. Internet: www.hankdavison.com

DE/VISION

Markus (voc/synth), Thomas (voc/synth), Steffen (voc)
Elektronisch arrangierte Popmusik ist das Markenzeichen des 1988 gegründeten Bensheimer Trios. Zunächst machte sich die Band als hoffnungsvoller Live-Act einen Namen. Obwohl sie sehr erfolgreich waren, taten sie sich schwer, einen Plattenvertrag zu erhalten, denn ihr Synthie-Pop paßte nicht in die Zeit. Erst 1994 konnten sie das erste Album »World Without End« für das Hamburger Indie-Label Strange Ways Records aufnehmen. Mit elektronisch erzeugten sensiblen und einfühlsamen Melodien gewannen sie viele Freunde. 1995 folgte noch »Unversed In Love«. Wieder bewiesen sie, daß auch Synthie-Pop aus deutschen Landen seinen Reiz haben kann. In diesem Konzeptalbum behandelten sie das Thema »Liebe« in ihren vielen Erscheinungsformen einschließlich der zur Natur und Religion. Als nächstes gaben sie auf Drängen zahlreicher Fans die CD »Antiquity« heraus mit Aufnahmen jener Songs, die sie bis dahin nur in ihren Konzerten gespielt hatten. Mit der Veröffentlichung von »Fairyland« erreichte das Trio Platz 37 der deutschen Album-Charts. Ihr sanfter Techno-Pop enthielt mehr tanzbare Elemente und wirkte insgesamt moderner. Mit zu verdanken war dies dem neuen Produzenten José Alvarez Brill. Nach dem Wechsel zum Branchenriesen WEA hieß ihr dortiges Debüt »Monosex«. Wieder war es eine ihrer typischen Pop-Produktionen mit tanzbaren Grooves, schönen Melodien und elektronisch erzeugten Gimmicks, aber auch mit einem Streichquartett und mit Gitarre, mit Techno, Trance, HipHop und Crossover. Damit gelang ihnen ihr bislang größter Erfolg, denn sie erreichten die Top 30 der Media-Control-Charts und auch die Single »We Fly...Tonight« stieg in die Charts ein. Ihr zehnjähriges Bestehen feierten sie mit der Veröffentlichung von »Zehn«, einer Zusammenstellung ihrer Singles zwischen 93-96 plus einigen Neuinterpretationen alter Songs und zweier Live-Tracks. Mit dem Album gingen sie in Deutschland, Schweden, Norwegen, der Schweiz, Holland und Spanien auf Tour. Als nächstes coverten sie noch den Oldie

De/Vision

»Blue moon«. Dann begannen sie mit den Arbeiten an der nächsten CD »V.O.I.D.«, die im Frühjahr 2000 auf den Markt kam.
Discogr.: World Without End (1994, Strange Ways/Indigo), Universed In Love (1995, Strange Ways/Indigo), Antique (1995, Strange Ways/Indigo), Fairyland (1996, Strange Ways/Indigo), Monosex (1998, WEA), Zehn (1998, Strange Ways/Indigo), V.O.I.D (2000, WEA). Kontakt: WEA Records, Arndtstr. 16, 22085 Hamburg, F: 040-22805-297. Internet: www.wea.de/home/htm/allstyles/De Vision

DEAD POETS

Bei den toten Dichtern mit dem etwas irreführenden Bandnamen handelt es sich nicht um eine Gothic- oder Metal-Formation, sondern um eine deutschsprachige moderne Rockmusik spielende Gruppe, die ihren Gitarrenrock mit viel Groove, Abwechslung und sparsam eingesetzter Elektronik anbietet. Die Gewinner des SWF 3 Radio-Wettbewerbs gaben ihr Debüt mit der in der Londoner Abbey Road Studios abgemischten radiotauglichen CD »Das Gelbe«.
Discogr.: Das Gelbe, Der Tag bleibt stehen (MCD). Internet: www.bmg. de • www. bmgentertainment.de

DEINE LAKAIEN

Alexander Veljanov (voc), Ernst Horn (keyb/prod.), Michael Popp (g/medieval instruments), Christian Komorowski (v)
Sie singen seit 1985 vom Tod und leben dabei immer besser. Der gelernte Pianist, Schlagzeuger, Theatermusiker mit Hochschulabschluß als Kapellmeister, Dirigent und Freund der elektronischen Musik Ernst Horn suchte 1985 per Anzeige einen Sänger, worauf sich Alexander Veljanov meldete, der keine musikalische Ausbildung genossen hatte. Die erste Platte »1st Album« erschien 1986 im Eigenvertrieb. Obwohl als Geheimtip gehandelt, blieb ein bereits aufgenommenes zweites Album unveröffentlicht. Erst 1990 wurde Gymnastic Records auf die erste Platte aufmerksam und sie erhielten einen Plattenvertrag. Mit der Veröffentlichung der CD »Dark Star« fanden sie in der Indie-Szene große Beachtung, wobei besonders »Dark Star«, Reincarnation« und »Love Me To The End« geliebt wurden. Der Mini-CD »2nd Star« folgte die »Dark Star Tour« als Quartett in oben genannter Besetzung. Der Liebling der Fans war klar Alexander Veljanov, der mit großer Ausstrahlung und Stimme über-

Deine Lakaien

zeugte. 1992 durften die Anhänger der Band das »Dark Star«-Live-Album mit nach Hause nehmen. Im Herbst 1992 präsentierten sie ihre Songs auf einer Akustik-Tour. Dabei kam Veljanovs Stimme besonders zur Geltung. Mit dem 93er Album »Forest Enter Exit« stiegen sie erstmals in die Media Control Charts ein. Einige harte Industrial-Töne feierten Premiere. PE schrieb: »Sie setzen im musikalischen so weit verbreiteten Alltagsgrau eigenwillige Klangfarbtupfer, entführen in andere, ungewohnte Klangwelten, denen mittelalterliche Soundinspirationen ebenso wenig fremd sind wie Dancegrooves.« Diesmal führten die Konzerte auch nach Österreich, Tschechien, in die Schweiz und Niederlande. 1994 entstand der erste offizielle Videoclip »Mindmachine« im winterlichen Berlin. Einer weiteren ausverkauften Akustiktour folgte selbstverständlich ein weiterer Tonträger mit Aufnahmen der Konzerte. »Winter Fish Testosterone« leitete für die Band das Jahr 1996 ein. Darin beherrschten sie brachiale Elektro-Beats ebenso wie eindringliche Balladen. Eine Besonderheit stellte diesmal die »WFT«-Tour mit dem Avantgarde-Projekt Qntal dar. Danach folgte eine Bandpause, die Veljanov zu seinem ersten Solo-Projekt, der CD »Secrets Of The Silver Tongue« und Tour, nutzte. Die CD erntete noch überwiegend gute Kritiken, die Auftritte wurden nicht gerade bejubelt. Ließ sich das Publikum in »Hirsch« in Nürnberg wenigstens gegen Ende des Auftritts noch mitreißen, schrieb WOM über das Konzert in der Muffathalle: »Das Publikum stand ehrfürchtig vor der Bühne, auf ihr saßen fünf Musiker und guckten zurück. Veljanovs Stimme war zwar ganz weit nach vorn gemischt, aber von der Band war immer noch so viel zu hören, daß es zum Einschlafen reichte.« Auch alle anderen Bandmitglieder gingen ihren musikalischen Interessen nach. Erstmals auch im Studio als Quartett nahmen sie »Kasmodiah« auf. Schon die Single »Return« erreichte die Charts, aber das Album stieg bis auf Platz 4. Die Maxi wurde im Aktiv-Magazin Tip des Monats und »Return« als »wohlige Balladen-Düsternis mit romantischem Flair überdeckt« bezeichnet. Zillo zog nach und zeichnete den Longplayer als Album des Monats aus. Nur der Rolling Stone bezeichnete die CD als »ein auch für Wohlmeinende enttäuschend erwartungsgemäßes und mutloses Werk«. Sie feierten jetzt ihren bislang größten Erfolg. Einer kleineren, aber publikumswirksamen Tournee im Frühjahr ließen sie eine größere im Herbst folgen, die sie auch in das europäische Ausland führte. Mit der Band im Rücken wurden auch die Kritiken wieder besser. Timo Hoffmann schrieb über einen Auftritt in den Docks, Hamburg: »Fast verdächtig still und andächtig lauschten die zahlreichen und erstaunlich betagten Zuhörer den Songs wie »Fighting The Green«, jubelten nach dem Ausklingen des letzten Tones frenetisch bis hysterisch.« Aufgrund von Soloaktivitäten geben Deine Lakaien im Jahr 2000 nur wenige Auftritte bei einigen Festivals.

Discogr.: 1st Album (1986, Eigenvertrieb/ WVÖ 1991, Gymnastic class x), Dark Star (1991, Gymnastic class x/Chrom records), 2nd star (1991, MCD), Dark Star – Live (1992), Forest Enter Exit (1993), Mindmachine (1994, MCD & Video), Acoustic – Live (1995), Winter Fish Testosterone (1996), Kasmodiah (1999, Chrom Records/Columbia), Into My Arms (1999, MCD – Chrom Records/Columbia); Solo: Veljanov – Secrets Ff The Silver Tongue (Chrom Records/Motor Music). Kontakt: Chrom Records, Westermühlstr. 26, 80469 München, F: 089-202394-99. E-Mail: Chrom_Records@compuserve.com • Internet: www.chrom.de/ bands/

DEKADANCE

DEKAdance aus Dresden touren durch das Land mit einer Mischung aus Comedy-Show, Rockkabarett, kernigem Rock, Punk, Jazz, Funk und witzigen frechen Texten, die bis hin zum beißenden Zynismus gehen, und gelten als einer der ein-

fallsreichsten interessantesten Live-Acts Deutschlands.
Kontakt: Jörg Häber, Margarethenstr. 20, 82152 Krailling T: 089-85663606 oder 0172-4697845

DELICATE

Hannes Gsänger (voc/Rap), Jelena Halt (voc), Peter Knak (b/voc), Felix Spiess (g/voc), Lorenzo Vestewig (keyb/voc), Tobias Weyrauch (s/voc/harp/perc), Steffen Zimmermann (dr)

Diese musikalische Delikatesse aus Berlin besteht aus TripHop, HipHop, Rap, Reggae, Jazz und Soul und Pop, wobei sich die tiefe Baßstimme von Hannes und die soulige Powerstimme von Jelena optimal ergänzen. Das Rezept dazu erfanden sie 1996, obwohl sich einige Mitglieder schon seit ihrer Sandkastenzeit und der Zusammenarbeit in einer Punkband kannten. Neben der klassischen Instrumentierung mit Gitarren, Keyboards, Drums und Saxophon erweiterte die Formation ihr Spektrum durch treibende Samples und elektronisch aufbereitete Loops. Ihre sehr persönlich gehaltenen Texte spiegelten die Erfahrungen wider, die ihr Sänger Hannes während diverser Auslandsaufenthalte, vor allem in Nepal, gemacht hatte. Mit dieser Mixtur gewannen sie einen vom Rundfunk und von den Puhdys unterstützten Talentwettbewerb. Anschließend nahmen die Puhdys Delicate in ihr Vorprogramm. Gleich mit der ersten Single »Phenomenon« erregten sie Ende 98 das Interesse der alternativen Presse. Besondere Beachtung fanden ihre Events wie die mitternächtlichen Floß-Konzerte auf der Spree. 1999 erschien ihre zweite MCD »Close Your Eyes – non serviam«, unterstützt von Viva und MTV, die das Video in ihre Sender übernahmen. Ab dem 29.9.99 stellten sie sieben Wochen lang jeden Mittwoch im Club Delicatessen ein anderes Programm vor, wobei sich das Publikum den Eintrittspreis zwischen 2,- DM und 12,- DM mit zwei Würfeln selbst erspielte. Während sie bis Herbst 99 hauptsächlich als eine Berliner Angelegenheit gehandelt wurden, brachten sie ab November 99 auch der übrigen Bundesrepublik ihre Definition von Pop näher.

Discogr.: Phenomenon (1998, MCD – WEA), Close Your Eyes – non serviam (1999, MCD – WEA). Kontakt: Esther Ullrich, Cranachstr. 43, 12157 Berlin, T/F: 030-8550194. Internet: www.wea.de

DENECKE, DANIEL

Der in Hamburg lebende hessische Sänger und Gitarrist Daniel Denecke reihte sich mit seinem 1997 veröffentlichten Debüt »Not A Prophet Not A Saint« und gelungenem Folk Pop in die Reihe der englischsprachigen Songwriter ein. Auf seiner zweiten Platte »Further To Return« steuerten Mike Peters (The Alarm) und Fontaine Burnett (Marla Glen) als Gäste einige Töne zu seinen bittersüßen Balladen und sparsam elektrifizierten Rocknummern bei, die er mit heller, klarer Stimme vorträgt.

Discogr.: Not A Prophet Not A Saint (1997), Further To Return (1998, BSC Music/Zomba). Kontakt: BSC-Music, Christoph Bühring-Uhle, Hauserweg 25, 82541 Münsing F: 08177-77931666 und Zomba Records, Eickeler Str.

Delicate

25, 44651 Herne F: 02325/697223. E-Mail: info@zomba-de • Internet: www.zomba-de

DENNERLEIN, BARBARA

Der Weltstar aus München bekam von den jazz-enthusiastischen Eltern mit 11 Jahren die erste Orgel geschenkt und trat bereits mit 15 regelmäßig in den lokalen Szene-Clubs auf. Nach dem Abitur begann die Künstlerin, konsequent an ihrer Solo-Karriere zu arbeiten. Auf ihrer Hammond-Orgel kombinierte sie den legendären Hammond-B3-Sound mit Samplern und Synthesizer-Klängen und entwickelte einen eigenen vitalen funkigen Stil. Die zu Experimenten neigende Künstlerin improvisierte schon mit Swing, Latin, Bebop, Blues, Reggae, Hip-Hop, Einflüssen der Volksmusik und Klassik. Nebenbei erlernte sie das Spiel auf der Kirchenorgel. Besondere Anerkennung fand die Künstlerin vor allem in den USA. Prominente Gäste stellten sich zu Aufnahmen zur Verfügung. Schon 1991 spielte sie mit Friedrich Gulda & Mp die klassisch inspirierte Doppel-CD »Mozart No End & Paradise Band« ein. Auf der von der Magie und der mystischen Atmosphäre des brasilianischen Karnevals beeinflußten 97er CD »Junkanoo« standen ihr Größen wie Don Alias, Randy Brecker und Howard Johnson zur Seite.

Discogr.: (Auswahl): Mozart No End & Paradise Band (1991, Sony), Solo (1993, BMG Aris), That's Me (1996, Enja/Edel), Junkanoo (1997, Verve/Universal), Hot Stuff (1999) Enja/Edel). Kontakt: Edel Music AG, Wichmannstr. 4, Haus 2, 22607 Hamburg, F: 040-896521. Internet: www.edel.de

DEUTSCHLAND PHUNK!

Dirk Erchinger (dr), Jan-Heie Erchinger (keyb), Sascha Piero (voc) und Gäste

Die drei Musketiere versuchten bereits 1995, einen Plattendeal an Land zu ziehen. Dies wollten sie mit einer Mischung aus live gespieltem Acid-Jazz, R&B und Funk erreichen, wobei die in deutscher Sprache gesungenen einfachen Geschichten von Liebe und Beziehungen handelten. Dabei war Luther Vandross eines ihrer Vorbilder. Während das Konzept bei ihren Gigs aufging, fand sich keine große Plattenfirma bereit, in die Gruppe zu investieren, obwohl sie sich bei nahezu jeder Firma bewarben. Niemand glaubte, daß diese Art von Musik in Deutschland erfolgreich sein könnte. Diesen Trugschluß widerlegte allerdings einige Zeit später → Xavier Naidoo. Daß Demo-CD und Booklet sehr professionell aufgemacht waren, half Deutschland Phunk! ebensowenig weiter wie der gute Name, den sich Dirk Erchinger als Gründungsmitglied der → Jazzkantine und Studio- und Konzertdrummer u.a. von Count Basic, Such a Surge, Xavier Naidoo und Gloria Gaynor erworben hatte. Eine gewisse Schuld, daß es zu keinem Vertrag kam, trug der ehemalige Manager der Band, der eine Unterzeichnung mit kleinen Labels ablehnte. Ende 1998 mietete sich die Formation auf eigene Kosten einen Club, um ein Showcase durchzuführen. Die Band wandte für alles insgesamt etwa 6.000 DM auf. Schließlich kamen lediglich Vertreter dreier Plattenfirmen und das ersehnte Ziel erreichten sie

Deutschland Phunk!

trotz eines guten Konzerts wieder nicht. Die Band beschloß, das Management selbst zu übernehmen. Als sie schon soweit waren, ein eigenes Label zu gründen und CDs auf eigene Kosten pressen zu lassen, erhielten sie von Kult Promotion das Angebot, für die neu gegründete Firma Zauberklang ein Album einzuspielen, wobei Zyx Music den Vertrieb übernahm. Bei dem Album »Deutschland Phunk!« wirkte ein internationales Staraufgebot von Musikern mit, die u.a. bereits für Defunkt, Ike & Tina Turner, Gloria Estefan, Nils Gessinger und Randy Crawford gespielt hatten. Für die Single »Scheiße Scheiße ich krieg keinen mehr hoch« drehten sie ein Video, das der Sender Viva 2 in sein Programm aufnahm. Zur Vorstellung ihres Debüts, das im September 99 in die Läden kam, führten sie eine 20tägige Tour durch.
Discogr.: Deutschland Phunk! (1999, Sauberklang/Zyx). Kontakt: Milan Andrejic, T: 06181-907420. Internet: www.zyx.de

DICE

Christian Nóvé (voc/b), Dr. H. Zschelletzschky (p/org/keyb/voc), Thommy Jäger (voc/g), Thomas Bunk (dr)
Dice sind eine Leipziger Institution. Schon im Jahr 1979 gab es die Urbesetzung mit Christian Nóvé am Bass und Mikrophon. Sie veröffentlichten die LP »Chr. Chir. Amb.«. Dann rockten sie noch bis 1983 und gaben die 2. LP »Live« heraus, die man in einer limitierten Auflage als Picture-Disc kaufen konnte und die heute noch als Rarität hoch gehandelt wird. 1991 nahm Christian mit der Sängerin Regina Montes unter dem Namen Tengo Tengo eine CD auf, die sie selbst zwischen Vaya Con Dios und Sade einordneten. Dann belebte er Dice in der obigen Besetzung wieder. Allerdings dauerte es bis 1996, bevor es auf dem Tonträger-Markt die Auferstehung von Dice gab. Auf der CD »1979-1993« waren 12 unveröffentlichte Stücke zu finden. Diese stellten einen Querschnitt des Schaffens der Band dar. 1997 gelang es ihnen, für das erste Studioprojekt nach 20 Jahren eine CD mit dem Titel »Nightmare« beim Branchenriesen BMG Ariola vertreiben zu lassen. Wieder boten sie klassische Rockmusik. Die Band selbst nennt ihren Stil Space-Rock. Dieser erklang dann ohne Overdubs auf der 98er CD »Space Rock Live«, die 1997 bei einem Konzert in der Leipziger Moritzbastei mitgeschnitten wurde. Das Presseinfo entdeckte in der Musik Anleihen von Led Zeppelin und Pink Floyd. Dem Autor fielen beim ersten Hören spontan Grateful Dead ein. Wie auch immer, auf alle Fälle handelte es sich um zeitlosen Rock. Ihre Auftritte spielen sich meist in Leipzig und Umgebung ab. Da die Gruppe auch etwas für das Auge bieten möchte, werden die Auftritte teuer und sind nicht gerade häufig. Die LVZ schrieb: »Doch die Sechs aus Leipzig machen einfach guten Rock, wie man ihn in den altehrwürdigen Gewölben zu selten hört. Das Publikum zumindest war gefesselt: Kaum einer wagte, an die Theke zu entschwinden oder zum mb-typischen Wandel durch

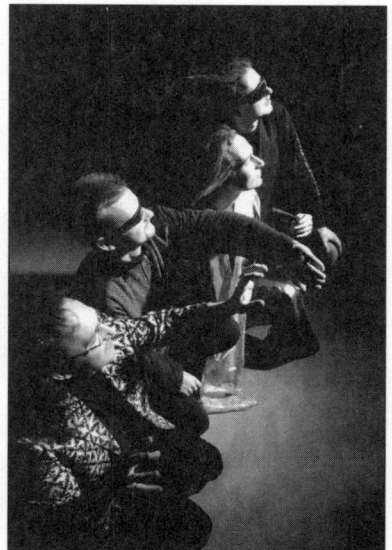

Dice

die Katakomben aufzubrechen.« 1999 arbeitete die Gruppe an dem Studioprojekt »Silvermoon«, das im Herbst veröffentlicht wurde.

Discogr.: Chr. chir. amb. (1979, LP), Live (1983, LP), 1979-1993 (1996, Scene. records/Pool), Nightmare (1997, Deshima/ BMG), Space Rock Live (1998, Scene Records/ Pool), Silvermoon (1999, Scene Records/ Pool); Christian Nóvé unter »Tengo Tengo«: »Nove« (1991, Scene Records/Pool). Kontakt: F.A.N. Verlag GmbH, Mendelssohnstr. 3, 04109 Leipzig, T: 0341-984980, F: 0341-9840838

DIE HAPPY

Marta Jandová (voc), Thorsten Mewes (g), Jürgen Stiehle (dr) und Gäste

Dem fröhlichen Tod entrannen Die Happy 1993 durch den Einstieg des tschechischen Stimmwunders Marta Jandová, durch die sie mehr als einmal mit Bands wie Skunk Anansie oder No Doubt verglichen wurden. Mit ihrem Popcore, einer Mischung aus harten und alternativen Gitarren sowie einem Gespür für Pop, begeisterten sie zwar regelmäßig bei Auftritten und Open Airs, aber ihre in Eigenregie eingespielten Alben »Better Than Nothing« von 1994 und »Dirty Flowers« von 1996 verkauften sie hauptsächlich bei ihren Konzerten. 1997 erstellten sie eine professionell gemachte Demo-CD und bewarben sich für den Wettbewerb »Baden-Württemberg rockt«, den sie 1998 gewannen. Dazu erhielten sie den Trendpreis 1998, wurden in die Rockstiftung Baden-Württemberg aufgenommen und durften am SWF 3-New Pop-Festival teilnehmen. Danach folgten Konzerte in ganz Deutschland, der Schweiz, Italien, Österreich und natürlich Tschechien, eine Tournee mit → Subway to Sally und ein Auftritt beim Rock am Ring Festival, obwohl die Band noch keinen Plattenvertrag in der Tasche hatte. Dieser kam im Dezember 99 von BMG Ariola und mit dem Produzenten Wolfgang Stack, der schon für die → Guano Apes tätig gewesen war, begannen sie mit der Einspielung ihrer ersten Major-CD.

Discogr.: Better Than Nothing (1994, Eigenproduktion), Dirty Flowers (1996, Eigenproduktion), Demo-CD (1997, Eigenproduktion). Kontakt: Extratours, Brendlesäcker 5, 88512 Mengen, T: 07572-2909, F: 07572-2959. E-Mail: Extratours-Konzertbuero@T-onlinde.de
- *Internet: www.Extratours-Konzertbuero.de*
- *www.die-happy.de*

Die Happy

DIMPLE MINDS

Ladde (voc), Mao (b), Ole (g), Termite (dr)
Die Dimple Minds erhoben ihre Hobbys Punk, Saufen und Fußball zum Konzept ihrer Auftritte und Alben. 1986 beschlossen fünf Freunde, eine Band zu gründen, ohne daß sie Instrumente beherrschten. Ein Jahr später fertigten sie ihr erstes Demo »Blau auf'm Bau« an und brachten es beim Gelsenkirchener Label No Remorse unter, die hiervon eine erste EP erstellten. 1989 hatten sie das Glück, daß die Bundesprüfstelle für jugendgefährdende Schriften ihr Debüt »Trinker an die Macht« indizierte, denn dadurch kamen sie bundesweit ins Gespräch. Bei der Tournee mit Tankard beeindruckten sie ihre Kollegen mit ihrer Musik und ihrem Alkoholkonsum, was später dazu führte, daß Tankard später unter Tankward ähnliche Texte anbot. Nach Personal- und Firmenwechsel folgte 1990 das erste Live-Album »Volle Kelle live« und schon kurz darauf die nächste Studioarbeit »Durstige Männer« bei Steamhammer. Mit der 91er Veröffentlichung »Helden der Arbeit« schufen sich die Dimple Minds Feinde in der rechten Szene und waren gezwungen, aufgrund von Morddrohungen einige Auftritte unter Polizeischutz zu absolvieren. Anscheinend hatten die Linken bewiesen, daß sie mehr vertragen konnten als ihre Gegner vom rechten Lager. Mit dem nächsten, wieder von Charlie Bauernfeind produzierten Album »Die Besten trinken aus« enterten die Alkoholfreunde erstmals die deutschen Top 100. Wieder hatten sie es geschafft, unterhalb der Grenze des guten Geschmacks zu bleiben. Nach dem nächsten Konzertalbum »Durch und durch durch – live in Alzheim«, herausgegeben am 1. April 1995, erreichten sie mit »Maximum debilum« einen weiteren Höhepunkt, obwohl diesmal auch kritische Töne zum Alkoholkonsum zu hören waren. Diese verschwanden wieder auf dem nächsten Album, auf dem sie 15 ihrer Säuferhymnen in Englisch einsangen. Mit ihrer Karriere in Amerika wurde es trotzdem nichts, da sie wahrscheinlich die Macht der Anonymen Alkoholiker unterschätzt hatten. Deshalb blieb auf der nächsten CD »Häppy Hour« nur noch der englische Titel und ein Punkcover des Backstreet-Boys-Hits »Quit Playing Games« übrig. Ansonsten befaßten sie sich in ihren Songs wieder mit Wein, Weib und Gesang, Autos und Fußball, warben im Booklet mit Beck's Bier und verkündeten: »Wir sind jung, undynamisch und erfolglos, wir buhlen nicht um eure Gunst, wir sind jung, unbeschreiblich frauenfeindlich und was wir machen ist brotlose Kunst.«

Discogr.: Blau auf'm Bau (1988, EP – No Remorse), Trinker an die Macht (1988, No Remorse), Der Maurer und der König (1988, Steamhammer), Volle Kelle live (1990, Steamhammer), Durstige Männer (1990, Steamhammer), Helden der Arbeit (1991, Steamhammer), Die Besten trinken aus (1993, Steamhammer), Durch und durch durch – live in Alzheim (1995, Steamhammer), Maximum debilum (1996, Steamhammer), Drunk On Arrival (1997, Semaphore), Monster Hits – Best Of... (1998, Steamhammer), Häppy hour (1999, Steamhammer). Kontakt: Dimple Minds, Postfach 660162, 28241 Bremen. E-Mail: dimpleole@planet-interkom. de • Internet: www.spv.de

DISSIDENTEN

Firedo Josch (fl), Uve Müllrich (b/g), Marlon Klein (dr)
Die Dissidenten spielten schon zu einer Zeit Ethno and World Music, zu der die Musikbranche für diese Sparte noch gar keinen Namen erfunden hatte. Entstanden ist die aus ex-Embryo-Mitgliedern bestehende Gruppe 1980 in Berlin. Auf Einladung des Maharaja Bhalkrishna Bharti of Gondagaon hielten sie sich ein Jahr in Madja Predesh/Indien auf, um zusammen mit dem Bangalorer Karnataka College of Percussion, der Vocalistin Ramamani und Charlie Mariano ihr international gerühmtes Album »Germanistan« aufzunehmen. Nach einer Tournee durch Nordafrika produzierten sie 1983

mit marokkanischen Musikern in Tanger »Sahara Elektrik« und machten nach dem Start 1984 durch Verkäufe von über eineinhalb Millionen Platten alleine in Spanien, Italien und Brasilien die Welt mit der Rai-Musik bekannt. Der Titel »Fata Morgana« brachte es zum Dancefloor-Hit. Ihre Spanien-Tournee 1988 besuchten mehr als 250.000 Zuschauer. Dann tourten sie durch das restliche Europa und zusammen mit Hamid Baroudi durch die USA, 1990 waren sie wieder in Nordafrika einschließlich Marokko unterwegs. Die darauffolgende CD »Out Of This World« nannten Kritiker »eine der wichtigsten Platten der 90er Jahre«. Nach Marokko und Madrid verlagerten sie ihren Wohnsitz zuerst zurück nach Berlin und später dann nach Bayern, wo Friedo Josch das Management selbst übernahm und das bandeigene Label Exil betreute. Das Album »The Jungle Book« wies abermals indische Einflüsse auf und mit dem Dance-Remix »The Junglebook Part II« erreichten sie nicht nur die europäischen Dance-Charts, sondern legten den Grundstein zum Erfolg der vor allem in England sehr populären indisch beeinflußten Popmusik à la Cornershop. »The Jungle Book« wurde von »HiFi Vision« zudem als Album des Monats« ausgezeichnet. Einen Teil ihrer Einkünfte aus CDs und Konzerten spendeten die Dissidenten der indischen Bürgerbewegung gegen den Bau des Narmada-Staudamms. Auf »Instinctive Traveller« von 1997 sang als Gast Müllrichs Tochter Bajka, die für ihren flexiblen, oft lasziven Gesang von der Presse besonders gelobt wurde. Mit Elektronik, TripHop und Soul zu der bewährten World- und Ethnomusik legten sie ein sehr modern gehaltenes Werk vor. Diesmal hatten das Königliche Marokkanische Streichorchester, die Sängerin Kumuhula Nona Kaluhiokalani aus Hawaii, die Pow-Wow-Sänger der kanadischen Ojibwe-Indianer und viele mehr die Dissidenten begleitet. Die Zeitschrift Rolling Stone ernannte die Formation zu »Godfathers of World-Beat«. Ihr nächstes Album »Live In Europa« nahmen sie u.a. bei den Jazz-Open in Stuttgart, der Fiesta de la Diversitat in Barcelona und dem Glastonbury-Festival in England auf. Wieder musizierten sie hierbei mit zahlreichen Gästen wie dem Tamilen Manickam Yogeswaran am Mikrophon und dem Percussionisten Dra Diarra von Pili Pili. Als Höhepunkt der Platte wird allgemein das 18minütige »Lost Hindu Tapes« mit seinem rauhen Sound und den Gitarrensolos von Roman Bunka angesehen. ME/Sounds vergab dafür 5 Sterne und Classic CD aus Großbritannien nannte die Dissidenten sogar »The best world fusion group on earth«. Carl Ludwig Reichert schrieb über ein Konzert der Band: »Wenn solche musikalischen Könner ihr musikalisches Dschungelbuch aufschlagen, gehen Kopf und Bauch zusammen auf Weltreise. Grooves und Moves, Tanz-, Spiel- und Lebensfreude pur. Großer Jubel. Zurecht.«

Discogr.: Germanistan (1982, Exil/Indigo), Sahara Elektrik (1984, Exil/Indigo), Life At The Pyramids (1986, Exil/Indigo), Live In New York (1990, Exil/Indigo), Out Of This World (1990, WEA), The Jungle Book (1993, Exil/Indigo), Mixed Up Jungle (1996, Exil/ Indigo), Instinctive Traveller (1997, Exil/ Indigo), Live in Europe (1998, Exil/Indigo). Kontakt: Exil, Äußere Bahnhofstr. 56, 91593 Burgbernheim, T: 09843-95959, F: 09843-95900. E-Mail: dissidenten@exil.de • Internet: www.exil.de

DISTAIN!

Alexander Braun (voc), Sebastian von Wyschettzki (keyb/voc), Oliver Faig (keyb)
Die drei Elektropopper zählen inzwischen zu den erfolgreichsten deutschen Formationen auf ihrem Gebiet. Ihr Schwerpunkt liegt in der Popmusik der 80er Jahre und schönen Melodien mit wiedererkennbaren Refrains. Ihren ersten Song schrieben sie angeblich, um einem bestimmten Mädchen den Kopf zu verdrehen. Noch sehr puristisch gehalten war 1995 ihr Debüt »Cement Garden«, auf dem sie unüberhörbar ihren Helden

der 80er huldigten. Mit diesem Stil erreichten sie Fans im Norden der Republik und in den neuen Bundesländern, blieben aber in ihrer Heimatstadt Augsburg weitgehend unbeachtet. Selbst bei dem Gersthofener Talentwettbewerb »Pop Albert« hatten sie nicht einmal die Vorentscheidung überstanden. Auf der zweiten CD »(li:quid)«, die schon eigenständiger und experimentierfreudiger klang, bearbeiteten sie den Nirvana-Hit »Smells Like Teen Spirit« für die Elektronik. Distain! siedelten nach München über, wofür allerdings nicht nur künstlerische Gründe ausschlaggebend waren. Die nächste CD »Homesick Alien« war wieder nach ähnlichem Muster gestrickt, aber ihr Sound beinhaltete durchaus moderne und zeitgemäße Elemente, mit denen sie auch Hörer außerhalb des Genres erreichten. Auf ihrer nachfolgenden großen Deutschland-Tournee kamen vor allem in den neuen Bundesländern viele Besucher. 1999 veröffentlichten Distain! eine Maxi mit neuen Versionen des 98er Titels »Tears Of Joy«. Für die Remixe stellte sich Gareth Jones, der durch seine Arbeiten mit Depeche Mode, Erasure und Einstürzende Neubauten bekannt geworden war, zur Verfügung.

Discogr.: Confession (1995, MCD – Chrom), Cement Garden (1995, EFA/Gymnastic), (li:quid) (1996, EFA/Gymnastic), Homesick Alien (1998, Chrom), Tears of joy (1999, MCD – Chrom). Kontakt: Chrom Records, Westermühlstr. 26, 80469 München, F: 089-202394-99. E-Mail: chrom_records@compuserve.com • Internet: www.chrom.de

DJ SAKIN & FRIENDS

DJ Sakin und Friends, womit Sängerin Janet Taylor und Produzent Torsten Stenzel gemeint sind, erreichten jeweils mit den auf Filmmelodien beruhenden Singles »Protect Your Mind« (»Braveheart«) und »Nomansland (David's Song)« Spitzenplazierungen in den Charts. Dabei unterlegten sie der Originalmelodie tanzbare Trancebeats. »Braveheart« drang bis auf Platz 3 vor und erreichte Goldstatus, »Nomansland« war in der ersten Woche mit Platz 23 der höchste Charteinstieg gewesen. Mit »Dragonfly« brachte die in Malatya/Türkei geborene und in Deutschland aufgewachsene Sakin die erste Eigenkomposition in der Hitparade unter. Seine Partnerin Janet Taylor hatte vorher mit Jam el mar von Jam & Spoon und mit BG the Prince of Rap gearbeitet. Beide lieferten dann im Sommer 99 auf der CD »Walk On Fire« die heißen Rhythmen.

Discogr.: Walk On Fire (1999, Intercord). Internet: www.intercord.de • www.emimusic.de

DOC VOX

Markus Baier (voc), Patrick Blanke (b), Malte Blanke (g), Mike Münstermann (dr), Uli Stallkamp (g)

Die Osnabrücker Rough-Pop-Combo spielte 1992 erstmals zusammen und bot eine Mischung aus rauhem gitarrenlastigem Rock mit Popelementen. Ihren ersten Tonträger gab es 1994 mit der EP »Where To Go«. 1995 belegten sie beim Demo-Check der Zeitschrift Soundcheck den ersten Platz und veröffentlichten in Eigenregie das Album »How To Turn You On«. Ein Jahr danach brachten sie es bei dem vom Radio ffn veranstalteten Local Heroes-Wettbewerb auf Platz 3. Der Major EMI wurde durch die Volkswagen Sound Foundation, die sich um die Band kümmerte, und den Sender Viva auf Doc Vox aufmerksam und gab ihnen für das Crossover-Label Scalia einen Vertrag. In den Brilliant Studios von San Francisco, bekannt durch Aufnahmen von Faith No More und den Melvins, arbeiteten sie an dem ersten Album für ihre neue Firma. Dies erschien unter dem Titel »S.O.MA« im September 97, wobei als Single der Titel »If I Were A Book« ausgekoppelt wurde, zu dem sie noch ein Video drehten. Auf der Popkomm stellten sie ihre Lieder in akustischer Form vor und beim »Festival der Ideen« spielten sie vor dem Bundespräsidenten Roman Herzog. Im September 97 starteten sie ihre große Club-

tour, die, in Hamm beginnend, durch 23 weitere Städte führte.
Discogr.: S.O.MA (1997, EMI). Kontakt: EMI Electrola, Maarweg 149, 50825 Köln, F: 02 21-49022308. Internet: www.emimusic. de

DONALD DARK

Nach Meinung der Zeitschrift Feedback sind Donald Dark zur Zeit das Beste unter den komischen Metal-Bands. Diesem Vertrauensbeweis versuchten die Erlanger bisher auf den Alben »Alien das Schmunzelmonster«, »Leise« und »Che Guevera« gerecht zu werden. Immerhin glänzten sie auf der letzten CD mit originellen Wortspielereien zu der geklauten Musik aller Schattierungen. Rammstein, Elvis, Motörhead und der Britpop mußten dran glauben. Ihr Motto hieß: »I've Seen The Future, And It's Dark« – dabei machen sie die Dunkelheit lächerlich.
Discogr.: Alien das Schmunzelmonster (1997, EFA), Leise (1997, EFA), Che Guevara (1998, EFA). Internet: www.efa-medien.de

DONNA REGINA

Regina Janssen (voc), Günther Janssen (alle Instrumente)
Seit 1992 veröffentlichten Regina und Günther Janssen unter dem Namen »Donna Regina« CDs im Easy-Listening-Elektro-Pop-Stil. Das Debüt »Lazing Away« wirkte nach Aussage von ME/Sounds »wenig inspiriert und verbreitet bisweilen eine laue Schwere«. In Deutschland blieb das Duo weitgehend unbeachtet. Dagegen wurden die Engländer und Japaner auf sie aufmerksam. Das führte dazu, daß die erste große Tour der Band in Japan stattfand, wofür sie eigens eine Band zusammenstellten, nachdem sie dort ausgiebiges Airplay hatten. Die erotisch mädchenhaft wirkende Stimme von Regina sprach die Asiaten besonders an. Für die vierte CD »Follow The Sea« fand sogar der englische New Musical Express lobende Worte. Hierbei wurde die Duo-Besetzung durch musikalische Gäste wie P.E.T.E. (Mouse on Mars) und Frank Fensterberg/Kurt Dahlke (Der Plan/A Certan Frank) erweitert. Mit diesem Werk wurde man auch in Deutschland auf Donna Regina aufmerksam. Die 98er CD »Planet Me« brachte wieder verträumten, luftig leichten Synthesizer-Pop rund um das Thema »Kennenlernen«. Nicht viel anders verhielt es sich mit der CD »A Quiet Week In The House« von 1999, nur daß die Themen diesmal Müßiggang und Aquadreaming hießen, die Regina mit Wärme erzeugender Intensität besang.
Discogr.: Lazing away (1992, Strange Ways), Almaty (1993, Strange Ways), Dream Pop (EP, 1994), Her Beautiful Heart (1995, Strange Ways), Jungle (EP, 1996), Souvenir (EP, 1996), Follow The Sea (1997, Strange Ways), Planet Me (1998, Strange Ways), A Quiet Week In The House (1999, Karaoke Kalk/Groove Attack), Kontakt: Groove Attack, Brüsseler Str. 89-93, 50672 Köln, F: 0221-5105306 & 5104999

DONNELLY'S, ALBIE SUPERCHARGE

Der in Liverpool geborene Albie Donnelly gründete bereits 1976 in seiner Heimatstadt seine Formation Supercharge. Nach seinem Umzug nach Deutschland setzte der Glatzkopf mit dem Saxophon seinen Erfolg fort und avancierte zu einem der wichtigsten Vertreter des Rhythm & Blues. Obwohl er und seine Showband nie den großen Plattenerfolg hatten, waren sie auf allen Festivals und in den Clubs gern gesehene Gäste, was auch die vielen Buchungen bewiesen. Bei Tourneen und Auftritten mit Queen, Chuck Berry, B. B. King, Santana, Dire Straits und Roger Chapman heizten sie dem Publikum gehörig ein. Nach der Umbesetzung der Band folgte eine stärkere musikalische Hinwendung zum Soul, aber nach wie vor behielt Albie Donnelly seinen Enthusiasmus bei und verwandelte die Hallen in dampfende Saunen.
Discogr.: Full Power (1992, Zomba), Live im Schlachthof (1997, Bellaphon). Internet: www.bellaphon.de

DONOTS

Jan Dirk »Purgen« Poggemann (b), Eike Herwig (dr), Guido Knollmann (g), Ingo Knollmann (voc), Alex (g)

Um Hymnen für Snowboard-Meisterschaften zu komponieren, gilt eine Bedingung: Man darf nicht Snowboard fahren können. Dies war bei den → Guano Apes so und ist bei den Donots nicht anders. Die Band fand 1995 zusammen und veröffentlichte 1996 ihr erstes Album unter dem Titel »Pedigree Punk«. Entsprechend punkig ging es bei den Songs ab. Sie verkauften davon ca. 1.000 Stück, hauptsächlich bei ihren Konzerten. Danach stellte die Band überall ihre Titel live vor, wobei sie u.a. mit → Thumb, → Steakknife, → Terrorgruppe, Suicidal Tendencies, → Yeti Girls, Bullocks und Samien spielten. Im Sommer 1998 stellten sie Lieder für eine CD unter dem Titel »Tonight's Karaoke – Contest Winners« zusammen, womit sie sich für die Teilnahme des Vision-Contests bewarben. Sie wurden unter 3.000 Bewerbern für die Endausscheidung beim »Bizarre Festival« ausgesucht. Da sie Publikum und Jury gleichermaßen begeisterten, gingen sie als Sieger aus diesem Wettbewerb hervor. Am 13.10.98 unterschrieben sie bei Gun Records einen Major-Vertrag. Im Dezember produzierten sie ihre erste Single »Outshine The World« für das neue Label. Anschließend gingen sie mit Samien und Errortype auf Europa-Tournee. Im Januar 99 spielten die Donots auf der Snowboard-Europameisterschaft in Fieberbrunn, wobei die Single den Erkennungssong der EM repräsentierte. Die Zuschauer von Viva 2 erkoren das Video zur MCD zum zweitbesten hinter dem von Madonna. »Outshine The World« erreichte Platz 16 der Alternative-Charts. Bis März 99 wurde unter der Regie von Uwe Hoffmann an dem neuen Album »Better Days Not Included« gearbeitet, das im Juni 99 veröffentlicht wurde. Die musikalische Richtung hatte sich vom Punk Richtung Emocore bewegt. Zu dieser Zeit war die Gruppe schon wieder in den Gemeinden und Städten Deutschlands zu finden, wo sie zwischen April und Oktober ca. 60 Auftritte absolvierte, teils mit der Bloodhound Gang, mit Samiam, Fünf Sterne deluxe und Absolute Beginner.

Discogr.: Pedigree Punk (1996, D.I.Y. Tonight's Karaoke-Contest Winners (1998) CD – D.I.Y.), Outshine The World (1999, MCD – SuperSonic/BMG), Better Days Not Included (1999, SuperSonic/BMG). Kontakt: Headshock, Hammstr. 96, 28215 Bremen. E-Mail: donots@headshock.com • Internet: www.donots.de

DORNENREICH

Dornenreich sind eine Black Metal-Formation, die sich nicht mit der Enge des Genres begnügt, sondern düstere romantische Klänge mit einbringt. Bestialischem Gekreische folgen pathetische Gesänge und laute Passagen wechseln sich mit ruhigen Klängen ab. Nach dem 98er Album »Nicht um zu sterben« ließen sie sich für die Aufnahmen zu »Bitter ist's dem Tod zu dienen« mehr als ein halbes Jahr Zeit, um an den Details zu feilen.

Discogr.: Nicht um zu sterben (1998), Bitter ist's dem Tod zu dienen (1999, CCP/Connected). Kontakt: Pias recordings GmbH, Ditmar-Koel-Str., 26, 20459 Hamburg, F: 040-313437. E-Mail: info@pias.hh.uunet.de

Donots

DORO

Die attraktive Blondine war die Vorzeigefrau der deutschen Hardrock-Szene. Bereits als 17-Jährige sang sie in der Düsseldorfer Combo Snakebite. Mit der 1983 gegründeten Band Warlock feierte sie bereits große Erfolge, bevor sie die Gruppe wegen Streitigkeiten und auf Anregung ihrer Plattenfirma verließ, um eine Solo-Karriere aufzubauen. Mit »Force Majeure« und »Doro« feierte sie große internationale Erfolge. Grunge, Rap und Techno ließen auch bei Doro die Verkaufszahlen sinken. Eine von Jürgen Engler (Krupps) produzierte Scheibe »Machine II Machine« mit modernem Sound und Industrial-Einfluß brachte den vormaligen Erfolg nicht zurück, da sie alte Käufer verschreckte und nicht viele neue fand. Ihr Video zur Single »Ceremony« wurde wegen zu starker Erotik zensiert. Gute Kritiken erntete sie für das bisher letzte Werk von 1998 »Love Me In Black«, worauf sie das Beste aus dem alten und neuen Sound übernahm. Mit einem »Best Of«- und einem »Balladen«-Album war ihr Einkommen in diesem Jahr gesichert.

Discogr.: (Auswahl): Force Majeure (1989, Universal), Doro (1990, Universal), Best Of (1998, Universal), Ballads (1998, Universal), Love Me In Black (1998, WEA). WEA Records, Arndtstr. 16, 22085 Hamburg, F: 040-228 05297. Internet: www.wea.de

DOWN LOW

Joe Thompson (Rap), Mike Dalien (voc)

Das Produzententeam von Shift Music hatte 1994 genaue Vorstellungen zur Schaffung eines neuen Sounds – die Europäisierung des US-HipHop. Sie mixten HipHop-Grooves und coole Beats mit eingängigen »Sing Along Hooks«. Dazu verpflichteten sie den amerikanischen Rapper Joe Thompson aus Detroit, der in Köln lebte, und den Sänger Mike Dalien. Die Musik schufen die Produzenten und Künstler, die schon vorher musikalische Erfahrungen gesammelt hatten, in Gemeinschaftsarbeit. Schon die erste Single »Visions Of Life« wurde zum Radiohit und erreichte Platz 18 der Media Control Charts. Noch erfolgreicher waren sie in Frankreich mit Platz 8. Auch die nachfolgenden Nummern »Murder«, »Potion« und »Lovething/We Do It Like That« aus dem Debüt-Album »Visions« erreichten die Hitparade. Zu aller Überraschung entwickelte sich »Down Low« zum gefragten Live-Act. Radio Energy zeichnete sie als »Bester Rap Act 1996« aus. Die Single »Moonlight« aus dem nächsten Album »It Ain't Over« kam wieder in die Charts. Mit dem Hooters-Cover »Johnny B« gab es den endgültigen Durchbruch. Für diesen Hit wurden sie mit einer »Goldenen Schallplatte« ausgezeichnet. Das nächste Album »Third Dimension« enthielt mit »Once Upon A Time«, Ennio Morricones Thema aus dem Film »Spiel mir das Lied vom Tod«, wieder einen internationalen Superhit, der Spitzenplätze in Österreich, Italien und weiteren europäischen Ländern erzielte. In Deutschland stieg der Titel auf Platz 11 ein und erreichte Goldstatus. Feedback: »Auf »Third Dimension« sind 13 R&B-Stücke, auf denen Down Low

Down Low

rappen und singen in der ihnen eigenen Art. Allerdings finden sich nicht viele musikalische Höhepunkte auf dieser Scheibe«. Das österreichische Rockmagazin sah dies anders: »Schöne Popplatte, die man auch der Schwiegermama unter dem Christbaum vorspielen könnte«. Dies führte auch zu Konzerten in Österreich, wobei sie einer der zugkräftigsten Acts auf dem Wiener Donauinselfest, dem größten Fest Europas, waren. Ein ernstes Thema beinhaltete die im Jahr 1999 erschienene Single »H.I.V.«, deren Erlös der Aids Foundation Cologne zur Verfügung gestellt wurde. Mit dem Nachfolger »So Long Goodbye« erreichten sie wiederum die Charts. Nachdem sich auch ihr »Best Of«-Album gut verkaufte, bedankten sich Down Low im Herbst 99 mit der Single »Thank You«.

Discogr.: Visions (1996), It Ain't Over (1997), Third Dimension (1998), Best Of (1999), Thank you (1999, MCD). Kontakt: K-Town Records, Eierstr. 8, 67655 Kaiserslautern. Internet: www.downlow.de • www.shiftmusic.de

DR. MABLUES

Gaz (voc/g), Martin Hofpower (g) Thommy K. (dr/voc), Thomas L. Mathessohn (b/voc), Steff Illing-Finne (p/keyb/voc), Henry Heinrich (tp/voc), J. R. Bloody Lips (tb/voc), Boris »Bobo« Hartmann (s), Michael S. Forstner (s)

Schon seit 1985 operieren die Waiblinger Doktoren im Raum Stuttgart. Bei ihnen braucht man keinen Krankenschein und ist trotzdem Privatpatient. Zunächst gehörten Keyboards und Trompete nicht zu ihrem Besteck. Dafür hatten sie das Motto ausgegeben: »Lachen ist die beste Medizin« und blödelten und parodierten, rockten und bluesten in ihrem Operationssaal – der Bühne. Den ersten öffentlichen Auftritt absolvierten sie 1986 auf dem Waiblinger Altstadtfest. Bis 1988 verschafften sie sich durch zahlreiche Konzerte einen guten Namen in der regionalen Szene, wodurch sie im September 1988 zu ihrem ersten großen Radiointerview im SDR 3 kamen. Im Januar 1989 hatten sie ihren ersten SDR 3-Live-Auftritt im Rundfunk, im Sommer 1989 gaben sie ihr Debüt im Fernsehen. Inzwischen wurde die Band um einen Keyboarder und einen Trompeter ergänzt. Im März 1990 präsentierten sie die erste CD »Whatchamacallit«, die inzwischen ausverkauft ist. Bei den »Top 2000« des SDR 3 erreichten sie mit dem Titel »Hold On To Me« Platz 1122. Zum fünfjährigen Bestehen der Band konnten sie über tausend Zuschauer begrüßen. Im November 91 veröffentlichten sie eine a-cappella-Version des AC-DC-Hits »Highway To Hell« auf Single. Dieser Titel ist bis heute fester Bestandteil jedes Konzerts. Rein als Gag aufgenommen, brachten sie die Weihnachtssingle »Von drauß vom Walde komm ich her« fünf Wochen in die Hörerhitparade des SDR 3. 1992 gab es Auslandskonzerte in Dymchurch, England vor 13.000 Bikern und in Polen. Im Februar 93 erschien die CD »Live«, die die Stimmung der Konzerte bestens wiedergab. Anläßlich der Leichtathletik-Weltmeisterschaft in Stuttgart beglückten sie 1.500 internationale Journalisten mit ihrer Show. Sie beteiligten sich mit dem Titel »Rolling Down The Road« an der CD »Kein Haß im Wilden Süden« für die Aktion »Rock against Racism«. Mit einem Auftritt für den SDR 3 leiteten sie auf der Silvesterfete das neue Jahr ein. Nachdem sie im Mai 95 bei den »Euro Pop Days« in Freiburg unter 3.000 Bewerbern mit zu den besten europäischen Gruppen ohne Plattenvertrag gewählt worden waren, nahm sie die Firma Deshima Music unter Vertrag. Im November 1995 präsentierten sie die CD »Rolling Down The Road«. Obwohl sie nicht in die Charts einstiegen, sprachen sich ihre Qualitäten weiter herum. Es folgten Einladungen zum Montreux Jazz Festival in der Schweiz, zum Maribor Festival in Slowenien, zum Bridgeport R&B Festival in Connecticut/USA und Konzerte mit Wilson Pickett, The Commodores, The Temptations, den → Fantastischen Vier und vielen anderen. ME/

Sounds wunderte sich: »Kein Scherz: 9 Schwaben bringen den Blues in die USA.« Im März 1998 brach anläßlich der Präsentation der neuen CD »Ain't Wastin' Time« in der Manufactur in Schorndorf erstmals der Verkehr zusammen. M. Riediger schrieb dazu: »Die Bläser klingen präzise, der Gesang wirkt ironisch und doch intensiv, die Rhythmusgruppe groovt wie geschmiert und die Show genießt längst Kultstatus.« Auch diese CD enthielt schwere Rhythm'n'Blues-Tracks, Balladen, originelle a-cappella-Stücke und einen Bavarian Remix von »Highway To Hell«. Feedback: »Das Titelstück der CD kann mühelos mit Nr.1-Hits aus den Staaten mithalten«, und Neue Revue: »Einfach gut.« Dagegen meinte der Münchener Merkur: »Nicht schlecht – aber auch nicht umwerfend.« Konzerte führten sie nach Italien, der Schweiz und Liechtenstein. Für die Grünen-Fraktion in Bonn waren Dr. Mablues eine Lieblingsband. In der Beurteilung waren sich Fundis und Realos einig. 1999 spielten sie u.a. nochmals beim Lent Festival in Maribor und dem Laret Markt in Pontresina. Für die Silvesterparty 1999 wurden sie nach Vaduz/FL eingeladen und im Mai 2000 erhielten sie vom SWR als besondere Auszeichnung den Hot Jazz Audience Award 2000. Im November feiern Dr. Mablues in der Waiblinger B.B.W.-Halle ihr 15jähriges Bestehen und veröffentlichen parallel dazu ihr zweites Live-Album.

Discogr.: Whatchamacallit (1990, Chaos), Live (1993, Chaos), Rollin' Down The Road (1996, Deshima Music/BMG), Wastin' time (1998, Deshima Music/BMG), Live II (November 2000). Kontakt: Findgott Kreativ Office, T: 07151-37177, F: 07151-37178 Internet: www.musicscene.de/mablues/mabfoto.htm

DR. RING DING & THE SENIOR ALLSTARS
Richie »Dr. Ring Ding« Senior (voc/tb), Oliver Wienand (voc/ts), Arne Piri (p/org/voc) Markus »Kobam« Dassmann (voc/g), André Meyer (b), Bernd Westhoff (tp), Thomas Hoppe (dr)

Zwar führen Ska, Reggae und Raggamuffin in Deutschland ein Schattendasein, aber wo Schatten ist, ist auch Sonne. Und Sonne ist, was Dr. Ring Ding & the Senior Allstars in die Clubs dieser Republik bringen. Im Sommer 1993 gründete Sänger und Posaunist Richie die Gruppe in Münster als Projekt mit wechselnder Besetzung. Daraus hat sich längst eine Stammbesetzung entwickelt. Um die Stücke authentisch wiedergeben zu können, übte der Sänger am typischen jamaikanischen Slang. In vielen Sessions versuchten sie das perfekte Zusammenspiel zu erreichen. Die Mundpropaganda sorgte schon bald für volle Häuser und für das Interesse einer Plattenfirma. 1995 veröffentlichten sie ihr Debüt »Dandimite«. Das amerikanische Label Moon Records übernahm die Lizenz für die Vereinigten Staaten. Nachdem ihre ersten Konzerte fast ausschließlich im westfälischen Raum stattgefunden hatten, führte sie ihr Weg bald durch ganz Europa. Außerdem standen sie als Begleitung namhafter Ska- und Reggaekünstler, wie z.B. Judge Dread, im Studio und auf der Bühne. Auf der zweiten CD von 1997 »Ram Di Dance« waren weitgehend eigene Stücke zu finden. Eine musikalische Weiterentwicklung, die auch mit Temperament vorgetragenen Ragga enthielt, war nicht zu überhören. Bei dem Titel »I Know« wirkte die Sängerin Doreen Shaffer von den Skatalites als Duett-Partnerin mit. Auch der Jazz-Standard »Song

Dr. Mablues

For My Father« hielt Einzug in das Programm der Band. Der Sänger Richie Senior sah in dem wachsenden Erfolg seine Ansicht bestätigt, daß etwas auf die Dauer nur gelingen kann, wenn man es aus Überzeugung und mit voller Kraft macht und sich dabei nicht verbiegen läßt. Auf der CD »Diggin' Up Dirt« von 1999 kleideten sie eigene ältere Aufnahmen in ein völlig neues Gewand und verwandelten sogar ein Stück der Crossover-Band → H-Blockx in einen Jamaika-Rap. Diese Nummer und »I Know« waren auch in dem Soundtrack zum Thriller »Ein todsicheres Ding« zu hören.

Dr. Ring Ding and the Senior Allstars

Discogr.: Dandimite (1995, Groover Records), Dandimite (1997, US-Release & 3 Bonustracks – Moon Records/USA, Ram Di Dance (1997, Groover Records), Ram Di Dance (1998, Moon Records/USA, My Sound (1997, MCD – Groover Records), Diggin' Up Dirt – The Version Album (1999, CD/DLP – Groover Records/SPV). Kontakt: Moskito Promotion, Postfach 3072, 48016 Münster, F: 0251-48489-40. Internet: www.spv.de

DRAMAGOLD

Rüdiger Schneider (voc), Rolf Gentner (g), Peter Wolf (b), Michael Och (tp/Marschposaune), Sascha Kaisler (dr)

Aus der im süddeutschen Raum erfolgreichen Partyrock-Formation Bellybutton & the Knockwells entwickelte sich im Laufe des Jahres 1994 Dramagold, da die Band neue Herausforderungen suchte. Peter Vuk und sein songschreibender Zwillingsbruder manifestierten bei Dramagold ihre Liebe zu den Themen und den Stimmungen des französischen Chansons und der osteuropäischen Folklore. In Sven Regener von → Element of Crime fanden sie einen Geistesverwandten, dem es eine Freude war, mit den Konstanzern zu arbeiten. Mit ihrem Debüt »Die Heiligsprechung des Alltags« lieferten sie ein reifes Werk, dem die Handschrift des Produzenten deutlich anzumerken war. Trotzdem blieb der Erfolg hierzulande aus. Dafür reisten sie mit ihrem Programm auf Einladung des Auswärtigen Amtes schon zweimal nach Litauen, zweimal in die USA, einmal nach Usbekistan und in fünf afrikanische Staaten. Nach dem Ausstieg der Gebrüder Vuk wurde es für einige Zeit still um Dramagold, bis sie 1999 mit dem neuen Sänger Rüdiger Schneider wieder auftauchten und mit den Arbeiten zur zweiten CD begannen. Als Ergebnis präsentierten sie sich auf der CD »Flieger« lauter und schneller, diesmal mit Rock, Folk, 60er Beat und Klezmer.

Discogr.: Die Heiligsprechung des Alltags (1995, Deshima), Flieger (2000, Extratours). Kontakt: Extratours, Brendlesäcker 5, 88512 Mengen, T: 07572-2909, F: 07572-2959. E-Mail: Extratours-Konzertbuero@T-online.de • Internet: www.Extratours-Konzertbuero.de

DREADFUL SHADOWS

Sven Friedrich (voc/programm./b), André Feller (g), Norman Selbig (g), Jens Riediger (b), Ron Thiele (dr)

Zu einer der auch international erfolgreichsten Bands der Gothic-Rock-Szene

Dreadful Shadows

entwickelten sich die Berliner Dreadful Shadows. Ihr Album von 1996 »Buried Again« enthielt zu schweren Riffs und düsteren Stimmen erstaunlich sanfte Melodien. Das Werk stellten sie auf der Zillo-Winterfestival-Tour 96 vor. Sie begleiteten Paradise Lost als Support und begannen danach mit den Arbeiten zu »Beyond The Maze«. Mitten in der Arbeit löste sich ihr Label auf, doch es kam ein neuer Plattendeal mit Vielklang zustande. Die Arbeiten konnten fortgeführt werden und es entstand ein ruhiges, melancholisches, teils dramatisches Album mit sehr sensiblen Texten. Die düstere Atmosphäre verdichteten echte Streicher. Der Hammer vergab dafür mit 6 Punkten die Höchstwertung. Im Frühjahr 98 bestritt die Band eine ausgedehnte Tournee durch Deutschland und das europäische Ausland. Als Vorbote des nächsten Albums erschien im Mai 99 die Single »Twist In My Sobriety«, das sie von Tanita Tikaram übernommen, aber eigenständig bearbeitet hatten. Auf »The Cycle« vom Herbst 99 hatten Drum-Loops und modulierende Sequenzen Einzug gehalten. Wieder waren echte Streicher zu hören. Als Gaststar lieh ihnen »the Queen of Goth« Gitane de Mone ihre Stimme. Für die zweite Single »Futulity« steuerte → Projekt Pitchfork einen Remix bei. Superstar-Status erreichten sie im Libanon, wo sie nicht weniger als 13 Nummer-1-Erfolge hatten. Deshalb war der erste Auftritt mit dem neuen Album am 17.9.99 in Beirut. Nach Griechenland, Frankreich, Italien und Spanien beehrten sie im Oktober 1999 ihre deutschen Mitbürger.

Discogr.: Buried Again (1996, Nuclear Blast/ EastWest), Burning The Shrouds (1997, MCD – Oblivion/SPV), Beyond The Maze (1998, Oblivion/SPV), The Cycle (1999, Oblivion/ SPV). Kontakt: Brainstorm Music Marketing GmbH, Badeweg 2, 87509 Immenstadt, F: 08323-9633-29/30. E-Mail: info@brainzone.de
• *Internet: www.brainzone.de*

DRECKSAU
Wer im Frankenland eine Schallplattenabteilung betritt und laut »Drecksau« ruft, erhält keine Beleidigungsklage, sondern einen der beiden Tonträger der aggressiven Metal-Core-Formation. Neben kräftigen Krachern enthielt das Debüt »Brecher« auch komplexe Titel für depressive Hörer. Bei ihren Konzerten freuten sich die Hersteller von Ohrenstöpseln im Gegensatz zu Freunden lyrischer Texte. Weniger schmerzhaft fiel der zweite Longplayer »Schmerz« von 1999 aus.
Discogr.: Brecher (1998), Schmerz (1999, Nuclear Blast/EastWest). Internet: www.eastwest.de

3. GENERATION, DIE
Tolga (voc) Julian (voc) Darko (voc)
Darko läßt uns darüber im Ungewissen, wann er das erste Mal geküßt hat. Tolga tat dies im Alter von neun Jahren und der frühreife Julian in der vierten Klasse. Etwas mehr wissen wir über den musikalischen Werdegang dieser multikulturellen Formation, bestehend aus einem deutschen Berliner, einem deutschen Berliner mit türkischem Hintergrund und einem kroatischen Berliner. Julians erste musikalische Gehversuche fanden auf Parties und im Schulchor statt. Als er auf einer dieser Parties rappte, lernte er Darko kennen, der auf Wunsch seiner Eltern eine Ausbildung als Maler hinter sich gebracht hatte. Aber seine Leidenschaft hieß Musik, besonders HipHop und Soul. Gemeinsam schrieben sie Songs und traten bei kleineren Festivals und Wettbewerben auf. Anläßlich eines Freestyle-Wettbewerbs eines Jugendclub trafen sie auf Tolga, der vor ihnen mit selbstgeschriebenen Werken aufgetreten war. Als Julian und Darko eine Zugabe spielten, gesellte sich Tolga spontan zu ihnen. Von dem gemeinsamen Auftritt war das Publikum begeistert und dies fiel einem Talentsucher und Musikproduzenten auf. Ein Album wurde unter dem Titel »Die 3. Generation« aufgenommen. Die Presse urteilte positiv und sogar eine Aus-

Die 3. Generation

zeichnung zum »Album des Monats« war dabei. Eine ausgekoppelte Single mit dem autobiographischen Song »Vater, wo bist du?« stellten sie in der Sendung »Versteckte Kamera« vor, womit ihnen gleich der erste Hit gelang, der sich mehrere Monate in den Charts hielt. Die einzelnen Titel des Albums beschrieben das Lebensgefühl der Großstadtkinder, ihre Ängste, soziale Ungerechtigkeiten, Freundschaften und Beziehungen. Dabei setzten sie Gitarren ebenso ein wie Keyboards und Streicher. Allerdings waren produktionstechnische Anlehnungen an den 3-P-Sound von Moses Pelham nicht zu übersehen. Der Silberling schaffte ebenfalls den Einzug in die Charts. Ihr Beitrag zu den Jahreszeiten hieß »Du bist der Sommer«. Da es 1999 einen schönen Spätsommer gab, hielt sich die Single mehr als 10 Wochen in den Charts. Ihre Zukunft sehen sie darin, das Flaggschiff »Die 3. Generation« noch lange auf Kurs zu halten und nicht unterzugehen, wie es mit Julians Traumschiff »Titanic« geschah. Die Zeichen dafür stehen gut, denn das zweite Album »Für Morgen« und die Single »Bitte nicht« stiegen kurz nach Erscheinen in die Charts ein. Anfang 2000 präsentierte der Fernsehsender Sat 1 dann die nachfolgende Single »Geschichte« als Hit der Woche und für RTL 2 schufen sie mit »Leb« das Titelstück zu der umstrittenen Reality-TV-Show »Big brother«.

Discogr.: Die 3. Generation (1998, RCA/BMG), Für Morgen (1999, RCA/BMG), Bitte nicht (1999, RCA/BMG), Geschichte (2000, MCD – RCA/BMG), Leb (2000) MCD – RCA. Kontakt: BMG Ariola, Osterstr.116, 20259 Hamburg. Internet: www.die3generation.de

DRITTE OHR, DAS

Bei diesem medizinischen Wunder handelt es sich um die dienstälteste Bluesband Deutschlands und eine der wenigen Gruppen, die Musik dieser Art mit deutschen Texten begleiten. 1998 feierte sie ihr 30jähriges Bestehen, ohne je den großen Erfolg genossen zu haben, aber in der Gewißheit, bei ihren Konzerten immer noch für volle Säle sorgen zu können. Die Platte »Zahltag« von 1981, ein Klassiker unter den deutschen Blues-Alben, und Tourneen mit Howlin' Wolf und Muddy Waters machten Das Dritte Ohr bundesweit bekannt und auch die Amerikaner holten das Gespann um Frontmann und Texter Udo Wolff, einem herausragenden Bluesharpspieler, mehrmals in die Staaten.

Discogr.: (Auswahl): Hörsturz (1981, East-West), Schwarz auf weiß – live (1995, Pogo Pop/EFA), Das elfte Gebot (1997, Hörsturz/EFA). Internet: www.efa-medien.de

DRITTE WAHL

Gunnar (voc/g), Buschn'n (voc/b), Krel (dr)
Die Dritte Wahl gaben 1988 in Rostock als Quartett ihr erstes öffentliches Konzert. Ihren Namen hatten sie gewählt, da sie ihr Spielvermögen durchaus selbstironisch einzuschätzen wußten, genau wie die Tatsache, daß sie durch ihren Widerspruchsgeist und eigenständiges Denken in der ehemaligen DDR nie zur ersten Garnitur gehört hätten. Vorbilder waren die Goldenen Zitronen, die Sex Pistols, die Toten Hosen und andere Helden des englischen und deutschen Punks. Entsprechend bestand ihr Programm aus vielen Coverversionen und einigen eigenen Titeln. Im ersten Jahr ihres Bestehens spielten sie vorwiegend auf Parties. Zulauf erhielten sie durch Flüsterpropaganda. Waren ihre Texte zuerst auf das Lesen zwischen den Zeilen abgestimmt, wurden sie nach 1991 direkt und konkret in ihren Aussagen. In diesem Jahr verließ

ihr vierter Mitstreiter die Band, denn er zog dem Kreischen der Gitarren das Summen der Bienen vor und wurde Imker. Nach der Grenzöffnung verlagerten sich die Schwerpunkte ihres Programms hin zu eigenen Titeln. Das Leben nach der Grenzöffnung in persönlicher und gesellschaftlicher Hinsicht stand im Mittelpunkt ihrer Texte. Mit dem Tape »Raff dich auf« hatten sie ihren ersten Achtungserfolg. Durch Wahrnehmung aller Konzertangebote, wofür sie oft nur geringes Entgelt erhielten, gewannen sie auch in den alten Bundesländern ihre ersten Fans. Im September 1992 hatten sie ihr Debüt mit der LP »Fasching in Bonn«. Sie stellten ihre Titel während ausgedehnter Clubtouren vor. Das zweite Album von 1994 »Auge um Auge« enthielt schnellen melodischen Hardcore und wütenden Punk, wobei besonders die kritischen Texte Beachtung verdienten. Ihr wilder Pogo führte sie auch in die Niederlande, nach Belgien, Österreich, Ungarn, Tschechien und in die Schweiz. Musikalisch und textlich vielseitiger präsentierten sie sich auf dem dritten Album »Nimm drei«, dessen Titel viele Assoziationen offen ließ. Metal und Rock hatten Einzug gehalten. Das Album von 1998 »Strahlen« brachten sie auf ihrem eigenen Label heraus. Damit lag alles in Zusammenhang mit der Band Stehende in ihren eigenen Händen. Zu Punk und Metal hatte sich noch der Ska gesellt. Die nächste Veröffentlichung »Delikat« bestand aus Neueinspielungen von Liedern aus den Jahren 1988-90. Als Dank für ihre Fans gab es dieses Album von Beginn an als Mid-Price-CD zu kaufen. Beachtung finden sollte der Einsatz der Band gegen rechtes Gedankengut. 1999 arbeiteten sie an einem neuen Album.

Discogr.: Fasching in Bonn (1992, Amöbenklang/EFA), Auge um Auge (1994, Amöbenklang/EFA), Schaum auf der Ostsee (1995, EP – Impact Rec./SPV), Nimm drei (1996, Amöbenklang/EFA), Strahlen (1998, Dröhnland/ EFA), Hallo Erde (1998, EP – Dröhnland/ EFA), Delikat (Best Of 88-90) (1999, Dröhnland/EFA). Kontakt: Dröhnland Production, Eselflöterstr. 20, 18055 Rostock, F: 0381-453372 oder Rausch Records c/o Dritte Wahl, Postfach 103 114, 18055 Rostock. Internet: members.aol. com/rauschrec

DZIUKS KÜCHE

Nicht »Vom Tisch« fegen sollte man diese erste CD von Cziuks Küche. Dziuk griff für → Stoppok in die Tasten und schrieb für ihn auch Texte, begleitete musikalisch die Lesungen von Wiglaf Droste und fertigte einige Solo-Platten an, die aber nicht gerade große Verkaufsschlager waren. 1999 legte er unter dem Namen »Dziuks Küche« das Debüt »Vom Tisch« vor, wobei er in einfachen Worten komplizierte Beziehungen oder große Politik beschrieb und musikalisch auf Rock, Blues, Folk und Cajun setzte. Als Höhepunkt des Albums galt das 14minütige »Wie lang wie lang«, eine im Talking-Blues erzählte Geschichte zur Vergangenheits- und Gegenwartsbewältigung. Mit »Shake it Wolfgang« setzte er dem Musikjournalisten Wolfgang Doebelin noch vor dessen Tod ein Denkmal.

Discogr.: Dziuks Küche (1999, Boulevard /Edel). Internet: www.edel.de

Dritte Wahl

CORA E.

Die aus Kiel stammende und in Heidelberg wohnhafte Künstlerin ist die dienstälteste deutsche HipHop-Reimerin. Angefangen hatte sie Mitte der 80er in ihrer Heimatstadt als Mitglied einer Girl-Gang mit Graffiti. Sie war eine der Mitbegründerinnen der Rap-Kultur in Deutschland. Dafür benötigte sie ein Pseudonym und legte sich den Künstlernamen Cora zu. Gleichzeitig interessierte sie sich für die HipHop-Kultur. Beim Rappen wird im Allgemeinen viel über persönliche Erlebnisse erzählt. Um besser reimen zu können, nannte sie sich dafür Cora E. Nach eigener Aussage stand sie bereits mit einem Bein am Abgrund, als sie mit 17 in die Staaten ging. Sie lebte in Maryland, Baltimore und Philadelphia und war bei Plattenaufnahmen von Kool Moe Dee und LL Cool J zugegen. Dann durchlief sie die Bereiche Breakdancing und MCing. Um bei Jams dabei zu sein, nahm sie stundenlange Zugfahrten in Kauf. Das hielt auch an, als sie wieder in Deutschland lebte. Sie zog nach Heidelberg und erlernte den bürgerlichen Beruf einer Krankenschwester, den sie immer noch in der psychiatrischen Klinik in Heidelberg ausübt. Aber die Leidenschaft für ihre Musik ließ sie nie los und füllte ihre Freizeit völlig aus. Um besser verstanden zu werden, verwendete sie für ihre Botschaften die deutsche Sprache. Sie erzählte vollkommen offen von eigenen Erlebnissen und eigenen Anschauungen, verkündete ihre Meinung und nahm dafür in Kauf, von einigen als Rap-Emanze oder Oberlehrerin bezeichnet zu werden. Für die Firma Mzee nahm sie 1996 die Maxi »Keep Shit Raw...« auf. Die nachfolgende, düstere Maxi »Schlüsselkind« entwickelte sich zum Underground Hit. Von dem Major EMI erhielt sie einen Vertrag und spielte mit Hilfe ihrer Produzenten, der HipHop Formation Stieber Twins, und ihres weiteren Teams mit DJ Esther, B Boys Special FX und Akanni und vielen Gästen ihre CD »CORAgE« ein. Darauf enthalten war eine Neuaufnahme von »Schlüsselkind« und das untypisch erotische Stück »Zeig's mir«, eine monumentale Dance-Ballade über den Zustand des Verliebtseins. Nach wie vor sieht sie es als ihre Aufgabe an, die HipHop-Kultur zu bewahren. Bei ihren Konzerten arbeitet sie deshalb mit MC Posing, DJ und Tänzer und das Bühnenbild wird von einem Sprayer gestaltet. Zusammen mit → Brixx spielte Cora E. für → Sabrina Setlur den Titel »Hija« für deren Album ein.
Discogr.: Keep Shit Raw (1996, MCD – Mzee/EFA), Schlüsselkind (1996, MCD – Mzee/EFA), Schlüsselkind – Remixe (1997, Mzee/EFA), Und der MC ist weiblich (1998, DLP – Mzee/EFA), CORAgE (1998, Spin/EMI). Kontakt: EMI Electrola, Maarweg 149, 50825 Köln F: 0221-4902-2308. Internet: www.emimusic.de

EAT NO FISH
Maria Koch (voc), Lars Oppermann (g), Mathias Krause (b), Ruben Loos (Ddr/el)
Nach Meinung ihrer Plattenfirma sollte man sich den Namen »Eat no Fish« in die Gehirnrinde tätowieren. Aber bitte nicht zu tief. »Eat no fish« ist eine Warnung, bedeutet aber nicht, daß man dafür Guano Apes essen sollte. Wobei durchaus beide Bands nebeneinander existieren können. Eat no fish heißt auch nicht Eat no fish, denn es steht für »Ear adressing trend night organisation for image searching heroes«. Mit diesem langen Namen wären sicher Rundfunkeinsätze ihrer Lieder gefährdet gewesen und ihr Crosso-

ver-Sound wäre der Öffentlichkeit weniger leicht zugänglich gemacht worden. Die Band formierte sich in der norddeutschen Kleinstadt Einbeck. Die drei Instrumentalisten kannten sich bereits durch verschiedene gemeinsame Bandaktivitäten und entdeckten die Sängerin Maria Koch bei einem Auftritt. Gemeinsam produzierten sie ein Demo mit drei Eigenkompositionen, mit dem sie sich für den Local Heroes Contest des Radiosenders FFN bewarben. Sie wurden unter 920 Bewerbern zur Vorausscheidung geladen, gewannen diese und entschieden dann im Juni 1998 gleich noch das Finale für sich. Sie gewannen ein Bandstipendium für eine professionelle Studioproduktion. Es entstanden elf Stücke, wobei Neil Davidge, der bereits für Massive Attack gearbeitet hatte, zudem für den sphärischen Song »Next To Me« einen Remix erstellte. Es gingen Angebote vieler Plattenfirmen ein. Sie entschieden sich für den Major Virgin, der die Single »Holy Silence« im August 1999 und das Album »Greedy For Life« im September 1999 veröffentlichte. Der Sommer war ausgebucht mit Open-Air-Konzerten wie dem Hurricane Festival in Scheessel und dem Southside Festival in München. Im Herbst beehrten sie die Clubs mit ihren Shows.

Discogr.: Holy Silence (1999, MCD – Virgin), Greedy For Life (1999, Virgin). Kontakt: Virgin Schallplatten GmbH, Herzogstr. 64, 80803 München. Internet: www.virgin-de

ECHT

Kim (voc), Kai (g), Puffi (voc), Gunnar (keyb), Flo (dr)

Im Gegensatz zu den Boygroups bestehen Echt darauf, echt zu spielen und wenn sie einmal falsch spielen, merkt jeder, sie spielen echt. Bereits 1993 gab es Echt – noch ohne Keyboarder – als Schulband, inspiriert von Selig, Pearl Jam und den → Fantastischen Vier. Eine Tournee durch englische Schulen im Rahmen eines Austauschprogramms war so erfolgreich, daß sie in England eine zweite Tour absolvieren durften. Dabei verkauften sie von einer selbst angefertigten Demo-CD 1.000 Exemplare. Sie bekamen Kontakt zu dem Produzenten Frank Plasa, der bereits für Selig, Stoppok und Falco gearbeitet hatte. Echt überzeugten ihn von ihren Fähigkeiten. Bereits die erste Single »Alles wird sich ändern (wenn wir groß sind)« wurde von vielen Radiostationen übernommen und landete in der Playlist von Viva. Wurden sie bei der ersten Single noch stark von WOM unterstützt, stürzte sich jetzt Bravo auf die Band. Aber auch die seriöse Presse handelte die junge Band ab. Konzerte und Auftritte im TV halfen ihnen beim Aufbau einer Anhängerschaft. Mit der ersten CD »Echt« gelangten sie ebenso in die Charts (Nr. 5) wie mit den Singles »Wir haben's getan«, »Wo bist du jetzt?« und »Fort von mir«. Ihre Themen trafen den Nerv des jugendlichen Publikums. Sie erhielten Auszeichnungen von R.SH Gold, den »Goldenen Bravo-Otto« und den Popcorn-Award, eine Echo-Nominierung bis hin zum ersten Platz der ZDF-Hitparade. Ihre Auftritte brachten ihnen den Respekt von Kritikern ein. Das X-Act Magazin in Österreich, eine Zeitschrift von Musikern für Musiker, prophezeite ihnen ei-

Eat no Fish

ne große Zukunft. Ein Auftritt beim Donauinselfest 1999 in Wien konnte diesen Eindruck bestätigen. Im Interview gaben sie sich noch bescheiden: »Wir wußten zwar, wir sind keine professionellen Musiker, aber wir machen das, was wir können, so gut wie möglich und versuchen es auch immer zu verbessern. Die Leute, die unsere CD mögen und uns dann live sehen, werden nicht enttäuscht nach Hause gehen. Auf alle Fälle wollen wir eigenständig unsere Musik machen und immer versuchen, uns zu verbessern und Texte schreiben, die aus uns kommen und wir uns dadurch auch mit diesen identifizieren können.« 1999 arbeiteten sie an der zweiten CD. Vorab gab es die Single »Du trägst keine Liebe in dir« mit Orchester-Parts von Will Malone, der schon mit Hilfe seines London Session Orchesters bei Depeche Mode, The Verve, Massive Attack usw. für die musikalische Untermalung gesorgt hatte. Diese Single erreichte in Deutschland und Österreich vordere Plätze. Im September folgte die CD »Freischwimmer«, mit der sie auf Platz 1 der Charts schwammen. Ihre beiden Singles »Du trägst keine Liebe in dir« und »Weinst du?« erreichten ebenfalls Spitzenplätze in den Hitparaden. Echt gelang es, nicht nur hysterische Teenager an sich zu binden, sondern sie fanden auch bei dem erwachsenen Publikum ihre Anhänger und fanden Respekt der Kritik. Nun wollen sie auf lange Sicht ein Album auf den Markt bringen, auf dem alle Titel von ihnen selbst komponiert und getextet sind. Obwohl sie sich auf Veranstaltungen dieser Kategorie nicht besonders wohl fühlten, nahmen sie im März 2000 für das beste Video des Jahres 1999 den Echo-Preis entgegen.

Echt

Discogr.: Alles wird sich ändern (MCD – Laughing Horse Music GmbH), Wir haben's getan (1998, MCD- Laughing Horse Music GmbH), Wo bist du jetzt (1998, MCD – Laughing Horse Music GmbH), Fort von mir (1998, MCD – Laughing Horse Music GmbH), Echt (1998, Laughing Horse Music GmbH), Live bei »Overdrive« (1999, EP – Laughing Horse Music GmbH), Du trägst keine Liebe in dir (1999, MCD – Laughing Horse Music GmbH), Freischwimmer (1999, – Laughing Horse Music GmbH), Weinst du? (2000, MCD – Laughing Horse Music GmbH). Kontakt: Laughing Horse Music GmbH, Alexander-Zinn-Str. 4, 22607 Hamburg, F: 040-822 72120. Internet: www.edel.de • www. laughinghorse. com

EDENFELD

Edenfeld sind ein Synthi-Trio aus dem thüringischen Mühlhausen, das musikalisch bewußt an den Stil des Old Wave der 80er Jahre anknüpft. Nachdem sie 1996 mit der CD »Evolution« ihr Debüt gaben, half ihnen der Soundtüftler Carlos Peron bei der Fertigstellung des melodischen und melancholischen Zweitlings »New Horizon« im Jahr 1999.
Discogr.: Evolution (1996), New horizon (1999, Dark Star/Indigo). Internet: www.indigo.de

EGOEXPRESS

Das → Stella-Mitglied Mense Reents und Jimi Siebels, früher mit seinem Bruder Jakobus als Neues Brot tätig, ergeben zusammen das Hamburger Duo Egoexpress, das 1996 mit »Foxy« elektronische Musik zwischen Experiment und Dancehall anfertigte. Auf der nachfolgenden Maxi war der tanztaugliche Szene-House-Hit »Telefunken« enthalten und auch die CD »Biker« mit ihren englischen und deutschen Titeln enthielt genügend

groovige Sounds, um die Füße in Bewegung zu halten.
Discogr.: Foxy (1996, Ladomat 2000/Zomba), Telefunken (1998, MCD – Ladomat 2000/Zomba), Biker (1999, Ladomat 2000/Zomba). Internet: www.lado.de

8 BALLS
Oliver Schottek (voc/ac-g), Uwe Sicks (g), Holger Janes (b), Martin Donner (dr)
Die Glocken zur Geburt von 8 Balls läuteten 1997. Sie wollten ihren Beitrag dazu leisten, daß die klassischen Rock-Traditionen nicht aussterben, bemühten sich aber dabei, nicht verstaubt zu klingen. 8 Balls ist ein amerikanischer Begriff aus dem Pool-Billard und bedeutet »jetzt geht's ums Ganze«. Dies ist auch die Einstellung, mit der die Musiker ihre Konzerte angehen. Erstmals trafen sie sich 1997 zu einer Session. Bald nahmen sie ihre erste CD »Save Them« auf, die ausschließlich eigene Interpretationen bekannter Blues- und Rockhits enthielt. Auch live hielten sie, was sie versprachen. Dies veranlaßte das Saar-TV, mit ihnen im Sommer 98 ein Live-Video aufzunehmen. Dadurch und nach einigen weiteren Fernseheinsätzen wurden 8 Balls innerhalb kürzester Zeit im südwestdeutschen Raum sehr bekannt. Ein weiterer Schritt zum überregionalen Erfolg war der Auftritt als Support von Dr. John. Größeres Publikum erreichten sie auch im Rockzelt in Saarbrücken, beim Stadtfest in St. Wendel und im Vorprogramm von Long John Baldry. Sie begannen mit den Aufnahmen zu ihrem zweiten Album. Vorab schickten sie die Eigenkomposition »Don't Blame Jesus« an das Musikmagazin Soundcheck, das das Stück auf ihrer CD in der Mai-Ausgabe in 50.000er Auflage veröffentlichte. Im Sommer stand die Veröffentlichung des zweiten Albums an. Mit Ausnahme der beiden Nummern »Crosstown Traffic« von Jimi Hendrix und »Grandma's Hands« von Bill Withers stellten sie auf der CD »Contaminated Friendship« nur eigene Titel vor. Rock, Bluesrock, Britpop, Punk und Balladen, alles war enthalten – Hauptsache, die Musik war handgemacht. Anschließend holten sie in ihren Konzerten weiterhin Texas nach Saarbrücken.
Discogr.: Save them (1997, Eigenvertrieb), Contaminated Friendship (1999, Pängg). Video: Live (1998, Eigenvertrieb/Saar TV). Kontakt: Oliver Schottek, Danziger Weg 11, 66130 Saarbrücken, T: 0681-8815413. Mail: info@8balls.de • Internet: www.8balls.de

EINS ZWO
Daniel Larusso al. Dendemann (Rap/Text), DJ Rabauke (Beats)
DJ Rabauke aus Flensburg war als DJ für den Sound von → Fettes Brot zuständig, während Dendemann aus Menden seine Künste bei vielen Projekten wie den Solo-CDs von Smudo und Hausmarke eingesetzt oder bei dem → Fischmob All Star Track »Susanne zur Freiheit« mitgewirkt hatte. Sie schlossen sich zum Duo Eins Zwo zusammen und nahmen ein Demo-Tape auf, von dem sie ohne jegliche Werbung 1.500 Stück unter die Leute brachten. Dabei bewies Larussos einen außergewöhnlichen Umgang mit der deutschen Sprache, indem er mit Humor die Höhen und Tiefen derselben auslotete, statt Gangster-Raps zum Besten zu geben. Der rührige Andre Luth vom Hamburger Label Yo Mama's Records erkannte das Potential der jungen Künstler und bot ihnen einen Vertrag an. Daß er ein Goldnäschen hatte, bewies gleich die erste hoch-

Egoexpress

gelobte EP »Sport«, von denen Eins Zwo mehr als 10.000 Stück absetzten. Im Vorprogramm von → Fettes Brot bewiesen sie auch live ihre Fähigkeiten. Im Mai 1999 erläuterten sie auf ihrer Debüt-CD den Begriff »Gefährliches Halbwissen«. Geholfen hatten hierbei Das Boo 2000, → Ferris MC, Sammy Deluxe, Falk und DJ Cullmann. Spex bezeichnete das Duo als »das fleischgewordene Langenscheidt« und sie »repräsentieren die Essenz von HipHop wie keine andere Crew hierzulande«. Gleich mit ihrem ersten Album zogen sie in die Top 20 der Media-Control-Charts ein. Unter den deutschsprachigen Künstlern gelangten sie mit dem Longplayer und den Singles unter die ersten Zehn.

Discogr.: Sport (1998, MCD – Yo Mama's Records/Zomba), Gefährliches Halbwissen (1999, Yo Mama's Records/Zomba), Danke Gott (1999, MCD – Yo Mama's Records/ Zomba), Hand auf's Herz (1999, MCD – Yo Mama's Records/Zomba). Kontakt: Musik-Management, Postfach 1216, 25350 Darmstadt, F: 04123-68009-25. E-Mail: Musik-Management@t-online.de • Internet: www. yomama.de

EINSTÜRZENDE NEUBAUTEN

Die radikale Band um die Künstler Blixa Bargeld (voc/g) und F.M.Einheit (perc) erlangte mit ihrer Kompromißlosigkeit Weltruf. Zur Erzeugung von Tönen aus Quellen nichtmusikalischen Ursprungs gesellten sich apokalyptische Texte von Blixa Bargeld. So verwendeten sie bei der Single »Durstiges Tier« Blixa Bargelds Körper, um mit Schlägen auf die Brust den geeigneten Klang zu erzeugen. Bohrmaschinen, bespielte Wände und Geräte aus der Fabrik gehörten zu den bevorzugten Instrumenten. Nach den ersten Platten »Collaps«, die bewußt unanhörbar werden sollte, und »Zeichnungen des Patienten O.T.« steigerten sie ihre Popularität vor allem mit »Strategien gegen Architektur«, was sie besonders in Japan populär werden ließ. 1984 durchsägten sie beim »Konzert für Stimmen und Maschinen« in London die Bühne, was den Veranstalter zwar dazu brachte, den Strom abzustellen, aber den Grund dafür lieferte, daß sie zum Stadtgespräch wurden. Die Coverversion »Sand« von Lee Hazlewood und Frank Sinatra zeigte, daß die Band auch bewußt komisch sein konnte. 1986 wurden die Einstürzenden Neubauten zu Vertretern Deutschlands auf der Expo in Montreal/Kanada bestimmt. Nach Kompositionen für Theater und Ballett widmeten sie sich auf »Haus der Lüge« wieder der Lärmerzeugung, wogegen auf »Tabula Rasa« von 1993 verstärkt politische Themen Einzug gehalten hatten und sie in dem Titel »Headcleaner« den aufflammenden faschistischen Strömungen eine scharfe Abfuhr erteilten. »Ende neu« war ihr bislang musikalischstes Werk, wobei in dem melodiösen, romantischen »Stella Maris« die Ehefrau des Neubauten-Instrumentalisten Alexander Hacke mit Blixa Bargeld im Duett sang. In »Total Eclipse Of The Sun« fingen sie wunderschön die Stimmung der

Eins Zwo

Sonnenfinsternis im Sommer 1999 ein. Im April 2000 erscheint das neueste Werk der Einstürzenden Neubauten unter dem Titel »Silence Is Sexy«.
Discogr.: (Auswahl): Zeichnungen des Patienten O.T. (1983, Some Bizarre), Strategien gegen Architektur (1984, Mute), Fünf auf der nach oben offenen Richterskala (1987, Some Bizarre), Tabula Rasa (1993, Our Choice/ Zomba), Ende neu (1996, Our Choice/ Zomba), Total Eclipse Of The Sun (1999, MCD – Our Choice/Zomba), Silence Is Sexy (2000, Our Choice/Zomba). Internet: www. zomba.de

EISEL, HELMUT & JEM

Helmut Eisel (cl/Tarogato), Michael Marx (voc/g), Herbert Jagst (b) Helmut Eisel Duo: Helmut Eisel (cl/Tarogato), Richard Ebersbach (p)

Klezmermusik basiert auf der Tradition jüdischer Wandermusiker und besticht durch fetzige Rhythmen in der Verbindung zwischen Orient und Okzident und durch große emotionale Tiefe in sehnsuchtsvollen Melodien. Besonders populär wurde sie in Deutschland durch Giora Feidman und die Musik zu den Filmen »Jenseits der Stille« und »Das Leben ist schön«. Einer der wichtigsten Vertreter dieser Musikrichtung in Deutschland ist Helmut Eisel. Der ehemalige Diplom-Mathematiker war als Unternehmensberater tätig, gab aber aus Liebe zur Musik diesen Beruf 1993 auf. Die Gründung des Trios Helmut Eisel & Jem geht auf das Jahr 1989 zurück. Michael Marx hatte 1982 sein Examen an der Musikhochschule des Saarlandes beendet und spielte eigene, vom Folk beeinflußte Kompositionen mit der Gruppe → Marx, Rootschilt, Tillermann, mit denen er 1987 den Kunstförderpreis des Saarlandes gewann. Der dritte Mann des Trios ist Herbert Jagst, der das Kontrabaßspiel autodidaktisch erlernt und mit der Gruppe Jazztett 1987 ebenfalls den Kunstförderpreis des Saarlandes gewonnen hatte. Ihre Musik bezeichnen sie als »Acoustic Klezmer Music«, weil sie ohne Verstärker auftreten und die Nähe zum Publikum suchen. Sie spielen weitgehend eigene Kompositionen mit Motiven und Inhalten der Klezmermusik. Auf über 700 Konzerten bewiesen sie ihr Können. Sie spielten u.a. 1993 und 1994 in Israel und Warschau, waren 1995 beim Schleswig Holstein Musik Festival und 1996 beim EBU-Folk-Festival in Roskilde/Dänemark vertreten. Die Musiker traten mehrmals als Solisten und musikalische Begleiter bei Giora Feidman auf. Michael Marx war an den Aufnahmen zu dessen CD »The Soul Chai« beteiligt. Eisel war noch musikalischer Leiter, Musiker und Darsteller bei dem Stück »Sonnenuntergang« am Theater in Basel, Gründer des Klezmerorchesters und des Klarinettenquartetts »Helmut Eisel Clarinet Funtet«. Seit 1998 trat Helmut Eisel auch im Duo mit dem Jazzpianisten Richard Ebersbach auf, einem der wichtigsten Vertreter der saarländischen Jazzszene. Er ist auch mit einem Soloprogramm zu hören. Dabei werden auch Klangcollagen per CD eingespielt und es entwickelt sich fast eine Art musikalisches Kabarett. In den verschiedenen Besetzungen spielte Eisel in Kirchen, im Theater, im Konzertsaal, in Bibliotheken und in Kneipen. Über einen Auftritt in der Brühler Schloßgalerie schrieb die Kölnische Rundschau: »Die Kraft ihrer Instrumente reichte aus, um die Brühler Galerie mit Klang zu füllen. Einen Verstärker benötigten sie dabei nicht. Und wo die Klangfülle erweitert werden sollte, da wurde kurzerhand das Publikum eingesetzt. Ob Klatschen, Schnippen oder Singen – bei JEM braucht sich der Zuhörer nicht nur aufs Zurücklehnen beschränken.«

Discogr.: mit Jem: Forget The Tears (1992, Pläne/Aris), Klezm'n'Soul (1994) Westpark/ Indigo), Israel Suite (1996, Westpark/Indigo), Passions For Klezmer (1998, Westpark/ Indigo); Helmut Eisel Clarinet Funtet: Funtasie (1995). Kontakt: Westpark Music, Rathenauplatz 4, 50674 Köln, F: 0221-231819; Helmut Eisel, Ottweilerstr. 118, 66113 Saarbrücken, T:0681-45307, F: 0681-473317. E-Mail: westparc@aol.com

EISEN

Martin Feske (g), Gregor Kerkmann (b), Martell Beigang (dr/voc)

Stahl kommt aus Solingen und Eisen aus Köln. 1995 schufen Eisen ihre eigene musikalische Sprache, den Livingroom Groove. Da sie überall spielen wollten, wo 2 x 2 Meter Platz waren, bezeichneten sie sich selbst auch als das fliegende Wohnzimmer. Es ist selten genug, daß der Schlagzeuger auch noch als Sänger fungiert, aber das frühere Mitglied von M. Walking on the Water, Martell Beigang, unterhält dabei noch das Publikum ganz ausgezeichnet. Die Presse nannte die Gruppe die kleinste Big-Band der Welt. Diese Bezeichnung deckte sich mit ihrem Ziel, im Dreierpack soviel Sound wie möglich herauszuholen. Dadurch entstanden komplexe Stücke, zu denen sich poetisch angehauchte, humorige und phantasievolle Texte gesellten, in denen es um Liebe, Popstars, seelische Abgründe und blonde Frauen ging. Im Februar 97 begannen sie mit der Produktion der ersten CD, die sie im April fertigstellten. Danach kümmerten sie sich wieder um ihr Konzertpublikum. Dabei definierten sie ihr Ziel mit: Party Party Party. Für das Album fanden sie in Dynamo Music Berlin einen Partner. Unter dem Titel »Modern ist wieder in« kam das Album bundesweit in die Plattenläden. Die abwechslungsreiche CD vertrug Musikrichtungen wie Disco, Funk, Pop, Bossa Nova und live gespielten Drum'n'Bass. Die Presse reagierte darauf äußerst positiv. Das Fachblatt Musiker Magazin bemerkte »eine Neuentdeckung, die man im Auge behalten sollte«. Intro 12/98: »Solange Bands wie Eisen sich auf das Wesentliche beschränken, ohne darüber Profanes oder gar Beschränktes zu produzieren, bleibt die deutsche Poplandschaft in Bewegung.« Bis ins Land der aufgehenden Sonne sprach sich der Lobgesang herum, denn ein japanischer Vertrieb bestellte von der CD mit deutschen Texten 1350 Exemplare. Noch mehr Beifall erhielten Eisen für ihre Bühnenschau. Die WZ schrieb dazu: »Gitarrist Martin Freske klingt mit Wah-Wah und Echo wie ein ganzes Orchester. Martell steht hinter der Schießbude und hat das Zeug zum Entertainer.« Nach ihren ersten 150 Auftritten beschäftigten sich Eisen mit der Vorproduktion der zweiten CD, zu der sie in den letzten Jahren die ersten Lieder geschrieben hatten.

Discogr.: Modern ist wieder in (1998, Dynamo Musik). Kontakt: Eisen c/o Martell Beigang, Gummersbacher Str. 27, 50679, Köln T/F: 0221-882469. E-Mail: martell @netcologne.de • Internet: www.musictrust. com/dynamo

ELECTRA

Die 1969 von Bernd Aust gegründete Dresdener Formation avancierte in den frühen 70ern zu einer der führenden Artrock-Bands der ehemaligen DDR. 1974 gaben sie als »Electra-Combo« ihr Debüt auf dem Plattenmarkt und 1975 landete die mit den zwei gegensätzlichen Sängern Stefan Trepte und Peter Ludewig agierende Gruppe mit dem fast 9minütigen Titel »Tritt ein in den Dom« ihren ersten großen Hit. Danach stieg Trepte aus, um zu → Lift zu wechseln. 1976 veröffentlichen sie ein Album mit Fremdkompositionen, das sie »Adaptionen« nannten. Mit Manuel von Senden stieg 1978 ein neuer Sänger ein, mit dem die Band 1980 das hochgelobte und kommerziell erfolgreiche Konzeptalbum »Die sixtinische Madonna« einspielte und von dem sie mehr als 150.000 Einheiten verkauften.

Eisen

Mit den folgenden Alben »Ein Tag wie eine Brücke«, »Augen der Sehnsucht« und »Tausend und ein Gefühl« gelang es ihnen weiterhin, ihre Fans bei der Stange zu halten und sich in den DDR-Charts zu plazieren. Nachdem der Sänger Michael von Senden die Gruppe kurz vor der Wiedervereinigung verließ, um sich in Berlin dem Musical zu widmen, kam Stefan Trepte zurück. In der Wendezeit kam die geplante Veröffentlichung einer neuen Platte nicht zustande und erst nach einiger Zeit gelang es ihnen wieder, in den neuen Bundesländern Fuß zu fassen. Seit 1992 sind Electra wieder regelmäßig auf Tour.

Tonträger: Electra-Combo (1974) Amiga, Adaptionen (1976) Amiga, Electra 3 (1980) Amiga, Die sixtinische Madonna (1980) Amiga, Ein Tag wie eine Brücke (1982) Amiga, Augen der Sehnsucht (1986) Amiga, Tausend und ein Gefühl (1987) Amiga, Die Hits (1996) BMG/Hansa, Sachsendreier (& Lift & Stern Combo Meissen) (1999) BuschFunk. Kontakt: Busch-Funk Musikverlag, Rodenbergstr. 8, 10439 Berlin T: 030-4441186 F: 030-4447289

ELECTRIC FAMILY

Tom Redecker bekam 1996 von den Veranstaltern des Burg-Herzberg-Festivals das Angebot, dort mit seiner Band The Perc meets the hidden Gentleman aufzutreten. Da The Hidden Gentleman wegen Theaterverpflichtungen keine Zeit hatten, bildete Redecker mit Freunden eine Band. Sie probten einige Stücke und stellten ein Repertoire zusammen, das überwiegend aus Stücken von TPMTHG bestand. Am 18. Juli 96 gaben sie im Lagerhaus in Bremen ihr erstes Konzert als The Perc's Electric Family. Sie hörten sich an, als hätten sie schon ewig zusammen gespielt. Entsprechend zuversichtlich enterten sie am 20. Juli das Festivalgelände bei der Burg Herzberg. Für den Auftritt war Dieter Bornschlegel von Guru Guru zur Band gestoßen. Der Gig vor ca. 25.000 Zuschauern wurde ein großer Erfolg und es wurden noch Zugaben verlangt, als schon längst kein Programm mehr vorhanden war. Dies veranlaßte die Macher, ihr Projekt fortzuführen. Weitere Musiker stießen hinzu, um vier Wochen später im Bremer Alien Style Studio von Rolf Kirschbaum die ersten eigenen Stücke einzuspielen. Als Sänger mit dabei waren Johannes und Kilian, die beiden kleinen Söhne von Tom Redecker. Für ein spontanes Konzert im Kairo in Bremen am 18.11.96 kürzten sie den Namen in Electric Family, wobei es zukünftig blieb. Im Frühjahr 97 waren die Aufnahmen zur ersten CD beendet und im Sommer veröffentlichte Strange Ways Records das Album unter dem Titel »Welcome To The Family Show With The Friends You Know«. Die positive Resonanz darauf war der Anlaß für eine kleine Tour zwischen dem 18. und 25.10.97, auf die sie als Gäste Ear Transport und Taras Bulba mitnahmen. Hierbei entstanden an einem spielfreien Tag bereits die ersten Aufnahmen für das nächste Album. Richtig ernst wurde es damit ab Februar 98. Wieder traten viele neue Freunde der Familie bei. Im August 98 beendeten sie die Aufnahmen zu ihrem zweiten Album. Dazwischen hatten sie für das Molokoplus-Label eine limitierte Vinyl-Single und für den Rolling Stones-Sampler der Musikzeitschrift Rolling Stone das Cover »Bitch« eingespielt. Diesmal entschied sich die Band für das Label »Blue Rose Records«, auf der das Album im April 99 unter dem Titel »Tender« herauskam. Dafür vergab der Rolling Stone vier der

Electric Family

fünf Sterne und bemerkte: »Mit Tender sind Electric Family auf ihrer journey through the center of your mind ein weiteres Mal in bis dato ungeahnte, unentdeckte Weiten vorgedrungen.« Im Juni 99 führte sie eine Tournee durch ganz Deutschland. Bei drei Auftritten erhielten sie Unterstützung von der Sängerin Angelika Weiz, einer der bekanntesten Musikerinnen der neuen Bundesländer. Dazwischen nahmen sie den Titel »Careful With The Axe, Eugene« für eine Tribute to Pink Floyd Compilation auf. Dieser Titel erscheint März 2000 auf Seite A einer Single, deren B-Seite mit »Bricks Of Time« einen Live-Mitschnitt der Tender-Tour enthält.

Discogr.: Welcome To The Family Show With The Folks You Know *(1997, Strange Ways Records),* Tender *(1999, Blue Rose Records),* Careful With The Axe, Eugene/Bricks Of Time *(2000, Moloko plus). Kontakt: Blue Rose Records, Rauheckstr. 10, 74232 Abstatt; Shack Media, Lange Str. 37, 27711 Osterholz-Scharmbeck, F: 04791-980643. Mail: shackmedia@t-online.de • Internet: www.bluerose-records.com/home.t-online.de/home/shackmedia*

ELECTRIC LADYLAND

Sandrina Löscher (voc), Ira Stylidiotis (g), Petra Haselkuss (b), Babs Margeht (g)
Diese Damen stehen unter Strom. Sie benannten sich nach der berühmten Doppel-LP von Jimi Hendrix. Aber nicht etwa, weil sie sich auf dem Cover nackt ablichten lassen wollten, um damit einen Skandal zu verursachen und Aufmerksamkeit zu erregen. Dies würde heute nicht mehr wirken. Vielmehr coverten sie zu Beginn ihrer Karriere vornehmlich Jimi Hendrix. Ihr eindrucksvolles Live-Debüt gaben sie im Münchener MaxX-Kino anläßlich der Weltpremierenparty zu Bernd Eichingers Film »Der bewegte Mann«. Zahlreiche Fernsehauftritte folgten. Sie waren in der ARD, in Bayern 3, RTL, Pro 7, Sat 1 und natürlich TM 3 zu sehen. Sie spielten sich durch Clubs und Hallen in und um München. Große Auftritte, wie bei den Medientagen 95, der Radio Gong Party, dem Bavaria Filmfest, der CeBIT 97/98 und beim TSV 1860 München wechselten sich ab mit Konzerten im Feierwerk, Schlachthof, Incognito sowie bei zahlreichen Open Airs. Anfangs waren sie eine reine Coverband. Inzwischen fließen immer mehr eigene Songs in ihr Programm ein, wobei das sogenannte Nachspielen bei Electric Ladyland kein Aufwärmen alter Titel ist, sondern immer eine eigene Note beinhaltet. Die Sängerin stammt aus Sizilien und bringt ihr angeborenes Temperament ein. Arno F. Eser schrieb in der AZ München: »Wer am letzten Sonntag Sandrina Löscher mit ihrer Band Electric Ladyland im Schlachthof erlebt hat, hat sicher die Ausnahmekünstlerin in ihr entdeckt. Sie wirkt fast wie eine Münchner Ausgabe von Janis Joplin und hat eine Stimme wie ein Vulkan. Als gebürtige Sizilianerin hat sie heißes Blut, läßt es rocken und rollen bis zum Anschlag.« Die Filmemacherin Annette Hopfenmüller drehte ein Porträt der Sängerin und der Band, welches im 3. Programm des Bayerischen Fernsehens gesendet wurde. Zu einem Zeitpunkt, als der Autor dieses Buches noch nicht daran dachte, ein derartiges Werk zu verfassen, meinte er zu einer ausgedehnten Interpretation von »Walk This Way«: »Wenn jetzt Aerosmith anwesend wären, würden die alten Herren sofort einen Rentenantrag einreichen.« Und wenn früher geschrieben wurde »Clapton ist Gott«, so bleibt festzustellen: Gott ist weiblich und heißt Ira.

Discogr.: Live Ambience *(1998, MCD – Omega Records). Kontakt: Hello Concerts, Schiessgrabenstr. 2 ½ , 86150 Augsburg, F: 0821-154020; Das Musikbüro, Ebenauer Str. 16, 80637 München, F: 089-1571992. Internet: members.aol.com/musikbuero*

ELEKTROLOCHMANN

Ahlie Schaubel (voc/g), Stephanie Schneider (b), Stefanie Rhein (g), Kerstin Teichert (dr)
Heute bleibt die Küche kalt, wir lärmen heut' im Schwarzwald. Mit dem klassischen Frauenbild haben die Damen von

Elektrolochmann nichts am Hut. Stattdessen schrammeln sie ihren Slow-Motion-Pop seit 1992 durch die deutsche Landschaft. Ihre deutschen Texte bieten die pure Alternative. Sie fanden Ende 1992 in Bietigheim zusammen und debütierten bereits drei Wochen später im schwäbischen Nußdorf. 1993 gaben sie unter dem Namen »All Ways Ultra« ein gleichnamiges Tape heraus. 1994 hörte man sie im Vorprogramm der Gruppe Die Sterne in Bietigheim, diesmal unter dem jetzigen Namen, der von einem Elektrohandel übernommen wurde. 1995 waren sie zu einem Gastauftritt bei der Release Party der → Darwins in Hannover eingeladen und spielten mit ihnen in der Folgezeit als Support im süddeutschen Raum. Der Herbst/Winter 96 war ausgebucht, um für das Stück »Emil und die Detektive« am Staatstheater Stuttgart an 50 Abenden jeweils acht Lieder zu spielen, die von der Gruppe komponiert wurden. Im Februar 96 verschlug es die Schwäbinnen nach Berlin, wo sie mit → Stereo Total ihre Musik zum Besten gaben. Dabei beeindruckten sie dermaßen, daß weitere Auftritte als Hauptact folgten. Danach spielten sie mit → Zam Helga und wieder mit → Die Sterne. Im Juni 1997 war ein Marathonauftritt von Elektrolochmann für Elektro-Lochmann zu absolvieren, wobei sie 10 Stunden am Stück das Publikum unterhielten. → Die Sterne hatten anschließend das Glück, wieder mit den Mädchen spielen zu dürfen. 1998 nahmen sie die Single »Buy Four – Get 20 Percent Off« auf und veröffentlichten sie auf Vinyl. Der Prinz urteilte: »Jahrelang pilgerten Leute auf ihre Konzerte, weil sie a) Mädchen b) witzig und c) planlos waren. Da überraschen E. mit »Rasen« und »Platique«, die 1A melancholischer Indie-Pop sind, gar nicht albern und höchst ohrwurmig.« Dann war erst einmal Pause, da zwei der Musikerinnen einen längeren Auslandsaufenthalt einlegten. Das übriggebliebene Duo machte einstweilen unter dem Namen »Elima« weiter. Als im Laufe des Jahres 1999 Elektrolochmannn wieder komplett war, nahmen sie ein neues Album in Angriff. Außerdem führten sie Auftritte nach Luxemburg und Belgien.
Discogr.: All Ways Ultra (1993, MC), Puschelrock II (1994, MC), Everything Starts With An E (1995, MC), Musik zu »Emil und die Detektive« (1995), Das eingenähte Demo (1996, MC), Sei nicht so ernst – das macht dich so alt (1997, MC), By Four – Get Twenty Percent Off (LP, 1998). Kontakt: Stephanie Rhein, Ulrichstr. 45, 74354 Besigheim. T: 07143-36503

ELEKTROSUSHI

Mark Kowarsch (dr/voc), Vanessa Kowarsch (b/voc) Christian Hagedorn (org/ perc/voc), Ingo William (g/voc)

Sharon Stoned nannte sich eine alternative Gitarrenband aus Ostwestfalen, die als eine der großen bundesdeutschen Hoffnungen genannt wurde, aber knapp vor dem endgültigen Durchbruch zerbrach. Danach suchte der Sänger, Komponist und Schlagzeuger Mark Kowarsch nach neuen Mitstreitern. Aus Mitgliedern populärer Acts wie Sharon Stoned, Speedniggs, Shell und Soilent Green entstand die Band Elektrosushi, die auf eine Verbindung zwischen alternativer Popmusik mit Punk, Rock, Folk, Country-Anklängen, Psychedelic und Beat baute, angereichert mit elektronisch erzeugten Samples und Grooves. Die musikalische Vielfalt, die nie zum Einheitsbrei verkam, entstand durch das Miteinander dreier gleichberechtigter Songwriter und Sänger, wovon jeder seine eigenen Kompositionen einbrachte, die durch Ideen und Vorschläge der anderen fertiggestellt wurden. Unter Mithilfe des Bassisten Mike Watt (Firehose) und Francoise Cactus (→ Stereo Total) entstand der Erstling »Elektrosushi«, der von der deutschen Kritik anerkennend registriert wurde, aber auch im Ausland, wie in Großbritannien, den USA und den Niederlanden, Interesse hervorrief und die Japaner veranlaßte, vorab eine Single daraus zu veröffentlichen.

Discogr.: Elektrosushi (1998, Nois-o-lution/ EFA).
Kontakt: Nois-o-lution, Forsterstr. 4-5, 10999 Berlin, F: 030-6189382. Internet: www.efa-medien.de

ELEMENT OF CRIME

Sven Regener (voc/g/tp), Jakob Friedrichs (g), Christian Hartje (b), Richard Pappick (dr/perc)
Es war ein langer Weg vom ersten Album »Basically Sad« aus dem Jahr 1986 bis zu »Psycho« im Jahr 1999. Gegründet wurde der Grundbestandteil des Verbrechens 1995. Die Band aus Westberlin sang 1986 noch englische Texte und eiferte ihrem Vorbild Velvet Underground nach. Das erste Album klang etwas paranoid und lärmte. Doch bereits mit der zweiten, von John Cale produzierten CD »Try To Be Mensch« mit sprödem Sound und bittersüßen Songs avancierte Element of Crime zum Geheimtip. Die Texte handelten vom Leben und Leiden in der Großstadt und standen in der Tradition von Kurt Weill. Bereits vor den Aufnahmen in England wurde die Band telefonisch gebeten, im feudalen Belsize Square Guesthouse darauf zu verzichten, die Vorhänge abzureißen, auf den Teppich zu kotzen oder Drogen zu konsumieren. Dann stellte es sich heraus, daß es sich bei dem Quartier um eine Bruchbude handelte, die vorher die Happy Mondays verwüstet hatten. Durch ständige Auftritte und die Veröffentlichungen von »Freedom, Love And Happiness« sowie »The Ballad Of Jimmy & Johnny« wurden sie immer bekannter. Nachdem 1990 noch das Live-Album »Crime Pays« erschien, überraschten die Elements 1991 mit einem rein deutschsprachigen Album »Damals hinterm Mond«. Hochgelobt von der Kritik, konnten sie auch ihren Fankreis erweitern. Audio wählte die CD zum Album des Monats: »Die Pop-CD des Monats. Nach fünf Jahren Reifezeit trifft die Berliner Synthese aus feinsinnig-kargen Arrangements und erstmals konsequent deutschen Texten abseits der Klischee-Trampelpfade den Nerv.« Ein weiterer Hit war die 93er CD »Weißes Papier«, über die Audio urteilte: »Die luftig spröden Arrangements mit Akkordeon, Streichern, E-Gitarre und Schlagzeug potenzieren die Mischung – Flut für Herz und Hirn.« Daß es auch in Deutschland Hirn gibt, bewies der Hitparadenerfolg. Zu der nächsten CD »An einem Sonntag im April« befand die Zeitschrift Stereo: »Diese Musik ist aus einer anderen Zeit – ein Schwarzweißfilm inmitten der neonbunten Disneyworld. Element of Crime versetzen den Zuhörer in ein Berliner Varieté der 30er Jahre, lassen ihn einen Herbstnachmittag in einem Wiener Kaffeehaus verbummeln oder, ganz nach Belieben, durch das Pariser Quartier Latin schlendern.« Inzwischen waren die Elements einer der Lieblinge der Deutschen geworden. Mit dem Nachfolger »Die schönen Rosen« hatten sie die Chansons jedoch weitgehend ausgereizt. Obwohl sie wieder hoch in den Charts landeten, waren ihnen die Rezensenten nicht mehr einheitlich gewogen. Doch auf das nächste Werk schienen Kritiker und Publikum nur gewartet zu haben. Denn »Psycho« gelangte 1999 von Platz 0 auf 11 der Media-Control-Charts. Es gab wieder Auszeichnungen als »Album des Monats« und Kommentare wie: »Die deutsche Musiklandschaft wäre ohne diese Band arm dran« (Feedback – 10 P.) oder »ihre Melange aus Rock, Chanson und Popmusik klingt besser als je zuvor« (Saturn). Zu verdanken war dies der Rückbesinnung auf frühere Zeiten. Diese CD erinnerte wieder an Alben wie »Try To Be Mensch«, nur daß die poetischen Texte bis auf zwei Ausnahmen in deutscher Sprache gesungen wurden. Eine Tour durch ausverkaufte Hallen folgte im Mai 99. Davon war nicht jeder begeistert. Carl-Ludwig Reichert von der AZ München meinte gar: »Sehr zu Recht freundlicher Beifall für die gut eingestellte Vorgruppe (→ Fink), die sich artig aus der Element of Crime-Tour verabschiedete und die man sich, je länger die Headliner zugange waren, immer hef-

Elf

bis heute nicht während einer Alkoholkontrolle gesungen werden. Bis 1984 beunruhigte Slime die deutsche Öffentlichkeit mit provokanten politischen Texten. 1985 nahm Elf mit der Gruppe Target das Album »Massenhysterie« auf, bevor er 1988 »Destination Zero« formierte. Mit englischen Texten wurden dann bis 1990 drei CDs veröffentlicht. Der harte Arbeiter bediente nach seinem Einstieg bei Abwärts, mit denen es steil bergauf ging, die Gitarre und war außerdem bei der Reunion von Slime dabei. Das führte dazu, daß mit Elf 1990 sowohl die Destination Zero CD »Mr. Evil«, die Abwärts CD »Ich seh' die Schiffe den Fluß herunter fahren« und mit Slime die CD »Die Letzte« erschien. Bis 1995 war er weiter mit Slime und Abwärts unterwegs. 1997 gründete Elf mit drei Mitstreitern »Elf«. Das erste Album hielt noch die Tradition von Slime hoch. Auf »German Angst« gab es ein Cover des Rio-Reiser-Hits »Alles Lüge«. Daneben spielte er mit Musikern von Slime, Abstürzende Brieftauben, Mimmies und Abwärts unter dem Namen C.I.A. Mitte 1998 arbeitete die Gruppe Elf an der CD »Alkohol und alte Scheine«. Ab 1999 konnte man dieses Werk kaufen, wobei die Musiker diesmal neue Wege gingen. Alternativ-Rock, Rockabilly und Drum'n'Bass-Anklänge flossen ein. Textlich wollten sie weg von der politischen Bevormundung: »Ich finde, man muß den Leuten eine Chance geben, einen Text für sich selbst entdecken zu können, ohne deshalb gleich einer Gruppe zugehörig zu sein. Mir geht es selbst so, daß Stücke, die ich früher gehört habe, mich eher frustrieren.« Doch tatsächlich hatte sich weniger verändert, als sie selbst dachten. Ein Text wie: »Dich braucht wirklich keiner, deine Mama nicht und keine Sau fragt sich, wo du gestern Nacht gewesen bist« (»Weißer Müll«) hätte auch zu Slime gepaßt. Auch das »Spielerfrauenlied«: »Ins Spielercamp kommen sie nicht rein, auch auf dem Rasen dürfen sie nicht sein, selbst die Liebe machen sie allein« setzte die

tiger zurückwünschte.« Dagegen schrieb Frank Pörschke zum Auftritt in Dortmund: »Der sonst als schweigsam bekannte Sänger, Gitarrist und Trompeter ist heute erstaunlich redselig. Und das Publikum richtet keine Nummer durch Mitklatschversuche zugrunde. Ein wunderbarer Abend – mehr davon.«

Discogr.: Basically Sad (1986, Polydor), Try To Be Mensch (1987, Polydor), Freedom, Love and Happiness (1988, Polydor), The Ballad Of Jimmy & Johnny (1989, Polydor), Crime Pays (Live – 1990, Polydor), Damals hinterm Mond (1991, Polydor), Weißes Papier (1993, Polydor), An einem Sonntag im April (1994, Motor), Die schönen Rosen (1996, Motor), Psycho (1999, Motor). Kontakt: Element of Crime c/o Motor Music, Postfach 105160, 20035 Hamburg. Internet: www.motor.de • www.element-of-crime.de

ELF

Michael »Elf« Mayer (g/voc), Andi Hübner (dr/perc/voc), Ma Teng (g/voc), Ruben Tartossian (b/voc)

Herr Mayer wollte eine Band nach sich benennen. Da er aber nicht mit Mayer's Dampfkapelle verwechselt werden wollte, taufte er seine Gruppe nach seinem Spitznamen »Elf«. Elf ist Geschichte, Gegenwart und Zukunft. Ohne Elf wäre die Punkszene ein Stückchen ärmer. Schon 1978 war er mit seiner Band Slime in der Szene vertreten. Die Untergrundhymne »Wir wollen keine Bullenschweine« entwickelte sich zum Geheimtip, sollte aber

Punktradition fort. Von der Presse wurde die neue Vielseitigkeit zwiespältig aufgenommen und nur die Punkkracher im alten Stil fanden ein positives Echo. Revoluzzer sollen anscheinend Revoluzzer bleiben, auch wenn sie alte Revoluzzer werden. Aber zumindest live beweisen diese alten Revoluzzer immer noch, daß der Punk abgeht.«

Discogr.: German Angst (1997, Noise Records/SPV), Alkohol und alte Scheine (1999, Noise Records/SPV). E-Mail: Info@modern-music.de • Internet: www.noiserecord.com

EMOTIONAL OUTBURST

Das 1991 gegründete Duo, bestehend aus Dorina Gumm und Dirk Rieger, glänzte bereits bei Auftritten im Vorprogramm von Lacrimosa, Goethes Erben und S.P.O.C.K., bevor es nach drei Tapes die erste CD »If The Firmament Tremples« veröffentlichte. Zu ihrem düsteren, elektronisch erzeugten Gothic-Sound gesellten sich schrammelnde und rockige Gitarren, psychedelische Klänge und vorsichtiger Industrial. Ihre Experimentierfreudigkeit hob sie aus dem Durchschnitt der schwarzen Szene heraus.

Discogr.: If The Firmament Tremples (Glasnost Music). Kontakt: Glasnost Music, Glockengießerwall 17, 20095 Hamburg

ENGERLING

Bei Engerling handelt es sich um eine Band aus dem Berliner Osten, die bereits seit 1975 besteht, sich mit ihrer Vielseitigkeit und ihrem Engagement eine treue Fangemeinde schuf, bei der aber der große bundesweite Durchbruch bisher ausblieb. Zwar hatten sie sowohl 1992 von SPV einen Vertrag erhalten und brachten die CD »Egoland« heraus, waren danach auf dem Sampler »Gewalt ohne mich« mit dem Titel »Legoland« vertreten und kamen danach sogar beim Major Hansa/BMG unter, bei denen sie die Alben »Blues/Tagtraum« (1995) und »So oder so« (1997) veröffentlichten, trotzdem blieben sie überwiegend eine Angelegenheit Berlins und der neuen Bundesländer. Dabei hätten ihre Beschreibungen des authentischen Lebensgefühls der kleinen Leute und der Veränderungen, die die Wende mit sich brachte, mehr Aufmerksamkeit verdient. Die 97er Scheibe »Komm vor«, herausgegeben vom Buschfunk-Verlag, beinhaltete wieder ehrliche Texte zum vom Blues beeinflußten Deutschrock. Auf »Engerling spielt Stones Songs« stellten sie 1998 eigenständige Interpretationen bekannter und weniger populärer Kompositionen der Rolling Stones vor, die dann in den Jazzabteilungen der Plattenläden zu finden waren.

Discogr.: (Auswahl): Egoland (1992, SPV), Blues/Tagtraum (1995, BMG), So oder so (1997, BMG), Komm vor (1997, Buschfunk), Engerling spielt Stones Songs (1998, Buschfunk). Kontakt: BuschFunk, Rodenbergstr. 8, 10439 Berlin, F: 030-4447289

ERDMÖBEL

Markus Berges (voc/g/tp/computer), Ekki Maas (g/voc/computer/tb/harm), Christian Wübben (dr/voc), Maf Retter (b)

Ihre eigene Art von Humor findet sich schon im Bandnamen. Erdmöbel benannte sich nach der in der DDR üblichen Bezeichnung für Särge. 1996 war ihr Jahr und sie beschlossen das »Ende der Diät«. Gemeint war damit die musikalische Schmalkost, welche landesweit im Radio zu hören war. Sie wollten es besser machen und sie machten es besser. Poetische Texte aus dem Leben und Geschichten zur Nacht, verpackt in kleine Klanggemälde, bestimmten den Stil des Albums. Diese Texte und die Musik wurden von Markus Berges geschrieben. Das Musikmagazin Intro wählte die CD zum »Album des Monats« und Zillo sah darin »Musik für die Jahrtausendwende«. Die Band freute sich über die guten Kritiken, war aber von den vielen Vergleichen mit der Hamburger Schule nicht sonderlich angetan. Die Live-Präsentation erfolgte in allen großen Städten der alten Bundesländer. Das Jahr 1997 war bestimmt von der Arbeit für das neue Album und durch zahlreiche Konzerte, wie auf der Popkomm oder dem Bizarre Festival. 1998 zog Erdmöbel nach Köln um und Ekki Maas richtete ein eigenes Tonstudio ein. Auf der NRW-Compilation veröffentlichten sie noch drei Songs. Es wurde auch weiter am zweiten Album gearbeitet, das 1999 unter dem Titel »Erste Worte nach Bad mit Delfinen« erschien. Es fand viel Echo in der Presse, wobei Audio sie als »Hoffnungsträger der deutschen Pop-Musik« sah und der Rolling Stone als »einen deutlichen Hoffnungsschimmer«. Und G. Gü. schrieb: »Auch musikalisch wahren Berges und seine Freunde die Balance zwischen Verschrobenheit und Leichtsinn, übermütigem Einfallsreichtum (Einsatz von Diktiergeräten, Flöten, Posaunen, Schlittenglocken und Essengongs, Glenn-Miller-Stretching, Tremolo-Geigen-Samples und Sitargitarren) und schlichtem Songformat. Unter Maas' wohldosierter Obhut entstanden zwölf willensstarke Tracks, denen man bis in die Wipfel nachsteigen sollte«. Fünf Sterne gab es in ME/Sounds und die Bezeichnung »Sternstunde der deutschsprachigen Popmusik« im Aktiv. Mit soviel Lob konnte die Gruppe selbstbewußt auf Tournee gehen. Ihre Erzählungen paßten zum Bardentreffen 1999 in Nürnberg, zur Popkomm in Köln und in die Clubs bei der Tournee im Herbst. Im März 2000 erschien das dritte Album unter dem Titel »Erdmöbel versus Ekimas«, wozu es als erste Hörprobe die MCD »Dreierbahn« gab.

Discogr.: Das Ende der Diät (1996, NRW), Erste Worte nach Bad mit Delfinen (1999, NRW), Dreierbahn (2000, NRW/Sony), Erdmöbel versus Ekimas (2000, NRW/Sony). Kontakt: NRW Records, Dorstener Str. 468, 44653 Herne, F: 02325-797872. E-Mail: info@nrwrecords.de • Internet: www.erdmoebel.de

ERRORHEAD

Der in Prag geborene und zwischen Frankfurt/M. und Hamburg pendelnde Gitarrist Markus Deml nennt sein eigenes Projekt Errorhead. Nachdem er nach achtjährigem Aufenthalt aus Los Angeles zurückgekommen war und nach Aufnahmen und Touren für und mit Saga, Kingdom Come, dem Rödelheim Hartreim Projekt, Nena, Snap, Earth Nation und Bobby Kimball fand er es an der Zeit, seine eigenen musikalischen Vorstellungen zu verwirklichen. Der Gitarrenheld mochte die Elektronik von Kraftwerk, die Härte von Prodigy und die Virtuosität eines Nigel Kennedy. Mit Errorhead erfüllte er sich seinen Traum von gitarrengeprägter elektronischer Musik, wobei er Rockmusik mit Hooks, Dance- und HipHop-Grooves vereinigte. Bei den Aufnahmen halfen ihm sein alter Schulfreund Jeremy Sash in der Rolle des Co-Produzenten sowie der Schlagzeuger Alexander Schulte (Earth Nation) und der Bassist Oli P. Ungewöhnlich war, daß diese beiden Musiker bei den Aufnahmen für das Album Drum und Bass live einspielten. Nach zwei Jahren Arbeit hatten sie das Album endlich fertiggestellt. Sie brachten damit sowohl die für Rockmusik als auch die für elektronische Musik zuständige Presse hinter sich. Der Hammer schrieb im Oktober 98: »Ein Instrumental-Album für alle, denen Prodigy zu punkig, die Chemical Brothers zu intellektuell und Kraftwerk zu antiquiert sind.« Im Piep konnte man lesen: »Elektrische Klänge mit viel Abwechslung im Rhythmus und Groove stehen im Vordergrund dieses gelungenen Erstlingswerks.« Für die anschließende Tournee holte sich Errorhead die Musiker Raoul Walton und Jam zur Verstärkung. Während der Popkomm in Köln mieteten sie einen LKW und spielten vor verschiedenen Locations. Dann sollten sie noch das Vorprogramm für Jeff Beck bestreiten. Dieser lehnte jedoch mit der Begründung ab, daß die Gruppe zu gut wäre. Dafür nahmen sie die → Inchtabokatables im Dezember 98 und Januar 99 mit. Im Herbst 99 begannen sie mit den Arbeiten zu ihrem Zweitwerk.

Discogr.: Errorhead (1998, Alex Merck Music GmbH/BMG Aris). Kontakt: Alex Merck Music GmbH, Trajanstr. 18, 30678 Köln, F:

0221-9319507. E-Mail: *reaortmann@compuserve.com* • *Internet: www.errorhead. com/ www.move. de/amm*

ESTAMPIE

Sigrid Hausen (voc/fl), Cornelia Melián (voc) Michael Popp (Du/Tar/harp/ Fiedel/fl/Tanbur), Ernst Schwindl (Drehleier/Portativ/Organistrum), Sascha Gotowtschikow (perc), Raimund Ritz (electronics), Cas Gevers (tb/Zugtrompete), Wolfram Winkel (perc) – je nach Programm in unterschiedlicher Besetzung und mit Hinzunahme diverser Gastmusiker

Estampie = Crossover – allerdings Crossover aus Klassik, klassischem Chor, Mittelalter, modernen Elementen, Tanz, Theater und bildender Kunst. Die Anfänge gehen bis in das Jahr 1985 zurück, wo Michael Popp, Sigrid Hausen und Ernst Schwindl, ehemalige Musikstudenten des Salzburger Mozarteums, als Münchner Ensemble für frühe Musik begannen. 1987 gewannen sie, inzwischen als Estampie, den Wettbewerb für alte Musik in Amersfoort (Niederlande) und traten beim Flandern-Festival in Belgien auf. 1988 waren sie im Spiegelsaal des Concertgebouw in Amsterdam zu Gast, wobei der Auftritt im holländischen Rundfunk live übertragen wurde. 1989 konnte man Estampie erstmals auf CD hören, mit Liedern der Frauen-Minne im Mittelalter. Die Nachfolge-CD »Ave Maris stella« von 1990 befaßte sich mit der abendländischen Marienverehrung im Mittelalter. Estampie übernahmen die musikalische Gestaltung des offiziellen Empfangs beim Besuch der holländischen Königin Beatrix in München. Sie gaben Konzerte und befaßten sich zunehmend mehr mit Theatermusik, wobei die 1991er Produktion »Ordo virtutum« unter Mitwirkung von 60 Tänzern, Schauspielern, Chor- und Orchestermusikern verwirklicht wurde. Allmählich folgte auch die Zuwendung zu modernen Einflüssen. 1993 nahmen sie bei den Burgfestspielen in Visegrad, Ungarn teil. 1994 befaßte sich die CD »Ludus Danielis« mit dem biblischen Propheten Daniel am babylonischen Hof und wurde als mittelalterliches Mysterienspiel mit dem »Theater der Klänge« in Düsseldorf und im Münchener Prinzregententheater auf die Bühne gebracht. 1995 spielte das Prinzregententheater das von Estampie komponierte Theaterstück »Krabat« über 40mal. 1996 produzierte das Ensemble die CD »Crusaders – in nomine domini«, auf der mittelalterliche Kreuzzugslyrik mit popmusikalischen Elementen kombiniert wurden. Das Theaterstück »Animal Farm«, eine Eigenkomposition von Estampie, gelangt wieder am Prinzregententheater zur Aufführung. Der Höhepunkt des Jahres war ein Auftritt zu den Feiern der europäischen Kulturhauptstadt in Thessaloniki in Griechenland. Die Premiere von »Materia mystica« erfolgte im März 1998 in der Münchner Muffathalle zum 900. Geburtstag von Hildegard von Bingen. Basierend auf ihren Originalvorlagen komponierte Estampie dazu zeitgenössische Musik. Die Brandenburger Musiktage wurden im August 98 mit einer Zweitinszenierung der »Materia mystica« eröffnet. Im Dezember 98 beendeten sie das Konzertjahr

Estampie

mit einem Auftritt in der »Alten Oper« Frankfurt/M. Ein Konzert der Gruppe in Weil am Rhein wurde vom SWF aufgezeichnet und am 20.6.99 in der Sendung »Festival der Spielleute« übertragen. »Rosas«, ein Programm, das sich mit der geistlichen Musik des Mittelalters befaßt, ging in kleiner Besetzung über die Bühne und auf die ursprünglich historische klassische Mittelaltermusik zurück. Das mittelalterliche Mysterienspiel »Ludus Danielis« wurde als Figurentheater in Szene gesetzt. Im Februar 2000 wurde in der Münchner Reithalle das Projekt »Zeitenwende« uraufgeführt. Hierbei widmete sich Estampie den thematischen Zeitenwenden der mittelalterlichen Menschen in den Jahren 999/1000 und brachte dies musikalisch mit der aktuellen Zeitenwende in Verbindung. Im Frühjahr 2000 erschien ihr Album »Ondas«.

Discogr.: A chantar (1989, Christophorus), Ave Maris Stella (1990, Christopherus), Ludus Danielis (1994, Christopherus), Crusaders – in nomine domini (1996, Christopherus/Chrome Records), Materia Mystica (1998, Christopherus/Chrome Records), Ondas (2000, Christopherus). Kontakt: Cornelia Bruckbauer, Lochhamer Str. 79, 82166 Gräfelfing. E-Mail: ManastirBarove@compuserve.com • Internet: www.chrom.de

EVENT HORIZON
Niko (Dr) 13 (G) Sascha (V/G)
Sir William (B)

Die Grenze eines schwarzen Loches im All heißt Ereignishorizont oder in Englisch Event Horizon. Innerhalb eines Radius von drei Kilometer um das schwarze Loch kann sich nichts der Anziehungskraft entziehen. Ebenfalls schwer entziehen, wenn auch noch nicht in einem Radius von 3 Kilometer, kann man sich der Anziehungskraft der Münchner Gruppe Event Horizon um dem charismatischen Sänger Sascha , deren Weg seit 1995 langsam aber ständig nach oben führt. Zwischen 1995 und 1999 machten sie sich mit ihrem modernen alternativen und harten Rock zuerst in und um München einen Namen. Dazwischen hatten sie ihre erste Demo-CD aufgenommen, die sie hauptsächlich nach ihren Konzerten verkauften und bei der es sich lt. Meinung der Metal-Zeitschrift Hammer um »ein atemberaubendes Machwerk« handelte, »nach dem sich die Plattenfirmen die Finger abschlecken müßten«. 1999 nahmen sie zuerst am Bandwettbewerb vom Feierwerk München teil und konnten als Sieger zwei Titel auf dem Rockfeierwerk-Sampler 1999 unterbringen, der im März 2000 veröffentlicht wurde. Danach gewannen Event Horizon vor 1.700 Zuschauern im Münchner Colosseum den Emergenza-Newcomerbandfinale 1999 und qualifizierten sich damit für das europäische Finale in Hamburg, wo sie den 2. Platz belegten. Auf der vollkommen überfüllten Sylvestermeile zum Jahrtausendwechsel stufte sie die Abendzeitung München als das Hightlight der Veranstaltung ein. Für das Jahr 2000 wurde Event Horizon für zahlreiche Gigs im In- und Ausland gebucht.

CD: Demo (1998) Eigenvertrieb, Rockfeierwerk 1999 – die Sieger – 2.Titel (2000) Feierwerk Räkords. Kontakt: U.N. Ringer, Lachnerstr. 9, 80639 München T: 089-13999550. E-Mail: event666@hotmail.com

EVER EVE
Die als Doom-Band gestartete Band Ever Eve debütierte 1997 mit dem Gothic/Metal-Album »Seasons«. Mit der nächsten Veröffentlichung »Seasons« ging die Einbeziehung klassischer Elemente mit opulenten Keyboardklängen in die melancholische Grundstimmung einher. Thematisch behandelten sie den Todestrieb auf philosophischer Ebene. Beim Song »On Lucid Wings« wirkte der Sänger Yorck Eysel von Love Like Blood mit. Ihr eigener Sänger Tom Sedotschenko akzeptierte den neuen musiklischen Kurs nicht. Er verließ die Band. Als Ersatz trat mit Ben Richter ein klassisch ausgebildeter Vokalist ein. Mit ihm brachten sie das Album »Regret« heraus, das nach ihrer Aussage Decadance-Floor enthielt, was

ihre Bezeichnung für energetischen, kraftvollen Gothic-Rock mit Elektronik- und Industrial-Elementen und Drum-Loops ist. Diesmal hielten sich die Texte im persönlichen Lebensbereich auf. Mit »The House Of The Rising Sun« legten sie eine Neubearbeitung des alten Animals-Klassikers vor.

Discogr.: Seasons (1997, Nuclear Blast/East-West), Stormbirds (1998, Nuclear Blast/East-West), Regrets (1999, Nuclear Blast/EastWest). Kontakt: Michael Zeissl, Schwarzwaldstr. 7e, 79642 Schopfheim, T: 07622-9617

EVERLASTING

Everlasting aus Halle gewannen 1997 unter mehr als 700 Bewerbern den f6 Music Award für Bands der neuen Bundesländer. Dies verschaffte ihnen einen Plattenvertrag bei Amiga/BMG. Der frühere Nena-Keyboarder Uwe Fahrenkrog-Petersen und Frank Busch nahmen sich der Band an und produzierten mit ihnen die Single »Believe«. Im Oktober 98 folgte das Album »Neverland« mit einer Sammlung handgemachter Popsongs britischer Färbung aus Britpop, Dance-Grooves und Synthie Pop. Die Single »After The Rain« stellten sie in der »Jose Carrera Gala« in der ARD vor.

Discogr.: Neverland (1998)

EXPERIENCE, THE

Roman Biewer (g/voc), Sascha Wilmes (g), Christian Jost (keyb), Tom Diener (dr), Joe Reitz (b), Renate Iffland (fl)

Das Sextett aus dem Saarland mixt einen musikalischen Cocktail aus Melodie, Kraft, Progrock und Gothic, wobei für Kompositionen und Texte die musikalischen Köpfe Roman Biewer und Sascha Wilmes verantwortlich sind. Das Flötenspiel von Renate Iffland erinnert an Altmeister Ian Anderson von Jethro Tull, nur daß sie auf der Bühne viel attraktiver ist. Die 1994 gegründete Band, die ihren Stil als Avantgarde-Power-Pop bezeichnet, ließ sich bis 1997 Zeit, um ihr erstes Album abzuliefern. Aber als »Realusion« auf den Markt kam, erklärte man sie zu einem der Geheimtips des Jahres 1997. Stefan Glas vergab im Rock Hard 9 der 10 Punkte und entdeckte die »genialste, denkbare Mischung aus Melodie, Power, Prog, Goth und Emotion«. Anschließend gaben sie Konzerte im Vorprogramm u.a. von Bolt Thrower, Subway to Sally, Iced Earth und Nevermorer. Sie füllten als Headliner zweimal die Saarbrücker »Garage« und belegten beim Evil-Message-Underground Contest unter 100 Einsendern den zweiten Platz. Zwei Jahre später veröffentlichten sie »Maybe You'll Get The Insight«, in dem sich die Gruppe ausgefeilter und gereifter als beim Erstling präsentierte. Im Titelsong, der die letzten sechs der zwölf Lieder umfaßte, erzählten sie die Geschichte eines Selbstmörders, der nach einem unerfüllten Leben im Jenseits die Erlösung findet. Da er aber zu früh gestorben war, wurde er auf die Erde zurückgeschickt, um seine Lebensaufgaben zu erfüllen. In diese Story flossen Aspekte der buddhistischen Weltanschauung ebenso ein wie die persönliche Einstellung des Texters zum Leben. Matthias Mineur vom Hammer lobte zwar das Werk insgesamt, meinte allerdings, daß durch die vielen unterschiedlichen Genres die innere Logik des Albums verloren ging. Dagegen vergab Feedback mit 10 Punkten die absolute Höchstwertung, und das auch noch in »demütiger Unterwerfung«.

Discogr.: Mental Solitude (1995, MC – Eigenvertrieb), Realusion (1997, Eigenvertrieb), Maybe You'll Get The Insight (1999, AFM/Connected). Kontakt: The Experience c/o RI-Production, z.H. Christian Jost, Ringstr. 4, 66701 Beckingen, F: 06831-77043. E-Mail: rottenilits16@hotmail.com • Internet: www.afm-records.de

F

FABULÖSEN THEKENSCHLAMPEN, DIE
Claudia »Baby« Bell (voc/Kazoo), Magic Maggie Ooster (voc/Luftgitarre), Mirja »Möhre« Boes (voc/Luftgitarre), »Muskel« Mike Roetgens (g/voc), Uli »Bergo« Bergmann (b/voc), Willi Kurzweil (keyb/voc), Roger Slimm (Drum-Computer)

Es könnte sein, daß es die Spice Girls nicht gäbe, wären deren Macher nicht in Köln gewesen, hätten sich nicht einen Auftritt der Fabulösen Thekenschlampen angesehen und deren Konzept gleich übertragen. Denn alles, was den Spice Girls zu Weltruhm verholfen hat, haben die Thekenschlampen schon vorgelebt. Sie verkörpern weibliches Selbstbewußtsein, lassen sich nicht unterkriegen, verkünden Mädchenpower und ihr Motto lautet: Spaß für alle und Bier für umsonst. Am Ende eines Kneipenabends, der Wirt wollte die letzten Gäste loswerden und legte zum Rauswurf den Titel »Everybody Everybody« auf, fingen die drei Freundinnen plötzlich lautstark an zu dröhnen: »jeder Körper jeder Körper«. Andere Gäste stimmten ein und bald sang die ganze Kneipe mit. Zwei zufällig anwesende Freunde überredeten die Mädchen, eine Band zu gründen. Den Namen hatten sie einem Wirt zu verdanken, der Maggie bei einem Disput als »Thekenschlampe« beschimpft hatte. Getreu dem Punk-Motto »man muß es nicht können, man muß es nur tun« übten sie in Eigenregie eine wüste Choreographie ein, nahmen bekannte Songs als Vorlage, übersetzten sie möglichst originalgetreu, so unsinnig die Texte auch sein mochten und schmetterten sie dem Publikum entgegen. Mit diesem Konzept entstiegen sie der Kölner Poplandschaft wie Phönix aus dem Alkohol. Dem ersten Auftritt bei einer privaten Party folgten viele Angebote. Es hatte sich herumgesprochen, daß ein Abend mit den Thekenschlampen einen hohen Spaßfaktor bot. Es war völlig unwichtig, daß die Damen falsch sangen und sich in Texten und Kabeln verhedderten, sie konnten über sich selbst lachen und verkörperten Energie, Freude, Frechheit und Selbstbewußtsein. Es konnte schon passieren, daß ein »Ausziehen«-Rufer auf die Bühne geholt und von den Mädchen entkleidet wurde oder sie zu dem Titel »Sonntag, blutiger Sonntag« (U2) riesige Tampons schwangen. Der deutschen Superband »Modernes Sprechen« huldigten sie mit ihrer Übersetzung »Kirsche Kirsche Mädchen« (Cherry Cherry Lady). Obwohl als Spaßband gehandelt, trug ihre eigene Art, mit allen Widrigkeiten fertig zu werden, ihnen Respekt ein. Kam im Jahr 1993 die CD »Wir schlampen rum« noch auf dem kleinen Label Garbitowski auf den Markt, gab es die zweite CD »Learning Karneval – Lesson 1« 1994 bereits bei Chlodwig Musik. Inzwischen waren sie schon weit über den Kölner Raum und über das Ruhrgebiet hinaus bekannt. Die CD »Titten Theken Temperamente« vertrieb 1995 BMG

Die Fabulösen Thekenschlampen

Ariola im ganzen deutschsprachigen Raum. ME/Sounds vergab 4 Sterne: »Wer Blasphemie wittert, liegt goldrichtig. Daß die Texte zwischen grenzdebil und völlig bescheuert pendeln, paßt gut ins Bild (wohlgemerkt: wörtliche Übersetzung der Original-Vorlagen). Der exzessiven Partystimmung, die das Album verbreitet, tut dies keinen Abbruch.« Anderswo hieß es: »Schlampige Musik, schlampige Texte, schlampige Produktion – dieses Album ragt unter der Menge der Neuveröffentlichungen weit heraus. Denn es ist Kult.« In einer Live-Kritik konnte man lesen: »Sie besitzen die Bodenlosigkeit, das zu tun, was sie am schlechtesten können – sie singen. Schlampenmusik ist die Antwort auf Garage und Kofferverstärker. Schlampenfans hören nicht zu, sie singen mit, inbrünstig, genauso falsch wie ihre Idole, schwitzen, tanzen und liegen ihnen zu Füßen.« 1997 wurde das kulturelle Erbe Deutschlands um die CD »Greatest Tits« bereichert. Diesmal gab es nur ein Cover, ansonsten standen eigene Songs im Vordergrund, denn nach Aussage der Gruppe »bringt es keiner so gut wie wir selbst auf den G-Punkt«. Sie wußten vor den Ärzten »Männer sind Schweine«, »schlecht im Bett« und »ich will dein Geld, nehm auch ›nen Scheck, ist er gedeckt, bist du perfekt«. Nur ein Fußballer fand Gnade: »Toni, laß es polstern« gemeinsam mit dem Idol aufgenommen, entwickelte sich zum Radiorenner und Nr. 12-Hit in Österreich. Es gab Sondersendungen im Radio und TV und Auftritte führten sie durch Deutschland, Österreich und die Schweiz. Auf der Bühne feierten sie mit ihrem unbeschwerten Dilettantismus Erfolge und führten ihr Cover-Konzept fort, wenn sie in knappen sexy Putzkitteln als »Barbie Perle« über die Bühne staksten. Rechtzeitig zum Weltwirtschaftsgipfel hatten sie zu Ehren Bill Clintons auch einen englischen Titel im Programm. Aus »Mir lasse de Dom in Kölle« wurde »We're Leaving The Dome In Cologne«. 1999 gab es zusammen mit Dirk Bach den Sommerhit »Es regnet Jungs« (It's Raining Man) als Vorbote des neuen Live-Albums.

Discogr.: Wir schlampen rum (1993, Garbitowski), Learning Karneval – Lesson 1 (1994, Chlodwig), Titten Theken Temperamente (1995, Chlodwig), Greatest Tits(1997, Chlodwig), Es regnet Jungs – mit Dirk Bach (1999, Chlodwig), Bei lebendigem Leibe...live (2000, Clodwig). Kontakt: Anke Köwenig, T: 0221-3318811, F: 0221-3319111. Internet: www.koelner.de • www.koelner.de/theken/toast.htm

FACTORY OF ART

Jens »Petri« Schmikale (voc), Heiko »Flecke« Flechsig (g), »Joe F« Heiko Winter (g), Ekkehard »Ekky« Meister (keyb), Ronald »Ron« Losch (b), Ralph »Ralle« Marcel Dietrich (dr) Aus dem Info ist das Alter der Gruppenmitglieder nicht erkennbar, dafür gibt jeder seinen letzten Willen an und mit Ausnahme von Flecke machen sich alle Gedanken zu ihrer Beerdigung. Dabei handelt es sich hier um keinen Gothic-Act, sondern um Prog-Metal. 1990 beschlossen Flecke und Ron, aus einem Projekt eine Band zu formen, die musikalischen Anspruch mit Rock verband und instrumentalen Artrock anbot. Bald schon merkte die Band, daß sie auf der Stelle trat und verstärkte sich mit einem Sänger und Keyboarder. Im Januar 92 nahmen sie ihr erstes Demo-Tape auf – »...No Better World«. Sie spielten unplugged bei DT 64 und bei Elf 99 ein TV-Special. Im Herbst/Winter 92 hatten sie Gelegenheit, im Vorprogramm von → Grave Digger durch die neuen Bundesländer zu touren. Dadurch stieg binnen kurzer Zeit ihr Bekanntheitsgrad. In München nahmen sie die Demo-CD »...No Better World« auf, wobei nur »Wings Of Destiny« auf dem Vorjahres-Tape gleichen Namens zu finden war. 1993 belegten sie in der Endrunde des Deutschen Rockpreises Platz 6 und veröffentlichen das »Roadrunner Session Tape«, produziert von Alex Krull (Atrocity). Ein Jahr später belegten sie in der Endrunde des Süddeutschen Rockpreises den vierten Rang und gaben Konzerte mit Blind Guardian, Skyclad, Yngwie J. Malmsteen, Treshold sowie 1995 mit Gamma Ray, Morgana Lefay u.a. Zur Spielfreudigkeit meinte die Leipziger Presse: »Factory of Art fungierten wieder als Vorband und das erneut in souveräner Weise. Wenn die so weitermachen, gibt es in ganz Germanien bald keine Band mehr, mit der die Sachsen NICHT gespielt haben.« 1996 tourten sie mit Scared Reich & Screw durch Europa und hatten ihr Album »Grasp« dabei. Hierzu rezensierte die Rockzeitschrift Breakdown: »Die Band versteht es hervorragend, progressiven Metal mit traditionellem zu verknüpfen. Einen tollen Sound gibt es gratis dazu, so daß ein beachtliches Gesamtergebnis entsteht.« Die nächste Veröffentlichung stand 1997 unter dem Titel »Point Of No Return«. Gemeinsame Konzerte mit Iced Earth, Nevermore, Crematory und Uriah Heep waren auf ihrem Plan. Doch im Bandgefüge hatte es zu kriseln begonnen. Drei Bandmitglieder stiegen aus. Der Abgang des Managers folgte. Doch Joe, Flecke und Ron gaben nicht auf. Mit Sänger Petri, Drummer Ralle und Keyboarder Ekky stiegen sie erneut in den Rockring. Sie machten die Promo-CD »Story Of Pain«, die eine Neuauflage ihres Klassikers »Twilight Zone« enthielt. Und natürlich waren sie wieder auf Tour – diesmal mit Grave Digger, Richthofen und Monkey Cab. Im Dezember 99 übernahm die Zeitschrift Rock Hard den Titel »Story Of Pain« auf der der Zeitschrift beigefügten CD aus der Reihe »Unerhört«.

Discogr.: ... No Better World (1991, MC – Eigenvertrieb), ...No Better World (1992, MCD – Eigenvertrieb), Roadrunner Session Tape (1993, MC – Eigenvertrieb), Grasp!!! (1996, AFM Records), Point Of No Return (1997, MCD – AFM Records), Story Of Pain (1998, MCD – Eigenvertrieb). Kontakt: Factory of Art, Ronald Losch, Mühlberg 4c, 04435 Schkeuditz, T: 0172-9387579. E-Mail: factory of Art@gmx.de • Internet: www.factoryofart.de

FAIR WARNING
Tommy Heart (ld-voc), Ule Ritgen (b), Andy Malacek (g), Helge Engelke (g)

Wir erzählen die Geschichte vom Propheten im eigenen Land oder die kongeniale von Fair Warning. Seit dem Debüt-Album sind sie Stars in Japan, während sie in Deutschland nicht annähernd erfolgreich waren. Aber hier ist nicht der Markt für melodische Rocker. Hervorgegangen sind sie 1989 aus den Resten der Rockband Zeno, die schon Tourneen durch das britische Königreich und die USA hinter sich hatten. 1990 verschickten sie ihre Demos, worauf sie von sieben Plattenfirmen Angebote bekamen. Unter der Regie von Produzent Rafe McKenna (Foreigner, Bad Company) gebaren sie ein melodisches Hardrockwerk amerikanischer Prägung. Freundliche Besprechungen in Deutschland standen gewaltigen Erfolgen in Japan gegenüber. Im Hardrockmagazin »Burrn« wurden sie 1993 zum Newcomer des Jahres gewählt. Ihre ausverkauften Konzerte in Tokyo hielten sie auf CD und Video fest. Auch das europäische Ausland registrierte die Band. Den Nachfolger »Rainmaker« brachten sie 1995 unter das Volk. Wieder waren es die Japaner, die sich auf das Werk stürzten und ihnen zu Gold verhalfen. In Deutschland gab es unterschiedliche Rezensionen. Während Alex K. »... Hörgenuß ohne Grenzen für den

Factory of Art

anspruchsvollen Zuhörer« versprach, sah ME/Sounds »Eine stinknormale Hardrockplatte mit standesgemäß schwachsinnigen Texten, meist mainstreamigen, manchmal bluesigen Riffs, melodischen Gitarren-Soli, einem Rock-Shouter, der einen Hang zum Theatralischen nicht verleugnen kann und voluminösen Hintergrund-Chören. Dies alles ist natürlich millionenprozentig radiotauglich.« Trotzdem vergab er in seiner Wertung vier der sechs Sterne. Das nächste Lebenszeichen von »Fair Warning« gab es 1997 mit der Veröffentlichung von »Go«. Diesmal fanden auch die deutschen Kritiker nichts auszusetzen. Rock Hard: »...ist nicht nur ihre reifste Leistung, sondern nach Ansicht vieler Kenner auch eines der besten Melodic-Rock Alben der 90er.« MG schrieb: »Der dritte Longplayer der aus Hannover stammenden Formation trägt den Titel ›Go‹ und beinhaltet 13 Hardrocknummern, wie sie besser fast nicht sein können.« Wie schon zuvor blieb der Erfolg in Deutschland bescheiden, wogegen in Japan bereits kurz nach Erscheinen 140.000 Exemplare verkauft waren, sie wiederum Gold bekamen und bei ihrer Tour durchwegs ausverkaufte Hallen vorfanden. Als Krönung des Ganzen durften sie sich in das Goldene Buch der Stadt Hannover eintragen als Ausdruck ihrer musikalischen Botschafter-Funktion. Dagegen blieb ihnen in Deutschland das Pech treu. Wie schon 1995 konnten sie eine geplante Tournee wegen des Unfalls eines Bandmitglieds nicht durchführen. Dabei hätten sie ihre Fähigkeiten als Support der Abschiedstour von Whitesnake in ganz Europa beweisen und vielleicht deren Nachfolge antreten können. Für das 1999 eingespielte neue Album mußten Fair Warning den Namen ändern, da der ursprüngliche Titel »Mission Impossible« rechtlich geschützt war. Wahrscheinlich wird es im Jahr 2000 unter dem Titel »Four« veröffentlicht werden, und es wird wieder melodische Rockmusik enthalten, wobei es insgesamt etwas härter als der Vorgänger ausfallen wird.

Discogr.: Fair Warning (1992, WEA), In The Ghetto (1993, EP – Japan), Live In Japan (1993, Japan), Rainmaker (1995, WEA), Live At Home (1995, MCD), Go (1997, Gun Records), Four (2000, Gun Records). Kontakt: Big beat Management, Osterstr. 26, 30159 Hannover, F: 0511-323826; GUN Records, Brückstr.33, 44787 Bochum, F: 0234-68792-22. E-Mail: gunrecords@bertelsmann.de • Internet: www.bmg.de • www.gun-supersonic.de

FANTASTISCHEN VIER, DIE

DeeJot Hausmarke (voc/DJ), Thomas D. (voc), And. Y. (samples/prod.) Smudo (voc)

D.J. Hausmarke, Thomas D, Smudo und And. Y. sind inzwischen der erfolgreichste deutsche HipHop-Act aller Zeiten und überstanden in dieser Zeit alle Anfeindungen weniger freundlicher Kollegen. Nach Auftritten bei lokalen Events, in Clubs und bei privaten Festen mit englischen und deutschen Titeln entwickelten sich die Titel »Hausmeister Thomas D« und »Mikrofonprofessor« aus dem 91er Album »Jetzt geht's ab« zu ersten Szene-Hits. Nach der anschließenden Tour hatten sie schon mehr als 150 Konzerte hinter sich und dabei auch noch den Support für Run DMC bestritten. Das zweite Album »Vier gewinnt« und der Erfolg der Single »Die da«, die Platz 2 der deutschen Charts erreichte, bedeutete nicht nur den Durchbruch für das schwäbische Quartett, sondern überhaupt die

Fair Warning

Akzeptanz des deutschen Raps in kommerzieller Hinsicht, da sie mit diesem Titel breite Bevölkerungsschichten erreichten. Auf Old School bedachte Rapper, besonders Moses Pelham und das 3p Team, warfen den Fantastischen Vier den Ausverkauf des HipHop vor. Doch diese ließen sich nicht beirren. Mit dem Album »Die 4. Dimension« erzählten sie ihre Geschichten und bewiesen, daß auch deutscher Rap auf sprachlich hohem Niveau stattfinden konnte. »Zu geil für diese Welt« und »Tag am Meer« hießen die Hits aus diesem Album, wobei der letztere Titel ein bejubelter Konzerterfolg wurde. »Lauschgift« von 1995 katapultierte die Fantas, wie sie in der Umgangssprache genannt wurden, in ungeahnte Höhen. »Sie ist weg« erreichte Platz 1 der Charts, das Album Platin und die Tournee war ausverkauft. Dann gründeten sie in Stuttgart ihr eigenes Label Four Music und verschafften jungen Talenten wie Afrob, → Freundeskreis, → Mr. Gentleman, → Blumentopf und den → Lemonbabies Heimat und Erfolg. Anschließend verwirklichten Thomas D. und Hausmarke Solo-Pläne und Thomas begab sich in seinem Wohnwagen auf die Reise durch die Republik. 1999 meldeten sich Fanta 4 mit dem Album »4:99« zurück, das ME/Sounds zur Platte des Monats erklärte, die sofort Platz 1 der Charts erreichte und mit dem aus Abkürzungen bestehenden »MfG« einen Superhit aufwies. Selbstredend gingen auch die Konzertkarten wieder weg wie die sprichwörtlich »warmen Semmeln«. Ein weiterer Höhepunkt war schließlich die Verleihung des Echo-Preises im März 2000 in der Kategorie »beste deutsche Gruppe 1999«. Es lief also alles wieder fantastisch.

Discogr.: Jetzt geht's ab (1991, Sony Music), Vier gewinnt (1992, Sony Music), Die 4. Dimension (1993, Sony Music), Lauschgift (1995, Sony Music), Live & direkt (1996, DCD – Sony Music), 4.99 (1999, Sony Music); Solo – Thomas D. (1997, Sony Music), Weltweit – Hausmarke (1998, Sony Music). Video: Nur für Erwachsene. Bücher: Die Fantastischen Vier – Econ Verlag; Die letzte Besatzermusik – KiWi Kiepenheuer & Witsch Paperbacks. Kontakt: Four Music Productions, Mörikestr. 67, 70199 Stuttgart, F: 0711-96666401. E-Mail: FourMail@compuserve.com • Internet: www.fourmusic.com

Farmer Boys

FARMER BOYS

Matthias »Matze« Sayer (voc), Alex Scholp (g), Ralf Botzenhart (b), Dennis Hummel (keyb), Till (dr)

Die 1994 gegründete Landauer Band spielte schon vor der Veröffentlichung ihres ersten Albums mehr als 200 Gigs und ließ ihre Instrumente im Vorprogramm von → Schweisser, My Dying Bride und Napalm Death erklingen. Mit New Metal plus einem Schuß Pop landeten sie beim Rockwettbewerb der Rockfabrik Ludwigsburg auf dem dritten Platz. Sie erhielten einen Plattenvertrag bei Bear Music/BMG und veröffentlichten 1996 ihr erstes Album »Countrified«, auf dem sie in Liedern wie »Farm Sweet Farm«, »When A Chicken Cries For Love«, »From Pig To Man« oder »Two, Three, Farm« eine Verbindung zu ihrer ländlichen Abstammung herstellten. Danach tourten sie mit → Rammstein und → H-Blockx, traten bei vielen Festivals wie dem Blindman's Ball auf, standen auf einer Bühne mit Metallica und nahmen jeden Clubauftritt mit, den sie bekommen konnten. Ihre anhaltende Live-Präsenz und die überzeugenden Darbietungen begründeten schließlich auch die Wahl zum zweitbesten Newcomer des Jahres 96 von den Lesern des Rock Hard. »Till The Cows Come Home« nannten sie ihr zweites Werk mit modernem amerikanischen Metal und Pop der 80er, das im Vergleich zum Vorgänger härter ausfiel und straffer arrangiert war. Nach einer erfolgreichen Tour im Jahr 1998, bei der sie vielfach das Schild »Ausverkauft« an den Kassen der Clubs anbringen lassen mußten, nahmen sie mit den Toten Hosen, N.O.F.X, Rancid, Bad Religion u.a. an der Warped-Tour durch die USA teil. Dann wechselten sie die Plattenfirma und schrieben Songs für ein drittes Album, das 2000 bei Motor Music erscheinen wird.

Discogr.: Countrified (1996, Bear Music/BMG), Till The Cows Come Home (1997, Bear Music/BMG). Kontakt: Extra Tours c/o Farmer Boys, Brendlesäcker 5, 88512 Mengen, F: 07572-2959. E-Mail: Extratours-Konzertbuero@T-Online.de • Internet: www.Extratours-Konzertbuero.de

FEARNS

Hanna Fearns (voc/ac-g), Michael Reimann (el-g), Peter Vuk (b), David Bibby (mand/bjo/harm), Werner Dietrich (dr)

Die in Konstanz/Bodensee agierenden Fearns begannen 1996 als Countryband mit Covers von Hank Williams, Patsy Cline, Rosanne Cash usw., doch im Laufe der Zeit flossen immer mehr eigene Lieder in ihr Programm ein. Auf dem im September 98 aufgenommenen Mini-Album »Language Of The Moment« hatte die englische Sängerin alle fünf Titel im Stil klassischer Songwriter komponiert. In ihren Geschichten erzählte sie mit ausdrucksstarker Stimme in sparsamen Arrangements vom alltäglichen Beziehungs- und Geschlechterkampf und von Liebe, Lust und Leid. Zwar kamen durch Mandoline, Banjo und Mundharmonika noch vereinzelt Country-Elemente ins Bild, aber weitgehend klangen die Stücke sehr modern und ließen Vergleiche mit angesagten Künstlern wie Lucinda Williams und Hazeldine durchaus zu. Als Gastmusiker veredelte Christian Komorowski von → Element of Crime mit seiner Geige den Klang des Albums. Feedback meinte zu der Gruppe: »Wenn Fearns ihren eingeschlagenen musikalischen Weg konsequent weitergehen, ist der

Fearns

große Durchbruch nur noch eine Frage der Zeit, denn diese Formation ist wirklich gut – ehrlich.« Dies glaubten auch die Veranstalter, die Fearns im Herbst 99 die Möglichkeit boten, das Vorprogramm von Jethro Tull, Hazeldine, Element of Crime und Heather Myles zu bestreiten. Die Fearns legen keinen Wert auf einen Schnellschuß und wollen wirklich gutes Material abliefern, weshalb ein weiteres Album erst für Herbst 2000 geplant ist.

Discogr.: Language of the momont (1998, MCD – Extratours). Kontakt: Extratours, Brendlesäcker 5, 88512 Mengen, T: 07572-2909, F: 07572-2959. E-Mail: Extratours-Konzertbuero@t-online.de • Internet: www.Extratours-Konzertbuero.de

FERRIS MC
Ferris MC (Raps), DJ Stylewarz (DJ), Tobitop (Beats)
Ferris MC, das Reimemonster, bezeichnet sich als Satans geclonter Roboter am Mikrophon. Bekannt wurde Ferris MC als Hälfte des Bremer HipHop-Duos F.A.B. (Freaks Association Bremen). 1998 und 1999 war er als einer der meistbeschäftigten Gastrapper tätig und gelangte dabei mit Afrob und dem Titel »Reimemonster« in die Charts. Daneben gab es u.a. Gastauftritte bei → Absolute Beginner, → Fünf Sterne Deluxe, → Eins Zwo. Noch ohne Album war Ferris MC Gast auf vielen deutschen Bühnen und bekam im Sommer sogar ein Engagement auf dem berühmten Donauinselfest 99 in Wien. Für die Mongo Cligge erhielt er die Ehrenmitgliedschaft. Stylewarz alias DJ Löffinger begleitete schon die erste Viva HipHop-Sendung als DJ und gehört zur norddeutschen HipHop Old School (No Remorze, Advanced Chemistry). Unterstützung erhielten beide von Tobitob von → Fünf Sterne Deluxe. Im Oktober 99 erschien mit »Asimetrie« das lange erwartete Debüt. Damit gelangte Ferris MC in die Top 50 der Charts. ME/Sounds vergab dafür 5 Sterne und bezeichnete ihn als »einen der eigenwilligsten, besten und härtesten Rapper aus deutschen Landen«. HB urteilte:»Sein Name ist Ferris MC, und er ist der derbste. Wort drauf. Endlich internationales Format aus Hamburg. Dazu hat Ferris mit Stylewarz Deutschlands besten DJ im Rücken, zusammen burnen sie live wie Inferno. Die Stimmung auf Asimetrie ist wie die erstarkende Sonne nach einem fetten Gewitter – düster, aber Licht in Sicht. Der HipHop-Tip des Monats.«

Discogr.: Asimetrie (1999, Yo Mama's Records/Zomba), Im Zeichen des Freaks (1999, MCD – Yo Mama's Records/Zomba/ Sony), Wer hätte das gedacht (mit DA Falk, 1999, Universal). Kontakt: Yo Mama's Records, Grosse Johannisstr. 13, 20457 Hamburg, F: 040-37412828. E-Mail: jh@mutteristdiebeste.de

FETTES BROT
Schiffmeister (Rap), Doc Renz (Rap), König Boris (DJ)
Fettes Brot sind das gutgelaunte Gegenteil zu Rödelheim. Irgendwann standen

Ferris MC

sogar Überlegungen an, sich in Nettes Brot umzutaufen. Einer der Gründer der Gruppe von 1992 war das spätere Tobi & das Bo und → Fünf Sterne Deluxe-Mitglied Tobi Gubb. Die erste EP, die Schokoladenopa-Hymne »Mitschnaker« produzierten die Hamburger Szene-Helden 1994 noch selbst, aber nachdem sie für den Sender Premiere den Titelsong zu der Serie »Das wahre Leben« beigesteuert hatten, rief die Industrie. Nach den beiden Maxis »Definition von Fett« und »Männer« erschien im Vertrieb von Intercord ihr Debüt »Auf einem Auge blöd...(aber der Erfolg gibt uns recht)«, auf dem sie eine Mixtur aus Old-School-Rap, Disco-Grooves und Partysound servierten und dabei mit witzigen, aber nie blöden deutschen Texten glänzten. Mit ihrem ersten Album gelangten sie ohne viel Promotion in die oberen Ränge der Charts und auch die Cover-Single »Nordisch by Nature« zog bis Platz 17 in die deutschen Single-Charts ein, rotierte auf Viva und MTV und erreichte als erste plattdeutsche Nummer die Schweizer Charts. Obwohl sie sich meistens heiter und locker gaben, vergaßen sie politische und soziale Anliegen nicht, wie ihr Antifaschismus-Song »Schwarzbrot/Weißbrot« bewies. Anerkennung erfuhren sie nicht nur durch ihre Plattenverkäufe und durch volle Hallen bei ihren Konzerten, sondern auch durch den Gewinn des Echo-Preises. Für ihre Tournee hatten sie viel zu kleine Hallen gebucht, denn vor der ausverkauften Markthalle in Hamburg standen noch mehr als 400 Fans und auch die Kapazität der Münchner Muffathalle reichte nicht aus. 1996 erschien ihre zweite CD »Außen Top Hits – innen Geschmack« und die Single »Jein«, die sofort auf Platz 10 der Charts stürmte. Im Oktober 98 veröffentlichten die Mainstream-Minibubis oder Milchbart-Marxisten, wie sie in ihrem Info bezeichnet wurden, ihre CD »Fettes Brot lässt grüßen«, auf der sich viele Gäste versammelten. Auf »Nicolette Krebitz wartet«, ihrer speziellen Version des Bananarama-Hits »Robert De Niro's Waiting«, himmelten sie gemeinsam mit Tocotronic die attraktive Schauspielerin an und auch DJ Rabauke (→ Eins/Zwo), DJ Coolmann (→ Fünf Sterne Deluxe) und Heinz Strunck hatten bei der Erstellung des dritten Werks geholfen. Diesmal empfahl selbst das österreichische Musikmagazin X-Act (mit Schwerpunkt Rockmusik), daß dieses Album in keiner gut sortierten Sammlung fehlen sollte. Der Kontakt zum Publikum stand bei Fettes Brot an oberster Stelle. So verschickten die jungen Entertainer als besonderen Service kopierte Newsletter ihrer handgeschriebenen Anekdoten an mehr als 10.000 Fans, die sich auf der Fettes-Brot-Mailing-Liste eingetragen hatten. Die Nordlichter sorgten schon für den Fall vor, daß sie zukünftig keine Platten mehr verkaufen, und strickten einen Socken, um das Geld unter einem Kopfkissen für sich arbeiten zu lassen, hoffen aber, daß sie ihre für die 1. Jahreshälfte 2000 geplante Doppel-Best-of-CD »Fettes Brot für die Welt« gut absetzen können. Neben drei neuen Tracks und vielen unveröffentlichten Werken coverten sie darauf → Absolute Beginner (»Viele Wege führen nach Rom«), und Smudo steuerte den Titel »Traffic Jam« bei.

Discogr.: Mitschnacker (1994, EP/Mini-CD – Yo Mama's Records), Definition von Fett (1994, 12"/MCD/Video – Yo Mama's Records), Männer (1995, 12"/MCD/Video – Yo Mama's Records), Auf einem Auge blöd (1995, Yo Mama's Records), Gangsta Rap (Remix) (1995, 7" Single – Yo Mama's Records), Jein (1996, 12"/MCD/Video – Yo Mama's Records), Mal sehen (1996, 12"/MCD/Video – Yo Mama's Records), Außen Top Hits, innen Geschmack (1996, – Yo Mama's Records), Silberfische in meinem Bett (1997, 3x12"/ MCD/CD-Box/Video – Yo Mama's Records), Sekt oder Selters (1997, 12"/MCD/Video – Yo Mama's Records), Lieblingslied (1998, 12"/ MCD/Video – Yo Mama's Records), Viele Wege führen nach Rom (1998, 12"/MCD/ Video – Yo Mama's Records), Fettes Brot lässt grüßen (1998, – Yo Mama's Records), Fettes Brot für die Welt (2000,

4LP/DCD – Yo Mama's Records). Kontakt: Jens' Boutique, PF 1216, 25355 Barmstedt. E-Mail: jensboutique@t-online.de • Internet: www.fettesbrot.de • www. yomama.de

FIDDLER'S GREEN

Peter Pathos (voc), Albi (voc/g), Rainer Schulz (b), Tobias Schäfer (v), Stefan Klug (acc), Wolfram Keller (dr)

Fiddler's Green sind das beste Beispiel dafür, daß es auch heute noch möglich ist, ohne Videos und ständige Präsenz auf den Konzertbühnen sehr erfolgreich zu sein. Die seit November 1990 bestehende Gruppe holte sich gleich bei ihrem ersten Auftritt vor 500 Zuschauern beim Erlangener Nachwuchsfestival den 2. Platz. Dabei setzten sie die Tradition ihrer Vorbilder, angefangen von den Chieftains, Fairport Convention über die Levellers bis hin zu den Pogues, mit eigenen Mitteln fort. Von Beginn an faszinierten sie in ihren Konzerten die Besucher. Die erste CD »Fiddler's Green« von 1992 enthielt noch viele irische Standards in eigener schneller Interpretation. »Black She-ep« von 1993 festigte ihren Ruf als eine Partyband allererster Güte. In ihr 95er Album »King Shepherd« ließen sie in ihren Speedfolk auch Ska-Rhythmen, Reggae-Grooves und Polka-Elemente einfließen. Auf »Chain Reaction« widmeten sich Fiddler's Green erstmals einem politischen Thema. Inzwischen füllten sie im Süden der Republik alle Konzertsäle mittlerer Größe. Bei großen Festivals wie dem Nürnberger Bardentreffen, wo sie schon mehrmals gastierten, gelten sie als der ideale Anheizer. Mit der Veröffentlichung der EP »Make Up Your Mind« vollzog sich auch der Wechsel zum Major Polydor. Ihren Speedfolk bezeichneten sie inzwischen selbst als »Irish Independent Ska Folk«. 1996 erfüllten sich einige Mitglieder der Fiddler's einen Traum und spielten in den Fußgängerzonen einiger irischer Städte. Ihr erstes Polydor-Album »On And On« von 1997 erreichte Platz 61 der deutschen Albumcharts, was bei dieser Art von Musik eher die Ausnahme darstellt. Ein Jahr später nahmen Fiddler's Green unter der Lei-

Fiddler's Green

tung von Jim Chrichton (Saga) in Los Angeles die CD »Spin Around« auf und erschreckten mit ihrer Vielseitigkeit die Folkrockpuristen, die sich mit HipHop-Loops nicht anfreunden konnten. Im Herbst 98 spielten sie im oberfränkischen Trockau ihr 500. Konzert. Bis dahin hatten sie in ihrer Karriere mehr als 10.000 Tonträger abgesetzt und über 50.000 Konzertbesucher empfangen. Der Wechsel zu Ultra Records führte 1999 zur Veröffentlichung des Live-Albums »Stagebox«, das während der »Spin Around«-Tour mitgeschnitten wurde und die Atmosphäre der Konzerte vorzüglich einfing.

Discogr.: Fiddler's Green (1992, Eigenproduktion), Black sheep (1993), King Shepherd (1995), Chain Reaction (1995, MCD), Tribal Dance (1995, MCD), Make Up Your Mind (1996, EP – Polydor), On And On (1997, Polydor), Spin Around (1998, Polydor), Stagebox (1999, Ultra Records/Eastwest). Kontakt: Concertbüro Franken, Singerstr. 26, 90443 Nürnberg, F: 0911-413644. Internet: www.fiddlers.de

FINAL VIRUS
Uwe Pröckl (voc), Peter Sonntag (b), Reno Schnell (g), Thomas Bräutigam (dr), Markus Plum (tb)

Zwischen Juli und August 1995 spielten Final Virus ihr erstes Album in Eigenregie im Sundae Studio des Bassisten Peter Sonntag ein. Schon das rororo Jazzlexikon bezeichnete ihn als einen »Musiker von beeindruckender Virtuosität«, dessen Dienste schon viele Kollegen in Anspruch genommen hatten. Mit dabei waren die Gitarristin Reno Schnell, der Schlagzeuger Thomas Bräutigam, der Rockposaunist Markus Plum und der Sänger Guido Richarts. Vorbilder sahen sie in Jimi Hendrix und King Crimson. Ihren Sound, angereichert mit modernem Trash, Metal und Hardcore, aufbereitet mit viel Improvisationskunst und enormer Klangvielfalt, bezeichneten sie als Art-Core. Vor größerem Publikum boten sie 1996 beim »Wacken Open Air« und dem Eynattener »Rock on« in Belgien ihre Kunst an. Im Februar 97 engagierten die Kölner Musikverlage Hans

Final Virus

Gerig KG, die schon Peter Sonntags »Bass Craft«, eine umfassende Schule für Bassisten, veröffentlicht hatten, die Band für den Stand des Hammer auf der Musikmesse Frankfurt/M. Dann begann im Mai 97 die Zusammenarbeit mit dem Label Shock der Carlton Musikvertrieb GmbH. Für die Radio- und Clubpromotion gab es vorab die Single »Radar Love«, ein Cover des Golden Earring-Titels im Artrock-Gewand. Mit der Herausgabe des Albums »Break Out Now« startete im November 97 eine dreiwöchige Clubtour, der eine Deutschlandtournee mit den → Inchtabokatables zwischen Dezember 97 und Februar 98 folgte. Die Zeitschrift Soundcheck wählte das Album zur CD des Monats. Nach vielen Auftritten im Frühjahr und Sommer 98 stieg gegen Ende des Jahres der Sänger Guido Richarts aus. Diesen ersetzte Uwe Pröckl aus Düsseldorf. Mit ihm waren sie ab Februar 99 im Studio, um das Nachfolgealbum aufzunehmen, das ab Oktober 1999 unter dem Titel »Mirror« in den Läden stand. Damit wollten sie harte Grooves für die Jahrtausendwende schaffen. Als Fremdkomposition gab es diesmal den Art-Core-Mix des King-Crimson-Klassikers »Epitaph«. Für die Single-Fans war der Titel »Puppet Master« gedacht. Daß die Band die Köpfe ihrer Zuhörer beansprucht, bewies sie auch im aufschlußreichen Info zum Album »Break Out Now«. Darin besteht die Formation darauf, daß Joghurt in keinerlei Bezug zu Final Virus oder Art-Core steht.

Discogr.: First Album (1995, Eigenproduktion), Break Out Now (1997, Shock), Mirror (1999, Shock). Kontakt: Carlton Musikvertriebe GmbH, Postfach 100435, 51427 Bergisch Gladbach

FINK

Nils Koppruch (voc/g/Banjo/harm), Andreas Voß (b/voc/Tamburin), Dinesh Ketelsen (g/bjo/Tamburin), Henning Wandhoff (dr/perc)

Was Fink spielen, könnte man Waterkantry nennen. Oder Country ohne Country, wie es der Hessische Rundfunk ausdrückte. Oder Songwriting unter Benutzung von country-typischen Instrumenten, wie es die Band selbst formuliert. Nils Koppruch spielte schon bei der Vorgängergruppe Tex Fury & the Silver Spurs ungewöhnlichen Country. Da aber keiner die Texte beachtete, machte er mit deutschen Texten weiter. Dazu gründete er die Formation Fink. Im Debüt »Vogel-

Fink

beobachtung im Winter« erzählte er in spröden Songs skurrile Geschichten mit schwarzem Humor. Fand schon das Debüt Beachtung und wurde als »neue deutsche Country-Melancholie« bezeichnet, widmete der Rolling Stone dem Nachfolger »Loch in der Welt« eine eigene Seite: »Als großstädtische Hillbillies könnten Fink von Aki Kaurismäki erdacht sein und ihre Musik seine Filme ebenso begleiten wie Jim Jarmuschs sonderlichen, surrealistischen Western ›Dead man‹. Karg, kontemplativ und ungemein konzentriert traben die Songs in eine Richtung, die selbst für die Band weiter ungewiß ist.« Carsten Sandkämper zur CD: »Fink sind klasse, altmodisch, akustisch, düster, abstrakt, metaphorisch, singen auf deutsch, zelebrieren so etwas wie deutsche Countrymusik. Sie steht wie eine Brecht'sche Posse mit dem Anspruch der Auseinandersetzung mit einem. Auch ›live‹ überzeugten die ›Verräter‹ (Slangausdruck für jemand, der singt): Die vier Musiker benutzen Country als Vehikel für ihre intelligent-lyrischen Alltagsbeobachtungen in deutscher Sprache und schaffen damit fast ein eigenes Genre.« 1999 begaben sich Fink mit → Element of Crime auf Tournee und arbeiteten an einer neuen CD »Mondscheiner«. Im Vorprogramm der Element of Crime-Tournee überzeugten sie dermaßen, daß die Münchener Abendzeitung schrieb: »Sehr zu recht Beifall für die gut eingestellte Vorgruppe, die man sich, je länger die Headliner zugange waren, immer heftiger zurückwünschte.« Die CD wurde am 30.8.99 veröffentlicht und enthielt wieder viele skurrile Geschichten, diesmal von der Welt und vom Verhältnis zur Welt, und ein Cover von Kraftwerks »Autobahn«, das schon lange Zeit einen der Höhepunkte ihrer Konzerte darstellte. Zwischen Mitte August und Mitte November führten sie ca. 35 Auftritte mit und ohne → Element of Crime von Kiel über die neuen Bundesländer nach Österreich und die Schweiz und wieder zurück nach Kiel. Im August 1999 erschien das Album »Mondscheiner« und ME/Sounds vergab dafür 5 der 6 Sterne. Jols schrieb dazu: »Wie schon ihre zwei ersten Platten – nur nochmal besser tönt Mondscheiner irgendwo zwischen der Lofi-Verschrobenheit von Giant Sand, der staubigen Wüstenschwermut von Calexico und den fiebrigen Schicksalsmelodien von 16 Horsepower, hier und da etwas Akustik-Neil-Young, viel Gitarren-Geslide, ein bißchen Tom-Waits-Geklapper und auch mal ein Beat aus der Computerdose.«

Discogr.: Vogelbeobachtung im Winter (1997, XXS Records), Tuff Journey (1998, EP – Ninja Tune/Zomba), Loch in der Welt (1998, XXS Records), Mondscheiner (1999, L'age d'or). Kontakt: Ladomat 2000, Max-Brauer-Allee 163, 22765 Hamburg, F: 040-43166444. E-Mail: lado@on-line.de • Internet: www.lado.de

FIRMA, DIE

Def Benski Obiwahn = Ben Hartung (Rap/ Text), Daniel »Angelo« Sluga = Fader Gladiator (Musik/Instrumente/Beats/arr.), Tatwaffe = Alexander Terboven (Rap/ Text)
Die Wege der Zeitarbeiter der Firma kreuzten sich in den neun Jahren vor ihrem Debüt immer wieder. Sie waren eine der Ersten in Deutschland, die sich für HipHop begeisterten. Fader und Def hatten mit der Formation A-Tiems und Liedern wie »Dumme Liese« bereits Kultstatus in der Underground-Szene erhalten. Fader Gladiator war schon mit C.U.S., BlitzMob und einem Solo-Album präsent gewesen. Benski hingegen konnte man sich auch auf dem Album seiner zweiten Band »Das Duale System« zu Gemüte führen, bei der auch Tatwaffe dabei war. Tatwaffe hatte schon eigene Produktionen veröffentlicht, anderen Acts seine Stimme geliehen und sich mit Freestyle-Acts einen Namen in der Szene gemacht, als 1996 die Firmengründung erfolgte. Ihr erstes gemeinsames Werk wurde ein Konzeptalbum, das sie »Spiel des Lebens – Spiel des Todes« nannten und in dem es um das Gute und das Böse ging. Im

»Spiel des Lebens« erzählten sie nur Geschichten, die auf wahren Begebenheiten beruhten. Dazu wurden Klassiksequenzen, Jazz-Sounds und Schlagerrefrains in den Sound eingeflochten. Das »Spiel des Todes« bewegte sich in Musik und Text in dunkleren Gefilden, wobei sie manchmal durchaus beabsichtigt die Grenzen des guten Geschmacks überschritten. Neben viel Lob (X-Act: gelungene Platte) gab es auch Kritiker, die das Werk als langweilig empfanden. Der Titel »Scheiß auf die Hookline« entwickelte sich zum Dauerbrenner. Das Album ging schließlich mehr als 30.000mal über die Ladentheke. Mit ihrer vierköpfigen Band bereisten sie im Sommer 99 die Republik, spielten beispielsweise beim Rock am Ring/Rock im Park Festival, auf der Popkomm, der Warped Tour und auf dem Donauinselfest 99 in Wien. Im Herbst 99 erschien dann »Das zweite Kapitel«. Diesmal präsentierten sie einen düsteren Blick in die Zukunft. Wieder hatten die Themen Religion und Ethik einen hohen Stellenwert. Bei der Erzeugung ihrer Bilder

First Eight

nahmen sie die Hilfe von Mozart, Bizet und Tschaikowksi in Anspruch. Daß es viele gab, die sich mit den Themen der Firma auseinandersetzen wollten, bewies der Einstieg in die Top Ten der Media Control Charts.

Discogr.: Spiel des Lebens/Spiel des Todes (1998, Ixthuluh), Das Zweite Kapitel (1999, V 2 Records). Kontakt: V 2 Records GmbH c/o Die Firma, Leuschnerdamm 31, 10999 Berlin E-Mail: info.berlin@V2music.com • Internet: www.v2music.com • www.lacosamia.de

FIRST EIGHT

Sandra Menges (Sopran), Frauke Christensen (Mezzosopran), Judith Küpper (Mezzosopran), Andrea Baumann (Alt), Markus Marmon (Tenor), Jan Franke (Tenor), Christoph Wiese (Bariton), Thomas Conrad (Bass)

Beim Kampf der Geschlechter steht es bei der a-cappella-Gruppe First Eight 4 : 4, denn vier Damen und vier Herren tragen gleichermaßen zum Gelingen ihrer Konzerte bei. Seit 1994 besucht das Vokalensemble die bundesdeutschen Konzertsäle. Kennengelernt haben sie sich an der Pädagogischen Hochschule in Köln. Bevor sie sich auf die Bühnen trauten, brachten die Mitglieder zuerst einmal ein Musikstudium hinter sich. Nachdem sie stimmsicher geworden waren und sich aufeinander eingesungen hatten, arbeiteten sie ihr Repertoire aus. Musikalische Grenzen gab es dabei nicht, solange das

Die Firma

Niveau stimmte. Madrigalgesänge, Klassik, Jazz, Soul, Rock'n'Roll, Pop und neu bearbeitete Schlager fanden Platz in ihrem Programm – deutsch oder englisch gesungen. Bei all dem gehörte ein gewisses Maß an Humor dazu. Sie verballhornten die »Capri Fischer«, beklagten sich »Kein Schwein ruft mich an« und die Frauen stellten fest »Männer sind Schweine«, während diese sich die Ohren zuhielten. Fürs Herz gab es Titel von Billy Joel und Roberta Flack. Sie begeisterten sogar die Kings Singers, die ihnen einen großartigen und kompakten Klang bescheinigten und sie zu einem ihrer Workshops nach England einluden. Die Backstreet Boys nahmen ihre stimmliche Unterstützung beim Viva Unplugged Konzert im März 1998 in Anspruch. Bei der Sommernacht im Zoo überzeugten sie sogar die letzten Affen vor ihrem Können. Dann sangen sie ihre erste CD »War's das...?« ein, die neben 6 Studioproduktionen auch zwei Live-Titel enthielt. Im Dezember 98 erfüllten sich die Beatles-Fans einen Traum und gaben vom Dach eines Kaufhauses in der Kölner Schildergasse ein Gratiskonzert. Sie beteiligten sich im Januar 1999 an der Uraufführung des von dem britischen Komponisten Prof. Anthony Moore geschaffenen Klangwerks »JamJem Jim Jom-Jum« in der Trinitatiskirche in Köln. Sie sangen sowohl in der Philharmonie in Köln sowie im Rahmen des a-cappella-Festivals in Pantheon/Bonn. Für das Jahr 2000 ist die nächste CD geplant.

Discogr.: War's das...? (1998, Eigenproduktion).
Kontakt: Julia Reinhardt, Elsaßstr. 5, 50677 Köln, T: 0221-312245, F: 0221-2226827. E-Mail: contact@firsteight.de • Internet: www.firsteight.de

FISCHMOB

Cosmic DJ = D. Sommer (DJ), DJ Koze = Adolf Noise (DJ), Stachy (dr)
Fischmob ist der Beweis, daß es auch in den nördlichsten Regionen der Republik Humor gibt, der nicht platt sein muß. Der schreckliche Sven und Cosmic hatten sich bei einer HipHop-Party kennengelernt und in Flensburg die Gruppe TBC Attack gegründet. Unter diesem Namen absolvierten sie einige Live-Auftritte und verkauften ein paar selbstproduzierte Tapes für fünf Mark an ihre Anhänger. D.J. Koze wurde Vizemeister bei den DMC DJ-Mix-Meisterschaften. Nachdem sie alle nach Hamburg gezogen waren, gründeten Koze und Sven Fischmob und nahmen ihr erstes Demo auf. Damit erhielten sie bei Plattenmeister einen Vertrag und veröffentlichten den ersten Titel »Ey Aller«, der sich schnell zu einem Untergrund-Hit entwickelte. TBC Attack und Fischmob bestritten mit dem Schlagzeuger Stachy als TBC Attack & Fischmob einige gemeinsame Konzerte. Im August 94 erfolgte die Auflösung von TBC Attack. Dadurch entstand Fischmob in der heute noch immer aktuellen Besetzung. Im Mai 95 legten sie ihr Debüt »Männer können seine Gefühle nicht zeigen« vor. Noch als Geheimtip gehandelt, verkauften sie davon kurz nach Veröffentlichung 10.000 Exemplare. In der Folgezeit ging das Album weiter in schöner Regelmäßigkeit über die Ladentische und 1998 stand die Zwischenbilanz bei

Fischmob

50.000 Einheiten. Die streng limitierte Vinyl-EP »In Orange« wird zu einem begehrten Sammlerobjekt. Die Titel »Bonanzarad« und »Tut mir leid« erhielten viele Rundfunkeinsätze. Koze und Cosmic wirkten bei dem Titel »Nordisch bei Nature« der Gruppe »Fettes Brot« mit, die damit einen fetten Hit hatten. Im Dezember 95 führten sie mit den → Cucumber Men im Vorprogramm ihre erste Tour durch. Im Juni 96 durften sie im Vorprogramm der → Ärzte auf größere Bühnen. Während Fischmob ihrem bisherigen Label treu blieben, hielten sie für die Vertriebsrechte eine Versteigerung ab, an der alle führenden Plattenfirmen teilnahmen. Rund 10.000 Fans holten sich die Maxi »The Doors Of Passion«, nachdem der Videoclip »Dreckmarketing v 1.7" erfolgreich im TV lief. Noch größere Bühnen standen Fischmob 1997 beim Hurricane- und beim Bizarre Festival zur Verfügung. Im Oktober 97 brachten sie zeitgleich die Maxis »Tranquilo« und »Triggerflanke« auf den Markt, bevor im April 98 das Album »Power« erschien. Das Album war humorvoll, verspielt, intelligent, experimentierfreudig und vielseitig. Sogar Gitarren kamen zum Einsatz. Die Reaktionen der Presse waren einhellig positiv. Dabei behauptete die Gruppe in Interviews: »Von 20 Stücken haben wir die 15 schlechtesten ausgewählt«. Die Single »Susanne zur Freiheit« unter Begleitung von Stieber Twins, Smudo, Hausmarke, Dendemann und Fischmob entwickelte sich zum Hit. Die Verkaufszahlen des Vorgängers wurden noch übertroffen. Nach Aussage der Band soll sogar die Lufthansa die Single in die Board-Rotation aufgenommen haben. Sie führten noch eine große Tour durch. Danach legten sie eine Pause ein und die einzelnen Mitglieder arbeiteten an Solo-Projekten. Sven unterstützte → Lotte Ohm, ehe er sich entschloß, Fischmob zu verlassen. Gegen Ende des Jahres 1999 beschäftigten sich die verbliebenen Mitglieder mit der Vorbereitung des nächsten Albums.

Discogr.: Ey aller (1994, MCD – Plattenmeister/EFA), Bonanzarad (1994, Single – Plattenmeister), Männer können seine Gefühle nicht zeigen (1995, Plattenmeister/EFA), In Orange (1995, Maxi-EP – Plattenmeister), The Doors Of Passion (1997, Maxi Plattenmeister/Alternation-Intercord), Power (1998, Intercord), Tranquilo (1997, Maxi – Plattenmeister/Alternation-Intercord), Triggerflanke (1997) Maxi – Plattenmeister/Alternation-Intercord. Kontakt: Plattenmeister, Postfach 1116, 24853 Jübek, F: 04625-187773. E-Mail: blumentrt@aol.com • fischmob 2000 @hotmail.com • Internet: www.plattenmeister.de

FITZ, MICHAEL & DIE »HIER«-BAND

Michael Fitz (voc/g), Mick Brehmen (b), Ossi Schaller (g), Thomas Simmerl (dr/ perc)
Bei der Familie Fitz liegt die Kunst im Blut. Sein Vater ist der Schauspieler Gerd Fitz und seine Cousine Lisa ist vor allem den Freunden des Kabaretts bekannt. Der 1958 geborene Michael nahm im Alter von 15 Jahren ein Jahr Gitarrenunterricht. Mit zwei Schulfreunden gründete er 1974 sein Akustik-Trio, mit dem er er-

Michael Fitz

ste Live-Erfahrungen sammelte. Mit 20 Jahren begann er als Schauspieler zu arbeiten. Doch er blieb immer der Musik treu. 1984/85 nahm er seine ersten Demos auf. 1986 folgte die Gründung seiner Band, die er Fitz nannte. Nachdem er einen Major-Vertrag erhalten hatte, erschien 1988 sein Debüt »Fitz«. Zwei weitere Veröffentlichungen folgten mit »Loopings« und »Gefühlsecht«, wobei er mit »Hörst du die Trommeln nicht?« einen respektablen Radiohit vorweisen konnte. 1994 gründete er das eigene Plattenlabel »amigo records«. Seine Einstands-CD war der Sampler »Bis hierher und noch weiter...«. Daß es noch weiterging, bewies die Live-Doppel-CD »weitergeh'n« von 1996. Weiteren Erfolg suchte er mit dem Nachfolgesampler von 1997 »Bis hierher und noch weiter II...«. Daß man als Bayer das Glück hat, mit 40 als jung bezeichnet zu werden, bewies der Nachwuchsförderpreis 1998 der Hanns-Seidel-Stiftung für junge Songpoeten, mit dem er ausgezeichnet wurde. Seine Open-Air-Auftritte in der Reihe »Songs an einem Sommerabend« übertrug das 3. Bayerische Fernsehen. Seit 1994 hatte er mehr als 230 Konzerte gespielt. 1999 veröffentlichte er eine weitere CD mit dem Titel »hier«. Musikalisch bewegte er sich wieder zwischen Pop, akustischem Rock und modernem Chanson. Die Texte waren persönlich, manchmal nachdenklich oder heiter-ironisch. Seine Lieder stellte er in über 50 Konzerten in ganz Deutschland vor. Dabei wurde er von erfahrenen Musikern begleitet. Mick Brehmen hatte seinen Baß bereits Chris de Burgh und Leo Sayer zur Verfügung gestellt. Ossi Schaller, von Beginn an Mitglied der Akustik-Formation war, unterstützte im Studio u.a. Jennifer Rush, Six was Nine und Gil. Tomas Simmerl wiederum hatte beispielsweise Eartha Kitt und Viktor Lazlo auf deren Tourneen begleitet. Viele dieser Auftritte waren bereits im Vorfeld ausverkauft, weshalb er in einigen Orten zusätzliche Gigs absolvierte – ohne dabei seine Schauspielerkarriere zu vernachlässigen. Alleine 1999 drehte er drei Folgen der Serie »Tatort«, spielte die Hauptrolle in der Serie »Aus heiterem Himmel« und war in diversen Shows zu sehen.

Discogr.:Fitz (1988, BMG), Loopings (BMG), Gefühlsecht (BMG), Bis hierher und noch weiter... (Sampler, 1994, amigo records), Weitergeh'n (Live-Doppel-CD, 1996, amigo records), Bis hierher und noch weiter...II (Sampler, 1997, amigo records), Hier (1999, amigo records). Kontakt: amigo records, Schmiedgasse 3, 83043 Bad Aibling, T: 08061-491902, F: 08061-37316. Internet: surf.to/fitz

FLO & LEA

Florian Käppler war schon mit Helga Pictures unterwegs und stieg als Sänger bei Die Schande ein, die Rock und Volksmusik kreuzten und im süddeutschen Raum zu einer gefragten Live-Band wurden. Nach deren Auflösung holte sich Florian Käppler seine langjährige WG-Mitbewohnerin Lea ins Studio, um mit ihr gemeinsam das Album »Susannes Zimmer« einzuspielen, das radiotauglichen Pop, etwas Rock und einige Balladen enthielt. Deutschlands Stadionact → Pur stand mit dem gemeinsamen Titel »Prinzessin« Pate, worauf Florian die Zwischentexte im Rap-Stil vortrug und Pur den Refrain übernahm. Mit dem Popsong »50 Mark« erhielten sie vor allem in Süddeutschland viel Airplay. Neben seiner Tätigkeit mit Lea komponiert Florian mit dem ehemaligen Schande-Mitglied Dan Requardt Musik für Film, Fernsehen und Werbung.

Discogr.: Susannes Zimmer (1999, Intercord) Internet: www.intercord.de • www.emimusic.de

FLOWERS IN CHAINS

Thorsten Gormanns (voc/g/harp), Johannes Neu (voc/keyb/p/g/perc), Ekkehart Oskar Henrik Bock (g), Andreas Bühler-Rupp (b), Stefan Günther (dr)

Flowers in Chains fanden im März 1996 im Karlsruher/Heidelberger Raum zusammen. Sie bezeichnen ihre durch die Erfahrung als Straßenmusikanten gereif-

Flowers in Chains

te Musik als Streetpop. Durch die Betonung der Gitarren, des Gesangs und den Einfluß der Countrymusik könnten Vergleiche zu Hootie & the Blowfish, Smash Mouth und Grateful Death gezogen werden. Sie nahmen die MCD »Keep On Dancing« mit drei Stücken auf. Durch zwei Gastspiele im regionalen Programm und Auftritte im Vorprogramm von → Paddy goes to Hollyhead wurden sie einem breiten Publikum bekannt. 1997 konnte man ein Tape mit drei Stücken kaufen. Ein großartiges Konzert im Substage Karlsruhe war der Anlaß, daß sie für »Das Fest« – eine der größten jährlichen Open-Air-Veranstaltungen im süddeutschen Raum bei freiem Eintritt – verpflichtet wurden. Dort spielten sie neben Bands wie Faithless, → Guano Apes und New Model Army und beeindruckten als Live-Act. Mit der Debüt-CD »These Days« bewiesen sie, daß sie auch die Studioarbeit beherrschten. Feedback vergab 9 Punkte (von 10): »Ein Album, das von vorne bis hinten Spaß macht. Die neun Songs kommen leicht folkig, durchaus auch poppig, auf alle Fälle mächtig rockig daher. Und diese amerikanisch-englische Aussprache. Da müßte mancher etablierte Frontmann bekannter deutscher Kapellen feuchte Augen bekommen.« Im Herbst 1999 ging es wieder auf Tournee durch das Rheinland und die weitere Umgebung.

Discogr.: Keep on dancing (1996, MCD), 97 (1997, Tape), These Days (1998). Kontakt: Thorsten Gormanns, Mühlenstr. 93, 76275 Ettlingen, T: 07243-536650. E-Mail: flowers in chains @ gmx.de • Internet: listen.to/flowersinchains

FLUCHTWEG
Ralf Schwarz (b/g), René Setzepfandt (dr), Ronald Burian (voc/g), Kardinal Meissner (s/acc), Otto Kolar (Balalaika/voc)

Durch den Einsatz genrefremder Instrumente gelten Fluchtweg als Exoten unter den deutschen Punkbands. Sie entstanden ursprünglich 1984 in Neuruppin in der ehemaligen DDR, lösten sich aber bereits nach zwei Jahren wieder auf. Wieder zwei Jahre später formierten sie sich 1988 in Ostberlin, begannen erstmals mit rockigen Klängen und mutierten langsam zum Punk. Ihre Musik beschrieben sie später so: »Fräsenden Bass und Gitarrenkrach, einen Trommler mit der Präzision eines Sattelschleppers, das berüchtigte Saxophon röhrt seine Schlachtrufe, als säße ihm die Sowjetarmee im Nacken und auch die Balalaika singt ihr einsames Lied.« Bis die erste CD »Fluchtweg« im Jahr 1992 auf den Markt kam, lagen bereits die beiden Kassetten »Freiheit statt Leistung« (1990) und »Fast Food Generation« (1991) vor. 1994 erschien die EP »Blute Babylon«, die sie auf dem eigenen Label TollShock veröffentlichten. Die CD »Tempo Tempo« sprach dann für sich selbst. Kultstatus erlangte Fluchtweg 1995 mit dem Album »Arbeitsscheue Ostler«, wobei der Volksbühnen-Intendant Frank Castorf den Titelsong in dem Theaterstück »Golden fließt der Stahl« benutzte. In Anlehnung an das Ärzte-Album »Le Frisur« nannten Fluchtweg ihre neue Maxi 1996 »Le figur«, worauf sie in bester Punkmanier bei einer Gesamtspielzeit von 21 Minuten 17 verschiedene Songs einspielten. Bei der Split-EP »So endet Deutschland« coverten sich NOE und Fluchtweg gegenseitig. Von 1988-98 hatte die Band mehr als 400mal auf der Bühne gestanden und dabei Länder wie Österreich, Holland, Ungarn, Italien, Tschechien und die Slowakische Republik beschallt. Fluchtweg, »der alte Rotz«, kehrte 1998 mit der CD »Commerzpunk« zurück und machte sich mit Songs wie »Rinder an die Macht«, »Trauermarsch rund um die Uhr« oder »Happy Holiday« über die Gesellschaft lustig. Außerdem fanden sie den Grund für den Niedergang unserer Musikkultur: »Die Bravo lügt, wir haben es geahnt, die Industrie hat einen teuflischen Plan. Jetzt ist es raus, die Welt ist schlecht, das Spiel ist aus, die ganzen Stars sind nicht echt. DJ Bobo, Tic Tac Tuc, nichts als nur ein Genprodukt, was am Teenage-Himmel thront, alles geklont.«

Discogr.: Freiheit statt Leistung (1990, MC), Fast Food Generation (1991, MC), Fluchtweg (1992, Modern Music/Rough Trade), Blute Babylon (1994, EP – TollShock), Tempo Tempo (1994, TollShock/Indigo), Arbeitsscheue Ostler (1995, CD/Picture LP – TollShock/Indigo), Le Figur (1996, MCD – TollShock/Indigo), So endet Deutschland (1996, Split-EP mit NOE – TollShock/Indigo), Commerzpunk (1998, TollShock/Indigo). Kontakt: TollShock, Postfach 350126, 10210 Berlin, F: 030-2929577

FLUGSCHÄDEL/BOKSCH
Jörg, Udo, Ole (g/Text/samples)
Aus der Gruppe Aissa Saved, die mit ihrer radikalen MC »Hühn« mit Hühnerkäfigdraht-, Dachpappen- und Verpackungskrach die Verkaufscharts des Hamburger Versandhauses Malibu sprengten, entwickelte sich Flugschädel. Diese spielten avantgardistischen Industrial Metal. Für ihre Performance verstärkten weitere Musiker das Trio und in ihren Konzerten setzten sie Dias, Filme, DAT, Didgeridoo, Metall, Silikon, brennende Ölfässer und Samples ein. Musik, Texte, Cover-Artwork, Bühnenshow, Pressefotos wurden von Flugschädel selbst gemacht. Zu ihrem Album »Flugschädel« lieferten sie eine streng limitierte, mit Hand eingravierte Sonderauflage von 300 Stück, die aus 2 x 3 mm dicken und 14 x 14 cm großen, ungegrateten und mit Walzfehlern versehenen Ostbaustahlplatten bestanden, die von einem Dichtungssatz Gummi gehalten wurden und in einfarbig bedruckte Pergament-Poster eingebettet waren. Neben Flugschädel arbeiteten die Künstler noch an dem ebenfalls avantgardistischen Projekt Boksch. Dazu stellte carrzy fest: »Ocker 1-8 erinnert an schlechte Träume, in denen Neanderthaler Heavy Metal Gitarre spielen. Viel, immer gleich klingende, verzerrte Gitarre, sattes Schlagzeug, Maultrommel, wirre Samples aus der Urschrei- und Sprachtherapie und noch mehr Samples, Orgel und noch mehr Samples, relativ rhythmisch zusammen gebastelt. Wer auf wirklich schräge Sachen, verzerrte Gitarren und Gegrunze steht und nicht gleich auf die Freunde der Speed Metal Fraktion treffen möchte, sollte sich Boksch live geben.«

Discogr.: Flugschädel (1997, Indigo/Plattenmeister), Othniel (1997, CD-EP – Indigo/ Plat-

Fluchtweg

tenmeister); Boksch – *Flugschädel live* (1997) CD-EP – Indigo/Plattenmeister). Kontakt: Plattenmeister/Der Verlag, Hochmoor 9, 24887 Silberstedt, F: 04625-1790. Internet: *www.plattenmeister.de*

FOOLHOUSE BLUESBAND
Die Aschaffenburger Foolhouse Bluesband gibt es dank der Brüder Helmut und Harald Moser seit 1983. 1990 stieß die Sängerin Jessica »Janis« Born zur Band und bescherte mit ihrer außergewöhnlichen Stimme den damals schon zahllosen Fans bei den Konzerten ein Gänsehaut-Erlebnis. Die vielen Auftritte bestritt die Band mit einer Mischung aus eigenen Stücken und Interpretationen von Klassikern des Blues und Bluesrock wie von Gary Moore oder Janis Joplin. Ihre bisher einzige CD nahmen sie 1994 natürlich live auf und gaben sie unter dem Titel »Live im Colos-Saal« heraus. Auch wenn sie mit ihrer Art von Musik nie die breite Masse des Publikums erreichten, gaben sie nie auf, tourten nahezu unentwegt und verschafften den Besuchern einen schweißtreibenden Abend.
Discogr.: Live im Colos-Saal (1994, Eigenvertrieb)

FORCED TO DECAY
Forced to Decay machten vor allem in Untergrund auf sich aufmerksam. In ihrer Musik verarbeiteten die Anhänger von Neurosis Metal, Death Metal, Crust, Core, Samples und Noise. Die in deutscher Sprache gehaltenen Texte behandelten die vorwiegend negativen Erfahrungen in der Gesellschaft und mit dem Leben und reflektierten Frust und Wut einer Generation. Die aus der autonomen Szene stammenden Mitglieder traten hauptsächlich in Jugendclubs, besetzten Häusern und dergleichen auf und spielten als Support für Master und Vader. Nach fünf Jahren erschien ihr Album »Perkussive Perlokution«, das ihre Einstellung bestens wiedergab.
Discogr.: Perkussive Perlokution (Pavement Music/NSM)

FRANCK, KATHARINA
siehe auch Rainbirds
Die in Düsseldorf geborene Künstlerin, die in Portugal und Brasilien aufwuchs, sang schon mit fünf Jahren leidenschaftlich gerne. Mit 11 begann sie Songs in englischer Sprache zu schreiben und mit 14 trat sie zum ersten Mal öffentlich auf. Mit 17 machte sie ihre ersten Studioaufnahmen. 1981 kehrte sie alleine aus Estoril (Portugal) nach Deutschland zurück und zog nach Köln. Auch dort ließ sie ihre Leidenschaft zur Musik nicht los und sie absolvierte einige Auftritte und Studioaufnahmen. Während eines Modellversuchs zum Studium der Popularmusik an der HdK Hamburg nahm sie 1982 erstmals Gesangsunterricht. Nachdem sie 1983 nach Berlin umgezogen war, verdiente sie ihren Lebensunterhalt als Verkäuferin im Supermarkt und am Kiosk. Vielleicht wurde während ihrer Tätigkeit in einem Delikatessengeschäft der Grundstock dafür gelegt, daß später in ihrer Musik auch das Feinste gerade gut genug war. Nebenbei spielte sie öfters mit lokalen Gruppen, bis sie sich der Sixties-Revival-Band Les Black Carnations anschloß und unter dem Pseudonym Justine Time sang. Doch sie ließ die Nelken verwelken, um sich auf das Schreiben eigener Songs für eine eigene Band zu konzentrieren. Daraus entstanden die → Rainbirds. Neben den → Rainbirds beteiligte sie sich als drittes Mitglied bei der Theatermusikgruppe Stein, wo sie an den Alben »Steinzeit« und »König Zucker« als Sängerin und Songschreiberin mitwirkte. 1997 veröffentlichte sie in Zusammenarbeit mit Ulrike Haage ihre erste Spoken-Word-CD »Hunger«, die sie in Sonderveranstaltungen und auf Sommerfestivals live vorstellte. Das Album beinhaltete skurrile Geschichten über Penner, U-Bahn-Passagiere, Weltenbummlerinnen und Mörderinnen zu spannender Musik mit schrägen Sounds, Rhythmen und Stimmungsbildern. In der Hörspieloper »Schlachtplatte« von Ammer-Einheit-Haage sprach sie die Brünnhilde und

spielte dazu die E-Gitarre. Nachdem sie weiteren Hörspielproduktionen ihre Stimme zur Verfügung gestellt hatte, war ihr Ehrgeiz geweckt, selbst ein Stück zu schreiben. Im September 98 begann sie mit den Arbeiten, die sie, von Ulrike Haage vertont, ein Jahr später abschloß. »Bei unserer Lebensweise ist es sehr angenehm, lange im voraus zu einer Party eingeladen zu werden« führte erstmals der Bayerische Rundfunk auf. Die Akademie der Darstellenden Künste in Frankfurt wählte das Werk zum »Hörspiel des Monats«. Der Deutschlandfunk schloß sich im Dezember 99 mit einer weiteren Aufführung an. Dazwischen führten sie am 21.11.99 an der Akademie der Bildenden Künste das Franck/Haage-Werk »Hunger« während der Intermedium-Tage in Berlin als Vorgeschmack auf die geplante »Zeitlupenkino«-Tour live auf. Da die Rainbirds derzeit eine Pause einlegen, bereitet Katharina ihr erstes Solo-Album, ein weiteres Hörspiel und die zweite spoken-word-CD vor. In diesem Zusammenhang plant sie für 2001 eine Tour mit spoken words, music and videographs.

Discogr.: Stein: Steinzeit (1992, Rough Trade), König Zucker (1994, Rough Trade); Hunger (1997, Sans Soleil); Bowles, Franck, Haage: Bei unserer Lebensweise... (1999, Sans Soleil). Kontakt: Rainbirds, Postfach 080413, 10004 Berlin. E-Mail: katharina. franck @rainbirds.com • Internet: www.rainbirds. com

FRED IS DEAD

Der tote Fred aus dem Süden Bayerns hat bereits mehrere Alben auf Vinyl veröffentlicht. Sie sind fester Bestandteil des Hausmusik-Kollektivs rund um die Weilheimer »Notwist«. In ihrem deutschsprachigen Indierock, der sich aus Folk, Pop, Trash, Sixties-Sound, Country und etwas Elektronik zusammensetzt, bevorzugten sie anfangs die melancholische Variante. Mit ihrer dritten Platte »Angst vor...« eckten sie bei den Bürgern ihrer Heimatstadt Landsberg an, da sie in dem Lied »Heimat« die Geschichte Landsbergs und das Verhältnis zu ihrer Stadt beschrieben und dabei an Hitler erinnerten, der dort inhaftiert war. Bei ihrem vierten Album »Mosaic« hatten sie die grobe Vorstellung, unter Verwendung moderner Instrumente und Technik die 50er Jahre aufleben zu lassen. Dieses Mal klang Fred is Dead humorvoll und verspielt, woran wahrscheinlich der Aufnahmeort Lido di Camaiore und die Sonne Italiens einen gewissen Anteil hatten.

Discogr.: (Auswahl): Or Just In Preperation (1993), Lunatic (1994), Angst vor... (1997), Mosaic (1999, Hausmusik). E-Mail: hausmusik@online-te

FREEDOM CALL

Chris Bay (voc/g), Dan Zimmermann (dr), Ilker Ersin (b), Sascha Gerstner (g)

Freedom Call ist ein Zusammenschluß alter Hasen unter neuem Namen im Bereich der metallischen Rockmusik. Chris Bay stellte seine Stimme schon Zed Yago und Moon'Doc zur Verfügung, zu denen auch der Bassist Ilker Ersin gehörte. Dieser wiederum konnte schon auf frühere Plattenaufnahmen und Konzerte mit Lovetrick und Ez Livin verweisen. Der Schlagzeuger Dan Zimmermann wurde durch → Gamma Ray und die Zusammenarbeit mit Iron Saviour bekannt. Dazu gesellte sich der Gitarrist Sascha Gerstner. Bereits ihr Demo-Tape reichte aus, um in Frankreich und Japan hoch dotierte Verträge abschließen zu können. Im europäischen Nachbarstaat fand dann auch die erste Tour im Vorprogramm der

Freedom Call

Brasilianer Angra statt. Gemeinsam und mit Hilfe des renommierten Produzenten Charlie Bauernfeind erstellten sie die CD »Stairway To Fairyland«, die alles enthielt, was der Metal-Fan begehrte. Der Hammer vergab dafür 5 von 6 Punkten.
Discogr.: Stairway To Fairyland (1999, Steamhammer/SPV). Kontakt: Steamhammer/EDV, Brüsseler Str. 14, 30539 Hannover, F: 0511-8709181. E-Mail: info@spv.de • Internet: www.spv.de

FREIBURGER SPIELLEYT
Regina Kabis (Sopran), Jutta Haaf (Historische Harfe/Portativ), Albrecht Haaf (Fiedel/Portativ/Schalmei/fl) Bernd, Maier (Drehleier/Sinfonia/Dudelsack/Schalmei/Pommer), Frank Bockius (dr, perc), Fritz Mühlholzer (Laute/Theorbe/g)
Sakrale Musik aus dem Mittelalter, europäische Weihnachtsmusik aus Mittelalter, Renaissance und Frühbarock mit den Freiburger Domsingknaben als Gäste, deutsche Tenorlieder der Renaissance, interpretiert von Musikern, deren Teenagerzeit schon eine Weile vorüber ist – was hat diese Musik in einem Lexikon der Pop- und Rockmusik zu suchen? Man könnte sich auch fragen, warum die Zeitschrift Zillo bereits mehrfach über diese Gruppe berichtete. Lieder aus deren Programm wurden in Zillo-Compilations eingebunden. Und warum zieht die Gruppe so viele jugendliche Zuhörer an, auch solche, die nicht in Schwarz kommen? Dies liegt u.a. daran, daß die Freiburger Spielleyt sich auch nicht scheuen, CDs zu produzieren, in denen sie moderne Elemente in die mittelalterliche Romantik einfließen lassen. Ihr Ziel ist und war es, auf der Grundlage musikwissenschaftlicher Studien einen möglichst lebendigen Ausgleich zwischen nachprüfbarer Aufführungspraxis und heutigen Hörgewohnheiten anzustreben. 1990 gründete Albrecht Haaf die Gruppe. Seine MitmusikerInnen konnten alle mit Ausnahme von Bernd Maier, der ein Diplom als Sozialpädagoge hat, auf ein Musikstudium zurückblicken. Dafür baut und restauriert Bernd die historischen Instrumente selbst. Schon auf der ersten CD »Tales Of Miracles« waren neben Gesang Harfe, Drehleier, Dudelsack, Scheitholz, arabische Laute, Saz, Fiedel, Esraj, Marimba, Glockenspiel, Percussion, Schalmei, Flöte, Portativ und Synthesizer zu vernehmen. Die Texte befaßten sich mit Erzählungen aus dem mittelalterlichen Spanien in Anlehnung an die »Cantigas de Santa Maria«. Dafür wurden sie vom deutschen Musikrat 1991 mit dem »Amadeus« ausgezeichnet. Die hohe musikalische Qualität des Ensembles sprach sich schnell herum. Auftritte in ganz Europa waren die Folge. In Klöstern, Schlössern und Kirchen wurde ebenso gespielt wie bei Aufführungen alter Musik und vielen Festspielen. Besonders beliebt war und ist das Ensemble in Frankreich und Italien. Einer der Höhepunkte war zweifellos ein Auftritt im Rahmen des Weltwirtschaftsgipfels, wo auch Hillary Clinton deren Künste bewunderte. Nach zahlreichen klassischen und historischen Produktionen dauerte es bis 1998, ehe wieder eine CD mit Einflüssen aktueller Musik zustande kam. »Waves Of Vigo« befaßte sich wieder mit den »Cantigas d'amigo & cantigas de Santa Maria«. Die Badische Zeitung dazu: »Eine inspirierte CD-Einspielung, deren raffiniertes Spiel mit zwei ganz verschiedenen Epochen atemberaubend schön ist.« Das Magazin Back Again: »Die ursprünglich rein akustischen Komposi-

Freiburger Spielleyt

tionen wurden dezent mit elektronischen Klängen angereichert und so manches Stück würde sich dadurch auch für die Tanzflächen mancher Mittelalterabende in einschlägigen Clubs eignen. Grundsätzlich sollte man sich diese wunderschönen Klänge aber lieber zu Hause in Ruhe anhören.« Allerdings wurde das Ensemble mit diesem Tonträger einer der Lieblinge der Dark-Wave- und Gothic-Szene. So wurden sie auch zum großen Dark-Wave-Treffen nach Leipzig eingeladen, um auf der Hauptbühne zu spielen. Dies verweigerte die Gruppe, da sie einen intimen Rahmen bevorzugte und gab ihr Konzert deshalb mit großem Erfolg in einer Leipziger Kirche. Verwunderlich ist, daß die modernen Einspielungen von der Gothic-Szene entdeckt wurden, von den Freunden der Ethno- und World Music aber noch nicht die Beachtung fanden, die man erwarten konnte.

Discogr.: Tales Of Miracles (1993, Verlag der Spielleute), Fortuna »Glück und Unglück in Texten des Mittelalters« (1996, Ars Musici), Nun grüß dich Gott, mein feine Krott »südd. Kompositionen um 1500« (1997, Ars Musici), Die Gedanken sind frei »zwischen Bauernkrieg und 48er Revolution« (1997, Ars Musici), Weihnachtliche Musik aus Mittelalter und Renaissance (1998, Ars Musici), Waves Of Vigo (1998, Glasnost). Kontakt: Jutta & Albrecht Haaf, Paula-Hollenweger-Str. 9, 79379 Müllheim. E-Mail: spielleyt@aol.com • Internet: members.aol.com/spielleyt/index.htm

FREUNDESKREIS

Maximillian Herre = DJ Max (DJ), Don Philippe Kayser (DJ)

1996 veröffentlichte der Freundeskreis Dynamo Dresden eine Maxi-CD. Der Stuttgarter Freundeskreis hingegen hat weder mit Fußball noch mit Dresden etwas zu tun. Die Gemeinsamkeit besteht darin, daß Dresden früher eine sozialistisch regierte Stadt war und die Gruppe Freundeskreis ihren Namen dem Freundeskreis des Sozialismus entnommen hat. 1993 fingen sie im Stuttgarter Jugendzentrum West mit der gemeinsamen Arbeit an. Von Beginn an bestand die Clique aus Menschen unterschiedlichster Kulturkreise, weshalb sich Freundeskreis der Idee des Internationalismus verpflichtet fühlte. Philippe konnte auf Erfahrungen mit House-, TripHop-, Trance- und Dancefloor-Projekten und einen Top-Five-Hit in Frankreich mit dem Titel »No se« verweisen und gründete in Stuttgart mit

Freundeskreis

Max, der für die Texte verantwortlich zeichnete, die Formation »Die Kolchose«, aus der Freundeskreis entstand. 1996 erspielte sich die Gruppe auf der Popkomm erstmals die Aufmerksamkeit der Medienvertreter. Sie erhielten einen Vertrag von Four Musik, dem Label der → Fantastischen Vier. Auf ihrer ersten CD »Quadratur des Kreises« von 1997 mischte unter anderem der farbige MC Sekou aus Boston mit, der auch einen Teil der Texte schrieb. Weitere Gäste wie Mellowbag, Afrob, DJ Hausmarke und Mr. Gentleman steuerten ihren Teil zum Gelingen des Albums bei. Der Titel »A.N.N.A.« erreichte mit Platz 6 eine Spitzenplazierung in den Charts. Ansonsten präsentierten sie sich idealistisch und aufrecht in ihren politischen Aussagen linken Inhalts. Dann gingen sie zwölf Monate auf Tour und feierten mit ihrer Fassung des Rio-Reiser-Titels »Halt dich an meiner Liebe fest« einen weiteren Top-30-Erfolg. An den Arbeiten für das nächste Album beteiligten sich wieder viele Gäste, wie u.a. Deborah von Sens Unik, Sekou, die französischen MCs Double Pack, Samy Deluxe, der Sänger Mighty Tolga, Mr. Gentleman, Massive Töne und Afrob. 1999 brachten sie dann den Nachfolger »Esperanto« heraus, gesungen in Deutsch, Französisch und Esperanto, von der Kritik hoch gelobt und von ihren Freunden bis auf Platz 3 der Charts gehievt. Auch diesmal nutzten sie die Gelegenheit, politische Aussagen zu verbreiten und auf die Mißstände in der Gesellschaft hinzuweisen, was ihnen manchmal als Naivität ausgelegt wurde. Auf ihrer Tournee, auf der sie wieder von vielen Gästen begleitet wurden, absolvierten sie mit viel Herz und Engagement ein mehr als zweistündiges Programm.

Discogr.: Die Quadratur des Kreises (1997, Four Music/Sony), Tabula rasa/Tabula rasa Remixe (1998, MCD – Four Music/Sony), Esperanto (1999, Four Music/Sony). Kontakt: Four Music Production, Mörikestr. 67, 70199 Stuttgart, F: 0711-96666401. E-Mail: FourMail@compuserve.com • Internet: www.fourmusic.com

FREYGANG

Bei Freygang handelt es sich um eine Berliner Band, die nie ein Blatt vor den Mund nahm und deshalb eng mit der Rockgeschichte der ehemaligen DDR und des deutschen Untergrunds verbunden ist. Ihre ersten Konzerte mit Rhythm & Blues und Jazz gaben sie 1977, wechselten mehrmals die Besetzung und erhielten 1981 das erste Auftrittsverbot. 1981 begann André Greiner-Pohl mit dem Schreiben eigener Kompositionen und Texte. Obwohl Freygang sehr populär wurden und bis zu 7.000 Besucher anzogen, verhängte der Berliner Magistrat 1983 ein weiteres zweijähriges Spielverbot. Nach dieser Sperre kamen 1985 zu ihrem ersten Konzert mehr als 3.000 Zuschauer in die Alte Kongreßhalle Leipzig. Im Sommer 86 verhaftete die Polizei den Sänger AGP wegen obszöner Äußerungen und Störung des sozialistischen Zusammenlebens und der Richter verhängte ein lebenslanges Auftrittsverbot. Der damalige Rechtsanwalt Gregor Gysi konnte einen längeren Gefängnisaufenthalt verhindern. 1987 gastierte Freygang unter dem Namen O.K. in der Sowjetunion, gab sich alsbald zu erkennen und spielte 14 Tage an der Erdgastrasse im Ural. Im Sommer 89 konnten sie bei einer gemeinsamen Tour mit → Skeptiker erstmals wieder unbehelligt in der DDR auftreten. In der Folgezeit beteiligten sich Freygang an Hausbesetzungen und Protestaktionen wie z.B. gegen den Golfkrieg und nahmen mit der live »Im Eimer« mitgeschnittenen LP die letzte in der DDR entstandene Platte auf. Schwierigkeiten mit der Staatsmacht bekamen sie wieder im Jahr 1990, als die Polizei das Konzert zur Aktion »Halt's Maul Deutschland« mit Tränengas und Knüppeln auflöste. Zwischen Juni und August 92 führten sie eine große und erfolgreiche Tournee durch die neuen Bundesländer durch. Am 15. August überfielen Rechtsradikale die Band, demolierten ihren Bus und verletzten den Gitarristen schwer. Im September und Oktober 1992 erholten sie sich von dem Schrecken mit einer ausgedehnten Tournee durch Italien. Mit neuer Besetzung nahmen sie 1993 die Live-CD »Die Kinder spielen weiter« im Berliner Knaack-Club auf, die 1995 von BuschFunk veröffentlicht wurde. Im November 93 stellten sie den Engländern ihr Programm vor und im Juli 1994 waren sie in Skandinavien unterwegs, bevor sie die CD »Golem« einspielten. Inzwischen veranstalteten sie eigene Festivals wie das Open Air Festival Hohenlobbese. Im März 96 erschien dann die CD »Steil & geil«, mit der sie unterwegs waren, bis sie im Februar 97 ihr zwanzigjähriges Bestehen feiern durften. Das bislang letzte Werk erschien 1998 unter dem Titel »Land unter« – daß sie nach über 20 Jahren immer noch jung und aggressiv geblieben waren, bewiesen Titel wie »Tamagotchi«, »Nichts wird so sein wie es einmal war« und »Du willst Kunst du kleines Schwein«.

Discogr.: (Auswahl):Live in Ketzin (1983, BuschFunk), Die Kinder spielen weiter – live (1992, BuschFunk), Wenn der Wind sich dreht (1995, BuschFunk), Steil & geil (1996, BuschFunk), Landunter (1998, BuschFunk); Video: 20 Jahre Bewegung (1997, BuschFunk). Kontakt: Powerhouse, Siegmar Treffkorn, Bergsteinweg 46a, 31337 Hildesheim, T/F: 05121-23484. E-Mail: powerhouse@t-online.de

FRIEND'N'FELLOW

Constanze Freund (voc),
Thomas Günther (g)

Nach Goethe, Schiller, Herder, Wieland, Liszt, Lucas Cranach und Nietzsche kann Weimar nun auch mit Friend'n'Fellow aufwarten. Seit 1987 sang Constanze Freund in der Blues-, Funk- und Soulband Mr. Adapoe. Mit der Gruppe bestritten sie zwar das Vorprogramm von James Brown und Alvin Lee, aber größere Erfolge wollten sich nicht einstellen. Nach der Auflösung von Mr. Adapoe 1991 traf Constanze auf Thomas Günther. Der klassisch ausgebildete Gitarrist hatte bereits mit einigen Orchestern die Welt bereist und für seine Vorträge verschiedene Preise gewonnen. Da sie sich musikalisch und menschlich gut verstanden, beschlossen sie, zukünftig gemeinsam als Duo zu arbeiten. Mit seiner Technik spielte Thomas auf der Gitarre Melodie und Rhythmus gleichzeitig und schuf damit den Hintergrund für Constanzes Vokalarrangements. Zwischen 1991 und 1995 schrieben sie eigene Songs und traten mit Blues, Funk, Jazz, Barjazz und Soul in vielen kleinen Clubs auf, in denen sie auch ihre ersten Fans fanden. Ihre 1995 in Eigenregie aufgenommenen CD »Fairy Godmother«, die sie in ihren Konzerten verkauften, enthielt einige dieser Lieder. Der Produzent Thomas Ruf verpflichtete sie für sein Label Ruf Records und stellte den Kontakt zur Blueslegende Luther Allison her, der das Duo 1996 für einige Auftritte seiner Europa-Tournee verpflichtete. Dabei holte der Altmeister zum Ende seiner Gigs die beiden Musiker zu sich auf die Bühne, um mit ihnen gemeinsam zu spielen. Auch später blieben sie in Kontakt und Luther Allison sang auf der 97er CD »Home« zusammen mit Constanze das Titellied und produzierte ein weiteres Stück. Als Luther Allison im August 97 verstarb, erklang der Friend'n'Fellow-Song »Friend Of Mine« zu seiner Beerdigung. Sein Sohn Bernard Allison lud sie zu seiner »Luther Allison Memory Tour« im Winter 97/98 ein. Danach begannen sie mit der Produktion des nächsten Albums »Purple Rose«, das im November 98 erschien und das sie ihrem verstorbenen Freund widmeten. Darin enthalten war der Song »Colours«, bei dessen Aufnahmen sie erstmals ein Keyboarder und ein Schlagzeuger unterstützte. Nach der Veröffentlichung stellten sie ihr Werk in Deutschland, der Schweiz, Frankreich und England vor. Tag McLaren Audio, die schon früher den Titel »This Love« für ihre MusicAvantgarde-Test-CD ausgewählt hatten, präsentierten »Purple Rose« zusammen mit der F3-Serie auf der High-End-Show vom 17.- 20. September 99 in London. Für die CD erhielten sie

viel Lob in der Presse und eine begeisterte Rezensentin schrieb besonders schön: »Diese Stimme hüllt einen in Watte, streichelt die Seele, tröstet für einen Abend über den beginnenden Winter hinweg.«
Discogr.: Fairy Godmother (1995, Eigenregie), Home (1997, Ruf/In-akustik), Purple Rose (1998, Ruf/In-akustik). Kontakt: Ruf Records, Kirchstr. 24, 37318 Lindewerra, F: 36087-92211

FRONTEARS
Matthias Henke (voc/g), Jens Kramer (g), Stefan Krunkenberg (b), Tim Erasmi (dr)
Die Bremer Frontears bestehen seit 1994. Ihre ersten Demo »Nothing Left To Change« entstand noch unter dem Namen Neverland, doch da es in den Staaten eine Gruppe gleichen Namens gab, wurde eine Umbenennung notwendig. 1998 stellten die Frontears ihr Debüt »Dream Healer« in die Läden und waren vom Erfolg ihres ambitionierten progressiven Rockalbums überzeugt. Doch leider erfüllten sich ihre Erwartungen nicht. Ein Jahr später veröffentlichten sie ihre zweite CD »Pull Push Power« mit melodischem groovigem Rock und eingängigen Refrains, die mit »Fooled« einen Titel enthielt, der auch im Radio gesendet und auf die Hammer-CD im September 99 gepreßt wurde. Heike Grebita von Backslash hatte mit ihrer Stimme und Peter Hummel mit seinem Keyboard zum Gelingen des Werks beigetragen. Diesmal waren die Verkäufe so ermutigend, daß die Bremer sogleich Material für ein drittes Album erarbeiteten.
Discogr.: Dream Healer (1998), Pull Push Power (1999, Black Arrow/Point Music). Internet: www.frontears.com

FRUIT
Bertil Mark (dr/perc), Catenia Quentin (voc), Frank Rill (g), Mark Rill (b), Andreas Velte (keyb/Fx/Noises), Christian Walter (keyb/Fx/Noises)
Die Mitglieder der Frankfurter Popband kennen sich zwar seit der Grundschule, sammelten aber unterschiedliche musikalische Erfahrungen. Die Brüder Frank und Mark Rill kamen von der Gitarrenfraktion, die seit langem befreundeten Andy Velte und Chris Walter übten seit ihrer Kindheit auf der Orgel und ließen sich von Techno faszinieren, Catenia Quenlin liebte Barbara Streisand und stand mit 17 erstmals auf der Bühne, war aber nie Mitglied einer Gruppe, und Ber-

Friend'n'Fellow

til Mark hatte bereits Stationen wie → Be, Headcrash und Fritten & Bier hinter sich gelassen. Musikalisch fanden sie 1997 zusammen, um gemeinsam einen modernen Popsound zu kreieren, der einerseits die Melodie nicht vernachlässigte, andererseits moderne Elemente wie TripHop und Elektronik einbezog. Nach der Produktion eines Demos mit vier Titeln gingen sie daran, ihren Sound auch live umzusetzen, worunter sie auch einige Auftritte 1998 im Vorprogramm der → Lemonbabies absolvierten. Dabei achteten sie darauf, daß auch die elektronischen Parts direkt auf der Bühne remixt wurden und immer Raum für Improvisation blieb. Mit der Single »Mr. Strawberry« gaben sie im Oktober 98 ihren Einstand in der Musikszene. Im Frühjahr 1999 war die Frucht reif für das erste Album »Exposures Left«, das alternativ eingesetzte, teils verzerrte und teils rockige Gitarren, psychedelische Elemente und Ausflüge in die Elektronik vereinte. Für das Debüt, das sie mit Ausnahme der Single »Wondergirl« ohne fremde Hilfe und ohne Zeitdruck im eigenen Studio aufgenommen hatten, ernteten Fruit viel Lob. Das Fachblatt wählte »Exposures Left« zum Album des Monats. Ein Extralob erhielt die Sängerin Catenia Quentin für ihre laszive Stimme. Nur mn von ME/Sounds vergab nur 1 der 6 Punkte und fand »Exposures Left« »sehr interessant. Klingt gut, sagt aber nichts. Modern, soundtechnisch voll auf der Höhe, international konkurrenzfähig, aber bei näherem Betrachten ein klanggewordenes Vakuum. Musik wie am Fließband der Musikindustrie produziert.« Im Gegensatz zu diesem Kritiker hatte es Feedback nicht nötig, sich auf Kosten einer jungen Band zu profilieren und vergab 8 der 10 Punkte. Auch Sascha Krüger stellte fest: »Und auch das nun vorliegende Debütalbum ist für hiesige Verhältnisse ziemlich ungewöhnlich geraten, denn die Mixtur aus Popsongs mit Gitarren und einem umfangreichen Angebot an zeitgeistgemäßer Elektronik hat man hierzulande so noch nicht vernommen.« Zillo schrieb über einen Auftritt: »Betritt Catenia die Bühne, summt die Halle vor Spannung und Charisma. Ihre Stimme wie ihre Songs packen die Hörer da, wo er sich am wenigsten wehren kann, um ihm dann das Herz rauszureißen. Früher nannte man so eine Gabe Soul, Gefühlszustände in Worte zu fassen.« Allerdings tauchten bei Fruit immer wieder Vergleiche mit Garbage und Björk auf, was die Band zwar als Lob empfand, eine Ähnlichkeit wollten sie aber nicht bestätigen. Für den Vertrieb des Albums konnten sie den Major EMI gewinnen.

Discogr.: Mr. Strawberry (1998, MCD – EMI), Firewalker (1999, MCD – EMI),, Exposures left (1999, EMI), Wondergirl (1999, MCD – EMI). Kontakt: Fruit c/o EMI Electrola, Maarweg 149, 50773 Köln

F.S.K. (FREIWILLIGE SELBSTKONTROLLE)

Justin Hoffmann (g/voc/keyb/p/org/acc), Thomas Meinecke (Hawaii-g/g/Kornett /dr/voc), Michaela Melian (b/g/v/org/voc), Carl Oesterhelt (dr/perc/Bongos/voc), Wilfrid Petzi (g/mand/tb/voc)

Die Zensur findet nicht statt – die Freiwillige Selbstkontrolle versagt bei sich selbst, denn musikalische Einschränkungen gibt es bei ihnen nicht. Vier Mitglieder des Untergrundmagazins Mode & Verzweiflung gründeten 1980 in Mün-

F.S.K. (Freiwillige Selbstkontrolle)

chen die Gruppe F.S.K. Noch im selben Jahr nahmen sie die EP »Freiwillige Selbstkontrolle« auf und hatten in der Hamburger Markthalle ihren ersten Auftritt. Die 1981 erschienene LP »Stürmer« eroberte die Independent-Charts von San Francisco. Das Tondokument brachte ihnen den Ruf eines für die deutsche Intelligenz musizierenden Intellektuellen-Ensembles ein, das sich der elektrifizierten Weiterentwicklung dialektischer deutscher Liedtradition verschrieben hatte. Mit der 1983er LP »Ca c'est le blues« und dem 84er Werk »Underground« wandten sie sich der Bearbeitung des musikalischen deutsch-amerikanischen Erbgutes zu. 1985 bekamen sie die erste Einladung von John Peel zu einer BBC Session, der sechs weitere folgten. Bei der dritten Londoner John Peel Session spielten sie Versionen von vier Beatles-Songs. Auf dem Label Ediesta folgte die Veröffentlichung eines F.S.K.-Samplers »Continental Breakfast«. Dieser und die EP »American Sector« waren nur für den Markt in Großbritannien bestimmt. Die LP »In Dixieland« mit eigenen Titeln im Stil zeitgenössischer, transatlantischer Folklore erreichte bei der Bewertung des New Musical Express 8 1/2 von 10 Punkten und der Melody Maker wählte es zum Album der Woche. Der amerikanische Sender WTUL in New Orleans übertrug ein 60-minütiges Interview mit der Band. In England wurde eine Doppel-LP der BBC-Sessions von F.S.K. veröffentlicht. Die nächste LP »Original Gasman Band« nahmen sie in Eigenregie auf. Diese wurde in New Orleans auf Platz 5 der besten U.S. Indies gewählt. David Lowery (Camper van Beethoven/Cracker) produzierte im November/Dezember 1990 in den Staaten die neue CD »Son Of Kraut«, blieb gleich als Bandmitglied und brachte den Schlagzeuger Carson Huggins mit. Verstärkt durch Johnny Hickman tourte die Band als Septett im Mai/Juni 1991 durch Deutschland und Österreich, worüber auch der ORF 1 im Fernsehen berichtete. Carl Oesterhelt stieß als fester Schlagzeuger von den → Merricks zu F.S.K. Amerikanische Musikzeitschriften wie der »Rolling Stone« und »Billboard« lobten die neue Veröffentlichung »Nachkriegslieder« mit Songs aus dem geteilten Deutschland. Das Stück »Hitler Lives« erreichte in New York die Top Ten im »Artforum«, und Ed Ward bewertete das Album »Son Of Krauts« als Nr. 1 im »Memphis Rock'n'Roll Disc Magazine«. In Austin/Texas wurden 3 Shows absolviert. Weitere US-Konzerte folgten. 1993 spielte F.S.K. erstmals in Prag und wurde von Radio 1 zu einem Live-Interview eingeladen. Anschließend bestachen sie auf einer ausgedehnten US-Tournee. Die Alben »The Sound Of Music« und »International« veröffentlichten sie auf beiden Seiten des Atlantiks. Erstmals konnten sie das Album bei der Sendung »Live aus der Alabama« im 3. Fernsehprogramm des Bayerischen Rundfunks vorstellen. Dann entdeckten sie ihre Begeisterung für elektronische Musik und deren repetitive Soundstrukturen und nahmen 1998 mit »Tel Aviv« ein Album zwischen Jazz, Rock, Disco und Elektronik auf. Dazu Peter Lau: »Zwangsläufig erinnert die Musik an moderne Bands wie Genf, Stereolab, an Krautrock und Elektro aus anderen Sphären. Sie alle haben sich von dieser Musik beeinflussen lassen, von der letzten Utopie, Vision, Zukunft, die wir hatten.«

Discogr.: Freiwillige Selbstkontrolle (1980, EP), Teilnehmende Beobachtung (1981, EP), Stürmer (1981), Ca c'est le blues (1983), Underground (1984), Last Orders (1985, EP), Continental Breakfast (1987, Ediesta – Import), American Sector (1987, Red Rhino – Import), In Dixieland (1987), Original Gasman Band (1989), Double Peel Sessions (1989, Strange Fruit – Import), Son Of Kraut (1990, Sup-up), International (1996, Sup-up), Tel Aviv (1998, Sup-up). Kontakt: Amigos de F.S.K. c/o Melian, Moosweg 2, 82547 Eurasburg, F: 08179-5970. E-Mail: promo@diskob.com • Internet: www.subup.com

FÜNF IM GRÜNEN BETT
Jim Berlin (voc), Norberto (b), Hendrik Winkels (g), Daniel Selbersüss (p, org, keyb), Steff Jungen (dr)

Alle unter 18 dürfen ohne schlechtes Gewissen weiterlesen. Denn bei »Fünf im Grünen Bett« handelt es sich nicht um die männlichen Pendants zu Rockbitch, sondern eine Gruppe aus Trier, die laute, deutsche Rockmusik, lt. eigener Aussage Retrohardpop, spielt und keine Schnurrbärte trägt. Nach ihrer Gründung 1995 wurden sie gleich Sieger des SWF 3-Rookie-Wettbewerbs, spielten auf dem New Pop Festival in Baden-Baden und waren Support auf der Tour der Stranglers. 1996 nahmen sie im Studio der Can eine Demo-CD auf und vermehrten ihren Ruf durch Auftritte beim Euro-Pop-Festival in Freiburg, auf der SWF 3-Bühne beim Rheinland-Pfalz-Tag vor 3.000 Zuhörern sowie beim Open-Air in Balingen (mit David Bowie) vor 25.000 Zuschauern. So nahmen sie ihr zweites Demo im Tritonius Studio in Berlin auf. 1997 produzierten sie dann ihre erste offizielle CD »Oszillator 2«. Dazu schrieb Feedback: »...liefern mit ihrer CD ›Oszillator 2‹ sechs Klasse-Songs zwischen modernem Pop, straightem Rock und Alternativ-Sounds. Dazu gibt es eindrucksvollen Gesang und intelligente Texte, die den alltäglichen Wahnsinn in kleinen, treffenden Geschichten verarbeiten.« Der Titelsong erschien auf der Begleit-CD der Zeitschrift Soundcheck, in welcher die Band ausführlich vorgestellt wurde. Ihr größtes Konzert 1997 lieferten sie vor 4.000 Zuhörern beim Rock am See-Festival in Losheim/Saar. Das Jahr 98 beinhaltete Konzerte mit den → Guano Apes und → Vivid beim Wallsbühl Open-Air in Flensburg und mit → Bell Book & Candle auf der SWF 3-Bühne. Mit ihrer nächsten CD erklärten sie uns dann »Die Bedeutung von Sex«. Hierbei waren die Texte ironischer als beim Vorgänger und die Musik bewegte sich zwischen NDW

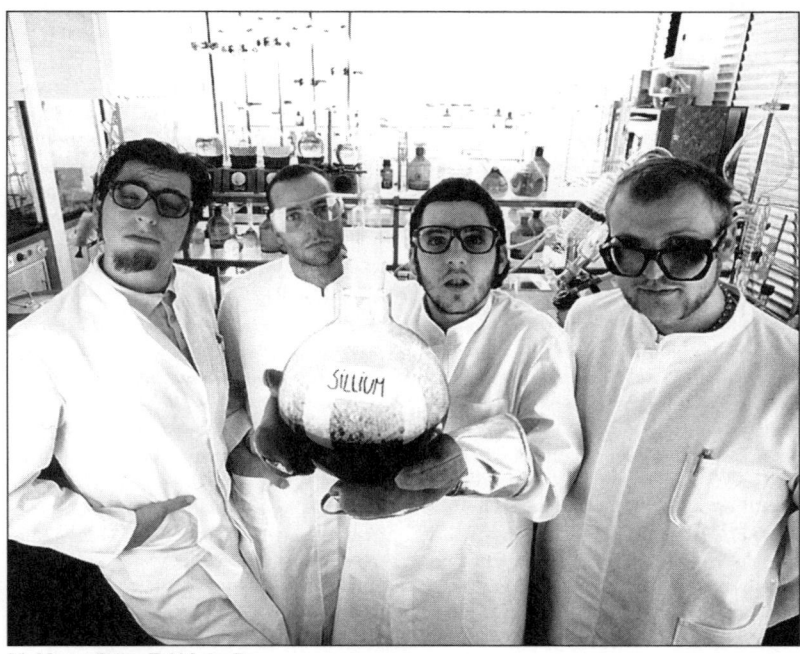

Fünf Sterne Deluxe/Tobi & das Bo

und klassischem Rock. Sie enthielt eine deutsche Version des Klassikers »Louie Louie« und eine Neuauflage von Ideals »Blaue Augen«. Im Herbst begaben sie sich mit der CD auf Clubtour. Ob zuviel Sex im Spiel war, daß sie sich eine dreimonatige Winterpause gönnten, bleibt ungeklärt, jedenfalls waren sie ab März 99 wieder frisch für neue Termine.

Discogr.: Oszillator 2 (1997, Skywalk Records IC), Die Bedeutung von Sex (1998, Skywalk Records IC). Kontakt: Fünf im Grünen Bett, Albanastr. 20, 54290 Trier, Fax: 0651-3089596. E-Mail: 5@trier-web.de • Internet: 5.trier-web.de

FÜNF STERNE DELUXE/TOBI & DAS BO

Tobi Tob (Beats & Raps), Bo (Rap & Beats), DJ Coolman (Cuts & Beats), Marcnesium (Stimmen & Bilder)

»Der Deutsche an sich reagiert allergisch auf Musik und diese Reaktion ist Humor – das ist meine Theorie ... aber die ist Quatsch«, so lautet ein Statement von Bo gegenüber der Zeitschrift WOM. Ernster gemeint ist ihr Motto: »HipHop braucht kein Mensch, aber Mensch braucht HipHop.« Das versuchen sie uns seit 1992 beizubringen. Tobi war Gründungsmitglied der Rapper → Fettes Brot, bevor er 1994 mit Bo das Duo Tobi und das Bo gründete. Das Debütalbum »Genie und Wahnsinn liegen dicht beieinander« wird auf 2 LPs veröffentlicht. Ihre Singles »Da Racka« und »Morgen geht die Bombe hoch« rotierten auf Viva und MTV. Mit der gemeinsam mit Fettes Brot aufgenommenen Single »Nordisch by nature« belegten sie Platz 17 der Single-Charts. Die EPs »Wir sind die Besten« und »Ist mir egal« festigten ihren Ruf als Rap-Clowns. Der Workaholic Tobi produzierte und mixte noch für die → Fantastischen Vier, Fettes Brot und Blümchen. Im Oktober erschien die CD »Genie und Wahnsinn (Wir sind die Bests of)«. Um vom Image des Blödel-Raps loszukommen, schlossen sie sich mit DJ Coolman und Marcnesium zu Fünf Sterne Deluxe zusammen. Einen Stern gab es für jedes Gruppenmitglied, der fünfte Stern war frei interpretierbar. DJ Coolman kam vom TripHop-Projekt »Visit Venus« und war und ist Betreiber des Labels Hong Kong Records. Marcnesium war Artworker für Fettes Brot, Fischmob, Eins Zwo usw. und Mitglied des Projekts »Adolf Noise«. Schon die Maxi-CDs »Fünf Sterne deluxe« und »Willst du mit mir geh'n« sorgten für Aufsehen. Doch das Album »Sillium« schlug wie eine Bombe ein. ME/Sounds ernannte es zum Album des Monats und fand nur einen Tiefpunkt. Auch wenn sie sich vom reinen Kalauer entfernt hatten, legten sie viel Wert auf Humor und Wortwitz. Live waren sie auf dem Rock am Ring Festival ebenso vertreten wie auf der Warped Tour, spielten in Österreich und der Schweiz, und in Deutschland war die Tour ausverkauft. Über ein Konzert im Backstage schrieb ME/Sounds: »Das ist fetter HipHop – zu Zeug wie ›Dein Herz schlägt schneller‹ und ›Fünf Sterne deluxe‹ hüpft nicht nur der B-Boy – München geht ab – und ab – und ab. Bis alle Hypophysen offenliegen.« 1999 produzierte Tobi die erste CD von Ferris MC, Das Bo bereitete ein Solo-Album vor, DJ Coolman veröffentlichte das 2. Album von Visit Venus und Marcnesium arbeitete als Artworker. Zum Jahresende erschien von Fünf Sterne Deluxe die Single »Ja, ja...deine Mudder« und »Könnt ihr ma bidde eure Hände hochwerfen für uns« und »Neo now«.

Discogr.: Tobi & das Bo: Genie und Wahnsinn liegen dicht beieinander (2 LPs, Yo Mama's Records), Genie und Wahnsinn liegen dicht beieinander (Metronome); Fünf Sterne Deluxe: Sillium (1998, Yps), Sillium instrumental (1998, 2 LPs – Yps), Ja, ja...deine Mudder (1999, CD-Single/12"-Vinyl – Yps). Kontakt: Yo Mama's Records, Große Johannisstr. 13, 20457 Hamburg, T: 040-3741280, F: 040-374128-28. Internet: www.yomama.de

FUNKER VOGT

Bereits mit der ersten Veröffentlichung von 1997 »Thanks For Nothing« gewannen Funker Vogt aus Hameln viele Freunde in der EBM-Szene. Ihr Album »Execution Tracks« schaffte 1998 den internationalen Durchbruch. Auf dem Zillo-Festival beschäftigten sie die Headbanger und verbreiteten mit erhöhter Beatfrequenz und Refrains zum Mitsingen Party-Stimmung. Beim bisher letzten Werk »The Remix Wars Vol. 4« nahmen sich die beiden Bands Funker Vogt und Velvet Acid Christ aus den Staaten jeweils drei Titel der anderen Gruppe vor, um diese zu remixen. Im Frühjahr 2000 erschien nach längerer Pause das nächste Studioalbum unter dem Titel »Maschine Zeit«.

Discogr.: Thanks For Nothing (Zoth Ommog/Edel), We Came To Kill (Zoth Ommog/Edel), Killing Time Again (Zoth Ommog/Edel), Execution Tracks (Zoth Ommog/Edel), The Remix Wars Vol. 4 (mit Velvet Acid Christ – Off-Beat/SPV), Gunman (2000) MCD – Bloodline/Connected, Maschine Zeit (2000) Bloodline/Connected. Kontakt: Repomanagement/Firefly Promotion F: 06027-4299017. E-Mail: Repomanagement@aol.com • info@bloodline.de • Internet: www.bloodline.de • Internet: www.spv.de

FURY IN THE SLAUGHTERHOUSE

Kai Wingenfelder (voc), Thorsten Wingenfelder (g), Christof Stein (g), Gero Drnek (keyb), Rainer Schumann (dr), Christian Decker (b)

Deutschlands erfolgreichste Gitarrenpowerpopband startete 1987 in Hannover mit der in Eigenproduktion aufgenommenen Single »Time To Wonder« und einigen Konzerten, mit denen sie sich rasch den Ruf von Lokalhelden erwarben. Ein Jahr später organisierten sie selbst eine Tournee durch 150 deutsche Clubs. Im Anschluß daran veröffentlichten sie das langerwartete Debüt »Fury in the Slaughterhouse«. Mit den folgenden Alben »Jau« und »Hooka Hey«, das sich 18 Wochen in den Charts hielt, ging ihr Weg ständig bergauf. Auch die Single »Trapped Today Trapped Tomorrow« stieg auf Platz 55 der Airplay-Charts. Die Stimmung ihrer Auftritte gab das im Hannoveraner Capitol aufgenommene Album »Pure Live« von 1992 wieder. Mit ihrer Single »Radio Orchid« aus dem Album »Mono« erreichten sie erstmals die Single-Verkaufscharts. Auf »Mono« fand sich nochmals der Titel »Won't Forget

Fury in the Slaughterhouse

These Days«, eine Britpop-Nummer, die schon auf dem Debüt und dem Live-Album zu hören war. Diese Neueinspielung fand die Aufmerksamkeit von RCA/New York, die die Furys als beste englischsprachige Band Deutschlands in ihr Programm aufnahmen und ihnen eine Tournee durch die Vereinigten Staaten ermöglichten. Den bisher größten Single-Hit erzielte die Gruppe mit dem Cover des McGuiness-Flint-Hits »When I'm Dead And Gone«, der mit Led-Zeppelin-Drum-Samples erweitert wurde. ME/Sounds hörte mit Mono »das mit Abstand bislang interessanteste Fury-Album. Und eine Stimme wie die von Kai-Uwe gibt es in diesem unserem Land sowieso kein zweites Mal.« Durch ihre ständige Präsenz auf der Bühne mit durchschnittlich 150 Auftritten pro Jahr blieb die Formation im Gespräch, was zur Folge hatte, daß die CD »The Hearing And The Sense Of Balance« bis auf Platz 10 der Sales-Charts stieg. Dieses Mal hatten sie sich ganz vorsichtig dem Techno und Hip-Hop geöffnet. Während der Aufnahmen in Spanien zum nächsten Album »Brilliant Thieves« hielten die Furys mit ihren Fans dadurch Kontakt, daß sie täglich Neuigkeiten auf einer Internetseite der eigenen Homepage veröffentlichten. Nach der Veröffentlichung stieß »Brilliant Thieves« mit seinem Stadionrock bis auf Platz 3 der deutschen Charts vor. Diesen Erfolg feierten sie mit ihren Fans auf der Frühjahrstour 97 auf 24 Konzertbühnen in ganz Deutschland. Nebenbei beschäftigten sich die Brüder Wingenfelder unter dem Namen »Little Red Riding Hood« noch mit einem Nebenprojekt, um Songs einzuspielen, die sie mit Fury nicht veröffentlichen wollten. Befürchtungen, daß diese Tätigkeit Einfluß auf Fury in the Slaughterhouse nehmen könnte, bestätigten sich nicht, wie die Herausgabe von »Nowhere...Fast« 1998 bewies. Beim dreitägigen Fest zu der Senderfusion von SWF und SDR spielten sie mit Heather Nova, → Guano Apes und Herbert Grönemeyer vor mehr als 50.000 Besuchern. Nach zehn Jahren im Business hatten die sechs Hannoveraner mehr als 2,5 Millionen Tonträger verkauft, mehr als 800 Konzerte gegeben sowie Goldene Schallplatten und Echo-Nominierungen erhalten. Ende des Jahres kam zum Jubiläum die Best-of-Doppel-CD »Super« heraus, die neben den obligatorischen neuen Titeln einen Live-Track und alle Hits enthielt, die neu eingespielt wurden, sowie Remixe von Mousse T. und Jens Krause. Nebenbei unterstützen Fury in the Slaughterhouse noch den Kreisklassen-Fußballverein SG Fulda und den SV Steingriff in Bayern und hoffen, damit keine Schwierigkeiten mit der FIFA zu bekommen.

Discogr.: Fury In The Slaughterhouse (1989, SPV), Jau (1990, SPV), Hooka Hey (1991, SPV), Pure Live (1992, SPV), Mono (1993, SPV), The Hearing And The Sense Of Balance (1995, SPV), Brilliant Thieves (1997, SPV), Nowhere...Fast (1998), Super/Best Of (1998, SPV). Videos: Clicksongs & Peppermint Stories (1991), Especially Ordinary (1997). Buch: Scheiss Rock'n'Roll. Kontakt: A.S.S. Concert & Promotion, Paalende 15, 22149 Hamburg, F: 040-67569930. E-Mail: info@ass-concerts.de • Internet: www.fury.de

GAMMA RAY

Kai Hansen (voc/g), Dan Zimmermann (dr), Dirk Schlächter (b), Henjo Richter (g/keyb)

Kai Hansen war eine der tragenden Säulen der Gruppe → Helloween, die er 1988 verließ, um eigene Wege zu gehen. Mit Dirk Schlächter und Ralf Scheepers schaute er unter dem Namen Gamma Ray weiter nach vorne. Gleich mit ihrem ersten Album gewannen sie weltweit die Freunde des melodischen Metal und erreichten in Japan die Top 20 Charts. Selbstverständlich stellten sie ihr Programm auch live weltweit vor. Nachdem sie im Herbst 1990 noch die EP »Heaven Can Wait« eingespielt hatten, brachten sie 1990 ihr zweites Album »Sigh No More« heraus, das ähnlich erfolgreich wie das Debüt abschnitt. 1993 stand das nächste Werk »Insanity & Genius« in den Läden und mit Thomas Nack und Jan Rubach eine neue Besetzung auf der Bühne. 1994 bestritten sie als Support von Manowar eine Tour und wurden von Eric Adams als beste Vorband aller Zeiten gelobt. Mit der vierten CD »Land Of Free«, auf der Kai Hansen für Ralf Scheepers den Gesang übernommen hatte und das selbst von den Engländern als Killeralbum bezeichnet wurde, gingen sie 1995 auf Europa-Tournee. Das Ergebnis kann man auf »Alive 95« nachhören, die Stücke aus den Konzerten in Mailand, Paris, Madrid und Erlangen enthält. 1997 verabschiedeten sich Nack/Rubach wieder und wurden durch Henjo Richter und Dan Zimmermann ersetzt. Mit dem Album »Somewhere Out In Space« stiegen sie wieder in die deutschen und japanischen Charts ein und enterten auch die von Italien und Schweden. 1998 begannen sie mit den Arbeiten zum nächsten Werk. Als im Frühjahr 1999 »Powerplant« erschien, lieferten sie den Beweis, daß sie auch 1999 noch nicht ausgepowert waren. Sogar im Pet-Shop-Boys-Cover »It's A Sin« rockten sie kräftig. Auch die Käufer fanden genug Kraft, die Läden zu stürmen, denn die Scheibe zog wieder in die deutschen Charts ein. Feedback vergab dafür 9 Stromaggregate und fand vier Jahre nach den Engländern sein Killeralbum. Egal, Hauptsache, es killt.

Discogr.: Heading For Tomorrow *(1989, Modern Music Records),* Heaven Can Wait *(1990, EP – Modern Music Records),* Sigh no more *(1991, Modern Music Records),* Insanity And Genius *(1993, Modern Music Records),* Land Of The Free *(1995, Modern Music Records),* Alive 95 *(1996, Modern Music Records),* Silent Miracles *(1996, EP – Modern Music Records),* Somewhere Out In Space *(1997, Modern Music*

Gamma Ray

Records), Power Plant (1999, Modern Music Records). Kontakt: The Gamma Ray Shizoid Clan c/o Sebastian Vollmer, Hermann-Rommel-Str. 48, 72336 Balingen, T/F: 0621-21304093. E-Mail: GAMMARAY.SCHIZOIDCLAN@T-ON LINE.de • Internet: home.t-online.de/ home/ gammaray.schizoidclan/index.htm

GANZ SCHÖN FEIST

Mathias Zeh (voc), Rainer Schacht (b/g/voc), Beo Brockhausen (s/acc/harm/ Querflöte/perc/Maultrommel/voc)

Die Göttinger Ganz Schön Feist beleben mit ihrer Pop-a-cappella-Comedy seit 1991 die einheimische Szene. »Minimale Musik, aber maximale Worte« lautet ihr Motto, wobei ihre Musik durchaus groovt, auch wenn der Rhythmus durch Fingerschnipsen oder Plastiktüten erzeugt wird. Mit ihrer Fassung des Rio-Reiser-Hits »König von Deutschland« und vor allem mit »Es ist gut wenn du weißt was du willst« erhielten sie Dauereinsatz im Rundfunk, der ihnen später für »Ich will immer nur ficken, immer nur ficken mit dir« allerdings verwehrt wurde. Aber nachdem Ganz Schön Feist in erster Linie als Live-Act gedacht war, der sich über alles lustig machte, konnten sie dies leicht verkraften, zumal gerade dieser Titel oder ähnliche wie z. B. »Das Ding« in der Publikumsgunst ganz oben rangierten. Für ihre Shows erhielten sie schon mehrere Auszeichnungen wie z.B. im Jahr 1998 den renommierten Kleinkunstpreis »Prix Pantheon«. Ganz Schön Feist sind eine Band, die man unbedingt live sehen sollte, obwohl es ihnen besser als vielen anderen Acts dieses Genres gelang, hörenswerte Platten einzuspielen. Auf ihrem letzten Album versprachen Ganz Schön Feist 1999, daß sie auch in Zukunft »Schöner, Feister, Ganzer« bleiben wollen.

Discogr.: (Auswahl): Pille Palle (1996, Stockfisch/Zomba), Gänseblümchen (1998, Sony Music), Schöner, Feister, Ganzer (1999, Roof/Tacheles/Indigo). Kontakt: Roof Music, Tacheles, Prinz-Regent-Str. 50-60, 44795 Bochum, F: 0234/770049. E-Mail: mail@ roofmusic.de

GASOLINE MC

*Daniel Schulz (voc),
Marco Benhagen (g/voc), Andreas Puchebuhr (b/voc), Sebastian Wolf (dr)*

Die Bad Grunder Band Gasoline MC ging 1995 aus Mitgliedern der schon erfolgreichen Gasoline und den Hammersmashed Faces hervor. Mit dem neuen Line-up erfolgte auch ein radikaler Stilwechsel zu einer Mixtur aus Rock, Metal und Funk. 1996 gelang es ihnen, mit Titeln aus der selbstproduzierten CD »Frauchen/The Weirdness Of Human Being« bei verschiedenen Rundfunkanstalten Airplay zu bekommen (Radio SAW/Radio ffn/MDR-Sputnik). Das Cover wurde von der Band selbst erstellt und war enorm zeitaufwendig. Beispielsweise schrieben sie die Texte ihrer Songs auf Fliesen und fotografierten diese ab. Anschließend säuberten sie diese in vielen Stunden und beschrieben sie erneut. VH 1 und DRMV produzierten den Sampler »Rockbilanz 96« und in der Endabrechnung waren Gasoline MC mit dem Titel »Mad Acting Peacock« vertreten. High Gain veröffentlichte die CD »Flammable«, die wiederum verschiedene Rundfunkeinsätze erhielt. Über die CD schrieb Breakout: »Ihr eigenpräg-

Ganz Schön Feist

ter Multicore, der in seiner Vielseitigkeit von atmosphärischen und ruhigen Stücken bis hin zu knochenharten (Abused), aber auch funkigen Songs (Mad Acting Peacock) reicht, schleicht sich problemlos in die Hörgänge. Mit den bissig-ironischen, provokanten Textinhalten und einer angenehm krassen Live-Show heben sich Gasoline MC auffällig vom Rest der unzähligen Hardcore-Bands ab.« Live bestachen sie in Konzerten mit Saxon, Mr. Ed Jumps the Gun, Vivid und vielen mehr. Bei der Teilnahme an der Hamburger Bandfactory erhielten sie den Sonderpreis der Jury. 1998 waren sie mit dem Schreiben neuer Songs beschäftigt, die auf dem Demo »05327/3111« landeten. Nach verschiedenen Open-Airs im Sommer u.a. mit → Fury in the Slaughterhouse und den → Bates gingen sie im Winter 98/99 und Frühjahr 99 auf Clubtour durch die nördlichen und die neuen Bundesländer. Dabei bestritten sie mehrere Auftritte als eigene Vorband. Sie traten als MC Doors mit Coversongs ihrer Vorbilder – The Doors – auf. Beim Festival »Rock im Teufelstal« in Bad Grund wollten 1.000 Interessierte den Auftritt der Lokalmatadoren sehen. Neue Songs wurden eingespielt und das Demo »05327/3111 – Vol. 2« produziert. Die Pleite der Plattenfirma verhinderte ein früheres Erscheinen dieser Songs auf CD, wobei die Band glaubhaft versichert, an dem Konkurs nicht Schuld zu sein. In der Walpurgisnacht zogen Gasoline MC rund 2.000 Musikfans an und im Seesener Beobachter war zu lesen: »Höhepunkt des Abends war der Auftritt von Gasoline M.C., deren Auftritt durch ein Intro, bestehend aus einer Mischung aus Techno und Harzer Folklore, eingeleitet wurde. Die Show rief wahre Begeisterungsstürme hervor, und erst nach drei Zugaben durften Gasoline MC die Bühne verlassen.« 1999 gewannen Gasoline MC den Publikumspreis der Finalvorrunde beim New-Sensation-Wettbewerb in Göttingen und erhielten von der Jury die Auszeichnung als beste Gruppe bei der niedersächsischen Bandfactory. Für ihre Fans und zur Unterstützung der Labelsuche spielte die Formation im Herbst 99 eine neue Demo-CD ein.

Discogr.: Frauchen/The Weirdness Of Human Being (1996, Eigenproduktion), Flammable

Gasoline MC

(1997, High Gain Records/Vertrieb: Arcade), Demo Bootleg 99 (1999, Eigenvertrieb). Kontakt: Gasoline MC, Clausthaler Str. 10, 37539 Bad Grund, T/F: 05327-3111. E-Mail: andreas.puchebuhr@t-online.de • Internet: www.gasoline-mc.de

GAUTSCH – JOHNNY MIX COMBO

Gautsch ist ein netter Mensch, der nett über Verflossene redet, nett zu seinen Mitmenschen ist, nett über alte Zeiten plaudert, nette Songs für nette Menschen kreiert und besonders nett zu seinen Fans ist. Nachprüfen kann man das auf seiner Internet-Seite, die sich nett liest. Geboren ist er in Eutin (Schleswig-Holstein). Seine Jugend verbrachte er in Malente. Schon seine Eltern nahmen Kassetten auf und experimentierten mit eigenen Schnitten bei der Zusammenstellung. Dies inspirierte auch ihn und diese Leidenschaft ließ ihn nicht mehr los. Seine zweite Leidenschaft hieß Fußball, wo er den Spitznamen »Gautsch« erhielt. Die dritte Leidenschaft war das Sammeln von Platten. 1986 wurde er Mitglied des Piratensenders NTG (Nico, TK, Gautsch). Nach Nicos Ausstieg benannten sie sich in EqualizeR um. Sie starteten eine neue Form der Hitparade, indem sie zu fertigen Instrumentals eigene Texte präsentierten wie »Du bist viel zu fett« (Who Needs Love Like This/Erasure) oder »Ich bin eine Maxi« (Atlantis Is Calling/ Modern Talking). Mit einem für die Sendung »Maxis Maximal« geschriebenen Jingle hatten sie in NDR 2 den ersten Radioeinsatz. Sie begannen jetzt richtig mit dem Zusammenschneiden von Beats, Sprüchen und Melodien und fertigten Falco-, Beatles- und Abba-Megamixe an. Der erste eigene Song »Bomb The House« entstand. 1988 erhielt Gautsch ein altes Tapedeck und nahm nun alleine, nachdem sein Partner das Interesse verloren hatte, die Kassetten »Groove Rap Mix Vol. 1 & 2«, den »Amadeus HipHop Remix« und viele weitere auf. Gautsch war fortan DJ auf vielen Parties. Mit seinem Freund Scheiti (Tschaiday) bastelte er an neuen Kassetten, die sie unter »Tschaiday & Gautsch« herausgaben. Es entstanden die ersten eigenen Songs, die der Öffentlichkeit zugänglich gemacht wurden wie »Party« oder »Twentie Bier«, wo sie Kumpels zu einem Besäufnis einluden und das Ergebnis entsprechend klang. Das erste 60-Minuten-Tape »Spießtum« beinhaltete lateinische, französische, englische und deutsche Zitate zwischen Eurotrash, House, HipHop und obskuren Klangcollagen. Weitere Tapes folgten und zu der MC »Bööh!«, wo harte Gitarren und Industrialeinflüsse auf Wave-Sounds trafen, erhielt Gautsch den ersten Fanbrief. Sie gaben auch Konzerte, die überwiegend in Jugendzentren stattfanden. Mit der MC »Schnauze« brachten sie ihr letztes Werk heraus. 1995 zog Gautsch zum Studium nach Münster. Vorher hatte er sich noch eine Sampling-Maschine gekauft und nahm das Tape »Samples unterm Sofa« auf, welches er nicht nur an Freunde verkaufte, sondern an Plattenfirmen verschickte, die allerdings kein Interesse zeigten. Dann lernte er Carsten Meyer kennen, eine Münsteraner Tastenlegende, und stieg in dessen Johnny Mix Combo als Sänger ein. Außerdem legte er mit zwei Freunden unter dem Namen »Hit Dezernat« in Münster Platten auf. Er erstellte 1996 ein neues Demo »Partysalat« und eine 7" »Ravemädchen/Wohin du willst«, worauf mehrere Angebote für einen Plattenvertrag eingingen. Den Zuschlag erhielt V 2 Records. Die meisten Songs zum ersten Album entstanden dabei im Studentenwohnheim. Am 27.4.98 veröffentlichte Gautsch die erste Single »Den Abend«, am 4.5.98 das Album »Gautsch«, im Juni das gefragte »Ravemädchen« und am 1.1.99 die 12" »König des Pop«. Der Rolling Stone zum Album: »Diese Platte möchte gar nicht modern sein. Und schießt sich so nebenbei ins Zeitlose. Sie gibt Auskunft über die subjektive Wahrnehmung eines 20irgendwas und das mittels tollblödem Gesingrappe, Querflöten, Gitarren, Scratches,

Keyboards und Simpel-Drum-Maschine (auch vom Flohmarkt offenbar) und Herr Gautsch macht es gründlich. Was ist richtig, was ist falsch? Diese Platte ist richtig falsch. Sie ist richtig gut, ein Hörspiel ohne Grenzen.« 1999 gab es mit Gautsch auch noch eine CD der Johnny Mix Combo. Bei Radio Eins präsentierte er jeden Mittwoch zwischen 0-1 Uhr unter »Gautsch & Chaos« ein eigenes Programm mit Titeln wie »Jesus und die CDU« und »Nimm doch keine Drogen«, wo überwiegend seltsame Stücke gespielt wurden, die inzwischen als verschollen galten. Live tritt Gautsch zusammen mit Pimpie Jackson (g/b) und Herrn Spin (dr) auf. Sein Ziel ist es, bei einem Gig alles zu geben, er erwartet aber auch, daß das Publikum sich auf das Spiel einläßt und ebenfalls alles gibt. Dann glaubt er, daß das Publikum mit dem Gefühl nach Hause geht, es hätte etwas Besonderes erlebt.
Discogr.: Wenn sie will/König des Pop (1997, 7" – Disko Gröhnland (mit Lotte Ohm), Ravemädchen (1997, 7" – Falling Down Records), Den Abend (1998, MCD & Maxi Single – V 2 Records), Gautsch (1998, V 2 Records), Ravemädchen (1998, MCD & 12" – V 2 Records), König des Pop (1999, 12" – Plattenmeister). Kontakt: V 2 Records GmbH, Leuschnerdamm 31, 10999 Berlin, F: 030-61502-111. E-Mail: info.berlin@v2music.com • Internet: www.gautsch.de

GEE STRINGS

Paul (b/voc), Bernadette (g), Jac (dr/voc), Ingi (ld-voc)
Die Köln/Aachener Formation Gee Strings hat sich zum Ziel gesetzt, die Tradition des klassischen Punk ihrer Vorbilder Ramones, Sex Pistols und Avangers nicht aussterben zu lassen. 1994 unter dem Namen »Der gelbe Sack« gegründet, spielten sie 1995 ihren ersten Gig. Nach dem Ausstieg der Bassfrau begaben sie sich auf Suche nach einem neuen Bassisten. Während dieser Zeit tauften sie sich in Gee Strings um. Nachdem sie einen Bassmann gefunden hatten, übten sie ein 90minütiges englischsprachiges Repertoire ein. Mit ihrem harten, fetzigen Sound und der Ausstrahlung ihrer Frontfrau Ingi machten sie sich nicht nur in der Szene einen guten Namen, sondern erregten auch die Aufmerksamkeit einiger Talentsucher. Das Label High Society International/Amöbenklang erhielt den Zuschlag. 1997 erschien die erste 10"-CD der Band unter dem Titel »The Gee Strings«. Die Untergrundpresse lobte das Album, wobei Hullaballoo ihnen sogar Chancen auf die Platte des Jahres einräumte und 3rd Generation Nation meinte: »Großartiger Punk & Roll brettert da ab. Im Einheitsbrei deutscher Bands kommen mir die Gee Strings wie die neue Offenbarung vor.« Aber nicht nur aus Deutschland erhielten sie Feedback, sondern Reaktionen kamen auch aus dem gesamten westeuropäischen Raum und den USA. In der Folgezeit bereicherten sie die Club-Szene und traten u.a. mit den Lurkers, Turbonegro, Steakknife, Dead Moon und Forgotten Rebels auf. Dann bereiteten sie 1999 ihre nächste CD vor, auf der sie sich als »Alternative Losers« bezeichneten – doch die Verlierer ge-

Gee Strings

wannen bei der alternativen Presse. Dazu OX: »Der Sound kommt brutaler daher als erwartet. Das Hi-Hat klingt teilweise wie ein undichter Gasherd kurz vor der Explosion und die Gitarre sägt gerade den Feuerlöscher von der Wand. Guckt euch mal die Gee Strings an und kauft denen gleich diese Platte ab.« Für den amerikanischen Markt brachten sie noch eine EP heraus, auf der auch exklusive Titel enthalten waren.

Discogr.: Gee Strings (1997, 10"-CD – High Society International/Amöbenklang), Alternative Losers (1999, High Society International/Amöbenklang). Kontakt: High Society International, St.-Petersburger-Str 4, 16107 Rostock, F: 040-3603080539. E-Mail: hsirecords@aol.com

GENTLEMAN (MR.)
alias Tilmann Otto

Der vom HipHop begeisterte Kölner Tilmann Otto kam erstmals im Alter von 15 Jahren richtig mit dem Reggae in Berührung, als ihm ein Freund aus dem Jamaika-Urlaub mitgebrachte Soundsystem-Tapes in die Ohren blies. Er ließ sich von den Sounds und Styles infizieren und zog mit 17 für sechs Wochen zu einer jamaikanischen Bauernfamilie in ein Dorf namens Point. Danach verdiente er sich in Köln durch Jobs in verschiedenen Kneipen und Bars das Geld, um sich einen weiteren Jamaika-Aufenthalt zu ermöglichen, da er sich zur Lebensweise der Insulaner hingezogen fühlte. Einige Zeit später gelangte er nach Montego Bay, wo er auch die Ghetto-Sounds kennenlernte. Zurück in Deutschland legte Gentleman bei seinen Darbietungen ein besonderes Augenmerk auf seine Botschaften und erlangte bald den Ruf eines Geheimtips unter den Dancehall-Vokalisten im deutschen Soundsystem Underground. Einen ersten Höhepunkt in seiner Karriere stellte ein Auftritt neben Ragga-Stars wie Beenie Man und Ninja beim Kwanzah-Festival in Kingston/Jamaika dar, der von Arte in der Fernsehreihe »Lost in Music« aufgezeichnet wurde. In Deutschland avancierte Gentleman zur festen Größe des Hamburger Silly Walk Soundsystems, das ihn kräftig förderte. Max von → Freundeskreis lud ihn ein, bei der Produktion eines Tracks mitzumachen und Gentleman schrieb die Chorus-Lyrics und steuerte die Singjay-Töne zu deren Erfolgsnummer »Tabula Rasa« bei. Bei dem Hit »Halt dich an deiner Liebe fest« war der Künstler erneut zu hören. Mit Hilfe vieler Freunde, darunter des legendären Sly Dunbar (Sly & Robbie), Jack Radics, Afrob usw., brachte Gentleman 1999 sein erstes Album »Trodin' On« auf den Markt, mit dem er positive Vibrationen und Emotionen vermittelte. Die von Richie Stephens produzierte Nummer »In The Heat Of The Night« erschien auch auf dessen Pot-of-Gold-Label in Jamaika. Im Februar und März 2000 führte ihn die Gentleman feat. Killin' Riddim Section »Trodin' On« Tour 2000 durch alle großen Städte Deutschlands. Vielleicht geht danach auch Gentlemans Wunsch in Erfüllung, vor 80.000 kreischenden japanischen Mädchen auftreten zu dürfen.

Gentleman

Discogr.: Trodin' on (1999, Four Music), In The Heat Of The Night (1999, MCD), Jah Jah Never Fall (1999, MCD). Kontakt: Four Music Productions, Mörikestr. 67, 70199 Stuttgart, F: 0711-96666-401. E-Mail: FourMail@compuserve.com • Internet: www.fourmusic.com

GESCHMEIDO

Philippe Frowein (g/voc), Stefan Schlachter (b), Franz Frowein(g/keyb/voc), Stefan Wittich (dr/perc)

Es ist nicht bekannt, ob Geschmeido Fastfood mögen. Ihre Meinung zu Hamburgern kennen wir auch nicht. Aber es ist sicher, daß sie kein musikalisches Fastfood mögen und nicht mit der Hamburger Schule verglichen werden wollen. Die Verwendung der deutschen Sprache, die Art des Gesangs und ihr Gitarrensound lassen jedoch Assoziationen vermuten. 1997 war das Geburtsjahr der Gruppe, die überall spielte, wo es Strom gab. Sie traten mit den Schweizer → Aeronauten auf, mit → Mike Watt und → Nick Cave & the Bad Seeds. Eine Demo-CD mit fünf Songs wurde aufgenommen. Die Zeitschrift Visions gab ihnen die Chance, das Stück »Grüngürtel« auf ihrer Kompilation 2/98 zu veröffentlichen. Auch auf der Komm-Küssen-Kompilation war der Titel zu finden. Ein weiteres Stück, »1000 Mark«, wuarde ein Konzerthit. Zwei Firmen boten Geschmeido einen Vertrag an, wobei Community aufgrund der besseren Produktionsmöglichkeiten den Zuschlag erhielt. Die CD »Zwischen den Mahlzeiten« wurde in Hamburg mit dem Produzenten Tobias Levin eingespielt. Am 5.3.99 fand im vollen Freiburger Jazzhaus die Plattentaufe statt. Anschließend folgte eine dreiwöchige Tournee. Allgemein gelobt wurde die technische Qualität, bemängelt hingegen ihre große Schüchternheit. Auf der CD präsentierten sie ihren eigenwilligen Humor: »Scheiße, meine Augen, fühlen sich an wie Holzkugeln, irgendwie schlecht geschmiert, folgen sie dem, was so passiert« (Scheiße meine Augen), »Oh Mutter Mutter näh mir ein Jackenfutter für die kalten Tage.« Aber Geschmeido sind auch ernsthafte Beobachter: »Ja auch hier gibt es Leute, die Rauschmittel verkaufen an S-Bahn-Sitzaufschlitzer und wenn du ihnen keine Kippe gibst, sagen sie Worte wie »Blöder Wichser« (Grüngürtel). Das Presse-Echo war überwiegend positiv. H.Fu. fragte: »Sind Geschmeido brillant oder berechnend, smart oder neunmalklug, geil oder scheiße?« Er gab selbst die Antwort: »Die Band ist zurückhaltend, überlegt, präzise, intelligent und besitzt eine gesunde Portion Selbstironie, die genau zu ihrer Musik passt.« Neben einer eigenen Tour trat Geschmeido bei großen Festivals wie »Rock am Ring« und »Rock im Park« in Nürnberg auf und bestritt das Vorprogramm von Pavement. Im Frühjahr 2000 nahmen sie das nächste Album in Angriff.

Discogr.: Demo-CD mit 5 Titel (1997), Zwischen den Mahlzeiten (1999, Community /Virgin). Kontakt: Verstärker – Prinz-Regent-Str. 50-60, 44795 Bochum, F: 0234-76796. Internet: www.coling.uni-freiburg.de/%7 Ecoling21/

GIANTS CAUSEWAY

Giants Causeway aus Ludwigshafen schweben zwischen Dark Wave und

Geschmeido

Gothic. 1995 brachte Swan Lake/Massacre ihre erste CD »Is There Any Way...« auf den Markt, der 1996 die CD »New Light« folgte. Unterschiedliche Standpunkte führten zur Trennung von ihrer Plattenfirma. Das Massive Management von → Crematory Drummer Markus Jülich übernahm die Gruppe, vermittelte sie dem Label Serenades, bei der sie 1998 »Destination: Insecure« aufnahmen und schickte sie mit → EverEve und Crematory auf Tournee. In ihrem dritten Album modernisierten die Giants ihren Sound und experimentierten mit Dance-Beats und Samples. Neu war die noch sehr junge Sängerin Karoline Hafke, deren Stimme mit der des männlichen Partners glänzend harmonierte und der Platte ihren besonderen Reiz gab.

Discogr.: *Is There Any Way (1995), New Light (1996, Swan Lake), Destination: Insecure (1998, NSM/Serenades), Is There Any Way (1999, WVÖ – Edel/Massacre). Internet: www.massacre-records.de*

GIGANTOR

Die Geburtsstunde der melodischen Punkrock-Band schlug 1991 in Hannover nach einem Treffen von Jens Gallmeyer (Der Moderne Mann/Rotzkotz/Channel Three) mit Nico Poschke (Three Chord Wonder). Zur Verwirklichung ihrer Wünsche, einige ihrer Lieblingssongs zu covern, fanden sie den Rubbermaid-Sänger Gagu, den Bassisten Jay Lansford und Drummer Heiko Bendlin. Im Laufe der Zeit veröffentlichten sie mehrere Alben, mit denen sie vor allem in Japan großen Erfolg hatten, wo sie 1995/96 auf Tour gingen und pro Abend um die 1500 Zuschauer begrüßen durften. 1997 traten sie beim → Ärzte-Tribut-Konzert in der Hamburger Freiheit auf, bei dem die Bravo-Redaktion auf sie aufmerksam wurde und ihnen daher eine Doppelseite widmete. Ein Jahr später spielten sie die Platte »The 100! Club« ein, die neben dem bewährten Powerpoppunkrock mit deutschen und englischen Texten auch akustische Einschübe enthielt und auf der der ex-Terry-Hoax Sänger Oliver Perau bei mehreren Titeln als Gast mitwirkte.

Discogr.: *It's Gigantic (1994, SPV), Magic Bozo Spin (1994, SPV), Atomic (1995, SPV), The 100! Club (1998, SPV); mit Baseball Annie: Impact (SPV). Internet: www.spv.de*

GIL

Gil, 1982 geboren, ist der musikbesessene Sohn des Altmeisters und ehemaligen Weltstars Abi Ofarim. Schon früh erlernte er das Gitarrespielen, wozu für den Linkshänder Spezialanfertigungen notwendig wurden. Er spielte ebenso gut Tennis wie Gitarre, entschied sich aber letztlich für die Bühne und gegen den Sandplatz. Bereits als Zehnjähriger trat er in der ARD-Fernsehserie »Ping Pong« auf. Durch eine Foto-Love-Story in der Zeitschrift Bravo ließ er erstmals die Herzen seiner jungen Fans höher schlagen. Schon von seiner ersten Single »Round' n'Round« verkaufte er mehr als 100.000 Exemplare. »Never Giving Up No« und »If You Only Knew« hießen seine weiteren Single-Erfolge. Aber auch sein erstes, von Leslie Mandoki produziertes Album »Here I Am« erreichte mit klassischen Rock- und Popsongs und einigen Balladen mühelos die Top 20 der deutschen

Gil

Charts. Neben Stimme und Gitarre überraschte er mit versierten Kompositionen. Bravo berichtete fast wöchentlich über den jungen Künstler und kurz nach dem Beginn seiner Karriere mußte er schon über 40 TV-Shows durchwandern. Anfang 98 gewann er bei der RHS-Gold-Verleihung den Titel als erfolgreichster Nachwuchsinterpret des Jahres 97. Für seine anschließende Deutschland-Tournee gaben mehr als 50.000 überwiegend jugendliche Zuschauer ihr Taschengeld aus und schon bald mußte die Familie aus ihrer Mietwohnung ausziehen, da die Dauerbelagerung der vorwiegend jungen weiblichen Fans den Hausfrieden störte. Während Gil sein erstes Album noch mit Hilfe einiger Studiomusiker einspielte, baute er für seine Auftritte auf eine feste Band, mit der er eine langfristige Zusammenarbeit plant. Neben Deutschland feierte Gil besonders im asiatischen Raum große Erfolge. Dort gehörten Gold und Platin zum Standard seiner Veröffentlichungen und ausverkaufte Stadien müssen nicht mehr besonders erwähnt werden. Im Juni 99 gab es als Vorbote seines neuen Albums den Titel »Walking Down The Line«, mit dem er bewies, daß er in die Fußstapfen von Bon Jovi treten könnte.

Discogr.: Round'n'Round (1997, MCD – BMG/RCA), Here I Am (1998), Never Giving Up Now (1998, MCD), If You Only Knew (feat. The Moffats) (1998, MCD), Talk To You (1998, MCD), Walking Down The Line (1999, BMG Ariola), Out Of My Bed – Still In My Head (1999, BMG Ariola), The Album (2000, BMG Ariola). Kontakt: Konzertagentur hand in hand concept, F: 08105-276588. Internet: www.bmg.de/gil

GIRLS UNDER GLASS

Volker Zacharias (voc/g), Hauke Harms (Electronics), Axel Ermers (comp./g)
Girls under Glass starteten 1986 in Hamburg und erkämpften sich in all den Jahren mit elf Alben einen Spitzenplatz im deutschen Untergrund. Dabei bewegten sie sich in den verschiedenen Spielarten des Gothic Rock, des düsteren Wave und der tanzbaren Electronic. Bei der Wave-Institution und den Lieblingen der Gothic-Szene gehört das Spiel mit atmosphärischen Melodien und harten Gitarren zusammen. Ihr erstes Album veröffentlichten sie 1988 unter dem Titel »Humus« und mit »Du Tier« sangen sie 1989 auf dem Album »Flowers« erstmals einen deutschen Text. Obwohl sie weiterhin die englische Sprache bevorzugten, fand sich gelegentlich ein deutscher Text dazwischen. Von Platte zu Platte steigerte sich ihre Popularität und bald schon kannte man Girls under Glass auch außerhalb der einschlägigen Szene. Musikalisch variierten sie hauptsächlich innerhalb des eigenen Stils. Dies änderte sich mit dem 97er Album »Firewalker«, auf dem sie harten amerikanischen Industrial-Electro-Metal brachten und im Ausland Verkäufe wie nie zuvor erzielten, aber einen Teil ihrer bisherigen Fans verstörten. Mit »Equilibrium« besannen sie sich wieder auf ihre Frühwerke, ließen harte Gitarren weitgehend außen vor und schufen melodischen stimmungsvollen Electro-Gothic-Rock mit viel Pathos. Die Rückkehr zu den Wurzeln zahlte sich aus, denn das Album stieg bis auf Platz 5 der deutschen Alternativ-Charts.

Discogr.: Humus (1988, Dark Star/Indigo), Flowers (1989), Positive (1990), Live At Soundgarden (1991), Darius (1992), Christus (1993), Down In The Park (1994), Exitus (1995), Crystals And Stones (1996), Firewalker (1997, Nuclear Blast/Eastwest), Equilibrium (1999, Hall of Sermon/Eastwest). Kontakt: Hall of Sermon, P.O. Box 749, CH-4310 Rheinfelden, Schweiz. Internet: www.hall-of-sermon.de

GLAMOURBOYS

Toshi T. (voc/g), Hendrik Labuhn (g), Achim Fischer (b), Thomas Hellriegel (dr)
Gemeinsame Vorbilder aller Mitglieder der Kölner Glamourboys sind die Beatles. Aber bei ihrer Musik muß man schon genau hinhören, um dies zu bemerken. Eher kann man sie unter Alternativ-Rock

mit Hang zum Retro einordnen. Es ist nicht ihre Absicht, die Popmusik neu zu erfinden. Aber sie wollen der Welt ihre Gefühle mitteilen und davon singen, was sie bewegt. Dazu bemerkte der Kölner 11/98: Die Vier »gründeten die Glamourboys vor zwei Jahren, um keine große Politik zu machen, sondern sich die Seele frei zu spielen. Ob auch die Seelen der Zuhörer befreit werden, stellt sich heute im Underground heraus. Zumindest haben sie versprochen, daß man ihre Musik in der Magengegend spürt. Bleibt zu hoffen, daß sie nicht auch diesen befreien wollen.« Als die Musiker sich Ende 96 trafen, hatten sie schon in anderen Bands wie Violet, Bagdad Babies und Pidgeons on Ice Erfahrungen gesammelt. Von der Firma InterPool erhielten sie einen Plattenvertrag. 1998 begannen sie, in einem Bochumer Studio Songs für ihre erste MCD einzuspielen. Sie veröffentlichten die Single »Amber/Nameless Recall«. Im Februar 99 durften sie nach San Francisco, um in den Brilliant Studios weitere Titel aufzunehmen. Das Ergebnis war im Oktober 99 das Album »Glamourboys« mit melancholischem Grunge, amerikanischem College-Stil und melodischem Rock. Den Vertrieb hierfür übernahm der Major Sony Music. Die Zeitschrift Soundcheck vergab für das Album die Höchstwertung und fand: »Im Mittelpunkt steht dynamischer Crossover-Rock mit einprägsamen Melodien, hier und da aufgelockert durch filigrane Balladen. Gleich auf der ersten Single »Draggin' around« beweist das Quartett Feingefühl für treibende Rockriffs und einprägsame Harmonien.«
Discogr.: *Glamourboys (1999, InterPool /Sony)*.
Kontakt: *Christian Thier, Berrenrather Str. 218, 50939 Köln. E-Mail: c.thier@ hidden-force. com • Internet: www. interpool-online.de*

GLENFIDDLE – PETER SIMON

Peter Simon (voc/v/mand/g/Bodhran), Christian Krause (voc/ac-g), Jan-Taken de Vries (fl/whistles/perc), Rainer Gebauer (voc/b/harm/bjo/keyb/perc)

Der musikalische Kopf der Formation, Peter Simon, kann auf eine klassische Gitarren- und Geigenausbildung verweisen. Als Mitglied eines Kammerorchesters blieb er der klassischen Musik treu und der Unterhaltungsmusik frönte er in verschiedenen Pop- und Rockbands. Während seines Studiums der Anglistik in Stirling/Schottland begeisterte er sich für die dortige und die irische Folklore und für Instrumente wie Mandoline und Bouzouki. Seine Kontakte zu Folkmusikern der schottischen Szene sicherten ihm Auftritte im Vorprogramm schottischer Bands. Nach seiner Rückkehr nach Deutschland gründete er 1981 die Folkband Glenfiddle, mit der er traditionelle irische und keltische Songs deutschen Gehörgängen zuführte. Die ursprüngliche Besetzung hielt bis 1985, während Simon danach mit verschiedenen Musikern tourte und dazwischen immer wieder Workshops leitete. 1989 kam es dann zur Neugründung von Glenfiddle und der ersten Produktion einer eigenen MC »I Wish I Was«, die irische und schottische

Glamourboys

Glenfiddle – Peter Simon

Traditionals enthielt. Die Gruppe machte sich mit ihren Konzerten in der deutschen Pub- und Clubszene schnell einen guten Namen. Bald begnügten sie sich nicht mehr mit dem Interpretieren fremder Melodien und begannen, eigene Kompositionen zu schaffen, was sie 1991 auf der zweiten MC »Too...« auch hörbar machten. Ein Jahr später hatte ihre erste CD »Nevertheless« Premiere, die wieder viele selbst geschriebene Songs enthielt. 1994 spielten sie ihre zweite CD »Black Rain« ein und erhielten einen Vertrag beim Twah!-Label, das den Vertrieb ihrer Alben übernahm und dafür sorgte, daß ihre Musik in ganz Europa, in den USA und Australien Radiopräsenz erhielt. Ihre Konzerte führten sie durch ganz Deutschland, aber auch nach Dänemark und Irland. 1996 unternahm dann Peter Simon einen Solo-Ausflug und produzierte im Studio des Country-Musikers Bob Whitney, mit dem ihn bald eine engere Freundschaft verband, seine CD »Ambivalence«, die ausschließlich aus Eigenkompositionen bestand. In diesem Songwriter-Album verarbeitete er mit Hilfe vieler Freunde und in unterschiedlichsten Stilrichtungen persönliche Erfahrungen, die er während zahlreicher Reisen gesammelt hatte. Das nächste Glenfiddle-Album »Bad Ass Cafe«, herausgegeben von ihrem neuen Label Fenn Music, entstand 1997 zusammen mit dem Schotten Alex Erskine. Für ihre Fans bestimmt war die »Live«-CD von 1999, da sich viele Zuhörer den unveränderten Sound ihrer Konzerte zu Hause nochmals in Erinnerung rufen wollten.

Discogr.: I wish I Was (1989, MC), Too (1991, MC), Nevertheless (1992, Fenn Musik), Black Rain (1994, Fenn Musik), Bad Ass Cafe (1997, Fenn Musik), Live (1999, Fenn Musik); Peter Simon: Ambivalence (1996, Fenn Musik). Kontakt: Peter Simon, Blücherstr. 33a, 22564 Lübeck, T/F: 0451-797251

GLISTENING DAWN

Markus Unverricht (dr), Bert-Eugen Wenndorff (keyb/voc), Jan Mecklenburg (voc/p), Christoph Piel (g/voc), Martin Holfter (b)

Don Quichottes Nachfolger kommen aus Neubrandenburg. Sie sind zu fünft und nennen sich Glistening Dawn. Rap, Techno und Drum'n'Bass sind ihre Gegner. Und sie kämpfen für den Erhalt der klassischen melodiösen Rockmusik. Die Session-Band ist ein Projekt der Neubrandenburger Musikinitiative e.V. Dort lernten sich die Musiker kennen. Da in einem solchen Projekt konzentriertes Arbeiten nicht möglich war, gründeten sie eine eigene Band. Im Februar 98 traten

Glistening Dawn

sie erstmals unter Glistening Dawn auf. Sie coverten berühmte Songs der Rockgeschichte und mischten damit die Clubs ihrer Heimat auf. Trotzdem blieb eine gewisse Unzufriedenheit zurück, die sie mit dem Schreiben eigener Songs bekämpften. Damit kamen sie beim Publikum so gut an, daß sie sich entschlossen, eine eigene CD aufzunehmen. Im August 98 war es soweit und sie gingen ins Studio. Mit dem Ergebnis »Wonderous Stories« hofften sie auf das »yes« der Fans. Die acht Titel vereinten Hard- und Melodic-Rock, Klassik und etwas Funk. Dazu kam eine Neubearbeitung von »Also sprach Zarathustra« von Richard Strauss. Der Verkauf des Albums erfolgte hauptsächlich während oder nach ihrer Show. Ihre Spielfreude brachten sie in dreistündigen Konzerten zum Ausdruck. Darin enthalten waren Klassiker von Deep Purple, Led Zeppelin, Kansas, Genesis, King Crimson und anderen Größen und gleichrangig daneben ihre eigenen Stücke. Gute Kritiken verleiteten sie, sich in der Zeitschrift »Soundcheck« dem Bandtest zu stellen. Mit dem Titel »Still In Love« belegten sie in der Ausgabe August 1999 den ersten Platz und waren damit auf der beigefügten Soundcheck-CD vertreten. Leider verließ kurz darauf der Bassist die Band, doch in Martin Holfter, ihrem bisherigen Helfer in technischen Angelegenheiten, hatten sie bald Ersatz gefunden. Im September 99 machten sie sich an das Schreiben weiterer Stücke und nutzten weiter jede Gelegenheit, um live zu spielen.

Discogr.: Wonderous Stories (1998, Eigenvertrieb). Kontakt: Christoph Piel, Dümperstr. 16, 17033 Neubrandenburg, T: 0395-7792698; J. Mecklenburg, Friedländer Str. 10, 17033 Neubrandenburg, T: 0395-5825528

GLOW

Danny Humphreys (voc/g/p), Andy Wohlrab (g/voc), Rachel Rap (dr/voc), Volker Falk (b/voc)

Sie sind 7 m 19 cm groß, wiegen derzeit 276 kg (wobei das Durchschnittsgewicht durch die attraktive Sängerin gesenkt wird) und sind 97 Jahre alt. Die Schwimmer, Maler, Songschreiber, Bücherratten, Fußballer, Köche, Snowboarder,

Glow

Freeclimber, Taucher, Tänzer und Skulpturhandwerker firmieren gemeinsam unter dem Namen »Glow«. Die Formation wurde im Jahr 1996 ins Leben gerufen und spielte quer durch die Münchner Clubs. Der eingängige Sound beruht auf der Popmusik der Golden Sixties. Seine Frische erhält er durch zeitgemäße Arrangements, durch die in ihm steckende Energie, den gnadenlosen Optimismus und die Unverbrauchtheit der Band. Die Debütsingle »Mr. Brown« lief schon kurz nach Erscheinen in allen Radiokanälen und das dazugehörige Video rotierte auf Viva. Die CD »Superclass« stieg gleich nach ihrem Erscheinen in die deutschen Album-Charts ein. Die Band bezeichnet ihren Stil als Gute-Laune-Sound und ein uneingeschränktes Bekenntnis zu Optimismus, Hedonismus und überhaupt allem, was Spaß macht. Diese offene Freude zeichnet auch ihre Konzerte aus. Im Vorprogramm von Liquido bewiesen sie erstaunliche Reife. Sie hatten das Publikum vom ersten Song an im Griff und der Jubel bezog sich nicht nur auf ihren Hit. Der Live-Sound war wesentlich dichter und mitreißender als auf der CD. Auch die Österreicher bejubelten den Auftritt im Wiener Rockhaus. Im Herbst begaben sich Glow mit der Maxi »Lamp-Post« im Gepäck auf Headliner-Tour.

Discogr.: Superclass (1999, Supersonic BMG Ariola), Mr. Brown (1999, MCD – Supersonic BMG Ariola), Lamp-Post (1999, MCD – Supersonic BMG Ariola). Kontakt: BMG Ariola München, Steinhauser Str. 1-3, 81677 München, F: 089-4136144. Internet: www.glow.de

GO PLUS

Go Plus ist eine Popband aus Wunstdorf bei Hannover, die mit deutschen Texten und süßen Melodien, manchmal leicht jazzig angehaucht, viel Melancholie und Wohlklang verbreitet. Nach Carsten Sandkämper lassen sie auf eine »naive Revolution, auf den Befreiungsschlag gegen die Geißel des Zynismus und der Coolness« hoffen. Das Magazin X-Act sah in ihrem Zweitwerk »Largo«, das von Cpt. Kirks Tobias Levin in Szene gesetzt wurde »Musik für nette Birkenstocksandalenträgerinnen, die am Samstagnachmittag mit ihren Freundinnen ein Tässchen Lindenblütentee schlürfen.« Jedenfalls waren sie in der Lage, über Sehnsucht und Liebe zu singen, ohne peinlich zu wirken.

Discogr.: La montanara (1996, Kitty-Yo/V 2), Largo (1998, Kitty-Yo/V2). Kontakt: Kitty-Yo Int., Rosenthaler Str. 3, 10119 Berlin. Internet: www.kitty-yo.de

GOETHES ERBEN

Oswald Henke (voc/Text), Mindy Kumbalek (keyb/elektronics/Musik) und Gäste

Eine Krankenpflegeschule stand am Beginn der Geschichte von Goethes Erben. Dort lernten sich der Bayreuther Oswald Henke und der Diedorfer Peter Seipt kennen, die begannen, ein deutschsprachiges Musiktheaterprojekt mit dunklen, morbiden Klängen und Texten zu formen, das es bisher in dieser Art noch nicht gab. Oswald Henkes berufliche Berührungspunkte mit dem Tod verarbeitete er in einer altertümlichen, nicht gerade eingängigen Sprache zu Stücken über die Zeit nach dem Leben. Kurz danach entstanden viele andere Bands mit ähnlicher Thematik, die bei dem Label Danse Macabre unterkamen, an dessen Gründung Oswald Henke maßgeblich beteiligt war. Nach kurzer Zeit stieg Peter Seipt aus, um sich ganz seiner Formation → The Seer zu widmen. Ein Jahr später lernte Oswald die amerikanische Keyboarderin Mindy Kumbalek kennen und mit ihr entstand die Album-Trilogie »Das Sterben ist ästhetisch bunt«, »Der Traum an die Erinnerung« und »Tote Augen sehen Leben«. Mit Mindy und einigen Gästen war er in der Lage, seine Werke live für die Bühne umzusetzen. Beim Entstehen des Albums »Goethes Erben« mit dem Titel »Blau«, dessen Texte auf der Grundlage zweier Hörspiele basierten, war erstmals der Musikwissenschaftler Vladimir Ivanoff als Produzent dabei. Mit dieser etwas anderen Platte vergraulten sie viele Anhänger, die sie mit »Schach ist nicht das Leben«, ihrem bislang abwechslungsreichsten Album, wieder zurückgewannen, und mit dieser Produktion erreichten sie beinahe die Charts. Nachdem sie jeden Pfennig zurückgelegt und neun Monate dafür geprobt hatten, führten sie ihr ambitioniertes und sehr aufwendiges Musiktheaterstück »Kondition: Macht« 1998 an vier ausverkauften Abenden im Humboldtsaal der Berliner Urania auf, erlebten aber dennoch ein finanzielles und teilweise künstlerisches Desaster, da das Publikum von ihnen kein politisch futuristisches Werk im Stil von Orwells »1984« sehen wollte. Anschließend gingen sie in Deutschland, Frankreich, Belgien, den Niederlanden und der Schweiz auf Tournee. Danach beschäftigten sich Oswald Henke und Vladimir Ivanoff mit dem Projekt Zeitgeist, in dem die beiden Künstler zehn Kunstwerke präsentierten, die für zehn herausragende maßgebende Epochen der letzten 1000 Jahre Pate standen. Unter Zeitgeist eröffneten sie am 11.6.99 zusammen mit dem Osnabrücker Jugendchor, einem Bläser- und einem Tanzensemble sowie einem Gitarristen das KlangArt Festival in Osnabrück und präsentierten Bearbeitungen alter Musik über Mittelalter und Barock bis zur modernen Avantgarde. Nicht nur hier bewies Oswald Henke, daß er künstlerisch und musikalisch völlig offen ist, sondern auch mit dem Besuch eines Konzerts des Deutschrockers Heinz Rudolf Kunze. Zum zehnjährigen Jubiläum gaben Goethes Erben den Sampler »Gewaltberechtigt« heraus, in dem sie ein Resümee ihrer zehnjährigen Bandgeschichte zogen. Neben alten Titeln, die größtenteils neu aufgenommen wurden, gab es auch aktuelle Stücke wie das zynische »Barschel«, in dem sie einlaufendes Wasser und Geplansche in der Badewanne hörbar machten. Für ihre Fans kündigten sie für den Spätsommer 2000 eine neue Live-Inszenierung mit klassischen Themen im markgräflichen Opernhaus in Bayreuth an.

Discogr.: *Das Sterben ist ästhetisch bunt (1992, Dark Star/Indigo), Der Traum an die Erinnerung (1992), Leben im Niemandsland (1993), Tote Augen sehen Leben (1994), Erstes Kapitel (1994), Goethes Erben (1995), Der Die Das (1995), Schach ist nicht das Leben (1997, Zeitbombe/Indigo), Marionetten (1998, MCD), Kondition: Macht (1999), Gewaltberechtigt? (1999). Video: Gewinn für die Vergangenheit (1999, Strange Ways/ Indigo). Mindy Kumbalek: Sweet Hallucinations Of A Distant World. Kontakt: Zeitbombe/Strange Ways Records, Eifflerstr. 8, 22769 Hamburg, F: 040-4307696. E-Mail: strangeways@compuserve.com • Internet: www.subaudio.net/strangeways*

GOLDENEN ZITRONEN, DIE

Julius Block (b/p/key/synth/tp), Ted Gaier (g/b/el-p/voc), Schorsch Kamerun (voc/synth/fl), Enno Palluca (dr/b), Hans Platzgumer (b/p/org/g/dr/sampler)

Die Goldenen Zitronen starteten 1983 als eine von vielen Funpunk-Bands und brachten 1985 mit »Doris ist in der Gang« ihre erste 7"-Single heraus. 1986 veröffentlichten sie die zweite Platte »Am Tag als Thomas Anders starb« und obwohl der Modern-Talking-Sänger ihnen bis heute diesen Gefallen nicht tat, gewannen sie damit bundesweit die Aufmerksamkeit der Medien. 1987 waren sie von der Ehrlichkeit ihrer Hymne »Für immer Punk« (nach Alphavilles »Forever young«) noch selbst überzeugt und in ihren Konzerten huldigten sie weitgehend dem schnörkellosen, ungehobelten, schnellen und witzigen Punk. Aber sowohl auf ihrem Debüt »Porsche, Genscher, Hallo HSV« als auch auf der 88er LP »Kampfstern Mallorca dockt an« wiesen Texte wie »12 Jahre hinter Gittern« und »Mit Gewalt geht alles besser« schon vorsichtig auf eine neue Ausrichtung hin. Nach den Alben »Fuck You« von 1990 und »Punk Rock« von 1991 vollzog sich mit »Das bißchen Totschlag« endgültig der Wechsel zur politisch links orientierten Band, die bewußt Mittel der Provokation einsetzte. Über ein Konzert aus dieser Zeit schrieb mek in der Augsburger Allgemeinen: »Die ›Zitronen‹ verblüfften mit stilistischer Ausgelassenheit. Allerlei schrullige Elemente aus den 60er und 70er Jahren, Trötorgel und Lärmsegmente, Beat, Rock'n'Roll und Soul ließen das Quintett so aufmüpfig wie trendlos klingen. In Moderation und Aussage unverblümt, direkt und bissig entfachten die eigenwilligen Songstrukturen tatsächlich einen anderen Blick in Richtung Punkrock. Mit einem permanenten Kratzen und Stichelen im Unterton stellten sich die ›Zitronen‹ als politisch motivierte und musikalisch in keine Schublade zu kriegende Intelligenz-Anarchisten-Combo vor, deren Schrägheit ihresgleichen sucht.« 1995 veröffentlichte Jet Set/Big Cat USA das Album »Punk Rock« in den Vereinigten Staaten. Mit dem Österreicher Hans Platzgumer, der sich als Elektroniker einen Namen gemacht hatte, veröffentlichten die Goldenen Zitronen 1996 das Album »Economy class« mit Musik zwischen Experiment, New Wave, Funk, Beat und Texten, die U. Kr. als »das gute Buch für politisch interessierte Abiturientinnen aller Altersklassen« bezeichnete, »nicht gerade schick, aber ziemlich wichtig.« Nach einem Wechsel der Plattenfirma ließ sich ihre Ausrichtung auf der CD »Dead School Hamburg« nur noch in den politischen Aussagen eindeutig zuordnen, während dies bei der Musik nicht mehr möglich war, da sie Elemente aus allen möglichen Bereichen beinhaltete.

Discogr.: Porsche, Genscher, Hallo HSV (1987, Weser Label/Indigo), Kampfstern Mallorca dockt an (1988, Weser Label/ Indigo), Fuck You (1990, Vielklang/EFA), Punk Rock (1991, Vielklang/EFA), 80.000 Hooligans (1992, 12"-MCD -Sup Up Records/EFA), Ein bißchen Totschlag (1994, Sub-Up Records/EFA), Punk Rock (1995, Jet Set/Big Cat USA), Economy Class (1996, Sub-Up Records/EFA), Deadschool Hamburg (1998, Cooking Vinyl/Indigo). Kontakt: Cooking Vinyl c/o Public Propaganda, Bramfelder Chaussee 238c, 22177 Hamburg, F: 040-642143-43. E-Mail: volker@public-propaganda.de • Internet: www.cookingvinyl.de • www.die-goldenen-zitronen.de

GOM JABBAR

Christoph Sowa (voc), Randy Black (dr), Felix Schneider (g), Alexander Staschus (b), Stephan Gerth (tb), Torsten Roske (tp), Gerhard Schwab (s)

Sie benannten sich nach dem Todesstachel der Wahrheit aus dem Film »Der Wüstenplanet«. Am 2.2.91 brachten Gom Jabbar in der Berliner Villa Kreuzberg das Publikum zum ersten Mal zum Kochen. Dies geschah durch eine Mixtur aus Funk, Rock, Grunge, Heavy und Jazz. Bei ihren Konzerten zitierten sie schon mal Country, Tex-Mex und Swing, präsentierten Covers im eigenen Sound oder sorgten mit Latino- und Mambo-Rhythmen für Stimmung, womit sie den derzeitigen Trends allerdings um einige Jahre zuvorkamen. Außerdem garnierten sie ihre Auftritte mit viel Humor. Seit damals sind sie fast ununterbrochen unterwegs. Beschränkten sich ihre Auftritte anfangs noch auf den Berliner Raum, so beackerten sie ab 1993 auch den Norden der Republik. Von Ende 94 an dehnten sie ihren Wirkungskreis auf ganz Deutschland aus. Berichte wie dieser von Gunnar Lövenich zu einem Auftritt in Bad Segeberg waren alltäglich: »Der Lindenhof tobte wie lange nicht mehr. Schuld daran war die Berliner Band Gom Jabbar. Vor allem der Frontmann Armin Duddeck, der zusammen mit dem 1,5 Meter großen Dinosaurier Ernie über die Bühne sprang, heiz-

Gom Jabbar

te dem anfangs typisch nordisch distanzierten Publikum so ein, daß danach fast jeder der Zuschauer seine anfänglichen Zweifel ablegte und sich wild zu den feurigen Rhythmen der Band bewegte. Genau den Geschmack des Lindenhof-Publikums traf die Gruppe mit ihrer eigensinnigen Musikrichtung, dem selbstkreierten ›Modern-Cross-Funk.'« Nach vier Jahren gab es endlich Gom Jabbars erste CD »Sgnarf yo Gom«. Ihr Jazzfunk eignete sich gut für die Bars und Tanzhallen der Stadt. Selbst die findigsten Kritiker stellten auf dem Album keine Dissonanzen oder Spielfehler fest. Die Veröffentlichung des Debüts feierten sie mit ihren Fans am 4.2.95 im BKA-Zelt in Berlin. Im Rahmen einer ausgedehnten Tournee stellten sie ihr Programm in ganz Deutschland vor, wobei sie auch bei den Euro-Pop-Days in Freiburg vertreten waren. Der nächste Tonträger ließ nicht lange auf sich warten. Schon am 2.10.95 brachten sie »Gominjection« auf den Markt. Am 2.12.95 nahmen sie an der Endausscheidung zum Deutschen Rockpreis in Duisburg teil, der in der Rhein-Ruhr-Halle ausgetragen wurde. Einen Tag später gingen sie aus diesem Wettbewerb als Sieger hervor. Im Juli 96 feierten sie sowohl den neuen Plattenvertrag mit Zyx Musik mit der Einstands-CD »Funky Rock'n'Roll« als auch ihre Video-Premiere auf VH 1 und MTV mit dem Titelstück. Danach gab es in schöner Regelmäßigkeit neue Veröffentlichungen. Dennoch schränkten sie ihre Auftritts-Aktivitäten ein und ließen sich außer in Berlin nur noch in den neuen Bundesländern und im Norden Deutschlands hören. 1998 übernahm Christoph Sowa für Armin Duddeck das Mikrophon. Seine Ankündigung, für einen melodischeren Sound sorgen zu wollen, machte er auf der 99er CD »Gom Jabbar« wahr.

Discogr.: Sgnarf yo Gom (1995, Gom records), Gominjection (1995, Gom records), Funky Rock'n'Roll (1996, Zyx Music), W.P.P. (1997, GOMMusic), Boulevard Of Dreams (1998, GOMMusic), Gom Jabbar (1999, GOMMusic). Kontakt: GOM Concerts, Winsstr. 13, 10405 Berlin, F: 030-4419905. Internet: www.gommusic.com

GOO BIRDS FLIGHT

Ina Breivogel (voc), Peter Erb (g), Volker Hünefeldt (b/mand/voc), Johannes Dürr (Uilleann Pipes), Manfred Vollrath (dr), Lothar Schwamb (keyb/Concertina)

Wie entsteht in Irland Überbevölkerung? Man karrt alle Musiker dorthin, die irische Einflüsse verarbeiten. Trotzdem stellen Goo Birds Flight eine Ausnahme in der Szene dar. Diese Stellung haben sie der phantastischen Stimme ihrer Sängerin Ina Breivogel zu verdanken und ihrer Vielseitigkeit, da sie rockige, jazzige und soulige Songs einstreuen. Bereits 1994 trafen sich Musiker verschiedener Rock- und Folkformationen (Tom Bombadil Folkband, Gundels Giganten, Ellwertritsch, Qwuodlibet) zur Einspielung einer CD. Die Zusammenarbeit funktionierte so gut, daß sich eine Stammbesetzung formierte. 1995 nahmen sie an der Endausscheidung des Speyrer Rockpreises teil und gewannen per Publikumsentscheid den ersten Preis. Die Jury urteilte anders und verwies sie auf Platz 2. Sie nahmen die erste CD »Secret Lover« auf. Diese vermittelte neben rockigen Klängen ein »Blue Hour Feeling« mit soften

Goo Birds Flight

und cool-jazzigen Tönen, die an Sade oder Sam Brown erinnerten. Da die Musiker vom Folk geprägt waren, setzten sich diese Einflüsse immer stärker durch. Nicht zuletzt deshalb, weil diese Titel live viel stärker fetzten. Die Musiker konnten sich besser ausleben und Johannes Dürrs Uilleann-Pipe-Spiel sorgte für Begeisterungsstürme. Originelle Einfälle, wie die Soulballade »I'll Be With You« mit sehnsüchtigen Tönen eines Dudelsacks zu begleiten, erweiterten das musikalische Spektrum. Während rockige Riffs zum Tanzen animierten, verschaffte ein »Unplugged-Set« mit traditionellen Elementen die Ruhe vor dem Sturm. Sie spielten in Kneipen, Irish Pubs, Konzerthallen, auf Festivals und Schloßfesten, vorwiegend im Raum Rheinhessen, aber auch in den neuen Bundesländern. Ihr Auftritt während der SWF-Landesschau wurde im Fernsehen übertragen. 1998 nahmen sie die zweite CD »Shaking The Barley« auf. Diese war zwar Irland gewidmet, enthielt aber neben zwei traditionellen Songs ausschließlich Eigenkompositionen. Die Presse lobte sie, da sie »weder versucht, irischer zu klingen als die Iren noch auf ausgelatschten Power-Folk-Pfaden wandelt und die ausdrucksstarke Sängerin den selbst komponierten Stücken emotionale Authentizität verleiht.« Mit den Liedern der CD waren sie wieder unterwegs und stellten sie im Sommer 1999 auf vielen Festen vor. Mit der in Biker-Kreisen beliebten Gruppe Highlander wurde ein spezielles folkigrockiges Programm auf die Beine gestellt.
Discogr.: Secret lover (1995, RCM Songs), Shaking The Barley (1998, Schnoog Text & Ton). Kontakt: Peter Erb, Stettiner Str. 3, 67346 Speyer, T: 06232-40896

GRABOWSKY

Olli H. Grabowsky (voc), Stefan B. Grabowsky (voc), Alexander H. Grabowsky (g/back.-voc), Jürgen H. Grabowsky (b), Erhan Y. Grabowsky (dr/perc)

In der Pfalz verändert sich nicht viel. Früher hieß es zwar gemütlich »Schütt' die Sorgen in ein Gläschen Wein«. Jetzt gibt es rockige Titel wie »Kerwe in Flammersheim«, »Riesling Schorle« oder »0,8 Promille«. Aber gleichgeblieben ist die pure Lebensfreude und die Heiterkeit. Ein Beispiel dafür ist die Familie Grabowsky. Das Schöne an ihnen ist, egal, ob sie aus der Pfalz, aus der Türkei oder sonstwoher kommen, sobald sie ein Instrument in die Hand nehmen, werden sie sofort Familienmitglieder. Dabei ist pure Freude angesagt – sie nennen es Funrock. Mitsingen und Party ist bei ihnen oberstes Gebot. In den Texten geht es um das Wichtigste im Leben: um Trinken, Alkohol, Fahrzeuge und Frauen. Geschrieben werden die Texte von Alexander H. Laut Info wird die Band von ihm mißbraucht, um seine eindimensionalen Kindheits- und Jugenderinnerungen zu verarbeiten. Die Band beherrscht die drei goldenen Gs: Gesang, Gepappel und Gezappel. Damit sorgen sie im rheinland-pfälzischen Raum für volle Hallen. Erhan, Jürgen und Alex spielen seit Oktober 93 zusammen. In Stefan und Olli fanden sie die richtigen Sangesbrüder. Mit ihnen trauten sie sich im Juni 1994 erstmals an die

Grabowsky

Öffentlichkeit. Doch es brauchte viele Auftritte, bevor sie 1996 die erste Maxi »Riesling Schorle« zum Verkauf anboten. Dafür schoben sie im Januar 1997 den ersten Longplayer »...alles Grabowsky« hinterher. Im Dezember trauten sie sich in das benachbarte Österreich. Die Pfälzer ließen sie ziehen und meinten nur »Das geht in Ordnung«. Damit hatten sie gleich den Titel für ihre Live CD vom März 1998, auf dem die Stimmung ihrer Konzerte besonders gut eingefangen wurde. Und Mutti (leicht alkoholisiert) wäre bestimmt stolz auf ihre fleißige Familie gewesen, denn im Januar 1999 gab es das nächste Album »Silber ist Gold«. Daneben brachten sie das Blut des Publikums als Support von Jule Neigel, den Rodgau Monotones, den → Fantastischen Vier und den Backstreet Boys in Wallung. Dies gelang ihnen auch mit ihren Club-Konzerten, wie Andreas Keller feststellte: »Das Haus war rappelvoll bis buchstäblich unters Dach, die zum Teil von weit her mit angereisten Hardcore-Fans – und nicht nur die – sangen streckenweise ganze Strophen auswendig und lauthals mit.« Grabowsky arbeiteten derweil weiter an ihrem Ziel – der Unterwanderung der deutschen Musikkultur. Um dies zu erreichen, bereiteten sie 1999 Material für das nächste Album vor.

Discogr.: Grabowsky (1995, MC – DHM Musik), Grob (1996, MC – DHM Musik), Riesling-Schorle (1996, MCD – Dust Records), ...alles Grabowsky (1997, Dust Records), Das geht in Ordnung! – live (1998, Dust Records), Silber ist Gold (1999, Dust Records). Kontakt: DHM Musikproduktion, Richard Wagner Ring 8d, 67227 Frankenthal/Pfalz, T: 06233-737234, F: 06233-37236. E-Mail: grabowsky@geocities.com • Internet: www.geocities.com/sunsetstrip/club/6727

GRASS HARP

Die Wolfsburger starteten 1994 auf dem Album »Mushroom Circus« mit Gothic-Anklängen. Danach veröffentlichten sie die 10"-Scheibe »Into The Abyss«. Im Laufe der Jahre veränderten sie den Sound hin zur alternativen, gitarrenbetonten psychedelischen Rockmusik. Ihr bisher letztes Album »Meadow Glow«, dem in der ersten Auflage eine 5«-Vinyl-Scheibe beilag, enthielt dann auch entspannte und lockere Kompositionen bis zu neun Minuten Länge. Für die unabhängig arbeitende Band begeisterte sich die Kritik. So war »Meadow Glow« für Joe Asmodo »auch nüchtern ein echter Leckerbissen«, und Thomas Abresche fand Kompositionen »auf höchstem Niveau«.

Discogr.: Mushroom circus (1994), Meadow glow (1998, Moonbean Records)

GRAUE ZELLEN

T.R. (b/back.-voc/Schellenkranz), Kai (dr/ g), Knuth (g/back-voc.), Jan (voc)
»In Zeiten nationalistischen Drecks und großdeutschen Größenwahns, in Zeiten mörderischer Abschiebungen und einer allgemein rassistisch motivierten Politik, in Zeiten geduldeten faschistischen Terrors und eines brutalen sozialen Kahlschlags; kurz, in Zeiten, in denen sich der Scheißhaufen BRD nahezu ungezügelt austobt, halten (nicht nur) wir einen konsequenten radikalen Widerstand von links notwendiger denn je.« Diese Zeilen im Booklet zur 98er CD »nichts bleibt stehen« wirbt einerseits für den Verein Rote Hilfe e.V., gibt andererseits aber auch die Geisteshaltung der Grauen Zellen wieder. Seit Beginn ihrer Karriere 1988 rocken und punken sie für eine bessere Welt. Ihr erstes Tape »Erst ein Anfang« von 1988/89, das in einer Auflage von 400 Stück erschien, ist inzwischen ebenso ausverkauft wie die EP »Hunger nach Leben« von 1990 und die 1993 produzierte EP »Keiner weiß...«, von denen jeweils 1000 Exemplare gepreßt wurden. Auch die Split-LP mit der griechischen Formation Naytia »Graue Zellen/Naytia« ist nicht mehr erhältlich. 1995 stellten sie ihren Titel »Gift und Galle« für den Antifa.Benefiz-LP-Sampler zur Verfügung. Erst 1996 erschien ihre erste vollständige LP/CD unter dem Titel »Voran

ins gestern«. Bis dahin hatten sie ihre Parolen schon in ganz Europa verkündet und sich den Griechen, Dänen, Norwegern, Belgiern und Niederländern verständlich gemacht. 1997 sollten Stücke der Grauen Zellen den Verkauf der Benefiz-Sampler »Standardsituationen Nr. 4« (EP), »Free Mumia Abu-Jamal« und »1. Mai – zusammen kämpfen« ankurbeln. Im März 98 brachten sie dann ihre zweite vollständige LP/CD »nichts bleibt stehen«, deren Cover einen unvollständigen Eiffelturm zeigte, mit punkigen gradlinigen Songs heraus, wobei sie zugunsten der direkten Aussage auf unnötige Schnörkel und auf vertrackten Metal verzichteten. Rock Hard urteilte: »Die Produktion knallt, die musikalischen Fähigkeiten gehen über die üblichen drei Akkorde weit hinaus und die Texte sind der radikale Tritt in die Fresse, den die Szene momentan viel zu selten austeilt.« Zwischen 1991 und 1998 hatten die Grauen Zellen dreizehn mehrwöchige Tourneen und hunderte von Konzerten in Jugendzentren, besetzten Häusern und autonomen Zentren, sich aber auch nicht geweigert, auf größeren Open Airs zu spielen, um dadurch auch bei einem anderen Publikum als politische Punkband wahrgenommen zu werden. Auch nach der Veröffentlichung von »nichts bleibt stehen« besuchten sie wieder Spielstätten in Deutschland, Österreich und der Schweiz. Die Grauen Zellen weisen in ihren Liedern nicht nur auf politische Mißstände hin, sondern vermitteln sehr persönlich gehaltene Gefühle, wie beispielsweise in »Plötzlich Ruhe«(Auszug): »Plötzlich Ruhe eingekehrt, das Flirren und das Klirren, die Hast und die Schwere eingestellt, endlich ein Blick nach innen, immer nur draußen, niemand, der dir Fragen stellt, niemand, der Raum einnimmt. In deinem Zimmer die Sachen an der Wand, sie machen dich traurig, erzählen Geschichte, öffnen Erinnerungen, erzählen von Dingen, die schon lange nicht mehr sind...«

Discogr.: Voran ins gestern (1996, RodRec), Nichts bleibt stehen (1998, RodRec). Kontakt: Graue Zellen, Beekholz 2, 24855 Bollingstedt; RodRec, Klecker Weg 4, 21244 Buchholz, F: 04181-98488. E-Mail: Barbara@ epag.net

Graue Zellen

GRAVE DIGGER

Chris Boltendahl (voc), Uwe Lulis (g), Stefan Arnold (dr), Jens Becker (b)

Chris Boltendahl und Peter Masson trafen sich nicht um Mitternacht auf dem Friedhof, sondern in einem Jugendzentrum in Gladbeck. Ihre Liebe zu harter Rockmusik ließ den Entschluß reifen, eine Band zu gründen. 1981 gewannen sie den Nachwuchswettbewerb in Recklinghausen. Differenzen innerhalb der Band führten zu personellen Wechseln, wobei sogar Chris Boltenthal zeitweise nicht mehr bei Grave Digger war. 1983 erhielten sie von Noise Rec. einen Plattenvertrag. Das erste Album »Heavy Metal Breakdown« war ein Erfolg und erreichte im Laufe der Jahre Kultstatus. Auch die EP »Shoot Her Down« und die LP »Witchhunter« wurden aufgrund von Streitereien in unterschiedlicher Besetzung eingespielt. Mit der CD im Rücken ging es auf Tour, wobei → Helloween das Vorprogramm bestritten. Die Nachfolge-CD »War Games« blieb hinter den Verkaufserwartungen zurück, was die Band zu einer Kurskorrektur veranlaßte. Die Folge war die Aufnahme der CD »Stronger Than Ever« mit Anleihen des amerikanischen Mainstream-Rocks, die unter dem Gruppennamen »Digger« veröffentlicht wurde. Inzwischen hatte Uwe Lulis das Gründungsmitglied Peter Masson ersetzt. Der Mißerfolg des Werks führte dann zur Auflösung der Band. Sieben Jahre vergingen, ehe Chris Bottendahl, der inzwischen als Sozialarbeiter tätig war, und Uwe Lulis sich entschlossen, Grave Digger wiederzubeleben. Eine Vier-Track-CD wurde in Eigenregie aufgenommen. Nach der Vertragsunterzeichnung bei GUN-Records gab es mit »The Reaper« eine CD, die an frühere Qualitäten erinnerte, alte Fans zurückholte und mit dem Titelstück einen Klassiker zeugte. Grave Digger begaben sich mit → Running Wild auf Tournee und knüpften mit der anschließenden CD »Heart Of Darkness« an den Vorgänger an. Mit dem Konzeptalbum »Tunes Of War« aus der mittelalterlichen schottischen Geschichte, sehr sorgfältig recherchiert, zog die Band erstmals in die Media-Control-Charts ein. Der schottische Cavanaugh-Clan erklärte sie zu Ehrenmitgliedern. Das Viva/Metalla Publikum wählte das Video zu »Rebellion« zum drittbesten Heavy-Metal-Video des Jah-

Grave Digger

res. Die Tour zur CD war die bis dato erfolgreichste der Bandgeschichte. Die Gruppe erhielt außerdem Einladungen für eine zehntägige Tour durch Brasilien und Argentinien. Für den griechischen Fußballverband nahmen sie die Heavy-Metal-Hymne »Hellas Hellas« in griechischer Sprache auf, welche in Deutschland nicht erhältlich ist. Die nächste CD »Knights Of The Cross« von 1998 befaßte sich mit dem Aufstieg und Fall des Templer-Ordens, einer der mächtigsten und geheimnisvollsten Organisationen des Mittelalters. Dazu konzipierten sie eine eigene Show. Die Release-Party fand auf der Marckburg bei Trier statt. Die anschließende Tour führte sie in das westliche europäische Ausland und nach Südamerika. Im Winter/Frühjahr 1999 wurden dann die deutschen Fans beehrt. Als mittelalterliche Trilogie gedacht, arbeitete Grave Digger anschließend an einem dritten geschichtlichen Heavy-Metal-Werk. Dies erschien im September 99 unter dem Titel »Excalibur« und behandelte die Geschichte von König Arthur und seiner Tafelrunde. Im September stieg das Album auf Platz 21 der Media-Control-Charts ein.

Discogr.: Heavy Metal Breakdown (1984, Noise Records), Witchhunter (1985, Noise Records), War Games (1986, Noise Records), The Reaper (1993, Gun), Symphony Of Death (1994, EP – Gun), Heart Of Darkness (1995, Gun), Tunes Of War (1996, Gun), Knights Of The Cross (1998, Gun), Excalibur (1999, Gun). Kontakt: Grave-Digger Fan-Club »The Reaper«, Hölderlinstr. 2, 72474 Winterlingen, T: 07434-315014, F: 07434-315015. E-Mail: members.aol.com/grave 52154/ index. html • Internet: www.bmgentertainment.de

GREEN, C.B.

Bei C.B. funkt es. Und zwar bei seinen Konzerten – zwischen ihm und seinem Publikum. Schon als Kind hatte er klassische Gitarre gelernt. Nach Abitur und Zivildienst konzentrierte er sich ganz auf seine Musik. Vorbilder waren für ihn jene Künstler, die mit Tönen unaufdringlich Geschichten erzählen können. Da ihn die Musik nicht ernährte, arbeitete er in einer Tankstelle, einer Kiesgrube, als Barkeeper und als Schreiner. Doch in seinem Kopf entstanden 1.000 Melodien. Die Texte dazu schrieb er in Englisch. Seiner Meinung nach paßt diese Sprache besser zu seiner Musik. Seine Lieder komponiert er an der Gitarre und überarbeitet sie später im Studio. Für ihn muß es möglich sein, daß seine Songs alleine und mit Band vorgetragen werden können. Schon mit dem ersten Lied »Look For My Love« erhielt er Rundfunkeinsätze. Der Nachfolger »Somebody Turns The Light Out« schaffte es auf Platz 35 der Airplay-Charts. Er war im Fernsehen bei »Nur die Liebe zählt«, »ZDF Chart Attack Spezial«, »Tigerentenclub« und »Hollymünd« zu bewundern. Er spielte auf zahlreichen Open Airs. Beim Marktplatzfest in Stuttgart trat er mit → Culture Beat und Soraya auf. Bei einem Weihnachtskonzert als Support für → The Seer unterstützten ihn diese bei eini-

C.B. Green

gen Liedern, wodurch seine Songs noch mehr Farbe bekamen. Dann tourte er mit dem Italiener Nek durch Deutschland. Auch hier waren die gemeinsamen Zugaben Höhepunkte des Konzertabends. 1999 erschien sein Debüt »Sooner Or Later«, das alle seine Hits und weitere Songs über Liebe, Hoffnung, Glück und Verlust enthielt. Mit »Take It« wurde im Juli 99 bereits die vierte Single ausgekoppelt.

Discogr.: Sooner Or Later (1999, BMG Marlboro Music). Kontakt: Marlboro Music, Markus Müller, F: 089-74281414. E-Mail: MarlboroMusic@pmintl.ch. Internet: www.bmgentertainment.de

GREY, CAROLA

Die aus der Gegend um München stammende Künstlerin, die im Alter von 9 Jahren am Piano begann und ab dem 14. Lebensjahr die Drums bediente, machte nach einer zwölfjährigen Ausbildung am Klavier als erste Frau an der Musikhochschule in Köln den Abschluß als Jazz-Schlagzeugerin. Danach studierte sie ab 1991 an der New School in New York Komposition, Arrangement und indische Rhythmik und arbeitete daneben mit Musikern wie Ravi Coltrane, Mike Stern, Jeff Andrews, Kim Clarke und weiteren Künstlern aus dem Jazz-, Rock-, Funk- und Latin-Bereich zusammen. Auf ihrem selbstproduziertem Debüt von 1992 »Noisy Mama« mit ausschließlich eigenen Kompositionen wirkten neben Ravi Coltrane u.a. Größen wie Ed Schuller, Mike Cain, Ron McLure mit und das zweite Album »The Age Of Illusions«, 1994 wieder mit vielen Gästen eingespielt, erreichte Platz 11 der US-Jazz-Charts. 1996 formierte die wieder in Deutschland lebende Künstlerin die Band »Noisy Mama« und nahm nach zwei mehr oder weniger traditionellen Jazz-Alben ihre dritte von Funk und Jazzrock beeinflußte CD »Jazz Can't Hit« auf, die die amerikanische Schallplattenkette Borders zur besten Jazz-Rock-Platte des Jahres wählte und die in die Top Ten der Jazz-Charts einging. Carola Grey lud zu ihren Konzerten immer wieder Musiker aus anderen Ländern und Kulturkreisen ein und spielte selbst als Gast in anderen Formationen. Ihre Tourneen führten sie nicht nur durch die USA und Europa, sondern auch nach Indien, Thailand, Japan, Singapur und Malaysia. Wenn es ihre Zeit erlaubt, betätigt sie sich noch als Dozentin auf Jazzworkshops und Drum Clinics in Europa, den USA und Asien.

Discogr.: Noisy Mama (1992, Jazzline), The Age Of Illusions (1994, Jazzline), Girls Can't Hit (1998, Lipstick). Kontakt: Alex Merck Music, Trajanstr. 18, 50678 Köln, F: 0221-9319507. E-Mail: AlexMerck@compuserve.com • Internet: www.ams-musik.com

GROBEN POPEN

»It's only Rock'n'Roll and we pray it« könnten die Groben Popen mit ihrem starken Rock mit Punkeinschlag behaupten. Nachdem die beiden evangelischen Priester Hartmut Thumser und Ernst Cran mit ihrem weltlichen Schlagzeuger Michael Konrad, die in ihren Texten alltägliche und kirchliche Begebenheiten verarbeiteten und Standpunkte aufzeigten, ein fulminantes Konzert in Nürnberg gaben, versorgte Tango Film Viva mit einem Video, das wiederum Stefan Raab in seiner Sendung laufen ließ. Auch der Spiegel und Focus ließen es sich nicht nehmen, diese ungewöhnliche Band ausführlich vorzustellen. Mit Kalle Trapp meldete sich ein Produzent und innerhalb von elf Tagen nahmen sie ihr Debüt »Die Erste« auf. In Titeln wie »Maschinengewehre Gottes«, »Talarwanzen« oder »Kanzelschwalben« nahmen sie sich selbst und ihren Beruf aufs Korn.

Discogr.: Die Erste (1998, KT Records)

GRÖNEMEYER, HERBERT

Herbert Grönemeyer bekam schon als Kind Klavierunterricht, spielte im Alter von 12 Jahren das erste Mal in einer Band und lieferte mit 18 seine erste Komposition für das Bochumer Schauspielhaus ab. Neben und nach seinem Studium in

Rechts- und Musikwissenschaften bekam er viele Rollen für Bühne, Fernsehen und Film, oftmals unter der Regie des Intendanten und Regisseurs Peter Zadek. Weltruhm erlangte er als Darsteller in Wolfgang Petersens Film »Das Boot«. Grönemeyer schrieb u.a. Theater- und Filmmusik für »Ein Wintermärchen«, »Der Kaufmann von Venedig«, »Wie es euch gefällt« und »Die Geisel«, wobei er für den Soundtrack zu »Sommer in Lesmona« 1988 den Grimme-Preis in Gold erhielt. Seine erste Platte als Leadsänger der Gruppe Ocean »Ocean Orchestra« war nur im Eigenvertrieb erhältlich und auch mit »Zwo« von 1981 wuchsen die Bäume noch nicht in den Himmel. Erst die »Currywurst« war dem Publikum nicht mehr »Total egal« (1982) und »Musik nur wenn sie laut ist« aus »Gemischte Gefühle« begeisterte nicht nur die Taubstummen. Der Durchbruch zum Superstar gelang Grönemeyer mit dem Album »Bochum« und Songs wie »Männer«, »Alkohol«, »Mambo« und »Flugzeuge im Bauch«, welches Ende der 90er Jahre Oli P. und Xavier Naidoo erfolgreich coverten. Mit den folgenden Veröffentlichungen »Sprünge« inklusive der Single »Kinder an die Macht« und »Ö« mit »Was soll das« setzte er seine Erfolge nahtlos fort. Nach »Luxus« und »Chaos« konnte sich der Sänger zwanzig Platinscheiben für 9 Millionen verkaufter Exemplare in Österreich, Deutschland und der Schweiz in sein Wohnzimmer stellen. Drei Millionen Fans hatten bis dahin seine Konzerte besucht. Ende 1993 brachte der Künstler mit »Chaos extra« Remix-Dance-Versionen der fünf Singles aus der letzten CD heraus, wobei der CD-ROM-Track der erste seiner Art von einem deutschen Künstler war, und 1994 gab er als erster nicht englisch singender Interpret ein Konzert in der MTV-Serie »Unplugged«. Nach den Alben »Live« und »Unplugged« von 1995 ließ er sich drei Jahre Zeit, um mit dem Album »Bleibt alles anders« moderne, perkussive Drum'n'Bass-Sounds im Grönemeyer-Stil zu präsentieren. In den Konzerten stellte er sich frisch und gereift vor und überzeugte z.B. während des SWR 3-Festivals in Baden-Baden 1998 auch ein neutrales Publikum. Innerhalb kurzer Zeit verlor der Sänger seinen Bruder und seine Frau. Daß er sich selbst von schwersten Schicksalsschlägen nicht unterkriegen ließ, bewies Herbert Grönemeyer auf seiner Tournee durch volle Stadien und Hallen im Spätsommer und Herbst 1999, wo er trotz erkennbarer Trauer zu großer Form auflief.

Discogr.: Ocean Orchestra (1979, Eigenvertrieb), Zwo (1981, Intercord), Total Egal (1982, Intercord), Gemischte Gefühle (1983, Intercord), Bochum (1984, EMI), Sprünge (1986, EMI), »Ö« (1988, EMI), Luxus (1990, EMI), Chaos (1993, EMI), Cosmic Chaos (1994, MCD – EMI), Unplugged Herbert (1995, EMI), Grönemeyer live (1995, EMI), Bleibt alles anders (1998, EMI). Kontakt: EMI Electrola GmbH, Maarweg 149, 50825 Köln, F: 0221-4902-100. Internet: www.groenemeyer.de

GUANO APES
Sandra Nasic (voc), Stefan Ude (b), Henning Rümenapp (g), Dennis Poschwatta (dr)
Drei »Affen« spielten während der Schulzeit zusammen. Dennis, Stefan und Henning übten als Trio und versuchten es mit verschiedenen Sängern, fanden aber nicht den Richtigen. Als Notlösung mußte sogar Dennis ran. Stefan und Henning halfen bei einer befreundeten Band aus, wo Sandra als Sängerin tätig war. Sie luden Sandra zu ihren Proben ein und waren so begeistert, daß sie schon am ersten Tag zusammen den Song »Maria« schrieben. Dies war 1994 und seitdem spielen sie in unveränderter Besetzung zusammen. Auf dem Wohnsitz von Stefans Eltern, einem Bauernhof, hatten sie ein ehemaliges Heulager über einem Schweinestall als Übungsraum zur Verfügung. Vor dem Spielen durften sie zum »Warm-up« die Hühner vertreiben. Dort entstand auch der Sound der Band, eine Mixtur aus Punk, Grunge und Rock. Die Band selbst sieht auch Jazz-, Funk- und Soul-

elemente enthalten und will sich in gar keine musikalische Schublade stecken lassen. Mit dem Demo-Tape »III« bewarben sie sich 1996 beim Wettbewerb »Local Hereos« von Radio ffn und wurden unter über 1.000 Teilnehmern für die Endausscheidung ausgesucht. Und der Sieger hieß – Guano Apes. W.R. Mühlmann bewies seinen Weitblick, als er schrieb: »Die erste Göttinger Band, die ganz groß werden könnte. Somit könnte »III«, der schlichte Titel des Tapes, bereits fix zum begehrten Sammlerobjekt werden. Hier muß man zugreifen.« Das Preisgeld hatte 70.000 DM betragen und diente als Zuschuß zu einer CD-Produktion. Die Band wurde von der Industrie umworben und gab Super Sonic den Zuschlag. Im Juli 1997 nahmen sie in den Horus Sound Studios das Album »Proud Like A God« auf, das am 6.10.97 veröffentlicht wurde. Zu diesem Zeitpunkt hatten sich die Live-Qualitäten der Guano Apes schon in ganz Deutschland herumgesprochen. Die AZ schrieb zu einem Auftritt im Münchner »Feierwerk«: »Das Feierwerk ist am Dampfen. Unter der Decke sammeln sich feuchtwarme Schwaden, um in schweren Tropfen wieder auf das wild tanzende Publikum herunterzufallen. Und auch die schmächtige Frau auf der Bühne glüht. Der Pferdeschwanz löst sich, blonde Strähnen kleben an der Wange, aber seit einer Stunde kobolzt, schreit und singt sie, als spüre sie nichts von der Hitze. Das Schlagzeug treibt, ohne zu dreschen, die Gitarren sind laut, ohne zu schrammeln und trotz geschickter Saitenkunst bleibt das Garagenfeeling.« Zum Auftritt in Wien schrieb Piet Patek: »Die Band um die extrovertierte Sängerin Sandra Nasic legte mit einer Energie los, daß einem die Luft wegblieb. Man merkt sofort, daß hier Leute am Werk sind, denen die Musik noch Spaß macht, ohne über Verkaufszahlen nachzudenken und bei denen der Sound aus den Eiern (Sorry Sandra) kommt.« Die Kritiken zur CD waren unterschiedlich. Einerseits sah man »ein

Guano Apes

Licht in der Welt der Kreuzübermusik« und sah »eine grandiose Band«, aber auch »einen gefälligen Aufguß von Primus, Gefrickel mit exaltiertem New-Wave-Gesang«. Doch die guten bis sehr guten Rezensionen überwogen. Schließlich startete die Single »Open Your Eyes« durch und wurde über 250.000mal verkauft. Auch der Nachfolger »Rain« erreichte Top-Plazierungen. Hier gingen die Meinungen auseinander. B. Martin: »... kommt über genre-typisches Mittelmaß nicht hinaus.« Aktiv: »...ein absoluter Abgehsong auf dem Grat zwischen intelligentem Grunge und Crossover.« Aufgrund der großen Nachfrage gab es noch eine Special DJ-Edition mit 2 Dancefloor-Remixes. Mit »Lord Of The Boards« steuerten sie den Erkennungssong der Snowboard-Europameisterschaft 1998 bei. Klar, daß es wieder einen Hit gab. 1998 kam man an den Guano Apes nicht vorbei. Sie spielten am Rock am Ring/Rock im Park Open-Air, waren Headliner auf dem Bizarre Festival 98 und beim SWR III-Festival in Baden-Baden vertreten. Gewählt zu den »Newcomern des Jahres 1997« erhielten sie den »Echo« für das beste Video des Jahres und waren zudem in vier weiteren Sparten nominiert. Zu kämpfen hatte die Band mit dem Umstand, daß sich die ganze öffentliche Aufmerksamkeit auf die Frontfrau konzentrierte, obwohl sie selbst immer wieder auf die Band verwies. Aber auch Sandra mußte mit der Presse klarkommen. Ihre Auftritte im Sommer 99 wurden wie folgt angekündigt: »Man müßte sich obligatorisch fragen, was da singt: Ist es ein weiblicher Mann oder eine männliche Frau oder eine Mischung von beiden. Dank Viva und MTV sind die G.A. auch optisch bekannt und das läßt doch mehr zu einer männlichen Frau tendieren.« Aber sie konnte sich auch trösten, denn der Rolling Stone bezeichnete sie als Sex-Symbol und »Max« fragte wegen Nacktfotos an. Die Band konzentrierte sich aber auf ihre Musik und nahm für einen Film ihre erste Fremdkomposition »Don't You Turn Your Back On Me« auf. Dann bereiteten sie ihr nächstes Album vor, unterbrochen von Festivalterminen im Sommer 1999. Außerdem spielten sie für den Sampler »Pop 2000« eine Version der Alphaville-Nummer »Big In Japan« ein, die zu Beginn des Jahres 2000 als Maxi veröffentlicht wurde.

Discogr.: Proud Like A God (1997, Super Sonic Records), Open Your Eyes – Special Edition (1998, Super Sonic Records), Lord Of The Boards (1998, MCD – Super Sonic Records), Don't You Turn Your Back On Me (1999, MCD – Super Sonic Records), Big in Japan (2000, MCD – Super Sonic Records). Kontakt: Contra Promotion, Hagenbachstr. 3, 44629 Herne, F: 02323-924535; Supersonic/Gun Records, Brückstr. 33, 44787 Bochum. E-Mail: gunrecords@bertelsmann.de • Internet: http://fuego.de/guano • www.bmg.de • www.gun-supersonic.de

GWILDIS, STEFAN & DIE DRÜCKERKOLONNE

Stefan Gwildis (voc/g), Ralf Schwarz (keyb), Achim Rafain (b), Martin Langer (dr), Hagen Kuhr (cello), Dottore Linek (s)

Stefan Gwildis behauptet, 1958 als Kind geboren zu sein und einen beleidigten Bruder zu haben. Sicher ist, daß er mit 14 seine erste Gitarre erhielt und damit seiner Liebe zu Simon & Garfunkel frönte. Seine eingeübten Folksongs brachte er in Partykellern und Kneipen zu Gehör, wofür er sich als Gegenleistung öfter einmal eine Gulaschsuppe und ein Bier genehmigen durfte. Zusammen mit Rolf Claussen zog er als Duo Aprilfrisch durch die Fußgängerzonen. Da er von der Musik nicht leben konnte, verdingte er sich nebenbei als Lagerarbeiter, LKW-Fahrer, Sonnenbankaufsteller und in der Weihnachtszeit als Weihnachtsmann. Er schrieb sein erstes Stück »Herrchen Frauchen«, mit dem er 1984 im Zelttheater Premiere feierte. 1988 stellte er im Schmidt-Theater mit Aprilfrisch – MäGäDäM – Schwarz das erste Musical »Wuttke II« vor, dem 1991 »Vanessa V« und 1994 »Ganz oben« folgten. Von

1992 bis 1995 verwirklichte er sich als Sänger und Gitarrist in der Formation Strombolis. Seit 1998 brachte er seine Ideen unter Stefan Gwildis & die Drückerkolonne zu Gehör und 1999 stellte ein »Best of«-Programm seines bisherigen Schaffens zusammen. Dazu schrieb Die Welt im Juni 99: »Nach den beiden Auftritten im ›Schmidts Tivoli‹ mag man das bundesweite Greinen über die angeblich fehlenden deutschen Entertainer nicht mehr hören. Bitte sehr, hier ist doch einer der ersehnten Unverbrauchten. Mit Charisma. Mit gescheiten Texten, mal hintersinnig, mal melancholisch, mal makaber. Mit einer wunderbaren Stimme. Mit musikalischem Esprit. Jazz, Soul, Pop, Balladen – Gwildis beherrscht die gesamte Klaviatur.« Seine aktuelle CD »Komms zu nix«, eine Mischung aus modernen Chansons, Pop, Jazz, Soul und Balladen mit gehaltvollen, manchmal auch frechen Texten, präsentierte er am 23. und 24. Januar 2000 im Hamburger Theater »Schmidts TIVOLI«. *Discogr.: Komms zu nix (1999, Rintintin Musik). Kontakt: Elfi Küster, Winterhuder Weg 31, 22085 Hamburg, F: 040-22941820*

Stefan Gwildis

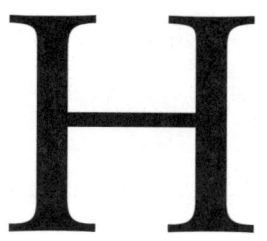

HAAGE, ULRIKE
siehe auch → Rainbirds
Die verhinderte Indianerin Ulrike Haage lebte in einem Tipi unter dem Dach ihres Elternhauses. Schon früh entdeckte sie ihre Liebe zum Jazz und versuchte sich auf dem Klavier an Stücken von Bill Evans und Thelonious Monk. Als Ausgleich dazu bediente sie in einer Garagenband die Gitarre und stand als Sängerin am Mikrophon. In Hamburg studierte sie Musik und Musiktherapie und dozierte von 1985-89 an der Musikhochschule über Orchesterleitung und Improvisation. Sie komponierte für die erste deutsche Frauenbigband Reichlich Weiblich und saß bei ihr am Piano. Als sie FM Einheit kennenlernte, gründeten sie die Gruppe Vladimir Estragon, die sie später in Goto umbenannten. In dieser Formation entdeckte sie die Welt der Elektronik und bewegte sich in den Klangabenteuern zwischen Dissonanz und Wohlklang, Chaos und Struktur. 1990 stieg sie bei den → Rainbirds ein. Dazu schrieb sie Musik für Theaterproduktionen und lebte weitere Ambitionen mit → Katharina Franck und FM Einheit in der Theatermusikgruppe Stein aus. Ihre Bühnentätigkeit trieb sie nach Hamburg, Zürich, Düsseldorf und Berlin. Als Trio Ammer/Einheit/Haage komponierten sie seit 1995 drei preisgekrönte und öffentlich aufgeführte Hörspielopern »Apokalypse live«, »Odysseus 7« und »Schlachtplatte«. 1996 schuf sie gemeinsam mit Pociao den Verlag Sans Soleil, der sich auf die Herausgabe künstlerisch wertvoller Bücher und CDs konzentrierte. Einer dieser Tonträger war als Ergebnis einer gemeinsamen Arbeit mit Katarina Franck die Spoken-Word-CD »Hunger«. 1999 begann ihre Zusammenarbeit mit der Schauspielerin Meret Becker, deren Konzertprogramm sie leitete. Außerdem feierte sie mit ihrem Aufsatz »Meine Sehnsucht nach Musik im Theater« im Konkursbuch Theater Berlin Premiere. Im Tacheles Berlin stellte sie das gemeinsam mit Kazuko Watanabe geschaffene Freiluftmusiktheaterstück »Die Ballade von Narayama« vor. Gemeinsam mit Jane Bowles und → Katharina Franck gab es das preisgekrönte Hörspiel »Bei unserer Lebensweise ist es sehr angenehm, lange im voraus zu einer Party eingeladen zu werden« und unter Ammer/Haage das Stück »7 Dances Of The Holy Ghost«. Das neue Jahrtausend begann sie mit ihrer ersten Solo-CD mit Instrumentalkompositionen, einem Hörspiel »Den teuren Toten« von Durs Grünbein/Ulrike Haage und dem Spoken-Word-Projekt »Zeitlupenkino« mit Katharina Franck. Einen Vorgeschmack auf die geplante »Zeitlupenkino«-Tour gab es bereits am 21.11.99 während der Intermedium-Tage in der Akademie der Bildenden Künste in Berlin mit der Aufführung des Franck/Haage-Werkes »Hunger«.

Discogr.:Reichlich Weiblich – live in Moers (1987, Moers Musik), Vladimir Estragon – Three Quarks For Muster Mark (1989, Enja), Stein – Steinzeit (1992, Rough Trade), Stein – König Zucker (1993, Rough Trade), Apokalypse Live (1995, RTD), Goto (1995, Sans Soleil), Franck/Haage – Hunger (1997, Sans Soleil), Odysseus 7 (1998, RTD), Ammer/Haage – 7 Dances Of The Holy Ghost (1999, Sans Soleil), Bowles/Franck/Haage – Bei unserer Lebensweise... (1999, Sans Soleil). Kontakt: Sans Soleil, P.O. B. 190136, 53037 Bonn, F: 0228-219507. E-Mail: pociao@compuserve.com • Internet: www.txt.de/soleil

HAGEN, NINA

Die Mutter Eva Maria Hagen war bereits eine bekannte Sängerin und Schauspielerin, als Nina 1955 in Ostberlin geboren wurde. Bereits mit 17 landete sie mit dem Titel »Du hast den Farbfilm vergessen« ihren ersten Hit. Sie trat mit Fritzen's Dampferband auf und mit Automobil wandte sie sich der Rockmusik zu, wurde aber bald mit einem Auftrittsverbot belegt, nachdem sie sich öffentlich zum Thema Wolf Biermann, dem Lebensgefährten ihrer Mutter, geäußert hatte. Nach der Auswanderung in den Westteil der Stadt schloß sie sich der Band Lokomotive Kreuzberg an, aus der sich die Nina Hagen Band bildete. Bereits das erste Album »Nina Hagen Band« brachte frischen Wind in die abgeschlaffte deutsche Szene und Titel wie »TV-Glotzer«, »Auf 'm Friedhof«, »Bahnhof Zoo« waren Renner in den Rockpalästen. Trotz eines erfolgreichen zweiten Albums »Unbehagen« mit dem Klassiker »African Reggae« kam es bald zur Trennung zwischen Sängerin und Band. Während die restlichen Musiker unter dem Namen Spliff große Erfolge feierten, sorgte Nina Hagen durch vielfache Provokationen, Affären und manche eigenwilligen Aussagen für Gesprächsstoff. Nachdem Nina Hagen im Club 2 (Österreich) demonstriert hatte, wie sich die Frau selbst befriedigt, wurde gleich die ganze Sendereihe abgesetzt. In den nächsten Jahren fand sie im Ausland mehr Anerkennung als in ihrer Heimat und erfreute sich bald internationaler Bekanntheit. Musikalisch gelang es ihr weder mit dem ersten Solo-Album »Nunsexmonkrock« noch mit den nachfolgenden Produktionen, an ihre früheren Erfolge anzuknüpfen, obwohl die Alben sehr unterschiedlich ausfielen und sich viele internationale Gäste beteiligten. So produzierte Phil Manzarena (ex Roxy Music) ihr Album »Revolution Ballroom« und Dave Stewart von den Eurythmics schrieb dafür mit Nina zwei Songs und half mit Gesang und Keyboard aus. Mit dem Album »FreuD euch« kehrte sie nach langer Zeit zu ihren musikalischen Wurzeln zurück. Zu Beginn des Jahres 2000 präsentierte sie ihr Album »The Return Of The Mother«, für das der ME/Sounds kaum gute Worte fand und nur einen Stern (von 6) vergab: »Es ist fast so, als würde Nina Hagen bewußt jede Weiterentwicklung verweigern. Im Eröffnungsstück Yes Sir jedenfalls erklärt sie trotzig: So bin ich und so bleibe ich. Selber schuld. Jedenfalls wurde sie für würdig befunden, die Erkennungsmelodie der Expo 2000 zu singen. Dafür spielte sie den alten Zarah Leander-Titel »Der Wind hat mir ein Lied erzählt« neu ein.

CDs: Nina Hagen Band (1978) Sony Music, Unbehagen (1980) Sony Music, Nunsexmonkrock (1982) CBS, Angstlos (1983), Love – CBS, 14 Friendly Abductions – The Best Of 78 – 84 (1984) Sony, In Ekstase (1985) Sony, Collection Gold – Sony, Nina (1989) Phonogram, Street (1991) Mercury/Universal, Revolution Ballroom (1993) Phonogram, FreuD euch (1995) RCA/BMG, Definitive Collection (1995) Sony Music, Beehappy (1996) RCA/ BMG, Was denn? Hits 74 – 95 (1996) BMG/ Hansa , Oh Namah Shivay – nur über Internet, The Return Of The Mother (2000) Virgin. Kontakt: Virgin Schallplatten, Herzogstr. 64, 80803 München F: 089-38195-118. Mail: webcrew @virgin.de • Internet: www.nina-hagen.com

HAGGARD

Die Münchner Haggard sind nur auf großen Bühnen tätig. Notwendig wurde dies, nachdem die 1991 von Asis Nassari gegründete Death-Metal-Band, die 1992 ihr erstes Demo und ein Jahr später ihre Mini-CD »Progressive« aufgenommen hatte, ihre Besetzung von 4 auf 16 Personen erweitert hatte. Schon »Progressive« unterschied sich in der Musik mit ständigen Tempo-Wechseln, Grooves und Riffs und in den Texten gegen Ausländerhaß, Krieg und Kindesmißbrauch von den Werken ihrer Kollegen. Dann experimentierten sie zuerst noch mit Cello, Violine, einem Pianisten und einer Sopranistin und spielten das Demo »Once Upon A December's Moon« ein, in dem sie erstmals klassische Elemente mit ihrem harten Sound verbanden. Nach der Erstellung des Promotapes »And Thou Shalt Trust...The Seer« in der derzeitigen Besetzung erhielten sie erste Angebote von Plattenfirmen. Die neuen Kompositionen verbanden mittelalterliche und klassische Musik mit Rock und erstaunlich melodiösem Death Metal. Neben Drums und Gitarren setzten sie unterschiedliche Instrumente, wie Violine, Bratsche, Spinett, Klavier, Krummhorn, Laute, Schalmei, Cello und Flöte ein. Im Text befaßte sich Haggard mit der Biographie des Sehers Nostradamus, wobei sie dieses Album als das erste einer Trilogie sahen. 1999 begannen sie mit den Aufnahmen zum zweiten Teil unter dem Arbeitstitel »Awakening The Centuries«. Klassische Elemente nahmen noch mehr Raum ein und verdrängten weitgehend die mittelalterlichen Klänge. Für die Aufnahmen verpflichteten sie sogar den Neuen Moskauer Rundfunkchor.

Discogr.: Progressive (1993 Eigenvertrieb), And Thou Shalt Trust...The Seer (1997, Serenades/Edel), Awakening The Centuries (2000, Serenades/Edel – Arbeitstitel). Internet: www.edel.de

HAIGIS, ANNE

Die in Rottweil/Neckar geborene Sängerin begann mit Latin- und Fusion-Kompositionen in der Band RE und erzielte mit dem von Wolfgang Dauner produzierten Debüt »For Here Where The Life Is« 1981 ihren Durchbruch. Sie schloß sich für einige Tourneen dem United Jazz and Rock Ensemble an und nahm noch das ebenfalls jazzige »Fingernails« auf, bevor sie 1984 mit Hilfe von Edo Zanki das Album »Anne Haigis« mit deutschsprachigen Rock- und Popsongs einsang. Nach »Laß mich fallen wie Schnee« (1985), »Geheime Zeichen« (1987) und »Indigo« wandte sie sich 1992 auf dem in Los Angeles mit Hilfe des Produzenten Barry Beckett (Dire Straits, Bob Dylan) aufgenommenen »Cry Wolf« verstärkt Rock und Blues zu. Auf der Europatournee von Curtis Stigers stellte sie ihren neuen Stil vor. 1996 begann sie mit den Aufnahmen zu »Dancing In The Fire«, wobei ihr diesmal → Franz Benton zur Seite stand. Das 1997 veröffentlichte Album enthielt neben 13 englischen Titel einschließlich einer Neuinterpretation des Soul-Klassikers »Sexual Healing« auch fünf deutsche Songs, worunter mit »Schatten deiner Nacht« die deutsche Fassung des Bon Jovi-Hits »Bed Of Roses« zu finden war.

Discogr. (Auswahl): Cry Wolf (1992, Ariola), Dancing In The Fire (1997, Pläne/BMG). Kontakt: Verlag Pläne GmbH, Postfach 104151, 44041 Dortmund. Internet: www.plaene-records-de

HAINDLING

Hans-Jürgen Buchner (alle Instrumente), Roald Raschner (synth/keyb), Michael Braun (tp/Tuba), Heinz-Josef »Charly« Braun (b), Peter Enderlein (dr) u.a.

Stellen Sie im Süden der Republik eine Frage nach Haindling, werden Sie die wenigsten in ein niederbayerisches Dorf schicken. Wenn doch, könnten Sie dort auf Hans-Jürgen Buchner treffen. Er ist

Haindling

als Porzellan-, Keramik- und Töpferwarenhersteller bekannt, noch mehr aber als der musikalische Kopf der Gruppe Haindling, die im Gegensatz zur gleichnamigen Ortschaft in Bayern fast jeder kennt. Der Töpfermeister, der 1978 auf der Münchner Handwerksmesse mit dem Staatspreis ausgezeichnet wurde, spielte seit dem 5. Lebensjahr Klavier und sammelt alle Musikinstrumente, derer er habhaft werden kann. Damit machte er zunächst nur für sich selbst Musik. Als er seine Werke Kevin Coyne vorstellte, bot dieser ihm an, eine Platte aufzunehmen. Sie produzierten gemeinsam das Album »Haindling I«, das Polydor 1982 herausgab. Dieses konnte er bei Alfred Biolek bundesweit vorstellen. Schon für sein Debüt erhielt er den Deutschen Schallplattenpreis. Das Crossover aus bayerischer Blasmusik, elektronischen Einschüben, Jazz, Rock und Avantgarde mit aberwitzigen Texten überzeugte die Jury. Buchner hatte diese CD im Alleingang eingespielt. Da die Anfragen nach Konzerten sich mehrten, war er gezwungen, eine Band zusammenzustellen. Die Single »Lang scho nimmer g'sehn« aus dem zweiten Werk »Stilles Potpourri« war ein Dauerbrenner im Rundfunk und in der holländischen Version »Hilversum III« ein Nr.-1-Hit in den Niederlanden. Die nächste Single »Du Depp« über einen bayerischen Kosenamen war ebenfalls höchst erfolgreich. Inzwischen war aus Haindling eine anerkannte und bewunderte Live-Band geworden. Die schrägen Klänge, gespielt auf einer Ansammlung verschiedenster Instrumente, sorgten für ausverkaufte Hallen. Auf das 1985er Album »Spinn i« folgte 1986 der Konzertmitschnitt »Meuterei«, der die Magie eines Auftritts glänzend wiedergab. 1987 hatte er mit dem Titelsong »Paula« zur Fernsehserie »Zur Freiheit« bundesweit Erfolg. Auf der fünften LP »Höhlenmalerei« waren wieder eine Vielzahl von Instrumenten zu hören. Das hohe Niveau wurde auch auf den Alben »Muh« und »7« beibehalten. Nach dem Wechsel der Plattenfirma benannte er die nächste CD schlicht »Haindling«. Er sang darüber, daß »ich vergesse, daß ich vergeßlich bin« und über »Harakiri nach Karaoke« und ließ dazu Akku-Rasierer und Diesel-Motoren zu musikalischen Ehren kommen. Bayern wählte schwarz, Buchner setzte 1995 die CD »Weiss« dagegen. Singende Sägen, Kristallkugeln, Schamanentrommeln, Baßtuba, Bongo-Trommeln und gackernde Hühner bereicherten den Sound, während er sich in seinen Texten mit »3 Polizisten«, »Hühnertechno« und dem »Zahnpastastrang der Deutschen« beschäftigte. Hinter all dem Wortwitz war auch massiver Protest gegen die Zerstörung unserer Umwelt zu vernehmen. 1998 setzte Haindling zur »Zwischenlandung« an. Erst behauptete Buchner »Ich war ein Nilpferd«, dann wählte er die Route »Peking – Haindling«, wo er seine Liebe zur chinesischen Musiktradition auslebte, bis er im »Wolfsauslassen« 25 Zentner schwere eiserne Flachglocken mit Tierhörnern und tibetanische Tempeltrompeten erklingen ließ. Viele weitere musikalische Einfälle ergänzten den Sound. Zu einem Konzert schrieb die Augsburger Allgemeine: »Da wird auf vier Holzstämmen eine wilde Percussionnummer intoniert und mit Chinabecken, Waldhorn, Trompete, Akkordeon, Tuba, Keyboard und diversen Trommeln werden Strecken musikalisch zurückgelegt. Wenn sich eine Band nach so langer Zeit noch so frisch und einfallsreich anhört, kann man nur gratulieren.« MS dagegen bedauerte die Norddeutschen: »Schade nur, daß die bajuwarische Glasur seiner akustischen Leckereien den Genuß nördlich des Weißwurst-Äquators offensichtlich ungenießbar macht.« Buchner gab 1999 mit seiner Gruppe und dem »Aspen-Wind-Quintet« anläßlich der Salzburger Mozart-Festspiele ein ganz besonderes Konzert zwischen Klassik, Pop und Jazz, wo er die verwöhnten Besucher zu Begeisterungsstürmen hinriß. Am 29.10.99 sendete das Bayerische Fernsehen in der langen Haindling-Nacht ein sechsstündiges Porträt der Band.

Discogr.: Haindling 1 (1993, Polygram), Stilles Potpourri (1984, Polygram), Spinn i (1985, Polygram), Meuterei – live (1986, Polygram), Höhlenmalerei (1987, Polygram), Muh (1989, Polygram), »7« (1991, Polygram), Speck (Das Beste von 1982-1992) (1992, Polygram), Haindling (1993, BMG), Schnelles Potpourri – das Beste (1995, BMG), Perlen – die größten Hits live (1996, BMG), Weiß (1995, BMG), Zwischenlandung (1998, BMG). Kontakt: Hello Concerts, T: 0821-154027, F: 0821-154020. E-Mail: helloshow@aol.com • Internet: www.bmgentertainment.de

HAMBURG BLUES BAND

Unter Hamburg Blues Band vereinigt der Hamburger Gitarrist und Sänger G. Lange einige international erfahrene Musiker, um gegen gängige Trends die Konzertsäle weiterhin mit Blues, R&B, Boogie, Rock und Soul zu beschallen. Mit Gitarrist Alex Conti (Lake/Atlantis), Drummer Hans Wallbaum (Stoppok/Interzone/Westernhagen), Bassist Michael Becker (Inga Rumpf) und Saxophonist Dick Heckstall-Smith (Colosseum/United Jazz and Rock Ensemble) stehen ihm hierbei reife Musiker zur Seite. Nach dem Debüt »Real Stuff« legten sie mit der CD »Rollin'«, deren Texte von Pete Brown (Cream) stammen, eine zweite Scheibe für die Freunde traditioneller, handgemachter Musik vor.

Discogr.: Real Stuff (1997, Handmade Music), Rollin' (1999, Handmade Music)

HARLECKINZ

Die Mitglieder dieser englisch rappenden HipHop-Formation, bestehend aus Doubleface, Big Sal und Boogie Knight, kennen sich schon seit ihrer Berliner Schulzeit. Mit ihren Auftritten erregten sie die Aufmerksamkeit des Labels Superior Records und in WEA fanden sie einen Major für den Vertrieb. Das aufwendig produzierte Video zu »What Time It Is (Zeitgeist 2000)« rotierte auf Viva rund um die Uhr, wurde auch von MTV übernommen und sorgte für den Charteinstieg.

Discogr.: What Time It Is (Zeitgeist 2000) (1999, Superior Records/WEA). Internet: www.wea.de

HARRY BO.

Carsten Rothweiler (voc/dr), Holger Bergner (g/voc), Matthias Tomasch (b), Chris Harey (g/voc)

Die Chancen, künftig mit Bonbonwerbung zusätzliches Geld zu machen, sind für die Combo aus Halle sehr gering. Die Presse betont nämlich ausdrücklich, daß es sich bei ihnen um keine Bonbonrocker handelt. Harry Bo... ist der unvollständig gebliebene Name eines GI, der Carsten Rothweilers Großmutter während des 2. Weltkriegs aus den Trümmern ihres Hauses rettete. Durch die Namensgebung wollte die Gruppe diesem mutigen Herrn ein Denkmal setzen. Carsten Rothweiler kam von der Gruppe Manos und Matthias Tomasch war Mitglied von Still Alive & Well, als sie sich im Juli 1996 zusammenfanden, um die Band Harry Bo. aus der Taufe zu heben. Zahlreiche Auftritte folgten. Mit dem routinierten Gitarristen Chris Harvey verstärkte sich die Band, nachdem immer mehr Auftrittsangebote eingingen. Sie spielten beim Halleschen Kultursommer und als Support für Sharon Stone und die → Inchtabokatables. Im Sommer erschien das erste Al-

Harry Bo.

bum »Sleep, Eat, Go Fishing«. Darauf war kraftvoller und melodiöser Gitarrenrock mit Tendenz zum Garagenrock zu hören. Das »Magazin« meinte: »Harry Bo hat die hallesche Musiklethargie endgültig beerdigt. Die Leichtigkeit, mit der sich die fünf charismatischen Gitarren-Popper im internationalen Musik-Supermarkt die Schnäppchen in den Korb gepackt haben, haut selbst den Kenner der hiesigen Szene vom Hocker. Ohne sich dabei ein Mahnmal der eigenen Wichtigkeit zu erschaffen, macht Harry Bo. genau das, was im Leitfaden für Ohrwurmproduzenten stehen müsste.« Mit dem eigenen Titel »Little Red Riding Hood« traten sie beim MDR-Sputnik Wettbewerb Scype an und belegten unter 220 Bands den 2. Platz. Diese Entscheidung, darüber war sich die hallesche Presse einig, war ein Fehlurteil. Nach deren Meinung hätten sie den ersten Platz belegen müssen. 1998 veröffentlichten sie eine Demo-CD, die vier Titel zwischen amerikanischem Rock und Britpop enthielt. Sie gaben wieder mehrere Konzerte, wobei sie zu einem Auftritt während des Kinosommers mehr als 3.000 Besucher begrüßen durften.

Discogr.: Sleep, Eat, Go Fishing (1997, Silbersack Recordings), Fish Stick (1998, Demo-MCD). Kontakt: Agentur Supernova, Ludwig-Wucherer-Str. 86, 06108 Halle (Saale), F: 0345-2908773

HASSMÜTZ

Hassmütz aus Frankfurt/M. nennen ihren Stil mit dreckigem deutschem Gesang und noch dreckigeren Gitarren Straßenmetal. Auf ihrer 99er CD »Tausend echte Feinde« besingen sie das »Ghettokind«, bejammern ihr »hartes Los«, haben sich »Totgelebt« und sinnen auf »Rache«.
Discogr.: Tausend echte Feinde (1999, Century Media/Magic Arts). Internet: www.centurymedia.com

HAUCK, SILKE

Silke Hauck (voc), Markus Schramhauser (acc/keyb), Oliver Kuka (g), Boris Angst (dr), Mario Fadani (b)

Im Jahr 1969 wurde Musikgeschichte geschrieben. Es fand das Woodstock Festival statt und Silke Hauck wurde in Zweibrücken geboren. Schon mit vier Jahren hörte sie begeistert den Glamrock aus der Plattensammlung ihres Vaters. Diese Leidenschaft ließ sie nie los. Die Eltern zogen nach Berlin, wo sie aufwuchs. Als Erwachsene wollte sie in südlichere Gefilde zurück und gründete in Mannheim die Band Chelsea. Neben avantgardistischen und psychedelischen Eigenkompositionen waren Coverversionen von Janis Joplin und Jaques Brel zu hören. In greller Kostümierung holten sie sich ein Stück Kindheit zurück. Mit der Ballade »While My Memory Is Growing« traten sie im Saarländischen Rundfunk und im Rhein-Neckar-Fernsehen auf. Es folgte die Single »Let The Wind Change«, die regional viel Rundfunkeinsatz erhielt. Trotz immer größer werdender Fangemeinde löste sich die Band auf. Silke besuchte parallel zu den musikalischen Aktivitäten eine private Schauspielschule, wurde Mitglied der Statisterie des Mann-

Silke Hauck

heimer Nationaltheaters und war im SWF-Tatort »Falsche Liebe« zu sehen. Da sie für verschiedene Produktionen u.a. für Uwe Ochsenknecht als Backgroundsängerin engagiert wurde, entdeckte sie die Liebe zur deutschen Sprache. Sie schrieb eigene Titel und erzählte von Erlebnissen, die sich in ihrer unzensierten Phantasie abspielten. Damit trat sie in verschiedenen Fernsehshows auf. Im RTL sang sie bei Hans Meiser den weiblichen Gegenentwurf zu Herbert Grönemeyers Hit »Männer« – »Ich lieb' die Männer«. Sie selbst bezeichnete ihren neuen Stil als »knapp sitzenden Poprock«. Dies war auch der Grund, warum von mehr als 2.000 Fanbriefen der Großteil vom männlichen Geschlecht kam. Ihre Anhänger können die Künstlerin bisher nicht auf Video bewundern. Es sollte eines zum Titel »Skandal« gedreht werden. Dafür wurde ohne Genehmigung eine ganze Straße gesperrt. Es gab Ärger mit der Polizei. Sogar ein Reporter der Bild-Zeitung tauchte auf. Das Video blieb unter Verschluß. 1997 veröffentlichte sie die Maxi-CD »Diese Nacht noch ein Tag«, die sie eine facettenreiche Melange aus Liebe, Verzweiflung, Angst, Sehnsucht und Lotterbett nannte. Hochgelobt wurden ihre Auftritte mit einem Programm zwischen selbstgeschriebenen Liedern und Chansons, Kurt-Weill-Stücken und Element-of-Crime-Adaptionen sowie akustischen Balladen, Soul und Rock. Der »Mannheimer Morgen« zog das Fazit »märchenhaft« und der »Neckarstadt Anzeiger« meinte: »Himmlische Stimme, höllisch gute Gitarre«. Im November 1997 nahm sie als Talk-Gast in der Sendung »Teen-Talk« zum Thema »Schwul! Na und!« teil und wurde dazu inspiriert, den Titel »Zwischen den Stühlen« zu schreiben, der fester Bestandteil ihres Programms wurde (Auszug: »Zwischen den Stühlen mit gemischten Gefühlen zwischen Herz und Verstand mit dem Rücken zur Wand«). Neben den Konzerten mit ihrer Band zeigte sie mit »Chansons zum Piano« ihre intimere Seite und interpretierte Lieder von Jaques Brel, Bertolt Brecht, Hildegard Knef, Friedrich Holländer und Hugo Wiener. Eine CD mit diesem Programm gab es unter dem Titel »Liederlichkeiten« im Herbst 99. Die agile Künstlerin gab pro Jahr ca. 100 Auftritte, wobei sich die mit Band und die mit Klavierbegleitung die Waage hielten. Dabei überzeugte sie auf Open Airs in Würzburg und Kaiserslautern ebenso wie in kleinen Bars vor 100 Leuten. 1999 gewann Silke Hauck vom Muddy's Club in Weinheim den Award »Schätzle '99« für die erfolgreichsten Clubkonzerte der letzten Saison.

Discogr.: Let The Wind Change – als »Chelsea« (MCD, Peng Records), While My Memory Is Growing – aus »32 Hits im Powerpack« (Peng Records), Diese Nacht noch ein Tag (IOM), Liederlichkeiten (1999 Soloprogramm). Kontakt: Michael Bundt Musikverlag, T: 0621-1220750, F: 0621-1220751. E-Mail: Michael.Bundt.mhm@-online.de • Internet: www.apropo.de/musik/bands/s-hauck

HAUT, DIE

Christoph Dreher (b), Arbeit (g), Rainer Lingk (g), Moser (dr)/ Wydler (dr) und Gäste

Von Beginn an arbeiteten Die Haut ohne festen Sänger, mit vielen Gästen und mit der Absprache, Proben sofort zu unterbrechen, wenn musikalische Klischees verwendet werden. Sie schufen teils sehr kantige Klanggemälde, bildeten einen Wall of Sound, verwandelten diesen von einem Zustand in einen anderen und ließen die Musik sich verselbständigen. Bei ihrer ersten Mini-LP »Schnelles Leben« brachte sich Rainer Berson als Gastsänger ein, auf der 12" von 1982 »Der karibische Western« waren Stella Rico und Lydia Lunch beteiligt und auf der 83er LP »Burnin' The Ice« ließ Nick Cave seine Stimme vernehmen. Auch bei den weiteren Veröffentlichungen hielten sie an ihrem Konzept fest und fanden nicht nur national, sondern auch weltweit dafür Beachtung und Anerkennung. Auf »Head On« von 1992, einem Werk über den neuen Rhythm & Blues, versammelten sich zum 10jährigen Bestehen der Gruppe Blixa Bargeld (→ Einstürzende Neubauten), Jeffrey Le Pierce, Lydia Lunch, Kim Gordon (Sonic Youth), Debbie Harry (Blondie), Alan Vega (Whizz Kids), Anita Lane, Christina und Kid Kongo Powers (Gun Club) als singende Geburtstagsgäste. Die Haut nutzte die Gelegenheit, diese Künstler für ihre nächste Tournee einzuladen. Blixa Bargeld, Anita Lane, Lydia Lunch und Kid Kongo Powers sagten zu und Die Haut nahmen zusätzlich Nick Cave und Alexander Hacke mit in ihr Programm auf, dessen Ergebnis auf der 93er CD »Sweat« live zu hören war. Danach ließen sie sich vier Jahre Zeit, um wieder mit einigen Gästen ihr Album »Spring« einzuspielen, das aus sieben Instrumentals und vier Gesangsstücken bestand, wobei sie aus den ersten drei Stücken eine zusammenhängende, 24minütige Gitarren-Sinfonie schufen. 1998 remixten berühmte Elektroniker die Titel ihres »Spring«-Albums, wie z.B. Robin Rimbaudt, Uwe Schmid, Jom O'Rourke, → To Rococo Rot, die den Werken ein völlig neues Gesicht gaben. Das Ergebnis war auf der CD »Springer« zu hören.

Discogr.: Schnelles Leben (1982, Mini-LP – Monogram Records), Der karibische Western (1982, 12" – Zensor), Burnin' The Ice (1983, Paradoxx/Illuminated), Fandango (1986, 12" – Megadisc), Headless Body In Topless Bar (1988, What's so funny about), Die Hard (1990, What's so funny about), Head On (1992, What's so funny about), Sweat – Live (1993, What's so funny about), Spring (1997, Our Choice/Zomba), Springer (1998, Our Choice/Zomba). Kontakt: Rainer Lingk, Donaustr. 94, 12043 Berlin. E-Mail: RainerLingk@linkedwith.com

H-BLOCKX

Henning Wehland (voc), Dave (voc), Gudze (b), Tim Tenambergen (g), Steffen (dr)
H-Blockx heißen die Gefängnistrakte für IRA-Mitglieder in Irlands Haftanstalten. Allerdings verbindet die gleichnamige Gruppe aus Wolbeck bei Münster damit keinen politischen Anspruch. 1990 gaben Tim, Henning und Gudze mit dem damaligen Drummer Mason die ersten Le-

H-Blockx

benszeichen von sich. 1992 gesellte sich Dave als zweiter Sänger dazu. Ihre Konzerte in der Region waren alsbald ein Gesprächsthema. Die Plattenfirma »Sing Sing« nahm sie unter Vertrag und schon die erste Single »Rising High« entwickelte sich zum Indie-Hit. Kritiker betrachteten sie als deutsche Vertreter der amerikanischen Crossover-Bewegung. Sie erhielten für »Rising High« den Viva Komet in der Sparte »Video des Jahres«. 1994 brachten sie das erste Album »Time To Move« heraus. Mit dem Album im Rücken gewannen sie den MTV Award »Local German Hero« und eine Nominierung als »Breakthrough Artist«. Sie durften auch beim MTV European Music Award in Paris auftreten. Schließlich erreichte die CD »Time To Move« Goldstatus. Im Juni 1996 unternahmen sie eine Europa-Tour im Vorprogramm von Bon Jovi. Auf der nächsten CD »Discover My Soul« waren TripHop-Beats und Streicher als Bereicherung des eigenen Sounds zu hören. Die Käufer stürzten sich auf diese Scheibe und brachten sie auf Platz 7 der deutschen Album-Charts. Einen Tiefschlag mußte die Band mit dem Ausstieg des Drummers Mason aus gesundheitlichen Gründen hinnehmen. Dieser empfahl als Nachfolger Marco Minnemann. Mit ihm spielten sie das 98er Album »Fly Eyes« ein, auf dem eine deutliche Hinwendung zur modernen Rockmusik zu hören war. Gleich nach der Veröffentlichung kamen sie damit auf Platz 19 der Longplay-Charts. Auf der anschließenden Tour verströmten sie wieder jede Menge Schweiß: »Die neuen melodiösen Töne sagen nicht allen Fans der ersten Stunde zu; aber die Publikumsreaktionen bei einem Ohrwurm wie ›Liquid Sunlight‹ zeigen deutlich den Weg ins geistliche Fußballstadion. Und wenn wieder gehackt wird wie bei ›Try Me One More Time‹ oder ›I Can't Rely On You‹, dann fliegen Arme, Beine, ganze Körper. Die zwei Herren vorne fahren größtes Lauf- und Gestikulierpensum auf, fuchteln mit kurzen Ärmchen in der Luft, und hinten brummt die gut fundierte Rhythmusmaschine. Der Publikumschor beginnt, der sehr lauten Anlage Konkurrenz zu machen. Das Kondenswasser tropft aus dem Hirn. So soll es sein.« (Feedback). Für den Kinofilm »Bang Boom Bang – Ein todsicheres Ding«, der im August 1999 in die Lichtspielhäuser kam, lieferten sie den Soundtrack. Zu dieser Zeit waren sie mit der USA Vans Warped Tour in den Staaten unterwegs und spielten 31 Konzerte in nahezu allen bedeutenden Städten. Nachdem sie im Sommer 99 in Europa unterwegs gewesen waren, ging es im Herbst 99 wieder in die USA. Damit hatten sie in ihrer Laufbahn mehr als 750 Auftritte in 25 Ländern hinter sich gebracht.

Discogr.: Time To Move (1994, Sing Sing), Discover My Soul (1996, Sing Sing), Fly Eyes (1998, BMG Berlin), Bang Boom Bang – Ein todsicheres Ding (Soundtrack, 1999, BMG). Kontakt: Moskito Promotion, P.O. Box 3072, 481016 Münster, F: 0251-4848940. Internet: www.h-blockx.de • www.bmgentertainment.de

HEAD ON FIRE

Falk Lohoff (voc/programm.), Daniel Göttert (b/g/programm.), Holger Pasch (g/programm.)

Für Head on Fire dreht sich die Welt langsamer. Sie haben es nicht eilig, den neuesten Trends nachzujagen und es pressiert nicht, Platten zu veröffentlichen. Bereits 1992 gegründet, ließen sie sich bis 1995 Zeit, ihr Debüt »Nostalgia« einzuspielen. Bis zur nächsten CD »Burn« wurde es 1999 und lediglich das Erscheinen der EP »Sunrise« verhinderte 1997, daß sie in Vergessenheit gerieten. Dafür verarbeiten sie die musikalischen Einflüsse der beiden letzten Jahrzehnte zu einem zeitlosen Stil. Aufbauend auf dem Gitarren-Wave und Elektropop der 80er Jahre experimentierten sie mit Rock, Pschedelic und Dark-Pop. Ihr Ziel ist es, Alben zu veröffentlichen, bei denen man auch in weiter Zukunft die Jah-

re ihrer Entstehung nicht erkennen kann.
Discogr.: Nostalgia (1995), Sunrise (1997, EP), Burn (1999, Sounds Of Delight/Triton) Kontakt: Truesound Promotion c/o Head on Fire, Grossbeerenstr. 69, 10963 Berlin. Mail: 101.86963@germanynet.de • Internet: www. headonfire.de

HEADSHOP TOYS

Die Headshop Toys sind eine etwas andere Pop-/Rockformation mit erfahrenen Musikern, die teils aus dem Umfeld der Krupps kommen. Ihre griffigen, teils groovigen Melodien mit weiblichem Gesang und EBM-Einlagen ließen sie erstmals auf einem 5-Track-Demotape hören, das Wolfuck Schädel vom Rock Hard in kürzester Zeit fünfzigmal durch seine Anlage rauschen ließ, weil er sich der »akustischen Schönheit solcher Perlen wie »Once In A Lifetime«, »Insane«, »Dog Song« und »Cold Cage« nicht entziehen konnte. Nach dem Tape fertigten sie ihr erstes Album »Dog Tunes« an.
Discogr.: Dog Tunes (Eigenvertrieb). Kontakt: Claus Ritter, Merkurstr. 19, 40223 Düsseldorf

HEADSTONE EPITAPH

Der Weg der melodischen Powerrocker von Headstone Epitaph aus Mosburg führt bis in das Jahr 1987 zurück, aber erst nach neun Jahren legten sie ihr Debüt »Without The Slightest Qualm« vor. Unter dem Namen Headstone gestartet, mußten sie sich aufgrund einer Klageandrohung einer Oberammergauer Band gleichen Namens in »Headstone Epitaph« umtaufen. Für »Wings Of Eternity«, betreut vom Pink Cream 69 Bassisten Dennis Ward, ernteten sie viele positive Reaktionen. Auf »Powergames« reduzierten sie den Speedgehalt des Vorgängers und arbeiteten mit mehr Melodie und Groove. Griffige Arrangements und große Eingängigkeit zeichneten trotz komplexer Songstrukturen viele ihrer Stücke aus. Mit »Breaking The Law« zollten sie Judas Priest Tribut.
Discogr.: Without The Slightest Qualm (Eigenproduktion), Wings Of Eternity (1998), Noise/SPV), Power Games (1999, Noise/SPV) Internet: www.spv.de

HEAVENS GATE

Das Tor zum Himmel stießen Heavens Gate bislang nur in Japan auf. Die Wolfsburger Melodic-Metal-Band startete unter dem Namen Carrion und debütierte unter Heavens Gate mit dem Album »In Control«. Nach einer Tournee mit W.A.S.P. und dem Konkurs ihres Labels fanden sie bei Steamhammer eine neue Heimat. Ihr 91er Album »Livin' In Hysteria« öffnete die Tür für den japanischen Markt und mit »Hell For Sale« gelang ihnen nochmals eine Umsatzsteigerung. Auch andere asiatische Länder zogen nach, während Heavens Gate in Deutschland nur mittelmäßige Akzeptanz fanden, obwohl sie mit dem Cover des Monty Python Hits »Always Look On The Bright Side Of Life« Rundfunkeinsatz erhielten. Ihren Auslandserfolg dokumentierten sie auf »Live For Sale – Live In Japan«. Keine Freunde fanden sie bei der deutschen Presse, die den sauber produzierten Hardrock bekannter Machart nicht zeitgemäß fand. Für den Film »Gefährliche Sehnsucht«, der sich mit dem Drogenmißbrauch befaßte, schufen sie den Soundtrack. Nachdem sie Japan ausgiebig bereist hatten, gingen sie in Deutschland mit Dream Theatre auf Tournee. 1996 spielten sie im bandeigenen Studio mit neuem Drummer und Bassisten die CD »Planet E.« ein. Aber erst für das 99er Album »Menergy«, in dem sie auf Speed zugunsten von modernen Midtempo-Songs verzichteten, sprach die Presse die Begnadigung aus.
Discogr.: In Control (1989, Steamhammer/ SPV), No remorse – Livin' In Hysteria (1991, Steamhammer/SPV), Hell For Sale (1992, Steamhammer/SPV), Live For Sale – Live In Japan (1993, Steamhammer /SPV), Planet E. (1996, Steamhammer/SPV), Boxed (1999, Steamhammer/SPV), Menergy (1999, Steamhammer/SPV). Internet: www.spv.de

HEINRICH BEATS THE DRUM
Sublic (v/g/key) Howie (g/key/progr.) Board (b) Frenzy (dr/perc/key/progr.)

Schon bald nach dem Start von Heinrich beats the Drum im Jahr 1988 galt die Gruppe mit dem Gitarrrenrock britischer Färbung und durch die ständige Live-Präsenz als neuer Stern am Münchner Pophimmel. 1990 erschien das Debüt gleichen Namens und mit dem Titel »When the sun goes down« aus dem zweiten Album »Forever in dust« gelang der erste Szene-Hit. Mit dem dritten Album »Age of Mars« konnten Heinrich beats the Drum jederzeit neben internationaler Konkurrenz bestehen, wie auch M. Sailer im WOM-Journal meinte: »Die Frage, ob britischer Indie-Rock aus deutschen Händen überhaupt denkbar ist, haben Heinrich beats the Drum« schon mit ihren ersten beiden Alben eindeutig beantwortet. Diesmal wird es für die britischen Kollegen schwer mitzuhalten, denn das Tempo, mit dem die Führerbande um das Sprachrohr Sublic auf dem dritten Album ihre Trümpfe aus dem Ärmel schüttelt, ist atemberaubend«. 1994 bestach die Band durch das Album »Live & Acoustic«, das neben eigenen Titeln einige Cover-Songs enthielt, darunter eine schöne Aufnahme von Eric Clapton's »Tears in heaven«. Mit »The pursuit of happiness« vollzogen Heinrich beats the Drum einen Wechsel der Plattenfirma und erweiterten gleichzeitig ihre Stilvielfalt, was durch die Grooves in »Can't take nothing with you« und ihrer Version des Donna Summer Hits »Hot stuff« belegt wurde. Bis dahin hatte die Gruppe über 200 Live-Shows in Deutschland, Österreich und er Schweiz gespielt, darunter das Vorprogramm von INKS in der Münchner Olympiahalle bestritten, waren auf unzähligen Festivals aufgetaucht und erzielten Rundfunk- und Fernseheinsätze in ganz Deutschland. Nach vier Jahren erschien im März 2000 nach langer Zeit das Album »Teenage wasteland« mit einer neuen Version des Who-Klassikers »Baba O'Riley«. An »Teenage Wasteland« hatte die Band mehr als drei Jahre gearbeitet, Ideen gesammelt und bei den Aufnahmen die neueste Technik genutzt. Am 1..4.2000 stellten Heinrich beats the Drum ihr neuestes Werk im Münchner Feierwerk dem heimischen Publikum vor.

CDs: Heinrich beats the Drum (1990) BSC/Semaphore, Forever in Dust (1991) BSC/Semaphore, Age of Mars (1993) Zomba, Live & Acoustic (1994) Zomba, The Pursuit of happiness (1996) Deshima, Teenage wasteland (2000) Planet Fruit/Zomba. Kontakt: Heinrich beats the Drum, Wolfgang Plaschka, Dom-Pedro-Str. 13, 80637 München T/F: 089-180441 E-Mail: Dr.Board@t-online.de • Internet: www.hbtd.de

HEINZ
Bei den Erlangern paaren sich Nonsens, Satire, Comedy-Show und Parodien mit Pop, Rock, Punk und Heinz. Im fränkischen Raum erspielten sie sich schnell den Ruf einer sensationellen Live-Band, bei der kein Auge trocken bleibt, und mit »Heinz 1« verbreiteten sie ihren Blödsinn auch auf Platte. »Mein Hamster bohnert«, ihre Version von Knacks »My Sharona« aus der CD »Schweine Evil«, gebar ihnen so etwas wie einen Szene-Hit. Ihren Schlachtruf »We Hate Ketchup« kannten, begünstigt durch Auftritte im Vorprogramm der Leningrad Cowboys, bald Fans in ganz Deutschland. Den Fun-Rock setzten sie auf »Nur Spaß« fort,

Heinrich beats the Drum

wenn sie a-cappella die Qual des Aufstehens intonierten, und sie änderten auch auf »Born To Be Heinz« nicht viel. Nach Tourneen mit den → Dimple Minds und Steppenwolf engagierte sie der Veranstalter 1998 für das Rock im Park Festival in Nürnberg, auf dem sie Ausschnitte ihres Programms »The Greatest Shit« zeigten, eine Sammlung ihrer erfolgreichsten Nummern der vergangenen Jahre. Viele Oldies im Heinz-Stil waren dann auf der 99er CD »The Complete Heinz« zu hören.

Discogr.: Heinz 1 (Bellaphon), Schweinevil (Bellaphon), Hai Life (Bellaphon), Nur Spaß (Bellaphon), The Greatest Shit (Bellaphon), Complete Heinz (1999, Edel/Repertoire). Internet: www.edel.de • www.bellaphon.de

HELLENBROICH, NIKI & THE MOON ORCHESTRA

Niki Hellenbroich (voc/g/keyb), Marcel Miller (dr), Sören Jordan (g), Axel Falk (b), Peter Rosenkranz (keyb)

Bis zur Gründung von The Moon Orchestra hatte Niki Hellenbroich schon eine bewegte musikalische Vergangenheit hinter sich. Bereits im Alter von 12 Jahren begann er eine klassische Ausbildung an der Konzertgitarre bei Prof. Dr. Haselbacher in Leopoldshafen. Mit 14 war er Sänger und Frontmann der Band Lovekraft. 1983 schrieb er seine erste Rockoper »Death Is A Wonderful Journey«, die mehrmals in Deutschland aufgeführt wurde. Drei Jahre später gründete er die Artrockformation The Formula. Viele Club-Konzerte und Open-Air-Auftritte sorgten für eine ständig wachsende Fangemeinde. 1988 erschien mit »Six Sexy Sour Souls« die erste Maxi-Single. Ein Jahr später folgte die Single »Ice-dipsomaniac«, bevor 1990 die erste LP/CD »Signals« eingespielt wurde. 1991 komponierte Hellenbroich die Filmmusik zu dem Kurzfilm »Briefe« und veröffentlichte parallel dazu die Solo-Maxi-CD »Like A Rainbow«. Im Jahr 1992 trat The Formula erstmals auch in Italien und Frankreich auf. Wieder ein Jahr später konnten die Fans progressiver Rockmusik die CD »Blue« in ihre Regale stellen. Bis 1995 präsentierte The Formula ihr Programm. Dann kam es 1995 zum Split. Hellenbroich begann an einer weiteren Rockoper zu arbeiten. Ende des Jahres begab er sich mit Musikern der Karlsruher Szene in das Katapult Studio und startete mit den Aufnahmen zu seinem Album, das er »Oxygenia« betitelte. Das Werk ist eine düstere Zukunftsvision: Sauerstoff ist auf der Erde rar. Der Staat besitzt darauf das Monopol. Zwei rivalisierende Jugendbanden sind auf der Jagd nach einer sagenumwobenen Formel, mit der die Erde gerettet werden könnte. Aber der Staat schickt seine Geheimagenten aus, um dieses Vorhaben zu vereiteln. Für die Produktion wurden 100.000 DM veranschlagt. Hellenbroich versuchte drei Jahre ergebnislos, Sponsoren oder öffentliche Theater zu finden, um dieses Stück aufführen zu können. Titel daraus wurden lediglich vom Moon Orchestra vorgestellt. Diese Gruppe hatte Niki zusammengestellt, um sein Comeback auf der Bühne einzuleiten. Mit ihr begab er sich auch ins Studio, um neue Titel einzuspielen – melodische Rock-

Hellenbroich, Niki & The Moon Orchestra

songs, beeinflußt sowohl vom Progrock alter Prägung als auch vom Ethno. Erstmals einer breiten Öffentlichkeit zugänglich gemacht wurden einige Titel im Vorprogramm von Manfred Mann's Earth Band bei deren Auftritt in Karlsruhe. Das Album trägt den Namen »Now« und das Erscheinen ist für das Jahr 2000 geplant. Gebucht wurde das Moon Orchestra auch für »Das Fest« im Sommer 99, eine der größten, jährlich stattfindenden Umsonst & Draußen-Veranstaltungen in Deutschland.

Discogr.: The Formula: Six Sexy Sour Souls (1988, Maxi – Dwarf Nose Records), Ice-Dipsomaniac (1989, Single – Dwarf Nose Records), Signals (1989, Dwarf Nose Records), Blue (1992, Dwarf Nose Records), Nick Hellenbroich: Like A Rainbow (Soundtrack, 1991), Nick Hellenbroich & The Moon Orchestra: Oxygenia (1998, Promo), Now (2000). Kontakt: Dwarf Nose Records c/o Nick Hellenbroich, Friedrichstr. 22, 76344 Eggenstein, F: 0721-9702908. Internet: www.phil.uni-sb.de/projekte/progrock/oxygenia

HELLOWEEN
Andi Derris (voc), Roland Grapow (g), Michael Weikath (g), Markus Großkopf (b), Uli Kusch (dr)

Als sich Helloween 1984 in Hamburg formierte, hatten die Mitglieder schon in den Formationen Second Hell, Iron Fist und Powerfool musikalische Erfahrungen gesammelt. Auf dem Sampler mit dem irreführenden Namen »Death Metal« veröffentlichten sie unter dem Namen Helloween, damals noch mit dem Gitarristen und Sänger Kai Hansen (→ Gamma Rey), ihre ersten drei Titel. Schon mit der ersten Mini-LP »Helloween« (1985) und dem Debüt »Walls Of Jericho« (1986) gelangten sie an die Spitze der deutschen Speed-Metal-Szene, wobei das Album auch in Japan begeistert aufgenommen wurde. Da sich Hansen nur auf die Gitarre beschränken wollte, holten Helloween den Sänger Michael Kiske in die Band und nahmen 1987 »Keeper Of The Seven Keys Part 1« mit dem Dauerbrenner »Future World« auf. Diese Platte, von der sie mehr als 500.000 Stück verkauften, entwickelte sich zu einem internationalen Erfolg und verschaffte der Band den weltweiten Durchbruch. Auch die Amerikaner reagierten und ermöglichten der Band zusammen mit Gram Reaper und Armored Saint die »Hell On Wheels«-Tour durch ihr Land. Mit »Keeper Of The Seven Keys Part II« und dem darin enthaltenen All-Time-Hit »Dr. Stein« festigten sie ihren Erfolg, wobei sie auf der Tour mit Iron Maiden in Europa und Anthrax in den Staaten starke Bühnenpräsenz bewiesen. Dies konnten sie danach auf der Scheibe »Live In The U.K.« hörbar machen. Der unbequeme Kai Hansen verließ Helloween, die in Roland Grapow von Rampage einen geeigneten Nachfolger fanden. Die Band unterschrieb einen Vertrag bei dem Major EMI, was zu einem Rechtsstreit mit dem bisherigen Label führte und die Auslieferung des nächsten Albums »Pink Bubbles Go Ape« verzögerte. Als es schließlich 1992 auf den Markt kam, erwies es sich als Flop. Mit dem experimentellen Werk »Chameleon« ernteten sie zwar gute Kritiken (ME/Sounds: 5 der 6 Sterne), verloren aber wieder viele Fans. Der bisherige Drummer Schwichtenberg und der Sänger Michael Kiske verließen Helloween aus unterschiedli-

Helloween

chen Gründen. Dafür holten diese den ex-Holy-Moses-Schlagzeuger Uli Kusch und den Sänger Andi Deris von → Pink Cream 69 in die Band. Mit »Master Of The Rings«, erschienen 1994 beim neuen Label Raw Power, erinnerten sie stilistisch wieder an alte Zeiten, und daß sie ihre Fans zurückerobert hatten, bestätigten weltweite Umsätze 400.000 verkauften CDs. Dem psychisch erkrankten ex-Drummer Schwichtenberg gelang es währenddessen nicht, seine persönlichen Probleme in den Griff zu bekommen, was schließlich 1995 zum Selbstmord führte. Helloween brachte 1996 die nächste Scheibe »The Time Of The Oath« heraus, auf der sie endgültig auf alle Experimente verzichteten, dafür aber frisch und knackig klangen und gewohnte Mitsing-Hymnen für die Fans lieferten. Sie gingen sowohl alleine als auch mit Bruce Dickinson auf Tour. Das Ergebnis ihrer Tournee durch weite Teile der Welt hielten sie auf der Doppel-CD »High Live« von 1996 fest. Dann machten sie Pause, was Andi Deris und Roland Grapow ermöglichte, Solo-Alben einzuspielen. 1998 war dann mit »Better Than Raw« wieder Gruppensound angesagt. Einen besonderen Gag erlaubten sich Helloween im Herbst 99, als sie in ihrer »Metal Jukebox« ausschließlich fremde Songs, wie u.a. »White Room« (Cream), »Locomotive Breath« (Jethro Tull) und sogar Abbas »Lay Your Love On Me« coverten. *Discogr.: Helloween (1985, EP – Noise), Walls Of Jericho (1985, Noise), Keeper Of The Seven Keys Part 1 (1987, Noise), Keeper Of The Seven Keys Part 2 (1988, Noise), Live in the U.K. (1989), Pink Bubbles Go Ape (1991, EMI), Chameleon (1993, EMI), Master Of The Rings (1994, Castle Communications), The Time Of The Oath (1996, Castle Communications/Edel), High Live (1996, Castle Communications/Edel), Better Than Raw (1998, Castle Communications/Edel), Metal jukebox (1999, Castle Communications/ Edel). Kontakt: CMM, Goethest. 3/5, 30169 Hannover, F: 0511-36069099. Internet: www.cmm-music-promotion.de*

HERBST IN PEKING

Rex Joswig (voc/sampling/narration), Alexander Istschenko (electronics/sampler/ effects/live mixing/back.-voc), King Snow (space guitars/back.-voc)

Die Band Herbst in Peking, die sich nach einem Buchtitel des Franzosen Boris Vian benannten, wurde in Berlin im Jahr 1987 von dem Sänger Rex Joswig und dem Pianisten Totenhöfer gegründet. Zuerst wollte ein Kulturbeauftragter aus der damaligen DDR den Bandnamen verbieten, aber nachdem der chinesische Kulturattaché sein Einverständnis gegeben hatte, stand dem Start nichts mehr im Wege. Eine stärkere politische Ausrichtung ging im Laufe der Zeit zugunsten Innenansichten zivilisationsmüder, träumender und lebenshungriger Menschen zurück. Musikalisch arbeitete Herbst in Peking in absoluter kreativer und soundtechnischer Freiheit, d.h. sie experimentierten mit Dub und Rock und verarbeiteten sämtliche Stile zu einem eigenen Sound. Um den zusätzlich als Radio-DJ auf MDR Sputnik arbeitenden Rex Joswig wechselte mehrfach die Besetzung der Band. Von Herbst in Peking entstanden unterschiedliche Werke wie »Terrible Herbst« mit überwiegend politischen Texten, die Theatermusik zu »Der Kirschgarten«, Live Tapes in limitierter Auflage, eine CD-Beilage zum Buch »Amnestie für Brandenburg« und mit »Les fleurs du mal« ein Remix-Album von »La dolce vita« aus ihrer 98er Veröffentlichung »Feuer, Wasser und Posaunen«. Im Juni 1999 stellten Herbst in Peking im Berliner Kato ihr letztes Album vor und auf Einladung des Goethe-Instituts gastierte die Band auf dem Perm-Festival in Ural-Nähe.

Discogr. (Auswahl): Terrible Herbst (1993, H.I.P. Records), Das Jahr Schnee (1996, MCD), Feuer, Wasser & Posaunen (1998), La dolce vita (1998 Picture LP, Plattenmeister), Le fleurs du mal (1999, Moloko/EFA). Kontakt: Plattenmeister, Hochmoor 9, 24887 Silberstedt, F: 04625-181223. Internet: www. plattenmeister.de/bands

HERZBERG, ANDRE

Andre Herzberg fungierte ab 1981 als Sänger der DDR-Legende Pankow und blieb bis 1990, bevor er begann, sich um seine Solo-Karriere zu kümmern. 1991 veröffentlichte er sein erstes eigenes Werk unter dem Titel »A. Herzberg«, für das er als das männliche Gegenstück zu Nina Hagen gekürt wurde. Dann ließ er sich drei Jahre Zeit, bevor er mit »Tohuwabohu« ein weiteres von der Kritik gepriesenes Werk auf den Markt warf. Für die Fallada-Revue »Kleiner Mann was nun?« am Leipziger Schauspielhaus schrieb Herzberg drei Songs, darunter den Titelsong und zwei weitere Lieder. Der Titel »Verkäufer« wurde dabei später auf seinem »Ausverkauf«-Album veröffentlicht. 1996 stieg er nochmals bei Pankow ein und blieb bis zu deren endgültiger Auflösung 1998. 1999 beteiligte er sich mit seiner Interpretation des Nietzsche-Textes »Mädchen-Lied« an dem von der Stadt Weimar zum Goethe-Jahr veröffentlichten »Rosebud Red« - Sampler. Im selben Jahr gab seine Plattenfirma die CD »Herzberg 91- 99 – Ausverkauf« heraus, auf der seine bekanntesten Songs zu finden waren und die auch neben dem bereits erwähnten »Verkäufer« ein weiteres neues Stück enthielt. Derzeit arbeitet Andre Herzberg an einem neuen Album, an seinem ersten Buch und an einer umgewandelten Theaterversion des Märchens »Zwerg Nase«.
A. Herzberg (1991) BMG Hansa, Tohuwabohu (1994) BMG Hansa, Herzberg 91 – 99 (1999) BMG Hansa. Kontakt: BMG Berlin Musik, Wittelsbacher Str. 18, 10707 Berlin F: 030-25065. Internet: members.aol.com/kulle2000/

HIPPIEHAUS

Die Hamburger Stefan Haupt, Clemens Krallmann und Thomas Reich bastelten zwei Jahre an ihrem Debüt »emusik«, das sich hauptsächlich aus den Bestandteilen Dub, TripHop, House und Trance zusammensetzte. Sie legten Wert darauf, keine einzelnen Songs hervorzuheben, da sie ihr Album als Gesamtkunstwerk sahen und sie mit modernen Mitteln eine Verwandtschaft zur ehemaligen Hippiemusik dokumentieren wollten. Ihre Konzerte absolvierten sie mit Schlagzeug, Bass und Gitarre und schufen sich im Hamburger Großraum Kultstatus. Im September und Oktober 99 stellten sie ihre Musik auf einer ausgedehnten Tournee in ganz Deutschland vor.
Discogr.: emusik (1999, Novatekk/ Free Form). Internet: www.novatekk.de

HISS

Stefan Hiss (acc), Michael Roth (harm), Andi Feller (g/mand), Patch Pacher (dr), Volker Schuh (b)
Stefan Hiss bediente beim Kreuzfidelen Nesenbach Trio das Akkordeon, bevor er bei Erich & Das Polk einstieg. Der Namensgeber Erich Schmeckenbecher (früher → Zupfgeigenhansel) hatte die Rechte inne. Nachdem er ausgestiegen war und Das Polk weitermachen wollte, trat bei komplett neuem Programm Stefan Hiss an seine Stelle. Sie entwickelten ihren Polka'n'Roll-Stil und avancierten innerhalb kürzester Zeit im Stuttgarter Raum zur Kult-Band. Dabei mixten sie Folk, World Music, Cajun, Rock und Rock'n'Roll und unterlegten die Musik mit ironischen, manchmal bitterbös sarkastischen Texten. Ihr Song »Negerpolka«, der sich gegen Ungeheuerlichkeiten in puncto Fremdenhaß wandte und Stammtischparolen der Lächerlichkeit preisgab, erhielt bei einigen Rundfunkstationen Sendeverbot. Mit dem Titel »Tanz« räumten sie vor allem live mächtig ab. Beide Stücke waren auf dem 97er Album »Herz und Verrat« enthalten. 1999 gingen Hiss tief in sich. Die Folgen der Besinnung war die CD »Tut Buße«, auf der gleich der erste Song auf den Friedhof führte. Auch nach dieser Veröffentlichung begaben sie sich sofort wieder auf Tour und bekehrten das Publikum von Hamburg bis Loffenau auf Stadtfesten, in Schloßkellern, in Clubs und auf Festivals. Auf ihrer Internetseite

hatten die Fans Gelegenheit mitzuteilen, für was sie büßten. Dazu teilte Helmut Kohl mit: »Ich habe SPD gewählt und mit Bill Clinton geschlafen« (bedauernswerter Bill, bleibe bei Monika) und Ralph Siegel: »Ich habe mich in Guildo Horn verliebt«. Nicht nur die Prominenz büßte, auch Nicole L. wegen »Liebe unter freiem Himmel mit anschließendem Anschreiben des Amts für öffentliche Ordnung« und Silvia K., weil sie »Mutter Theresa mit Mutter Beimer verwechselt hatte«.

Discogr.: Herz und Verrat (1997, Intercord), Live (1997, MCD – Intercord), Tut Buße (1999, Intercord). Kontakt: Joachim Fischer, T: 07135-2405, F: 07135-16503. Internet: www.intercord.de • www.emimusic.de

HOBO

Olly Dums (voc), Andy Becht (g/voc/acc), Charlie Brechtel (b/voc), Jürgen Mrotzek (dr), Marcus Rutz (keyb/acc/voc), Armin Hott (v/perc)

Die Geschichte von Hobo beinhaltet einen tragischen Hintergrund. Denn 1997 verstarb nach langem Kampf gegen den Krebs Uli Degenhardt, der Gründer und Geiger der Band und das Idol der Fans. Er hatte Hobo zur Kultband und zu Lieblingen der Trucker, Biker und Cowboys aufgebaut. Die Mischung von Rock und Country, von ihnen selbst »Country'n'Roll« genannt, faszinierte die Fans. Hobo waren 1988 aus der Boss Band hervorgegangen, die u.a. Gunter Gabriel auf seinen Tourneen begleitete und selbst zahlreiche Erfolge hatte. Ihre »Schoppe-Tour« 1995 hielten sie auf einer 68-minütigen CD fest. Mit der Narrentanz-Tour 96 gastierten sie in ausverkauften Hallen vor 2.000-3.000 Zuhörern. Sie erhielten den Südpfälzer Musikpreis. Als Amateure zu erfolgreich, konnten sie sich nicht für den Schritt ins Profilager entschließen. Zudem stellten sie eine künstlerische Stagnation fest und Ullis Krankheit ließ keine Zukunftsplanung zu. Der Tod ihres Leaders führte endgültig zur Auflösung der Band. Zwar brachten juristische Angelegenheiten die Mitglieder immer wieder zusammen, aber der Schock saß zu tief, um gemeinsam auf der Bühne zu stehen. Nostalgische Gefühle und ständige Anfragen der Fans führten im Mai 1999 nach 872 Tagen zu einem Gedächtniskonzert in der Löwensteinhalle Albersweiler. Der Ansturm war überwältigend und die 1.200 Karten innerhalb kürzester Zeit weg. Dabei hatten

Hiss

sie noch nicht einmal ein Plakat aufgehängt. Hobo mußten ein Zusatzkonzert anberaumen. »Die Rheinpfalz« betitelte den Auftritt in ihrer Ausgabe vom 25.5.99 als »skrupellos gute Show«. Dieser Erfolg veranlaßte die drei Gründungsmitglieder Dums, Becht und Brechtel, es noch einmal zu versuchen. Der einst mit Degenhardt befreundete Geiger Armin Hott übernahm dessen Rolle und wurde von den Anhängern sofort akzeptiert. Sie produzierten die MCD »Hip-Hop-Cowboy« und spielten danach wieder einige Konzerte, die sofort nach der Ankündigung ausverkauft waren. Dies war Anlaß genug, hoffnungsvoll in das neue Jahrtausend zu blicken.

Discogr.: Auf deutschen Straßen... (1988, Eigenvertrieb), Wohin die Gleise führ'n (1994, Eigenvertrieb), Live (1995, Eigenvertrieb), König der Narren (1996, MCD – Eigenvertrieb), Hip-hop Cowboy (1999, MCD – Eigenvertrieb). Kontakt: Andy Becht, In den Dornen 20, 76756 Bellheim, F: 040-360 3394024. Internet: www.feedback-magazin. de

HÖLDERLIN EXPRESS

Elke Rogge (el-ac Hurdy-Gurdy = Drehleier), Jörgen W. Lang (g/fl/voc/sound programm.), Ralf Gottschaid (dr/perc/programm.), Güray Atalay (b/voc)
Die Tübinger Band Hölderlin Express bereichert die Welt seit Sommer 1991 mit Electric Body Folk, World Music und Ethno-Pop. 60 – 80 mal pro Jahr treten sie auf Festivals und in Clubs in ganz Europa auf. Am Anfang spielten sie noch traditionelle Folkmusik zum Tanzen. Während des Rüdiger-Oppermanns-Sommermusikfestes wurden Elke Rogge, Olav Krauss und Johannes Mayr durch die Begegnung mit neuen musikalischen Kulturen inspiriert und angespornt, erste eigene Stücke zu komponieren, wobei sie mit verschiedenen Stilen, Farben und Rhythmen unvoreingenommen experimentierten. Von Reiner Zellner, der ihr Manager wurde und bis heute ist, wurden sie zu einem spontanen Kurzauftritt ermuntert. Der Erfolg und die musikalische Neugier veranlaßten sie, diesen Weg weiter zu verfolgen. Im Dezember 91 kam Jörgen W. Lang von einem eineinhalbjährigen Aufenthalt aus Irland zurück. Er wollte sich neuen musikalischen Einflüssen aussetzen, traf auf die Musiker vom Hölderlin Express und wurde schon nach einer Probe in die Band aufgenommen. Ihre Stücke entstanden in improvisatorischer Arbeitsweise und trugen Titel wie »Die Bretagne lacht über die Lotusblüte im Knopfloch des Torero« oder »Der Yeti«. Der Gewinn des deutschen Folkförderpreises beim Tanz- und Folkfest Rudolstadt 1993 ermöglichte ihnen die Produktion der ersten CD »Hölderlin Express«, die 1994 veröffentlicht wurde. Mit dabei war Ralf Gottschaid (perc), der danach festes Mitglied der Band wurde. 1994 folgte der Ausstieg des Gründungsmitglieds Johannes Mayr. Danach arbeitete Hölderlin Express am zweiten Album »Electric Flies«. Schon der Titel wies darauf hin, daß im Gegensatz zur ersten, weitgehend akustisch geprägten CD verstärkt elektronische Hilfsmittel in die Kompositionen einbezogen wurden. Enthalten war ein Titel »Manparcha – meine Seele verlangt danach«, wozu ihr Percussionist durch einen längeren Aufenthalt in Nepal inspiriert wurde. Im Herbst 1997 stieg das zweite Gründungsmitglied Olav Krauss aus. In ihren nächsten Kompositionen entnahmen Hölderlin Express Anleihen aus Drum'n'Bass und House und setzten verstärkt auf Vokalelemente. Es entstanden Stücke wie »Didgeman« und »Touch The Void«. Der Bassist Güray Ateley stieg im Frühjahr 1998 als festes Bandmitglied ein. Im Winter 1999/2000 begannen sie mit der Produktion der dritten CD. Seit 1994 sind Hölderlin Express fester Bestandteil der europäischen World Music-Szene. Ihre Auftritte führten sie durch ganz Europa. Mit Marie Boine waren sie auf dem World Roots Festival in Amsterdam zu hören. Sie trugen ihre Kompositionen u.a. in der berühmten Union Chapel in London, beim Sidmouth Fes-

tival in England und dem ungarischen Kalake Folk Festival vor. Natürlich waren sie auch in Deutschland auf Festivals, in Clubs, im Rundfunk und im Fernsehen zu hören und zu sehen. BBC London, DR Dänemark, CBC Kanada, Ö 3 Österreich und MTV Ungarn brachten Live-Mitschnitte. Besonders geschätzt wird die Gruppe in Italien, wo sie ein eigenes Kontaktbüro unterhält. Nebenbei gibt die Band seit 1995 regelmäßig Workshops.
Discogr.: Hölderlin Express (1994, Akku Disk), Electric Flies (1996, Akku Disk). Kontakt: Music Contact Reiner Zellner, Saarstr. 8, 72070 Tübingen-Unterjesingen, T: 07073-2250, F: 07073-2134. E-Mail: zellner@ musiccontact.com • hoex @worldmusic.de • Internet: www.musiccontact.com • www. worldmusic.de/hx

HOLZ, DAS
Kati Gramb (v), Christian Komorowski (v), Hermann Beesten jr. (dr)
Der Unterschied zwischen einem Beamten und Holz? Holz arbeitet und besonders gut arbeitet Das Holz. In der ungewöhnlichen Besetzung mit einem Schlagzeug und zwei Geigen sorgen sie als anspruchsvolle Instrumentalband seit 1993 für Aufsehen in der deutschen Musikszene. Wer allerdings nur Kopflastiges vermutete, wurde eines Besseren belehrt, denn es gelang dem Trio, binnen fünf Minuten das Publikum zum Tanzen zu verführen. Das erste Konzert fand bei der Record-Release-Party von »Run Run Vanguard« statt. Im September 1993 spielten sie im ausverkauften Berliner Tempodrom im Vorprogramm der → Element of Crime. 1994 folgten Auftritte u.a. mit Miranda Sex Garden und dem Balanescu Quartett. Ein Jahr später konzertierten sie mit → Deine Lakaien und Poems for Laila und begaben sich mit den → Inchtabokatables auf Partytour. Die erste CD »Das Holz« erschien. Die erste Geigerin Ania Clarissa Gürke verließ die Band und wurde durch Kati Gramb ersetzt. Das Jahr 1996 war ausgebucht mit den Aufnahmen zur zweiten CD »Velouria«, die im Februar 1997 veröffentlicht und in der Moritzbastei in Leipzig erstmals vorgestellt wurde. Auf diesem Tonträger bekannten sich Das Holz zu härteren, wilderen und schrägeren Tönen, obwohl sehnsuchtsvolle Melodien nicht zu kurz kamen. Im März begaben sie sich mit → Element of Crime auf Tournee und ließen eine eigene Tour folgen. Der Rest des Jahres wurde mit den Aufnahmen zur CD »Drei« verbracht, die sie im Februar 1998 fertigstellten. Erstmals waren auf einer CD von Das Holz Gesangsstücke zu hören. → Susie van der Meer stellte ihre Version von Leonard Cohens Klassiker »Susanne« vor, Alexander Veljanov von → Deine Lakaien lieh dem Titel »Alice« von Sisters of Mercy ebenso wie Dolly Partons »Jolene« seine Stimme und Sven Regener von Element of Crime schrieb »Warte auf mich«. Das Instrumentarium wurde um Cello, Sampler, Trompete, Bass, Sequenzer, Kontrabass, Synthesizer, Orgel, Percussion, Vocoder, Gitarre und Glockenspiel erweitert. ME/Sounds vergab für die neue Produktion 4 Sterne: »Spannender, schräger Classic-Pop vom anderen Stern.« Feedback vergab neun von zehn Punkten: »Das Album umspannt neben verspielt progressiven Rock-Elementen und Einflüssen aus Folk und Klassik auch eigenwillige Interpretationen bekannter Popklassiker.« Ein besonderer Gag war bei allen drei CDs, daß die einzelnen Titel mit wenigen Ausnahmen nur Vornamen trugen.
Discogr.: Das Holz (1995, Trikont/Indigo), Velouria (1997, Chrom Records), Drei (1998, Chrom Records). Kontakt: Chrom Records, Westermühlstr. 26, 80469 München. Internet: www.chrom.de

HORN, GUILDO
»Obwohl ich bei meiner Geburt noch sehr jung war, kann ich mich noch daran erinnern, daß an diesem meinem Geburtstag in der Television drei weise Männer auftraten, die sich das Medium Terzett nannten« (aus dem Buch »Danke« über und mit Guildo Horn). Guildo Horn ist neben Dieter Thomas Kuhn der

Hauptverantwortliche für das Wiederaufleben des deutschen Schlagers, obwohl er diesen im Gegensatz zu seinem Kollegen nie parodierte, sondern mit viel Pop, Punk, Rock und eigenen Texten servierte. Der Trierer Winzersohn begann in verschiedenen Coverbands, bevor er die Orthopädischen Strümpfe zusammenstellte. Seine erste Platte »Rückkehr nach Mendocino« bestand hauptsächlich aus bekannten alten Schlagern und schrägen Moderationen. Er sorgte vor allem im Rheinland und in Nordrhein-Westfalen für volle Säle und das Publikum sang bei »Die Biene Maja«, »Lied der Schlümpfe« und »Mendocino« begeistert mit. Die Rundfunkhäuser eroberte er mit »Ich find Schlager toll« (»I Like Rock'n'Roll« – Joan Jett) und »Ich mag Steffi Graf«, eine Hymne auf die berühmte Tennisspielerin zur Musik der Bee Gees, die beide auf seinem zweiten Album »Sternstunden der Zärtlichkeit« zu finden waren, das daneben erstmals Eigenkompositionen enthielt. Wie sich ein Guildo-Horn-Auftritt abspielte, schilderte lux in der Münchner Abendzeitung: »Im Club: ein verschworener Haufen Publikum, wild entschlossen zu einem abgefahrenen Abend. Auf der Bühne eine erstklassige Rockband, die aus Schlagern auch mal Punk machte. Pogo tanzen zu ›Mendocino‹, eine Träne verdrücken, weil Guildo Horn Udo Jürgens' Hommage an Ex-Bundestrainer Helmut Schön ›Der Mann mit der Mütze‹ zelebriert – kein Problem. Alle leiden, singen und freuen sich mit. Und wenn Guildo Horn, der wie Dame Edna aussieht, die sich als Alice Cooper verkleidet hat, seine Liebe zu Steffi Graf beschwört, dann tobt das Leben.« Den endgültigen Durchbruch lieferte das vom Altstar Michael Holm produzierte Album »Danke« mit Balladen und harten Partytiteln wie »Tanz den Horn« nach Billy Idols »Rebel Yell«. Guildos Wunsch, einmal am Grand Prix d'Eurovision teilzunehmen, unterstützte Stefan Raab mit dem von ihm geschriebenen »Guildo hat euch lieb«. Daraufhin setzte eine in der deutschen Musikgeschichte beispiellose Kampagne ein, die Horn schon im Vorfeld der deutschen Endausscheidung den Sieg sicherte. Das Für oder Gegen Guildo spaltete die deutsche Nation und ließ selbst politische Ereignisse in den Hintergrund treten. »Bild« berichtete täglich über den Künstler und die von Horn propagierte Nußecke avancierte zum Kultgebäck. Das Interesse an den beiden Grand-Prix-Veranstaltungen war groß wie seit Jahren nicht mehr und die Fernsehanstalten freuten sich über die hohen Einschaltquoten. Allerdings reichte es Guildo bei der Endausscheidung nur zu einem Platz im vorderen Mittelfeld, trotzdem mußte man ihm zugestehen, mit seinem Auftritt Schwung in die angestaubte Veranstaltung gebracht zu haben. Bemerkenswert war, daß Guildo Horn trotz des Spektakels im Vorfeld des Grand Prix von Termin zu Termin hetzte, um frühere Verpflichtungen einzulösen und seine Fans auch in kleineren Klubs nicht zu enttäuschen. Nach seinem internationalen Erlebnis sah man den Sänger in der Werbung, in Talk-Shows und die Zeitungen berichteten über jede Einzelheit aus seinem Leben. Doch schon ein Jahr später hatte das Fieber merklich nachgelassen. Sein Friseur-Film floppte, die Verkäufe des Albums »Berlin« blieben weit hinter den Erwartungen seiner Firma zurück und selbst die Besucherzahlen seiner Konzerte ließen nach und pendelten sich wieder auf den früheren Stand ein. Diejenigen, die weiterhin Eintrittskarten lösten, sahen allerdings einen Guildo Horn in Höchstform, der nichts von seiner Frische und seiner Lust zum Unterhalten eingebüßt hatte.

Discogr.: Rückkehr nach Mendocino (WVÖ 1998, EMI), Sternstunden der Zärtlichkeit (1995, EMI), Danke (1998, EMI), Berlin (1999, EMI). Bücher: Guildo Horn Backstage Report (1998, Edel Records GmbH – Ideal Verlag), Guildo Horn Fanbuch (1998, DA Music – Heel Verlag). Kontakt: EMI Electrola, Maarweg 149, 50825 Köln, F: 0221-4902-2308. Internet: www.emimusic.de

HOUSE OF SPIRITS

Nach dem Split von Jester's March fanden Olaf Billic (voc) und Martin Hirsch (b) den ehemaligen Mekong Delta Gitarristen Uwe Baltrusch und den Running Wild Drummer Jörg Michael als neue Mitstreiter für ihre progressive Rockband. In dem als Konzeptalbum gedachten Debüt von 1994 »Turn Of The Tide« erzählten sie eine Geschichte aus der Zukunft um Menschmaschinen, die die letzten in Lagern gefangen gehaltenen Menschen kontrollieren und von einem als Erlöser geborenen Pärchen, das diese Gefangenen in die Freiheit führt. Die Japaner freuten sich über dieses Werk. Für das englische Magazin Frontiers war es unverständlich, daß dieses Album, für das es die Höchstwertung vergab, in Europa nahezu unbemerkt blieb. Dieser Mißerfolg ließ House of Spirits 1996 auseinanderbrechen. Nach zwei Jahren trafen sich Billic und Hirsch mit dem Gitarristen Benjamin Schippritt, um einen neuen Anlauf zu nehmen. Auf »Psychosphere« setzten House of Spirits 1999 den eingeschlagenen Weg mit zeitlosem, intelligentem und melodiösem Metal unbeirrt fort.

Discogr.: Turn The Tide (1994, G.U.N. Records), Psychosphere (1999, Century Media/SPV). Internet: www.centurymedia.com

HOUSE OF USHER

House of Usher halten die Tradition des klassischen Gothic und Darkwave aufrecht. Jörg Kleuden und Markus Pick achten seit 1990 darauf, daß die Elektronik nicht die Oberhand über ihren Sound gewinnt. Anfangs setzten sie noch sehr auf musikalische Experimente, die sie auf Kassetten unter die Leute brachten. Diese sind inzwischen genauso vergriffen wie die erste MCD »Black Sunday«. Nach ihrem Wechsel zu Celtic Circle Productions gaben sie 1995 das erste selbst produzierte und auf eigenem Equipment eingespielte und aufgenommene Album »Stars Fall Down« heraus. Im Frühjahr 1996 begleiteten sie The Escape auf ihrer Tour. Mit ihrer nächsten CD »Zephyre« waren thematisch noch die beiden MCDs »Succubus« und »Earthbound« verbunden. Zum Titelstück ihres Albums gehörte zum besseren Verständnis der Handlung eine Novelle von Jörg, die im beiliegenden Booklet enthalten war. Nach der Veröffentlichung begann die Band an einem futuristischen Doppelalbum mit dem Titel »Cosmogenesis« zu arbeiten.

Stars fall down (1995) Celtic Circle, Cerebral darkness - live (1999) Eigenvertrieb, Zephyre – (1998) Celtic Circle, Black Sunday Chronology (1998) Nightbreed Recordings, Goth wars – live (2000) Eigenvertrieb, Cosmogenesis (2000) Equinoxe Records. Kontaktadresse: Equinoxe Records, Ohlberg 4, 59469 Ense-Lüttringen. Internet: www.the-house-of-usher.de

HUNDSBUAM MISERABLIGE

Streitbichi Michi (voc/g/diatonische Knopfharmonika usw.), Haglomo Sigi (voc/diatonische Knopfharmonika/Sense usw.), Da Diftler (Tuba/b/voc), Da Baron (dr/voc/Tuba), Fleischhauer Harri (t-horn/b-tp/Zugposaune/Euphonium/bars)

Die Hundsbuam Miserablige legen Wert darauf, daß ihre Musik als Volksmusik mit modernen Instrumenten bezeichnet wird und daß ihre Musik volkstümlich und nicht volksdümmlich ist. Landler und Rock, Polka und Rap – sie bringen zusammen, was nicht zusammengehört. Erstmals richtig in Berührung mit der Volksmusik kam Michael Schmölzl = Streitbichi Michi anläßlich einer Bauern-

Hundsbuam Miserablige

hochzeit, bei der einige Musiker sangen und zum Tanz aufspielten. Dabei musizierten sie in verschiedenen Formationen und wechselten ständig Besetzung und Instrumente. Davon war er gleichermaßen beeindruckt wie von einem Konzert der österreichischen Gruppe Attwenger, die als eine der ersten alte und moderne Musik zusammenführten. Michi komponierte einige Stücke, in denen er bayerische Musik mit modernen Tönen verband und nahm davon eine kleine Demo-Kassette auf. Per Inserat suchte er Mitmusiker. Statt viel zu erklären, spielte er einfach seine eigenen Stücke vor. Dann entwickelte sich alles sehr schnell. Innerhalb eines halben Jahres stand die Band. Sie begannen mit dem Schlagzeuger Baron Edinger und dem Bassisten »Der Charmerneger« als Trio in einem ehemaligen Waschkeller, den sie als Übungsraum nutzten. Doch der Sound geriet zu rockig. Michi wollte weitere Instrumente wie Akkordeon und Blasinstrumente. Im Januar 94 stieß der diatonische Knopfharmonikaspieler Haglmo Sigi zur Band. Der Künstlername erklärt sich so: In Bayern hatte jeder Bauernhof seinen eigenen Namen, benannt nach seinem Besitzer. Der Hof seines Vaters war der Haglhof. Der Bauer war der Mann, bayrisch der Mo. Sein Sohn war der Siegfried, kurz Sigi. Der erste Erbe und Sohn wurde entsprechend Haglmo Sigi genannt. Dieser betätigte sich auch als Sänger und Komponist. Mit Da Diftler kam der ersehnte Bläser. Da Baron ersetzte im Herbst den Charmerneger am Schlagzeug. Seither blieb die Besetzung unverändert. Zum erstenmal als Hundsbuam Miserablige traten sie beim Oadischwoaz Zsammakemmets Festival in München auf. Noch 1994 fertigten sie von einem ihrer Konzerte eine Kassette an. In einem Stadel spielten sie die erste Demo-CD ein, wovon einige der Songs auf dem Debüt »Hundsbuam Miserablige« zu finden waren, die Lawine Records 1996 veröffentlichte. Die darauf enthaltenen Lieder waren alle im Konzert getestet und live eingespielt worden. Mit der CD bewiesen sie, daß sie sowohl in der bayerischen als auch in der internationalen Musik zu Hause waren. Hatten sie sich noch als regionaler bayerischer Act gefühlt, durften sie zu ihrer Freude erkennen, daß es kaum ein europäisches Land gab, indem ihre Musik nicht vorgestellt wurde und wo sie ihre Musik nicht vorstellen durften. Innerhalb kurzer Zeit hatten sie sich zu einem der wichtigsten deutschen Vertreter für World Music entwickelt. Im Konzert wirkte ihre Musik noch spontaner, sperriger und rauher als auf Platten. Dabei konnte man neben den eigenen Stücken auch außergewöhnliche Bearbeitungen fremder Kompositionen hören wie Dave Brubecks »Take Five«. Dann gab es 1998 wieder ein Album mit dem Namen »Hui«. Auch darauf war wieder volkstümliche Musik ohne Heimat-Pathos mit einer guten Portion hinterfotzigem Humor enthalten. Inzwischen hatte sich unverkennbar ein eigener Stil entwickelt, der keine Vergleiche zu → Haindling oder Hubert von Goißern zuließ und ihnen einen eigenen Platz innerhalb des Genres sicherte.

Discogr.: Hundsbuam Miserablige (1996, Lawine/BMG), Hui (1998, Lawine/BMG). Kontakt: Lawine Records, Schongauer Str. 13, 81377 München, F: 089-74141611. Internet: db.allmusic.de/bands/hundsbuam

I

ICH, DAS
Stefan Ackermann (voc),
Bruno Kramm (keyb)
Mit der Gründung von Das Ich im Jahr 1989 entstand auch das Label Danse Macabre und während sich Das Ich zu einer der herausragenden Dark-Wave-Formationen Deutschlands entwickelte, nahm das Label zwar bald eine führende Position in der Gothic-Szene ein, mußte aber im Laufe der Jahre starke wirtschaftliche Einbußen verkraften und existierte später fast nur noch für die eigene Band. Nach dem in der Silvesternacht 1989 entstandenen Tape »Gottes Tod« und der danach erschienenen MC »Satanische Verse« schaffte Das Ich mit der ersten, fast klassisch arrangierten CD »Die Propheten« von 1990 mit harten Industrial-Rhythmen und expressionistischem deutschen Gesang einen gelungenen Einstieg in die schwarze Szene, und mit dem zweiten, vielfältigeren Album »Staub« bauten sie ihre Position aus. Das Ich wurde nicht nur in Europa zum Begriff, sondern auch in den USA, wo sie das Live-Album »Feuer« aufnahmen. Dann schockten sie einen Teil ihrer Fans, als sie mit → Atrocity das Album »Die Liebe« einspielten und mit den Metallern gemeinsam auf Tour gingen. Als nächste Arbeit erschien der Soundtrack zu dem Film »Das ewige Licht« unter dem Titel »Das innere Ich«, bevor sie 1998 mit »Egodram«, das sogar einige tanzbare Stücke beinhaltete, und dem ambitionierten »Morgue« gleich zwei Platten innerhalb eines Jahres aufnahmen. Das bei Connected/Edel verlegte »Egodram« blieb der einzige Ausflug in die Welt der großen Plattenfirmen. 1999 feierte die Band das 10jährige Bestehen und gab aus diesem Anlaß das Remix-Album »Re-Laborat« heraus.
Discogr.: Die Propheten (1990, Danse Macabre Records), Satanische Verse (1991), Staub (1994), Feuer (live, 1994), Die Liebe (mit → Atrocity, 1995), Das innere Ich (1997), Egodram (1998, Edel/Connected), Morgue (1998, Danse Macabre), Re-Laborat (1999). Kontakt: Danse Macabre c/o Das Ich, Schloß Cottenau, 95339 Wirsberg. Internet: www. efa-medien.de

ICH-ZWERG
Den Hannoveraner Andreas Bingel alias Ich-Zwerg zeichneten Teile der Presse für den beklopptesten Künstlernamen aus. Davon abgesehen schaffte er es, im Alleingang, Klavier, Gitarre und Bass zu erlernen, auf einem Vier-Spur-Homerecorder eigene Tapes zu produzieren und innerhalb von zwei Jahren einen Major-Deal bei Mercury/Universal zu bekommen, nachdem er sein Studium aufgegeben hatte, um seine musikalischen Vorstellungen umzusetzen. Auf seinem ersten Album »Zwergalaxis« servierte er Sprechgesang mit deutschen Texten zu Soul, Bossa Nova und Funk, orchestral eingespielt mit Gitarre, Bass, Drums, Percussion, Bläsern, Vibraphon und Orgeln, die der Jazzer Buddy Casino (ex Helge Schneider) in seinem unverwechselbaren Stil beisteuerte.
Discogr.: Zwerggalaxis (1999), Swing (1999, MCD – Mercury/Universal). Internet: www. mercuryrecords.de

ILG, DIETER
Dieter Ilg (ac-b), Wolfgang Muthspiel (g/v),
Steve Arguelles (dr/perc)
Joe Viera entdeckte 1979 den Bassisten Dieter Ilg. Da er ihn für hochbegabt hielt, förderte er ihn und engagierte ihn für seine Tourneen. 1987 trat er dem Randy Brecker Quintett bei und brachte es mit

der Gruppe zu Weltruhm. Seit 1989 ist er mit einem eigenen Trio in Europa und den USA unterwegs. Der in Freiburg lebende Musiker ist einer der wenigen deutschen Jazzer, der in den meisten amerikanischen Plattenläden ein eigenes Namensfach hat. Er arbeitete u.a. mit Marc Copland, im Christoph Stiefel Quartet, mit Nguyen Le, Mike Stern, Jim Beard, Peter Erskine und Charlie Mariano. 1997 nahm sich das Dieter Ilg Trio Volkslieder aus dem 13.-19. Jahrhundert zur Bearbeitung vor. Das Album »Folk Songs« enthielt interessante Interpretationen bekannter Lieder, die frei jeder Volkstümelei waren. Sie wollten mit ihren Arrangements die überzeitliche Botschaft dieser Werke freilegen. An der Gitarre agierte der Österreicher Wolfgang Muthspiel, der es mit seinem kosmopolitischen Stil selbst zu Weltruhm gebracht hat. An den Trommeln stand für in Paris lebende Brite Steve Arguelles, welcher auch als DJ und Remixer sehr erfolgreich ist. In der Rheinpfalz-Zeitung las man am 9.10.97: »Deutscher Gefühlsseligkeit wurde der biedere Atem genommen, die Melodien wurden übersetzt in eine faszinierende klangsinnliche Sprache.« Auch das US-Magazin Jazztimes bewertete das Album sehr gut und ihre Kollegen von Music & Media wählten »Folk Songs« zum Jazz-Album des Jahres 1997. Die CD fand mehr als 25.000 Abnehmer. Im Herbst 98 folgte die Fortsetzung unter dem Titel »Fieldwork«. Europäische Volkslieder bildeten die Basis für die Arrangements der Gruppe, die diesmal moderne Trends integriert wurden. Der Titel »Winter ade« wurde zu einer Drum'n'Bass-Hymne mit diversen Loops und mit Muthspiel an der Violine. Im Herbst 98 und Winter 98/99 war das Dieter Ilg Trio in Deutschland in vielen Clubs zu hören und auf einigen Festivals vertreten.

Discogr.: (Auswahl): Folk Songs (1997, Jazzline/AMM), Fieldwork (1998, Jazzline/AMM/EFA)

Kontakt: Alex Merck Music GMbH, Trajanstr. 18, 50678 Köln, F: 0221-9319507. E-Mail: lizardofoz@compuserve.com

ILLEGAL 2001

Thomas Lötzsch (voc/g), Jens Liebschner (dr), Fred Sonnenschein (b), Wilfried »Fiete« Schlüter (keyb), Christian »Chrishi« Warkocz (g)

Die 1990 gegründeten Schleswig-Holsteiner Gruppe Illegal 2001 schuf sich mit ihren Auftritten mit viel Punk und Humor einen festen Platz in der heimischen Musikszene. Bis 1993 waren sie als Wochenendmusiker unterwegs, aber eine stets wachsende Fangemeinde erregte die Aufmerksamkeit des Majors Universal. 1993 veröffentlichten sie die CD »Skandal«, die mit »Nie wieder Alkohol« den absoluten Hit der Band und mit »Sei mein Freund« einen weiteren Klassiker enthielt und die in Norddeutschland mehr als 80 Wochen in den Verkaufscharts blieb. Am Ende des Jahres wurde Illegal 2001 als beste neue deutsche Band mit dem Echo-Nachwuchspreis ausgezeichnet. Der Nachfolger »Auweia«, auf dem sie ironisch über tägliche kleine Katastrophen und zwischenmenschliche Beziehungen berichteten, hielt sich über Monate in den Media-Control-Charts.

Dieter Ilg

Mit »Alles aus Liebe« folgte der Einzug in die Single-Hitparade und ihrer Erkenntnis »Dosenbier (macht schlau)« folgten tausende Konzertbesucher. Die Auftritte lockerten Illegal 2001 mit Kabaretteinlagen und jeder Menge Klamauk auf. Dies führte dazu, daß Viva sogar einen ganzen Konzertmitschnitt der Nordlichter sendete. Auch das dritte Album »Alarm« besaß mit »Märchenprinz« und »(Ich bin verliebt in eine) Metzgerin« wieder Material, auf das Fans sehnsüchtig warteten. Während zu ihren Auftritten immer mehr Menschen pilgerten, gingen die Plattenverkäufe allerdings allmählich zurück. »Frisch« von 1998 war für das Aktiv-Musikmagazin ein Album der »norddeutschen Spaßrock-Mitfühlsong-Schmunzelpop-Band« für alle, »die nach Lachen, Tanzen und Feiern lechzen«. Daneben gab es aber auch sehr persönliche Lieder, die mit autobiographischen Ereignissen und Empfindungen verknüpft waren. Auch »Frisch« konnte an die früheren Erfolge nicht mehr anknüpfen, aber bei ihren Konzerten werden Illegal 2001 vor allem im Norden Deutschlands nach wie vor frenetisch gefeiert.

Discogr.: Skandal (1993, Universal), Auweia (1994, Universal), Alarm (1996, Universal), Frisch (1998, Universal). Kontakt: Illegal 2001 – Webmanagement Thomas Heinrich, Quitzowstr. 131, 10559 Berlin, F: 030-39879779. E-Mail: postmaster@illegal-2001.de • Internet: www.illegal-2001.de

ILLEGAL ALIENS

Marco Minnemann (dr/keyb/g/programm.), Artemis Gounaki (voc), Peter Wölpl (g)

Die erste Formation der Illegal Aliens mit Marco Minnemann und Andy Niewidok gab es bereits zwischen 1988 und 1991. Damals entstand die Produktion »Illegal Aliens«. Trotz diverser Angebote einiger Plattenfirmen trennten sich ihre Wege. Marco zog nach München um und stieg als Mitglied bei Freaky Fuckin' Weirdoz ein. Als er einige Jahre später in einem Studio Artemis traf und sie feststellten, daß die Chemie zwischen ihnen stimmte (was dann auch zu einer Ehe führte), beschloß er die Wiederbelebung der Illegal Aliens. Artemis hatte weltweit als Studiosängerin für namhafte Stars gearbeitet. Später fungierte sie auch als Vocalcoach für die → Guano Apes. Mit Andy spielten sie 1995 das Album »Thickness« ein, das 1996 veröffentlicht wurde. Für ihren »Zappaesken Heavy-Soul« bekamen sie Tourneeangebote und einen eigenen Verkaufsstand im WOM. Zu dem Titel »Divorce« drehten sie unter der Regie von Martin Kowalczyk einen Video-Clip. Das nächste, aufwendiger produzierte Album »Red Alibis« nahmen sie zusammen mit dem Gitarristen Martin Mayrhofer und dem Bassisten Ben Esen auf. Heinz Kronberger: »Ihre Musik bezeichnet man am besten mit zappaeskem heavy Pop. Doch selbst Ergänzungen wie Neo-Pop, Techno-Jazzrock oder Funk-Rap-Grooves umschreiben die musikalische Urgewalt der Aliens nur unzureichend. Gitarrist Mayrhofer scheint wie Bassist Esen in allen Stilen zu Hause zu sein. Und Minnemann ist eh das Beste, was die deutsche Drummerszene der letzten Jahre zu bieten hat. Artemis Stimme krönt dieses exzellente Werk, geschaffen von vier außergewöhnlichen Techni-

Illegal Aliens

kern, denen sicher die Zukunft gehört.« 1999 brachten sie mit »Time« eine Scheibe heraus, die als »die nächste Generation des Progressive Rock« bezeichnet wurde. Darin hatte Minnemann seine Erfahrungen als Drummer der → H-Blockx einfließen lassen, schuf eine Kombination von funky Grooves und Rock und hatte sich im Vergleich zu den früheren Werken weiter vom Soul entfernt. Die Illegal Aliens waren die erste deutsche Band, die auf dem Festival der weltweit führenden Musikzeitschrift »Modern Drummer« in New Yersey spielen durfte. Im Herbst 99 gingen sie für jeweils zwei Wochen auf Tour durch Deutschland und Japan.

Discogr.: Illegal Aliens (1991), Thickness (1996, Chiller Lounge/Semaphore), Red Alibis (1997, Semaphore), Time (1999, Alex Merck Music/EFA); Marco Minnemann: The Green Mindbomb (1998, über Internet). Kontakt: Alex Merck Music GmbH, Trojanstr. 18, 50678 Köln, T: 0221-9319503. E-Mail: Alex Merck@compuserve.com • Internet: www.amm-music.com

ILLMAT!C

Costa Meronianakis aus Bad Pyrmont kennen die Fans des englischsprachigen HipHop unter seinen Künstlernamen Illmat!c. Der junge Artist erhielt von Moses Pelham für das 3p Label einen Vertrag, nachdem dieser seine Kassette angehört und für gut befunden hatte. 1998 veröffentlichte er sein erstes Album »Illastration«. Dann ging er als Gast mit Sabrina Setlur auf Tournee und moderierte nebenbei noch seine eigene Radioshow. 1999 erschien mit »Still Ill« sein zweites kraftvolles Album, auf dem Xavier Naidoo und Moses Pelham ihren Teil zum Erfolg beisteuerten und in dem er zwischen deutschen und englischen Raps hin und her pendelt. Mit der Single »Testament« zog er hoch in die deutschen Charts ein.

Discogr.: Illastration (1998, 3p/Sony Music), Still Ill (1999, 3p/Sony Music). Internet: www.sonymusic.de • www.3-p.de

ILLUMINATE

Johannes Berthold (voc/p/keyb/g/programm.), Christian Olbert (voice/performance), Daniela Dietz (voc), Cindy Vogel (performance), Markus Nauli (live-keyb)

Dank des Musikers Johannes Berthold gibt es seit 1993 Illuminate. Es war und ist sein Projekt. Seine musikalische Darbietung bezeichnet er als neu-romantisch. Anfangs verstärkten unterschiedliche Musiker das Line-up. Schon die erste MC »Poesie« war ein Geheimtip der Indie-Ghotic-Szene. »Es atmet« hieß dann die erste MCD im Jahr 1994. Ab 1995 präsentierte sich Illuminate verstärkt live. Mit der Sängerin Anja Krone, deren Stimme überall gerühmt wurde, und den Schauspielern Christian Olbert und Laura Dragoi stand die endgültige Besetzung. Im Konzert boten sie eine romantische Bühnenshow, wobei die beiden Schauspieler pantomimisch und synchron zur Musik agierten. Sie legten viel Wert darauf, auf der Bühne Gefühle zu zeigen. Gleich mit der ersten CD »Verfall« aus dem Jahr 1996 gelang ihnen der Durchbruch. Gedacht war sie als Beginn einer Trilogie zu dem Thema »ewige Liebe«.

Illuminate

Sie wurde in weiten Teilen Europas vorgestellt. 1997 erschien das zweite Album »Erinnerungen«. Gegenüber dem Erstling standen die ruhigen, klassischen Stücke im Vordergrund. Erstmals präsentierten sie die CD live auf den 6. Wave-und-Gothic-Tagen, danach noch auf dem 5. Zillo Open Air und neben diversen Headliner-Gigs auch europaweit mit Gothic Sex und Sensorium. Den Abschluß der Trilogie bot 1998 die dritte CD »Erwachen«. Die dazugehörige Tournee war größtenteils schon im Voraus ausverkauft. Zu Beginn des Jahres 1999 gab es die MCD »Nur für dich«. Diese avancierte sofort nach Erscheinen zum Szene-Hit und hielt sich mehrere Wochen in den Top Ten der Deutschen Alternativ-Charts. Es folgte das Album »Letzter Blick zurück«, das sich textlich mit den Enttäuschungen in der Liebe beschäftigte. Dann gab es gravierende Änderungen in der Besetzung. Anja Krone hatte die Band verlassen. Bertold fand dafür in Daniela Dietz eine neue Mitstreiterin.

Discogr.: *Poesie (MC, Eigenvertrieb), Es atmet (1994, MCD), Verfall (1995), Erinnerungen (1997), Erwachen (1998), Nur für dich (1999, MCD & Special Edition – Gallery Records), Letzter Blick zurück (1999, Gallery Records/EastWest).* Kontakt: Gallery Records, Kirchhofstr. 17, 76327 Pfinztal; FanBase: Illuminate, Am Silbersegen 4, 38678 Clausthal-Zellerfeld. Internet: www.illuminate.de

IMPRESSIONS OF WINTER

Joe P. (alle Instrumente), Felicia (voc), Andrés Waltura (voc), Tobias Franz (Foto, Layout der CDs, Bühnendarstellung)

Am Grunde der Erwartung gibt es keine Enttäuschung. Dieser Lebensgrundsatz des Pessimisten Joe P. mag für sein Privatleben zutreffen, jedoch nicht für seine Musik. Denn bei seinen Kompositionen wird die Meßlatte inzwischen sehr hoch gelegt. Joe P. hatte bei der Death-Metal-Gruppe Pyogenesis den Bass bedient, konzentrierte sich aber fortan bei den eigenen Kompositionen auf die Elektronik. Einen großen Einfluß übte die Gruppe Dead Can Dance aus, und Joe P. wollte dort weitermachen, wo seine Vorbilder 1990 mit der CD »Aion« aufgehört hatten. Bereits 1994 und 1995 entstanden die ersten Stücke, die auf dem Tape »Fioris gelidi« der Öffentlichkeit zugänglich gemacht wurden. Dazu hatte Laikha H., welche auf eine Anzeige von Joe P. geantwortet hatte und als Sängerin und Texterin in das Projekt einstieg, die lateinischen Texte geliefert. Andrés Waltura, der Sänger von Dark Reality, einer mittelalterlich angehauchten Metalband, wirkte bei der Produktion als Gast mit, nachdem er ebenfalls auf die Anzeige geantwortet hatte. 1996 fanden die ersten Konzerte statt, die durch Gastmusiker und eine Backgroundsängerin bereichert wurden. Joe P. bot Mozart, dem Inhaber von Spirit Records, das Tape an, in der Hoffnung, mit einem Titel auf einem von dessen Spirit-Samplern vertreten zu sein. Doch er und seine Mitstreiter bekamen die Gelegenheit, eine ganze CD einzuspielen. Diese enthielt dann Material aus

Impressions of Winter

dem Tape und neu eingespielte Stücke und hieß »Cantica Lunea – Songs Of The Moon«. CF dazu in der Zeitschrift »Surface«: »Am liebsten würde ich in dieser Rezie gar nichts schreiben außer: Weltklasse.« Und C.P. schrieb im Black Sommer: »Eine Nähe zu Dead can Dance läßt sich auch in musikalischer Hinsicht nicht leugnen. Laikha H. ist zwar nicht Lisa Gerrard und Andrés Waldura ist auch kein zweiter Brendan Perry, der Gesang und die ausgereiften, stark neoklassisch geprägten Kompositionen ergänzen sich dennoch auf äußerst harmonische Art und Weise. Und wenn man die Augen schließt, hat man fast den Eindruck, als würde man diesen Klängen lauschen, während man sich in einem großen sakralen Gebäude befindet.« Verschiedene Titel erhielten auch Rundfunkeinsätze, wobei »Endless« sogar in Italien bei Radio Sky und Radio Doina gespielt wurde. Nach der ersten CD schlichen sich musikalische Unstimmigkeiten ein, die dazu führten, daß Laikha H. durch Felicia ersetzt wurde, die schon beim ersten Auftritt als Gastsängerin Impressions of Winter unterstützt hatte. Felicia hatte klassischen Gesangsunterricht genommen und dieses Fach auch kurze Zeit studiert. Andrés Waldura stieg als festes Bandmitglied ein. Da die Gruppe sehr viel Wert auf sorgfältige Produktionen legt, auch lieber weniger Songs produziert, wenn der Rest dafür wirklich gut ist, sehen sie auch Musik, Verpackung und Inhalt als Einheit. Deshalb gilt auch der Fotograf und Gestalter Tobias Franz als fester Teil der Gruppe. Bei ihren Auftritten unterstützen eigene Diaproduktionen die musikalische Darbietung. In dieser Besetzung machten sie sich an die Arbeit zu »Deceptive Springs And Fading Landscapes«. Die Texte wurden, inzwischen überwiegend in englischer Sprache, von Felicia und Andrés geschrieben. Musikalisch gab es eine Erweiterung um Ethno- und World Music, mehr Percussion und arabisch-orientalische Einflüsse. Die Zeitschrift Ragazzi lobte: »Ihre beiden bisherigen Alben sind zeitlose Meisterwerke, die auch in zehn Jahren die Hörer noch in ihren Bann ziehen werden, wenn so mancher andere Stern am Pophimmel längst untergegangen sein wird.«

Discogr.: Cantica lunae – Songs Of The Moon (1997, Spirit Production/SPV), Deceptive Springs And Fading Landscapes (1998, Spirit Productions/SPV). Kontakt: Joe P., Kernerstr. 20, 74924 Neckarbischofsheim; Spirit Production, Marienstr. 40, 76137 Karlsruhe, F: 0721-33429. E-Mail: info@spv.de • Internet: www.spv.de

IN EXTREMO

Micha – Das letzte Einhorn (voc/harp/Zyster), Thomas der Münzer (g), Die Lutter (b/Drumscheid), Rainer Morgenstern (dr/perc/Pauke), Dr. Pymonte (Dudelsack/Schalmei/fl/harp), Flex der Biegsame (Dudelsack/D-Sack/Schalmei/fl), Yellow Pfeiffer (Dudelsack/C-Sack/Schalmei/fl/ Nyckelharpa)

Neben seiner Frau und seinen vier Kindern liebt Pymonte die Schafzucht. Dies sieht er als Ausgleich zu seiner Tätigkeit als Musiker von In Extremo, wobei er sich seine Instrumente noch selbst baut. Diese Instrumente geben In Extremo die Möglichkeit, sowohl elektrisch in Clubs als auch akustisch auf mittelalterlichen Märkten und Festen zu spielen. Micha hatte sich schon viele Jahre mit mittelalterlicher Musik beschäftigt und auch schon Stücke von Walther von der Vogelweide nachgespielt. Gleichzeitig war er früher Sänger in einer Rockband namens Noah gewesen. Das letzte Einhorn, Dr. Pymonte und Flex der Biegsame begannen 1995 unter Einbeziehung einer Feuer- und Akrobatikshow und diversen Gaukeleien ihr Programm anzubieten. Eine Besonderheit war dabei das Spiel auf drei Dudelsäcken. Nach ungefähr einem Jahr wollten sie neue musikalische Wege gehen und nahmen 1996 drei Rockmusiker dazu, die Micha aus seiner früheren Band Noah rekrutierte. Morgenstern und Die Lutter waren schon das Rhythmusteam der Ostberliner Bands Freygang und Tausend Tonnen Obst gewesen. Als Demo fertigten sie die beiden Stücke »Ai vis lo lop« und »Taubentritt« an. Im Februar packten sie ihr akustisches Programm auf die CD »In Extremo« und die Rocktitel auf die MCD »Am Galgen«, die beide im Eigenvertrieb verkauft wurden. Der zweite Teil des Akustikprogramms wurde auf der CD »Hameln« veröffentlicht. Als nächster kreativer Ausstoß folgte das Album »Weck die Toten«. Damit weckten sie zumindest die Hörer. Sie gelangten in die Lesercharts von Rock Hard, in die Alternativ-Charts und erreichten Veröffentlichungen im europäischen Ausland und in den USA. Sie durften auf Festivals spielen wie dem With Full Force Festival, dem Wacken, Dynamo und Highfield Open Air. Rock Hard schrieb über einen Auftritt: »Dazu gehört die Mittelalterkluft genauso wie Dudelsäcke, Schalmeien und ähnliche Instrumente aus den letzten Jahrhunderten. Einziges Relikt der heutigen Zeit sind die Sonnenbrillen. Dem stilvollen Einstieg zum Trotz geht es gleich ziemlich heftig weiter, die Party wird mit Feuerwerk und Feuerspucken untermalt. Unter tosendem Applaus unterbricht Sänger Micha kurz vor Ende mit einem rotzfrechen ›Schnauze‹, was die Begeisterung des Publikums allerdings nicht bremst. Nach einer Stunde ist die Zeit des Qualms, der Posenmalerei und der aufregenden Gesänge zu Ende.« Nur Thomas Zimmer dachte, die Show habe eine tiefere, gesellschaftspolitisch relevante Bedeutung. Eine Live-CD unter dem Titel »Die Verrückten sind in der Stadt« präsentierten sie wieder mit dem unverstärkten Programm. Ende August 98 hatten sie dann die CD »Verehrt und angespien« fertig. Hier sangen sie Hochdeutsch, Englisch, Latein, Altschwedisch, Altspanisch und Altprovencealisch. Sie bearbeiteten die »Merseburger Zaubersprüche« aus dem 8. Jahrhundert und coverten Sisters of Mercy mit »This Corrosion«. Auf ihrer Herbsttournee besuchten sie neben vielen Städten in Deutschland auch Dänemark und die Niederlande.

Discogr.: In Extremo (1997 Eigenvertrieb), Hameln (1998, Eigenvertrieb), Weck die Toten (1998, EFA), Die Verrückten sind in der

In Extremo

Stadt (1999, EFA), *Verehrt und angespien* (1999, Mercury). Kontakt: Extratours, Brendlesäcker 5, 88512 Mengen, T: 07572-2909, F: 07572-2959. E-Mail: inextremo@mercuryrecords.de • info@vielklang.de • Extratours-Konzertbuero@t-online.de • Internet: www.inextremo.de • www.mercuryrecords.de • www.Extratours-Konzertbuero.de

IN SEARCH OF A ROSE

Ebl Mandingo (voc/mand/bjo/g), Rudi Richman (voc/g), Maze (voc/b), Vio (tin whistle), Eddie Tapp (acc/keyb), MacGable (dr)

Es ist nicht bekannt, ob sie irische Butter verwenden oder sich mit irischer Seife waschen, aber sicher ist, daß sie irische Musik lieben. Diese Liebe führte anläßlich verschiedener Sessions in ihrer Heimatstadt Lemgo zur Gründung von »In Search of a Rose«. Der Bandname wurde von einem Titel der »Waterboys« übernommen. Die Musik war inspiriert von den Pogues, den Waterboys, irischen Trinkliedern und den Jigs und Reels der grünen Insel. Mitreißende Konzerte und das im September 1993 eingespielte Tape »Pirates Of Folk«, das nur eigene Titel enthielt, verhalfen der Gruppe zu größerer Bekanntheit. Die Plattenfirma »EastWest Records« veranstaltete mit dem Konzern Karstadt 1994 einen Wettbewerb für vertragslose Bands. In Search of A Rose waren einer der Sieger und konnten somit einen Titel auf dem Sampler »Neue Bands zum Aufdrehen, das Beste der deutschen Indie-Szene« unterbringen. Auftritte im Radio sowie im Vorprogramm von Stoppok, eigene Touren und Auftritte mit Paddy goes to Hollyhead, Whisky Priests und Kieran Halpin folgten. Im Dezember 1994 debütierten sie mit der CD »Conquering«, die nach Meinung der Dortmunder Uni-Zeitung die beste anglo-irische Platte war, die je in Deutschland entstand. 1995 waren sie »Special Guest« der »St. Patrick's Celebration Tour«, spielten auf der Popkomm und waren Headliner beim Helgoland Open Air. Dieses Konzert vor ca. 2.000 Zuschauern blieb ihnen in besonderer Erinnerung, da sie einerseits ein enthusiastisches Publikum vorfanden und andererseits ausreichend Freizeit hatten, um die Atmosphäre genießen zu

In Search of a Rose

können. Im März 1996 kürte sie das Fachblatt Musikmagazin zur Gruppe des Monats. Diese Zeitschrift urteilte über die Mini-CD »Freaks«: »Bei den Live-Mitschnitten geht die Post ab, die neue Nummer ›Freaks‹ ist eine wunderschöne Synthese aus eingängigem Pop und irischer Tradition und ›Rebel Town‹ zählt sowieso zum Besten, was ich hierzulande bisher aus diesem Genre gehört habe.« 1997 wurde die CD »Fresh Lotus Surprise« veröffentlicht, gemastert von Kevin Metcalfe, der u.a. für Blur, die Pogues und die Cranberries gearbeitet hatte. Das Fachblatt Musikmagazin befand: »...siebzehn ausgereifte Titel, keiner davon ist überflüssig.« Neben den Produktionen brachte es die fleißige Band auf ca. 50 Auftritte im Jahr. 1997 konnte sie den 200. Auftritt feiern und u.a. gemeinsame Konzert mit vielen bekannten Künstlern vorweisen (u.a. Selig, Marla Glen, Die Sterne, Oysterband, Celtas Cortos, Subway to Sally, Tocotronic). Von März bis November 1998 waren In Search of a Rose unermüdlich auf Tour. Schließlich wurde 1999 die CD »Tremor Tour '99« eingespielt, die deutlich rockiger und experimenteller ausfiel, und außerdem feierten sie Auftritt Nr. 300.

Discogr.: Conquering (1995, Big Easy/ Indigo), Freaks (1996, EP – Big Easy), Fresh Lotus Surprise (Big Easy/BMG Ariola), Tremor Tour '99. Kontakt: Extratours, Brendlesäcker 5, 88512 Mengen, T: 07572-2909, F: 07572-2959. E-Mail: Viper Promo@aol.com • Extratours-Konzertbuero@T-online.de • Internet: members.aol.com./InSearchoa • www.Extratours-Konzertbuero.de

INCHTABOKATABLES

Moeh (b/programm./p), Deutung (cello), Herr Jeh (v/programm.), Dr. T.B. ex K.M.N. (dr), BB (voc/v), Vadda (ears)

Die Unaussprechlichen geben an, daß die Band nur deshalb gegründet wurde, weil es hinter der Bühne die Getränke und das Essen umsonst gibt. Weil es immer noch so ist, besteht die Band auch jetzt noch. Diese Aussage ist genauso ernst gemeint wie die Nennung ihrer Namen. Wirklich zutreffend ist aber der Vermerk »No Guitars« auf den CDs der Inchtabokatables. Im Laufe der Jahre wurde der Verzicht auf Gitarren zum Markenzeichen der Band. Sie tauchte mit einer Mischung aus harten Klängen und Einflüssen der keltischen Folkmusic im August 1991 erstmals in Berlin auf. Schon die erste Tour ab September 91 war nahezu ausverkauft. Mundwerbung sowie das Interesse der Medien an dem ungewöhnlichen Sound und der eigentümlichen Besetzung hatten dafür gesorgt. Über Rundfunk konnten die Hörer, die den Namen fließend aussprechen konnte, Freikarten, MCs und T-Shirts gewinnen. Im Mai 1992 erschien das erste Album »Inchtomanie«. Ihre Geschichten erzählten sie in deutscher und englischer Sprache. Die Record-Release-Party im total ausverkauften ehemaligen Grenzübergang Tränenpalast war der Start zu einer Auftrittsserie, die auch nach Belgien, Frankreich, Schweiz und Polen führte und zahlreiche Fernsehauftritte beinhaltete. Die Premieren-CD wurde über 20.000 mal verkauft. Um 1993 an der Release Party zur zweiten CD »White Sheep« teilnehmen zu können, mußte man sich schon zum Vorverkaufsbeginn seine Karten holen oder saftige Schwarzmarktpreise zahlen. Ein Konzert in München kündigte A. F. Eser wie folgt an: »Die Inch. arbeiten mit vier Streichern und Schlagwerk. Mit zwei Geigen, Cello, Bass und Drums. Und das Ganze geht in Richtung Folkpunk, gnadenlos schweißtreibend und deftig-heftig. Gaudi-Punk zum Abtanzen und das ganz schön erfolgreich.« Das ZDF drehte dann mit der Band einen Kinderfilm »Hut mit B. Deutung«. Auf dem 94er Album »Ultra« gelang es dem Produzenten Justin Sullivan (New Model Army), im Studio einen Sound zu erzeugen, der erstmals die ungezügelte Spielfreude der Konzerte widerspiegelte. A. F. Eser ließ es sich auch diesmal nicht nehmen, zum Münchner Auftritt zu kommen: »Ihr fröhlicher Rock ist von Folk durchsetzt, hin und wieder auch vom Punk geprägt und das schnelle Tempo läßt uns kaum Zeit zum Verschnaufen. Fazit: anstrengend, aber gut.« Obwohl die Band unentwegt auf den Bühnen zu finden war, schrieben sie neue Songs und nahmen diese mit Eroc (Grobschnitt) und Aka Voodoo (Voodooclub) auf. Dadurch wurde der Stil härter und noisiger, blieb aber gitarrenfrei. Die Scheibe nannte sich »Quiet«. Dazu Frank Berktold: »Mit verzerrten Violinen, Cello, Bass und Drumkit schichten sie massive Noise-Wände in bester Grunge-Manier übereinander, können im nächsten Moment zu gefiedelter Folk-Leichtigkeit wechseln. Das Ganze klingt jedoch keineswegs so schräg, wie man zunächst vermuten möchte.« Im Anschluß nahmen sie noch einen Titel für den »Ärzte-Tribut-Sampler« auf und liehen den → Bates für zwei Titel ihre Fähigkeiten. Die 1998er CD »Too Loud« spielten sie wieder in bewährter Teamarbeit ein. Antje Fey vergab dafür 3 Sterne: »Vom Cross-Over-Ghotic-Rock à la Sisters of Mercy über Elemente des Poprocks und Folkeinschläge bis hin zur Gute-Nacht-Ballade ›Sleep well‹ bieten die Inchtabokatables eine breite Palette ihrer Vielfältigkeit. Ein eigenwilliges Werk ohne Kompromisse.« Und A. F. Eser besuchte wieder einmal ein Konzert in der Muffathalle in München: »Junge Musik im bunt zusammengewürfelten Abenteuerland aus Avantgarde, Punk, Rock, neuer deutscher Härte und alter irischer Tradition, im Strudel aus kluger Berechnung und reiner Experimentierlust. Auf geht's zur großen Hatz zwischen den Genres, lärmend und polternd. Und wenn's dann mal zu schräg geworden ist, gibt's zur Entspannung ein paar Takte keltischer Jigs.« Die Inchies werden neue Lieder schreiben, werden wieder auf Tournee gehen und werden wieder in München auftreten. Und wenn man Glück hat, finden wir dort auch Herrn A. F. Eser.

Discogr.: Inchtomanie (1992), White Sheep (1993), Ultra (1994, BMG/K & P Music), *Quiet (1996, BMG/K & P Music), Too Loud (1998, BMG/K & P Music). Kontakt: Inchtabokatables-Fanclub, Filiale 20, Postlagernd, 20253 Hamburg. Internet: www.deutschrock.we*

IRON SAVIOR

Piet Sielk (g/v), Kai Hansen (g), Daniel Zimmermann (dr), Jan-S. Eckert (b), Andreas Krück (keyb)

Iron Savior ist nicht Xavier Naidoo auf Metal-Trip, sondern die Band des Produzenten Piet Sielk, der nach langer Zeit wieder Lust verspürte, seine eigenen Kompositionen unter die Leute zu bringen und Bühnenluft zu schnuppern. Sielk spielte schon in den 70ern schnellen Metal mit Kai Hansen in der Helloween-Vorgängerband Iron Fist, arbeitete als Tonassistent, engineerte Gamma Rays »Heading For Tomorrow« und produzierte in den 90ern → Blind Guardian, Saxon, Grave Digger und Uriah Heep. 1997 gab er den Erstling »Iron Savior« heraus, an dem Kai Hansen als Gitarrist und Thomen Stauch (Blind Guardian) als Schlagzeuger beteiligt waren und das an die frühen Werke von Helloween erinnerte. Iron Savior wurde eingeladen, beim Wacken Open Air teilzunehmen und mit Edguy auf Tournee zu gehen. Dies brachte Sielk wieder auf den Geschmack und aus dem Projekt entstand eine feste Band, in der Daniel Zimmermann Thomen Stauch an den Drums ersetzte. Nach der eingeschobenen EP »Coming Home« erschien im Januar 1999 »Unification«, das neben einer Neubearbeitung von »Neon Knights« (Black Sabbath) viel hartes Material mit hymnischem Bombast im Stil des britischen 80er Metal enthielt. Der Hammer vergab dafür die Höchstwertung von 6 Punkten. Anschließend begleiteten sie → Grave Digger als Support quer durch Deutschland. Schon im August 99 brachte die Plattenfirma mit »Interlude« ein weiteres Album mit Kompositionen von Piet Sielk auf den Markt.

Discogr.: Iron Savior (1997, Noise/SPV), Coming Home (1998, EP – Noise/SPV), Unification

(1999, Noise/SPV), Interlude (1999, Noise/SPV).
Kontakt: Noise Records c/o SPV, Brüsseler Str.
14, 30539 Hamburg, F: 0511-8709181. E-Mail:
info@spv.de • Internet: www.spv.de

IVEE LEON
Die attraktive Songwriterin aus Berlin sammelte ihre musikalischen Erfahrungen in einigen regionalen Bands und erledigte daneben immer wieder Jobs im Studio, wo sie mit Stimme und Geige fremde Projekte unterstützte. Sie schrieb immer wieder eigene Lieder, teils allein und teils mit dem Gitarristen Bodo Kommnick. Dabei bevorzugte sie Popsongs mit starkem akustischen Einschlag und tanzbare mit viel Groove. Das Turbo Beat Label, das schon mit → Bell, Book & Candle große Erfolge feierte, nahm Ivee Leon unter Vertrag und ermöglichte ihnen die Aufnahme der Single »Lucky One«, wozu DoRo das Video drehten, das wiederum erfolgreich auf Viva und MTV lief. Im Sommer 1999 gab es als Vorbote des ersten Albums den Song »You Belong To Me«.
Discogr.: Lucky One (1998, Turbo Beat), You Belong To Me (1999, Hansa/Ariola). Internet: www.bmg.de • www.bmg.entertainment.de

IVORY TOWER
Thorsten Thrunke (dr), Stephan Machon (keyb/pandemonium), Andre Fischer (voc), Stephan Laschetzki (b), Sven Böge (g/ac-g/bottleneck-g)
Ivory Tower gingen 1998 mit melodischem progressiven Metal an den Start. Allerdings spielten Thorsten, Andre und Sven, der Hauptsongschreiber der Band, der auf ein Musikstudium an der Hamburger Musikhochschule verweisen kann, bereits seit 96 in der Formation Ax'n'Sex zusammen, die im Raum Hamburg regional bekannt war und die selbstproduzierte CD »Victim Of Time« veröffentlicht hatte. Diese Mini-CD erhielt nicht nur in der Gegend um Hamburg positive Besprechungen, sondern gleichlautende Reaktionen kamen aus ganz Europa und sogar aus Übersee. Nach gründlicher Überlegung und zwei Besetzungswechseln entschied man sich, um eine bessere Assoziation zu ihrem Musikstil herzustellen, sich in Ivory Tower umzutaufen. Sie arbeiteten an neuem Material, das sie 1998 auf dem nach sich selbst benannten Album hörbar machten, das mit Balladen, Speed Metal, Epen und Progrock viele Seiten des harten Rock abdeckte und eine Metal-Version des John Miles-Klassikers »Music« enthielt. Der Hammer vergab dafür 5 von 6 Punkten.
*Discogr.: Ivory Tower (1998, LMP/SPV)
Kontakt: Limb Music Products, P.O. Box 602520, 22235 Hamburg, F: 040-53109050 E-Mail: limb-music@digital-design.de • Internet: www.world-online.de/limb-music*

J.B.O.
Vito C. (voc/g/Tröten), Hannes »G. Laber« Holzmann (Gebrang & Gesüll/el-g/Ei/Glastür/Peitsche/Gartenschlauch/Nasser Lappen), Thomas »A Bier« Graap (dr/Reisschatulle/Reis im Wasserkessel/hohe Chorgesänge), Schnitti (b/tiefe Chorgesänge/Essen kochen/Orakelsprache)

Das »James zensiert Orchester« hat viele Freunde. Einer ist der in Ehren ergraute Orchesterchef James Last. Denn der setzte vor Gericht durch, daß sich die fränkischen Spaßmacher von James Blast Orchester in J.B.O. umbenennen mußten. Aber dies steckten sie gemäß ihrem Motto »Arschloch und Spaß dabei« locker weg. Dabei war der ursprüngliche Gruppenname ohne jeglichen Hintergrund 1989 im Bierdunst entstanden, als Vito und G. Laber das musikalische Gesamtkonzept entwickelten. Dies sah vor, bekannte Hits, die überwiegend dem härteren klassischen Rock entlehnt wurden, mit derben fränkischen Texten zu versehen. Im Herbst 89 hatten sie mit dem Titel »No Sleep ›til Bruck« im Erlanger Lokalradio »Downtown« einen Nummer-1-Hit, ohne einen einzigen Auftritt absolviert zu haben. Diesen hatten sie beim Erlanger Newcomer Festival, wobei Hannes seine erste E-Gitarre zerschlug. Nicht nur damit begeisterten sie ihr Publikum. Zwischen 1990 und 1993 blieb J.B.O. ein Spaßprojekt der Mitglieder, die alle noch in anderen Formationen, zumeist in Coverbands, tätig waren. Der auf ein Tape aufgenommene Song »Ein guter Tag zum Sterben« rotierte 1994 im Lokalradio. Die Publikumsnachfrage bezüglich einer CD, alleine ca. 60 pro Tag bei WOM Nürnberg, konnte nicht befriedigt werden, da sie noch keine eingespielt hatten. Dafür gab es eine Prozeßdrohung der Patrizier-Bräu-AG, die sich durch eine Textzeile verunglimpft fühlte. Für die Gruppe bedeutete dies noch mehr Werbung. In zwei Nächten spielten sie das Debüt »Eine gute CD zum Kaufen« ein, für das sie einen Deal mit dem Indie-Label Musical Tragedies abschlossen. Die CD erschien gleichzeitig mit einer von Pink Floyd, wobei J.B.O. mit den Anfangsverkäufen bei WOM Nürnberg die Nase vorne hatten. Mit der Weihnachts-Special-CD »Blastphemie«, abgebildet als heilige Familie, verärgerten sie die Kirche und erfreuten ihre Fans. Ab März 95 spielten J.B.O. ihren ersten Longplayer »Explizite Lyrik« ein. Darauf enthalten waren 73 Minuten rockende Blödeleien im fränkischen Dialekt. Von der im September veröffentlichten CD setzten sie innerhalb von 3 Monaten über 10.000 Einheiten ab. Ein Fernsehkonzert »Live aus der Alabama« im 3. Bayerischen Programm machte sie überregional bekannt. Sie traten in die deutschen Verkaufscharts ein und hielten sich dort 19 Wochen. An ihrer Fanpost konnten sie feststellen, daß selbst Amerikaner, Japaner und Iraner Frankenrock wollten. Im Juni 96 erfolgte auf Klage von James Last zwangsweise die Umbenennung von James Blast Orchester in J.B.O. Während die Verkaufszahlen die 100.000 überschritten, tourte das zensierte Orchester zwischen Flensburg und München. Das nächste Album »Laut« brachte der Branchenriese Lawine/BMG Ariola heraus, und es schnellte bis auf Platz 13 der deutschen Verkaufscharts hoch. »Explizite Lyrik« ging nochmals für 20 Wochen in die Charts. Damit waren J.B.O. mit zwei Platten gleichzeitig in der Hitparade vertreten. Diesmal gingen die Manager von Rammstein gerichtlich gegen eine Nicole/Rammstein Version von »Ein bißchen Frieden« vor. Das Ergebnis war, daß die Erstauflage gestoppt werden mußte. Ihre 100 Konzerte sahen 1997 über 100.000 Besucher. Inzwischen hatten sie von dem ersten Tonträger mehr als 200.000 und vom letzten über 150.000 abgesetzt. 1998 waren sie auf vielen Open Airs zu sehen und spielten u.a. beim Rock am Ring/Rock im Park-Festival. Danach erwiesen sie sich als »Verteidiger des Blödsinns«. In »Moderne Dienstleistungen« revanchierten sie sich in 28 Sekunden beim Rammstein-Management. Auch sonst waren mehr Eigenkompositionen zu hören. Sie hielten Einzug in die Top Ten und erreichten Platz 6. Ihre Proletenshow wurde noch vielseitiger und selbst die Backstreet Boys waren nicht mehr vor ihnen sicher. Die Fans feierten den ganzen Abend, Girls warfen ihre BHs auf die Bühne und das Publikum antwortete auf die Frage »Seid ihr total verblödet?« lautstark mit einem inbrünstigen »Ja«. Nicht nur die Deutschen wollten blöde sein. Auf dem Wiener Donauinselfest 99 bejahten auch 15.000 Österreicher diese Frage, womit J.B.O. eine seltene völkerverbindende Einheit schufen.

Discogr.: Eine gute CD zum Kaufen (1994, Musical Tragedies/EFA), Blastphemie (1994, Musical Tragedies/EFA), Explizite Lyrik (1995, Musical Tragedies/EFA), Laut (1997, Lawine/BMG), Und Spaß dabei (1998, Lawine/BMG), Meister der Musik (1998, Lawine/BMG). Kontakt: 2. Offizieller J.B.O.-Fanclub, Postfach 26, 96132 Schlüsselfeld. Inernet: www.jbo.net

JADED HEART

Die Duisburger Jaded Heart, die Sänger Michael Bormann nach seinem Ausscheiden von Letter X gegründet hatte, halten seit ihrem Erstling »Inside Out« am melodischen Hardrock amerikanischer Art fest. Das Debüt klang trotz schöner Melodien wenig eigenständig und obwohl sie auch bei »Slaves And Masters« von 1996 an ihrer musikalischen Ausrichtung festhielten, war diesmal eine eigene Handschrift erkennbar. Rocktitel mit viel Power, aber auch schöne Balladen beinhaltete ihr drittes Album »Mystery Eyes«, wegen dem der Hammer meinte, daß sie inzwischen bessere Musik fertigten als ihre amerikanischen Vorbilder. Bemängelt wurden lediglich die Texte um Herzschmerz und Beziehungen. Zum Jahresende 1999 erschien bei MTM Records das Album »IV«, das von

J.B.O.

der einschlägigen Presse wegen des Songmaterials vielfach gelobt wurde.
Discogr.: Inside out (Long Island Records), Slaves & Masters (1996, Seagull/Semaphore), Mystery Eyes (1997, BWS/Semaphore), IV (1999, MTM). Kontakt: MTM Music, Pariser Str. 1, 81669 München, F: 089-44900457. Internet: www.pi.se/mtm

JA KÖNIG JA

Ebba Durstewitz (voc/cello/p/g/acc/xyl/ Glockenspiel/Melodica), Jakobus Siebels (voc/g/bjo), Marco Dreckkötter (voc/perc/ xyl), Stefan Barg (b)

Mit Siebels, der von der Popband Das Neue Brot gekommen war und dem klassisch ausgebildeten Durstewitz spielten die Verehrer der Monarchie im Herbst 1994 zum ersten Mal als das Duo Ja König Ja zusammen. Nach einigen Gigs erhielten die Hamburger die Möglichkeit, im berühmt-berüchtigten Hamburger Pudel Club als Hausband aufzutreten. Mit dem ersten Album, schlicht »Ja König Ja« genannt, kam es zur ersten Tour. Die Kritik reihte die Band wegen ihrer sparsamen Arrangements und dem Einsatz des Cellos in die Sparte Kammerpop ein. Der ausgekoppelte Titel »Die Stadt im Sommer (am Brunnen die Fische)« eignete sich gut für Rundfunkeinsätze, was die Sender genauso sahen. Ab Sommer 1995 mutierte das Duo durch den Einstieg von Marco zum Trio und aus dem Trio wurde ab Herbst 1996 durch Neumitglied Stefan ein Quartett. Im Mai 97 gaben Ja König Ja ihre zweite Scheibe heraus und leisteten sich dabei den Gag, sie ebenfalls nur »Ja König Ja« zu nennen. Die Zeitschrift Rolling Stone hörte ein »Meisterwerk« mit vielseitiger, überwiegend akustischer »Musik aus einer anderen Epoche, den 60er Jahren oder dem 19. Jahrhundert?« Intro bemerkte »die feinste Popmusik, die es gibt«. Auf einer Bädertour, die den Vierer auch nach Österreich und in die Schweiz führte, stellten sie das neue Werk vor. Dann gingen sie auf Tauchstation, um ihre dritte Platte einzuspielen. Da sie keine weitere Verwirrung stiften wollten, nannten sie das 99er Album nicht Ja König Ja, sondern »Tiefsee«. Der Rolling Stone entdeckte »eine für deutsche Verhältnisse hochgradig internationale Musik« und »ein subtil ausgearbeitetes Klangnetz aus akustischer Gitarre, Piano, Bass und Percussion, das unter dichten Vokal-Arrangements feinmaschig dahinzieht«, sah allerdings in der Perfektion auch die Schwäche des Albums (?).

Discogr.: Ja König Ja (1995, Moll), Ja König Ja (1997, Musikproduktion Detlef Diederichsen/Indigo), Fütter die Katze (1997, CD-Single), Tiefsee (1999). Kontakt: Ja König Ja, Detlef Diederichsen, T: 040-3901083; Indigo Musikproduktion und Vertrieb GmbH, Jaffestr. 12, 21109 Hamburg, F: 040-752499-99. E-Mail: mail@indigo.de • Internet: www. indigo.de

JACK IN THE BOX

Stefan Born (voc/keyb), Oli Hermann (voc/s), Stephan Nießner (voc/g), Stefan Matejcek (b/voc), Olav Becker (dr), Forester Prinz (tb), Markus Hoffmann (tp)

Auch die Pfalz hat ihre Teenies. Die Pfälzer Teenies haben Herzen. Und viele von denen schlagen für eine einheimische Band – Jack in the Box. Sie bezeichnen sich nach dem englischen »Teufelchen aus der Kiste«. Dabei singen sie hauptsächlich von Liebe, Liebesschmerz und Beziehungen. Ihr Erkennungsmerkmal ist der Alligator. Trotzdem beißen sie nicht. Der Alligator ist im gesamten Merchandising zu finden. Allerdings ist Jack in the Box keine Dance-Formation und keine Boygroup, die nur tanzt und singt. Diese Band schreibt ihre Songs selbst und die Musiker beherrschen ihre Instrumente. Sie waren die Gewinner beim Landesnachwuchsfestival in Rheinland-Pfalz, Wochensieger beim SWF 3 Rookies und beim SDR 3 Wildlife-Wettbewerb. Sie erhielten eine offizielle Auszeichnung als Spitzenmusiker des Landes Rheinland-Pfalz und gelangten in die Endausscheidung beim Bundesrockpreis. Live konnte man sie als Support der Backstreet Boys, der → Fantastischen Vier,

Jack in the Box

von Heroes del Silencio und den Simple Minds hören. 1997 gab es die erste CD »Phono Love Story«, die sie in der Frankenthaler »Zuckerfabrik« vorstellten. Der einfach gestrickte Pop wurde perfekt dargeboten. Am Ende der Show präsentierten sie ihren »Alligator«-Song als idealen Mitmach- und Mitgröhlsong. Und viele Teenies hyperventilierten, kippten um und waren völlig fertig. Im März 1998 präsentierten sie noch die Maxi »Walking Down The Street«. Danach gaben sie wieder Konzerte und machten die Teenager nervös, bevor sie Material für das zweite Album sammelten. Sie schrieben Songs, nahmen sie auf und verwarfen sie wieder. Die Arbeiten zogen sich in die Länge. Sie sollten aber nicht zu lange mit der nächsten Veröffentlichung warten. Nicht daß sie dann ein Publikum mit Hypotrichosis vorfinden.
Discogr.: Phono Love Story (1997, Rush hour), Walking Down The Street (1998, MCD – Rush hour). Kontakt: Music Enterprises, Hauptstr. 47, 67229 Großkarlbach, F: 06238-989162. E-Mail: music.enterprises@ t-online.de • Internet: www.music-enterprises.de

JACK'N JILL
Julia Zanke (acc/keyb), Anke Müller (voc/g), Bettina Hagemann (v/b/dr)
In der Liste der weiblichen Boxstars sucht man sie vergeblich. Auch bei Ringerinnen findet man sie nicht. Trotzdem hieß die Überschrift der WAZ vom 23.12.98, die sich auf Jack'n Jill bezog, »Starke Frauen«. Genau damit ist das weibliche Trio treffend beschrieben, das mit Kammerpop die Welt erobern will. Die Gründerin Julia Zanke bereicherte von 1985-1991 die Band von Stoppok. Ab 1993 spielte sie gemeinsam mit Susanne Dobrusskin unter dem Namen Jack'n Jill. Nach ersten Erfolgen wurde der Rundfunk auf das Duo aufmerksam – u.a. live im WDR 5 Echo West. Dann schied Susanne Dobrusskin aus. Julia Zanke trat bis Ende 1995 solo auf. Dann traf sie auf Bettina Hagemann, die früher als Bassistin in der Band Luna Luna tätig war. Sängerin Anke Müller von der Rockband Nevsermind komplettierte die Gruppe. Die CD »Shuttle Songs« wurde eingespielt und im November 98 veröffentlicht. Hierbei mischten sie akustische Instrumente mit Elektronik: Harmonium, Geige, Cembalo, Bratsche, E-Gitarre, Cello, Daburka Pauken, Akkordeon, Flügel wurden gemixt mit Sounds und

Jack'n Jill

Loops. Gesungen wurde in englischer und deutscher Sprache. Ein Genre gab es nicht, Ethno, Chanson, Elektronik, modernes Songwriting und Folkelemente waren enthalten. In der Besprechung der WAZ hieß es: »Das Vielerlei führt in diesem Fall nicht zur Stillosigkeit, sondern zu einer Mixtur, die mit Anspruch unterhält, die ohne Berührungsängste Gegensätze zusammenbringt. Die Songs sind griffig und pfiffig. Auf einer Tour durch die Clubs unseres Landes testeten sie ihr Material.« Die NRZ schrieb über einen Auftritt der Band: »Die Musikerinnen boten einen Auftritt der Sonderklasse. Ausgefallene Arrangements, musikalisches Können und eine dichte Atmosphäre der Lieder trugen dazu ebenso bei wie der außergewöhnliche Gesang von Anke Müller.« Für die große Deutschland-Tournee im Herbst 99 wurde die Gruppe durch die Cellistin Lisa Grothe zum Quartett verstärkt. Ein Wunsch der Band geht hoffentlich nie in Erfüllung: Sie wollen, daß ihre Lieder nicht beim Fensterputzen gehört werden. Es wäre jedoch schön, wenn das Niveau des deutschen Rundfunks soweit angehoben werden würde, daß man solche Songs bei häuslichen Tätigkeiten hören könnte.

Discogr.: Shuttle Songs (1998, NRW). Kontakt: Outbüro, T: 0208-8486200, F: 0208-8486201. Internet: www.planetsound.com/ out/jacknjill

JANCREE

Olav Steffens (b/voc),
Miquel Aki (g/voc), The Whip (dr/perc)

Jancree kommen aus Weitersweiler und bezeichnen sich als Großstadtindianer. Dieser Widerspruch ist nur scheinbar, da ihre Musik und ihre Texte Großstadtluft atmen. Der Bandname bedeutet »Meister bis in die Unendlichkeit«. Bereits1987 wurde die Band gegründet. 1992 veröffentlichten sie das Debut-Album «Clowns, Beggars & Thieves«, das geradlinigen Rock enthielt und Texte, die sich um Ungerechtigkeit, Mißverhältnisse und die Einsamkeit der Großstadt drehten. Auch die 1995 erschiene CD »The Solitary Dream« blieb diesem Stil treu. 1997 brachte die Maxi-CD »Bizarre Thinking« wieder natürlichen, handgemachten Großstadtrock. Dazu schrieb Feedback: »Auch wenn die Scheibe durch eine ausgezeichnete Gitarrenarbeit glänzt, so fehlt der neuen CD durch den Einsatz der akustischen Gitarre bei drei Songs der für Jancree typische kraftvolle Gitarrenrock. Für absolute Fans ist ›Bizarre Thinking‹ sicherlich wieder eine schöne CD geworden, ob man allerdings über diesen Horizont hinauskommt, bleibt abzuwarten.« Die Auftritte wurden im »Feedback« gelobt: »Hier sind einfach drei absolute Könner am Werk, die hervorragende Songwriter-Qualitäten besitzen, so daß die Songs, egal ob als straighter Rock oder im akustischen Gewand, unter die Haut gehen«. Auch die Zeitung »Die Rheinpfalz« bestätigte die Live-Qualitäten der Band: »Wer in sein Konzert 30 Songs packt, dem kann man mit Sicherheit nicht vorwerfen, man bekäme nichts geboten für sein Eintrittsgeld. Und wer nach fünf Zugaben immer noch zum Weiterspielen aufgefordert wird, dürfte die Leute wohl kaum gelangweilt haben.« 1999 arbeiteten sie am nächsten Werk. Die ersten geschriebenen Titel »Luck Comes Slow« und »For Just One Day« klangen dabei im Vergleich zu früher aktueller und zeitgemäßer und erhielten im SWF und im Hessischen Rundfunk die ersten Radioeinsätze.

Jancree

Discogr.: *Clowns, Beggars & Thieves* (1992), *Solitary Dream* (1995), *Bizarre Thinking* (1998, MCD – Big Oz Music), *Luck Comes Slow* (2000, MCD – Music Enterprises). Kontakt: Music Enterprises, Hauptstr. 47, 67229 Großkarlbach, F: 06238-989162. E-Mail: music.enterprises@t-online.de • Internet: www.music-enterprises.de

JANSEN

Markus Maria Jansen (voc/g), Frank Kaulhausen (dr), Philip Lethen (b)

M. Walking on the Water ist auf Tauchstation gegangen. Aber Jansen schwimmt durch die deutsche Poplandschaft. Markus Maria Jansen hatte Lieder in deutscher Sprache geschrieben, die er mit einigen Gastmusikern aufnehmen wollte. Zudem produzierte er mit Frank Kaulhausen und Philip Lethen die Filmmusik zu Stefan Schneiders »Erntezeit«. Die Sessions liefen so gut, daß die Musiker beschlossen, aus dem Projekt eine feste Band werden zu lassen. In Jansens Dachstudio produzierten sie seine Eigenkompositionen. Zum Einsatz kamen Instrumente wie Moog-Synthesizer, Banjo, Mandocaster, Melodica, Trompete, Flügelhorn, Tenorhorn, Posaune, Schellenkranz, Kontrabaß, Wandergitarre und Clavioline. Im Mai 1998 wurde die CD »Jansen« auf dem eigenen Label in eigens entworfener Verpackung veröffentlicht. Jansen betonte in einem Interview mit der Zeitschrift »Gitarre und Bass«: »Ich mag eigenwillige, alte Sounds. Wir spielen Popmusik, aber mit Jazz-Ambiente, und das sollen die Leute auch sehen. Man soll erkennen, wer was macht, wenn wir auf der Bühne stehen.« Und zu ihrer Musik meinte die Band: »Schräg, schön, sentimental und böse, mit Sprechgesang, Melodien, Geschrei und Chaos, rauher Pop mit Jazz-Ambiente. Alternative zum Hochglanz, deutsche Texte mit Abenteuern, Poesie, Liebe, Trotz und Quatsch.« Auf über 70 Konzerten wurde die CD vorgestellt. Dazu kamen Live-Performances im Krefelder Unterhaltungsbetrieb Madame Kokett und die Herstellung eines Videos »Das Haus von Charles Whip«. Im Sommer 1999 arbeitete Jansen an den Songs zur zweiten CD, tourte zwischen Bremen und Wien und überlegte die Gründung eines Orchesters mit 10-15 Musikern.

Discogr.: *Jansen* (1998, Fuego/Pappa/Rough Trade). Kontakt: Pappa Schallplatten, T: 02151-393259/394198. Internet: www.jansen-pappa.de • www.fuego.de/jansen. zum Film: www.wilp.de

JAZZ INDEED

Fünf Individualisten schlossen sich in Berlin zur Combo Jazz Indeed zusammen und verbanden zeitgemäßen Jazz mit urbanem Groove. Sie nahmen 1996 das Album »Under Water« auf und nicht nur die einheimische Kritik war begeistert. Das führte dazu, daß sie nicht nur ausgiebig durch Deutschland tourten, sondern auch in der Türkei, in Syrien und dem Libanon Gastspiele gaben. Besonderen Applaus erhielt dabei der Sänger und Sprecher der Band Michael Schiefel für seine Vokalperformance, obwohl auch alle anderen Individualisten überzeugten. Zwei Jahre später wußten sie »Who The Moon Is« und brachten wieder ein atmosphärisch dichtes Album auf den Markt, in dem die einzelnen Könner ihre Fähigkeiten dem Bandkollektiv unterordneten, um traditionellen Jazz um neue Klänge zu bereichern. 1999 begaben sie sich wieder ins Studio, um mit den Arbeiten zu ihrem dritten Album zu beginnen.

Discogr.: *Under Water* (1996, Traumton /Indigo), *Who The Moon Is* (1998, Traumton/Indigo). Kontakt: Traumton Records, Grunewaldstr. 9, 13597 Berlin F: 030-3319370. E-Mail: traumton@traumton.de • Internet: www.traumton.de

JAZZ PISTOLS

Christoph Victor Kaiser (b), Stefan Ivan Schäfer (g), Thomas Lui Ludwig (dr)

1995 schlossen sich die Jazz Pistols zusammen, aber erst seit 1997 schießen sie scharf. Davor konnte die Formation eher als Hobby-Projekt angesehen werden. 1997 begannen sie, ernsthaft an ihrer Plattenkarriere zu arbeiten, obwohl die Musiker weiter für andere Gruppen und Sänger im Studio und auf der Bühne tätig sind. Lui Ludwig ist beispielsweise freies Mitglied der → Jule Neigel Band, trommelte u.a. für Edo Zanki, Chaka Khan und Chris Norman. Auf ihrer ersten CD »3 On The Floor« spielten sie alle Stücke live ein, ohne diese nachträglich zu überarbeiten. Die Zeitschrift Jazzpodium zeigte sich begeistert: »Die Jazz Pistols machen nämlich tatsächlich hochenergetischen Jazzrock im Trioformat, inklusive scheppernder Backbeats, wummernder Bassgrooves und Gitarrensoli jenseits der Lichtgeschwindigkeit.« Spätestens mit dem zweiten Album hoben sie im Frühjahr 99 ab: »Three On The Moon« enthielt mit dem von Roosevelt interpretierten »Second Feeling« erstmals einen gesungenen Titel. Neben eigenen Jazz-Rock-Stücken fanden auch »Birdland« von Joe Zawinul, »Spain« von Chick Corea und »Blues For Gordon« Platz auf der Scheibe. Das Jazzpodium bezeichnete die Pistols als »Deutschlands bestes Fusion-Trio«. Im November und Dezember 99 versuchten sie, diese Einschätzung live zu bestätigen.

Discogr.: 3 On The Floor (1997, Lipstick/EFA), 3 On The Moon (199, Lipstick/EFA) Kontakt: Jazz Pistols, Am Katzenpfad 1, 64646 Heppenheim ; Alex Merck Music GmbH, Trajanstr. 18, 50678 Köln, F: 0221-9319507. E-Mail: info@jazz-pistols.de • Internet: www.jazz-pistols.de

JAZZKANTINE

Christian Eitner (b), Ole Sander (DJ), Georg Bishop (as), Nils Wolgram (tb), Tom Bennecke (g), Dirk Erchinge,r (dr), Jan-Heie Erchinger (keyb), Aleksey (Rap), MC Phil.I.P., Gunter Hampel und viele andere Gäste
Es gibt keinen Kantinenjazz von der Jazzkantine, sondern es spielen hochqualifizierte Musiker eine Mixtur aus HipHop, Jazz, Soul, Funk und Soul. Im November 1993 fiel der Startschuß zu einem der ungewöhnlichsten Projekte der deutschen Unterhaltungsbranche. Der DJ Ole Sander traf sich mit dem Multi-Instrumentalisten Christian Eitner und mit Matthias Lanzer in der Braunschweiger HipHop-Disco »V« und sie beschlossen, einige Musiker aus der Braunschweiger Szene zusammenzuholen, um eine Musik zu schaffen, die verschiedene Musikrichtungen alter und neuer Machart zusammenführt. Zu der schwarzen Musik sollte es deutsche Texte geben. Das Mitwirken verschiedener Gastmusiker war von Beginn an in diesem Konzept vorgesehen. Die Qualität der Auftritte in ungewöhnlicher Besetzung war schon bald Gesprächsstoff. Somit ließ ein Plattenvertrag nicht lange auf sich warten. Schon mit dem ersten Album waren sie erfolgreich. Daran waren 27 Musiker und Rapper aus ganz Deutschland beteiligt. Mit den Nummern »55555«, »Respekt« und »Es ist Jazz« enthielt die CD gleich drei Radiohits. Das Folgealbum »Heiß und fettig« setzte den bisherigen Weg erfolgreich fort. Die Stimmung der Auftritte wurde auf der CD »Frisch gepresst und live« festgehalten. Die Augsburger Allgemeine schrieb zu einem Auftritt vor 500 Zuhörern im Spektrum: »Denn tatsächlich bot die Kantine nichts anderes als gute Partymusik, die sich allenfalls um des Grooves willen diverser Jazz-Zitate bedient. So hat das Postmoderne via Hiphop also auch den Jazz erreicht. Aber auch aus stilistischen Versatzstücken kann man, wie der Abend

Jazz Pistols

zeigte, ein tolles Konzert zimmern. Prädikat: Nächstes Mal auf keinen Fall verpassen.« Einschließlich dieser CD hatte die Jazzkantine ca. 300.000 Scheiben verkauft, zwei »Jazz Awards« vom Bundesverband der Phonographischen Wirtschaft, einen »Echo Award 96« als beste Jazzproduktion des Jahres und von den Lesern des Audio-Magazins das »Goldene Ohr« erhalten. Nach zweieinhalbjähriger Pause gab es 1998 das dritte Studioalbum »Geheimrezept«, an dem 37 MusikerInnen aus 8 Nationen beteiligt waren. Gäste waren u.a. Peter Legat von der österreichischen Funkband Count Basic, der James Brown- und Van Morrison-Musiker Pee Wee Ellis, der schwedische Jazzposaunist Nils Landgren, der Tekkno-Künstler Westbam, Signori Rossi aus Italien und der elementare Faktor des Wu-Tang Clans – Ol' Dirty Bastard. ME/Sounds vergab fünf der sechs Sterne für diese CD: »Geschmeidige Grooves, bebende Beats, swingende Bläsersätze, pseudoprotzig-rotzige Raps, die vor Selbstironie und Charme nur so strotzen: Willkommen zum vierten Menü in der Jazzkantine, eine Meisterleistung musikalischer nouvelle cuisine.« Das österreichische Libro-Magazin konnte immerhin feststellen: »Gerappt wird unter anderem auf Englisch, Französisch, Italienisch, Japanisch. Die FünfhausPosse beweist, daß das Wienerische neben bundesdeutschen Raps bestehen kann. Auch Cappuccino rappt und erspart uns eine weitere Soloplatte. Ist doch was.« Nachdem die Jazzkantine 1999 an einer Theaterproduktion in Braunschweig beteiligt war, bot die Formation mit dem Album »In Formation« ihre nächste rappende, singende und swingende Mixtur zum Kauf an.

Discogr.: Jazzkantine (1994, BMG), Heiß und fettig (1995, BMG), Frisch gepresst & live (1996, BMG), Geheimrezept (1998, BMG), In Formation (2000, BMG). Kontakt: BMG, Osterstr. 116, 20259 Hamburg, F: 040-912060. Internet: www.jazzkantine.de • www.bmg.de

Jazzkantine

JESTER'S TEARS

Bernd Huber (b/voc), Dimitios Tsiktes (voc), Tobias Dorner (g/voc), Willi Schneider (keyb/voc), Mike Sauter (dr)

Die Gruppe wurde 1994 in München gegründet und setzt sich aus alteingesessenen Musikern der lokalen Szene zusammen. Die Mitglieder spielten bereits bei Avalon, Pole Position, Wagner, Brainstorm und Trespass. Die Band bezeichnet ihren Stil als melodischen Powermetalprogrock. Im Jahr 1996 wurde die erste CD unter dem Titel »Reflections« veröffentlicht. Der grundlegende Gedanke war hierbei, ein audiovisuelles Bild verschiedener Reflexionen zu kreieren. Venedig war das Thema, das die CD optisch prägte. Das Cover zeigt den überfluteten Markusplatz; von dort grüßt eine maskierte Gestalt und läd ein, an fünf Reflexionen über das Leben teilzuhaben. Besonders die Ballade »Jester's Tears« kam bei den Fans hervorragend an. Bei der kräftigen Schlußnummer »Pride« war eine bezaubernde weibliche Stimme am Start, die der Sängerin Tina Frank gehörte, welche 1998 gemeinsam mit Oli P. die Nr. 1 der deutschen Single-Charts enterte mit ihrer Version des Herbert-Grönemeyer-Hits »Flugzeuge im Bauch«. Der Nachfolgetitel »I Wish« erreichte Platz 2 der Charts. Die CD »Reflections« wurde in allen großen deutschen Rockzeitschriften rezensiert. Rock Hard: »Endlich mal wieder eine erfrischende Produktion aus deutschen Landen, gut gespielt, hervorragend produziert und in Szene gesetzt.« Für Breakout stellte die Akustik-Ballade »Jester's Tears« einen überragenden Höhepunkt dar. Nach dem Metal Hammer hinterließen J.T. einen kontrastreichen Eindruck mit ihrer dichten, kraftvollen und mit klassischen Zitaten durchsetzten Musik. Obwohl nur über den Eigenvertrieb erhältlich, verkaufte sich die CD durch Zwischenhändler in Italien, USA, Frankreich, Griechenland, Schweden, Australien, Neuseeland, Spanien und Japan. Zwischen 1999 und Anfang 2000 wurde ein kompletter Longplayer eingespielt, der im Frühjahr 2000 unter dem Titel »Illusions« erschien. Das sowohl künstlerisch als auch tontechnisch aufwendige Stück beinhaltet progressive und klassische Power-Metal-Titel und romantische Balladen. Für den Herbst 2000 ist eine große Tour quer durch Deutschland geplant. In den Shows setzen Jester's Tears gekonnt Elemente des Theaters und Balletts ein. Die Hauptfigur ist hierbei Chester, der Harlekin aus dem Venezianischen Karneval. Eine große Produktion scheiterte bisher am finanziellen Aufwand. Nachfolgend noch einige Rezensionen aus dem Ausland: »Great, unexpected material from Germany« (Edge of time), »Another new excellent German band« (Experience), »Ja himmisakramentnochamal, is des a guate CD« (Peter Bigalke – Bayern).

Jester's Tears

Discogr.: Reflection (1996), Illusions (2000)
Kontakt: El Studio, T: 08141-82097, F: 70893; Jester's Tears Music Production, T: 089-6125866. E-Mail: info@jesters-tears.de • Internet: www.jesters-tears.de

JEZEBEL'S TOWER

Manfred Kuhnle (dr), Klaus Schäfer (b), Charly Weibel (voc), Ralf Jung (g), Andreas Wurm (keyb)

Die Gründung von J.T. erfolgte im Jahr 1992. Im Juni 1993 gewannen sie den Rockförderpreis des Rhein-Main-Neckar-Kreises. Daraufhin produzierten sie die CD »Like Every Mother's Son«, die Mitte Dezember 1993 erschien und sofort über 1.000mal verkauft wurde. Klassisch beeinflußte Keyboard-Passagen, virtuos gespielter Gitarrenrock, ein treibender Rhythmus und der an David Surkamp von Pavlov's Dog erinnernde Gesang zeichneten das Werk aus. Bei Radio Regenbogen wurde der Titel »You're Always On My Mind« vorgestellt und erreichte auf Anhieb den 1. Platz der Hörerhitparade, wo er sich sieben Wochen halten konnte. Auf den Radio-Regenbogen-Parties 1995 in Freiburg, Mannheim und Karlsruhe spielten sie vor etwa 12.000 Zuschauern. Durch die Vorstellung der Band im rumänischen »Heavy Metal Magazine« erreichte die CD den ersten Platz und wurde in das Programm des rumänischen Rundfunks aufgenommen. Die im Jahr 1995 produzierte Maxi »You Will Leave Me Tonight« erhielt in der Kritikerwertung des rumänischen Rockmagazins die Höchstwertung und entsprechenden Radioeinsatz, worauf die Band mit Kreator und Iron Maiden vor über 8.000 Zuhörern auf dem Skip Rock Festival 1995 in Bukarest spielen konnte. Ende 1995 wurde die erste Live-CD veröffentlicht. Die limitierte Auflage von 1.000 Stück war sofort vergriffen. Das Rockmagazin Burrn vergab 1996 für die CD »Like Every Mother's Son« 87 von möglichen 100 Punkten. Dadurch wurde der japanische Markt auf J.T. aufmerksam und sie konnten über Japans größte Schallplattenkette eine vierstellige Auflage ihres Erstlings verkaufen. Auch im SDR 3 wurde die Band nun beachtet und die CD im laufenden Programm gespielt. Aufgrund eines erfolgreichen Auftritts mit Gotthart und Axxis erreichte der Titel »Like Every Mother's Son« die Nr. 1 der Hörercharts der Rockfabrik Ludwigsburg. Im April 97 ersetzte Ralf Jung den bisherigen Gitarristen Michael Wiesner und sorgte für frischen, etwas progressiveren Wind im komplett neuen Liedmaterial, das in einer Vielzahl von Gigs erprobt wurde. Einer der Höhepunkte war der Auftritt bei der Veranstaltung »Das Fest« in Karlsruhe vor mehr als 20.000 Besuchern. 1998 erschien vorab die Maxi »Devil In My Eyes«. Der Titelsong erinnerte an die schrecklichen Ereignisse eines Amoklaufes in Reilingen. Bei »Time After Time« ging der Autor auf ein Gespräch mit einem Mann ein, der mehrere Brandstiftungen begangen hatte. Das Magazin Feedback vergab für die gekonnte Mischung aus Rock, Prog und Balladen in ihrer Wertung 9 von möglichen 10 Türmen. 1999 erschien das lange erwartete neue Album »Selling The

Jezebel's Tower

Wind« mit anspruchsvoller progressiver Rockmusik, das der Deutsche Rock und Popmusikerverband wegen seiner Qualität in Bezug auf Komposition und Aufnahmetechnik besonders lobte.

Discogr.: Like Every Mother's Son (1995, Eigenvertrieb), You Will Leave Me Tonight (1995, Maxi – Eigenvertrieb), Devil In My Eyes (1998, Maxi – Eigenvertrieb), Selling The Wind (1999, Eigenvertrieb). Kontakt: Petra Weibel, T/F: 06205-13627. E-Mail: Jtower@aol.com • Internet: members.aol.com/Jtower1html

JOHN & MCHOLL

Die 1998 gegründete Berliner Popband John & McHoll kann mit »Come On Everybody« von 1998 und »Send Me An Angel« von 1999 schon auf zwei Tonträger verweisen. Sie gingen mit Peter Hubert, dem ehemaligen Sänger der bekannten NDW-Band UKW, einen Verlagsvertrag für den Verlag Ping meets Pong ein und stellten auf von großen Radiosendern veranstalteten Sommertourneen ihr Programm vor.

Kontakt: Alexandra Ziem, Holsteinische Str. 59, 12163 Berlin, T: 030-84412679

JOINT VENTURE

Martin »Kleinti« Simon (voc/g/ukulele/harm), Götz D. Widmann (voc/g)

In der »Chronik meines Alkolismuss« heiße ich »Süffelmann«. Gehe ich »Abends saufen«, werde ich »der trinkende Philosoph«. Dann gebe ich meine Erkenntnisse zum Thema »die Wurst, das Wunder und der Durst« bekannt oder erkunde »moralische Reflexionen über einen geklauten Bierkasten«. Meistens wird daraus nur die »Jammerballade eines alten Trinkers im Gasthaus zur Bergstraße«. Manchmal werde ich zum »Landkommunenhippie«, nehme meine »Pfeife« und »geschenktes Gras« und genieße den »Tag des Herrn«, denn »Haschisch rauchen macht harmlos«. An anderen Tagen denke ich mir »scheiß auf deine Ex«, wenn »das zwischen den Beinen« sich regt« und bevor ich zum »Wichser« werde, hole ich mir eine »Schlampe« zum »One Night Stand«. Die Titel aus den bisher erschienenen fünf Veröffentlichungen der extremen Liedermacher von Joint Venture zeigen, womit sich diese am liebsten beschäftigen und was sie am meisten beschäftigt, nämlich Alkohol, Haschisch und Sex. Obwohl ihr Motto »wer nichts tut, tut gut« lautete, mußten sie irgendwie leben. Sie beschlossen 1993, es als Popstars zu versuchen. Da eine Band zu teuer war, nahmen sie zwei Gitarren und ein paar Kleinteile, ließen sich originelle Texte einfallen und begaben sich auf Tour. Mehrere hundert Konzerte und drei Alben folgten bis 1997. Dabei widerlegten sie das Vorurteil, daß deutsche Texte zur Gitarre entweder dogmatisch und tiefsinnig oder nur blöd sein müßten. Dann bekamen sie die Chance, im Vorprogramm von → J.B.O. durch Deutschland zu ziehen. Bei den Rockfans kamen sie erstaunlich gut an. Fernseh-

Joint Venture

auftritte bei Bayern 3 und 3-Sat machten sie einem größeren Publikum bekannt. Sie spielten natürlich auf der Hanfparade in Berlin, erklärten sich bei den Studentendemonstrationen in Bonn solidarisch und erreichten mit kostenlosen Konzerten 50.000 Zuhörer. Auf der CD »Ich brauch Personal« erhörten das »Von Weizsäcker Quartett« und die Jazzcombo »Talking Horns« ihren Ruf. Leider erhielten sie von den Rundfunkstationen keine Unterstützung in ihrem Bemühen, Modern Talking als populärstes deutsches Duo abzulösen. Ihre Erkenntnisse zum Thema »sitzend pinkeln« konnten sie nur im Konzert und auf CD weitergeben. Dafür nahmen sie ihre Freunde von J.B.O. erneut mit auf Tour. 1999 spielten sie die CD »Extremliedermaching« ein, die ab September 1999 im Handel war. Sie hatten nichts an Witz und Schärfe verloren. Das bewiesen sie auch bei den eigenen Auftritten im Herbst 1999. Für elf Termine luden sie »Mr. Nice« Howard Marks ein, der aus seiner Autobiographie las. Der ehemalige Oxford-Absolvent war zwischen 1970 und 1987 für zehn Prozent des Haschisch-Welthandels verantwortlich gewesen, wurde nach seiner Verurteilung in den USA 1995 nach England abgeschoben, kam auf Bewährung frei und gelangte mit der Schilderung seiner Erlebnisse in die Bestsellerlisten in Großbritannien. Vielleicht kommt in naher Zukunft noch jemand auf die Idee, einige gemeinsame Auftritte mit → Hans Söllner vorzuschlagen.

Discogr.: Dinger (Joint Venture), Augen zu (Joint Venture), Unanständige Lieder (Joint Venture), Ich brauch Personal (1998, EFA), Extremliedermaching (1999, Capriola/EFA)
Kontakt: Joint Venture, Postfach 2341, 53113 Bonn. E-Mail: Kleinti@joint-venture.de • Internet: www.harmlos.de • www.joint-venture.de

JONAS

Matthias Exler (voc/g), Jan van Triest (g), Henning Heck (b), Sebastian Fremder (dr)
Ihr Heimatort ist Bad Bentheim nahe der niederländischen Grenze. Dafür müssen sie sich nicht entschuldigen. Mit ihrer Musik schielen sie nach Seattle. Auch dafür ist keine Entschuldigung notwendig. Ihre Vorbilder sind Nirvana, die Melvins und Mudhoney. Dafür kann das »Sorry« ihrer letzten CD »Sorry I'm Sorry Sorry« auch nicht gemeint sein. Höchstens dafür, daß sie Jan Müller, Bassist bei → Tocotronic, ansprachen und ihm ihr Demo-Tape gaben. Von ihm bekamen sie Gelegenheit, in den Übungsräumen von → Tocotronic ihr erstes Album »September Sex Relationship« aufzunehmen. Dieses wurde 1998 veröffentlicht, erhielt aber sehr zwiespältige Kritiken. Auf einer Tour während der Sommerferien hatte die sehr junge Band erstmals Gelegenheit, ihr Repertoire außerhalb ihrer Heimat zu testen. Dabei ließen sie auf der Bühne ihren Aggressionen und Depressionen freien Lauf. Auftritte endeten mit wüsten Rückkoppelungen und dem Zerstören des Equipments. Jan konnte zeigen, was er in der Elektrikerlehrzeit gelernt hatte, denn nach der Show durfte er die zerstörten Teile wieder in Ordnung bringen. 1998 wurde mit dem Schreiben neuer Songs verbracht, die unter verbesserten Bedingungen in den Soundgarden Studios in Hamburg produziert wurden. Das Ergebnis war die CD »Sorry I'm Sorry Sorry«, die im Mai 99 veröffentlicht wurde. Eine Kritik im »Aktiv«-Magazin lautete: »Die Scheibe ist etwas rockiger als ihr Debüt ausgefallen und präsentiert Musik, wie sie heute selten geworden ist: Songs, die mit dem Publikum kommunizieren, eine offene, schonungslos ehrliche Musik, die nicht nach Erfolg und Moden schielt, sondern etwas mitzuteilen hat und sich dabei auch traut, pathetisch zu werden.« Dies wurde honoriert. Noch während der Arbeiten an der zweiten CD hatte die Band eine Einladung für das »South of Southwest«-Fes-

tival in Austin/Texas bekommen. Von Viva 2 präsentiert, spielten sie im Sommer 1999 beim »Rock am Ring« und »Rock im Park« Festival und ihre Tour führte sie bis Österreich und in die Schweiz.
Discogr.: Suicide Sunday (1998, EP – Rock-o-tronic/Ladomat 2000/Zomba), September Sex Relationship (1998, Rock-o-tronic/Ladomat 2000/Zomba), Sorry I'm Sorry Sorry (1998, Rock-o-tronic/Ladomat 2000/Zomba). Kontakt: Ladomat 2000, Max-Brauer-Allee 163, 22765 Hamburg. E-Mail: scott@lado.de
• Internet: www.lado.de

JULIETTE (IN MOOD FEAT. JULIETTE)

Juliette hat Musik im Blut. Ihr Vater spielte Schlagzeug und ihre Mutter brachte es sogar zur Dirigentin. Sie selbst studierte Jazzgesang an der Musikhochschule Moskau. Nach der Übersiedlung nach Deutschland traf sie 1995 auf die Produzenten und Soundtüftler Walter Ripley und Frank Malone. Obwohl sie schon damals beschlossen, zusammen Musik zu machen, dauerte es wegen vieler anderweitiger Verpflichtungen bis 1998, bevor sie ihre erste gemeinsame Single »Ocean Of Life« unter dem Namen In Mood feat. Juliette auf den Markt brachten. Schon mit diesem sphärischen Popsong gelangten sie in die Top 20 der deutschen Media-Control-Charts. Als nächstes folgte die MCD »Deeper Than Deep«. Nach Problemen mit der bisherigen Plattenfirma nahmen sie ein Angebot von Epic/Sony an. Als erste Single für ihre neue Firma veröffentlichten sie eine neue Fassung des America-Titels »The Last Unicorn« aus dem Zeichentrickfilm »Das letzte Einhorn«. Mit diesem gefühlvoll gesungenen Titel erreichten sie sogar die Top Ten der Single-Hitparade. Im Oktober 99 folgte das Album »Elements« mit dem nächsten Hit »Live Your Life«. Das Album enthielt einige Balladen, auf denen Juliettes Stimme besonders zum Ausdruck kam, sowie einige groovige und tanzbare Titel für die Diskotheken. Auf ihrer Tournee im Herbst 99 bewies sie, daß sie auch auf den Konzertbühnen bestehen konnte. Am 31. August 99 bestritt sie im Berliner Schloßpark Glienicke das Vorprogramm von Lionel Richie. Dieser war von ihr so begeistert, daß er ihr seine Telefonnummer gab und sie zu sich ins Studio nach London und Los Angeles einlud.
Discogr.: Ocean of light (1998, MCD – Universal), Deeper than deep (1998, MCD – Universal), The Last Unicorn (1999, MCD – Epic), Live Your Life (1999, MCD – Epic), Elements (1999, Epic). Kontakt: Epic, Stephanstr. 15, 60313 Frankfurt/M., F: 069-13888-440. Internet: www.sonymusic.de

JUNE

Detlef Dirksen (keyb/perc), Andrea Krehky (voc/keyb), Arthur Ladwig (didgeridoo/perc), Ralf Splieth (dr), Burkhard Freiberg (g/voc/p), Gerd Weichelt (b), Wolfgang Jöhnk (g/perc)
Die jüngste Band Schleswig-Holsteins gibt es schon seit 21 Jahren. Damit sind sie die dienstälteste Rockband in Dithmarschen. Und Rockmusik im klassischen Sinn ist das, was June spielen. Sie wählen ihr Programm aus 90 eigenen Songs und ca. 80 Coversongs aus. Ihre Auftritte spielen sich überwiegend im nördlichsten Raum Deutschlands ab. Seit 1991 geben sie regelmäßig Konzerte, deren Einnahmen dem Förderkreis für krebskranke Kinder und Jugendliche e.V. zur Verfügung gestellt werden. Sie waren auch die Hauptorganisatoren der Bene-

June

fizkonzerte »Rock gegen Kinderkrebs«, aus denen bis 1999 über 50.000 DM gespendet werden konnten. June waren Gründungsmitglieder der Rock-Initiative Dithmarschen e.V. (RID), in der die Rockbands der Westküste Schleswig-Holsteins vertreten sind. Durch den Einstieg der ebenso attraktiven wie stimmgewaltigen Sängerin Andrea Krehky, die auch die Vokalarbeit bei der norddeutschen Folklegende Godewind leistet und eine begeisterte Klavier- und Keyboardspielerin ist, wurden vermehrt Eigenkompositionen in das Programm aufgenommen. June brachten 1996 die Mini-CD »Rock gegen Kinderkrebs« auf den Markt. Die Texte stammten alle von Andrea Krehky, die auch größtenteils für die Musik verantwortlich war. Das Lied »Deine Augen« ist wahrscheinlich eines der sensibelsten zum Thema Sterbebett. 1999 spielte die Gruppe die CD »Different Winds« ein, wieder mit melodischem Rock, wobei diesmal die englischen Texte in der Überzahl waren. Aber es gab auch experimentelle Klänge zu hören und der Titel »It Happened On A Sunday Evening And Borky Came With The Boremachine« erinnerte an selige Krautrockzeiten. Seit 1993 besteht noch das Bandprojekt »Event«, wo June mit Musikern aus anderen Bands frei musizieren und neue musikalische Ideen verwirklichen. 1997 brachten sie die CD »Didgeridoo-Songs« mit viel Percussion heraus. Im April 2000 fand das von June organisierte 10. Benefizkonzert »Rock gegen Kinderkrebs« statt, das wieder viel Geld für den guten Zweck einspielte.

Discogr.: Rock gegen Kinderkrebs (1996, TCP), Didgeridoo-Songs – June und Event (1997, TCP), Different Winds (1999, TCP). Kontakt: June c/o Gerd Weichelt, Postfach 1248, 25732 Heide, T: 0481-74104, F: 0481-912061. E-Mail: gerd.weichelt@t-online.de • Internet: www.june.de.cx

KAMPANELLA

Andre Günter Schellheimer (voc/Text/ Komposition) und wechselnde Besetzung- 1999 mit »King Snow« Torsten Füchsel (g), Bodo Goldbeck (b), Eric Schlotter (b)

1989 von Andre Günter Schellheimer in Berlin gegründet, bedient sich Kampanella seitdem bei Pop, Rock, Rock'n'Roll, Jazz, Country und weiteren Stilen und mixt daraus ihr eigenes Gebräu, das sie Garagenpop nennt. Früher nannten sie sich Kampanella is dead, aber nachdem sie lange genug tot waren, feierten sie mit der CD »If« ihre Auferstehung als Kampanella. Sie waren lebendiger denn je und vermehrten sich vom Trio zum Quartett. In den Konzerten nimmt sich die Gruppe nicht ernst. Zwar gibt es ab und zu eine melancholische Prise und etwas Bitteres, aber leise Ironie und schelmisches Augenzwinkern behalten die Oberhand. Selbst der Klamauk kommt nicht zu kurz, wenn sie ihr Motto »Lachen ist die beste Todesart« verbreiten. Über ein Konzert im gut gefüllten Gerberhaus in Halberstadt schrieb ag: »Kampanella schafften den Spagat zwischen Anspruch und Leichtheit, Phantasie und Wahrheit durch spielerische Klasse und Glaubwürdigkeit.« Mit den Pressereaktionen wie »vom ersten bis zum 18. Titel enthält es eine amüsante musikalische Reise durch alle Spielarten der Rock- und Popmusik« oder »fast alle Tracks des Albums absolut chartverdächtig« kann die Gruppe gut leben.

Discogr.: Head Over Heels (MC, Eigenvertrieb), First 12 Inch (EP, Canibal Records), If... (1998, Wonder Music). Kontakt: Wonder Music, Greifswalder Str. 228, 10405 Berlin, T: 030-44047480

Kampanella

KANTE

Peter Thiessen (g/voc), Felix Müller (g), Sebastian Vogel (dr), Andreas Krane (b), Michael Bugmann (keyb)

Viele Mitglieder von Kante haben noch ein zweites Bein im Musikgeschäft. So sind Peter Thiessen und Michael Bugmann bei → Blumfeld dabei und Sebastian Vogel tritt auch mit → Laub auf. Trotzdem gab es Kante schon 1988 als Schülerband, die über kopflastige Musik à la John Zorn den Weg zu fließenden Klängen geschafft hatte. Ihnen war es selbst leid, jedes Stück so mit Einfällen zu überfrachten, daß ihnen niemand mehr folgen konnte. Sie suchten die Brücke zwischen Rock und Elektronik zu finden. Größere überregionale Beachtung fanden Kante, nachdem sie bei den Lesern von Spex im Jahrespoll auf Platz 2 der Newcomer des Jahres gewählt wurden. Ihr Debüt »Zwischen den Orten«, begonnen im Sommer 1996 und 1997 beendet, erreichte hier Platz 27 bei den besten Alben. Bereits vorher hatte ihre Plattenfirma eine 7" unter dem Titel »Heiligengeistfeld« herausgegeben. Gegenüber vielen Kollegen, deren Stil unter Post-Rock eingeordnet wird, legen Kante viel Wert auf Melodien. Diese werden von Gitarre, Keyboard und Gesang getragen, ausgedehnt, greifen ineinander, werden abgebrochen und wieder zusammengeführt. Kollegen wie Thomas Meinecke (→ FSK) , Schorsch Kamerun, → Kinderzimmer Productions, Robert Lippock (→ To Rococo Rot) remixten Titel von Kante für das Album »Redirections«. 1999 waren sie mit dem Schreiben und Produzieren eines neuen Albums beschäftigt.

Discogr.: Heiligengeistfeld (1997, 7" – Kitty-Yo), Zwischen den Orten (1997, Kitty-Yo), Redirections (1998, Stewardess). Kontakt: Kitty-Yo Int. Record Company, Rosenthaler Str. 3, 10119 Berlin. F: 030-28391452. Mail: store@kitty-yo.de • Internet: www.kitty-yo. de

DIE KASSIERER

Die Kassierer aus Nordrhein-Westfalen beweisen auf ihren Platten und auf der Bühne, daß sie eine der führenden Fäkal-Punk-Bands Deutschlands sind. Sie versuchen seit Anfang der 90er immer wieder, Schamgrenzen zu überschreiten und Tabus zu brechen. Ihre harmloseren Titel heißen z.b. »Sex mit dem Sozialarbeiter«, »Haschisch aus Amsterdam«, »Mit meinem Motor«, »Im Jenseits gibt's kein Bier« oder »Ich töte meinen Nachbarn und verprügel seine Leiche«. In die Schlagzeilen kamen sie, als die Kelly Family per Gerichtsbeschluß die Indizierung eines ihrer Titel erreichen wollte. Auf »Gentlemen Of Shit« trugen sie ihre Ergüsse erstmalig in Englisch vor. Die Reaktionen der Presse auf die Kassierer reichten von »seit dem dritten Anlauf läuft die Scheibe jeden Tag x-mal in nachbarschaftsverächtender Lautstärke« (Zentralnerv) über »›Habe Brille‹ braucht kein Mensch. Schaut lieber die Harald-Schmidt-Show, die ist billiger, einen Tick niveauvoller, und die Werbepausen kommen unterhaltsamer rüber« (Hammer) bis zu »so schlecht sind sie musikalisch ja nicht; kleine Ausflüge in Kabarett-Gefilde zeugen gar von einem gewissen Niveau« (Feedback).

Discogr.: (Auswahl): Habe Brille (1997), Gentlemen Of Shit (1998), Golden Hits – teilweise in Englisch (1999, Tug/Indigo). Internet: www.tug-rec.de

KAZDA

Tunja F.M. (voc), Wale Bakare (voc), Wolfgang Schmidtke (s/bcl), Stefan Beck (tp/flh), Jörg Lehnardt (g/loops), Hinrich Franck (p/org/synth), Jan Kazda (b/keyb), Kurt Bilker (dr)

Nachdem Das Pferd gestorben war, gründete 1994 der in Prag geborene und in Wuppertal lebende Jan Kazda zusammen mit dem aus Nigeria stammenden Rapper Wale Bakare und dem Drummer Kurt Bilker die Formation Kazda. Für das kleine Label ITM Records nahmen sie die noch etwas jazzig klingende CD »New

Kazda

Strategies Of Riding« auf. Noch mehr Aufsehen erregten sie mit ihren qualitativ hochwertigen Auftritten wie beispielsweise beim Jazzfestival Leverkusen 1996. Ein weiterer Schritt nach vorne gelang ihnen durch die Hinzunahme des zweiten Sängers und Halb-Amerikaners Tunja F.M. Ihre musikalischen Ambitionen bewegten sich in Richtung tanzbarer Funk mit Soul, Rap sowie HipHop- und TripHop-Grooves, deutlich zu hören auf der zweiten CD »Finally« von 1997. Sogar der musikalisch exzentrische und experimentelle Jazz-Keyboarder Hinrich Franck stellte hier sein Können in den Dienst der Mannschaft. Sie präsentierten darauf z.b. eine druckvolle und harte Fassung des Prince-Klassikers »Sign Of The Times«. Das dazugehörige Video zeigten MTV, Viva 2 und VH 1. Im »Dresdener« war die CD »...die Partyplattenempfehlung für diesen Monat«, er schwärmte von der »Traumbesetzung«. Es folgte eine ausgedehnte Tournee durch Deutschland, Österreich und Italien, wobei es sich Jan Kazda nicht nehmen ließ, auch ein Gastspiel in Prag zu geben. Noch weiter ging es im Herbst 1999, wo sie ihre Auftritte in Hongkong starteten und die Chinesen in Städten wie Kanton, Beijing oder Shanghai zum Tanzen brachten.

Discogr.: New Strategies In Riding (1994, ITM-Records), Finally (1997, Lip-Hot/EFA). Kontakt: Alex Merck Music GmbH, Trajanstr. 18, 50678 Köln, F: 0221-9319507. E-Mail: 73233.557@compuserve.com • Internet: www.amm-music.com

KEILERKOPF
Mark Toth (voc), Jochen Speidel (samples), Achim Lindermeyr (g)

In Ulm und um Ulm und um Ulm herum – Keilerkopf. Die Köpfe Mark, Achim und Jochen verbrachten schon gemeinsame Zeiten bei der mit englischen Texten arbeitenden Crossover-Gruppe »Frank's Chophouse«, die es zu einem Vertrag und 1995 zu einem Album bei Zyx Musik gebracht hatte. Nachdem sich die Platte als Flop erwies, löste sich die Band auf. Vom deutschen HipHop inspiriert, begann Mark, Texte in seiner Muttersprache zu schreiben und diese zu rappen statt zu singen. Das Trio begann mit Hilfe von Samples seine ersten Kompositionen zu erschaffen, über die es harte Gitarren legte. Für ihre Auftritte engagierten sie zusätzlich einen Schlagzeuger und einen Bassisten. Sie bewarben sich mit einem Fünftrack-Demo und erhielten damit einen Vertrag beim Branchenriesen Universal. Im Oktober 98 veröffentlichten sie ihr Debüt »Keilerkopf«, in dem sie sich im Spannungsfeld zwischen Metal und HipHop bewegten. Über das Video zur Single »Niemand« freuten sich Viva und MTV, die es eifrig einsetzten. Die Presse reagierte durchweg positiv und Matthias Weckmann wurde sogar »süchtig nach den Anwärtern zur Textzeile des Jahres, wie ›Ich bin Godzilla, du bist Japan‹ oder dem Werner-Gruß ›Was heißt hier jaja? Jaja heißt: Leck mich am Arsch.‹ Hochrangig abhängig von Crossover-Hämmern wie ›Niemand‹ oder ›Keilerkopf‹«. Neben einer Clubtour und Auftritten bei diversen Open-Air-Veranstaltungen begleiteten sie Molotov als Support durch die größeren Städte der Bundesrepublik. Ende 99 begaben sie sich wie schon bei den Aufnahmen zur ersten CD nach Wien, um im Beat 4 Feet-Studio mit Hilfe des → Illegal Alien- und ehemaligen → H-Blockx-

Schlagzeugers Marco Minnemann und des Bassisten Florian Galow ihr zweites Album einzuspielen.
Discogr.: Keilerkopf (1998, Universal). Kontakt: Universal Records, Holzdamm 57-61, 20099 Hamburg, F: 040-3087-2798. Internet: www.universalmusic.de

KEIMZEIT

Norbert Leisegang (voc/g), Roland Leisegang (dr), Hartmut Leisegang (b), Ulrich Sende (g), Mathias Opitz (keyb), Ralf Benschu (s)
Keimzeit sind kein HipHop-Unternehmen, sind keine Metaller, Rapper oder Tekknokraten. Sie legen Wert auf Melodien, traditionellen Rock und Blues, Folk, ab und an auch Latino-Sounds und auf Texte, die Erzählungen beinhalten und bei denen Zuhören erlaubt ist. Ähnlich wie die Kelly Family waren Keimzeit zu Beginn ein reines Familienunternehmen. Damit enden auch schon die Gemeinsamkeiten. Keimzeit gibt es seit 1981. Nach vier Jahren verließ die Schwester Marion die Band. Dafür kamen Mitte der 80er Jahre Ulrich Sende, Mathias Opitz und Ralf Benschu. Bis zum ersten Album »Irrenhaus« dauerte es acht Jahre. Die Musik bewegte sich zwischen Blues, Rock und Pop. 1991 durften sie das zweite Album »Kapitel 11« aufnehmen, das musikalisch in ähnlichen Bahnen lief, aber ausgereifte Texte auswies. Das Blues-Feeling der ersten Tage war auch auf der dritten CD »Bunte Scherben« von 1993 vorhanden. N.K. zu dieser Scheibe: »Kein Zeigefinger, sondern Qualitätspoesie, keine Effekthascherei, sondern treffliches Gespür für gültige musikalische Aussagen«. »Primeln & Elefanten« wurde die nachfolgende CD betitelt, der auch der Einstieg in die deutschen Charts gelang. Zwischen 1991 und 1995 wählten die Stadtmagazine aus Sachsen und Brandenburg in der Sparte »Beste Band« und »Bestes Album« die Gruppe jeweils unter die ersten drei Plätze. Obwohl Keimzeit im Schnitt 100 Konzerte pro Jahr gaben und bis 1995 auf ca. 1 Million Konzertbesucher zurückblicken konnten, waren sie hauptsächlich eine Angelegenheit der neuen Bundesländer. Denn hier absolvierten sie fast alle Auftritte. Die Beliebtheit begründete sich auch darin, daß die Band bereit war, alles zu geben, ihre Konzerte mindestens vier Stunden dauerten und die Eintrittspreise günstig gehalten wurden (bis 1995 nicht über DM 15,-). Von den ersten vier Tonträgern verkauften sie 200.000 Exemplare. Bis 1998 dauerte es, ehe »Im elektromagnetischen Feld« veröffentlicht wurde. Auf diesem Album waren Keimzeit abwechslungsreicher und experimentierten auch mit Elektrosounds, Drum-Samples und jazzigen Anklängen, ohne die bisherige Ausrichtung zu verraten. Trotz der Vielfalt der Stile gelang ihnen ein homogenes Gesamtwerk. ME/-Sounds vergab 5 der 6 Bälle: »Deutschrock ist kein Schimpfwort mehr. Das haben wir nicht Grönemeyer, nicht Maffay und auch nicht Westernhagen zu verdanken. Nein, Keimzeit rufen die positiven Aspekte eines fast schon nostalgischen Aktenzeichens zurück ins Leben.« Die Stimmung der Konzerte wurde dann 1999 auf der Doppel-CD »Nachtvorstellung – die Hits – live« festgehalten. Darauf befanden sich auch Stücke von 9 Minuten (Schmetterlinge) und einer Viertelstunde (Flugzeuge). Währenddessen beackerte die Band weiter die Clubs und Hallen in den Orten und Städten Deutschlands, nur waren auf der bandeigenen Landkarte mehr Punkte in den alten Bundesländern markiert. P.S.: Mehr über die interessanten ersten Jahre von Keimzeit bis 1990 ist im »Rocklexikon der DDR« aus dem Schwarzkopf & Schwarzkopf Verlag enthalten.
Discogr.: Irrenhaus (1989), Kapitel 11 (1991), Bunte Scherben (1993), Primeln & Elefanten (1995), Im elektromagnetischen Feld (1998), Nachtvorstellung – die Hits – live (1999). Kontakt: K&P Musik, Defregger Str. 19, 12345 Berlin, F: 030-536392-85. E-Mail: platinsong@startplus.de • Internet: www. bmg.de

KELLY FAMILY

Kathy (v/violine/key/drehleier/perc/hammond), John (v/g/mandolin), Patricia (v/trommel/g/klavier/harfe/akk), Jimmy (v/b/g/akk/perc), Joey (v/g/kongas/b), Barby (perc/g/klavier), Paddy (v/g/key), Maite (v/perc/g/drehleier), Angelo (v/b/g/perc/dr)

Die Kelly Family stammt aus Massachusetts/USA und verweist gerne auf ihre irischen Vorfahren. Daniel Kelly zog mit seiner Familie nach Spanien und eröffnete in Toledo einen Antiquitätenhandel. Nach dem Umzug nach Gamonal, wo die Familie ein Haus bezog, entstand die Idee der singenden Familie. 1974 setzten sie ihr Vorhaben endgültig in die Tat um und so zogen sie bis 1988 als Profi-Straßenmusiker durch Europa. 1976 spielten sie im Winterlager vom Zirkus Roncalli, bevor sie für acht Monate nach Irland gingen und dabei auch in einer TV-Show auftraten. 1978 erhielt die musikalische Familie bei Polydor ihren ersten Plattenvertrag und die Kellys ließen sich für einige Monate auf einem Campingplatz in Hamburg nieder, wo sie in ihrem umgebauten Doppeldecker-Bus lebten. Polydor veröffentlichte in der Folge drei Platten mit der Kelly Family, die darauf eigens arrangierte internationale Volkslieder zum Besten gab. Titel aus den Alben stellten sie in mehreren Fernsehsendungen vor, darunter in der damals populären Vico-Torriani-Show. 1980 zogen die Kellys für die kommenden drei Jahre nach Amsterdam, wo sie zwei Platten in Eigenregie aufnahmen und auf denen ihre ersten zwei eigenen Songs zu finden waren. 1980 landeten sie in Holland und Belgien mit »Who'll Come With Me (David's Song)« einen Nr.-1-Hit und auch in Deutschland kamen sie damit bis auf Platz 15 der Charts. Aufgrund der schweren Erkrankung der Mutter kündigte die Gruppe, bei der sich in den letzten Jahren immer wieder Nachwuchs eingestellt hatte, sämtliche Verträge, ging zurück nach Spanien und ließ sich in Belascoain nieder. Nach dem Tod der Mutter im Jahr 1982 zogen sie 1983 nach Paris um und begannen erneut durch die Welt zu tingeln. Nachdem sie 1987 mehrere Monate in Amerika verbracht hatten, kauften sie sich 1988 in Amsterdam ein Hausboot und schafften dies nach Köln, wo sie die nächsten Jahre blieben. 1989 veröffentlichen die Kellys mit »Live« und »Keep On Singing« gleich zwei Alben, die sie 1990 auf einer selbst organisierten Tournee durch die neuen Bundesländer vorstellten. In den folgenden Jahren war die Familie unentwegt unterwegs und veröffentlichte mehrere CDs. 1993 übernahm der Stuttgarter Journalist Hansi Dehrer die Promotion für die Großfamilie und brachte diese mit der Jugendzeitschrift Bravo in Verbindung. Durch ständige Auftritte und häufige Berichterstattung kam man nun an den Kellys nicht mehr vorbei und vor allem unter den Heranwachsenden fanden sie ihre vielen Fans. 1994 absolvierte die Gruppe an 250 Tagen nahezu 400 Auftritte, wobei sie an manchen Wochenenden vier Konzerte täglich spielten. Allmählich benötigten sie große Hallen und waren auch auf Open-Air-Veranstaltungen wie dem »Out in the Green-Festival« neben Aerosmith und ähnlichen Giganten angesagt. Für eine eigene Tournee besorgten sie sich ein Zirkuszelt. Für ihre Alben schrieben sie sich nun meist alle Songs selbst. Mit der Single »An Angel« begann 1994 eine Kette von Hits, die bis heute nicht abriß. Mit »Why, Why, Why«, »Roses Of Red«, »Gott, deine Kinder«, »Fell In Love With An Alien«, »Na na na«, »Because It's Love«, »One More Song« und »I Will Be Your Bride« sind dabei nur einige genannt und mit »I Can't Help Myself« erreichten sie 1996 sogar den begehrten ersten Platz. Ihr eigenes Label Kel-Life GmbH machte 1994 über 50 Millionen Mark Umsatz und das Album »Over The Hump« belegte Platz 1 der Charts und verkaufte 1,5 Millionen Einheiten. Für den Vertrieb wandten sie sich an die Majors EMI Electrola und BMG Ariola, um die Auslandsverkäufe besser ankurbeln zu können. Clever gesteuerte Publicity und viele Auftritte, darunter ausverkaufte Konzerte auf der Waldbühne in Berlin oder Gastspiele vor 250.000 Besuchern auf dem Wiener Donauinselfest sorgten dafür, daß die Kelly Family weiter im Gespräch blieb. Nachdem die Fans das Hausboot hartnäckig belagerten und auch der Bau einer Mauer nicht half, kauften sie sich im Westen Deutschlands ein Schloß, auf das sie sich zurückziehen konnten. Da die Familie inzwischen genügend verdient hatte, ließen sie es in Bezug auf ihre Auftritte etwas ruhiger angehen. Im Vergleich zu anderen Bands dieser Größenordnung sah man sie zwar noch häufig, trotzdem nahmen sich die Mitglieder des Clans mehr Zeit für ihre weiteren Hobbys.

CDs Auswahl: Wow (1993) Kel-Life, Over The Hump (1994) Kel-Life, Almost Heaven (1996) Kel-Life, Growin' Up (1997) Kel-Life, From Their Hearts (1998) EMI Electrola/Kel-Life, Live Live Live (1998) Kel-Life, Best Of Vol. 1 & 2 (1999), BMG/Ariola/Kel-Life. Kontakt: Kel-Life GmbH, 50606 Köln T: 0180-5212122. Internet: www.kellyfamily.de

KINDERZIMMER PRODUCTIONS

Sascha Klemmt = Quasi Moto (DJ), Henrik von Holtum = Textor (Rap).

Sie beherrschen die hohe Kunst der tiefen Schläge. Dabei bleibt zu hoffen, daß ihnen in der Arena der Unterhaltungsbranche gemeine Tiefschläge erspart bleiben. Angefangen hat es bereits im Sandkasten, denn seit dieser Zeit kennen sich Sascha und Henrik. 1986 wurden beide vom HipHop infiziert. Tatsächlich bastelten sie im Kinderzimmer an den ersten Tracks – daher auch der Name. Productions ist die direkte Referenz an Boogie Down Productions, einem von beiden sehr geschätzten Act. Henrik hatte Jazz-E-Bass gelernt und studiert klassischen Kontrabaß. Sascha lernte in einem Tonstudio und ist mit dem Studium der Elektrotechnik beschäftigt. 1994 erschien ihre erste EP »Kinderzimmer Productions«. Diese erhielt zwar viel Lob, aber wegen ungeklärter Samples gab es Schwierigkeiten und das Werk mußte wieder vom Markt genommen werden. Zwei Jahre älter, waren sie im Jahr 1996 »Im Auftrag ewiger Jugend und Glückseligkeit« un-

Kinderzimmer Productions

terwegs. Dafür wurde ihnen ein hohes musikalischen und textliches Niveau sowie eine Arbeit im Geist von Public Enemy, Boogie Down Productions und A Tribe Called Quest bescheinigt. Ihre Texte erschließen sich nicht beim ersten Hören. Deshalb bezeichnete man sie mancherorts als die Intelligenz des deutschen HipHop. Mit der CD »Die hohe Kunst der tiefen Schläge« festigten sie diesbezüglich ihre Position. Ihre Arbeitsweise ist im Info zur CD erklärt: »Der Baß geht tiefer, der Text ebenso. Form und Inhalt stehen gleichberechtigt nebeneinander, obgleich es an manchen Stellen zu unterschiedlichen Gewichtungen kommt. Das geschieht jedoch immer mit dem Einverständnis des anderen und zugunsten des jeweiligen Tracks. Gemeinsam suchen sie Myriaden mikroskopischer Samples, die von Platte zu Platte kleiner werden, und stapeln diese bis ins Unendliche. Quasi Modo verdichtet diese heterogene Masse in virtuoser Akribie zu einem Ganzen, mischt sie ab und stellt somit die nötige Grundlage für den Textor bereit. Dieser gleitet dann auf den von Quasi vollendeten Instrumentals von Wort zu Wort und Strophe zu Strophe. Dies führt neben den obligatorischen Beats per minute zu einer neuen Einheit: zitierwürdige Zeilen pro Strophe.« Alles klar? Jedenfalls belegten sie mit der neuen CD in der Zeitschrift Visions in der »Groove Division« nicht nur die Spitzenposition, sondern erhielten auch die Auszeichnung »Album des Monats«. Dort hieß es: »Hier zeigen sie, was in ihnen steckt: bestechende Reime mit irrwitzigen Assoziationen, schräge Melodien und fette, knochentrockene Beats, die abseits von gängigem Hitparaden-HipHop direkt auf die Magengrube des Zuhörers abzielen.«

Discogr.: Kinderzimmer Productions (1994, EP), Im Auftrag ewiger Jugend und Glückseligkeit (1996, EFA), Kinderzimmer Productions Re-Release mit »Back-Remix« (1998, EFA), Die hohe Kunst der tiefen Schläge (1999, LP – EFA/CD – Epic), Doobie (1999, MCD – Epic/Vinyl – EFA), 1-2-3-4 (1999, MCD – Epic/Vinyl –EFA). Kontakt: Epic, Stephanstr. 15, 60313 Frankfurt/M., F: 06913888-440; Martin Lindner, T/F: 9731-8023466. Internet: www.kinderzimmer-productions. de

KIND OF BLUE
Katrin Holst (v), Bernd Klimpel (g/komposition), Frank Spinngieß (dr), Lars Köster (b)
Katrin Holst und Bernd Klimpel, die in verschiedenen Schülerbands erste Erfahrungen gesammelt hatten, stellten Ende 1995 fest, daß sie musikalisch auf einer Linie lagen. Im Jugendzentrum Schwarzenbek nahe Hamburg verwirklichten sie ihre ersten Eingebungen.

Mit dem im Februar 1996 eingestiegenen Schlagzeuger Frank Spinngieß debütierten Kind of Blue, wie sie sich inzwischen nannten, im Januar 1997 in der Hamburger Prinzenbar. Der Bassist Lars Köster vervollständigte das Line-up der Band und mit ihm lieferten sie anschließend in legendären Kneipen wie dem Knust oder dem Loge weitere Beweise ihrer Kunst. 1997 nahmen Kind of Blue mit dem Produzenten Jens Lück ihr erstes Demo-Album auf, das der Plattenfirma Eastwest auffiel, die ihnen einen Vertrag gab. Die Formation beteiligte sich im Februar 2000 an der Vorentscheidung zum Grand Prix und belegte mit dem Folkpop-Titel »Bitterblue« den dritten Platz, ohne daß sie Werbevorteile wie der vor ihnen plazierte Kollege Stefan Raab oder einen Mitleidsbonus wie die blinde Corinna May in Anspruch nehmen konnten. Trotzdem setzte ihre neue Firma auf die musikalischen Fähigkeiten der Band und die Stimme und Ausstrahlung der Sängerin Katrin große Hoffnungen. Mit Hilfe der Produzenten Jens Lück und Michael Hansling nahm Kind of Blue das melodiöse stimmungsvolle Album »In Sight« auf und peilte damit eine Plazierung in den Charts an. Im Anschluß daran ist die erste große Deutschland-Tournee geplant.

CDs: Demo (1997), Bitter Blue (2000) MCD – Eastwest, In Sight (2000). Kontakt: Eastwest

Records, Heußweg 25, 20255 Hamburg F: 040-49062-267. Internet: www.eastwest.de • www.kobmusic.com

KIRMES
Kir Royal (v), Hermes (musik)
Obwohl die Alben von Kirmes einigen Rummel verursachen, hat der Name nichts mit dem beliebten Volksfest zu tun, sondern er setzt sich aus Kir (Royal) und (Her) mes zusammen. Seit Mai 96 bannten die beiden jungen Künstler ihre Lo-Fi Produktionen auf Tape und es entstanden die ersten Songs wie »44 Arten von Blau«, »Als die Liebe laufen lernte« und »Es ist was faul im Staate Dänemark«. Auch der einjährige Aufenthalt von Hermes in Liverpool stoppte ihren Tatendrang nicht, denn er sandte seine Gesangsaufnahmen per Post an Kir Royal, der dazu seine Musik und Samples am Computer zusammenstellte. Schon das erste offizielle Demotape gefiel Disko Grönland und im Juni 1998 folgte die Veröffentlichung des Debüts »Video«, das gefällige und tanzbare Songs mit Hip-Hop-Beats, Fuzz-Gitarre, Schweineorgel und Sprechgesang enthielt. Ein Teil der Presse schwelgte in Vergleichen mit der Musik des Amerikaners Beck, und Visions hörte das »vielleicht wichtigste deutschsprachige Album 1998«, während auch die Taz Kirmes erwähnte und dem Sänger die goldene Wanderananas für das behämmertste Pseudonym verlieh. Für ihre Auftritte und ihre erste Deutschland-Tournee, bei der sie das Vorprogramm für → Lotte Ohm bestritten, holten sich Kirmes zusätzliches Personal an Bord und traten zu fünft auf. Nach der Tour begannen sie mit den Aufnahmen für ihr zweites Album, wozu sie alte Instrumente wie eine Farfisa Orgel und einen vergessenen Roland D-10 Synthesizer aus der Versenkung holten. Samples benutzten sie diesmal ausschließlich aus einem DDR-Stummfilm von 1993. Die neuen Songs waren auf dem Album »Summer Games« zu hören, das im März 2000 veröffentlicht wurde. Nach dem Willen der Band sollten sich in dem bunten Gemisch Beck, Billy Idol, ABC, Fishmob, Black Sabbath und Elvis zu einer Party treffen und pures Vergnügen bereiten. CDs: Video (1998) CD – Disko Grönland/Indigo. Video (1998) Picture Disc – Plattenmeister/Indigo. Summer Games (20 00) Plattenmeister/Indigo. Kontakt: Plattenmeister/Der Verlag, Hochmoor 9, 24567 Silberstedt F: 04625-181223. E-Mail: blumentrt@plattenmeister.de

KLANGSTRAHLER PROJEKT
Gero Bode (synth/Komposition), Mark Eichenseher (g), DJ Feuerhake (DJ)
Der Hannoveraner Gero Bodo begann 1980 als DJ und 1984 mit einem Commodore Amigo, selbst Musik herzustellen. 1990 startete er mit einem Gitarristen und einem Schlagzeuger mehrere Versuche auf dem Feld des Trancerocks und danach mit Braindance im Reich des House-Sounds. 1995 gründete er dann mit DJ Feuerhake das Klangstrahler Projekt, das ein Jahr später der ehemalige Panik-Orchester- und Die Härte-Gitarrist Mark Eichenseher komplettierte. Sie isolierten die Stilarten ihrer Musik und fügten sie auf elektronischer Basis neu zusammen. Die Elektronik erhielt hierbei von analogen und akustischen Instrumenten Unterstützung, die sie für die Erzeugung des richtigen positiven Gefühls

Kirmes

benötigten. Zahlreiche Auftritte führten sie bis nach Bern und Paris. 1997 erschien ihre erste Vinyl-EP »Gregorians«, der sie im Mai 98 die 12" »Nexxus (Remix)« folgen ließen und mit der sie einen Hiterfolg in der Trance-Szene feierten. Im April 99 zeigten sie auf der CD »Sinnestäuschung«, daß sie neben Trance auch mit Dub, Ambient und dem Rock der 70er und 80er arbeiten können.

Discogr.: Gregorians (1997, Vinyl-EP – Free Form Records), Nexxus (Remix) (1998), Sinnestäuschung (1999). Kontakt: Free Form, Ackermannstr. 34, 22087 Hamburg, F: 040-43271155. E-Mail: Ina.Grandinett@t-online.de • Internet: www.freeform.de

KLEINERT, FRANZISKA UND BAND
Franziska Kleinert (voc/p/keyb), Bernd Kleppin (dr), Martin Ansel (keyb/g/acc), Franko Zeleny (b), Matthias Grossmann (g)

Sie stammt nicht aus der heimlichen Musikhauptstadt Deutschlands – aus Bietigheim, der Stadt von → Elektrolochmann und Pur. Franziska Kleinert lebte, seit sie vier Jahre alt war, in Besigheim. Aber Besigheim liegt neben Bietigheim. Außerdem ist ihre Stimme pures Gold. Deshalb durfte sie bei Pur singen. Dabei fühlte sie sich »wie im Film«. Hartmut Engler von Pur schrieb 1989 für Peter Maffay die Texte für dessen Album »Kein Weg zu weit« und ließ dabei Franziska zu Peter Maffay gehen, damit dieser mit ihr im Duett »Laß dich gehen« singen konnte. 1991 erfüllte sich ihr Traum vom Erfolg mit ihrem Debüt »Hold The Dream«, dem Erkennungstitel der Fernsehübertragung aus Wimbledon. Trotzdem war sie nicht richtig zufrieden. Sie wollte auf eigenen Füßen stehen und ausdrücken, was sie bedrückte – in deutscher Sprache. Deshalb stellte sie 1994 das Album »Messer ins Herz« in die Läden. Und leider blieb es auch dort, obwohl durchaus hitfähige Nummern darauf waren. Doch sie gab nicht auf, entwickelte ihren Stil weiter, komponierte neue Lieder und ließ diese auf CD pressen. Das Ergebnis war ihre Vergangenheitsbewältigung mit dem Titel »Hinter mir«. Diesmal lag der Erfolg vor ihr. Die Auskoppelung »Im Land« war ein Top-20-Hit in den Airplay-Deutschrock-Charts und hielt Einzug in die ZDF-Hitparade. Der Nachfolger »Wenn die Liebe hinfällt« stand dann auf Platz 10 der Airplay-Deutschrock-Charts. Zu dem Erfolg beigetragen hatten wieder die Männer von Pur. Diese hatten Franziska Kleinert Gelegenheit gegeben, ihre Stücke im Vorprogramm beim »Pur-Open-Air« im Gottfried-Daimler-Stadion vor 50.000 Fans vorzustellen und sie ein Jahr später als Support auf ihre große ausverkaufte Open-Air-Tour mitgenommen. Ein pures Vergnügen war es für sie, ihrer Neigung nachzugeben, mit Jule Neigel auf Tour zu gehen. Bei den beiden Deutschrock-Ladies waren die Hallen weitgehend ausverkauft. Und 1999 durfte die Neu-Pforzheimerin Pur wieder begleiten. Doch damit nicht genug – die Musiker Martin Ansel und Bernd Kleppin aus dem Pur-Umfeld bildeten und bilden einen Teil der Franziska Kleinert Band. Aber Franziska Kleinert ist künstlerisch durchaus eigen-

Franziska Kleinert

ständig. Und wenn sie mit gleicher Energie weitermacht, könnte es eines Tages heißen: Kleinert Frau, ganz groß. Vielleicht gelingt ihr der große Wurf schon mit dem neuen Album »Alles was ich seh'«.

Discogr.: Messer im Herz (1994), Mehr (1995, Ariola), Hinter mir (1997, Deshima), Alles was ich seh' (2000, Deshima). Kontakt: Deshima Music, Freidrich-Liszt-Str. 9, 71364 Winnenden. E-Mail: Info@deshima.de • Internet: http://www.deshima.de

KNORKATOR

Buzz Dee (g), Stumpen (voc), Al Ator (keyb)
Seit 1996 treiben die Berliner Knorkator ihr Unwesen. Knorkator sehen sich als Steigerung des Berliner Begriffs Knorke. Sie rühmen sich ihrer Häßlichkeit und ihrer ordinären Texte. Außerdem sind stolz darauf, wenn ihre Gigs im Chaos enden. Mit den Mitteln, die der Hardcore bietet, parodieren sie alles, was ihnen zu Gehör kommt. Von Beginn an gingen sie dabei nicht gerade zimperlich vor. Alf Ator bemerkte, daß Stumpen gut brüllen konnte. Da Pantera in Deutschland sehr populär war, kamen sie auf die Idee, ähnliches auf Deutsch zu versuchen. Sie schrieben nur deshalb ein paar Songs, um damit auf Parties und Geburtstagen etwas Spaß zu haben. Wichtig war, daß sie weder sich noch ihre Musik allzu ernst nahmen. Dadurch entwickelte sich das komische Element. In Eigenproduktion nahmen sie ihre erste Demo-CD auf. Schon bei ihrem ersten Auftritt in einem kleinen Club in Köpenick zelebrierten sie Dekadenz pur. Ihre derbe Show war bald Tagesgespräch des vorwiegend jugendlichen Publikums. Gut gefüllte, oft ausverkaufte Clubgigs erregten die Aufmerksamkeit der Fachleute. Sie erhielten einen Plattenvertrag und gaben zum Einstand die CD »The Schlechst of Knorkator« heraus, mit Punkrock und Hardcore mit zynischen deutschen Texten. Produziert wurde die Scheibe vom Ärzte-Bassisten Rodrigo Gonzales. Viele Texte handeln von Fäkalien, ekligen Dingen, Gewalt und biologischer Liebe. Eine Ecke vielseitiger und für ihre Verhältnisse ruhiger fiel der Nachfolger »Hasenchartbreaker« aus. Schon zum Einstieg sang Stumpen eine Ballade, die sie ausgerechnet »Hardcore« betitelten. Auch textlich gab es mehr Vielfalt und es waren auch zwei Cover-Versionen enthalten: »Highway To Hell« von AC/DC brachten sie als symphonisches Werk, dafür gab es »With A Little Help From My Friends« in einer Death-Metal-Version. Im Sopran und mit mittelalterlichen Tönen sang Stumpen »Die Narrenkappe« und machte sich damit über die Karnevalesen lustig. Mit ihrem Programm waren sie in ganz Deutschland gern gesehene Gäste. Nur manche Veranstalter verzweifelten. Beim »Umsonst & Draußen«-Open-Air in Würzburg knackten sie den Limiter und zerstörten damit die ganze Anlage, was Schadenersatzansprüche des Veranstalters nach sich zog. In der berechtigten Annahme, daß ihre Songs nicht allzu häufig im Rundfunk gespielt werden und in der Erkenntnis, daß die Hasen in unserer Gesellschaft eine größere Kaufkraft darstellen, als allgemein erwartet wird, wollten sie mit ihrer Musik die Nummer 1 der Hasencharts werden. Bisher ist nicht geklärt, ob sie es geschafft haben. Um mit einem Lied ins Radio zu gelangen, meldeten sich Knorkator zur Vorentscheidung des Grand Prix d'Eurovision 2000. Mit ihrem Song »Ich war ein Schwein« sorgten sie dort nicht nur für einen Skandal, sondern sie gelangten damit auch in die deutschen Single-Charts.

Discogr.: The Schlechst of Knorkator (1998, Rodrec/Indigo), Hasenchartbreaker (1999), Der Buchstabe (1999, MCD-Extra), Ich war ein Schwein (2000) MCD – Mercury. Kontakt: Mercury Records GmbH c/o Knorkator, Holzdamm 57- 61, 20099 Hamburg. E-Mail: raetzel@de.polygram.com • Internet: www.knorkator.de

DIE KOLPORTEURE

Patrick Schmich (voc), Andreas Otte (g/back.-voc), Danny Awage (g/back.-voc), Rico

Groschmann (b/back.-voc), Jan Hoffmann (dr/back.-voc)

Mit schnellen energiegeladenen Songs und direkten, kompromißlosen Texten machten die Kolporteure mit der CD »Wahn oder wahr« 1997 erstmals bundesweit auf sich aufmerksam. Die aus dem Berliner Neubaugebiet Marzahn stammende Band gehört zum linken Spektrum und trat häufig bei politischen Veranstaltungen auf. Musikalisch servierten sie mit psychedelischen und Metal-Elementen angereicherten Punk, dem beim ersten Album lt. Christine Wagner »etwas Abwechslung gutgetan hätte« und das Under Sound als »garantiert 100 % Punk und 100 % korrekt« bezeichnete. Als Nachfolger spielten sie das Album »Im Lauf der Zeit« ein, das die bisherige musikalische Ausrichtung um Ska, ruhige, mit Konzertgitarre eingespielte Passagen, weibliche backing vocals und Keyboardklänge erweiterte. Neben politischen Aussagen gab es sehr persönliche und sogar poetische Texte. Der in den Konzerten immer wieder geforderte Tear-for-Fears-Coversong »Shout« war als Bonustrack auf der Platte und der Erstauflage der auf 1.500 Stück limitierten CD enthalten. Das Oxe-Magazin lobte die Kolporteure: »So hart, modern und gekonnt abwechslungsreich wird deutschsprachiger Punk ansonsten nur von DRITTE WAHL und den SKEPTIKERN gespielt, in deren Schnittmenge DIE KOLPORTEURE liegen.«

Discogr.: Wahn oder wahr? (1997, Amöbenklang), Der Lauf der Zeit (1998, Amöbenklang). Kontakt: Die Kolporteure c/o Patrick Schmich/Andreas Otte, Bornholmer Str. 20/1, 10439 Berlin, T: 030-4457844 o. T/F: 030-4294325 (Rico). E-Mail: Kolporteure@gmx.net. Internet: www.kolporteure.home.pages.de

KÖSTER, MEIKE

Meike Köster (ac-g/voc), Robert Hunecke-Rizzo (dr/perc/b/voc), Lars Lehmann (b/voc), Jens Eckhoff (el-g/keyb/acc)

Die Braunschweiger Löwin heißt Meike Köster. Bereits im 11 Jahren hatte sie neun Monate Schlagzeugunterricht und bediente anschließend die Drums in einer Schülerband. Sie wirkte in der Bigband ihres Gymnasiums als Schlagzeugerin und im Kammerchor als Sängerin mit. Im Alter von 14 Jahren erlernte sie autodidaktisch Gitarre. Es entstanden die ersten eigenen Songs. Damit wagte sie sich im Dezember 1991 erstmals an die Öffentlichkeit. Ihre Inspiration bezog sie von Sängerinnen wie Suzanne Vega, Joni Mitchell und Joan Armatrading, aber auch von Tracy Chapman und Melissa Etheridge. Die Presse zog aber die üblichen Vergleiche zu Sheryl Crow oder Alanis Morisette. Thematisch bewegt sie sich zwischen Leben und Sterben, Liebe und Beziehungen, Himmel und Hölle. Nach dem Abitur nutzte sie einen neunmonatigen Aufenthalt in Neuseeland auch dazu, dort einige Konzerte zu geben. Im Wintersemester 93/94 war sie Gaststudentin an der Hochschule für bildende Künste in Braunschweig in den Bereichen Animationsfilm und Fotografie, ehe sie sich im Wintersemester 94/95 an der Hochschule Hildesheim für Kulturpädagogik – Hauptfach Musik (Gitarre,

Die Kolporteure

Schlagzeug) einschrieb. Daneben wirkte sie an Musiktheaterproduktionen in Braunschweig mit. 1996 belegte sie an der Hochschule für Musik und Theater in Hamburg den Kontaktstudiengang für Rock- und Popmusik. Das veranlaßte sie, eigene Banderfahrungen zu sammeln. Seitdem spielt sie abwechselnd solo oder mit Gruppe. 1998 gab sie Konzerte im Vorprogramm von Mark Eitzel, Alannah Myles, Dakota Moon und Marc Cohn bei seinem einzigen Konzert im ausverkauften Schlachthof in Hamburg. Jetzt begann sie, mit einer festen Begleitband zu arbeiten. Sie nahm am Halbfinale des ffn-Bandcontest »Local Hero« teil und belegte den zweiten Platz. Im September 98 trat sie beim »Live am Stein« Festival in einem Programm mit der → Jazzkantine und Nina Hagen auf. Nebenbei war sie mit der Erstellung der ersten CD beschäftigt, die ab November 98 beim eigenen Label »eve's apple mp« zu erwerben war. Booking, Management und Werbung wurden von ihr selbst erledigt. Dazwischen gab sie immer wieder Konzerte. Über ein solches schrieb die HAZ am 8.7.99: »Zusammen mit ihrer dreiköpfigen Band zog die Songschreiberin aus Braunschweig das Publikum in Offenbachs Keller in ihren Bann. Meike Kösters Songs, mit Akustikgitarre, Percussion, Baß sowie etwas Keyboard oder Akkordeon so gut wie ›unplugged‹ arrangiert, sind manchmal rockig zupackend, manchmal aber auch zart balladesk. Eine warme und kraftvolle Stimme, dynamisch nuanciertes Spiel sowie runder Groove sind die Trümpfe von Köstner & Band, hinzu kommen noch instrumentale Schmankerl an Gitarre, Baß und Percussion.«

Discogr.: Angel (1998, Eve's apple). Kontakt: Eve's apple musicproduction, Marienstr. 42, 38102 Braunschweig, T/F: 0531-27092179. E-Mail: EvesApple@aol.com

KRABBE, ANJA

Sie wurde in Berlin geboren, wuchs dort auf, liebt diese Stadt und lebt in ihr. Sie spielte Gitarre, sang in mehreren Bands der lokalen Szene und bewarb sich beim Bundesjugend-Jazzorchester, das sie in ihr Gesangsensemble aufnahm und mit dem sie quer durch Europa tourte. Nebenbei beteiligte sie sich an verschiedenen Studioproduktionen und half als Sängerin aus. Ihre Stimme war in den

Meike Köster

Soundtracks zu »Das Leben ist eine Baustelle« und »Zugvögel« zu vernehmen. Dann entdeckte sie Udo Lindenberg, der sie auf seiner Belcanto-Tour, die durch die traditionsreichsten Häuser Deutschlands führte, mit dem Babelsberg-Filmorchester auftreten ließ. Mitte 98 beschloß sie, ihre eigenen Songs aufzunehmen, die sie auf Gitarre und Computer komponiert hatte und eine Band zu gründen, um ihre Lieder auch im Konzert hören zu lassen. Auf der Bühne wollte sie unbedingt mit Gruppe agieren, da sie an Playback-Auftritten nicht interessiert war. Sie lehnte deshalb auch ein Angebot ab, das Vorprogramm eines nicht genannt werden wollenden, aber bedeutenden Künstlers zu bestreiten, da sie nicht mit ihrer Band, sondern nur zu Musik vom Band singen sollte. Sony Music gab ihr einen Vertrag und brachte als Single die Nummer »Mach mich An-ja« heraus, wozu sie ein Video drehte, in dem sie nur mit einem Hauch von Farbe bekleidet zu sehen war und es wurde deshalb auch nur im Nachtprogramm der Musiksender gezeigt. Im Juli 97 erschien als zweite Single ihre nachdenkliche Nummer »Manchmal« und im Oktober 99 brachte sie dann das Album »497500« mit deutschen Texten und technoidem Poprock heraus, dem auch die Ecken und Kanten blieben. Die kesse Berlinerin hofft, daß es Menschen gibt, die sich in ihren Geschichten und ihrer Musik wiederfinden. Ihre erste große Tournee ist für 2000 geplant. Daneben lernt sie, Skulpturen zu schweißen und beabsichtigt, für das Kino ein Roadmovie zu drehen. Die Fans hoffen, sie nicht an den Film zu verlieren, da gerade sie über ihre Homepage ein enges Verhältnis zu ihnen aufbaute. So veranstaltete sie über Internet einen Lyrikwettbewerb, wobei der beste Text als Lied auf der nächsten CD veröffentlicht werden soll.

Discogr.: 497500 (1999, Sony Music), Mach mich An-ja (1999, MCD – Sony Music), Manchmal (1999, MCD – Sony Music). Kontakt: Sony Music, Fasanenstr. 46, 10719 Berlin, F: 030-885917-99. Internet: www.anjakrabbe.de
• *www.sonymusic.de*

KREATOR

Mille Petrozza (g), Markus Freiwald (dr), Christian Giesler (b), Tommy Vetterli (g-synth)
Hart wie Ruhrstahl – diesen Ruf erspielte sich die Formation seit 1983. Ein Probenraum in Essen war der Ausgangspunkt für eine internationale Karriere. 1985 nahmen sie die erste CD »Endless Pain« auf. Sie enthielt schon den knüppelharten aggressiven Trash, der Kreator später weltberühmt machte. Mit jeder Platte oder CD wurden sie bekannter. Vielleicht gerade deshalb, weil sie nie Kompromisse eingingen und ihrem eigenen Sound treu blieben. Dies honorierten die Fans aus aller Welt und ermöglichten Kreator u.a. mehrere Tourneen durch die USA und Lateinamerika. Ihre Platten verkauften sie im ganzen europäischen Raum, in Japan, Südostasien, Nord- und Südamerika. Obwohl es mehrere personelle Veränderungen gab, wurde bis zur CD »Renewal«, ein für Kreator-Verhältnisse experimentelles Album, wenig am Stil verändert. Das 1995 erschiene Werk »Cause For Conflict« zählte danach sogar zum härtesten, was die Band bis dahin hervorbrachte, wenn es auch schon einige durchstrukturierte Songs gab. Die Schöpfer hatten allerdings die Möglichkeiten des puren Trash weit-

Kreator

gehend ausgeschöpft. Erst 1997 nahmen sie mit den Produzenten Vinnie Vojno (Machine Head) und Ronald Prent (Rammstein) das Album »Outcast« auf, das zwar nicht alles veränderte, aber gezielte Arrangements und sogar afrikanisch angehauchte Rhythmuspassagen und Pianoklänge enthielt. Die Texte drehten sich um Leute außerhalb der Gesellschaft. Das neue Album wurde in Pratteln/Schweiz erstmals vorgestellt. Sie tourten wieder durch Südamerika, durch die Osteuropa und erstmals durch die Türkei. Gegenüber früheren Werken gingen allerdings die Verkaufszahlen etwas zurück, auch wenn die Band trotzdem noch zufrieden sein konnte. 1998 arbeitete Kreator an dem neuen Werk »Endorama«. Dafür nahm Mille Petrozza erstmals Gesangsunterricht. Ein Duett mit dem Sänger der Schweizer Düsterlegende → Lacrimosa Tilo Wolff eröffnete eine neue Kreator-World. Auf Melodien wurde vermehrt Wert gelegt, Keyboardpassagen und Orchesterarrangements eingearbeitet. Die Band zitierte Wave-Themen und erhielt Einflüsse von Killing Joke und Sisters of Mercy. Nach der Veröffentlichung im März 1999 kürten die Zeitschrift »Truth« und der «Metal Heart« die CD zum »Album des Monats«. Andreas Freiberger meinte in seiner Rezension: »Kreator haben hier ein Album für die Ewigkeit geschaffen.« Das EMP- Magazin meinte: »Wer Endorama verpaßt, verpaßt eines der besten deutschen Metal-Alben des Jahres.« Alte Fans hatten allerdings Schwierigkeiten, die neuen Töne zu akzeptieren.

Discogr.: Endless Pain (1985, SPV), Pleasure To Kill (1987, SPV), Terrible Certainty (1988, SPV), Out Of The Dark Into The Light (1988, SPV), Extreme Aggression (1989, SPV), Coma Of Souls (1989, SPV), Renewal (1992, SPV), Cause For Conflict (1995, Drakkar/BMG), Scenarios Of Violence (1996, SPV), Outcast (1997, Drakkar/BMG), Endorama (1999, Drakkar/BMG). Kontakt: Drakkar Entertainment, Bergerstr. 6, 58452 Witten, T: 02302-580910, F: 02302-5809125. E-Mail: drakkar@t-online.de
• Internet: www.bmgentertainment.de

KREIDLER

Andreas Reihse (elektronics), Thomas Klein (dr), Stefan Schneider (b), Detlef Weinrich al. DJ Sport (DJ/turntables)
Andreas Thomas und Stefan spielten bei Deux Baleines Blanches, als sie 1994 in Düsseldorf während einer Spoken-Word-Performance auf Detlef Weinrich trafen. Mit ihm zusammen entstand die Elektronikformation Kreidler, die nach einer Vinyl-EP 1996 mit der LP/CD »Weekend« ihr eigentliches Debüt gab. Ihre Vorbilder sahen die Postrocker in Can, Neu und vor allem in Kraftwerk, und mit dem Einsatz von Loops, Rhythmusspuren und Soundschichten gelang es ihnen, dieser Musikgattung eine neue Gestalt zu geben. Ihre Instrumentalstücke wirkten technisch versiert, aber trotzdem frei, inspiriert und experimentell. Die Zeitschrift Spex wählte Kreidler zum besten Newcomer des Jahres 1996 und sogar der englische Melody Maker kürte die Maxi »Fechterin« zur Single of the Week. In der Folgezeit waren sie vor allem auf der Bühne präsent, und sie ließen es sich auch nicht nehmen, auf Open Airs zu spielen, auch wenn, wie beim Bonner Rheinkultur-Festival, vor ihnen nur Hardcore Acts spielten. 1998 schlug dann die Geburtsstunde von »Appearance And The Park«, in dem sie ihren eigenen elektronischen Kosmos schufen, traditionelle Songstrukturen außen vor ließen und trotzdem energischer und rhythmusorientierter klangen, auch wenn ruhige, softe Klänge nicht fehlten. Mit dem von DJ Sport gesungenen Titel »Coldness« war zum ersten Mal auf einem Kreidler-Album eine Stimme zu vernehmen.

Discogr.: Weekend (1996, Kiff SM/Rough Trade), Appearance And The Park (1998, Kiff FM/Pias/Connected). Kontakt: Kiff SM/Play it again Sam, Dietmar-Koel-Str. 26, 20450 Hamburg, F: 040-313437. E-Mail: info@pias.hh.uunet.de

KUNGFU

Christian Neander (g), Jan Lafazanoglu (voc), Tobias Cordes (b), Sebastian Krajewski (dr)

Hoffentlich waren die Streitereien in der Vorgängerband von Christian Neander nicht so schlimm, daß er eine Kampfsportart erlernen mußte. Aber auf alle Fälle hofft er, daß mit seinen neuen Mannen wieder selige Zeiten anbrechen. Jan und Christian trafen sich im Frühjahr 98. Nachdem sie sich menschlich gut verstanden und in ihren musikalischen Vorstellungen ergänzten, arbeiteten sie an den ersten Liedern. Es sollte ein erdiger Sound ohne Loops und Samples werden, der Stimmungen und Lebensgefühle erkennbar aufzeigt. Ihr Ziel war, dichte Texte in Melodien zu packen. Mit Tobias und Sebastian wurde das Line-up vervollständigt und in Brüssel unter professionellen Bedingungen das erste Demo erstellt. Im Oktober folgten die ersten Gigs im Vorprogramm von → Keimzeit. Ab Januar 99 probten sie für das neue Album, welches ab Februar in London und Hamburg aufgenommen, in New York gemastert und im August 99 unter dem Titel »Glaskugelsammelbehälterkasten« veröffentlicht wurde. Bei einigen Clubkonzerten und Open Airs verschiedener Größenordnung testeten sie das Material. Mit diesen Konzerten und einer Clubtour im Herbst 99 löste sich der Gitarrist Neander endgültig vom Schatten seiner früheren Band Selig. Für den »Lord Of The Boards«-Sampler 2000 spielten Kungfu den Titel »Flieg mit mir« ein, den sie beim Wettkampf-Boarding der Profis im Januar 2000 in Fieberbrunn live vorstellten. Der Titel stieß in den MTV-Webcharts bis auf Platz 5 vor.

Discogr.: Glaskugelsammelbehälterkasten (1999, RCA/BMG). Kontakt: BMG Ariola Hamburg, Osterstr.116, 20243 Hamburg, F: 040-912060. Internet: www.bmg.de/de/artists/stars/01687 • www.kungfumusic.de

KÜRSCHE

Der Pudelmützenfan Kürsche arbeitete nach dem Split seiner Band Storemage und der relativ erfolglosen Zeit mit Hey-

Kungfu

day alleine. 1995 bat er seine Kollegen von → Fury in the Slaughterhouse bei deren Gigs in Hannover um zwei Auftritte in der Umbaupause zwischen Vorprogramm und Hauptgruppe. Diese bewilligten nicht nur dies, sondern nahmen ihn gleich mit auf Tournee, auf der er dem Publikum ein- und es für die Furys anheizte. Er brachte mit seinen Popsongs alleine, nur mit der Gitarre, ganze Hallen zum Mitsingen. Daraufhin produzierten die Furys seine Live-EP »25 % More Live«, von der ohne großen Werbeaufwand über 5.000 Exemplare abgesetzt wurden. Das erste Album »I'm Here...!« von 1997, eingespielt mit einigen Gästen, brachte dann Bear Music Factory/BMG heraus, die den Konzerterfolg »More And More« als MCD in acht verschiedenen Versionen veröffentlichte.

Discogr.: 25 % More Live (1995), I'm Here...! (1997, Bear Music Factory/BMG). Kontakt: Kürsche, Minister-Stüve-Str. 1, 30449 Hannover

KUNZE, HEINZ RUDOLF

In Zeiten der Loops, Samples und schnellen Beats ist es für viele junge Musikfans »reine Nervensache« (1981), wenn Musik des Osnabrückers Heinz Rudolf Kunze im Radio läuft. Manche sehen darin sogar »eine Form der Gewalt« (1982), während für andere »der schwere Mut« (1983) erforderlich ist, sich als Anhänger zu outen. Oft auf Tournee, stellte er fest »die Städte sehen aus wie schlafende Hunde« (1984). Ein »Ausnahmezustand« (1984) war nicht alleine die Tatsache, daß er zwei Alben in einem Jahr veröffentlichte, sondern auch, daß er mit der Single »Lola« (Kinks) Platz 19 der Airplay-Charts erreichte. »Dein ist mein ganzes Herz« (1985) schaffte es als einziges Lied auf Platz 1 der Airplay- und Platz 8 der Single-Charts. »Hier ist Klaus« (Platz 33/Airplay) verkündete er, und ich bringe euch »Wunderkinder« (1986), die ich »mit Leib und Seele« (Platz 10/Airplay) liebe, obwohl mir noch eines fehlt, darum »Finden sie Mabel« (Platz 16/Airplay). Er meinte, »Deutsche singen bei der Arbeit« (1987), aber da dem nicht so war, sang »einer für alle«(1988) und er sorgte für »gute Unterhaltung« mit Songs wie »meine eigenen Wege« (Platz 17/Airplay) , »alles, was sie will« (Platz 6/Airplay) und »größer als wir beide« (Platz 25/Airplay). Dann benötigte er eine neue »Brille« (1991) und nachdem ihm diese Elton John weggeschnappt hatte, erfand er für ihn das »Sternzeichen Sündenbock« (1991). Kunze kam langsam ins Alter, wollte dies nicht wahrhaben und präsentierte sich deshalb als 36-Jähriger noch einmal als »Draufgänger« (1992), der die Groupies mit Sätzen wie »Ich brauch dich jetzt« (1993) anmachte. Doch dann akzeptierte er die Zeiten, empfand sich nun noch als »einfacher Mann« (Platz 23/Airplay) und erklärte schlicht »Kunze macht Musik« (1994). »Der Golem aus Lemgo« (1995) ließ auch auf der »Richter-Skala« (1996) seine phantasievollen, provokanten und voller Widerhaken steckenden Texte hören, begab sich vorübergehend 1997 als »alter Ego« wieder in poppigere Gefilde, um ganz »korrekt« (1998) seine Sprachgewalt zu demonstrieren. Ende 1999 gab es »Nonstop – das bisher Beste von Heinz Rudolf Kunze« auf Doppel-CD. Neben seiner eigenen Musik fand der Künstler noch Zeit, Texte für Musicals zu schreiben und zu übersetzen.

Discogr.: siehe oben (alle CDs: WEA). Kontakt: WEA Records, Arndtstr. 16, 22085 Hamburg, F: 040-22805-297. Internet: www.wea.de

L'EAU – EHEM. GREEN HILL
Susanne Huß (voc/Farfisa-org), David Burchard (voc), Rajko Lienert (g/synth), Steffen Gräf (voc/b), Torsten Ebener (dr), Lars Clauder (Plattenspieler/synth)

L'EAU entwickelte sich aus der erfolgreichen Band Green Hill. Diese gab es seit 1992, als sie sich bei einer Session trafen. Sie bezeichneten ihre Musik als eine Mischung aus englischsprachigem Plastikpop und elektronischen Breakbeats. Für den Sony-UX-S-Award durften sie 1992 einen Titel beisteuern. Sie veröffentlichten die CD »Charme«, der sie schon ein Jahr später, diesmal bei einem Major, das Werk »Toulouse« folgen ließen. Weitere Veröffentlichungen schlossen sich in den nächsten Jahren an. Im Vorprogramm von Bobo In White Wooden Houses spielten sie 50 Konzerte. 1996 gab es eine einschneidende Änderung durch den Einstieg des DJs Lars Clauder, der ihr Programm erweiterte. Dadurch gaben sie nicht nur Popkonzerte, sondern spielten auch auf elektronischen Tanzveranstaltungen sowie auf Kunstperformances, wobei die Gestaltung des Programms je nach Art und Örtlichkeit unterschiedlich ausfiel. Da der Sänger pausieren wollte und die Frontfrau ausstieg, machte der Rest unter dem Namen L'EAU weiter. Dabei übernahmen sie die letzten Ideen von Green Hill und das Konzept, arbeiteten aber mit vollkommen neuem Programm. Eine MCD mit drei Titeln wurde erstellt, die nur zu Promotionzwecken verwendet wird.

Discogr.: Green Hill: Charme (1992, Monk Akka), Toulouse (1993, EMI-Harvest), Pigs Might Fly (1994, EMI-Harvest), Turkish Honey (1994, EMI-Harvest), Beam Me Up (1997, Orange Shark Music), Soundscape 1 (1998, Auflage 100 St. weltweit, feat. Performer Lerz); L'EAU: Demo (1999). Kontakt: Rajko Lienert, Elisabethstr. 6, 99096 Erfurt, F: 0361-7912704

LAILO
Felipe Philippi (voc/g), Chato Gerofejeff (voc/g), Angel Huertas (voc/g), David Huertas (perc/voc/g)

Es ist überfällig, daß Deutschland aufwacht. Es kann nicht angehen, daß ausländischen Mitbürgern Gewalt angetan wird und daß diese hier in Furcht leben. Ausländische Künstler bereichern die deutsche Kultur und unser Leben. Auf der Bühne sind sie umjubelte Stars und auf der Straße haben sie Angst. Daher bat Felipe Philippi den Autor dieses Buches, als Kontaktadresse nur seine Handy-Nummer anzugeben. Lailo hat ihren Ursprung schon 1976 in der Besetzung mit vier Cousins als Familienunternehmen. Die eigentliche Bandgeschichte begann 1985 mit dem Eintritt von Chato Gerofejeff. Damals traten sie beim Zigeunerfest von Les-Saintes-Maries-de-la-Mer erstmals unter dem Namen Lailo auf. Der Name leitet sich aus dem Arabischen ab. Die Wurzeln der Gruppe liegen in Spanien und der südfranzösischen Camargue. Ih-

L'EAU – ehem. Green Hill

Lailo

re Musik bezeichnen sie als »Modern Gypsy Flamenco«. Felipi Philippi kam 1976 von Montpellier nach Deutschland und studierte hier von 1976-81 Musik. 1986 ging die Band beim NDR-Hörfest als Gewinner hervor und produzierte ihre erste CD »Por fiesta«. Ein Jahr später tourten sie drei Monate durch Mittelamerika und anschließend durch die USA und die Schweiz. Sie schrieben die Filmmusik zu »El tubo« und arbeiteten an der CD »Bamboleo«, die 1989 erschien und in 20 Ländern veröffentlicht wurde, u.a. in Japan, der UdSSR, Kanada und Australien. Bei dieser CD hatte Antonico Reyes mitgewirkt, ein Cousin der Gypsy Kings und Mitglied von Los Reyes. Sie stellten ihre Programme in Deutschland vor und bereisten von hier aus die ganze Welt. 1991 waren sie Mitwirkende beim ersten Deutsche-Einheits-Fest in Hamburg, wo sie ihre CD »en vivo-live« vorstellten. 1992 traten sie beim Flamenco-Festival in Palma de Mallorca auf. In diesem Jahr arbeiteten sie auch erstmals mit anderen Sinti- und Roma-Ensembles zusammen bei Aktionen gegen Rassendiskriminierung. Der bedeutendste Auftritt 1993 fand in Spanien beim Flamenco-Festival statt. 1994 vertraten sie Deutschland beim 1. Europäischen Zigeunermusik-Festival in München. Im Jahr 1995 begann der musikalische Umbruch und sie öffneten sich für neue Einflüsse von Tex Mex, Latino, Salsa bis hin zu arabischen Klängen. Sie gewannen mit dem Titel »Sara« aus dem Album »Lunares« den Tequila-Sauza-Song-Contest. Bei dem Titel »Yo vivere« sang Soulkönigin Gloria Gaynor mit. Der Kanada-Tournee 1996 folgte die Veröffentlichung des Albums »Lunares« in den USA. Die nächsten Jahre waren Lailo ständig auf Tour und solo auch auf Alben anderer Künstler vertreten. Philippi spielte u.a. die Gitarre bei dem Titel »Vamos« auf der 98er CD von → Haindling. Das Jahr 2000 läuteten sie mit einem Silvesterkonzert in Pto. Vallarta in Mexiko ein.

Discogr.: (Veröffentlichungen in Deutschland): *Por fiesta* (1986, IRS), *Bamboleo* (1988, Dino), *En Vivo – live* (1991, IRS), *Lunares* (1995, Deshima Music). Kontakt: Handy 0173-3072607

LANFEAR

Kai Schindelar (b), Markus Ullrich (g), Stefan Zoerner (voc/keyb), Jürgen Schrank (dr)
Lanfear sind seit 1993 in unveränderter Besetzung zusammen, von der Auszeit des Bassisten abgesehen, und pflegen seither ihren melodischen progressiven Metal. Ihre musikalischen Einflüsse gehen zurück auf Zeiten der frühen Genesis oder Yes und mischen sich mit solchen von Blind Guardian oder Symphony X, wobei auch Black-Metal-Gitarren zum Einsatz kommen und Pop nicht vergessen wird. Ihr erstes Demo – heute vergriffen – spielten sie 1994 unter dem Namen »Lanfear« ein. Ihr erstes Album «Towers» mit melodischem Power Metal veröffentlichten sie 1996 und galten damit gleich als eines der hoffnungsvollsten Talente Deutschlands. Selbst die Griechen (Imperial Tales) sahen die CD als ein Muß für alle Metalfans und das englische Frontiers Magazine vergab dafür 9 der 10 Punkte. Aufgrund vieler Nachfragen erfolgte 1997 die Wiederveröffentlichung unter dem Namen «Towers Of

February«. Einen weiteren großen Schritt nach vorne brachte sie ihr zweites Werk »Zero Poems«, für das sie sich viel Zeit gelassen hatten und das sich mit der Jahrtausendwende befaßte und musikalisch alle Spielarten des modernen Rock beinhaltete, auch wenn die Prog-Elemente der 70er überwogen. Der Popmusik erwiesen sie mit der Neueinspielung von ELO's »Twilight« ihre Ehrerbietung. Die Rockpresse nahm das Werk mit Begeisterung auf. So meinte Boris Kaiser im Rock Hard 9/99: »Es gibt Bands, denen merkt man ihren Enthusiasmus und ihr Selbstbewußtsein sofort an. Die Süddeutschen Lanfear gehören zu den Spezies und haben mit ihrem zweiten Album ›Zero Poems‹, das erneut nur im Eigenvertrieb erhältlich ist, eine der besten nationalen Produktionen seit Jahren(!) vorgelegt.« Sabine Saar vom Feedback vergab 10 der 10 möglichen Punkte und vermerkte: »Mich sprachlos zu machen, ist wirklich kein leichtes Unterfangen. Jetzt höre ich mir die aktuelle Lanfear-CD schon zum dritten Mal an, und ich finde immer noch keine Worte, diese Genialität und musikalische Vielfalt zu beschreiben.« Mit dem Produzenten Andy Horn, der selbst Gitarre und Keyboard spielt und für Liv Kristine, Colin Wilkie, Nick Holmes von Paradise Lost und viele mehr tätig war, nahm Stefan Zoerner die CD »Z Comes First« unter dem Gruppennamen Zhorn auf, bevor er sich wieder Lanfear widmete und mit den Arbeiten zum dritten Album begann, das musikalisch härter ausfallen soll und das voraussichtlich im Dezember 2000 mit dem Titel »3rd First Impression« in den Läden stehen wird.

Discogr.: Towers (1996, Eigenproduktion), Towers Of February (1997, WVÖ erhältlich über www.wmp-music.de), Zero Poems (1999, Famous Kitchen), 3rd First Impression (2000); Zhorn: Z Comes First (2000, Solid Rock/Point Music). Kontakt: Stefan Zoerner, Pestalozzistr. 14, 74831 Gundelsheim, T: 062 69-429838. E-Mail: lanfear@horn-music.com • Internet: www.horn-music.com

LATE NITE ROMEO

Late Nite Romeo sind eine im Raum Stuttgart-Heilbronn beheimatete traditionelle Rockband, die mit Balladen, akustischen und melodiösen Titeln und hartem Rock alle Spielarten ihrer Musikgattung abdeckt. Neben den Eigenkompositionen coverten sie auf ihrem Debüt »Adrenalized« Alphavilles »Big In Japan«. Das zweite Album von 1999 »Horrible Lust« war nach Meinung der Zeitschrift Hammer »stinknormaler Metal – aber saugut«, was besonders die True-Metal-Fans mit Freude zur Kenntnis nahmen.

Discogr.: Adrenalized (Tepa Records/KDC), Horrible lust (1999, Trance/KDC). Kontakt: Trance Music, Müller-Guttenbrunn-Str. 6, 67373 Dudenhofen, F: 06232-94128. E-Mail: trance-music@dc-net.de • Internet: www.dc-net.de/trance-music

LATE SEPTEMBER DOGS

Steve Hanson (dr/perc),
Stephan Bork (b), Nico Fintzen (keyb),
Björn Both (voc/g/didgeridoo)

In Schleswig-Holstein darf für LSD geworben werden – und zwar für die Late

Lanfear

September Dogs. Schon bald nach der Gründung 1990 gewannen die Late September Dogs den Rockpreis von Schleswig-Holstein. Damals pflegten sie noch den harten Crossover. 1992 veröffentlichten sie ihre erste Maxi-CD. Trotz erfolgreicher Gigs fand diese wenig Beachtung. Ein Jahr später unterzeichneten sie einen neuen Plattenvertrag und legten musikalisch an Härte zu. 1994 brachten sie die zweite CD heraus und waren unentwegt auf Tour. Aber irgendwie war die Luft raus. Nach einer Zeit der Selbstbesinnung studierten sie ein akustisches Programm ohne Schlagzeug und elektrische Gitarren ein und spielten sich durch die kleinen Clubs Schleswig-Holsteins. Mit einer neuen Plattenfirma im Rücken schufen sie 1996 die »Talkin' To The Moon«-CD, die später Kultstatus erreichte. Jetzt hatten sie ihren Stil gefunden und komponierten komplexe Rocksongs in Anlehnung an die 70er Jahre mit psychologischen, mystischen und ethnischen Einflüssen. Passend dazu führten sie 1997 erfolgreich die jährlich stattfindenden Vollmondkonzerte und X-mas-Shows ein. Ein Support-Gig für Jethro Tull war ein weiterer Meilenstein in der Bandgeschichte. Die nachfolgende CD »On The Cold Hill Side« setzte den eingeschlagenen Weg konsequent fort und baute den Stil weiter aus. Inzwischen waren Schlagzeug und elektrische Gitarren wieder erlaubt. Beim Nightlife TV-Award gewannen sie 1998 den Titel »Band des Jahres«. Bundesweite Konzerte wie z.B. beim Bizarre Festival, auf der Popkomm, beim Ringfest und bei der Bonner Rheinkultur folgten. Unterstützt wurde die Musik durch eine Show mit Performance-Einlagen, Bodypainting, phantasievollen Kostümen, einer ausgeklügelten Lightshow und der Gasttänzerin Wenga. Zum Auftritt vom 30.4.99 in Neumünster schrieb ml: »Restlos begeistert war das Publikum von der Mischung aus melodiösem Rock und Ethno-Einlagen, melancholischen Baß-Soli und fetzigen Grooves. Sänger Björn Both, der schon beim ersten Betreten der Bühne mit seinem Didgeridoo den Zuhörern eine wohlige Gänsehaut über den Rücken trieb, erzeugte mit seiner rauchigen Stimme eine fast düstere Atmosphäre, Nebelschleier und Lasereffekte taten ihr Übriges, um die Fans in eine mystisch anmutende Welt zu versetzen.« Im Frühjahr 2000 folgte die nächste Scheibe der Late September Dogs.

Discogr.: Talkin' To The Moon (1996, Three Corners Production), On The Cold Hill Side (1997, Three Corners Production), Catch A Dream (1998, MCD – Three Corners Production), Under The Rainbow – Live (1999, Three Corners Production), Alienated (2000, Three Corners Production). Kontakt: Three Corners Production, F: 04837-9174. E-Mail: holger.krehky@cruise.de • Internet: http://late-september-dogs.de

LAUB

Antye Greie-Fuchs (programm./voc), Jürgen »Jotka« Kühn (g/programm.), Sebastian Vogel (dr)

Die Geburt von Laub war eine Gemeinschaftsarbeit von Antye Greie-Fuchs und Jotka im Frühjahr 1996. Nach einer Zeit der musikalischen Orientierung folgten die ersten Konzerte und Demos. Im Sommer 97 kamen sie in Kontakt mit Kitty-Yo Records in Berlin. In der gemeinsamen Wohnung in Berlin wurden die Songs für das Mini-Album »Miniversum« und die erste CD »Kopflastig« aufge-

Laub

nommen. Elektronische Musik, zu der auch die Gitarre so abgemischt wurde, daß sie nicht als solche erkennbar war, begleitete die im Sprechgesang dargebotenen kleinen Erzählungen von Antye. Obwohl in Deutsch gesungen, fanden die Tonträger international Beachtung. Dies kam besonders 1998 zum Tragen, als sie auch für Auftritte in Holland, Italien, England und den USA verpflichtet wurden. Dazwischen lieferten sie noch ein Remix des Titels »Candykiller« für die Berliner Popband Madonna Hip Hop Massaker ab. Für den Dancefloor gab es eine Laub Remix Maxi »S/T«, und außerdem arbeiteten sie noch an einem zweiten Projekt unter dem Namen → Tritop. Für die nächste CD stieg der Schlagzeuger Sebastian Vogel von → Kante als Bandmitglied ein. Mit ihm stellten sie das zweite Album »Unter anderen Bedingungen als Liebe« fertig. Die Strukturen waren diesmal klarer als beim Erstling, der Sound war hörbar abgespeckt und die Instrumente waren erkennbar. Die Texte behandelten das Thema Verletztheit und Verletzbarkeit, womit die Band Stimmungen, Sounds und Zustände freilegen wollte. Sie wünschten, daß dieses Album Liebe, Hoffnung und Trost spendete.

Discogr.: Miniversum (1998, Mini-CD – Kitty-Yo), Kopflastig (1997, Kitty-Yo), S/T (1998, 12"-Maxi – Kitty-Yo), Unter anderen Bedingungen als Liebe (1999, Kitty-Yo/EFA). Kontakt: Kitty-Yo Int. Record Company, Rosenthaler Str. 3, 10119 Berlin. F: 030-28391452. E-Mail: info@kitty-yo.de • Internet: www. kitty-yo.de

LE CLOU

Michael David (voc/g/fiddle/Frottoir), Johannes Epremian (voc/fiddle/g/dobro/el-g), Yves Gueit (Cajun-acc/fl/s/cl), Gero Gellert (b), Ralph Schläger (dr)
Cajun Music ist die schweißtreibende Musik französischer Einwanderer aus dem US-Bundesstaat Louisiana, die ihre eigene Volksmusik mit dem im Mississippi-Delta verwurzelten Blues und dem Rock'n'Roll vermengten. Le Clou sind die in Deutschland vertretenen Botschafter dieses Stils, die ihre Töne seit 1979 aus den Tanzschuppen Louisianas in die europäischen Clubs bringen. Allerdings sind sie keine Puritaner und bringen in ihren Konzerten durchaus auch einmal eine Bluesnummer, ein Chanson oder einen von keltischer Musik inspirierten Titel. Ihren endgültigen Durchbruch hatten sie 1983, als sie in der Eurovisionssendung »Lieder, Rhythmen, Melodien« vor über 400 Millionen Menschen ihren Cajun Swamp Groove vorstellten. Bisher erschienen sieben Alben der Band, von denen zwei mit dem Preis der Deutschen Schallplattenkritik ausgezeichnet wurden. Ihre Instrumentalballade »Le printemps cadien« kam zu Hitehren. Trotz dieser Erfolge bevorzugen sie die kleinen Säle, die sie zum Dampfen bringen und in denen sie die Zuhörer hautnah erleben. Zu einem Konzert im Freisinger Lindenkeller schrieb das Freisinger Tageblatt (zz) im Februar 99: »Die mitreißende Mischung aus irischem Gefidel, chansonhaften Akkordeonklängen, bluesiger Akustikgitarre, einem guten Schuß Rock'n'Roll, einer Prise Soul und manch einer Samba-Sequenz, alles geprägt von herrlichen, französisch gesungenen Melodien, verbreitete auch im gut besuchten Lindenkeller einfach gute Laune, ehrliche Ausgelassenheit und eine wunderbare Stimmung.« Ihr Album »Bayou Moon«, das im März 2000 erschien, stellten sie am 15.1.2000 erstmals in der Sen-

Le Clou

dung »Unterhaltung am Wochenende« auf WDR 5 live vor, bevor sie im Februar und März auf Tour durch die Clubs zogen.

Discogr.: Chocolat (Moustache Records), Oh! La La (Moustache Records), Bal (Moustache Records), Live (Moustache Records), Premiere decade (Moustache Records), Swamp (Moustache Records), Bayou Moon (2000, (Moustache Records). Kontakt: Le Clou, Rheinaustr. 53, 53225 Bonn, F: 0228-468799. E-mail: mail@leclou.com • Internet: www. leclou.com

LEE BUDDAH

Lee Buddah (voc/g/keyb/sampler), Felix A. Gutierrez (b/back-voc), Palillo (perc), Makka (dr), Thomas Victor (keyb)

Die 1996 in Dortmund gegründete Band legte 1997 mit »Stadtverkehr« und »Manchmal ist sie seltsam« ihre ersten beiden Pop-Perlen vor. Anfang Herbst 97 ließen sie durch ihr intelligentes Debüt »Halbgescheid« erneut aufhorchen, wobei die Musikwoche eine Empfehlung als Tip der Woche gab und Visions »die Platte meines Vertrauens« fand. Im März und April 98 stürmten sie die Bühnen der Clubs und gingen dann mit → Lotte Ohm und Gautsch auf Heimatkultour, bevor sie als Höhepunkt die Nominierung zum Newcomer des Jahres für den Viva Cometen feierten. Anschließend zogen sie sich zurück, um für neun Monate an ihrem zweiten Album zu arbeiten, das sie mit David Nash an den Reglern im St. Martin Tonstudio (Mouse on Mars) fertigstellten. Als Ergebnis brachten sie und ihre Gäste – u.a. Lotte Ohm, Knut Stenert (Samba) und die Bläser der Blues Brothers Revival Band – 16 Popsongs hervor, die deutschen HipHop, Indie-Gitarren, orientalische Sitarklänge und überzeugende Texte zum Thema Kind, Jugend und Leben im Allgemeinen beinhalteten. Ende Februar 2000 wurde das Werk den Fans präsentiert.

Discogr.: Halbgescheid (1997), Primat Midi (2000, Deck 8/Autarc/eastwest). Kontakt: Verstärker, Prinz-Regent-Str. 50-60, 44795 Bochum, F: 0234-76797. Internet: www. eastwest.de

LEMONBABIES

Diane Weigmann (voc/g), Julia Gehrmann (voc/dr), Barbara Hanff (b/voc), Katharina »Kathy« Matthies (keyb/voc)

Seit April 89 tummeln sich die Lemonbabies in der Musikszene. Im Jugendhaus Berlin-Zehlendorf fanden ihre ersten Proben statt und am 10.11.89 gaben sie dort ihr Debüt. Da sich keine der Damen für ein Instrument entscheiden konnte, wechselten sie einfach durch. Schon 1990 konnten sie auf den ersten Fanclub und ihr erstes Fanzine »Die Zitronenpresse« verweisen. Freunde und Eltern finanzierten ihnen die Herstellung der ersten EP, die fünf Titel enthielt und unter dem Namen »Fresh'n'Fizzy« verkauft wurde. Darauf enthalten war unbekümmerter Trash-Beat mit Anklängen an den 60s-Sound der damaligen Girl-Groups. Die Erstauflage von 500 Stück war sofort vergriffen und sie mußten weitere 500 nachpressen lassen. Zahlreiche Ereignisse kennzeichneten den Herbst 91. Erst führten sie in den Herbstferien ihre erste kleine Deutschland-Tournee durch, die mit dem ersten Auslandsgastspiel in Wien endete. Dann stellten sie ihre Single »What...For/Beat Godivas« vor. Schließlich gewannen sie im Dezember

Lee Buddah

91 noch den Senatsrockwettbewerb, der ihnen DM 10.000 für ein eigenes Bandequipment und eine Woche Studioaufenthalt einbrachte. Beim Konzert im Potsdamer Lindenpark im August 92 wurde die Firma Sony erstmals auf sie aufmerksam, doch die Verhandlungen zogen sich bis Juni 93 hin, bis es zu einer Vertragsunterzeichnung kam. Im Mai 93 sendete MTV einen kleinen Beitrag über die Girls. Danach begannen sie mit den Aufnahmen zu ihrem ersten Album »Poeck It«, das sie im Januar 94 vorstellten. Mit der Single »Maybe Someday« feierten sie ihre Video-Premiere. Nachträglich waren sie mit diesem Album nicht richtig zufrieden, da der Endmix der Songs im Gegensatz zur ursprünglichen Form verhältnismäßig seicht ausgefallen war. Heftiger wirkten sie in ihren Konzerten, wo sie mangelndes Können mit Spielfreude und Charme wettmachten. Nachdem sie das Album auf vielen Bühnen ausführlich vorgestellt hatten, begannen sie unter der Leitung von Umberto Amati mit den Aufnahmen des Nachfolgers. Die Veröffentlichung von »Pussy Pop« stand im September 95 an. Dazu drehten sie für die Titel »Nothing I Can Do« und »Keep You In My Arms« neue Videos. »Pussy Pop« modernisierte den frühen Girlie-Pop des Vorgängeralbums. Im Gegensatz zur ersten Major-Produktion sind sie auf dieses Werk auch jetzt noch stolz. Im Herbst 95 gingen sie als Support der → Bates auf Tour. 1996 präsentierte sie Viva in Deutschland, Schweiz und Holland. Danach trennten sie sich von ihrer Plattenfirma. Trotzdem arbeiteten sie unbeirrt an neuen Songs, für die sich Four Music interessierte. Damit waren die Lemonbabies die ersten Gesangsstars auf diesem Label. Viel Aufsehen erregte ihre dortige erste Produktion »Porno«. Auf dem Cover zeigten sie sich unbekleidet ineinander verschlungen, allerdings ohne viel von ihren körperlichen Vorzügen preiszugeben. Trotzdem erhielten sie soviel Presse wie nie zuvor und verwirrten anscheinend ihren Kritiker von ME/Sounds, der auf dem Cover sogar fünf nackte Damen entdeckte. Musikalisch waren sie auf der Höhe der Zeit. In den üppig arrangierten Stücken flötete und blubberte zart die Elektronik, ohne daß der unbeschwerte Pop vernachlässigt wurde. Zur Single »Don't Look Back« fertigten sie wieder ein Video an. Anschließend tourten sie ausgiebig, wobei das Konzert beim Festival de la Musica in Genua einen der Höhepunkte des Jahres darstellte. Der Unbekümmertheit der frühen Jahre setzten sie inzwischen beachtliches musikalisches Können entgegen. Deshalb bezeichnete sie das österreichische Magazin X-Act als »eine der hervorragendsten Live-Bands, die aus deutschen Landen tourmäßig die Bühnen allerorts erklimmt«. Nachdem sie bei Viva und MTV gut ankamen, stellten sie auch zur Single »Diving« ein Video her. 1999 tauchten sie in Frankreich auf und informierten in 12 Städten über ihre Art von Porno. Dann machten sie im Studio weiter und bereiteten das nächste Album vor. Die im Frühwinter erschienene Single »Carry On« war ein kleiner Vorgeschmack auf die CD »Now And Forever« vom Februar 2000, die weitab vom Girlie-Pop früherer Tage ausgefeiltes, modernes Songwriting enthielt.

Discogr.: Fresh'n'Fizzy (1991, Vinyl-EP – Twang Records), Poeck It (1994, Sony), Pussy Pop (1995, Sony), Porno (1998, Four Music/Sony), Now & Forever (2000, Four Music/Sony). Kontakt: Four Music Production, Mörikestr. 67, 70199 Stuttgart, F: 0711-966 66401. E-Mail: FourMail@compuserve.com • Internet: www.fourmusic.com

LETZTE INSTANZ

Robin Sohn (voc), Muttis Stolz (v), Benni Cellini (cello), Tin Whistle (g/voc) Holly D (ac-g/voc/Schalmei/sampler), Rasta F. (b), Markus G-Punkt (dr), Andraj (light/graphics), Alex & Rosi (Sound)
Vier Musiker der Anfang 1995 aufgelösten Folkpunkband Resistance, die 1995 in Eigenregie die CD »Aufstand der

Letzte Instanz

Zwerge« herausgegeben hatte, trafen sich im Frühjahr 1996 in ihrer Heimatstadt Dresden. Dabei kamen sie gemeinsam auf den Gedanken, klassische Streicher mit Sounds der 90er Jahre zu kombinieren. Als musikalische Verstärkung kamen der Geiger Muttis Stolz und der Akustikgitarrist Holly D. dazu. Nach einem Jahr im Proberaum folgten im Mai 1997 die ersten Konzerte. Dabei agierten sie immer noch unter dem Namen Resistance. Mit dem eigenen Studiomaterial gewannen sie die Firma Costbar zur weiteren Zusammenarbeit. Das Ergebnis war die in Holland aufgenommene CD »Brachialromantik«. Die Firma Costbar brachte aufgrund der leichten Verwechselbarkeit den Vorschlag einer Namensänderung ins Spiel. Nach langer Diskussion einigte man sich auf den von der Band eingebrachten Namen Letzte Instanz. Ab Herbst 97 stieß Benni Cellini fest zur Gruppe, nachdem er vorher schon im Studio sein Cello eingebracht hatte. Nach der Veröffentlichung im Februar 98 verkauften sie im ersten Jahr ca. 2.500 Einheiten. Feedback schrieb hierzu: »Jawollja, das ist klasse: Symphonischer Folkpunk mit satten Metal-Riffs, eine Art Folklore-Core mit schwermütigen Streichern und Schalmeien-Klängen, schmissigen Refrains und allerlei Klassik-Eskapaden. Ein wundervoll abwechslungsreiches, melodisch vielfältiges Album, das noch intelligente Texte aufführt und von vorne bis hinten Spaß macht und gewaltig antörnt.« Währenddessen stellte die Formation ihre Songs in den Clubs der Republik vor. Eine Verschlechterung des Bandklimas hatte den Austausch des Sängers zur Folge. Mit Robin Sohn begannen sie die Aufnahmen zur neuen CD »Das Spiel«. Allerdings zerstritt sich die Band mit der Plattenfirma, daher wurde nach Beendigung der Mixes der Vertrag aufgelöst. In Vielklang fanden sie einen neuen Partner. Aufgrund musikalischer Differenzen ersetzte im April 99 Rasta F. den bisherigen Bassisten Kasper Wichmann. Am 27.8.99 veröffentlichten sie dann ihr zweites Album »Das Spiel«. Diesmal erklangen auch Elemente des französischen Chansons wie im Titel »Schrei der Wale« oder TripHop-Rhythmen wie in »Zarter Engel«. Mit der neuen Platte gingen sie dann im Herbst 1999 wieder auf Tour.

Discogr.: Brachialromantik (1998, Costbar/ EFA), Das Spiel (1999, Andromeda Records/Vielklang). Kontakt: Andromeda Records/Vielklang, Forsterstr. 4-5, 10999 Berlin, F: 030-6189382. E-Mail: info@vielklang.de

LES BABACOOLS

München liegt im Süden Deutschlands und Les Babacools sorgen für die Sonne. Die Formation bringt Musiker aus Deutschland, Frankreich, Nigeria und Peru, englische, französische, deutsche und spanische Texte, die gesungen und gerappt werden und Musik wie Samba, Punk, Reggae, Funk, Jungle, Rock, Soul, HipHop und Latin unter einen Hut. Der Zehnerpack mit drei Sängern schafft mit Gästen manchmal die doppelte Anzahl von Künstlern auf die Bühne. Die Vereinten Nationen Münchens gelangten 1994 beim Rockbüro-Süd-Wettbewerb auf Platz 1 und entwickelten sich im Laufe der Jahre zu einer der beliebtesten Partybands Süddeutschlands. Neben den beiden Titeln auf dem 94er Feierwerk-Sampler brachten sie bislang die Maxi »Les Babacools« und das Album »Rude Radio« heraus. Das Jahr 2000 feierten sie mit den Österreichern in Wien, wo sie als Hauptact bei den Silvester-Snowboard-

Meisterschaften im Prater eingeladen waren.
Kontakt: W.I.P., T: 089-3072134

LES ROBESPIERRES

Les Robespierres kommen aus Hamburg und gaben im November 1995 nach einigen kleineren Veröffentlichungen ihre erste Mini-CD »Liberdade Liberalidade« für den überregionalen Markt heraus. Außergewöhnlich hierbei war, daß eine deutsche Band portugiesische Texte anbot, die in Richtung Bert Brecht gingen. 1998 erschien mit »Repentista Repetista« das zweite Album, das musikalisch in Richtung Punk ging.
Discogr.: Liberdade Liberalidade (1995, Buback/Indigo), Repentista Repetista (1998, Buback/Indigo). Kontakt: Buback Tonträger, Kampstr. 22, 20357 Hamburg, F: 040-431386-53. Internet: www.indigo.de

LIFT

Aus dem Dresden-Septett entwickelte sich 1973 die Gruppe Lift, die sich nach dem Einstieg des Sängers Stefan Trepte und eines zweiten Keyboarders vom ursprünglichen Jazzrock entfernte und dem Melodic-Rock zuwandte. Bis 1976 erspielte sich Lift zwar einen guten Ruf in der Szene, aber ständige Besetzungswechsel verhinderten eine Stabilisierung. Der neue Sänger Henry Pacholski, die Keyboarder Michael Heubach und Wolfgang Scheffler, der Bassist Gerhard Zachar, der Bläser Till Patzer und der Drummer Werther Lohse prägten ab 1976 das Erscheinungsbild der Band, die ohne Gitarristen auftrat und in dieser Besetzung mit dem Debüt »Lift« für einen Klassiker der DDR-Rockgeschichte sorgte. Im November 1978 kamen Pacholski und Zachar bei einem Autounfall ums Leben. Nun übernahm der zwischenzeitlich abgewanderte Werther Loose die Arbeit am Mikrophon, während in der Folge die Bassisten häufiger wechselten. Nach »Meeresfahrt« und »Spiegelbild« behinderten Personalprobleme eine weitere Zusammenarbeit. 1984 kam es zu einem kurzfristigen Comeback, aber auch noch im selben Jahr zur erneuten Trennung. Werther Lose führte ab 1985 mit neuen Mitgliedern und rockigeren Tönen die Bandgeschichte bis 1990 fort. Nach einer vorübergehender Stillegung folgte 1993 ein erneuter Start in der Besetzung Werther Lohse (v/dr), Bodo Komnick (g) und Henning Protzmann (b). Fortan tourte Lift erfolgreich durch die neuen Bundesländer und spielte 1995 die CD »Mein Herz soll aus Wasser sein« ein. Dann erweiterten sie 1997 ihre Besetzung um die Geigerin und Sängerin Yvonne Fechner und den Schlagzeuger Peter Michailow und gaben 1999 die CD »Nach Süden« heraus, auf der sie ihre alten Freunde mit neuen Aufnahmen erfreuten.
Tonträger: Lift (1977), Meeresfahrt (1979), Spiegelbild (1981), Nach Hause (1987), Mein Herz soll aus Wasser sein (1995) BMG/Hansa, Die schönsten Balladen (1996) BMG/Hansa, Sachsendreier – mit Electra & Stern Combo Meissen (1999) BuschFunk, Nach Süden (1999) BMG/Ar-Express. Kontakt: BMG Berlin Musik, Wittelsbacher Str. 18, 10707 Berlin F: 030-250-65. Internet: www.bmgentertainment.de • www.bmg.de

LILY OF THE VALLEY

Daniela Kaul (voc/g/fl), Anke Kaul (voc/b/g/wooden fl), Eva Risch (voc/viola/acc/g/b), Uta Wagner (dr/perc)
Lily of the Valley nennt sich eine Folk Rock Fun Punk Frauenband aus Wiesbaden, die erstmals größer in Erscheinung trat, als sie 1994 den Wettbewerb »Treffen junger Musikszene« in Berlin gewann und im Anschluß daran Poems for Leila auf deren Deutschland-Tournee begleitete. Vielseitige Einflüsse beherrschten die Musik der jungen Frauen, zu deren Folkrock sich mehrstimmiger Satzgesang, französische Chansontradition, Klassik und keltischer Folk gesellten. Im Fernsehen traten sie in der Sendung »Na und« auf, Tourneen führten sie über Deutschland nach Frankreich, in die Schweiz und nach Österreich. In Zusammenarbeit mit dem Deutschen Musikrat

in Bonn ging es im April 99 nach Afrika, wo sie in Maputo und Simbabwe zusammen mit einheimischen Nachwuchsbands spielten. Dann veröffentlichten sie ihre erste CD »Shine On« mit einem Mix aus Folk und Rock, aus schnellen harten Nummern und feinfühligen Balladen. Im Frühjahr 2000 stellten sie die Songs auf einer Deutschland-Tournee vor.
Discogr.: Shine On (1999, MZ Publishing/EFA). Kontakt: Extratours, Brendlesäcker 5, 88512 Mengen, T: 07572-2909, F: 07572-2959. E-Mail: Extratours-Konzertbuero@T-Online.de • Internet: www.Extratours-Konzertbuero.de

LIONS

Paps Natty General (voc), Admiral Ali (voc/dr/perc), Dr. Bogarth (keyb)
Reggae-Musik für Frieden, Freiheit, Gewaltlosigkeit und für ein gemeinsames Miteinander aller Menschen – für die Verbreitung dieser Botschaft wurden im Jahr 1990 die Lions ins Leben gerufen. Die beiden Frontmänner Paps Natty General und Admiral Ali stammen aus Ghana und Tunesien. Das bedeutet eine afrikanische Interpretation des Reggae. Im Jahr 1993 veröffentlichten sie in Deutschland ihr Debüt »Creations«. Der Keyboarder und Arrangeur Dr. Bogarth brachte europäische Einflüsse in ihre Musik. 1995 veröffentlichten sie das Werk »Jah Jah Works«, das die Richtung des ersten Albums fortsetzte. Durch ständiges Auftreten erspielte sich die Gruppe eine stetig wachsende Fangemeinde. Höhepunkte waren hierbei Konzerte in der Großen Freiheit Hamburg, beim Summer Jam Festival, beim Jura Hill Festival, beim Bongo Bongo Festival, beim Bob Marley Revival Festival oder die X-Mas Reggae Tour. 1998 wurde auf Paps Natty General ein Mordanschlag verübt, den er nach einer zehnstündigen Operation nur knapp überlebte. Nach der Genesung folgte im Februar 1999 das Album »World Pirate«, in das Elemente der World Music, des Ragga, Drum'n'Bass, HipHop und der Dance-Music einflossen. Die Texte waren wieder sehr politisch. Sie besangen den Golfkonflikt, die Drogendealerei auf der Straße, die Ausbeutung der Dritten Welt und die Mißstände der Korruption. Von der Presse wurde dieses Album sehr differenziert beurteilt. Feedback: »Das Album hat echte Seele und lebendige Atmosphäre.« Augsburger Allgemeine: »Die grundsätzlich oppositionelle Haltung, die oftmals zum Klischee verkommt, läßt den ideologischen Background manchmal fragwürdig erscheinen. Aber trotz politischer Inhalte spielten sie sehr lebensfrohe und tanzbare Musik. Das Publikum bedankte sich mit frenetischem Applaus.« Ab Winter 1998/99 führte sie das Tourleben wieder durch die Clubs der ganzen Republik.
Discogr.: Creation (1993, Indigo), Jah Jah Works (1995, Indigo), World Pirate (1999, Euraf Music). Kontakt: Music Enterprises, T: 06238-989161, F: 06238-989162. E-Mail: music.enterprises@t-online.de • Internet: www.papatina.de/music.enterprises

LIQUIDO

Tim Eiermann (voc/g), Wolfgang Schrödl (voc/keyb), Stephan Schulte-Holthaus (b), Wolle Maier (dr)
Die Senkrechtstarter 1998 in Deutschland hießen Liquido und kamen aus Sinsheim bei Heidelberg. Ihre Single »Nar-

Lions

cotic« rotierte auf Viva und in fast allen Rundfunkprogrammen. Dabei war Liquido nicht einmal als feste Band gedacht, da drei der vier Mitglieder der Formation noch anderen Gruppen verpflichtet waren. Wolle Maier und Tim Eiermann gehörten zu → Pyogenesis und Stephan Schulte-Holthaus war Schlagzeuger bei Tristesse. Wolfgang Schrödl hatte bereits die Musik zu Bühnenstücken wie Shakespeares »Sommernachtstraum«, Bert Brechts »Der gute Mensch von Sezuan« oder Ionescos »Die Nashörner« komponiert. Schon seit seinem achten Lebensjahr spielte er Klavier, hatte im Schulchor gesungen und verschiedene Hauptrollen im Schultheater besetzt. Die Musiker waren schon seit ihrer Jugendzeit befreundet und kamen bei einem gemeinsamen Kneipenbummel 1996 auf die Idee, einige Stücke einzuspielen, die sich von denen ihrer Bands unterschieden. Im Studio eines Freundes nahmen sie ein Demo mit fünf Nummern auf. Damit gingen sie bei den Plattenfirmen hausieren und erhielten viele Absagen. Sie sandten das Demo zur Besprechung auch an die Musikzeitschrift Visions. Diese waren von »Narcotic« begeistert und fragten wegen der Genehmigung einer Veröffentlichung auf einem ihrer Sampler zurück. Liquido stimmte hocherfreut zu. Die Leser von Visions mochten das Stück und es gingen viele Anfragen nach der Gruppe ein. Zusätzlich begannen die Rundfunksender, »Narcotic« in ihr Programm aufzunehmen. Damit war der Erfolg nicht mehr aufzuhalten. Die Single enterte die Charts, kam in Deutschland, Österreich und der Schweiz unter die ersten Drei und erreichte schließlich Platin. Viva 2 widmete Liquido ein einstündiges TV-Special und sie traten bei RTL in Top of the Pops und in der Chart Attack des ZDF auf. Auch Viva 2 und MTV ließen die Single rotieren und mehr als 30 Radiostationen fragten nach Interviews an. Dies geschah alles zu einem Zeitpunkt, als von der Band noch kein Album erhältlich war. Aber sie waren fleißig am Komponieren. Für ihre erste CD »Liquido« spielten sie elf Stücke ein. Ihren Stil bezeichneten sie als Pollunderpop. Damit war ein Stilmix aus 80er-Jahre-Pop, Punkrock, Pinkpop, Britpop, Synthesizer-Klängen, zeitgemäßem Alternativ-Rock und dem Gitarrensound der 90er gemeint. Gemeinsam mit → Glow führten sie eine erfolgreiche Tournee durch. In München lockten sie mehr als 5.000 Zuhörer an und am Eingang prangte das Schild »Ausverkauft«. Sie begeisterten ihre jugendlichen Zuhörer mit einer für diese Generation wenig typischen Musik. Einige ältere Zuschauer freuten sich, wieder einmal die Gitarren kreischen zu hören. Als Nachfolger zu »Narcotic« wurde zuerst die Single »Doubledecker« ausgekoppelt. Im Oktober erschien als weitere Single der Song »Click Lesley«. Derweil begann die Band mit der Vorbereitung des nächsten Albums, wofür sie schon die ersten Stücke komponiert hatten.

Discogr.: Liquido (1999, Virgin). Kontakt: Brainstorm Music Marketing GmbH, Badeweg 9, 87509 Immenstadt. E-Mail: info@brainzone.de • Internet: www.virgin.de • www.brainzone.de

Liquido

LOOM

Rajk (g), Falk (g), Markus (programm./synth), Stefan = DJ S.P.U. (live sampling/DJ), Sebastian (loom groove machine /dr)

Loom entstand 1997 in Leipzig aus der Zusammenarbeit der beiden Gitarristen Raik und Falk und dem DJ S.P.U. mit dem Live-Performer D.R.P. Verzichtet wurde bei der Besetzung auf einen Sänger, um keine Identifikationsfigur zu schaffen und nicht von der Musik abzulenken. Die in keine Schublade zu steckenden Soundcollagen wurden durch eine Kombination aus harten Gitarrenriffs, DJ-ing und Live-Samples erzeugt. Daraus entstand ein Sound zwischen EBM, Psychedelic Trance, Drum'n'Bass und neuer, fast klassisch anmutender Instrumentalmusik. Spektakuläre Auftritte brachten ihnen den Ruf eines Geheimtips der Open-Air-Szene in den neuen Bundesländern ein. Neben Slayer und Such a Surge standen sie beim Metal-Festival »With Full Force« auf der Bühne. Im Frühjahr 99 traten sie neben → Joachim Witt und dem → Projekt Pitchfork beim Dark-Wave-Festival »Wave and Gothic« auf. In Zusammenarbeit mit Gastmusikern, Tänzern und einer eigens entwickelten Licht- und Videoshow boten sie eine Performance der besonderen Art. Für ihr Projekt »Loom Meets Klassik« benötigten sie vier Bühnen. Der »Sonic Seducer« bezeichnete ihren Auftritt als den einzigen, der beim Wave-Gothic-Treffen »in bleibender Erinnerung geblieben ist, obwohl man sie vorher nicht kannte«.

Discogr.: Loom (1999, Twin Line/Schoelcke Promotions). Kontakt: Twin Line/Schoelcke Promotions c/o Mario Selig & Robert Dobschütz, P.O. Box 101019, 04010 Leipzig. E-Mail schoelcke@gmx.ch • mario.seelig@t-online.de • maxpooley@t-online.de • Internet: www.twin-line-entertainment.de

LOS BANDITOS

Django »Boogybastard« Simbermann (b), Commodore Rodriguez Flamingo = Oliver Jahn (keyb/p), Francesco »Elektrik Man« Gold (g), Superjoe Paco Louis (technics), Jiri Buschnik (dr)

Die Mitglieder kennen sich seit den gemeinsamen Tagen an der Jenaer Musikhochschule und erlernten das für die Popmusik notwendige musikalische Handwerk in verschiedenen Bands. Die Gründung der Los Banditos erfolgte 1996 aus der Verehrung der Instrumentalgruppen der 60er wie z.B. der Shadows. 1997 nahmen sie ihr erstes Album »Beatclub« in Erinnerung an Mike Leckebusch und Uschi Nerke auf, in dem sie neben dem Beat der Swinging Sixties auf Trash, Twang, Surf und Garage zurückgriffen. Parallelen zu den Klängen obskurer Soundtracks aus jener Zeit waren durchaus gewollt. Als die CD 1998 auf den Markt kam, bemerkte Spex »die beste Surf/Instrumentalplatte der ca. letzten 18 Monde«. Ein Jahr später folgte mit »Modul 47« das zweite Album mit den bewährten Zutaten, nur noch origineller und einfallsreicher dargeboten. Als Gäste luden sie Alina, Stefanie, Carola, Carolas Tochter, die Saalfelder Vokalisten und an der Querflöte Thomas Uhlmann zum Mitmachen ein. In dem Titel »Schlangenfrau« bauten sie auf Sitarklänge und in »Tränen an der Donau« ließen sie den Schmalz triefen. Ihren im Konzert eher trashigen Sound würzten sie mit witzigen Ansagen in einem eigenartigen englisch-spanischen Mischmasch. Über ein Konzert im Herbst 1999 schrieb die Augsburger Allgemeine: »"Tanz- und Unter-

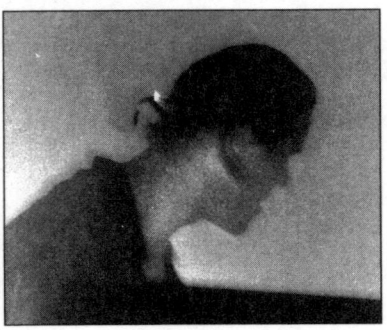

Loom

haltungsmusik fürs Herz' laute das Motto, doch müßten sich die Thüringer öfters ›disziplinieren, ruhigere Beat zu spielen‹. Für Jahn blieb immer genügend Zeit, seiner Orgel Marke ›Weltmeister‹ endlos schön-schrullige oder fetzige Töne zu entlocken. Die Fans waren verzückt und bedankten sich mit frenetischem Applaus.«
Discogr.: Beatclub (1998, Weser Label/Indigo), Modul 47 (1999, Weser Label/Indigo). Kontakt: Weser Label, Grohner Str. 43, 28217 Bremen, F: 0421-3808596

LOTTO KING KARL

Als Lotto King Karl 1996 die CD »Weiß'-Bescheid?!« einspielte, galt er durch spektakuläre Auftritte in der Hamburger Szene schon als musikalisches Original, das sich durch seine Auftritte sang, blödelte und rappte. Zwei Jahre später nahm der Barmbeker in seinem eigenen Studio in Gedenken an Sabrina Setlur das Album »Die alte S-Klasse« auf, das im März 1999 veröffentlicht wurde. Dazwischen beteiligte er sich an den Fernsehsendungen »2 gegen 2« und der Heike-Makatsch-Show. Ab 1995 moderierte er bei Delta Radio in Kiel seine eigene Radioshow und erhielt dafür von Viva den Comet für die Radiosendung des Jahres. Ab 1997 wechselte er zu Radio Energy 97.1 nach Hamburg und lud sich jeden Freitag zwischen 22.00 und 23.00 Uhr prominente Gäste ein. Im Herbst 99 ging Lotto King Karl mit der von ihm produzierten Band Roh auf Tournee und zahlte dabei jedem Besucher, der bis zum Ende blieb, DM 10,- aus. Im Februar 2000 beteiligten sich Lotto King Karl & die Barmbek Dreamboys fischering Roh mit dem Titel »Fliegen« an der deutschen Vorausscheidung zum Grand Prix, unterlagen dabei zwar Stefan Raab, stiegen aber am 6.3.2000 auf Platz 58 der Media-Control-Charts ein.
CD: Weiß'Bescheid?! (1996) BMG Ariola, Die alte S-Klasse (1999) BMG Ariola, Fliegen (2000) MCD – Polydor. Kontakt: Polydor, Glockengießerwall 3, 20095 Hamburg F: 040-3087-2604. Internet: www.polydor.de • Internet-direkt: www.hypovereinsbank.de/be. Internet für Radioshow: www.energy971.de

LOUSY LOVERS

Jörg Seefeldt (voc/g/harp), Tom Miller (voc/g/bouzouki/mand), Axel Schulz (voc/hammond-org/Rhodes-p/acc), Michael Lahmann (b), Ulf Jacobs (dr)

Ob alle zusammen lausige Liebhaber sind, mögen andere beurteilen, aber gemeinsam haben sie ihre Liebe zur amerikanischen Folk- und Westcoast-Musik und zu deren Größen Jackson Browne, Eagles, Joni Mitchell und Bob Dylan. Bereits seit 1988 spielten einige Mitglieder in verschiedenen Formationen in Neubrandenburg zusammen. Die ersten Versuche fanden unter dem Namen »Akim« statt und waren geprägt von akustischen Gitarren, sparsamer Percussion und mehrstimmigem Satzgesang. Sie erlangten damit regionale Berühmtheit. Das gemeinsame Interesse an der Kultur und dem Leben der nordamerikanischen Indianer schlug sich in Songs über und für diese Rasse nieder. Axel behandelte sogar in seinem Anglistik-Diplomthema die Texte des Lakota-Indianers, Schauspielers (»Der mit dem Wolf tanzt«), Liedermachers und Führers der indianischen Bürgerrechtsbewegung AIM (American Indian Movement) Floyd »Red Crow« Westerman. Während eines Deutschlandgastspiels führten Alex und Jörg ein Interview mit dem Künstler. Westerman

Lotto King Karl

lud 1992 Axel, Jörg und Roman Seefeldt ein, am »Hearing The Sacred Hoop«-Rockfestival im Shoreline Amphitheatre in San Francisco teilzunehmen, einer Protestveranstaltung gegen die Feierlichkeiten zum 500. Geburtstag der Entdeckung Amerikas. Sie durften das Festival eröffnen, wo u.a. Jackson Browne, Santana, Bonnie Raitt, John Lee Hooker und Ry Cooder spielten. 1993 führten Besetzungswechsel zur Umbenennung in Lousy Lovers. Der Neustart erfolgte als Trio mit Jörg und Roman Seefeldt und Tom Miller, der mit seiner schottischen Bouzouki neue Klangfarben in die Musik brachte. Axel Schulz stieg wieder ein und Michael Lahmann am Bass komplettierte das Quintett. Aus den Lousy Lovers war eine Rockband mit folkigen Einflüssen, Satzgesang und Hammondorgel geworden. Das Repertoire bestand ausschließlich aus Eigenkompositionen von Jörg Seefeldt, wobei die Arrangements gemeinsam erarbeitet wurden. 1994 nahmen sie am Landesrockausscheid teil, gewannen diesen und belegten auch beim Bundesrockpreis den dritten Platz. Damit hatten sie eine CD-Produktion gewonnen. Dies führte 1995 zu »I Met A Man«. Das Album widmeten sie Floyd »Red Crow« Westerman. Sie waren auch unter den Gewinnern des John-Lennon-Förderpreises und Förderband des Senders Antenne M/V. Einer der Konzerthöhepunkte in diesem Jahr war ein Auslandsgastspiel in Kotka/Finnland. Ein weiterer folgte 1996 auf der Insel Rügen, wo sie der Support für Manfred Mann's Earth Band waren. Neues Material folgte auf der MCD »Time Don't Wait«. Ende 1997 ersetzte Ulf Jacobs das Gründungsmitglied Roman Seefeldt am Schlagzeug. 1998 traten sie im Vorprogramm von → Keimzeit auf. Fernsehauftritte im ZDF und NDR waren neben diversen Vorstellungen im Rundfunk weitere Meilensteine ihrer Biographie.

Discogr.: I Met A Man (1995), Time don't wait (1996, MCD). Kontakt: Jan Micheel, *Reißwolf-Management, Fichtestr. 2, 19370 Parchim, F: 03871-267502*

LOVE IS COLDER THAN DEATH

Maik Hartung (keyb/programm./g/perc), Ralf Jehnert (voc/perc), Sven Mertens (voc/perc/Text), Manuela Budich (voc)
Die Debüt-EP »Wild World« mit harter elektronischer Musik lieferten Love is colder than death im Jahr 1991 ab. Die Scheibe zählt heute zu den gesuchten Raritäten auf dem Plattenmarkt. Da ihre erste CD »Teignmouth« deutlich ruhiger und weit weniger elektronisch ausfiel, wurde die Gothic-Szene auf die Leipziger aufmerksam. Auf dem 92er Album »Mental Traveller« hatten wieder die leiseren Töne die Oberhand. Mit Andy Porter von Rose of Avalanche stieg ein Schlagzeuger ein, der maßgeblich den neuen Sound mitbestimmte. Ethnische und mystische, mittelalterliche Klänge hielten auf der CD »Oxeia« Einzug. Die Rezensenten verglichen die Band inzwischen mit Death Can Dance. Mit dem Erfolg im Rücken konnten Love is colder than death auf ausgedehnte Konzertreise durch Europa und Südamerika gehen. Nach der »Best Of«-CD »Auter« erschien vorläufig nur noch die Maxi CD »Spellbound«. Wiederholte Streitigkeiten mit ihrer Plattenfirma, die Weigerung der Band, für Hyperium noch eine Platte aufzunehmen und Schwierigkeiten innerhalb der Band, die zu Umbesetzungen führten, legten die Gruppe für einige Zeit lahm. 1999 meldeten sie sich dann in alter/neuer Besetzung und mit teilweise neuem Sound zurück. Hartung hatte sich in den vergangenen Jahren in die ursprüngliche Volksmusik aus Persien, Indien, Bulgarien, Rußland, China und Japan eingehört, exotische Instrumente besorgt und diese autodidaktisch spielen gelernt. Auf der CD »Atopos« von 1999 kamen diese Instrumente neben den klassischen europäischen Einflüssen zum Tragen. Der Gruppe gelang es, auch unter Einsatz der Stilmittel der Renaissance und opulenter, kirchlicher Chöre, die

Musik verschiedener Zeiten und Kulturen zusammenzuführen und zu verschmelzen. Dazu schrieb der Bodystyler 6/99: »LICTD sind ›anders‹ geworden. Weniger poppig. Interessanter. Mystischer. Man könnte auch ›sakraler‹ oder ›world-musicer‹ sagen – orientalisch klingende Trommeln, Naturklänge, mittelalterliche und auch elektronische Instrumente und moderne Klänge, dazu absolut tolle Stimmen, alles perfekt aufeinander abgestimmt, so daß am Ende eine wunderschöne CD dabei herauskommt, die irgendwie an einen Soundtrack erinnert. Klasse!«

Discogr.: Wild World (1991, EP – Hyperium), Teignmouth (1991, Hyperium), Mental Traveller (1992, Hyperium), Oxeia (1994, Hyperium), Auter (Best Of...) (1995, Hyperium), Spellbound (1995, MCD – Hyperium), Atopos (1999, Chrom Records). Kontakt: Chrom Records GmbH, Westermühlstr. 26, 80469 München, T: 089-20239450, F: 089-20239499. Internet: www.chrom.de/bands • www.leipzig-kultur.de/lictd/index2.htm

LOVE LIKE BLOOD

Yorck Eysel (voc/lyrics), Gunnar Eysel (b/music) und Gäste

Die Uhlinger Love like Blood starteten 1988 und entlehnten dabei ihren Namen einem Stück der englischen Band Killing Joke. Die musikalischen Motoren der Gothic-Rocker waren die Brüder Gunnar und Yorck Eysel, die für Text und Komposition zuständig waren. Nach einem ersten Tape und der in Eigenregie aufgenommenen EP »Sinister Dawn« erschien 1990 das noch sehr politische Debüt »Flag Of Revolution«, das sie, auch bedingt durch permanentes Auftreten, national und international bekannt machte. Auf dem Mini-Album »Ecstasy« von 1991 begann mit dem Cover des Rolling-Stones-Hits »Angie« eine Serie von Bearbeitungen fremder Kompositionen. In »An Irony Of Fate«, ihrem Meisterwerk, das später als eine der wichtigsten Gothic-Platten aus deutschen Landen gefeiert wurde, zeigte sich Love like Blood musikalisch verändert und dem technischen Fortschritt gegenüber aufgeschlossen. Auf der 93er Maxi »Flood Of love« coverten sie David Bowies »Heroes«, mit dem sie häufig im Rundfunk und in den Diskotheken vertreten waren. Nachdem sich auf »Odyssee« musikalisch nicht viel verändert hatte, nahmen sie 1995 in »Exposure« auch Elemente des modernen amerikanischen Metal auf. Mit Ausnahme einiger Maxis und einer »Best Of«-CD »Swordlilies – The Decade Of...« geschah bis 1998 musikalisch nicht mehr viel, da die Band in eine tiefe Krise gestürzt war. Die Gebrüder Eysel zogen wegen der ständigen Personalwechsel einen Schlußstrich und beschlossen, für Love like Blood die alleinige Verantwortung zu übernehmen. Dann tauchten sie mit einer neuen Plattenfirma, dem Major eastwest, und dem Album »Snakekiller« wieder aus der Versenkung auf. Viele Gäste wie A.C. (Lacrimosa), Ed Warby (Gorefest), Frank Schwer (Silke Bischoff) und Esa Holopainen (Amorphis) halfen bei der Erstellung des wiederum mit Rockeinflüssen ausgestatteten, aber homogen klingenden Werks mit, das sie zu ihrem zehnjährigen Bestehen herausgaben. Am 13. April 1998 feierten sie im Wuppertaler KultKontor die Premiere des neuen Albums und anschließend gingen sie auf ausgedehnte Tournee, bevor sie sich abermals zurückzogen, um an neuem Material zu arbeiten.

Discogr.: Sinister Dawn (1989, Mini-LP – Eigenvertrieb), Flags Of Revolution (1990, SPV/Rebel Rec.), An Irony Of Fate (1992, SPV/Rebel Rec.), Ecstasy (1992, SPV/Rebel Rec.), Flood Of Love Incl. Heroes (1993, EP – SPV/Rebel Rec.), Odyssee (1994, SPV/Rebel Rec.), Exposure (1995, SPV/Rebel Rec.), Swordlilies The Best Of... (1997, SPV/Rebel Rec.), Snakekiller (1998, SPV/Rebel Rec.). Kontakt: Live like Blood, P.O. Box 31, 73062 Uhlingen. E-Mail: mailbox@focusion.de • Internet: www.hall-of-sermon.de/d/llb.htm • www.love-like-blood-com • www.focusion.de/love-like-blood

MADONNA HIP HOP MASSAKER

Madonna Hip Hop Massaker spielen nach eigener Aussage Rotze-Pop und bieten eine Wundertüte aus Pop, Dance, Punk-Hymnen, Clubsound, Trash, Glamour, Kitsch und Style unter Einsatz von Samples und Drumcomputer. Bereits mit ihrem ersten Album »Teenie Trap« von 1995 überraschten sie die Fachpresse und ME/Sounds bemerkte dazu: »Das ist der perfekte große Rock'n'Roll Schwindel, eine Soap Opera auf Speed durch die Popgeschichte. Und obendrein ist das Gemetzel verschärft tanzbar, nicht nur beim obligatorischen Disco-Massaker. Ein Berliner Hirn-Trash vom Feinsten, mit dem Beck-Charme des vollkommen Unvollkommenen.« Mit ihrer CD »Super Pop Peep Show« gingen Madonna Hip Hop Massaker ein Jahr auf Tournee und auch darüber schwelgte die Presse in Lob: »Claudia, die blonde Sängerin und Tänzerin der Band, bildete im Einklang mit der sexy-fiesen Musik und ihren drei Begleitmusikern die menschliche Fliegenfalle, an der jeder Zuhörer und Betrachter kleben bleiben muß. Diese beeindruckende Show muß man erleben dürfen.« Auch das nächste Album »Radical Romance« wartete mit den üblichen Zutaten auf und Frank Rummeleit vergab dafür 9 der 10 Punkte: »Ihre Songs gehen straight ins Ohr, fahren dort aber ihre Fallstricke aus, die sich als vielfältige Soundspielereien kundtun. In Summe wirken die Kompositionen des Berliner Quartetts collagenartig bunt. Zitatenhaft blitzt der teutonische Marschrhythmus eines → Philip Boa durch, kommen 70er-Jahre-Anleihen in den Sinn, tauchen elektronische Elemente auf und gehen die Gitarren punk-a-like in die Vollen.« Nach dem Album »Radical Romance« endete die Zusammenarbeit mit Eastwest Records und um Madonna Hip Hop Massaker wurde es ruhiger, obwohl sie nach wie vor auf Tour waren und auf vielen Festivals auftraten. So spielten sie im Februar 2000 während der Diven-Woche im Hamburger Logo, wo sie als »das Handbuch zum modernen Leben« angekündigt wurden.

Discogr.: Teenie Trap (1995, Eastwest), Super Pop Peep Show (1996, Eastwest), Radical Romance (1997, Eastwest

MÄDELS NO MÄDELS

Oli (voc/g), JoHnNy (g/voc),
Dani (b/voc), Hari (dr)

Schon seit 1989 kämpfen sich »Mädels no Mädels« aus Sindelfingen durch das Dickicht des Musikdschungels. Wie es sich für junge Wilde aus der Mercedes-Stadt gehört, ist ihre Waffe der melodische Punk. Ihre unternehmerischen Fähigkeiten stellten sie mit der Gründung des bandeigenen Labels Bellaforte unter Be-

Mädels no Mädels

weis. Sie waren schon als Verfaulte Mädels, Heavy Mädels oder Athletico Mädels aktiv, blieben dann aber bei Mädels no Mädels. Ihr Titel »No Rain« aus der ersten EP »Durchdrehn« hielt sich mehrere Wochen in den Hörercharts des Regionalsenders Radio BB. Mit der 91er LP »Doggie Style« begaben sie sich erstmals auf Tour durch ganz Deutschland. Es folgten weitere Gastspiele, die sie auch ins benachbarte Ausland führten. Die nächsten Veröffentlichungen hießen 1992 »Trap A Roach« und 1993 »Wing Tsun«. In der Tradition amerikanischer Schauspieler und englischer Musiker stellte sich 1993 ihr Drummer Hari zur Wahl des Oberbürgermeisters in Sindelfingen. Er landete von 13 Kanditaten auf dem 5. Platz und erhielt 2,6 % der Wählerstimmen. Auf eigenem Tonträger waren die Mädchen ohne Mädchen erst wieder 1996 mit der LP/CD »Failures« zu hören. Punker und Computer – daß dies auch geht, bewies 1998 die Einrichtung der eigenen Homepage im Internet. Dort konnten sie die Einspielung von »Take That« bekanntgeben. Zum zehnjährigen Jubiläum gab es die Geburtstags-CD »Teenage Kicks« mit 28 Hits aus 10 Jahren Bandgeschichte. Als Bonbon für die Fans brachten sie eine Punkversion des Titels »Daddy Cool« von Boney M. Für die Veröffentlichung fanden sie das französische Kult-Label Combat Rock, den bundesweiten Vertrieb übernahm Cargo Records Germany. In den zehn Jahren haben sie mehr als 350 Auftritte absolviert und dabei u.a. Bands wie die Lurkers, Terrorgruppe, U.K. Subs, Eläkeaiset und Aurora begleitet.

Discogr.: Doggie Style (1991, Bellaforte Records), Failures (1996, Bellaforte Records), Teenage Kicks (1999, Combat Rock/Cargo Records Germany). Kontakt: Mädels no Mädels c/o Bellaforte Records, Stuttgarter Str. 9, 71069 Sindelfingen, T/F: 07195-950921. E-Mail: MAEDELS-NO-MAEDELS@T-Online.de • Internet: www.MAEDELS-NO-MAEDELS.de

MAAHN, WOLF

Der Berliner Wolf Maahn, der in München aufwuchs und nach Köln zog, wurde fester Bestandteil der dortigen Musikszene und erreichte zusammen mit dem Gitarristen Axel Heilhecker als Mitglied der Food Band Kultstatus. Nach sechs Jahren löste sich die Band auf und nachdem sich Wolf Maahn als Produzent betätigt hatte, kehrte er 1981 mit eigenen deutschen Songs in die Szene zurück. Das Debüt »Wolf Maahn und die Deserteure« erhielt glänzende Kritiken und auch die zweite LP »Bisse & Küsse« fand mit seiner Mischung aus Rock und Soul viel Anerkennung. Mit »Irgendwo in Deutschland« lieferte er 1984 sein Meisterwerk ab und stand auf dem Höhepunkt seiner Karriere, ohne den ganz großen Durchbruch zu erreichen. Dieser gelang auch 1996 mit dem Album »Kleine Helden« nicht, weshalb Wolf Maahn sich 1988 entschloß, auf der CD »The Third Language« erstmals englische Titel zu singen. Dies konnte er sich leisten, da er bereits zu Zeiten der Food Band eine Auszeichnung als »bester englisch singender Deutscher« erhalten hatte. Anfang der 90er veröffentlichte Wolf Maahn noch die CDs »Der Himmel ist hier« und »Direkt ins Blut«, aber der Erfolg kehrte nicht mehr zurück. Nach »Libero« von 1995 veröffentlichte er im Juni 1999 die CD »Soulmaahn«. Auf dieser in London produzierten Scheibe brachte er seine Liebe zu Soul und Rhythm & Blues zum Ausdruck, erhielt dafür viel Presse und stieß auf Platz 39 der Charts vor, was ihm die Möglichkeit verschaffte, wieder auf Tour zu gehen.

Tonträger: Wolf Maahn & die Deserteure (1982) alle Emi Electrola, Biss & Küsse (1983), Irgendwo in Deutschland (1984), Kleine Helden (1986), Rosen im Asphalt (Best of) (1987), The Third Language (1988), Der Himmel ist hier (1992), Direkt ins Blut (1993), Libero (1995), Soulmaahn (1999). Kontakt: EMI Electrola, Maarweg 149, 50825 Köln F: 0221-4902-2308. Internet: www.emimusic.de

MALADMENT
Rob (b), Ben Oh (g), Basti (dr), Ramon (voc)

Rob und Basti wurde die Liebe zur Musik in die Wiege gelegt, denn beide stammen von Vätern ab, die in der früheren DDR in erfolgreichen Bands gespielt hatten. Die beiden und Ben kannten sich schon, seit sie 6 Jahre alt waren und im Alter zwischen 8 und 10 war ihnen klar, während sie noch gemeinsam in Berlin-Köpenick die Schulbank drückten, daß sie Musik machen wollten. Mit zwölf/dreizehn begannen sie mit Punk, nicht aus Überzeugung, sondern weil ihre musikalischen Fähigkeiten nur dafür ausreichten. Bei den drei Freunden hatten die Sänger einen schweren Stand und mußten mehrmals ausgewechselt werden. Der Dreier zog einen Gig beim Köpenicker Sommer an Land, aber sie standen wieder einmal ohne Sänger da und erinnerten sich an ihre Urlaubsbekanntschaft Ramon, den sie in Tschechien kennengelernt hatten und der ebenfalls in ihrem Stadtteil wohnte. Die vier Popmusiker schlossen sich zu Maladment zusammen und begeisterten mit ihrem All-over Sound, der Erweiterung von Crossover, schon nach kurzer Zeit ihre Zuhörer. Ca. 150 von diesen begleiteten die Band von Auftritt zu Auftritt. Der Erfolg ihrer Konzerte rief die Firma Turbobeat auf den Plan, BMG stellte sich für den Vertrieb zur Verfügung, und Ralph Quick (u.a. → H-Blockx) übernahm die Produktion. Schon vor der Fertigstellung des ersten Albums traten sie zusammen mit den Guano Apes beim »South By South«-Festival in Austin/Texas auf, nachdem sie zuvor in Los Angeles ihr erstes Video gedreht hatten, und im Mai spielten sie auf der Musikmesse in Riga/Lettland. MTV, TV München, Viva und Sat 1 widmeten sich ausführlich der Band, und als am 17.5.99 die erste MCD »Babe« auf den Markt kam, nahmen Viva 2 und MTV diese Crossover-Nummer in Rotation.

Discogr.: Babe (1999, MCD – TurboBeat /BMG). Kontakt: Extratours, Brendlesäcker 5, 88512 Mengen, T: 07572-2909, F: 07572-2959. E-Mail: Extratours-Konzertbuero@T-Online.de • Internet: www.Extratours-Konzertbuero.de

MAMBO KURT

Seine wahre Liebe ist dreimanualig, wiegt 120 Kilo, echt Holz, keine Furniere, 300 Watt Lautsprecher darin – das letzte analoge Modell – die Yamaha D 85 – denn »Frauen kommen und gehen, die Orgel jedoch bleibt« (O-Ton M.K.). Mambo Kurt besuchte die Orgelschule Irma Tolkdorf und gab schon 1980 sein Debüt mit der »Weihnachtskassette für Omma«. 1984 gewann er den Nordrhein-Westfällischen Orgelwettbewerb. Er begleitete Extrabreit und den Hagener Lokalmatador Al Gringo. An der Ruhr-Universität Bochum schloß er sein Medizinstudium und beim Roten Kreuz leistete er seinen Zivildienst ab. Mit dem weißen Anzug, den er während des Ersatzdienstes hatte mitgehen lassen, mit der 1-DM-Brille von der Tankstelle und dem Sound der gebrauchten 600-DM-Orgel trat er 1996 erstmals in einem Bochumer Nachtclub

Mambo Kurt

auf. Dabei trug er bekannte Hits in ungewöhnlichen, südamerikanisch angehauchten Arrangements vor. Bei privaten Feiern, Hochzeiten und Geburtstagen, in den Klubs des Ruhrpotts und bei Stadt- und Dorffesten gab er sein Repertoire zum Besten. Innerhalb kurzer Zeit wurde er einer der neuen Stars des Ruhrgebiets. Er erhielt einen Plattenvertrag und veröffentlichte 1999 die erste CD bei einer Major-Firma. Darauf waren »Waiting Room« von Fugazi als Bossa, »Basket Case« von Green Day als Mambo, »Jump« von Van Halen als Tango und weitere Cover-Songs in ungewöhnlicher Form zu hören. ME/Sounds vergab die Höchstwertung (6 Sterne) für die CD und fünf Sterne für die Ausführung. Anderswo aber hieß es: »Ähnlich wie einst Helge Schneider spaltet Mambo Kurt das Publikum in zwei Gruppen: Die, die ihn hassen und die, die ihn als Kult verehren. Es mutet schon skurril an, wenn Titel wie Rammsteins ›Enge‹« oder Guns n' Roses' ›Paradise City‹ auf eine Art interpretiert werden, die qualitativ weit unter dem Niveau der Schulband einer 1. Volksschulklasse liegt.« Mit diesem Programm gelang ihm ein Support-Auftritt bei Clawfinger und sogar hartgesottene Metaller bejubelten seine Show. Während einer Fernsehshow machte er der hochtalentierten und deshalb so erfolgreichen Verona Feldbusch einen Heiratsantrag. Diese verstand ihn nicht richtig und engagierte »Mambo Kurt« für 26 Folgen ihrer Talkshow »Veronas Welt«. Neben einer Hallentour spielte er noch auf mehreren großen Festivals. Auf dem nächsten Album möchte Mambo Kurt überwiegend eigene Songs aufnehmen. Er erhofft sich einen weiteren Karriereschub: »Leiht Mambo ein Ohr oder Bein und ihr werdet begeistert sein.«

Discogr.: The Return of Alleinunterhalter (1999, Virgin). Kontakt: Virgin Schallplatten GmbH, Herzogstr. 26, 80803 München, F: 02151-209767. E-Mail: paceagency@compuserve.com • Internet: www.virgin.de

MARIA PERZIL

Dirk Schelpmeier (voc/g), Markus Krüger (voc/b/programm.)

Die Detmolder, die ursprünglich mit Folk begonnen hatten, schufen 1982 Maria Perzil und fertigten noch als Trio ohne Schlagzeuger in einem Keller ihr Demo an, aus dem mit Hilfe des → Fury in the Slaughterhouse-Produzenten Jens Krause ihr erstes Album entstand. Dieses »meisterliche Debüt« (ME/Sounds) »Blonde« galt lt. ME/Sounds als »eines der interessantesten deutschen Alben der letzten Monate« und »wäre eigentlich eine würdige Platte des Monats«. Wie auch in den nachfolgenden Alben ließen sie sich musikalisch nicht festlegen und präsentierten Pop, Rock, Funk, Folk, Flamenco und Jazz, während sie auf diesem Album englische, deutsche und französische Texte sangen. Ungewöhnlich war auch die Instrumentierung mit dem Einsatz von Oboe, Saxophon und gestrichenem Kontrabass. Aus dem Trio wurde ein Duo, das im Sommer 94 in einem kleinen abgelegenen französischen Landschloß die entspannt klingende CD »Kleine Helden« in Eigenregie aufnahm, die auf Wunsch der Plattenfirma, die sie gerade unter Vertrag genommen hatte, nicht veröffentlicht wurde und die nur über Maria Perzil selbst bestellt werden kann. Über eines der wenigen ausgelieferten Exemplare urteilte das Stadtblatt Bielefeld: »Sie spielen mit den Sinnen und sprengen damit die Fesseln der deutschen Popmusik.« Das hohe Niveau behielten sie auch auf dem Album »Heul doch« von 1995 bei und machten dabei auch vor Industrial und Chansons nicht halt. Sie erzählten Geschichten über Krieg, Psychiatrie, Bulimie, Megakerls und über Führerwetter, erhoben dabei aber nie den Zeigefinger. Die Single »Dein Feind« mit der Textzeile »dein Deo stinkt, dein Fleisch wird welk, du trägst niemals, was mir gefällt und jeden Abend Ärger um Urlaub und Geld« ignorierten viele Rundfunkstationen, dafür avancierte »Wie freundlich kannst du sein?« zu einem

Konzertfavoriten. Nach dem Ende der Plattenfirma Metronome fanden sie bei eastwest eine neue Heimat. Einer Support-Tour mit Marla Glen folgten neue Aufnahmen, die 1998 im Album »Sepia« mündeten. Zu eindringlichen intensiven Texten schufen sie warme melodische Musik. Sie selbst ordneten die Platte in die »Kategorie der zarten Gegengifte« ein. Als erste Single koppelten sie ihre eigenwillige Version des Spliff-Songs »Heut' nacht« aus, die häufiges Airplay erhielt. Im Stil der Comedian Harmonists geraten war der Hidden Track »Das Lied vom Glied« über einen bestimmten männlichen Körperteil, über den die Rundfunkanstalten nichts in Erfahrung bringen wollten. Obwohl Maria Perzil mit »Sepia« bei der Presse durchwegs gute Kritiken ernteten, blieben die Verkaufszahlen vergleichsweise bescheiden, da ihre Stücke für den Geschmack der breiten Masse zuviel Aufmerksamkeit erforderten. Die besonderen Stärken des Duos lagen in ihren Live-Darbietungen, zu denen sie zusätzliches Personal mitnahmen, um in Bandbesetzung agieren zu können. Ben beschrieb einen Auftritt: »Ihre sehr eigene Mischung aus Pop-Strukturen und Folk-Elementen, verbunden mit Jazz-Anleihen sowie einer guten Portion französischer Chansons nimmt sich im Vergleich zu den wilden Phonstürmen der Vorgängerbands fast schon wie ein milder Sommerwind aus. Wären da nicht die hintergründig ironischen Texte von Songs wie ›Helden‹ oder ihr Quasi-Hit ›Wie freundlich kannst du sein?‹ Das Publikum zeigt sich angetan, spendet Applaus und läßt die Musiker erst nach mehreren Zugaben von der Bühne.«

Discogr.: Blonde (RTD), Nichts bereuen (1995, Eigenvertrieb), Heul doch! (1995, Metronome), Sepia (199, eastwest). Kontakt: Maria Perzil, Postfach 1545, 32774 Lage. E-Mail: info@maria-perzil • perzil@ fuego.de • Internet: www. mariaperzil.de • www. fuego.de

MARLENE

Marlene bekam seit ihrem siebten Lebensjahr eine klassische Klavierausbildung. Später wurde diese durch Schlagzeug, Conga, Querflöte und Gesangsunterricht sowie Sprach- und Atemtechnik ergänzt. Anfangs spielte sie Jazz. In den »Ganz neuen Lügengeschichten des Baron Münchhausen« war sie Autorin, Komponistin und Darstellerin der Schloßmusikantin. Sie stellte die Band Marlow Markar zusammen, mit der sie

Marlene

1992 den Rheinland-Pfälzischen Rock- und Pop-Preis gewann. Ihre Lieder beinhalteten auf sehr eigenwillige Art Elemente des Rock, Punk, Chansons und des Folk. Zu einem Auftritt in Speyer schrieb Jürgen Reiß: »Sie war in einem Song grell wie Nina Hagen und im nächsten wurde man eher an die Rainbirds erinnert.« Skurril waren auch die Titel der Songs, so z.B. »Die Liebesgeschichte zwischen einem Fallschirmspringer und einer Kamikazefliegerin«. Sie wechselte in den Songs von Deutsch auf Englisch und räkelte sich auf dem Keyboard, auf dem Boden oder verbreitete Varieté-Atmosphäre. Sie besuchte die Musicalschule und hatte Unterricht in Gesang und Schauspiel, 1993 gewann sie den deutschen Gesangswettbewerb der Sängerakademie Hamburg. Im Jahr 1994 erschien die erste CD »Dreamland« mit Eigenkompositionen im Artrock-Stil. 1995 war sie nochmalige Preisträgerin des Rheinland-Pfälzischen Rock- und Pop-Preises und die Kulturstiftung der Länder wählte sie zur Keyboarderin des Jahres. Es erschien die CD »Qui si« im multikulturellen Stil. Seit 1992 war sie Autorin mehrerer Musiktheater- und Kindertheaterstücke und leitete das Kindertheater in Speyer. Alle Stücke erlebten zwischen 100 und 200 Aufführungen. Im Juli 1998 erschien ihre Maxi «Trance«, die modernes Songwriting mit schweren Loops und Lo-Fi-Keyboardklängen vereinigte. Die Tagespost urteilt: »Dieser psychedelische Anklang ist genau das Richtige für Marlenes Stimmlage. Hier entwickelt sie sirenische Verführungskraft, evoziert Traumbilder, wie man sie von Enya kennt.« Ein hierzu gedrehter Kurzfilm wurde vom Süddeutschen Fernsehen zur besten Videovorstellung des Jahres 1998 gewählt.

Discogr.: Marlow Maker (1992, MC & CD), Dreamland Mind (1994, Maxi), Qui si (1995, Maxi), Trance (1998). Kontakt: Music Enterprises, T: 06238-989161, F: 06238-989162. E-Mail: music.enterprises@t-online.de • Internet: www.music-enterprises.de

MASELTOV COMMUNITY

Die aus Halle/Saale stammende Black Music Formation besteht seit 1994 und spielt in der aktuellen Besetzung seit 1997. Nachdem sie in verschiedenen regionalen Jazz-, Pop- und Rockfestivals vordere Plätze belegt hatten, spielten sie 1997 beim 1. Bundestreffen »Jugend jazzt« in Düsseldorf. Sie nahmen die EP »Attracting Attention« im Eigenvertrieb auf und ließen 1998 das Album »True Diversity« mit Soul, Funk, HipHop und Acid Jazz folgen.

Kontakt: TMC Holger Lemme, Wielandstr. 18, 06114 Halle/S., T: 0345-2904599

MASSIVE TÖNE

Wasi (Rap), Ju (Rap), Schowi (Rap), 5ter Ton (DJ)

Zum Start im Jahr 1991 rappten die Stuttgarter mit Texten der Beastie Boys, Public Enemy und ähnlichen Größen in den Jugendzentren und Clubs ihrer Heimat. Bald darauf entstanden von ihnen geschriebene deutsche Texte zu fremden Instrumentals und etwas später benutzten sie auch ihre eigenen Beats. Nachdem sie 1995 ihre erste EP »Dichter in Stuttgart« aufgenommen hatten, tourten sie u.a. mit Fettes Brot und Tobi und das Bo durch Deutschland, Österreich und die Schweiz. 1996 erschien ihre erste Langspielplatte »Kopfnicker«, mit der sie aufgrund der hohen Qualität der Texte, aber auch wegen der Musik und der Darbietung ihrer Konzerte große Beachtung bei Presse und Publikum fanden. Mehr als 20.000 verkaufte Alben ließen die Industrie auf Massive Töne aufmerksam werden und es erfolgte 1998 der Wechsel zu EastWest Records. Neben weiteren Tourneen, wobei besonders die mit → Freundeskreis und Afrob erwähnenswert ist, stellten sie durch Auslandsaufenthalte in New York, San Francisco und Marseille internationale Verbindungen her. Mit der im März 99 veröffentlichten MCD »Chartbreaker«, einem Song über den Aufstieg und Fall eines weiblichen One-Hit-Wonders, erreichten sie eine

Top-Ten-Plazierung in den Media-Control-Charts. Das aufwendige Album »Überfall« mit vielen Gästen aus Amerika, Frankreich und Deutschland schoß direkt nach der Veröffentlichung auf 6 der deutschen Hitparade und hielt sich dort über fünf Monate. ME/Sounds wählte die Scheibe zum Album des Monats und das Libro-Journal aus Österreich, manchmal ätzender Kritik nicht abgeneigt, bescheinigte den Stuttgartern ein »erstaunlich internationales Album«. Im Sommer 1999 gastierten Massive Töne beim größten »Umsonst & Draußen«-Festival Europas auf der Wiener Donauinsel und auf den Veranstaltungen Rock am Ring und Rock im Park. Die Maxi »Rapgame« spielten Massive Töne mit dem Gast Blahzay Blahzay in New York ein und das Label Elektra brachte davon eine 12"-Ausgabe auf den amerikanischen Markt. Die dritte Auskopplung aus Überfall hieß »Nie ohne sie« und die Fans kauften wieder viele Singles der Massiven Töne, damit die Charts nie ohne sie gelistet wurden.

Discogr.: Dichter in Stuttgart (1995, MCD – MZEE), Kopfnicker (1996, MZEE), Chartbreaker (1999, MCD – EastWest), Überfall (1999, EastWest), Rapgame (1999, MCD – EastWest), Nie ohne sie (1999, MCD – EastWest). Kontakt: EastWest Records, Heußweg 25, 20255 Hamburg, F: 040-49062-267. Internet: www.eastwest.de

MATALEX

Alex Gunia (g/voc), Mat Junior (keyb/p/org)

Der Gitarrist Alex Gunia besitzt ein Diplom für Jazz- und Rockgitarre des berühmten Berklee College of Music. Bereits mit seiner Formation Alex Gunia's Groove Cut und seiner Zusammenarbeit mit Randy Brecker, Curt Cress und Philipp van Endert machte er sich einen Namen. Aus der Fusion mit dem Keyboarder Mat Junior, mit dem er das ATM Studio in Köln aufgebaut und zahlreiche Musikproduktionen betreut hat, gründete er die Rock-Jazz-Band Matalex. Ihre erste CD von 1993 »Wild Indian Summer« beinhaltete Variationen über Indianerthemen in freien Abstraktionen ohne folkloristisches oder ethnologisches Kolorit. Das Album bestach durch Inspiration, Improvisation und kompositorische Vielfalt. Als Gäste konnten sie Randy Brecker und Steve Smith gewinnen. Auch der Nachfolger »Jazz Grunge« von 1996 verkaufte sich weltweit, wobei das englische Magazin Drumbeat die Ideen und die brillante Ausführung lobte. Stereoplay schrieb im März 96: »Harte Gitarrenriffs, ein knackiges Bass-Schlagzeug-Fundament und ausgebuffte Keyboardklänge des Mat Junior halten die Musik unter Starkstrom. Soundreichtum und eine druckvolle Abmischung erhöhen den Reiz dieser energiegeladenen Produktion.« Sehr rauh und funkig fiel das Album »Matalex Live« aus, das Aufnahmen ihrer Deutschland- und Italien-Tournee von 1996 enthielt. Auf der 97er CD »Proud« integrierten sie auch moderne Dancegrooves. Thomas D. von den → Fantastischen Vier schrieb und rappte den Text zu »Hasta la vista«; »Soul To Soul« und »Can You Feel The Funk« enthielten englischen Sprechgesang und »A Whale's Dream«, »I Don't Understand« und »Twilight Train« durfte man getrost als Rockballaden bezeichnen.

Discogr.: Wild Indian Summer (1993, Lipstick Records), Jazz Grunge (1995, Lipstick Records), Live (1997, Lipstick Records), Proud (1997, Lipstick Records). Kontakt: Alex Merck Music, Trojanstr. 18, 50678 Köln, F: 0221-9319507. E-Mail: AlexMerck@compuserve.com • Internet: www.amm-music.com

MATRIX

Die Rostocker Band steckt in der Schublade Dance/House. Sie sind seit 1997 zusammen, haben bisher noch keine Tonträger auf dem Markt, sind aber mit einer CD-Produktion beschäftigt. Mit ihrer Musik traten sie bisher hauptsächlich in Norddeutschland auf, wobei sie das Vorprogramm der N-Joy Party bestritten

und mehrere Shows für Antenne M/V Radio spielten.
Kontakt: Matrix, P.O. Box 201.029, 18071 Rostock, T: 0381-7685

ME & MO

Mo Helbig (voc), Torsten W. Nicolaisen (g)
Latino-Feuer an der kalten Ostsee. Auch das ist im kühlen Norden möglich. Unter Me & Mo agieren seit 1993 die mittelamerikanische Sängerin Mo Helbig und der Gitarrist und Songwriter Torsten W. Nicolaisen. Ihre Auftritte absolvieren sie als Duo oder mit Band. In ihren Stücken ist der ganze amerikanische Kontinent vertreten. Sehr ausgeprägt ist der lateinamerikanische Einfluß. Wem Sergio Mendes & Brasil 66 gefallen hat, wird auch Me & Mo nicht verschmähen. Aber auch die nordamerikanischen Songwriter(innen) sind in ihrer Musik zu Hause. Seit der Gründung arbeiten sie bis 1999 über 200 Konzerte überwiegend im norddeutschen Raum gegeben. 1996 produzierten sie die erste CD. Auf »Growing Tendrils« waren überwiegend karg arrangierte Songs zu hören, in denen die Stimme von Mo besonders zur Geltung kam. Ihre Musik spricht alle Altersgruppen an. Das hatte zur Folge, daß sie viel bei Firmenjubiläen und ähnlichen Veranstaltungen zu hören waren, so u.a. bei Siemens in München und Gruner & Jahr in Hamburg. Sie arbeiteten mit dem NDR und RSH zusammen und hatten verschiedene Radioevents. Neben den eigenen Stücken gab es in ihrem Programm auch Fremdkompositionen mit eigenem Anstrich. Über ein Konzert im Kulturviertel schrieben die Kieler Nachrichten: »Volles Haus, voller Erfolg. Im Kulturviertel werden die Plastikstühle noch im hintersten Winkel plaziert, damit alle die musikalische Liaison einer Stimme und einer Gitarre genießen können. Die Stimme, das ist Mo Helbig, und die 25jährige besitzt reichlich davon. Die Gitarre, das ist Torsten Nicolaisen und er nutzt sein Gerät mit selbstbewußt verhaltener Virtuosität. Mo Helbig lächelt, strahlt, scheint den emotionalen Spannungsbogen noch mit Händen und Armen ausbalancieren zu wollen. Wenn sie ihre klassisch geschulte Stimme in luftige Höhen schickt, bremst nur der tierisch laute Bühnenboden den Bewegungsdrang der Sängerin. Eine gar nicht hoch genug zu wertende Qualität enthüllt sich nach wenigen Songs. Wenn hier Englisch oder Spanisch von der Liebe gesungen wird, bleibt jedes Pathos außen vor.« Im Jahr 1999 beschäftigten sie sich mit der Produktion der zweiten CD, die für das Duo den endgültigen Durchbruch bringen soll. Dafür wurde der Freiburger Oliver Noack als Produzent gewonnen. Zu Beginn des Jahres 2000 erschien das Album unter dem Titel »True Companion«, das im Vergleich zum Debüt stärker in Richtung Latin-Pop tendierte. Mit dem Album im Gepäck gingen Me & Mo mit eigener Band auf ausgedehnte Konzertreise durch ganz Deutschland.

Discogr.: Growing tendrils, (1996), True companion (2000) (CDs erhältlich unter Kontaktadresse). Kontakt: Stephan Vollbehr, Weidenstr. 38, 24340 Eckernförde, F: 04351-739002. Internet: www.vollbehr.de

Me & Mo

MEGAHERZ

Alexx Weigand (voc), X-tian (g), Wenz W. (b), Frank G. (dr), Noel Pix (keyb)
Das übergroße Herz von München besteht seit 1993. Allerdings sind weder ihre Musik noch ihre Texte sehr herzlich, höchstens vielleicht hartherzlich. Sie sind voller Aggression und Herausforderung. Zum deutschen Wortlaut gesellt sich Industrial-Metal. Vorbilder waren Clawfinger, Krupps und Alice in Chains. Von den Gründungsmitgliedern ist derzeit nur noch Sänger Alexx W. dabei. 1994 waren sie mit dem Titel »Schlucht« auf dem Sampler »Neue Bands zum Aufdrehen – das Beste der deutschen Indie-Szene« vertreten. Außerdem durften sie noch als Jahressieger vom »Feierwerk-München« zwei Titel für deren Sampler aufnehmen und bei der Vorstellung vor vollem Haus spielen. 1995 nahmen sie in Eigenproduktion die CD »Herzweh« auf. Erst nach Jahren der Tingelei erschien 1997 die CD »Wer bist du?« im bundesweiten Vertrieb bei Zyx Music. Damit erreichten sie immerhin 20.000 Käufer. Eine Besonderheit war der Clown auf dem Cover, der in Zukunft ständiger Begleiter der Band sein sollte. Die Single »Gott sein« erregte sogar die Aufmerksamkeit der Amerikaner. Der Titel erhielt Radioeinsätze in den US-Modern-Rock-Stationen und beim Kultsender K-Rock. Sogar der einzige australienweite Sender Triple J brachte eine halbstündige Sondersendung mit Telefon-Live-Interview. Sie waren Gäste auf dem Hurricane- Highfield- Zillo- und Donauinselfestival Wien. Mit Subway to Sally gaben sie mehr als 60 Konzerte. Die STS-Fans zeichneten Megaherz als besten Support ihrer Lieblinge aus. 1998 stellten sie auf »Kopfschuß« vierzehn weitere Stücke zur Diskussion. Darauf enthalten war auch eine Hommage an Falco mit ihrer harten und im Text veränderten Version von »Rock Me Amadeus«. Insgesamt handelte es sich um ein Werk mit düsterem Charakter. Nach der Single »Liebestöter« brachten sie als dritte Auskoppelung »Freiflug« heraus, wozu erstmals ein Video gedreht wurde. Einige Kritiker sahen in »Megaherz« Epigonen von Rammstein, während andere durchaus Eigenständiges entdeckten. Vor allem legt Megaherz mehr Wert auf Gitarren, die Rock und Funk erkennen lassen. Alexx W. war weder über den Vergleich mit Rammstein noch über die Zuordnung als »neue deutsche Härteband« glücklich. Im Herbst 98 brachten sie ihre neuen Titel in Deutschland, Österreich und in der Schweiz zu Gehör. 1999 beschäftigten sie sich mit den Aufnahmen für den dritten Longplayer. Damit wollen sie endgültig aus dem Schatten von Rammstein & Co. treten. Das neue Album, mit dem Megaherz zum Run auf die Hitparaden ansetzen wollen, erschien im Frühjahr 2000 und trägt den Titel »Himmelfahrt«.
Discogr.: Herzblut (1995, Eigenproduktion), Wer bist du? (1997, Zyx), Kopfschuss (1998, Zyx), Himmelfahrt (2000, Zyx). Kontakt. Brainstorm Music Marketing, Badeweg 9, 85709 Immenstadt, F: 08323-963329/30. E-Mail: info@brainzone.de • Internet: www.megaherz.com • www.zyx.de • www.brainzone.de

MEINECKE, ULLA

Ulla Meinecke stammt aus Usingen in Hessen und wuchs in Frankfurt/M. auf. Sie sandte eine Kassette mit ihren Songs an Udo Lindenberg, der sie daraufhin nach Hamburg einlud, um mit ihr die LP »Von Toten Tigern und nassen Katzen« zu produzieren, zu der er die Musik schrieb und sie die Texte beisteuerte. Mit dem zweiten Album »Meinecke Fuchs« löste sie sich vom Einfluß Udo Lindenbergs und bei »Überdosis Großstadt« schrieb Herwig Mitteregger ihr die Songs. In ihrer Band beschäftigte sie Carlo Karges, der später mit Nena zu Weltruhm kam und Rosa Precht, die als Cosa Rosa später eigene Platten veröffentlichte. Erst mit dem Album »Wenn schon nicht für immer dann wenigstens für ewig« stellte sich für Ulla Meinecke der Erfolg ein und mit dem Titel »Die Tänzerin« war die Liedermacherin erstmals in den Single-Charts vertreten. Das Stück »Heißer Draht« aus dem Erfolgsalbum »Der Stolz italienischer Frauen« hielt sich 12 Wochen in den Airplay-Charts und ihre Live-Doppel-LP »Kurz vor acht – kurz nach zehn« erhielt glänzende Kritiken. Ulla Meinecke konnte den Erfolg nicht weiter ausbauen. Sie veröffentlichte zwar gelegentlich weitere Alben und hatte mit »Schlendern ist Luxus« und »Ein Schritt vor und zwei zurück« zwei weitere kleine Hits, aber die großen Verkäufe stellten sich nicht mehr ein. Mit der CD »Kurz nach acht – live« kehrte sie 1999 in die Szene zurück und bewies, daß sie immer noch auf treue Fans vertrauen konnte.

Erhältliche CDs: Von toten Tigern und nassen Katzen (1977) Teldec, Meinecke-Fuchs (1978) Teldec, Überdosis Großstadt (1980) BMG/RCA, Nächtelang (1981) BMG/RCA, Wenn schon nicht für immer dann wenigstens für ewig (1983) BMG/RCA. Der Stolz italienischer Frauen (1985) BMG/RCA, Tänzerin – Best of (1985) BMG/RCA, Kurz vor acht – kurz nach zehn (1986) BMG/RCA, Kur vor acht, kurz vor zehn – Live (1987) BMG/RCA, Erst mal gucken, dann mal sehen (1988) BMG/RCA, Löwen (1991) BMG/RCA, An (1994) Sony Music, Kurz nach acht – live (1999) Sony. Kontakt: Sony Music/Columbia, Stephanstr. 15, 60313 Frankfurt/M. F: 069-13888. Internet: www.sonymusic.de/columbia

MELLOWBAG

Mellowbag sind eine in Berlin ansässige HipHop-Formation, die sich aus Mitgliedern von vier Nationen, nämlich einem Berliner, einem Jamaikaner, einer französischen Sängerin und einem amerikanischen Rapper zusammensetzt und die mit englischen Texten, die man im Internet nachlesen kann, deutsche Probleme beschreibt. Die Aufnahmen erfolgten ebenso wie Produktion und Abmischung in ihrem Heimstudio in Berlin, während WEA den Vertrieb übernahm. Im Mai 97 kam ihr beachtetes Major-Debüt »Around The Clock In A Day« heraus, dem sie 1999 »Bipolar Opposites« folgen ließen. Mit dem Titel wiesen sie auf die Gegensätze in der Welt und in ihrer Band hin, die darin eine Einheit bilden, daß das eine nicht ohne das andere sein kann. Musikalisch arbeiteten sie mit Rap- und Soulstimme, Beats, Killer-Basslines, selbst eingespielten Samples, Streichereinheiten, Querflöten, Funk- und Jazz-Zitaten. Ihren Aussagen und ihrem Sound war das Bemühen um Kreativität anzumerken und veranlaßte die Kritik zu wohlwollender Beurteilung.

Discogr.: Around The Clock In A day (1997, Downbeat/WEA), Bipolar Opposites (1999, Downbeat/WEA). Kontakt: WEA Records, Arndtstr. 16, 22085 Hamburg, F: 040-228 05-297. Internet: www.mellowbag.de

MELLOW SIRENS

Nina Grötschel (voc), Krösus (b), Stephan Schillkowski (g/keyb/programm./voc), Dominik Decker (g/keyb/voc)

Die Legende sagt, daß sich Nina Grötschel und Stephan Schillkowski auf einer Party kennengelernt haben. Nachdem Nina »What's Up« von den Four Non Blondes gesungen hatte, war Stefan so angetan, daß sie beschlossen, eine Band zu gründen und fanden in Krösus und Dominik zwei Mitstreiter. Sie komponierten eingängiges Material, das auf die Stimme ihrer Sängerin zugeschnitten war. Durch die Erfolge von Bell, Book & Candle und den Guano Apes war es für die Band nicht schwer, einen Plattenvertrag zu bekommen, zumal sie auch auf ihren Konzerten überzeugen konnten. Dies bestätigte ihnen sogar Jon Bon Jovi, der die Gruppe zu seiner Deutschland-Tournee in sein Vorprogramm aufnahm und ihnen für ihre Leistung persönlich gratulierte. Im Febsruar 1999 kam das Debüt »Mellow Sirens« auf den Markt. Hierbei zog die Presse Vergleiche mit der Heart-Sängerin Ann Wilson, Bell, Book & Candle, Skunk Anansie, No Doubt, Garbage, Alanis Morissette, Roxette, Depeche Mode, Eurythmics, Guano Apes und Sheryl Crow. Letztlich sollte sich jeder seine eigene Meinung bilden. Hier ein Auszug einer

Rezension aus dem Fachblatt: »Eingängige Hooklines, der fette Sound und eine Sängerin, deren helle und durchsetzungsfähige Stimme an Heart-Sängerin Ann Wilson erinnert. Alle 13 Songs auf ihrem Debütalbum sind von hoher handwerklicher Qualität: Schnörkellose 3-Minuten-Songs, melodisch und absolut radiotauglich. Auch wenn überraschende Momente etwas zu kurz kommen: Gratulation.«

Discogr.: Mellow Sirens (1999, Mercury). Kontakt: Heartbeat Music, T: 0221-995710, F: 0221-9557123. E-Mail: heartbeatmusic@compuserve.com • Internet: www.mercurybeat.de • www.mercuryrecords.de

MELOTRON

Edgar (keyb/Text), Andy (voc/Komposition), Hilde (keyb)

»Dein Meister« nannte sich die erste EBM-lastige tanzbare Maxi-CD der Synthie-Popband melotron aus Neubrandenburg. Danach erschien im April 99 ihr erstes Album »Mörderwerk«, das mit den beiden Nummern »Der blaue Planet« und »Kindertraum« zwei weitere Szene-Hits vorweisen konnte und viel Lob bekam. Auf Tourneen mit → De/Vision, Front 242 und Mesh bewiesen sie, daß sie ihre Qualitäten auch auf der Bühne umsetzen konnten. Anschließend konzentrierten sie sich auf die Vorbereitung ihres nächsten Albums, das sie im heimischen Studio entwickelten und an dem sie unter der Regie von Olaf Wollschläger im Neusser 4 Art-Studio weiterarbeiteten. Die sorgfältig ausgeführten Nummern klangen experimenteller, ohne daß sie den Popanspruch verloren. Neben verschiedenen Klangspielereien ließ sich auch eine Opernsängerin vernehmen. Vorab veröffentlichten sie den für Radio und Clubs geeigneten Ohrwurm »Tanz mit dem Teufel«.

Discogr.: Dein Meister (1998, MCD – Zoth Ommog/Edel), Mörderwerk (1999, Zoth Ommog/Edel), Der blaue Planet (1999, MCD – Zoth Ommog/Edel), Kindertraum (1999, MCD – Zoth Ommog/Edel), Tanz mit dem Teufel (2000, MCD – Zoth Ommog/Edel). Kontakt: Edel Music AG, Wichmannstr. 4, Haus 2, 22607 Hamburg, F: 040-896521. E-Mail: germany@edel.de • Internet: www.edel.de

MENHIR

Menhir aus Thüringen bilden in ihrer Musik eine Synthese aus Folk und Metal und ließen mit ihrem 97er Debüt »Die ewigen Steine« erstmals aufhorchen. Ein Jahr später folgte mit »Buchonia« ein stark folkorientiertes Werk, das trotz Titel wie »Sonnenwende« und »Germanenkunst« keine nationalistischen Tendenzen aufwies. Statt dessen bestimmten klare Gesänge und getragene, hochmelodische Stücke das Bild, die durch zusätzlich Instrumente wie Bratsche und Geige neue Klangfarben bekamen. Auf »Thuringia« erzählten sie erneut Geschichten aus ihrer Heimat, die sie allerdings mit mehr Metal garnierten. Menhir fanden ihre Freunde bei den Folkfans, in der Düsterszene und im Metalbereich.

Discogr.: Die ewigen Steine (1997, Ars Metal/Zomba), Buchonia (1998, MCD – Ars Metal/Zomba), Thuringia (1999, Ars Metal/Zomba). Kontakt: Zomba Records, Eickeler Str. 25, 44651 Herne. E-Mail: info@zomba.de • Internet: www.zomba.de

MERLONS

Ani (voc/fl/dr), P.G. Andreas Haensel (Drehleyer/g/Laute/Schalmeyen/Bombarde/voc), Fritz Schmitz (g/v/Fiedel/Laute/voc), Peter Henrici (g/b), Der Frank (dr/perc/samples)

1992 nannten sie sich noch Merlons of Nemehiah und spielten das Demo »Cantoney« ein. Sie bezeichnete ihre Musik als »Mittelalter Mystic Folk Crossover«. Dies ist im Gegensatz zu der Aussage eines Journalisten zutreffend, der ihre Musik unter »englischer Folklore« einordnete. Zwar traf Rockmusik auch auf Folk, aber Ethno-, World Music und Mittelalter dominierten. Von Beginn an legten sie Wert auf die Verwendung selbstgebauter Instrumente. Obwohl sie sich nie als Düsterrocker sahen, fanden sie in der Gothic-Szene schnell Anklang. Love like Blood gab den Merlons of Nehemiah 1993 Gelegenheit, mit ihnen eine Single einzuspielen. Diese wurde als Sägezahnsingle veröffentlicht. Danach folgte ihr Debüt »Cantoney«, eine Erweiterung und Neubearbeitung ihres Demos. Mit der zweiten CD »Eluoami« gelang ihnen ein vielbeachtetes Werk. Arno Frank Eser in der Abendzeitung München: »Bei ›Eluoami‹ können sich alle Beteiligten zufrieden zurücklehnen. Herrliche Harmoniegesänge und deftige Rhythmen bestimmen die dichten Arrangements. Musik (auch) zum Träumen und Abheben, erstmal aber zum Staunen. Eigenständig, seltsam – und vor allem sehr mutig.« 1994 stellten sie sich auf der Popkomm vor, traten beim Gothic-Treffen in Leipzig auf und zogen als Support von The Mission durchs Land. Die CD »Romanoir« von 1995 enthielt 9 Lieder und einen CD-ROM-Teil mit Computeranimation. Damit waren sie die erste bekannte Band aus Franken, die in die Multimediawelt eingestiegen war. Ein Höhepunkt des Jahres war ihr umjubeltes Konzert während des Nürnberger »Bardentreffens«, wo sie Zuhörer unterschiedlichster Schattierung und Altersgruppen überzeugen konnten. Die rührige Formation spielte 1996 mehr als 70 Konzerte in Deutschland, einige zusätzlich in Italien und war als Support von → Subway to Sally unterwegs. Einen Konzertmitschnitt ihres Auftritts in Leipzig übertrug der MDR. Trotzdem fanden sie noch Zeit, die EP »Salamander« einzuspielen und mit den Arbeiten an der CD »Trance« zu beginnen. Inzwischen hatten sie das »of Nehemia« aus ihrem Namen getilgt. 1997 verstärkten sie ihre Tätigkeiten nochmals, nahmen die CD »Water Naked Nature« auf, spielten 92 Konzerte, gingen wieder mit Subway to Sally auf Tour und traten erstmals in Paris auf. Sie erhielten einen Vertrag beim Label Lawine und die nächste CD »Sinnlicht« von 1998 vertrieb BMG. Diesmal hatten Samples und Loops im Mittelalter Einzug gehalten. War bisher der Gebrauch der deutschen Sprache die Ausnahme, waren jetzt ausschließlich Texte in der Muttersprache zu hören. Die Premierenveranstaltung mit Mittelaltermarkt, Feuertanz und Schwertkämpfen fand am 17.6.98 im Nürnberger »Hirsch« statt. Die Zeitschrift Zillo und WOM wählten sie im Juli/August zum »Talentsupport«. Mit »Salamandrina« von den Einstürzenden Neubauten war erstmals ein Cover zu hören. Nach einem erneuten Auftritt beim »Bardentreffen« begaben sie sich auf große Deutschlandtournee. Das ungewöhnlichste Experiment wagten sie 1999 mit der Veröffentlichung der CD »Trance«. Darauf war nur ein einziges Instrumentalstück (nur teilweise konnte man im Hintergrund sphärischen Gesang zu vernehmen) von 50 Minuten Länge zu hören. Es wurden weder Keyboards, Samples noch Computer verwendet. Basierend auf der uralten Technik der Schamanen versuchten sie durch monotones Trommeln den Zuhörer in leichte Trance zu versetzen. Mit der dazu gelieferten Musik beabsichtigten sie, im Kopf Visionen, Bilder und Gefühle entstehen zu lassen.

Discogr.: Cantoney (1993, Musical Tragedies/EFA), Eluoami (1994, Musical Tragedies/EFA), Romanoir (1995, Musical Tragedies/EFA), Salamander (1996, EP – Musical Tra-

Merlons

gedies/EFA), Water Naked Nature (1997, Musical Tragedies/EFA), SinnLicht (1998, Lawine/BMG), Trance (1999, Musical Tragedies/EFA). Kontakt: Blanko Music, Schongauerstr. 13, 81377 München, T: 089-74141610. E-Mail: Blanko.Music@t-online.de • Internet: www. merlons.de

MERRICKS

Marion Dimbath (voc/tb/synth), Günther Gottschling (synth), Bernd Hartwich (voc oder/synth/strings), Carl Oesterhelt (synth/ clavinet/perc), Hannes Polta (b/ synth), Salewski (dr/perc/keyb)

Die Merricks gibt es seit 1987. Damals spielten sie noch in der klassischen Besetzung mit Gitarre, Bass, Keyboards, Schlagzeug, Saxophon und Trompete. Die erste 12"-EP hieß 1989 »Merricks in Amerika« und war noch in englischer Sprache gesungen. Für das Album aus dem Jahr 1990 »Unsere Stadt« wurde mit Ausnahme eines Liedes im siebenbürgener Dialekt erstmals rein in Deutsch gesungen. Sie setzten Gastmusiker ein und verwendeten viele Spielzeuginstrumente. Die Platte erlangte Kultstatus. Auf der 1991er EP »Der schönste Tag im Jahr« wirkte erstmals Marion Dimbath mit. Das Jahr 1992 brachte einige personelle Wechsel und durch den Einfluß der englischen Rave-Bands die Hinwendung zu tanzbarer Musik, wie auf der Mini-LP »Merricks in Club 2« dokumentiert.

Fortan trat man in unterschiedlicher Besetzung mit diesem Stil unter dem Namen »Club 2« auf. Easy Listening, Filmmusik und Popmelodien bestimmte die CD »In Schwierigkeiten« von 1993. Die Band huldigte der deutschen Schlager-Tradition von Heinz Rühmann bis Stefan Remmler. Dann wurde es still um die Formation. Erst 1997 gab es mit der CD »The Sound Of Munich« das nächste Lebenszeichen. Hierbei verarbeiteten sie den 70er Munich-Sound von Giorgio Moroder und Donna Summer auf ihre Weise. Die Mischung aus Tanzmusik und ihrer Definition von Pop brachte internationale Anerkennung und den bisher größten Erfolg. ME/Sounds vergab in seiner Rezension fünf von sechs Sternen: »Natürlich ist der ›Sound of Musi‹ nicht wirklich Disco. Der Sound ist Pop mit drei Ausrufezeichen inklusive der positiven Grundeinstellung aus jenen Tagen.« Eine weitere Kritik bezeichnete das Werk als »ziemlich sympathischen, manchmal etwas zu kalkulierten Beitrag zu einer Archäologie der deutschen Trash-Pop-Kultur«. Im Land der aufgehenden Sonne konnte man eine japanische Version der CD kaufen. Remixes dieses Albums konnte man 1998 unter dem Titel »The Sound Of Munich – Remixes« erwerben. Die Band stellte die CD auf einer Tournee durch Deutschland, Österreich und die Schweiz ausgiebig vor. Im Juni 1999 gab

Merricks

es den Nachfolger »Escape From Planet Munich«, auf dem die Merricks ihre aus dem »Sound Of Music«-Album vorgegebene Definition von Popmusik weiter ausbauten.

Discogr.: In Amerika (1989, EP – Sup Up), In unserer Stadt (1990, Sub Up), Der schönste Tag im Jahr (1991, EP – Frischluft), In Club 2 (1992, Sup Up/Frischluft), In Schwierigkeiten (1993, Sub Up), The Sound Of Munich (1997, Sub Up), The Sound Of Munich – Remixes (1998, 12" – Disko B), Escape From Planet Munich (1999, Sub Up). Kontakt: Sub Up Records, Lindwurmstr. 71, 80337 München. E-Mail: promo@diskob.com • Internet: www.subup.com

METALIUM

Henning Basse (voc), Matthias Lange (g), Lars Ratz (b), John Osborn (dr), Chris Caffery (g)

Während einer Tour im Jahr 1998 mit dem Liveprojekt »American Rock Live« traf Lars Ratz (ex Zed Yago, ex Velvet Viper) auf den Gitarristen Chris Cafferty und den Schlagzeuger Mike Terrana und verstand sich mit beiden so gut, daß sie beschlossen, eine Band zu gründen. Mit dem Shouter Henning Basse und dem begehrten norddeutschen Gitarristen Matthias Lange war Metalium geboren. Der Name setzte sich aus den Wörtern Metal und Millennium zusammen und verdeutlichte, daß sie Metal für das nächste Jahrtausend schaffen wollten. Ihr 3-Track-Demo überzeugte Massacre Records, die der Band sofort einen Vertrag gaben. Im Hamburger Impuls-Studio begannen die Aufnahmen zu ihrem ersten Album »Millennium Metal – Chapter One«, wobei Tommy Hansen (u.a. Pretty Maids, → Helloween) das Re-Mastering und Alexander Krull (Atrocity, Skyclad usw.) das Mastering übernahm. Das True-Metal-Debüt überzeugte Publikum und Presse. So gab der Hammer die Höchstwertung und schrieb: »Eine solche Symbiose aus stimmlicher Power, Emotionen und instrumentaler Wucht kann sich vorbehaltlos auch auf internationaler Ebene messen.« Dies bewiesen sie mehrmals bei ihren Auftritten bei großen Festivals und auf der Tour mit Primal Fear, denen sie öfters die Show stahlen. Letztendlich verkauften sie von ihrer Scheibe im Jahr 1999 mehr als alle anderen Newcomer ihres Genres in Europa. Trotzdem zogen dunkle Wolken herauf, nachdem ihr Schlagzeuger Mike Terrana gekündigt hatte, allerdings die geplanten Termine noch mitspielen wollte und trotzdem frühzeitig von John Osborne abgelöst wurde, der für das »With Full Force Festival« einsprang und anschließend für die Tour als Drummer blieb. Lars, Henning und Matthias trugen über Fachzeitschriften und Internet einen häßlichen Streit aus, der letztlich sogar zu Unstimmigkeiten zwischen den Zeitschriften Rock Hard und Hammer führte. Danach besannen sie sich wieder auf ihre Musik und starteten die Aufnahmen zu ihrem zweiten Album, das im Jahr 2000 erscheinen soll.

Discogr.: Millenium Metal – Chapter One (1999, Massacre/Connected). Kontakt: Massacre Records, Rauheckstr. 10, 74232 Abstatt, F: 07062-64375. Internet: www.massacrerecords.com

MICHAELIS, DIRK

Dirk Michaelis (voc/p/ac-g/entertainment) – für Soloprogramm Beathoven (keyb/p), Matthias Lauschus (voc/perc/ac-g/tp) – als Trio, Beathoven/Thomas Maser (g/back.-voc), Simon Pauli (b), Micha Joch (dr/perc) – Band

Dirk Michaelis war früher ein Kind. Das ist ganz normal. Daß ein Kind einer Künstlerfamilie entstammt, passiert nicht so häufig. Daß ein Kind bereits im Alter von acht Jahren Rollen im Fernsehen spielt und synchronisiert, ist schon sehr selten. Genau dies tat Dirk Michaelis. Dazu hat er bereits mit 14 Jahren eigene Kompositionen am Klavier geschaffen. Als 19-Jähriger tourte er mit eigenem Konzertprogramm und erhielt von der Zeitschrift »Melodie und Rhythmus« die Auszeichnung als beliebtester Nachwuchskünstler 1980. Von 1985 bis 1991 sang er bei der Gruppe Karussell. Mit ih-

Mila Mar

nen hatte er den Hit »Als ich fortging«, der bei den größten DDR-Hits aller Zeiten den zweiten Platz belegte. Ab 1992 arbeitete Dirk solo, gründete sein eigenes Plattenlabel ROCKchanSong Records, gab damit seine musikalische Ausrichtung bekannt und benannte danach auch seine erste eigene CD. Rockchansongs sind deutsche Rocksongs mit anspruchsvollen Texten (Songwriter/Chanson). 1993 ging er mit der populären Band Die Zöllner auf Konzertreise. 1965 arbeitete er am nächsten Werk »Pardon – Rockchansongs Vol. 2«. 1996 war ausgefüllt mit dem Schreiben von Filmmusiken für ARD, ZDF, MDR und BR, darunter für die Serien »Tatort«, »Ärzte« und »Lindenstraße«. Die Tragödie von Dunblane war der Anlaß für das Instrumentalalbum »Dunblane«. 1996 trat er als dauerhaftes Mitglied der UNICEF bei. Der Film »Das Mambospiel« hatte bei der Berlinale 1998 Premiere und Dirk am Soundtrack mitgewirkt. Am 14.11.98 gab es im Berliner Tränenpalast ein volles Haus. Der Grund dafür war die Vorstellung seiner neuen CD »Hallelujah«. Nachdem er 1998 mehr als 60 Konzerte gespielt hatte, hielt er sich auch 1999 nicht zurück. Er trat solo, im Trio und mit Band auf und spielte mit Pankow, Purple Schulz, → Dirk Zöllner und Andre Herzberg. Im Fernsehen sah man ihn im ORB, MDR und B1. Leider kam bisher fast ausschließlich das Publikum der neuen Bundesländer in den Genuß seiner Konzerte.

Discogr.: Rockchansongs (1992, RCS-Records), Pardon (1995, RCS-Records), Dunblane (1996, RCS-Records), Halleluja (1998, RCS-Records). Kontakt: Reyk Zöllner, Treskowstr. 66, 13156 Berlin, F: 030-47750247. E-Mail: Reyk.Zoellner@-online.de

MILA MAR

Anke Hachfeld (voc/perc), Katrin Beischer (v/fl/perc), Maaf Kirchner (synth/samples/ perc), S. Meyer (perc/H'M Ba/voc)

Der Geist ist willig – diese Voraussetzung ist notwendig, damit man sich auf die Musik von Mila Mar einlassen kann. Gewoben auf einem Percussion-Teppich erklingen Einflüsse indianischer, orientalischer, keltischer und afrikanischer Musik. Es ertönen mystische Klänge, manchmal monoton, manchmal düster und manchmal auf Schönheit bedacht. Die Stimme von Anke Hachfeld dient als Instrument. Sie transportiert Klänge und es bedarf keiner Texte. Der Stimmumfang beträgt vier Oktaven und dies nutzt sie aus. In einem Moment lädt sie zum Träumen ein, im nächsten wirkt sie fordernd. Mila Mar fanden in Göttingen zusammen. Sie brachten aufwendige Live-Performances auf die Bühne, die manchmal von einem Ballettensemble unterstützt wurden. Aufgrund dieser Erfolge durften sie Marie Boine und Youssou N'Dour supporten. Im Mai 1999 erschien die CD »Nova«, über die Dirk Hoffmann im Zillo schrieb: »Mit einem spannenden Ensemble aus Synthesizern, Violine, Flöte und etlichen Percussions verstehen es Mila Mar, Einflüsse aus der afrikanischen, orientalischen und irischen Folklore zu einer exotisch angehauchten, aber stets eindringlichen, zeitgemäßen Musik zu verbinden, die den Zuhörer in die Märchenwelt von 1001 Nacht entführt.«

Discogr.: Nova (1999, Strange Ways Records) Kontakt: Strange Ways Records, T: 040-4307666, F: 040-4307696. E-Mail: Strangeways@compuserve.com • Internet: www.subaudio.net/strangeways

MILES

Rene Hartmann (b), Gilbert Hartsch (g/org/keyb/voc), Tobias Kuhn (voc/g/org) Andreas Wecklein (dr/vib/perc/voice)

1992 begannen Miles in ihrer Heimatstadt Würzburg als typische Schülerband in Trio-Besetzung unter dem Namen Miles from Nowhere. Damals hießen ihre musikalischen Vorbilder Janes Addiction und Smashing Pumpkins. Sie lernten sehr schnell und gründeten ihr eigenes Label Spool Records. Dort starteten sie 1993 mit der EP »Manana«. Die Erstpressung von 500 Stück war sofort vergriffen. Die Zeitschrift SubLine wählte das Werk im Mai 93 zum »Debüt des Monats«. Zwar bemerkte man noch die fehlende Routine beim Komponieren, sah aber in dem gitarrendominanten Sound einen Ausblick in die progressive Rockmusik der neunziger Jahre. Auf ihrer »Melt-Festival-Tour« lernten sie Städte wie Ulm und Berlin kennen. Ein Jahr später legten sie ihr erstes Album »Baboon« unter dem Namen Miles vor. Die Kürzung war notwendig geworden, nachdem eine unbekannt gebliebene Hamburger Band gerichtliche Schritte angedroht hatte. Die musikalische Spannweite des Albums bewegte sich zwischen sensiblen, zerbrechlichen und psychedelischen Songs sowie Punk- und Gitarrengewitter. Obwohl inhaltlich eigenständig, ließ sich eine gewisse Nähe zu den Smashing Pumpkins nicht leugnen. Im Gegensatz zur Musik fehlte dem Gesang noch die gewisse Reife. Diese eignete sich Miles durch permanentes Auftreten bald an. Beim Heimspiel während des »Umsonst & Draußen«-Festivals in Würzburg begeisterten sie 15.000 Zuhörer. Langsam wurde der reine Indie-Bereich zu eng für Miles, und sie begannen, am großen Popsong zu feilen. Dabei orientierten sie sich grob an Größen wie den Beach Boys, Big Star, Byrds, Kinks und natürlich den Beatles, aber auch den → Lemonheads oder Pixies. Trotzdem blieben Miles Miles.

Vom V2 Label erhielten sie einen Vertrag. Ihre neue musikalische Ausrichtung wurde auf »The Day I Vanished« hörbar, ein Album voll eingängiger Songs mit hohem Wiedererkennungswert. Mario Thaler von → Notwist und O.L.A.F. Opal von Naked Lunch standen ihnen bei der Fertigstellung helfend zur Seite. Sie hatten sich hohe Ziele gesetzt und fast alles erreicht. Es gab kaum eine Zeitschrift, die Miles nicht bemerkte. Dabei waren es gut wie keine Verrisse zu lesen, sondern sie ernteten fast nur Lob. WOM wählte sie sogar zum Act des Monats. Nach Manowar besprochen, vergab sogar Rock Hard 8 Punkte. Auch im Konzert hielten sie, was die CD versprach. Marco Jahnke schrieb über ein Konzert im Düsseldorfer Stahlwerk: »Studenten, Punks, kleine Mädchen und Medienvertreter – alle sind an diesem naßkalten Abend nach Düsseldorf gekommen, um zu sehen, was diese Band sonst noch zu bieten hat. Und der Aufwand hat sich gelohnt. Miles sind so unbedarft, daß sie der durchschlagenden Euphorie mit sichtlicher Verlegenheit begegnen. Zum anderen ist ihr Live-Vortrag noch spannender als die ohnehin schon sehr gute Konserve. Nicht nur, daß

Miles

sie handwerklich nahezu perfekt sind, sie verstehen auch, ihre Einflüsse so geschickt umzusetzen, daß daraus etwas Eigenständiges entsteht. Miles schreiben einfach ganz wunderbare Songs: clever strukturiert, mit griffigen Texten und himmlischen Refrains, die sich unauffällig im Langzeitgedächtnis festkrallen...10 Stücke vom neuen Album sowie ein Querschnitt ihres älteren Repertoires genügen, und das Düsseldorfer Stahlwerk tanzt sich in Ekstase.« Im Mai 2000 beglücken Miles ihre Fans mit dem neuen Album »Miles« und danach mit vielen Konzerten.

Discogr.: *Manana (1993, MCD – Spool Records), Baboon (1994, Spool/T.I.S.), The Day I Vanished (1998, V2/Zomba), Astronaut Without A Case (1999, MCD – V2/Zomba), My Friend Boo (1999, MCD – V2/Zomba), Miles (2000, V2).* Kontakt: V2 Records GmbH, Leuschnerdamm 31, 10999 Berlin, F: 030-61502-111. E-Mail: info.berlin@v2music.com • Internet: www.v2music.com

MILLENIA NOVA

Michael Meinl (Computersounds) Matthias Neuhauser (Multiinstrumentalist)

Millenia Nova kommen aus München und bestehen aus den beiden Soundbastlern Michael Meinl und Matthias Neuhäuser, die ihre Kunst weitgehend in kleinen Bars und Jazzclubs präsentieren. Im Jahr ihrer Gründung 1996 entstand ihr erstes Werk »Nice Mysterious Heavy Stuff«, das vom Dance-Label Kosmo im Vertrieb von BMG Ariola herausgebracht wurde, aber nichts mit Dance zu tun hatte, sondern Klanglandschaften für erdachte Filmmusiken präsentierte. Um ihren Lebensunterhalt zu verdienen, schrieben sie zusätzlich Werbejingles u.a. für BMW, Reebok, Chips Frisch und Quix. 1½ Jahre dauerte die Entstehung des zweiten Albums »Slow E-Motion Sight Seeing«, welches von der sphärischen Filmmusik der 60er Jahre und 70er Jahre beeinflußt war und ihnen viel Aufmerksamkeit bescherte. Auf den durch Computer und Keyboard erzeugten Klangteppichen gab es akustische und elektrische Gitarren, Piano, Vibraphon und sphärische Gesänge zu hören. Die Texte für das Album schrieb die Autorin Alexa Hennig, die mit ihrem Roman »Relax« den Durchbruch im Reich der Literatur geschafft hatte. Viele Gäste wie die Sängerin Natalie Pho-Duc, die dem französisch gesungenem Stück »Sandman« ihre Stimme lieh, bereicherten die Vielfalt des Albums. Zwar konnten sich die Rezensenten in der Beschreibung der Musik von Millenia Nova nicht auf eine Stilrichtung festlegen, wobei der Begriff Easy Listening noch am öftesten erwähnt wurde, aber das sprach dafür, daß ihnen etwas Eigenständiges gelungen war.

Discogr.: *Nice Mysterious Heavy Stuff (1997, Kosmo/BMG), Slow E-Motion Sightseeing (1999, Virgin), Miles Away (1999, MCD – Virgin).* Kontakt: Millenia Nova c/o Virgin, Herzogstr. 64, 80803 München, 089-38195118. Internet: www.virgin.de

MIND ODYSSEY

Auf ihrem ersten Album von 1993 »Keep It All Turning« kopierten Mind Odyssey um den charismatischen Sänger Mario LeMole noch stark den Sound von → Helloween, erreichten damit aber immerhin den japanischen Markt. Im zweiten Album »Schizophenia«, einem Konzeptalbum über einen Überwachungsstaat im Sinne von George Orwell, experimentierten sie noch vorsichtig mit den Möglichkeiten des Metals, um ihre gewonnenen Fans nicht gleich wieder zu vergraulen. Hatte für das zweite Album noch der Gitarrist Garret Matzko als Gast in die Saiten gegriffen, stieg nun der virtuose Russe Victor Smolsky als festes Mitglied in die Band ein. Die Hinzunahme eines Keyboarders sorgte für ein größeres Klangspektrum, das dem dritten Werk der Berliner »Nailed To The Shade« zugute kam und eine deutliche Weiterentwicklung hin zum progressiven Metal aufzeigte. Mit »Memories« beinhaltete das Album ein zehnminütiges Epos und in anderen Titeln hörte man sogar jazzige Töne, obwohl auch diesmal eingängige Balladen nicht fehlten. Einen weiteren Höhepunkt stellte das 99er Album «Signs« dar, worin weder speedige und harte Sounds noch die progressiven Anklänge vom Vorgängeralbum fehlten. Ende 1999 mußten Mind Odyssey den Weggang ihres Gitarristen Victor Smolsky verkraften, der sich → Rage anschloß. *Discogr.: Keep It All Turning (1993, Nose Records), Schizophenia (1995, Rising Sun/Semaphore), Nailed To The Shade (1998, Gun/BMG), Signs (1999, B.Mind/Point). Kontakt: Point-Music, Höherweg 3, 81827 München, F: 089-4391206. Internet: www.pointmusic.com*

MISSIS RAINTOWN

Aunt Own = Petra Spandl (s/fl/voc/g), Hike O. = Heiko Rometsch (keyb/g/p/V/blues-harp), N. Dee = Andreas Weber (b/g/voc), Fell X. = Felix Rembold (dr/voc), Done E. Low = Danilo Rometsch (voc/g/keyb/p/ dr/songwriting)

Eigentlich müßte man dem Leser empfehlen, sich eine CD von Missis Raintown zu bestellen und dazu ihr ausführliches und originelles Informationsmaterial als Beilage anzufordern. Beispielsweise sind die Lebensläufe der Bandmitglieder auf Spielkarten, natürlich nur Assen, abgedruckt und stecken in einem Jackenärmel aus Papier, aus dem eine Full Hand ragt. Missis Raintown hat sich christlichen Grundsätzen verschrieben und besteht aus einer Musikerin und vier Musikern, die alle vielfältige musikalische Erfahrungen gesammelt haben. Heiko und Danilo Rometsch gründeten 1994 die schwäbische Formation mit dem Ziel, anspruchsvolle englischsprachige Popsongs jenseits von Turnhallen- und Sportveranstaltungs-Ambiente in kleinen Clubs zu Gehör zu bringen. Allerdings stand anfangs der Aufwand dem Ertrag nicht ausgewogen gegenüber, denn bis 1997 gaben sie nur etwa 30 Konzerte, probten jedoch 300mal. 1997 stieß der erfahrene Live-Mixer und Bühnentechniker Wolfgang Peter zur Gruppe und sorgte für technische Rahmenbedingungen, die sonst kaum eine Amateurband aufweisen konnte. In diesem Jahr erschien auch die erste, live aufgenommene CD »94297« in kleiner Auflage und handgenähter Jeanshülle. Diese gilt inzwischen als heiß begehrtes Sammlerobjekt. Die vielseitig begabte Multiinstrumentalistin Petra Spandl ersetzte den Saxophonisten Valentin Rembold und erweiterte das Klangspektrum der Formation, die für ihren Sound inzwischen die Bezeichnung Funky Jazzy Pop'n'Groove gefunden hatte. Bei ihren Konzerten legten Missis Raintown besonderen Wert auf Publikumsnähe und direkte Kommunikation mit dem Hörer, wobei Videoproduktionen die Auftritte visuell unterstützten. 1998 spielten sie ihre zweite CD »This Is How A Missis Pisses« ein. Mit Live-Auftritten im Rundfunk, überfallartigen Mini-Auftritten in akustischer Besetzung in Kneipen im Großraum Stuttgart, umfangreicher Pressearbeit und dem Verteilen 5000 handgefertigter Daumenkinos warben sie für ihre CD-Präsentation. Als

Missis Raintown

Mistcapala

1989 wurde Mistcapala von den Landsbergern Armin Federl und Vitus Fichtl gegründet. In der ersten Besetzung konzentrierten sie sich auf konzertante Volksmusik mit Einflüssen der World Music und der irischen Folklore. Der eigentliche Aufstieg von Mistcapala begann mit dem Einstieg des Multiinstrumentalisten Tom Hake und des studierten Bläsers Dino Walter. Der Münchner Tom Hake beschäftigt sich neben seiner Tätigkeit bei Mistcapala mit dem Komponieren von Film- und Theatermusik. Zusammen mit Armin Federl und Fitus Fichtl schreibt er für Mistcapala die Musik, während Fitus Fichtl für die Texte zuständig ist. In den Geschichten erzählt die Gruppe Begebenheiten aus der Heimat, wie die von Bertl, dem Schaf, das sein Leben für einen Dudelsack lassen mußte und die Geschichte von dem Mountainbiker Walter mit dem Blitzableiter. Probleme sprechen sie auch an, wobei ihre Lösungen nicht immer praktikabel, aber zumindest gut gemeint sind. In ihren Kompositionen verzichten sie völlig auf das Volkstümliche und schaffen eine eigene ehrliche Art der Volksmusik. Ihr Reichtum an Instrumenten ist gerade dazu geschaffen, Einflüsse anderer Kulturen in ihre Werke mit einfließen zu lassen. Es kommt aber auch vor, daß die klassische Musik in Anspruch genommen wird. Einer der Höhepunkte ihrer Konzerte ist zweifellos die eigenwillige Interpretation von Ravels »Bolero«. Für ihr Programm erhielten Mistcapala verschiedene Auszeichnungen und Preise und ihre Wege führten sie schon mehrmals ins »feindliche Ausland« außerhalb Bayerns. So waren sie schon mehrmals im Bayerischen Rundfunk, im Südwestfunk Baden-Baden und im NRW als Gast von Hanns Dieter Hüsch zu hören und gastierten beim Folk-Herbst in Plauen. Sogar die Bukarester Rundschau beschäftigte sich mit Mistcapala: »Ti poki sam tuz ek falastrapilo edetku a Mistcapala miserabilik.« diese 1998 im Stuttgarter Theaterhaus anstand, war die Veranstaltung restlos ausverkauft und viele Fans fanden keinen Einlaß. Zu der CD meinten die Stuttgarter Nachrichten im Oktober 98: »Ein hoher Maßstab muß kein Fehler sein, auch wenn der sich bereits in den frühen 80er Jahren herausgebildet hat. Melodische Ironie, ein gewisses harmonisches Raffinement und eine reizvolle Distanz im Umgang mit den Versatzstücken der Popmusik ist der Gerlinger Band nicht abzusprechen.« 1999 ersetzten Felix Rembold (el-dr) und Andi Weber (b) die bisherige Rhythmus-Section. In den Planungen sehen Misses Raintown vor, Musik, Video und Theater noch mehr miteinander verschmelzen zu lassen.

Discogr.: 94297 (1997, Eigenvertrieb), This Is How A Missis Pisses (1998, Eigenvertrieb)
Kontakt: Missis Raintown, Lontelstr. 22, 70839 Gerlingen, T: 07156-27241, F: 07156 -49473. E-Mail: missis@erdbeerhund. com • Internet: www.erdbeerhund.com

MISTCAPALA
Armin Federl (acc/perc/Dudelsack/g/voc), Fitus Fichtl (voc/Drehleier/mand/b-mand /g/Brumtopf/perc), Tom Hake (cl/Hackbrett/b-mand/harp/Drehleier/ Dudelsäcke/ Uillean Pipes/Scottish Pipes/ Concertina/ Knopfakkordeon/g), Dino Walter (Waldhorn/flh/tp/Alphorn/Tenorhorn/Luftpumpe/voc)

Discogr.: Demo-CD (Eigenvertrieb). Kontakt: Armin Federl, Alpenstr. 28, 86899 Landsberg, T/F: 08191-50081; Rudolf Fichtl, Johann-Ferstl-Str. 2, 86899 Landsberg, T/F: 08191-921911

MITHO KANYWA

Sabine Wolf (voc), Björn Bippus (g), Johanna Ensinger (dr), Beatrice Schnitzer (b)
»Eigenwillige deutsche Texte, nichtpolierte Melodien, die dir wichtig werden, Pop und Alternative, zerbrechlich und hart, anhören und abhören. Glaub mir, im Widerspruch liegt 95 % der Wahrheit.« Dieses Statement liefert die 1985 von Sabine und Beatrice gegründete Waldshuter Gruppe Mitho Kanywa (übersetzt: »Augen und Mund«) zu ihrer derzeitigen Musik. Zuerst folgten Phasen des Lernens und der Orientierung, der Entwicklung eines Konzepts, der Umbesetzungen, der Erstellung eines Programms und die ersten lokalen und überregionalen Auftritte. Die Gruppe ließ sich viel Zeit und feilten lieber an ihrer Musik, als den schnellen Erfolg zu suchen. Im August 94 berichtete die Kultursendung Bizz (Südfunk 3) über Mitho Kanywa in einer Sendung, in der Frauen im Rockgeschäft vorgestellt wurden. Danach packten die drei Damen ihre beiden Männer ein und tourten mit ihnen durch die neuen Bundesländer. Soe spielten ihr Debüt »Send Your Money To The Band« ein, damals noch ausschließlich mit englischen Texten, und erreichten mit einem Titel beim »Big Deal«-Wettbewerb der Zeitschrift Soundcheck Musikmagazin im November 94 den ersten Platz. Als Höhepunkt des Jahres feierten sie den Sieg bei dem vom Deutschen Rock und Popmusikerverband veranstalteten Bundesrockfestival und erhielten dafür den Bundesrockpreis 1994. In einer Reportage stellte das Südwestfernsehen Mitho Kanywa im Januar 95 ausführlich vor. Dann beschäftigte sich die Gruppe mit den Aufnahmen zu ihrem zweiten Album, das im November 95 unter dem Titel »Fishsoup« erschien und das die Band auf einer Deutschlandtournee ausführlich vorstellte. Die nächsten Lorbeeren ernteten sie im September 1996 mit dem Sieg beim vom SWF 3 veranstalteten Wettbewerb »Baden-Württemberg rockt«, der mit einem Fernsehauftritt beim »New Pop Festival 96« in Baden-Baden belohnt wurde. Anschließend schraubte die Band, bedingt durch den Ausstieg der Keyboarderin und der Neuorientierung, ihre Aktivitäten etwas zurück und erst 1998 erschien die 4-Track-Mini-CD »Kochfest«, auf der sie sich erstmals mit deutschen Texten präsentierte. Über einen Auftritt schrieb die Badische Zeitung am 15 Juni 1999: »Sie sind unglaublich, und eigentlich wird man ihnen nur mit der Bezeichnung ›Phänomen‹ gerecht. Nach nur zwei Stücken tobt bei ihnen das Publikum, und die Stimmung ist auf dem Höhepunkt – und dabei ist es egal, wo sie spielen. Über den Grund für ihren Erfolg denken sie selten nach; sie freuen sich vor allem darüber.« Die Badische Zeitung Freiburg: »Jeder Ton wird zelebriert und bekommt durch Bewegung, Gestik und Mimik der Musikerinnen erst seine richtige Bestimmung und Aussage. Obwohl die Musik viele Stilelemente beinhaltet, wirkt das ganze Konzert wie aus einem Guß. Harte rhythmische Lieder wechseln sich ab mit melodiösen Passagen. Moderne Gitarrensounds treffen auf eine groovende auf den Punkt spielende Rhythmusgruppe. Mit ihrem starken Ausdruck im Gesang und der durchaus engagierten Art, das Liedgut vorzutragen, zog die Sängerin die Konzertgäste

Mitho Kanywa

Mobylettes

sofort in ihren Bann.« Als nächstes veröffentlichten sie die Single »Bleib«, die Deshima Records neben DJ Bobo, Aquagen, You u.a. auf den »Hitback 2000«-Sampler aufnahm und die einen Vorgeschmack auf die nächste CD gab, worauf Mitho Kanywa mit elektronisch erzeugten Grooves und Samples ihren Weg ins neue Jahrtausend einläuteten.

Discogr.: Send your money to the band (1994), Fishsoup (1995), Kochfest (1998, MCD), Bleib (1999, Single). Kontakt: B. Schnitzer, Schwarzwaldstr. 1, 79761 Waldshut, T: 07751-700699. E-Mail: beatrice@foni.net

MOBYLETTES

Diana Diamond (voc), Max Knoth (b), Axel Janssen (dr)

Die Mobylettes begannen 1989 unter der Leitung der mondänen Diana Diamond als reine Frauenband. Diana hatte schon den → Goldenen Zitronen, Die Stars und vielen mehr ihre Stimme geliehen. Ein Teil der Musikerinnen, die im Laufe der Zeit ausschieden, schloß sich später zu → Die Braut haut ins Auge zusammen. Anfangs coverten die Mobylettes Songs der 60er Girl Groups. Schon bald wurden sie des reinen Nachsingens überdrüssig. Immer mehr von Diana Diamonds eigenen Kompositionen mit deutschen Texten flossen in das Programm ein. Dabei hatte sie Phil Spectors Wall of Sound und den Soul von Stax und Tamla Motown vor Augen. Der erste Tonträger »Girl Talk«, mit den Konzertfavoriten »Arrogant« und »Du machst mich krank«, kam 1995 heraus. Bei den Aufnahmen wurden alle technischen Möglichkeiten genutzt, um den optimalen Mono-Sound zu erreichen. → Rocko Schamoni in seinen Liner Notes zur CD: »...wenn Gott Emma Peel wäre, dann wären die Mobylettes die Hausband des Himmels, und Diana Diamond würde die Himmelspforte öffnen, um zu entscheiden, wer smart genug gekleidet wäre, um an den paradiesischen Freuden teilnehmen zu dürfen.« Mittlerweile ist ihr Debüt-Album ausverkauft. Danach kam es infolge einiger Umbesetzungen zu Änderungen im Line-up, aber nicht in der musikalischen Ausrichtung. Die 97er CD »Catch As Catch Can« enthielt wieder viele witzige Pop-Perlen im Stil der frühen 60er. Die Fans liebten besonders die Titel »(Du bist ein) viel zu guter Mann« und »Ein Mann namens Ärger«. Touren durch die Clubszene in Deutschland, Österreich und der Schweiz machten die Mobylettes weithin bekannt. Ein Jahr später zollten sie George Gershwin Tribut, indem sie zu seinem 100. Geburtstag 18 seiner Kompositionen für »Kicking The Clouds Away« einspielten. Natürlich übernahmen sie dabei nicht Note für Note, sondern transferierten den Sound wieder in die beliebten Sixties. Erstmals sangen sie in englischer Sprache. UTW schrieb über einen Auftritt im April 99 in Bielefeld: »Die herrlich toupierte Diana kreiert und intoniert Beatschlager, in denen der Ärger und sie ein Paar sind, das es noch nie gab. Gefällige Melodien, aus denen das Geheimnis der schwarzen Mamba kriecht und bei denen sie nicht auf die Liebe hereinfällt. »Wart ihr schon einmal verliebt? Ja? Wie war das denn so?« Ihre Ansagen und Anfragen sind so vordergründig unschuldig wie hintergründig tiefgründig.

Das gestelzte Konventionelle an ihr macht sie nur noch mysteriöser: »Schön, daß ihr schon mitwippt.« Wie könnten wir anders, wenn zu adrett-exaktem Orgelbeat die Rufnummer von »Dottore Amore« wie ein Late-Night-Werbeblock daherkommt und die Mobylettes in ihren selbstgeschneiderten Burda-Kleidchen dazu den Hand Jive zelebrieren?! Ein absolut ungewöhnlich vergnüglicher, inspirierender Abend.«

Discogr.: Girl Talk (1995, CD – Elbtonal, LP – String Records/Indigo), Catch As Catch Can (1997, CD – Elbtonal, LP – String Records/Indigo), Kickin' The Clouds Away (1998, CD – Elbtonal, LP – String Records/Indigo). Kontakt: BH-Booking, Bernadette Hengst, Kleine Freiheit 1, 22767 Hamburg, F: 040-319 6069. E-Mail: B.H.Booking@rockcity.de

MONOFF, SYLKIE

Sylkie Monoff (g/voc), David Becker (g)
Wenn Sheryl Crow eine neue Scheibe auf den Markt bringt, könnten die Kritiker schreiben, daß dieser Stil an Sylkie Monoff erinnert. Leider ist es öfters umgekehrt. Denn wer zu früh kommt, den bestraft das Leben. Sylkie Monoff ist nämlich schon viel länger als Songwriterin tätig. Bereits mit 14 erlernte sie die Gitarre. In verschiedenen regionalen Countryrockbands war sie als Sängerin und Gitarristin beschäftigt. Die erste Aufnahme in einem Plattenstudio erfolgte 1987 mit einem Fremdtitel, den sie unter einem Pseudonym einsang. An der Hamburger Musikhochschule erreichte sie einen erfolgreichen Abschluß im Kontaktstudium Popmusik. Inzwischen hatte sie einige eigene Songs geschrieben und bewarb sich damit bei verschiedenen Firmen und Verlegern. Auch auf der ersten Popkomm verteilte sie ihre MCs. Ein Mitglied von Chlodwig-Musik nahm eine Kassette entgegen und vereinbarte mit ihr einen Termin im Herbst. Zwei Wochen, nachdem dieses Gespräch erfolgt war, hatte sie ihren Plattenvertrag. BMG Ariola veröffentlichte 1993 das Album »Harbor In The Night«. Dazu PE: »Gefällige Songs, die sich im Grenzbereich zwischen Pop und Rock mit verhaltenem Folk- und Country-Flair bewegen, hat Sylkie Monoff auf ›Harbour In The Night‹ festgehalten. Sie überzeugt dabei vor allem als versierte Gitarristin und hat es zudem verstanden, in ihren Stücken durch abwechslungsreiche Verspieltheiten im Klanghintergrund Spannung aufzubauen und zu erhalten.« Die AZ München zeichnete die CD als »Album der Woche« aus und empfahl »reinhören und genießen«. Mit der Single »Don't« zog sie in die deutschen Radiocharts ein. Es folgten Radio- und Fernsehauftritte und viele Clubgigs. Als Support für Julian Dawsons Plainsong reiste sie durch Deutschland. 1995 lief der Vertrag mit BMG aus, ohne daß eine weitere Veröffentlichung erfolgte. Sie hielt sich vorübergehend in Los Angeles auf und pendelt seitdem zwischen Deutschland und den USA. Sylkie schrieb weitere Songs und begann, Gesangsunterricht zu geben, hielt Workshops für Gesang und Vokaltraining ab und gab Vorträge über Vertragsrecht im Musikbusiness am Drummer-Institut in Düsseldorf. Einer dieser Workshops führte sie auf die 2. Internationale Rock Clinic nach Österreich, wo sie als einzi-

Sylkie Monoff

Monostars

ge deutsche Vertretung neben amerikanischen Größen wie Mark Schulman und Don Freeman lehrte. 1998 hielt sie sich wieder in den USA auf und gab dort zusammen mit ihrem Lebensgefährten, dem Gitarristen David Becker, und eigener Band Konzerte in Kalifornien. Ein Verleger fragte bei Sylkie an, ob sie einen ihrer Songs der Liverpooler Band BND zur Verfügung stellen würde. Ihr Stück »All The Places« landete auf der CD von BND, wurde auch als Single veröffentlicht und trat in die deutschen Top 100 ein. In Polen gab es dafür sogar Gold. Bei einem Wettbewerb wurde ihr Titel »Take It Slow« bei 15.000 Einsendungen unter die 300 besten Songs gewählt. Dafür erhielt sie in den Vereinigten Staaten ein »Certificate Of Achievement«. Dann nahm sie mit dem Produzenten Mark Schulman, der schon mit Cher, Simple Minds, Foreigner und Richard Marx gearbeitet hatte, das Stück »The Puzzle« auf, das Mitte 1999 als Vorbote des kommenden Albums veröffentlicht wurde. In Deutschland stellte die Sängerin ihre Lieder mit David Becker im Duo vor, da es aus finanziellen Gründen nur schwer machbar ist, die amerikanische Band nach Deutschland zu holen. Ihr Konzert mit Band im Forum in Wuppertal wurde vom WDR aufgezeichnet. Die Kritik schrieb zu einem Auftritt in Schortense: »Nicht nur, daß sich die beiden als ausgezeichnete Gitarristen erwiesen. Sylkie Monoff verfügt darüber hinaus über eine Stimme, die das Prädikat ›Extraklasse‹ verdient.«

Ohne großen Firlefanz auf der Bühne zeigte die Musikerin eine beeindruckende Präsenz, mit ihren Popsongs, denen Anleihen im Country- und Folkbereich zu eigen waren, konnte sie vollauf überzeugen.« Im Januar 2000 erreichte Sylkie Monoff beim internationalen Songcontest Unisong in den U.S.A. mit den Liedern »The puzzle« und »Still here« das Finale und wurde erneut mit einem Certificate of Achievement ausgezeichnet. Außerdem schrieb sie Songs für das erste Album des amerikanischen Fernsehstars Coltin Scott (General Hospital) und trainierte seinen Gesang.

Discogr.: Your Eyes (1992, EP – BMG Ariola), Don't (1993, Single – BMG Ariola), Harbor In The Night (1994, Single – BMG Ariola), The Puzzle (1999, T.R.O.S. – Wind River Music). Kontakt: Sylkie Monoff/Wind River Music, F: 0202-427638

MONOSTARS
Norbert Graeser (voc/b), Lenz Lehmair (g), Marc Deckert (keyb), Ralf Nikolaus (dr)
Die Münchner Monostars bewegen sich im weiten Feld zwischen Struktur und totaler Offenheit und bringen kleine Popstücke in deutscher Sprache, die viel Raum für Assoziation lassen. Bei ihren Stücken agieren Bass, Gitarre, Schlagzeug, Keyboard und Synthesizer gleichbedeutend nebeneinander. Die Mitglieder hatten bereits Erfahrungen in anderen Bands gesammelt und gemeinsam als Animal Crackers gespielt. Mit neuem Konzept und Namen spielten sie 1996 ihr Debüt »Zeitlupe« mit warmer, melancholischer Musik ein. Superstar stellte in der Ausgabe Mai 97 fest: »Kleine (Alltags?)Betrachtungen in kleine Melodien gepackt und was ganz Großes daraus gemacht.« Der Gitarrist Lenz Lehmair organisierte das jährlich stattfindende Open Air in Puch, auf dem sie selbst auftraten und vielen alternativen Gruppen eine Chance gaben. Im Februar 99 erschien ihre zweite CD »Passagen«, die sie auf einer gefeierten Tournee mit den Moulinettes und Isar 12 ausgiebig vor-

stellten. Über dieses Album schrieb Reiner Sladek: »Passagen ist wie eine lange Zugfahrt, die in einer einzelnen Einstellung aufgenommen wurde. Scheinbar passiert nichts, außer daß der Zug abfährt und ankommt. Aber das Entscheidende geschieht unterwegs auf der Strecke. Zwischen diesem Aufbruch und dem Zurückbleiben bewegt sich die Musik der Monostars. Was dabei entsteht ist Pop mit einer Narbe, Leben aus Momenten, eine Welt ohne Ende, die keinen Anfang kennt und kein Ende sehen möchte.«

Discogr.: Zeitlupe (1996, Veracity/EFA), Passagen (1999, What's so funny about/Indigo) Kontakt: What's so funy about, Schanzenstr. 75, 20357 Hamburg F: 040-4302565. E-Mail: zickzackhh@hotmail.com

MOONCHILD

Susan D'Iavollo (voc), Uwe Holler (g/ebow), Toni de Santis (b/voc/programm.), live dabei: Alex Sauer (dr)

Die Musik der 1987 gegründeten Moonchilds ist ein Mix aus Gothic Rock, Metal-Elementen und Melodien, die Ohrwurmcharakter haben. Gemäß dem Aberglauben ist ein Mondkind ein im Licht des Vollmonds gezeugtes Kind. Entsprechend mystisch gibt sich die Musik der Band. Aushängeschild ist die stimmgewaltige Sängerin Susan D'Iavollo. 1993 gaben sie mit der CD »Shed No Tear« ihren Einstand auf dem Tonträgermarkt. Im Laufe der Jahre verfeinerten sie in den Alben »Lunatic Dreams« (1994) und »T.H.I.R.D.« (1996) ihren Poppy-Power-Goth-Stil. Danach war längere Zeit nur wenig von Moonchild zu hören und zu sehen. Erst 1998 machten sie sich mit der MCD »A Single To A Friend« wieder bemerkbar. Der Grund dafür lag in den Schwierigkeiten, die sie mit ihrem ex-Label hatten und in der Suche nach einem neuen Partner für Management und Vertrieb. Nach ihrer Manie, die ultimative Melodie zu finden, benannten sie ihr nächstes Album »Melomania«. Das Team Koch/Genkel, das bereits Lacrimosa und Therion in die Charts geführt hatte, übernahmen die Produktion. Melodien wurden hierbei großgeschrieben und besonders ausdrucksstark war wiederum der Gesang von Susan D'Iavollo, die sich sogar in klassischer Lautmalerei artikulierte. Hatten sie bisher Zurückhaltung geübt, was politische Statements betraf, so nahmen sich die überzeugten Vegetarier die Freiheit, in dem Lied »Like A Cannibal« auf die unmenschliche Behandlung der Tiere aufmerksam zu machen.

Discogr.: Shed No Tear (1993), Lunatic Dreams (1994), T.H.I.R.D. (1996), A Single To A Friend (1998, MCD – Poison Ivy/SPV), Melomania (1998, Poison Ivy/SPV). Kontakt: Moonchild, P.O. Box 1257, 73068 Donzdorf, T/F: 07161-814212. Mail: moonchild@fucusion.de • Internet: www.focusion.de/moonchild

MORGENSTERN, BARBARA

Der »Guide« aus Berlin bezeichnete die Berlinerin Barabara Morgenstern als die »Königin des unorthodoxen Drum-Loops und der tönenden Orgelei«. Andere Organe nannten sie die Königin des Wohnzimmer-Lo-Fi-Pop oder Pippi Langstrumpf der Popmusik. Auf ihrer CD »Vermona ET 6-1«, benannt nach ihrer tschechischen Orgel, erwies sie sich sowohl in ihren deutschen Texten als auch in ihrer Musik, in der sich 30 Jahre Pop-

Moonchild

musik wiederfanden, als Wanderin zwischen Naivität und Genie.
Discogr.: Vermona ET 6-1 (1998, Indigo). Kontakt: Monika Enterprise, Monumentenstr. 16, 10965 Berlin, T: 030-7852415. E-Mail: info@m-enterprise.de • Internet: www.m-enterprise.de

MORNINGRISE
Die 1996 gegründete Leinefelder Band Morningrise glänzt mit aggressiver Popmusik und veröffentlichte 1997 ihre erste MCD »Mensch sein« im Eigenvertrieb. Dies brachte ihnen Auftritte im Vorprogramm von → Subway to Sally, Catastrophe Ballet, → Merlons und → In Extremo ein. 1999 veröffentlichten sie mit »Ware Fleisch« ihren zweiten Tonträger.
Kontakt: Denise Häußler, Konrad-Martin-Str. 12, 37327 Leinefelde

MOTORSHEEP
Birgit Fischer (voc), Beat Halberschmidt (b), Dirk Schilling (g), Henning Brandt (dr), Peter Zink (programm.)
Bevor die erste CD von Motorsheep erschien, machte der musikalische Kopf der Band, die Sängerin, Texterin und Komponistin Birgit Fischer, bereits seit zwölf Jahren Musik. Eigentlich hatte sie schon als Kind im Kirchenchor einer lutherischen Kirche in Hamburg-Barmbeck gesungen und in der Schule bei allen Klassenaufführungen mitgewirkt. In der ersten Band spielte sie dann mit 18. Nach einem Aufenthalt in New York hatte sie längere Zeit in London gewohnt. Dann nahm sie in Hamburg ein Studium der Psychologie auf, spielte wieder in einer Band und schrieb eigene Songs. Danach begann die Zeit als Motorsheep. Dieser Name war einem Jello Biafra Song entlehnt. Konnte man sie anfangs noch als eine Art Trash-Indie-Combo bezeichnen, entwickelte sich ihr Sound durch sie und den Programmierer Peter Zink seit 1996 in die heutige Richtung. Diese Musik war im Spannungsfeld zwischen Trip-Rock, Indie-Pop, Avantgarde, Krautrock, Drum'n'Bass und New Wave angesiedelt. Birgit gab ihr Studium auf, um sich ganz der Musik zu widmen. Durch Absagen verschiedener Indie-Firmen mutlos geworden, wollte sie schon Deutschland den Rücken kehren, zudem sich britische Firmen für ihre Musik interessierten. Gerade zu diesem Zeitpunkt bekamen sie aufgrund eines in Heimarbeit erstellten Tapes, das sie und ihr Freund abgeschickt hatten, die Chance, an der ersten Runde des John-Lennon-Förderpreises teilzunehmen. Sie gewannen die Endausscheidung in Schleswig-Holstein, dies führte zu einem Plattenvertrag. Mit dem Produzenten Paul Grau (→ Fury in the Slaughterhouse usw.) wurde die CD «Come To Play Forever« aufgenommen. Ihre Vielfältigkeit stellten sie auch dadurch unter Beweis, daß sie ihre Balladen »Tied« und »Womanchild« mit dem Londoner Session Orchester unter der Leitung von Will Malone aufnahmen und sich auf der CD sogar ein deutscher Text mit einer eigenwilligen Vertonung von Hans Christian Andersens Märchen »Die Schneekönigin« fand. Rotsch von Feedback hatte sich anscheinend in Birgit Fischer verliebt, denn er vergab in seiner Kritik 10 Küsse: »Eine weitere innovative Platte aus deutschen Landen, die mir zeigt, daß da viel mehr ist als HipHop und Volksmusik. Hier finden sich Balla-

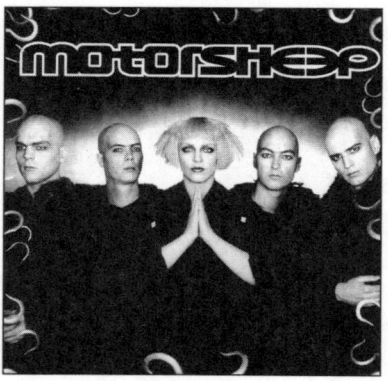

Motorsheep

den und harte Dancefloor-Stücke, die maschinell hart klingen, aber trotzdem kommerziell und groovig bleiben. Birgit Fischer (sollte sich bei der tollen Stimme einen interessanteren Namen zulegen) hat eine leicht kratzige und verraucht klingende Stimme. Sie kann singen und zieht auf ›Come To Play Forever‹ alle Register.« Sie hat auf diese Kritik bisher nicht reagiert und nennt sich nicht Maria Schmidt oder Johanna Schneider, sondern zieht weiter als Birgit Fischer mit ihrer Band durch die einheimischen Clubs und Hallen. Da die Gruppe sich als Multi-Media-Event sieht, bietet sie Auftritte mit Tänzern, Kostümen, Videos und ausgeklügelter Lightshow.

Discogr.: Little dancer (1998, MCD – Motor Music), Come To Play Forever (1999, Motor Music). Kontakt: Motor Music, Holzdamm 57, 20099 Hamburg, F: 040-30872596. Internet: www.motor.de

MOULINETTES

Claudia Kaiser (voc/g), Barbara Streidl (voc/b), Kiki Wossagk (dr)

Das Münchner Frauentrio Moulinettes liebt eingängige Melodien und orientiert sich an der Popmusik der 60er und am neuen deutschen Schlager. Nach der Teilnahme an einem Wettbewerb der Radiosendung »Zündfunk« im Bayerischen Rundfunk erhielten sie einen Plattenvertrag beim Hamburger Label Marina Records, wobei als erstes Titel das Stück »Alfio Brambilla« auf dem Sampler »Songs For Marshmallow Lovers« veröffentlicht wurde. In einem Studio eines Freundes nahmen die Moulinettes ihr erstes Album »20 Blumen« auf und ließen sich für Titel wie »Meine Liebe ist wie ein Asylantrag« und »Zaubervogel Barbie« feiern. Mit der Titelmelodie des Zeichentrick-Klassikers »Herr Rossi sucht das Glück« konnten sie einen weiteren Szene-Hit verzeichnen.

Discogr.: 20 Blumen (1999, Marina/EFA) Kontakt: Marina Records, Lindenallee 21, 20259 Hamburg, T: 040-4399802

MOUSE ON MARS

Jan St. Werner (composition), Andi Toma (voc/composition)

Die aus Köln und Düsseldorf stammenden Musiker fanden 1993 ihre musikalische Heimat beim englischen Label Too Pure, das noch Gruppen aufnahm, die für eigenständigen innovativen Sound sorgten. Als Mouse on Mars 1994 nach der Maxi-Single »Frosch« ihr Album »Vulvaland« auf den Markt warfen, bezeichneten sie ihre elektronische mit Ambient und Techno versetzte Musik als »Elektro Kraut Dub«. Die Presse sah sie in der Nachfolge von Brian Eno, Kraftwerk oder Can, während es den beiden Soundtüftlern hauptsächlich darum ging, musikalische Schlupflöcher zu finden, die noch niemand anders entdeckt hatte. Neue Stücke entstanden bei ihnen am Mischpult und nicht am Computer, an dem sie vage Songstrukturen formten, Ansätze von Melodien erzeugten, diese wieder auseinandernahmen und völlig anders als zu Beginn zusammensetzten. Bei Live-Auftritten sprengten die beiden Künstler die Grenzen ihrer Werke und schufen durch experimentelle Handhabung ihres Equipments völlig neue Klangwelten. Die Kritik lobte nicht nur »Vulvaland«, sondern begeisterte sich auch für das Nachfolger »Iaora Tahiti«. Zwiespältiger aufgenommen wurde der dritte Ausstoß »Autoditacker«, auf dem erstmals Drum'n'Bass und Dub-Reggae zu finden waren und mit dem Mouse on Mars in neue Publikumskreise vorstieß. Über ein Konzert im Münchner Backstage schrieb Michael Fuchs-Gamböck: »Es piept, kracht und rumpelt unentwegt in diesem merkwürdigen Mikrokosmos, in dem fraglos der Rhythmus regiert. Nicht der stoisch-maschinelle, hier geht es um etwas verspielt Fieberhaftes. Das Düsseldorfer Duo hat dem Rhythmus Seele eingehaucht. Alles ist hier immerzu in Bewegung. Niemals und nirgends kommt irgendwas irgendwo an. Das Mouse on Mars-Konzert im brechend vollen Backstage ist ein Endlos-Loop ohne Anfang und ohne Ende, aber mit einer unglaublichen Menge an Gefühl. Umgesetzt mit jeder Menge Elektronik, mit Bass und einem ›lebenden Schlagzeug‹, das aus dem Duo an diesem Abend einen Dreier macht.« Nachdem Mouse on Mars ihr Programm in ganz Europa vorgestellt hatten, führten sie die nächsten Wege in die Staaten und nach Japan. Sie gründeten ihr eigenes Label und spielten das Album »Instrumentals« nur für eine Langspielplatte ein. Auf CD waren sie erst wieder im August 99 mit dem Album »Niun Niggung« zu hören, das Sounds für fortgeschrittene Hörer mit genreüberschreitenden Klängen bis hin zum Blues und Noiserock enthielt. ME/Sounds vergab dafür 5 Sterne (von 6) und war der Meinung: »Du darfst auch progressive Popmusik dazu sagen.«

Discogr.: Vulvaland (1994, Too Pure/Zomba), Iaora Tahiti (1995, Analog-LP/CD Too Pure/Zomba), Autoditacker (1997, Our Choice/Zomba), Instrumentals (1999, Sonig/Zomba), Niun Niggung (1999, Analog-LP/ CD – Our Choice/Zomba). Kontakt: a-musik, Brüsseler Platz 10 a, 50674 Köln. Internet: www.mouseonmars.com

MR. ED JUMPS THE GUN

MC Olly Goolightly (voc), J.D. (g/voc) Big H. (b), Mr. Ho (dr/programm.)
Es klingt besser als umgekehrt. »Lustig, aber nicht blöd« beschreibt ein bekanntes Magazin den Stil der Gruppe, den diese seit Erscheinen ihres ersten Albums pflegt. Hatten die Musiker vorher Erfahrungen in Rock, Jazz, Funk und Free-Jazz gesammelt, vermischten sie auf ihren Platten alle Richtungen der Popmusik und garnierten diese mit Sprechgesang. M.C. Olly Goolightly hatte in Nordhorn in der Schülerband Escape Lunatics gespielt, bevor es ihn 1989 nach Berlin verschlug. Er blieb zwar weiter musikalisch tätig, aber es wurde 1993, bis es zur Gründung von Mr. Ed jumps the Gun kam. Den Namen entlehnten sie einer alten amerikanischen Fernsehserie um ein sprechendes Pferd. Bei einem Rennen hatten sie auf ein gleichnamiges Pferd gesetzt, das allerdings einen Fehlstart hinlegte (= jumps the gun). Der Verlust verhalf ihnen zum Bandnamen. Sie nahmen sich selbst nicht ernst und boten eine enorm witzige Bühnenshow mit treibendem HipHop-Crossover-Rock, der vom Berliner Publikum dankbar angenommen wurde. Der Zulauf zu ihren Konzerten wurde immer größer. Fast ununterbrochen tingelten sie über die Dörfer. Dann erhielten sie bei EMI Electrola einen Vertrag. Diesmal wieherte auch die Plattenfirma. Vor allem deshalb, weil das Debüt »Boom Boom« sofort in die Top 20 schoß und ihre Version des Troggs-Klassikers, angeboten als »Wild Thang«, mehr als 120.000 Einheiten verkaufte. Die Presse war in zwei Lager gespalten. Während der Rolling Stone meinte: »...wer bislang mit dem Begriff ›White Trash‹ nichts anzufangen wußte, ist nach dem Hören dieser CD definitiv klüger«, sahen andere in Mr. Ed bereits eine Kultgruppe. Ein Konzert-Marathon mit 120 Auftritten in einem Jahr folgte. Das zweite Album »Heehaw« hatte mit dem Casey Jones-Cover »Don't Ha Ha« wieder einen Hit vorzuweisen, aber an den großen Erfolg des Vorgängers kamen sie nicht ganz heran. Im Anschluß machten sie zwei Jahre Pause, unterbrochen von einigen einzelnen Gigs und Auftritten bei Open Airs. Zwei Bandmitglieder bewie-

Mr. Ed jumps the Gun

sen andere Fähigkeiten und wurden Väter. Dann hatten sie wieder Bock auf Rock. Zwar gab es auf der dritten CD »Face Now«, woran sie ein Jahr im Studio gearbeitet hatten, wieder Zucker für die Pferdefans, aber das Songwriting war deutlich ausgefeilter, die Musik mit tanzbaren Grooves angereichert und sogar der Computer hatte Einzug gehalten. Das Presseecho war wie immer unterschiedlich: »Wer nach Hintergrundmusik für sonnige Partytage sucht, wird sicher mit ›Face Now‹ wieder glücklich. Vorausgesetzt, er ist nicht zu anspruchsvoll oder hat schon mal die eine oder andere Sublime oder die alte Sugar Ray gehört, dann sollte er lieber dreißig Mark auf ein echtes Pferd setzen« (Feedback). – »Die erste geniale Party-Scheibe in diesem Jahr« (Aktiv).

Discogr.: Boom Boom (1995, EMI), Heehaw (1996, EMI), Face Now (1999, EMI). Kontakt: Partysanen Music, Skalitzer Str. 68, 10997 Berlin, F: 030-6114019. Internet: www.emimusic.de • www.vielklang.de

MR. PRESIDENT

Daniela »Danii« Haak (voc/Tanz), Judith »T« Hildebrandt (voc/Tanz), Delroy »Lazy« Rennals (Rap)

Diese Musik paßt zur Karibik, zu Ibiza-Nights und zu Ballermann auf Mallorca. Nur auf die Nordseeküste würde man nicht tippen. Denn das Herz von Mr. President kommt aus Bremen. Sowohl Daniela Haak als auch Judith Hildebrandt sind in Bremen geboren. Die gelernte Krankenschwester und Altenpflegerin Danii hatte Gesangsunterricht genossen und Jazz-Dance und Ballett trainiert, während »T« an der »Royal Dance Academy« Ballettunterricht hatte und ihre tänzerischen Fähigkeiten um Standards und lateinamerikanische Tänze erweiterte. 1991 stellte der Produzent Kai Matthiesen gemeinsam mit seinem Partner Jens Neumann die Dance-Formation »Satellite One« auf die Beine und verpflichtete hierzu Danii und »T«. In einem alten VW-Bus tourten sie zwischen Flensburg und Garmisch-Partenkirchen, um in Clubs und Diskotheken aufzutreten. Übernachtet wurde in Jugendherbergen, im Notfall auch im Zelt oder einmal, in Rostock, sogar in einem Seemannsheim. 1993 entwickelte sich »Satellite One« zu »Mr. President«. Der farbige Engländer Delroy Rennalls war nach seiner Zeit mit der Gruppe »Fresh & Fly« in Hannover hängengeblieben, wo er als DJ und für verschiedene Tonstudios arbeitete. Kai verpflichtete »Lazy« für sein neues Projekt zur Ergänzung der beiden Mädels. Wieder wurden Auftritte in ganz Deutschland organisiert und sie traten in vielen Discotheken und auf Stadtfesten im ganzen Land auf. Inzwischen gelang es ihnen, einen Major-Deal zu unterschreiben. Der Titel »Up'n'Away« wurde produziert. Nach fast einem Jahr Anlaufzeit erreichten sie damit die Top Ten der deutschen Charts. Danach ging es Schlag auf Schlag. Der Tanzschlager »Coco Jamboo« wurde einer der größten Hits in Europa und schaffte sogar Platz 2 in Japan. Das zweite Album »We See The Same Sun« verkaufte sich weltweit. Ende 1996 waren »Mr. President« Teilnehmer am Benefiz-Konzert »Charity 96« in Frankfurt/M. 1997 erschien das dritte Album »Nightclub« und die Formation erhielt den »Echo Award« als »Beste natio-

Mr. President

nale Künstler« und den »Viva Comet« als »Dance Act des Jahres«. Sogar in Finnland gewannen sie den »Finnish Dancemusic Award«. Eine speziell für die Vereinigten Staaten zusammengestellte CD »Mr. President« stieg auf Platz 45 in die »Billboard Charts« ein. Außer dem Umsatz ihrer Plattenfirma steigerten sie 1998 auch die Auflage der Zeitschrift »Playboy«. Die Auszeichnung mit dem »Echo Award« als »beste nationale Künstler im Ausland« vervollständigte den Erfolg. Im März 1998 begannen sie die Arbeit an dem futuristischen Album »Space Gate«, das schließlich im April 99 fertiggestellt wurde. Die Single »Give A Little Love« enterte wieder die Charts und stieg direkt von 0 auf Platz 19 ein. Er hielt sich dort mehrere Monate. Die Spitzenposition war Platz 13. Live wurde erstmals mit einer Band gearbeitet. Bei den Auftritten gab die Gruppe buchstäblich alles einschließlich der Kleidung, wie die Zuschauer beim Donauinselfest 99 in Wien erfreut registrierten. Mit großem Aufwand erstellten die Macher von »Mr. President« die »Space Gate« Show, die im September 99 in der Bremer Stadthalle Premiere feierte. Die nächste Single hieß »SimbaLeo«, die sofort nach Einzug Platz 35 der Hitparade belegte. Der Videoclip wurde von Peter Span, Deutschlands Fachmann für digitale Charakteranimationen, entworfen. Die CinemaxX Kino-Kette ging mit der Plattenfirma eine Marketing-Allianz ein und stellte den Titel ausgiebig vor. »T« und »Lazy« richteten sich ein Heimstudios ein, um an eigenen Songs zu arbeiten. So sehr sich die Geister an der kommerziellen Ausrichtung der Disco-Dance-Band scheiden, wenn man sich beim Senator für Bildung, Wissenschaft, Kunst und Sport nach einer populären Bremer Gruppe erkundigt, hört man zuerst: »Mr. President«. Zu Beginn des neuen Jahrtausends gab Judith »T« Hildebrandt ihren Ausstieg bekannt und der Rest von Mr. President machte sich auf die Suche nach einer geeigneten Nachfolgerin.

Discogr.: Up'n'Away (1995, WEA), We See The Same Sun (1996, WEA), Nightclub (1997, WEA), Space Gate (1999, WEA). Kontakt: WEA Records, Arndtstr. 16, 22085 Hamburg, F: 040-22805-97. Internet: www.wea.de • www.mrpresident.de

MÜLLER

Kai Müller (voc), Kai Tenneberg (g/b/voc), Tobias Hillig (g/b/voc), Ralf Müller (keyb), Mario Quaschning (dr), René Bock (b)

Im Fußball hat es sich schon einige Zeit ausgemüllert. Dafür müllert es seit 1996 in der deutschen Rockszene. Damals veröffentlichten die Thüringer ihr erstes Demo »Die Weisse«. Besondere Aufmerksamkeit verdienten hierbei die Songs »Gott ist eine Frau« und »Horizont«. Mit der Scheibe bewegten sie sich zwischen Deutschrock der härteren Gangart und kantiger Melancholie. Nachdem zahlreiche Auftritte die Band weiter zusammenwachsen ließen, begaben sie sich 1997 erneut ins Studio, um ihre nächste CD aufzunehmen. Unter dem Titel »Schlichtes Glück« spielten sie zynische Stücke wie »Scheiß auf 68« und »Mordred« ein. Mit »Ein Stuhl in der Hölle« war auch eine Cover-Version der Einstürzenden Neubauten enthalten. Eine Deutschland-Tournee beendete das Jahr 1997. Etwas experimenteller gestalteten sie 1998 den Nachfolger »Revue der Illusionen«, den sie auf einer Release Party am 7.1.99 im Soundhouse Lübeck live vorstellten. Diesmal gingen ihre Geschichten vielfach auf persönliche Erfahrungen zurück. Auch die Politik hielt eindrucksvoll Einzug, wie z.B. im Titel »Rechts blind«: »Wir müssen nichts beweisen, wir müssen nichts bereuen, wir müssen die erleuchten, die alte Saat verstreuen, ihr sollt uns so lieben, so, wie wir jetzt sind, denn ihr wißt doch auch, Angst erzeugt – Rechts blind«. Besondere Aufmerksamkeit lenkten sie während der anschließenden »Unplugged Tour« auf ihre Texte. Sie stellten ihr Programm zwischen Juli und August 99 in 31 Orten zwischen Hamburg und Flensburg vor. Das Pro-

gramm wurde mit großer Begeisterung angenommen, was dazu führte, daß sie die gesamte Auflage ihres letztes Albums komplett verkauften und gezwungen waren, dieses nachzuproduzieren.
Discogr.: Die Weisse (1996), Schlichtes Glück (1997), Revue der Illusionen (1998). Kontakt: WA Grafix, Tim Hausding, Posener Str. 1a, 23554 Lübeck, T: 0451-4082240. Internet: www.muellerband.de

MÜLLER, MAX / MUTTER
Max Müller begann 1980 mit der Punk-Band Honkas und gründete 1984 in Berlin die Formation Camping Sex, mit der er 1984 die gleichnamige Langspielplatte aufnahm und diese auch in New York, Montreal und in Frankreich vorstellte. Noch bekannter wurde er als Sänger der Gruppe Mutter, die es trotz interessanter Alben und Auftritte nur zum Ruf brachten, Lieblinge der Intellektuellen zu sein. Vier Jahre nach seinem Erstling »Max Müller«, in dem er Stories zu den Themen »Alt und schwul«, »Zweiter Weihnachtsfeiertag« und »Adolf Hitler No. 8« erzählte, veröffentlichte er 1999 sein zweites Solo-Album »Endlich tot«, in dem er höchst lebendig 27 Pop-Perlen präsentierte, wovon sechs nicht einmal die Spielzeit von einer Minute erreichten. Das im Heimstudio aufgenommene Werk glänzte mit direkten, ehrlichen, manchmal auch bitteren und düsteren Aussagen in persönlichen oder erdachten Geschichten, die er mit LoFi-Rock, Blues und dem Einsatz von Elektronik unterlegte und die er im Vorprogramm von → Blumfeld gemeinsam mit seinem Organisten Tom Scheutzlich vorstellte. Blumfeld waren von seiner Arbeit so angetan, daß sie ihn im Herbst ein zweites Mal mit auf Tournee nahmen. Neben seinen Solo-Aktivitäten war Müller auch der Frontmann der Gruppe Mutter, die durch interessante und ungewöhnliche Alben auf sich aufmerksam machte. So erzählten Freunde der Gruppe auf der Rückseite der LP »Komm« von 1991 seltsam anmutende wahre Geschichten aus ihrem Leben über den Gestank von Rippchen mit Kökkerle oder zusammengeklebte Legosteine. »Du bist nicht mein Bruder« von 1993 bestach wegen der durchdachten Krachrock-Kunst und der schonungslos offenen Texte, wie z.B. der Schilderung des Verhältnisses Ost/West nach der Wiedervereinigung in dem Stück »Wie füreinander gemacht«. »Hauptsache Musik« klang für Mutter-Verhältnisse fast wie Pop, während U. Kr. im Album »Nazionali« »14 gewalttätige Gesten der Unversöhnlichkeit« entdeckte, »die sich direkt gegen das Aufnahme-Equipment gerichtet zu haben scheinen.« 1999 begann Max Müller mit seinen Freunden an den Arbeiten zu einem neuen Mutter-Album, das im Laufe des Jahres 2000 veröffentlicht werden wird.
Discogr.: Max Müller (1995, What's so funny about/Indigo), Endlich tot (1999, What's so funny about/Indigo); erhältliche CDs mit Mutter: Komm (1991, What's so funny about/Indigo), Du bist nicht mein Bruder (1993, What's so funny about/Indigo), Hauptsache Musik (1993, EFA), Nazionali (EFA), Ich schäme mich Gedanken zu haben (1986-1994) (EFA). Kontakt: What's so funny about, Schanzenstr. 75, 20357 Hamburg, F: 040-4302565. E-Mail: zickzack-hh@hotmail.com

MUTABOR
Axel Steinhagen(voc/g), Anita Ratai (fl/cl/s/acc/Okarina/voc), Helen Bauernfeind (voc/v), Markus Gerhards (voc/g), Jens-Uwe Zietz (b/voc), Marco Frohn (dr)
Mutabor heißt soviel wie »Ich werde verwandelt«. Und meistens schafft es die Band, einen trostlosen Konzertsaal in einen Partykeller zu verwandeln. Die Formation gibt es seit 1993. Ihre Texte drehen sich um alltägliche Begebenheiten. Seit der Sänger Axel Steinhagen nach mehreren Reisen durch Äthiopien das dortige Lebensgefühl schätzen gelernt hat, betrachtet er das Leben in Deutschland differenzierter. Diese Beobachtungen spiegeln sich in den Liedern wider. Die Bandmitglieder lernten sich an der Uni Berlin kennen. Zunächst spielten sie

auf Parties und in kleineren Clubs. Erste Aufnahmen landeten auf einer MC, die auf den Konzerten verkauft wurde. Bei einem Konzert 1994 im Berliner Tacheles begeisterten sie den österreichischen Produzenten David Bronner, der ihnen Gelegenheit gab, in seinem Wiener Studio die erste CD einzuspielen. Der Titel »Abgestandenes Bier« wurde vorab auf dem Sampler »Rock'n Future« veröffentlicht. Der Titel hatte im Magazin »Soundcheck« eine Auszeichnung erhalten. Nachdem 1996 ein Vertrag mit dem Major Virgin zustande kam, konnte man 1997 nach vierjährigem Bestehen endlich die erste CD »Mutabor« kaufen. Das Magazin »Feedback« vergab 8 von 10 Punkten (als Steinhäger), bezeichnete das Album als »kurzweilig«, rückte es aber fälschlicherweise in die Nähe der Funpunksaufecke. Die Release Party fand im völlig überfüllten Berliner Kesselhaus statt, wobei die Band frenetisch gefeiert wurde. Bei der anschließenden Tour eilte ihnen der gute Ruf als Live-Act voraus. Die Freitaler Zeitung meldete im Kulturteil: »Ekstase löste die Band Mutabor am vergangenen Sonntag aus. Schon vom allerersten Takt brachten die Blockflötenpunkrocker ihre Fans scheinbar mühelos mit alten und neuen Songs zum Kochen.« Der Erfolg ihrer Auftritte verhalf ihnen 1998 in der Lausitz zu dem Fanclub »Kalif Storch«. 1999 arbeiteten sie an einem neuen Album, wovon die Kostprobe »Maria Huana« auf dem Sampler »Hanfparade 99« zu hören war. Die Folkelemente gerieten bei der neuen CD in den Hintergrund, der Sound war moderner, enthielt Breakbeats und Loops und das Schlagzeug groovte.

Discogr.: Mutabor (1997, Virgin). Kontakt: Meistersinger Konzerte, Charlottenstr. 95, 10969 Berlin. E-Mail: meistersinger@berlin.snafu.de • Internet: www.mutabornet.de

MYSTIC CIRCLE

Als Mystic Circle die Arbeiten zum dritten Album »Infernal Satanic Verses« abschlossen, beendete die Mannheimer Death-Metal-Band gleichzeitig ihre erste Album-Trilogie, die 1997 mit »Morgenröte« begonnen hatte und die 1998 in »Drachenblut« eine Fortsetzung fand, wobei jede der drei Scheiben ein in sich abgeschlossenes Thema behandelte. Auf »Morgenröte« erzählten Mystic Circle düstere Märchen und Vampirgeschichten, auf »Drachenblut« befaßten sie sich mit dem Nibelungenlied und Album Nr. 3 beinhaltete die infernalen satanischen Verse. Dabei wollte der Texter und Sänger Graf von Beelzebub durch blasphemische Bilder bewußt provozieren und seinen Haß gegenüber der Kirche artikulieren. Zwischen den einzelnen Veröffentlichungen waren jeweils klare musikalische Fortschritte zu erkennen und Mystic Circle gelang es, ihre gewonnenen Konzert- und Studioerfahrungen jeweils in das neueste Album einfließen zu lassen.

Discogr.: Morgenröte (1997, Edel), Drachenblut (1998, Edel), Infernal Satanic Verses (1999, Edel). Kontakt: Edel Records, Wichmannstr. 4, Haus 2, 22607 Hamburg, F: 040-896521. E-Mail: firstname_lastname@edel.com • Internet: www.edel.com

Mutabor

NAGELFAR

Die Aachener Nagelfar erstellten im Dezember 97 mit »Hünengrab im Herbst« ein melancholisches Album mit deutschen Texten, mit dem sie in der Black Metal Szene sofort Beachtung fanden. Während der Arbeiten an der zweiten CD unter der Leitung von Andy Classen trennte sich die Band von ihrem bisherigen Sänger. Nicht zuletzt dadurch klang »Scrontgorrth« von 1999 mit der Mischung aus Black Metal mit Death Metal unter Hinzufügung von modernem Industrial härter als der Vorgänger. Mit klarem Gesang erzählten sie in Stücken zwischen 6 und 18 Minuten die Geschichte des Kriegers Scrontgorrth auf der Suche nach sich selbst.
Discogr.: Hünengrab im Herbst (1997), Scrontgorrth (1999, Napalm Rec./SPV). Kontakt: SPV, Brüsseler Str. 14, 30539 Hannover. Internet: www.spv.de

NAIDOO, XAVIER

Sein inzwischen verstorbener Vater war Südafrikaner mit indischen Vorfahren und lernte seine Mutter in London kennen, wo diese wohnte und arbeitete. Gemeinsam wanderten sie nach Deutschland aus und ließen sich in Mannheim nieder. Dort kam im Oktober 1971 Xavier (sprich: Saviour) Naidoo zur Welt, der schon im Alter von drei Jahren seine Stimme schallen ließ und sowohl als Sternsinger und Meßdiener, im Gospelchor, im Gesangsverein und in einer Schülerband musikalische Erfahrungen sammelte. Beruflich begann er eine Kochlehre, die er aber wieder abbrach, betätigte sich als Verkäufer in Boutiquen und als Türsteher in einem Mannheimer Club. Neben dem Zivildienst und den vorher genannten Jobs beschäftigte sich Xavier immer als Sänger und Rapper und nahm auch Rollen in Musicals an. Ein zwielichtiger amerikanischer Produzent lockte ihn zu Beginn der 90er Jahre in die Vereinigten Staaten, wo er ein R&B-Album aufnahm, das sich als vollkommener Flop erwies. Wieder zurück in Deutschland, spielte Naidoo eine Hauptrolle an einem Mannheimer Theater im Musical »Human Pacific« und nahm einige Jingles für die Werbung auf, wovon eines Moses Pelham auf den Plan rief, der ihn in sein 3p-Team einbaute. Dort steuerte er zu den Singles »Glaubst du mir« und »Freisein« von Sabrina Setlur den Gesang bei. Diese nahm ihn mit auf ihre Tournee und kündigte ihn groß an, wodurch Xavier Naidoo erstmals bundesweit richtig in Erscheinung trat. Mit seiner ersten eigenen Single »20.000 Meilen« enterte er ebenso die Charts wie mit den Nachfolgetiteln »Nicht von dieser Welt« und »Führ' mich ans Licht« und »Eigentlich gut«. Das Album »Nicht von dieser Welt« zog in die Hitparade ein, kroch langsam darin hoch und war in der Folge nicht mehr daraus zu entfernen. In vielen Titeln besang er gefühlvoll seine Liebe zu Gott und begeisterte mit den geschmackvollen Arrangements die jungen Zuhörer, fand aber auch beim älteren Publikum viele Käufer. Bereits nach einem ¾ Jahr waren mehr als 500.000 Einheiten seiner Platte verkauft und er erhielt dafür Platin. Daniela Trautwein von Feedback bemerkte eine einzigartige Stimme, die richtig unter die Haut gehen kann, die Musikwoche eine ausdrucksstarke Stimme, während der österreichische Kollege Constantin zwar feststellte, daß es schlechtere Platten gab, aber Xaviers Version von Herbert Grönemeyers »Flugzeuge im Bauch« wegen der »zu dünnen Stimme« kümmerlich geraten war. Schulen nahmen Naidoos messianisch vergeistigte Lyrik in ihren Lehrplan auf und seine eigene Deutschland-Tournee mußte wegen des immensen Erfolgs um einen Monat verlängert werden. In einem langen Interview mit ME/Sounds, in dem er sich mehrmals selbst widersprach, stellte sich der Künstler eher als Xavier Naivo dar. Trotzdem verkaufte der Teilzeitprediger sein Album unentwegt und erhielt schließlich Doppel-Platin für Verkäufe von über einer Million. In der folgenden Zeit gab Xavier Naidoo seinen Labelkollegen → Illmatic und → Bruda Sven stimmliche Unterstützung und erreichte mit der Titelnummer »Sie sieht mich nicht« aus dem Film »Asterix & Obelix« erneut die Spitze der Charts. Die folgenden Singles »Eigentlich gut« und »Bis an die Sterne« sowie der Konzertmitschnitt seiner Tournee »Xavier Naidoo – live« bewiesen, daß er nichts von seiner Anziehungskraft verloren hatte, was nicht zuletzt auch in der Auszeichnung als europäischer MTV-Sieger 1999 (bester deutscher Act) zum Ausdruck kam. Nebenbei baute er in seiner Heimatstadt Mannheim, der er sich sehr verbunden zeigt, seine eigene Firma »Die Söhne Mannheims« auf, in der er künftig die Platten seiner Formation »Die Söhne Mannheims« produzieren will. Als erstes Ergebnis seines Bandprojekts gab es zu Beginn des Jahres 2000 die Platte «Zion«.

Discogr.: Nicht von dieser Welt (1998, 3p/Sony), Live (1999, 3p/Sony), Die Söhne Mannheims – Zion (2000). Kontakt: 3P, Fuchstanzstr. 33-35, 60489 Frankfurt/M., F: 069-97827040. Internet: www.sony.de und www. 3-p.de

NAMELESS

Die aus Neubrandenburg stammenden Nameless bereichern seit 1994 mit gitarrenlastigem Poprock die einheimische Szene. Mit dem Gewinn der Talentwettbewerbe »S-Rock-Festival« 1994 und »Basis Rock« Festival 1995 fanden sie erste Anerkennung. In den folgenden Jahren spielten sie als Support für City, die Puhdys und Rockhaus und standen auf diversen Festivals mit → H-Blockx, → Guano Apes, → Fury in the Slaughterhouse und weiteren bekannten Acts auf der Bühne. Bis 1999 spielten sie mehr als 200 Konzerte, wobei sie dafür bis nach Dänemark und Rußland reisten. Ihr erstes Mini-Album »Bittersweet Aftertaste« konnten sie in Radio Fritz, Antenne MV und weiteren Rundfunkstationen vorstellen. Die neuesten Aufnahmen bannten sie 1999 unter dem Titel »Strange« auf ein Demo-Tape, mit dem sie die großen Plattenfirmen erreichen wollen.

Discogr.: Bittersweet Aftertaste (1998, MCD), Strange (1999, Tape – Eigenvertrieb). Kontakt: Marcel Beuter, Petrosawodsker Str. 12, 17036 Neubrandenburg, T: 0395-779 18 86

NEAR DARK

Snake (dr/perc), Ramses (g), Sassan (voc/keyb), Cain (b)

Fünf aus verschiedenen Musikrichtungen kommende Musiker aus dem Ruhrpott schlossen sich 1995 zu Near Dark zusammen, um an Goth Metal angelehnte, dennoch genreübergreifende, Musik zu machen. Zur Ursprungsformation gehörten der vom Metal kommende erfahrene Drummer Snake und der Sänger Sassan, der stark von Fields of the Nephilim beeinflußt war. Aus künstlerischen Gründen trennte man sich schon bald von den drei restlichen Bandmitgliedern, um mit Ramses und Cain neu zu starten. Ihre Künstlernamen fanden sie im Film »Die Klapperschlange« von John Carpenter. 1998 erschien ihre erste CD »One Day«, die vom Label Poison Ivy vertrieben wurde. Darin vereinten sie viele Ausdrucksformen des Gothic und Metal in progressiver Form. Neben den englischen Stücken präsentierten sie jeweils einen Song in deutscher und spanischer Sprache. In dem Titel »Dachau« setzten sie sich mit der deutschen Geschichte auseinander und lieferten auf diese Weise ihren Beitrag gegen Ausländerfeindlichkeit. Die Zeitschrift Astan stellte fest:

»Neben all dem musikalischen Dreck mit dem uns gerade die Gothenmetaller diverser Plattenfirmen zumüllen, ist das hier endlich mal wieder eine Freude. Kein Gegrunze, kein Weib, kein Gejaule. Die Leute haben vor allem musikalisch und im Schatten von Atmosphären ordentlich was auf den Leisten. Das ist dann wohl das nächste ganz große Ding. Und das haben Near Dark mit diesem Silberling auch mehr als verdient.« Als weiteres Lebenszeichen der Band coverten sie noch »White Wedding« von Billy Idol. Nachdem Near Dark sowohl an großen Festivals wie dem Pfingsttreffen in Leipzig und dem Zillo-Festival teilgenommen und in vielen kleinen Clubs in ganz Deutschland gespielt hatten, begannen sie mit den Arbeiten an der zweiten CD »Lights«. Diesmal klangen sie melancholischer und melodischer, wobei besonders ihre Wertschätzung des Songschreibens zum Tragen kam. Die handwerklich ausgezeichneten Musiker legten besonders Wert darauf, ihre handgemachte Musik ohne Samples und viel Elektronik einzuspielen, damit sie ihren Sound jederzeit auf der Bühne reproduzieren konnten.

Discogr.: One Day (1998, Poison Ivy/SPV), White Wedding (1998, Poison Ivy/SPV), Lights (2000, Dark Dimensions/SPV). Kontakt: Near Dark, P.O. Box 290149, 44746 Bochum. Internet: www.near-dark.de

NEIGEL, JULE & BAND

Jule Neigel (voc/Text), Andreas Schmid-Martelle (g/Komposition), Axel Schwarz (keyb/Komposition), Jürgen Scholz (g), Frank Itt (b), Thomas »Lui« Ludwig (dr)

Jule Neigel wurde in Barnaul/Sibirien geboren und übersiedelte mit ihren Eltern im Alter von 6 Jahren nach Ludwigshafen. Die junge Dame nahm Unterricht auf der Querflöte und brachte es damit bis ins Rheinland-Pfälzische Landesorchester. Ihr Ehrgeiz zeigte sich auch auf anderem Gebiet, denn im Handball ballerte sie sich bis in die 2. Bundesliga hoch. Nach einer Punkband schloß sie sich der Coverband Hopp'n Ex an, aus der sich nach Namensänderungen (Stealers) und Umbesetzungen die Jule Neigel Band entwickelte, die dann bis Mitte der 90er Jahre in unveränderter Mannschaft agierte. Inzwischen waren sie übereingekommen, ihr Glück mit deutschen Eigenkompositionen zu suchen. Der erste Text, den Jule verfaßte, hieß »Schatten an der Wand«. Viele Plattenfirmen sagten der Gruppe ab, da zu jener Zeit deutsche Nummern nicht gefragt waren, doch in Intercord fanden sie einen Partner und mit der ersten Single »Schatten an der Wand« erklomm die Jule Neigel Band Platz 30 der Verkaufs- und Platz 6 der Airplay-Charts. Danach kam es zwar zu einem auf und ab in der Karriere, aber es gab »Nie mehr

Near Dark

miese Zeiten«, wenn es auch bis 1990 dauerte, bis sie mit »Shut Up« und »So wie noch nie« aus dem Album »Wilde Welt« erneut in die Hitparade gelangte. 1992 schauten die Ludwigshafener »Nur nach vorn«. 1994 hieß sie ihre neue Plattenfirma BMG »Herzlich willkommen« und daß die Fans »Sehnsucht« nach neuen Liedern hatten, zeigte der erneute Charteinzug mit dem gleichnamigen Titel. 1996 verwandelte sich Jule in die »Sphinx«. Ethno-Klänge hielten Einzug und Paco de Lucia ließ für »Paradies« seine Gitarre klingen. Wie schon mehrmals zuvor lobte die Kritik zwar die Musik und das Bemühen der Band um Fortschritt, hörte aber auch zu schlichte und kalkulierte Texte. Das Album »Alles« mit dem gleichbedeutendem indianischen Symbol auf der CD, das auch für die vier Jahreszeiten und für die vier Elemente stand, war das kompakteste und songorientierteste der Band, die damit bewies, daß auch nach langer Zeit im Dienst der Rockmusik noch Weiterentwicklung möglich ist. Mit Grooves und Loops auf den neuesten Stand gebracht, erfreute sie die Rezensenten. Die Fans bedankten sich durch ihre Käufe bei der Band und ließen das Album gleich in der ersten Woche auf Platz 23 der Charts schnellen. Trotzdem zeigte sich auch diesmal wieder, daß die Jule Neigel Band in ihren Konzerten noch einmal eine Schippe drauflegen konnte, worüber Tom Proll zum Auftritt während des Donauinselfestes 1999 in Wien schrieb: »Ihr furioser Auftritt wird mir für alle Zeiten in Erinnerung bleiben, denn eine derart energiegeladene Show mit derart hohem Anspruch und gleichzeitig einmaligem Unterhaltungswert sieht man heutzutage selten. Jule Neigel singt einfach traumhaft, hat das Publikum fest im Griff und gibt einfach alles. Das kann man auch von ihrer hochkarätigen Band sagen, die sich sauber durch die teils schwierigen Arrangements spielt und trotzdem jede Menge Spaß dabei hat.« Diese Kritik bestätigt, daß die Jule Neigel Band ihr Vorhaben mit der Herausgabe einer Live-CD verwirklichen sollte.

Discogr.: Schatten an der Wand (1988, Intercord), Wilde Welt (1990, Intercord), Nur nach vorn (1992, Intercord), Die besten Songs (1993, Intercord), Herzlich Willkommen (1994, BMG), Sphinx (1996, BMG), Das Beste (1997, Disky), Alles (1998, BMG). Kontakt: Regina Neigel, Postfach 140138, 67021 Ludwigshafen, T: 0621-625424. Internet: www.jule-neigelband.de

NEUES GLAS AUS ALTEN SCHERBEN
Michael Kiessling (voc), Jörg Mischke (keyb), Jochen Hansen (b), Funky Klaus Götzner (dr), Dirk Schlömer (g)
Nach dem Tod von Rio Reiser trafen sich Mitglieder der Rio Reiser Band und von Ton Steine Scherben, um im Berliner Tempodrom 1996 beim Konzert »Abschied von Rio« ihren einstigen musikalischen Kopf zu ehren. Ein zweites Mal spielte die Besetzung anläßlich des »Rio Reiser Songpreises« 1997 zusammen. Ende 1998 begegneten sie dem ausdrucksstarken Sänger Michael Kiessling, selbst ein Fan von Rio Reiser, und durch die gemeinsame Begeisterung entstand die Gruppe »Neues Glas aus alten Scherben«. Der Einstand der Band erfolgte anläßlich des 20jährigen Jubiläums der UFA in Berlin, wobei der Theatersaal zweimal ausverkauft war. An diesem Ort hatten zwanzig Jahre vorher Ton Steine Scherben ihr letztes Konzert gegeben. Im Sommer 99 trat die Gruppe auf diversen Festivals auf und auch die Clubtour im Herbst lief hervorragend, wobei sich erstaunlich viele Jugendliche im Publikum befanden. Ursprünglich nur als Projekt gedacht, entwickelte sich Neues Glas aus alten Scherben zu einer authentischen Rockband, die sich nicht mehr damit zufrieden gab, die Erinnerung an Rio Reiser aufrecht zu erhalten, sondern sie arbeitete an eigenem Material, das im Frühjahr 2000 zusammen mit den Rio-Reiser-Songs auf CD erscheinen und in vielen Konzerten dem Publikum zu Gehör gebracht werden wird. Dazu ist für April

und Mai 2000 eine große Clubtour quer durch Deutschland gebucht.
Discogr.: Neues Glas aus alten Scherben (2000). Kontakt: Power House, Siegmar Treffkorn, Bergsteinweg 46a, 31337 Hildesheim, T/F: 05121-23484. E-Mail: power.house@t-online.de

NEW WAVE HOOKERS
Martian Herschel (voc/dr), Sgt. Pecker (voc/g), Boom Boom Valdez (voc/b)

Die Bamberger New Wave Hookers bieten nach eigener Einschätzung Konzept-Proto-Progressive-Pro-Pot-Post-Proll-Positive-Power-Punk-Porn-Pop a gogo an oder anders ausgedrückt, einen Ritt auf dem Parcours der Popgeschichte der letzten dreißig Jahre oder gitarrenbetonten Powerpop. Die ersten Gehversuche fanden bereits 1989 in anderer Besetzung statt, in der sie 1990 die EP »Cum On Everybody« und 1991 die Split-EP »T.R.B.« veröffentlichten. Erst 1995 erschien ihr nächster Tonträger und ihre erste Langspielplatte »Dare Tit-list, Fuzzed Aircunt«, worauf die Band vom Magazin Bierfront als »Meister des spätpubertären Softerotic-Rocks« bezeichnet wurde. Anschließend vermehrten sie ihre Konzertaktivitäten, nahmen jeden Gig mit, der möglich war und spielten dabei eine Tour als Support der → Bates und auf der Popkomm im Vorprogramm von Turbo Negro. Ihre Solo-Auftritte dauerten in der Regel gute zwei Stunden. Die gewonnene Reife und Erfahrung waren ihrer ersten CD von 1997 »Kings In Slatanic Service« anzuhören, die nach dem Zentralnerv klang, »als hätte man den Beatles 200 mg Amphetamin in den Allerwertesten geschossen«. Mit ihrer ureigenen englischen Fassung des Peter-Maffay-Hits »Und es war Sommer« – »It Was Summer« bewiesen sie ebenso ihren speziellen Humor wie mit Songs wie »PLO (Pussy Light Operator)« oder »The Song That Was Known Formerly As The End«. Wieder waren sie viel unterwegs und begleiteten u.a. Gluecifer, die Toy Dolls, die → Yeti Girls und die → Ärzte, woraufhin Rodrigo Gonzales (Ärzte) ihnen anbot, sie bei der Produktion des nächsten Albums zu unterstützen. Im Januar des nächsten Jahrtausends erschien mit Hilfe des Co-Produzenten Gonzales, der auch mit Backing Vocals aushalf, das Konzeptalbum »Music From ›Pornschlegel‹ – The Krauts' Meteor«, wieder mit viel Sex, Action, SciFi-Splatter, Asiaten und Liebe. Die dem Album zugrunde liegende Geschichte kann als Hörspiel für Käufer des Albums über G-Punkt kostenlos angefordert werden.

Neues Glas aus alten Scherben

Discogr.: *Cum On Everybody (1990 EP – G-Punkt Records/Rodrec/Indigo), Split-EP mit T.R.B. (1991, G-Punkt Records/Rodrec/ Indigo), Dare-Tit-List, Fuzzed Aircunt (1995, G-Punkt Records/Rodrec/Indigo), Kings In Slatanic Service (1997, G-Punkt Records/Rodrec/Indigo), Music from »Pornschlegel« – The Krauts' Meteor (2000, G-Punkt Records/Rodrec/Indigo).* Kontakt: G-Punkt-Records, Postfach 1612, 96306 Kronach, F: 09266-6494. E-Mail: thenewwavehookers@mindless.com Internet: www.thenewwavehookers.de

NO SPORTS

Layzee (voc), Sweet G (voc/g), Moni Ramoni (s/voc), Eggi Rodriguez (tb/voc), Mr. Propper (dr), Dr. Strange (keyb/voc), Dirty Dik (b/voc)

No Sports – so hätte der gute alte Winston gejubelt, wenn er ein Konzert der Stuttgarter erlebt hätte. Aber dafür war er zu alt oder die Band zu jung. Obwohl sie mittlerweile seit 1985 besteht. Das erste Konzert einer der hoffnungsvollsten deutschen Ska-Bands, wie sie in ihren frühen Jahren im wilden Süden genannt wurde, fand 1986 im Jugendhaus Mitte in Stuttgart statt. 1987 konnte man die ersten über ganz Deutschland verteilten Auftritte erleben und es gab die Produktion ihres ersten Demos »Tour de France«. Sie spielten ständig im In- und Ausland. Es wurde 1989, bis sie die Debüt-LP »King Ska« herausgebracht hatten, die auf einem englischen Label veröffentlicht wurde. Im Herbst 1989 folgte die erste organisierte Deutschland-Tour und ein Auftritt beim London International Ska Festival. Mit dem Titel-Track der Mini-CD »Stay Rude Stay Rebel« gelang ihnen 1990 ein Szene-Hit. Sie führten Headliner-Shows in England, Frankreich und in der Schweiz durch. Ihre CD »Succe$-$fools« konnten sie 1992 in den meisten europäischen Ländern live vorstellen, wobei sie sogar auf großen Festivals wie »Das Fest« in Karlsruhe als Hauptakt fungierten. Daneben arbeiteten sie an neuem Material für die CD »No Rules«. 1994 war für sie ein weiteres erfolgreiches Jahr und mit der MCD »Girlie Girlie«, erstmals mit Moni Ramoni als Lead-Sängerin, kamen sie auf Platz 21 der deutschen DJ-Charts. Mek schrieb zu einem Auftritt im Augsburger Kerosin: »Bereits mit dem ersten Stück ließen die Fans dem Bewegungsdrang unbekümmert freien Lauf. No Sports verblüfften durch eine perfekt inszenierte Bühnenshow inklusive choreographischem Pfiff. Knackige Bläsersätze, präzise pulsierende Rhythmen und solistisches Können verbanden sich mit durchwegs energiegeladenem Auftreten. Da erschien die tosende Publikumsreaktion nur angemessen.« Anhänger der Band gründeten den ersten Fanclub »No sportive movement«, der schon nach einem Jahr sein 150. Mitglied begrüßen durfte. Nach der Veröffentlichung der CD führte sie ihr Weg quer durch Deutschland, nach Frankreich und in die Schweiz. Sie brachten noch eine Live-CD heraus. Dann gab es drei Wechsel im Line-up, nicht aber bei ihrer Musik, wobei der neue Sänger B Layzee aus Jamaika sofort von den Fans akzeptiert wurde. Proben, arbeiten an der nächsten Scheibe und unermüdliches Touren bestimmten die folgende Zeit, bis 1998 die CD

No Sports

»Riddim Roots an' Culture« mit der Neuauflage des Oldies »Israelites« erschien. Hannes Höttl schrieb dazu: »Neu, jetzt mit ganzen Jamaikanern!!, wird es noch tanzbarer und geschmeidiger. Die bewährte Mischung aus Selbstgestricktem und selbst Umgestricktem wird die Freunde schwarz/weißkarierter Musik allerdings von der inhaltlichen Aussage des Bandnamens Abschied nehmen lassen.« Im Februar 1999 waren sie in Italien unterwegs. Dann machten sie sich an die Arbeit zur fünften Studio-CD.

Discogr.: Tour de France (1987, 6-Track Tape Eigenvertrieb), King Ska (1989, Union Records), Stay Rude – Stay Rebel (1990, MCD – Union Records), King Ska & Stay Rude (WVÖ auf einer CD, Vielklang Records), Succe$$fools (1991, Vielklang Records), Limited Edition – Live (1992, Vielklang Records), No Rules (1994, Deshima), Essential Pieces In Timeless Styles – Live (1996, Deshima), Riddim Roots an' Culture (1998, Deshima). Kontakt: Extratours, Brendlesäcker 5, 88512 Mengen, T: 07572-2909, F: 07572-2959. Mail: Extratours-Konzertbuero@T-Online.de • Internet: www.Extratours-Konzertbuero. de

NO SEX UNTIL MARRIAGE

Die Hannoveraner müßten schon ganz harte Burschen sein, um den Verführungen des Alltags zu widerstehen und ein Leben gemäß ihres Namens »Kein Sex vor der Hochzeit« zu führen. Dies dürfte um so schwerer sein, nachdem die Band seit ihrer Gründung im Jahr 1994 unentwegt auf Tour ist. Das begann schon im ersten Jahr, in dem sie mit → Mr. Ed jumps the Gun und → Such a Surge unterwegs waren. Ein Vertrag mit Castor Promotions verhalf ihnen zu Konzerten mit den → Bates, → Fury in the Slaughterhouse, Selig, den → Fantastischen Vier und vielen mehr. Erst 1997 erschien ihr offizielles Debüt »92 %«, auf dem 100 % harter Gitarrenpop plus Rock und Funk zu hören waren. 1998 gewannen sie auf der Popkomm den Pop Music Contest und wurden daraufhin u.a. von Viva, WOM, VW Sound Foundation und MME unterstützt. BMG Berlin gab ihnen einen Plattenvertrag und veröffentlichte im April 99 die Single »You Will Be Late«. Nachdem sie im Sommer 99 ihre Auftrittsverpflichtungen beim Taubertal Open Air, dem Bizarre Festival und dem Rock am Ring Festival erfüllt hatten und die TV-Auftritte beim Rockpalast, der Bayern 3-Rocknacht und dem ZDF Chart Attack hinter sich gebracht hatten, begannen die Aufnahmen zum kommenden Album, das 2000 erscheinen wird.

Discogr.: 92% (1997), You Will Be Late (1999, MCD). Internet: www.bmg.de • www.bmg-entertainment.de

NO UNDERGROUND

Robert Defcon und Dr. Phelbs alias No Underground stiegen innerhalb kurzer Zeit zu einer der beliebtesten Bands der Berliner Szene auf. Mit ihren elektronisch erzeugten eingängigen Popsongs, denen sie ein zeitgemäßes Format verpaßten, wollten sie den kommerziellen Erfolg anstreben und sich bewußt vom Untergrund abheben. Nachdem ihnen mit der Maxi »City Boy« ein Szene-Hit gelang, sorgte auch ihr Debüt »Free Transform« für Freude unter den Fans. Diese versammelten sich jeden Mittwoch im Berliner »Maria« nahe dem Ostbahnhof, um eines der Mammutkonzerte des Duos zu erleben. Dabei agierten die Künstler, die bewußt nicht im Mittelpunkt stehen wollten, zwischen zwei und fünf Stunden, wobei sie auf dem Sofa neben und nicht auf der Bühne saßen, damit das Publikum nicht vom Tanzen abgelenkt wurde.

Discogr.: City Boy (1999, MCD), Free transform (1999, Noise-O-Lution/EFA). Kontakt: EFA Medien GmbH, Berlin Office, Forster Str. 4-5, 10999 Berlin, F: 030-61284151. E-Mail: berlin@efa-medien.de • Internet: www.efa-medien.de

NOLTE

Katharina Hanel (g/voc), Carsten Nolte (b), Stefan Prange (g/voc), Tim Zuchiatti (dr)

Die Münsteraner Band Nolte sieht ihre Einflüsse im Chicago Postrock. Daraus entwickelte sie eine Art Gitarrenpop, der einerseits die Tradition des Songschreibens bewahrte, andererseits die Grenzen der Rockmusik auslotete, wobei Lärm und Melodie durchaus zusammentreffen konnten. Herzstück der Gruppe ist der Sänger und Songschreiber Stefan Prange, der auch solo unterwegs ist. Dabei begleitete er Willard Grant Conspiracy und die Silos auf ihrer Tour und spielte auf Einladung der Amerikaner auf dem SXSW Festival in Austin/Texas. Er war mit Tom Liwa auf der gesamten »Paradies der Ungeliebten«-Tournee dabei und nahm ein Duett mit → Kathrin Achinger auf. Dagegen spielten Nolte außer im regionalen Bereich u.a. als Support-Acts für Karate (USA), Gore Slut (b) und Samba. Im Dezember 98 lud → Miles Nolte ein, an ihrem Weihnachtsevent in Würzburg teilzunehmen und im Frühjahr 99 als Support auf ihrer Tournee zu fungieren. Als erstes Lebenszeichen auf dem Plattenmarkt gaben sie im Februar 99 die LP »Nolte« heraus, mit sechs Songs mit einer Spielzeit von 35 Minuten. Im Laufe des Jahres bereiteten sie ihr erstes Album vor.

Discogr.: Nolte (1999, Skycap/Zomba). Kontakt: Verstärker, Prinz-Regent-Str. 50-60, 44795 Bochum, F: 0234-76796

NOTWIST, THE

Markus Acher (g/voc), Michael Acher (b), Mecki Messerschmidt (dr), Martin Gretschmann (Soundo-naut)

Sie weilen gern in Weilheim – denn dort sind sie daheim. Es gibt sie seit 1989. Noch als Trio ohne Michael Gretschmann erschien 1990 die erste CD »Notwist« mit einer Mischung aus melodiösem Gitarrenrock und Hardcore. Sie spielten u.a. mit Jesus Lizard, Bad Religion und den Spermbirds in Deutschland und der Schweiz. In der Sendung »Lärmkessel« waren sie 1992 erstmals live im Bayerischen Rundfunk zu hören. Nach der Veröffentlichung der CD »Nook«, einem Metal-Crossover-Gitarrengewitter, traten sie 1993 6 mal mit Fugazi auf, tourten mit Therapy? und kamen dabei bis England, Holland und Italien. Michael und Markus schrieben die Musik zu dem Kurzfilm »Das Gesetz des Archimedes«, der beim Kurzfilmwettbewerb Nordrhein-Westfalen den 1. Preis und 10.000 DM erhielt. Für das Filmfest »Flimmern und Rauschen« in München komponierten sie die Musik zu dem Stummfilmklassiker »Nosferatu«, den sie mit ihrem Nebenprojekt »Village of Savoonga« auch live aufführten. The Notwist stellte zwei Live-Versionen ihrer Songs aus der »Nook«-CD für den Benefiz-Sampler »No pasaräng« für den Aufbau einer antifaschistischen Gegenpresse zur Verfügung. Zur Überbrückung bis zu den nächsten Studioaufnahmen verwöhnten sie die Fans mit einer Live-LP/CD. Im Mai 96 gab es dann das dritte Album »12«, welches sich mehrere Wochen in den Independent-Charts hielt. Diese CD bot poporientierten Hardcore unter Einsatz eines Hackbretts, eines Kontrabasses, eines Banjos und einer Baßklarinette. Hierbei trafen Melancholie auf Härte und poppige, zarte Melodien auf krachende Gitarren. ME/Sounds vergab 5 Sterne und nannte das Werk eine musikalische Zeitbombe. Visions kürte es zum Album des Monats. Mit der Single »Torture Day« gelang ihnen der Einzug in die englischen Indie-Charts. Sowohl von den »Intro«- als auch von den »Vision«-Lesern wurden sie in der Kategorie »Bestes Album« und »Beste Band« jeweils in die Top-5-Ränge des Jahres 96 gewählt. Die Show zur neuen CD erinnerte an den Rock der 70er und erzeugte die Atmosphäre der Hippie-Ära. Sie klang harmonisch, aber die alten Fans vermißten den Biss der Anfangszeiten. Mit diesem Konzept tourten sie fünf Tage durch Holland. Das amerikanische Magazin »Rolling Stone« widmete der Band eine ganze Seite, nachdem Zero Hour/MCA die Lizenz für den amerikanischen und kanadischen Markt übernommen hatte. Im September/Oktober spielten sie zwei Konzerte im Foundation Forum in Los Angeles und u.a. in Chicago, Boston und New York. Im April 1997 wurde das Album in den USA und Großbritannien veröffentlicht und in den wichtigsten Musikzeitschriften ausnahmslos gut besprochen. 1997 nahmen sie Martin Gretschmann als viertes Mitglied auf und bereicherten ihren Sound mit elektronischen und jazzigen Klängen. Den Titel »Day 7« brachten sie ausschließlich auf Vinyl heraus. Er kam ohne verzerrte Gitarren aus, enthielt dafür stimmungsvolle Jazzelemente. Im November 1997 waren sie wieder drei Wochen auf Tour durch die Vereinigten Staaten. Die »Intro«-Leser wählten das Album »12« auf Platz 7 der ewigen Leser-Charts. Die im März 97 begonnenen Aufnahmen für das nächste Album wurden im Dezember abgeschlossen. Im März 98 erfolgte der Release der Single »Chemicals« und im April des Albums »Shrink«. Mit diesem Werk gelang ihnen eine Symbiose aus Pop, Rock, Jazz und Elektronik. Sequenzer und Keyboards nahmen eine erhebliche Rolle ein. Bläser verliehen ein jazziges Flair. Die Abendzeitung vergab den Titel »Album der Woche«. Im WOM war zu lesen: »Mit Shrink gehören The Notwist zu den ganz Großen.« Weitere Kritiken lauteten: »Es wird allerdings nicht die Welt der Jacksons, Madonnas und Spice Girls sein, dazu ist ihre Musik zu anspruchsvoll. Doch sie wäre es wert, von vielen gehört zu werden.« Nur CS urteilte: »Im Grunde ist es Musik für einsame und gelangweilte Intellektuelle.« Gelangweilte Intellektuelle mußte es in Deutschland genügend geben, denn »Shrink« stieg nach Erscheinen auf Platz 49 der deutschen Charts. 1999 steuerten sie sechs Titel zum Soundtrack des Films »Absolute Giganten« bei, der im September 99 auf die Leinwand kam. Neben ihrer Tätigkeit bei Notwist beschäftigen sich die Musiker noch mit vielen anderen Projekten, wobei die Aufnahmen meistens im heimischen U-Phon-Studio eingespielt werden, der Vertrieb über örtliche Kleinlabels erfolgt und viele der LP-Cover von Freunden gebastelt werden.

Discogr.: Notwist (1990, Subway/Rough Trade), Nook (1992, Big Store/EFA), Live (1994, Your Choice/Semaphore), 12 (1995, DoLP/2 CD/CD – Big Store/Community/ Intercord), The Day My Favourite Insect Died (Sampler, 1996, Kollaps), Day 7 (1997, MCD – Big Store/Community/IRS), Chemicals (1998, MCD – Big Store/Community/Virgin), Shrink (1998, Big Store/Community/Virgin), Absolute Giganten (Soundtrack, 1999, Motor Music); siehe auch: Tied and Tickled Trio; Nebenprojekte: Village of Savoonga (1992, Hausmusik/Kollaps), Potawatomi – The Last Funeral (1993, Kollaps), Rayon – Markus Acher solo (1995,Doppel 7"), Potawatomi – Noisy le grand (1996, Kollaps), Console (Martin Gretschmann) – Pan or Ama (1997, Payola), Ogonjok (1997, 10"), Toxic – Railtracks (Kollaps/Supermodern), Village Of Savoonga – 3. Album (1997, Kollaps-Hausmusik), Console – Rocket In The Pocket (1998, Community/Virgin), Console – 14, Zero Zero (1999, MX-CD – electronica/Virgin). Kontakt: Community, Im Apen 1a, 44359 Dortmund Internet: www.virgin.de

NOVA

Michael Dannhauer (g), Michael Kamm (voc/g), Markus Galli (b), Christian Steininger (dr)

Gemäß dem bandeigenen Info kommen Nova aus Augsburg, sind im Durchschnitt 22 Jahre alt (1999) und wissen, daß gute Pop-Musik nichts anderes ist als guter Geschmack. Es bleibt dabei, daß sie aus Augsburg kommen, Änderungen unterworfen sind aber Durchschnittsalter und Musik. Im Falle von Nova geschah das schon recht drastisch. Gewannen sie unter dem Namen »Mary go round« noch den Wettbewerb »Band des Jahres« mit wildem Crossover, so boten sie nach der Umbenennung in Nova experimentierfreudige Gitarrenmusik mit viel Melodie. Dabei ist es nicht ihr Ziel, die Popmusik neu zu erfinden, aber sie wollen diese bereichern. Alaska Winter, einer der Popgrößen der Augsburger Szene, der selbst mit den Unemployed Ministers große Erfolge gefeiert hatte, war von ihrem Potential überzeugt und nahm die Band unter seine Fittiche und produzierte mit ihnen die erste Mini-CD. Da sie wegen ihres Aussehens besonders bei Augsburgs Teenagern ankamen, rief dies sogar Dieter Bohlen (Modern Talking) auf den Plan. Doch Nova legten auf ein Boygroup-Image wenig Wert. Interessanter war für sie die Anerkennung durch Markus Thaler, den Produzenten von → Notwist und → Tocotronic. Daß sie nicht nur in Augsburg das Publikum überzeugen konnten, bewiesen ihre Auftritte in Schrobenhausen. Beim zweiten Konzert kannte ein Teil der Besucher die Texte schon auswendig. Da sie gerne Release Parties feierten, spielten sie anläßlich der Fertigstellung der CD »2« im Februar 1999 im Augsburger Kerosin. Ihr Publikum unterhielten sie mit einem Mix aus harten Gitarrenbreitseiten, Psychedelic, Indie-Rock und ruhigen, manchmal auch hymnischen Nummern. Mit dem Cover »Lucy In The Sky With Diamonds« erinnerten sie an die Beatles. Im Sommer 1999 bekamen sie Gelegenheit, auf dem »Rock am Ring«- und »Rock im Park«-Festival ihr Können zu beweisen. Mehrere Auftritte wie z.B. im Vorprogramm von → Tocotronic in Schweinfurt verhalfen ihnen zu einem guten Ruf innerhalb der Szene. Auch die Süddeutsche Zeitung empfand die Band als »viel versprechend«. Deshalb war es nicht verwunderlich, daß bei einem Konzert im Münchner Atomic-Café viele Vertreter der Plattenbranche anwesend waren. Allerdings wollte ihr Freund und Manager Alaska Winter keinen voreiligen Abschluß. Zwar ist der Titel ihres Liedes »I Wanna Be A Star Right Now« durchaus ernst gemeint, nur das »right now« sehen sie recht locker.

Discogr.: Star (1998, Hometown Music), 2 (1999). Kontakt: Alaska Winter, T/F: 0821-559180

NOVAVENUS

Das Hamburger Duo novaVenus, bestehend aus Katrin-Elna (voc/Text) und Dirk Odu (Komposition), fand 1989 über eine Anzeige in einem Hamburger Stadtmagazin zusammen. Sie arbeiteten gemeinsam mit späteren Musikern von Selig und → Philip Boa in mehreren Projekten und bestritten das Vorprogramm für Galaxie 500 und And also the Trees. 1993 kam es bei einem Jam mit dem britischen Produzenten Tibenham zur ersten Begegnung mit dem TripHop. Nach einer Experimentierphase mit Peter Heppner (Wolfsheim) beschloß das Duo 1995, künftig seiner Neigung zum Jazz und zu melancholischen Klängen zu frönen und Musik ohne Kompromisse zu schaffen. Sie begannen mit Samplern, Loops und der deutschen Sprache zu arbeiten, um als Zeitphilosophen ihre Gedichte verständlich zu machen. Im Mai 1999 erschien ihr Album »Vega Loop«, das von Filmmusik der 70er Jahre ebenso beeinflußt war wie vom TripHop und Jazz und das sie im Rahmen der Endausscheidung des John-Lennon-Förderpreises live dem Publikum vorstellten.

Discogr.: Vega Loop (1999, Hyperium/ Zomba. Kontakt: Zomba Records GmbH, Eickeler Str.25, 44651 Herne, F: 02325-697 223. E-Mail: info@zomba.de • Internet: www.zomba.de

Nova

NTS

Der Hardpop von NTS aus Bruchsal besteht aus einem vollen Gitarrenbrett, energischen Beats und überraschenden Breaks. Damit erklärte sie ein Musiksender im November 97 zum Newcomer des Monats. Die Rockstiftung Baden-Württemberg begann, sich um die energiegeladene Band zu kümmern und in Zusammenarbeit mit der Handelskette WOM erschien ein Minialbum von NTS in der Reihe »limitiert und exklusiv«. Bis dahin hatte die Formation schon über 150 Auftritte in Deutschland, Frankreich und Italien absolviert. Außerdem konnte sie bereits auf einen offiziellen Fanclub verweisen. Die breite Unterstützung hatte gegriffen und NTS erhielten den ersehnten Plattenvertrag, der ihnen ermöglichte, 1999 die CD »100 Hours For A Day« einzuspielen. Die wahrhaft männliche Single »Your Penis Is A Part Of You« stand allerdings nicht auf dem Programmzettel der Rundfunkanstalten und fiel der Zensur zum Opfer.

Discogr.: Limitiert & Exclusiv (1998, WOM), 100 Hours For A Day (1999, Edel/Pias). Kontakt: Pias Recording GmbH, Dietmar-Koel-Str. 26, 20459 Hamburg, F: 040-313437. E-Mail: info@pias.hh.uunet.de

NUTS, DIE

Reimund Fandrey (g/voc),
Christa Latta (org/voc), Rochus
Boulanger (b/tp), Hans Radlmaier (dr)

Die Nuts aus Altötting, der heiligsten Stadt Bayerns, legten im März 1995 ihr erstes Album vor. Es hieß »Irgendwas fehlt immer«. Die Beats schepperten und rumpelten, die Quetschn (Akkordeon) trug die Melodie und die Bontempi Kinderorgel klang genauso witzig wie ihre Texte skurril. Damit erhielten sie in der Münchner Abendzeitung den Stern der Woche für »außergewöhnliche Leistungen auf kulturellem und kulturpolitischem Gebiet«. Gemeint waren Songs wie »Aus einer heiligen Stadt«, wo sie sangen: »He, ihr Leute, ihr da aus Berlin, ist nicht alles ein größeres Altötting?« Die Nuts waren immer originell, aber nie zu kopflastig. Sie besangen den Alltag, die Unzufriedenheit und die Beziehungen, auch die zu Straßenbahnen. Weiter gereift präsentierten sie sich 1996 auf der CD »Selber«. Wieder präsentierten sie Schlager für die Ewigkeit. Sie hofften, daß er kommt »der Tag, an dem es Fanpost schneit« und teilten ihre Art von Sorgen mit in »Hoffentlich hab' ich nichts wichtiges vergessen«, empfahlen »Halt dich an deinem Hass fest« und kamen zu dem Ergebnis »Deine Verse mag ich nicht.« Sie hatten es geschafft, schöne Mitsingmelodien mit anspruchsvollen Texten und griffigem Poprock zu kombinieren. Dafür gab es viel Kritikerlob und begeisterte Fans in den Konzerten. Trotzdem und obwohl die Band rege weiter durch die schöne bayerische Landschaft tourte, gab es bisher keine weiteren Tonträger.

Discogr.: Irgendwas fehlt immer (1995, Trikont/Indigo), Selber (1996, Trikont/Indigo) Kontakt: Trikont, Kistlerstr. 1, 81539 München, F: 089-6927204. E-Mail: trikont@compuserve.com • Internet: www.trikont.de

Die Nuts

OBSC(Y)RE
Anne Wagner (voc), Tomasz Krüger (keyb), Roy Bergelt (keyb/synth), Mirko Süß (dr), Christian Escher (g)

Nachdem Roy Bergelt und Matthias Hofmann die Depeche Mode Coverband N(Y)Mood aufgelöst hatten, trafen sie 1994 auf Anne Wagner und Tomasz Krüger. Zusammen wollten sie eigenständige elektronische Musik erzeugen, die mit ihren bisherigen Darbietungen nichts mehr gemein hatte und fingen deshalb zu experimentieren an. Nach dem Ausstieg des bisherigen Sängers Matthias übernahm Anne die Lead-Vocals. 1996 entstanden die ersten elektronischen Pop-Perlen mit eingängigen Melodien und deutschen und englischen Texten, die dann auf der CD »Obsc(y)redistan« zu hören waren. Radio Energy/Woodstage wählte die Band unter 250 Einsendern zum besten Newcomer. Ihrer musikalischen Linie blieben sie auf der nachfolgenden CD »Voyage« von 1997 weiter treu. 1998 kam mit dem Album »Stronger« ihr drittes Werk in drei Jahren auf den Markt. Auch hier achteten sie wieder auf Tanzbarkeit und hohen Wiedererkennungswert. Zur Premiere, die am 27. Dezember 98 im Klubhaus Marx (Discothek Pharao) in Annaberg-Buchholz gefeiert wurde, konnten sie sich über ein ausverkauftes Haus freuen und mehr als 700 Besucher begrüßen. 1999 erschien ihr Best-of-Album »Review«, mit dem sie den ersten Abschnitt ihrer Karriere beendeten.

Mit Christian Escher und Mirko Süß erweiterten sie ihre Besetzung zum Quintett mit dem Ziel, künftig auch im Studio verstärkt auf echte Instrumente zu setzen. Auf Wunsch ihrer Fans veröffentlichten Obsc(y)re ihre erste, bereits vergriffene Maxi »Hystory« mit vier Titeln nochmals, spielten diese vier Songs aber in der neuen Besetzung in komplett neuen Versionen ein zweites Mal ein und packten zwei Live-Versionen ihrer Lieder aus dem Album »Stronger« mit dazu. Bemerkenswert ist noch, daß Obsc(y)re ihre Musik im eigenen Tonstudio produzieren und sich auf dem bandeigenen Label OMP auch noch selbst vermarkten.

Discogr.: Mystery (1996, MCD – OMP), Hystory (1996 MCD, OMP), Obsc(y)redistan (1996, OMP), Voyage (1997, OMP), Stronger (1998, OMP), New Life (1998, MCD – OMP), Review (1999, OMP), Hystory (1999, MCD – OMP). Video: Marx (OMP), Live '98 (1998, OMP). Kontakt: OMP, Postfach 100123, 09441 Annaberg-Buchholz, F: 03733-542280. E-Mail: obscyre@obscyre.de • Internet: www.obscyre.de

OH
Frank Taschner (Natur- und Elektro-Schlagzeugerei), Ron Schneider (b/Kunstklang/Solina String Ensemble/Moog/samples/dubs), Philip Stumpf (b/Moog/Stylophon/samples/Stöcke & Holzbrett), Christopher Fraas (samples), Flo Frötscher (b/Moog/Stylophon/Melodica/Solina)

Bamberg ist die Stadt der Kirchen und des Rauchbiers. Aus Bamberg kommt auch OH. Aus Mitgliedern schrammeliger Jugendbands entstand 1996 eine Formation, die etwas ganz anderes tun wollte. Die Gitarren wurden zuerst verfremdet, dann ganz in die Ecke gestellt. Der Gesang wurde reduziert und schließlich weggelassen. Im Laufe der Zeit entwickelte sich das Grundprinzip der Band – die Rotation. Nur der Schlagzeuger hat seinen festen Job. Alle anderen spielen alles. Sie rotieren zwischen zwei Bässen, vier Samplern und diversen Synthies (Moog prodigy, solina, kunstklang-eigenbau, stylophon,

OH

melodica), wobei sich das Angebot an Geräten ständig wandelt. Sie bezeichnen ihre Musik als semielektronisch, da sie traditionelle Instrumente wie Schlagzeug und Bass spielen, aber auch jeder Ton und jedes Loop von Hand gemacht wird. War die Musik zuerst hauptsächlich zum Zuhören gedacht, wurden die rhythmischen Elemente nach und nach stärker unterstützt und die Titel melodiöser und tanzbarer. Ein weiterer wichtiger Aspekt sind die unterstützenden Filme, Dias, Plakate und Lichteffekte bei den Shows. Damit gewannen sie 1998 den Nachwuchswettbewerb der Kultsendung Zündfunk des Senders Bayern 2 mit der Begründung: »Wir befinden uns am Ende des zweiten Jahrtausends und deshalb haben wir der Band den Vorzug gegeben, die den progressivsten Sound gemacht hat.« Ihre Auftritte waren bis Mitte 99 noch weitgehend auf den süddeutschen Raum beschränkt, aber sie spielten bereits im Vorprogramm von Tortoise, → Die Sterne, Sofa Surfers, → Stella, → Lotte Ohm usw. Zu einem Auftritt in Regensburg schrieb die Mittelbayerische Zeitung: »Schon um elf Uhr war klar, daß die Superperformance kein Flop wurde – der leere Beutel war voll. Die quecksilbrige Musik von OH drohte aus allen Nähten zu platzen: Rascheln und Knistern überall, wunderbare Melodie-Loops spulten sich dazu ab, Bass und Schlagzeug trieben – das Publikum wogte.« Im Herbst 99 führte sie die erste Tour als Headliner durch die ganze Republik. Der Major Virgin veröffentlichte im Mai 99 das Album »Ecu« und die 10"-Maxi »39.6«. Zu der CD schrieb Chrisoph Büscher im Intro: »Steckt diesen Silberling in den Euromat, und heraus kommt ein Topf voll Gold. Bestimmt.« Im September gab es die MCD »Gelbphase«, wozu ihr erstes Video produziert wurde.

Discogr.: Ecu (1999, Virgin), (1999, Virgin), Gelbphase (1999, Virgin). Kontakt: MDZ – Musik der Zukunft, Böttgerstr. 4, 96050 Bamberg, F: 0951-9153015. E-Mail: elektropost @mdz.de • Internet: www.mdz.de

OHM, LOTTE

Lotte Ohm ist der Künstlername des Künstlersohns Vincent Wilkie, dessen Vater der Künstler Colin Wilkie und dessen Mutter die Künstlerin Shirley Heart ist. Seine Eltern gehörten in den 60er Jahren zu den Wegbereitern der englischen Folkmusic. Er bekam die Musik sozusagen in die Wiege gelegt. Als Musiker trat Vincent das erste Mal auf einem Schulfest in Erscheinung, wo er mit einer Schülerband Beatles-Songs coverte. Anfang der 90er versuchte er es mit einer Garagenband. Neben seinem Studium verdiente er sich als DJ, Plattenverkäufer und Radiomoderator etwas Geld. Damit kaufte er sich ein Sampling-Gerät. Durch die riesige Plattensammlung seines Vaters hatte er sich ein unerschöpfliches Musikwissen angeeignet und die Kunst des Songschreibens schon in frühen Jahren erlernt. Er verschmolz Elemente des Krautrocks, des europäischen Pop und auch Einflüsse der asiatischen, afrikanischen und amerikanischen Musik mit elektronischen Klängen und Gimmicks. Er erzählte skurrile Geschichten und bereicherte den deutschen Sprachschatz mit Wortschöpfungen wie ›Lichterkettenraucher‹ und ›Blumenbengel‹. Mit einem aufgenommenen Demo-Tape bekam er auf der Popkomm in Köln einen Deal. Die EP »Liebe in den Zeiten des Rinderwahns« brachte ihm 1996 den Titel »Newcomer des Jahres«. Seine Debüt »Letzte Tanke vor Babylon« brachte weiteres Kritikerlob im Rolling Stone: »Dank wunderbarer Hooklines und Melodien

Lotte Ohm

muß sich dies perfekte Gemisch aus Dope Beats, akustischen Gitarren und verzerrten Sounds vor keinem der modernistischen Songwriter verstecken. Ganz abgesehen von dem Faktum, daß es in deutschen Landen bisher niemanden gab, der in dieser Weise traditionelles Songwriting für die Neunziger fitzuspritzen wusste.« Die Maxi-CD »Wenn sie wirklich will« enthielt Mixes von Rockers Hifi, Gautsch, Skrupel und Fishmob. Die nächste CD »Das Ohmsche Gesetz« wurde als »WOM-Act des Monats« ausgewählt. Wieder verband er Dub, Alternative, HipHop, Elektronik, Bigbeat und Pop. Im Herbst 1998 begab er sich auf eine Club-Tour. Dazu erto: »Die Songs bezogen ihre Energie aus einer Art inneren Unruhe und Angespanntheit. Massive Dub-Effekte ließen das Grummeln über die Beine bis zum Magen vordringen. ›Wenn sie wirklich will‹ (Groovy) ›Komm rein‹ (unser Folk-Rock-Hit) und ›Lichterkettenraucher‹ (Dub-Inferno) zeigen nebenbei, daß Wortwitz und Intelligenz die Klippen der Peinlichkeit deutscher Texte gekonnt umschiffen können.« Jedenfalls bewies der überzeugte Vegetarier, daß es nicht zutrifft, daß Musik weder Fisch noch Fleisch ist. Zusammen mit Sven Franzisko von → Fischmob erarbeitete er 1999 die Titelmusik für das PC-Spiel »Dungeon Keeper 2«. Im Mai 2000 erscheint unter dem Titel »17 Grad« ein neues Album, gefolgt von zahlreiche Auftritte mit Gastmusikern auf verschiedenen Festivals.

Discogr.: Liebe in den Zeiten des Rinderwahns (1996, EP – Indigo), Letzte Tanke vor Babylon (1997, Indigo), Das Ohmsche Gesetz (1998, WEA), Dungeon Keeper (1999, MCD – WEA), 17 Grad (2000, WEA). Kontakt: WEA Records, Arndtstr. 16, 22085 Hamburg, F: 040-22805-297. Internet: www.wea.de

OM BUSCHMANN

Tom Schäfer (perc/dr/voc), Uli Riechert (dr/perc), Kalla Piel (b/perc/voc), Alfonso Garrido (perc), Martina Jungjohann (voc/ perc), Wolfgang Cesarz (dr/perc), Matthias Ebbinghaus (keyb/voc), Heiner Musiol (g/voc), Markus Heinrichs (Licht/Design), Ralf Stöcker (Soundtechnik)

Om Buschmann, ein Zusammenschluß von 10 Künstlern aus Leverkusen und Köln, entführen in die Wunderwelt des Percussion-Sounds. Dabei ist ihre Welt die Bühne und nicht das Plattenstudio, deshalb sind Tonträger eher nebenbei entstandene Produkte, denn nur auf den Brettern, die die Welt bedeuten, kommt ihre Kunst voll zur Entfaltung. Mit ihrem Spektakel sind sie seit den 80er Jahren unterwegs. 1995 bauten sie die Anzahl der Mitwirkenden auf die heutige Besetzung aus. Ihre perfekt ausgetüftelte Show fußt auf den Rhythmen der Afrikaner, Asiaten, Mittel- und Südamerikaner und klingt manchmal traditionell, dann aber wieder sehr modern. Sie verwenden mit großem handwerklichen Können Elemente des Theaters, des Dadaismus, der Magie und der Mystik, wobei Licht und Ausstattung eine große Rolle spielen. Neben der Faszination ihrer Performance kommt auch der Humor nicht zu kurz, wenn sie mit Brillen, Plastiktüten, Sägen, Luftschläuchen, Gartengeräten oder Brotkästen ihre Klänge erzeugen.

Discogr.: Kleine Schritte (APM Records). Kontakt: APM Records, Aachener Str. 1333, 50859 Köln, T: 02234-942263. Internet: www.musikshop.de/Kuenstler/ busch8.html

OOMPH
Dero (voc/dr/programm.), Flux (g/keyb/samples), Crap (g/keyb)
»Oomph ist nicht nur ein Geräusch, das ein kräftiger Hieb in die Magengrube macht, sondern auch der Name einer Band, deren Musik ein ähnliches Gefühl hervorruft«, beschrieb der »Hammer« trefflich die Musik der Band. Obwohl sie aus Wolfsburg kommen, sind sie eher Porsche als VW. Nach Anfängen als Rockband entwickelten sie sich zu einer der wichtigsten Elektro-Metal-Bands und waren auch einer der Mitbegründer dieser Musikrichtung. Auf dem 91er Debüt hatten sie viel mit Elektronik experimentiert, die Kombination aus harten Gitarrenriffs und brachialer Elektronik kam dann erstmals auf dem Album »Sperm« richtig zum Tragen. Ihre Lust zur Provokation führte dazu, daß ihre Single »Sex« vielfach boykottiert oder ignoriert und das dazugehörige Video zensiert wurde. Sie hatten aus Sexzeitschriften Nacktfotos ausgeschnitten und diese ohne Genehmigung im Booklet abgedruckt. Der Nachfolger »Defekt« bewegte sich musikalisch in dieselbe Richtung und befaßte sich mit dem alltäglichen Wahnsinn und den Schäden für die menschliche Psyche. Ihre spektakulären Auftritte hatten sich vor allem in den neuen Bundesländern herumgesprochen. Doch mit dem 96er Konzeptalbum »Wunschkind« weckten sie endgültig das Interesse der Hörer und damit auch der Plattenindustrie. Auf dieser CD befassen sich Oomph teils sehr drastisch mit dem Thema Kindesmißbrauch. Allerdings geht es nicht nur um physische Gewalt, sondern auch um die Schädigung der Psyche. 1998 erschien dann beim Major Virgin ihr Album »Unrein«. Mit ihrem Blickwinkel zum Thema Religion hatten sie keine Chance, vom Vatikan eine Auszeichnung zu erhalten. Diese bekamen sie von der Abendzeitung in München, welche die Scheibe zur »CD der Woche« wählte. Auch Hardrock vergab 9,5 der 10 Punkte: »Nach dem letzten Album rissen sich nahezu sämtliche Major-Companies um Oomph – ›Unrein‹ macht klar, warum. Diese Band war nämlich nicht nur Vorreiter in Sachen Elektro-Metal und neben Laibach die offensichtlichste Inspiration von Rammstein, sondern besitzt auch ein schier grenzenloses Potential.« Über einen Auftritt im Incognito, München, schrieb Matthias Weckmann: »Von einer speziellen Zielgruppe kann man bei dieser Band nicht sprechen. Neben kahlrasierten Hardcore-Typen und Irokesen-Punks erscheinen an jenem Abend auch 80er-Jahre-Metal-Weibchen mit toupierten Frisis und unverwüstlicher Make-up-Schicht. Diese bunte Mischung ergab in Verbindung mit der extravaganten Bühnenausstattung (Weihnachts-Lichterkette, rot ausgeleuchtete Säuglingspuppen und Halogen-Heiligenschein) ein ziemlich abgefahrenes Szenario. Oomph lieferten dazu den passenden Soundtrack: brachialer Elektrometal mit wuchernden Keyboardteppichen und choralen Elementen.« 1999 gaben sie uns dann »Plastik«. Bei »Fieber« beehrte Nina Hagen als Gastsängerin die Band. Auf der Suche nach dem Lebensinhalt hatte dabei Dero seine Stimme weiter verbessert und brachte mehr Melodie zwischen die Härte.
Discogr.: Oomph (1991, Machinery/RTD), Sperm (1994, Machinery/RTD), Defekt (1995, Dynamica/RTD), Wunschkind (1996, Dynamica/RTD), Unrein (1998, Virgin), Plastik (1999, Virgin). Kontakt: Virgin Schallplatten GmbH, Herzogstr. 64, 80803 München, F: 089-38195118. Internet: www.virgin.de

ORIGINAL REVEREND JONES, THE
Das Quartett um Jörg Stiller aus Hameln bewegt sich nach eigener Aussage zwischen Splatterfolk, Psychoblues und Deathcountry. Schon auf ihrem Debüt überzeugten sie sowohl mit brachialen als auch mit langsamen atmosphärischen Nummern. Anfang 99 erschien das zweite Album »Shake, Reverend, Shake« mit einer Mixtur aus Rockabilly, Rock-'n'-Roll, Garage, Country-Blues und Lo-

Fi-Country, wobei besonders auf das versteckte Cover »Je t'aime« hingewiesen wird.
Discogr.: Shake, Reverend, Shake (1999, Loudsprecher/Indigo). Kontakt: Loudsprecher, Voßstr. 55, 30163 Hannover, F: 0511-662093. Mail: loudsprecher@hotmail.com

ORPLID

Bei Orplid handelt es sich um ein aus Uwe Nolte und Frank Machauder bestehendes Dresdener Neo-Folk-Duo, das sich nach einem Gedicht Eduard Mörikes benannte. In ihren Stücken finden sich Anleihen an die mittelalterliche Musik, sie gehen aber, wenn auch minimal, dem Industrial nicht aus dem Weg. Wichtig ist ihnen der Gebrauch der deutschen Sprache, die sie im Gesang ausdrucksstark und manchmal auch pathetisch intonieren.
Discogr.: Geheiligt sei der Toten Name (MCD – Eis & Licht). Kontakt: Eis & Licht, Postfach 160142, 01307 Dresden

OSTZONENSUPPENWÜRFEL-MACHENKREBS

Carsten Hellberg (voc/g), Philipp Bußmann (g), Thorsten Weßel (b), Harry Wagener (dr)
Norddeutschkabslausessenmachtgescheit und erfindet Gruppennamen wie Ostzonensuppenwürfelmachenkrebs. Diese erschienen 1986 erstmals in der Szene und versuchten, ihre selbst produzierten MCs unters Jungvolk zu bringen. Die MC 70 von 1989 erregte Aufsehen, da sie schwer zugängliche Melodien mit komplizierten englischen Texten enthielt und in einer Apothekenverpackung ausgeliefert wurde. Sie unterschrieben einen Vertrag bei L'age d'or und kamen 1990 mit ihrer ersten CD/LP »für zuhause« auf den Markt, die wiederum mehr englische als deutsche Texte aufwies. Die Zeitschrift Tempo begeisterte sich für OSWMK oder OZSWMK, wie sie größtenteils genannt wurden, und bezeichnete sie neben Brosch und 39 Clocks als die derzeit beste deutsche Band. Die Szene Hamburg meinte, die »... Fabeln über Zwerge oder Magnolienbäume schaffen das erste Crossover zwischen James Joyce, J.R.Tolkien und Walther von der Vogelweide.« 1992 fühlte sich Ostzonensuppenwürfelmachenkrebs »Absolut nicht frei«. Auf diesem Album experimentierten sie mit Musik und Sprache. »Die Woche« stellte dazu am 16.4.92 fest: »...verwandeln sie sich aus aufreizend zögerlichen Biertrinker-Lethargos fast übergangslos in synkritische Hexenköche, die aus Post-Punk, Post-Core, Post-Dada und den Schönheiten der Pop Internationale nach beinahe klassischem Muster organisierte Sound-Waves basteln, die sich über kurz oder lang zu widerspenstigen Songs fügen, die einen gar nicht mehr ruhig stehen lassen. Das Bein stampft Authentizitätsmuster aufs Pflaster und der Kopf läßt die im Moloch von ›new world order‹ verschollenen schönen 80er Revue passieren.« Ihre Instrumentalplatte lieferten sie 1994 mit »Keinseier« ab. Wieder wurde der Hörer gefordert, der Schrammelgitarren, Jazzeinlagen, Hardcore- und Ambientklänge verdauen durfte. Auf der 12" »Leichte Teile« sang Carsten Hellberg erstmals durchgehend deutsch. Diesmal rockten sie, was nicht nur Sunset freute, die schrieben: »Die OZSWMK sind zurück, mit den vielleicht besten Songs seit ihrer Gründung in den späten Achtzigern.« Für ihre Verhältnisse straffe Rocksongs fanden sich auf der zweiten 12" von 1998 »Kleiner Rock«. Beide zusammengefaßt ergaben 1998 die CD »Leichte Teile, kleiner Rock«.
Discogr.: für zuhause (1990, L'age d'or), Absolut nicht frei (1992, L'age d'or), Keinseier (1994, L'age d'or), Leichte Teile (1996, 12" – L'age d'or), Kleiner Rock (1998, 12" – L'age d'or), Leichte Teile, Kleiner Rock (1998, CD/Do12" – L'age d'or). Kontakt: Ladomat 2000, Max-Brauer-Allee 163, 22765 Hamburg, F: 040-43166450. E-Mail: lado@on-line.de • Internet: www.lado.de

P

PADDY GOES TO HOLYHEAD
Harald Schmidt (voc/g/harm), Helen Mannert (v/acc/voc), Markus Ries (b), Kalle Spriestersbach (dr/perc), Rüdiger Kist (live-keyb/acc)

Paddies nannte man die armen irischen Einwohner, die ihr Land in Richtung Australien, Amerika oder Europa verlassen wollten. Da viele kein Geld hatten, fanden sie kein Schiff. Deshalb blieben einige in der kleinen Hafenstadt Holyhead hängen. 1989 gründete Harald Schmidt mit zwei Freunden eine Folkformation, die er zum Andenken an diese Gruppe vom Schicksal benachteiligter Menschen Paddy goes to Holyhead taufte. Auf der ersten LP »Emigrants« von 1990 verarbeiteten sie das Emigrantenthema in der traditionellen irischen Musik. Das Album erreichte in den internen Charts des Deutschen Rock und Popmusikerverbandes Platz 10. Mit dem zweiten Tonträger »Heres To The People« hatten sie sich vom klassischen Folk gelöst und vermehrt auf eigene Kompositionen und Texte gesetzt. Rock und Pop hatten an Einfluß gewonnen. Der neue Stil kam bei Konzerten besonders gut an und begeisterte das Publikum. Deshalb lag es nahe, die Live-Atmosphäre auf CD zu bannen. Dies bewerkstelligten sie mit »Supermegaultraliveshow«. Mit dem nachfolgenden Studiowerk »Ready For Paddy« gelang ihnen der Durchbruch. Die Hörer von SWF 3 wählten den Titel »Johnny Went To The War« in die Top Ten des Senders. Dort hielt er sich über ein Jahr. Mit dem in Eigenregie eingespielten Album hielten sie Einzug in die Media-Control-Charts (Platz 52). Der Erfolg veranlaßte Paddy, bei der nächsten CD »E. & O. E.« mit der Firma EMI Electrola zusammenzuarbeiten. Ohne daß die Gesamtstruktur verändert wurde, klangen die Stücke diesmal deutlich poporientierter. Auch setzten sie Ethno- und Reggae-Elemente ein. Mit dem Nachfolger »Hooray« gingen sie 1997 verstärkt zu den Folk-Rock-Wurzeln zurück. Für die klassisch ausgebildete Geigerin Almut Ritter konnte die Multi-Instrumentalistin Helen Mannert gewonnen werden, die bereits Erfahrungen in Straßenmusik, Kleinkunsttheater, Klassik und Punk gesammelt hatte. Am 22.10.97 feierte Paddy eine besondere Premiere. Via Internet ließen sie sich als erste deutsche Band bei der Arbeit im Studio beobachten und hören und beantworteten mittels zeilenorientierter Kommunikation Fragen der Fans. 1999 feierte Paddy das zehnjährige Bestehen. Zur Feier gaben sie die CD »Live« heraus, auf der die Stimmung der Konzerte blendend eingefangen wurde und das Ziel der Band dokumentiert wurde, die Besucher den Alltagsfrust und die Sorgen

Paddy goes to Holyhead

für einige Zeit vergessen zu lassen. In den zehn Jahren ihres Bestehens hat Paddy goes to Holyhead mehr als 1.400 Konzerte gegeben, zu denen alleine in den letzten beiden Jahren mehr als eine Million Zuschauer kamen.

Discogr.: *Emigrants (1990, Eigenvertrieb), Here's To The People (1992, Holyhead/ Indigo), Supermegaultraliveshow (1993, Holyhead/Indigo), Ready for Paddy (1994, Holyhead/Indigo), E. & O. E. (1998, Holyhead/ Indigo), Hooray (1997, Holyhead/ Indigo), Live (1999, Holyhead/Indigo).* Kontakt: Holyhead Promotion, Schubertstr. 4, 64832 Babenhausen, F: 06073-88919. Internet: www.paddy.de

PARAGON

Paragon ist eine True-Metal-Combo aus Hamburg, die 1994 auf der EP »Into The Black« erstmals auf CD zu hören war. Das Debüt-Album »World Of Sin« bot ebenso melodischen Power-Metal wie die Nachfolger »The Final Command« und »Chalice Of Steel«, für das Henjo Richter von → Gamma Rey das Intro komponierte. Im Sommer 99 spielten sie auf dem Wacken Open Air und befriedigten die Freunde des traditionellen Metal und die Headbanger.

Discogr.: *Into The Black (1994), World Of Sin (1995), The Final Command (1996), Chalice Of Steel (1999, B.O. Records/Pias).* Kontakt: Pias Recordings GmbH, Ditmar-Koel-Str. 26, 20459 Hamburg, F: 040-313437. E-Mail: info@pias.hh.uunet.de

PARAMOUNTS

Die Hildesheimer Kunst-, Theater- und Musikstudenten Malte, Ingo, Michael und Heino gründeten 1993 aus gemeinsamer Liebe zu den Krimis, SF-Serien und Filmen der 60er, 70er und 80er Jahre die Paramounts und führten in der Kulturfabrik Löseke erstmals auf der Bühne eine Crimeshow mit Musik und Dias auf. Nach ihrem Debüt »One Before Closing« spielten sie nicht nur in Clubs und Hallen, sondern sie erhielten auch Einladungen für Modenschauen, Easy-Listening-Parties und Filmpremieren. Auch ihr Album »Kriminalmuseum« von 1998 eignete sich wieder für das gewonnene Klientel. Daneben feierte ihr Kurzkrimi »Black Cat« Premiere. Bewußt nach einem Soundtrack klang auch das Album »Zooming Kalliroi« mit Samples aus Filmen und Fernsehen.

Discogr.: *One Before Closing (1996), Kriminalmuseum (1998), Zooming Kalliroi (1999, Sabphonic/Plattenmeister/Indigo).* Kontakt: Plattenmeister, Hochmoor 9, 24887 Silberstedt, F: 04625-181223. E-Mail: blumentrt@qol.com
• Internet: www.plattenmeister.de

PATRICE

Der Sohn eines afrikanischen Oppositionspolitikers und einer deutschen Mutter lebte in Kerpen und brachte auf seiner Debüt-EP »Lions« Roots-Folk mit Dub, Reggae, Grooves, Samples und Soul. Danach begann er unter der Leitung des Produzenten Matthias Arfmann mit Hilfe von Gästen wie den Ganglords, Skattelites, Eißfeldt, Martin und Tropf an den Arbeiten zu seinem ersten Album. Erste Erfolge feierte er in Jamaica mit der Veröffentlichung einer Vinyl-Single und in Frankreich, das ihn wegen seiner Mini-CD als aufgehenden Stern des Jahres 2000 feierte.

Discogr.: *Lions (1998, MCD – Yo Mama's Records/Zomba).* Kontakt: Yo Mama's Records, Große-Johannis-Str. 13, 20457 Hamburg, F: 0221-912668-67. Internet: www.yomama.de

PAYOLA

Die 1996 gegründete Barsinghausener Band Payola überzeugten vor allem mit dem Album »Horror Risin' At The Horizon« ihre Kritiker. Mit dem an die 70er Jahre angelehnten Sound gestand ihnen Christian Schlage sogar »die Anwartschaft auf die Rettung bundesdeutschen Rocks« zu und Anja Braun stimmte ein »Hoch auf deutsche Nachwuchsbands« wegen des temporeichen und psychedelischen Werkes an, das eine einheimische Alternative zu Monster Magnet & Co. bot.

Discogr.: (Auswahl): Horror Risin' At The Horizon (1998, Loudsprecher/Indigo), Big Bold Tennis At Wartime (1999, 10" – Loudsprecher/Indigo). Kontakt: Loudsprecher, Voßstr. 53, 30163 Hannover, F: 0511-662 093. E-Mail: loudsprecher@hotmail.com

PELHAM, MOSES
Der clevere Rödelheimer Geschäftsmann Moses Pelham und Gründer des 3p-Labels tat sich außerdem als Rapper und Rüpel hervor. Als Musiker fand er seine Inspiration in den Ghettos von New York und wurde in Deutschland mit dem Rödelheim Hartreim Projekt und den drei CDs »Direkt aus Rödelheim«, »Live aus Rödelheim« und »Zurück nach Rödelheim« berühmt, die Gangsterlyrik in der Sprache der amerikanischen Ghettos enthielten. Seine verbalen Attacken gegen die → Fantastischen Vier boten ebenso Stoff für die Presse wie die Ohrfeigen, die er dem Moderator Stefan Raab wegen einer angeblich rassistischen Äußerung verpaßte. Große Erfolge erzielte er mit der Förderung der Künstler → Sabrina Setlur, → Xavier Naidoo, → Illmatic und → Bruda Sven. Dabei ließ er Sabrina Setlur in seinem Programm auftreten, Xavier Naidoo sang auf den Konzerten von Sabrina Setlur und auf den Illmatic- und Bruda Sven-Veröffentlichungen, wodurch letztlich alle Künstler bekannt gemacht wurden. Nur bei seiner eigenen Solo-CD »Geteiltes Leid I« kam dieses System nicht zum Tragen, da sich seine Tournee wegen des Erfolgs von Xavier Naidoo verzögerte und sich die Presse auf ihn einschoß, wie das Beispiel von Constantin zeigt: »...er ist der Ansicht, sein bescheiden artikuliertes Rap-Gebrabbel sei ähnlich wichtig wie die Bibel. Nun gut – fest stehen zwei Sachen: Der Mann hat Erfolg und es handelt sich hier offensichtlich um ein Arschloch.« Mit einer solch unfreundlichen Presse konnte er nicht an die Erfolge des Rödelheim Hartreim Projektes anschließen.
Discogr.: Direkt aus Rödelheim (1994), Live aus Rödelheim (1995), Zurück nach Rödelheim (1996, Universal), Geteiltes Leid I (1998, 3p/Sony). Kontakt: Pelham Power Productions 3P, Fuchstanzstr. 33-35, 60489 Frankfurt/M., F: 069-97827040. Internet: www.3-p.de

PELZIG
Wer bei Pelzig an Kuschelrock denkt, wird in die Irre geführt. Die nahe Ingolstadt beheimatete Kommune befaßt sich mit modernem Underground-Rock, der auch den Einsatz eines Computers zuläßt. Von der 1993 gegründeten Band erschien 1997 ihre erste Platte »The Car Compilation«, der sie 1999 »Drive Busy« folgen ließ, die sie mit Hilfe der Produzenten Holger Krzywon und Mario Thaler (beide → Notwist) einspielte. Dazu benutzten sie neben Bass, Gitarre und Schlagzeug Sampler, Sequenzer und Keyboards, um aus heftigen, oder manchmal auch ruhigen Stücken Klangexkursionen werden zu lassen.
Discogr.: The Car Compilation (1997), Drive busy (1999, Supermodern/Indigo). Kontakt: Supermodern Musik, Schürenbreder Weg 17, 32689 Kalletal, F: 05264-654774

PENDIKEL
Jörg Schweppe (dr), Oliver Klemm (g), Christian Kruse (b), Carsten Sandkämper (voc/g)
Wer Che Guevara, Elvis Presley und Bill Clinton gemeinsam nackt pinkeln sehen will, sollte sich den letzten Tonträger von der Osnabrücker Band besorgen oder zumindest das Cover klauen. PeNdiKel besteht seit 1994 in wechselnder Besetzung. Von den Urmitgliedern ist heute noch das Gespann Sandkämper/Kruse dabei. Nachdem sie bereits eine 7" mit harter Kost veröffentlicht hatten, erschien 1996 die erste CD »Fu ruft Uta«. An deren Konzeption und Klangwelten war der neue Gitarrist Mathias Rolfes u.a. mit seinen Samples maßgebend beteiligt. Nach der Split-10"-EP stieg er wieder aus, da ihm das angestrebte Kunststudium nicht die Zeit ließ, sich der Band im erforderlichen Maße zu widmen. Auf der CD war rauhe ungeschliffene Musik mit Ecken und

PeNdiKel

Kanten zu hören. Ihre Vorbilder Helmet, Fugazi und Quicksand klangen durch, Dischord-Klänge und Gitarrenmusik, schmerzende Krachwände und zuckersüße Melodien gingen ins Ohr. Die Texte drehten sich um das Erwachsenwerden und den Umgang mit den Ratschlägen der älteren Generation. Mit der EP »Ulme« waren sie lt. eigener Aussage »lauter als es der Rock'n'Roll erlaubt«. Die Arbeiten an der nächsten CD »Phantasievoll (aber unpraktisch)« wurden 1998 abgeschlossen und im Oktober veröffentlicht. Diesmal klangen sie gemäßigter, Emocore- und Progrock-Einflüsse à la King Crimson, einem weiterem Vorbild, bestimmten den Sound. Die wie immer deutschen Texte befaßten sich mit der Angst des Kaffeemachens, aber auch mit dem alltäglichen Umgang miteinander und den Veränderungen in der Gesellschaft. Dazu schrieb das Magazin Intro: »Zwischen allen Stühlen knüpfen PeNdiKel an eine Musik an, die als Relikt aus den 80ern erscheint. Elemente von Crust-, Emo- und Irgendwie-Core sind längst einem Nischenpublikum vorbehalten, das sich noch immer vehement schreiend und in die Instrumente dreschend gegen die Elektronik des ausgehenden Jahrzehnts zu behaupten versucht. Ihre Art jedoch, dies mit deutschen Texten zu koppeln, macht PeNdiKel-Musik wiederum so eigenartig ungehört neu, daß antiquierte Elemente in völlig neuem Licht erscheinen.« Die Titel »Aeroflot«, »Meter« (als Remix) und »Phantasievoll (aber unpraktisch)«, der auf der gleichnamigen

CD nicht enthalten war, wurden im November auf einer streng auf 315 Exemplare limitierten 10"- Picture Disc veröffentlicht. Eine Promo-7" »Slit« mit den Nummern »Pubertäterä« und »Tocotronic« plus zwei Stücke der Band Proof erschien ebenfalls in streng limitierter Auflage. Im Winter und Frühjahr 1992 zog die Band durch die deutsche Clublandschaft, um ihr Programm live vorzustellen. Dabei ging es ihnen um direkte Kommunikation: »Wenn das, was wir machen, die Leute nicht dazu bringt, in unsere Musik einzutauchen, dann haben wir etwas falsch gemacht.« Danach arbeitete die Gruppe an einem für sie untypischen Projekt. Sie bannten 80 Coversongs bekannter Popklassiker (»Maid of Orleans« – OMD, »Hunting High And Low« – Aha usw.) in eigenen Versionen auf CD.
Discogr.: The Bugs Knows Best (Split-7" – Easy Money Records), Fu ruft Uta (1996, Blu Noise Records), ULMe (1997, Split-10" – Blu Noise Records), Phantasievoll (aber unpraktisch) (1998, Blu Noise Records), Promo (1998, Split-7" – Blu Noise Records), Aeroflot (1998, 10"-Picture-LP); Kontakt: Easy Money Records, c/o Stephan Otten, Vitihof 6, 49074 Osnabrück, T: 0541-259111. Internet: members.xoom.com/_XOOM/PeNdiKel/disco.htm

PEPPERMINT PATTY
Peppermint Patty aus Kaiserslautern mit ihrer Sängerin Sabine Massing und den beiden Vokalisten Oliver Dums und Mike Meyer, einer Bläser- und einer Rhythmus-Sektion ist die am meisten beschäftigte Band der Pfalz. Zwar besteht der Hauptteil ihres Programms nach wie vor aus Fremdkompositionen des Soul-, Pop-, Rock- und Musical-Bereichs, doch diese werden von der zehnköpfigen Gruppe in eigenen, oft ausgefallenen Arrangements dargeboten, wobei sich in den letzten Jahren immer mehr eigene Titel in ihr Repertoire einschlichen. Bis 1999 gab die Band über 800 Gastspiele in ganz Deutschland und den angrenzenden Ländern, gewann mehrere Musikpreise und trat im Vorprogramm von u.a. Saga,

Smokie, Manfred Mann, Slade und Bonnie Tyler auf. Neben verschiedenen Events buchten sie Ministerpräsident Kurt Beck und Erbprinzessin Maximiliane zu Fürstenberg für eigene Galas. Für 2000 ist eine weitere Live-CD geplant.
Discogr.: Live (1995), Schloß mit Lustig (1997), A Family Affair (1998), Live 2000 (2000, Eigenproduktion). Kontakt: Markus Meyer, Schilerstr. 5, 67686 Mackenbach, T/F: 06374-993863, Tel.: 0171-7946584. Internet: www.feedback-magazin. de

PERC, THE (THE PERC MEETS THE HIDDEN GENTLEMAN)
Tom Redecker
Von der Pissrinne aus sah der Gypsy Rover Kühe im Nebel und mutierte zu The Perc meets the hidden Gentleman. Tom Redecker war in den 70ern bereits im Trashfolk-Duo Pissrinne und der Folkformation Gypsy Rover recht erfolgreich. Hohe Berge, wo der Goldene Reiter einmal nur mit Erika 99 Luftballons jagte, widerten ihn an und er gab Gas, dem Musikgeschäft zu entfliehen. Glücklicherweise fand der Ausstieg nur vorübergehend statt. Mit seinem Umzug in Bremen kam die Lust zur Musik zurück, und er rief die Avantgardegruppe »Kühe im Nebel« ins Leben, mit denen er sich in der Hansestadt etablierte und wo er den Untergrund mit zahlreichen Kassettenproduktionen überschwemmte. Unter dem Titel »Man Of The Future« nahm er 1985 sein erstes Tape als »The Perc« auf. 1987 spielte er mit Emilio Winschetti (the hidden Gentleman) die gemeinsame Single »The Perc Meets The Hidden Gentleman« ein. 1989 machte das Album »Two Foozles At The Tea Party« The Perc meet the hidden Gentleman bundesweit bekannt. Danach war ursprünglich geplant, das Angebot von Strange Ways anzunehmen und eine Solo-LP von The Perc zu veröffentlichen, jedoch wurde diese Idee wieder verworfen, nachdem sich viele befreundete Musiker angeboten hatten, bei diesem Album Unterstützung zu leisten. Schließlich entstand 1990 die Konzept-Compilation »The Perc Presents The Furious Swampriders«, ein heftiges Lagerfeueralbum aus Country und Folk. Der Erfolg veranlaßte Tom zwei Jahre später, seine alten und auch einige neue Freunde einzuladen, um das Album »The Return Of The Furious Swampriders« einzuspielen. Diesmal gaben sich sogar Floyd Westerman und der Gun Club die Ehre. Dazwischen lag ein weiteres Album von The Perc meets the hidden Gentleman, das den Titel »Lavender« trug und in dem Zillo »die Platte des kommenden Frühlings« sah. Aber nicht nur Zillo, auch der Stern, Spiegel, die FAZ, die Süddeutsche Zeitung und andere berichteten über die Band und die ARD drehte ein spezielles Porträt über das Duo. Amerikanische College-Radiostationen nahmen The Perc meets the hidden Gentleman in ihr Programm auf, wobei sich die US-Boys als treue Fans erwiesen. Tom und Emilio waren fast pausenlos unterwegs und absolvierten auf der »Lavender«-Tour über 100 Gigs. Das erst 1998 herausgegebene Album »Pra-

The Perc

ha« fing die Atmosphäre und Spielfreude der Band trefflich ein. 1993 spielten T.P.M.T.H.G. noch das Album »Ages« ein, das mit Bachs »Toccata« begann und Klassikanspielungen, schwelgerische Keyboard-Passagen und Elemente aus Folk und Beat enthielt. Danach verwirklichte Tom Redecker seine eigenen Pläne. Nach seinem Solo-Debüt mit elektronischer Musik unter dem Namen Taras Bulba entstand 1995 mit Hilfe von → Phillip Boa, den Kastrierten Philosophen und der eigenen Lavender Band die CD »Worldlooker«. Der Beobachter der Welt nahm das Album ohne Emilio auf, weshalb der Bandname in kastrierter Form als »The Perc« wiedergegeben wurde. Die erfolgreiche Tour durch 14 deutsche Städte führten sie unter dem Namen The Perc meets the Incredible Lovegodz durch. Danach widmete sich Redecker der Band → Electric Family, bevor er 1999 mit nur wenigen Musikern sein nächstes Solo-Album als The Perc einspielte. Für Sommer 2000 ist die Veröffentlichung geplant, die mit einer Tour im Duett mit seinem langjährigen Freund Jochen Schoberth gefeiert werden soll. Neben The Perc und → Electric Family befaßt sich Tom Redecker in seinem Projekt Taras Bulba mit der elektronischen Musik. Nach dem Tape »Oscillations«, das Musik zu einem Videofilm enthielt, erschien 1993 das CD-Debüt »Sketches Of Babel«, dem 1995 »Peyote Moon« folgte. Zur Sonnenfinsternis steuerte Taras Bulba im August 1999 den Titel »Flying Gringos« für den Elipse-Sampler bei und für den Deutschen Rock und Popmusikerverband spielten sie den Titel »My Mind Was Still There« ein.

Discogr.: Two Foozles At The Tea Party (1989, Strange Ways Records), Lavender (1991, Strange Ways Records), Ages (1993, Strange Ways Records), Seven Years On The Peak (1994, Strange Ways Records), Praha (1998, Strange Ways Records), Worldlooker (1995, Strange Ways Records); Taras Bulba: Sketches Of Babel (1993, Hyperium), Peyote Moon (1995, Hyperium), The Perc Presents The Furious Swampriders (1990), The Return Of The Furious Swampriders (1993) (weitere MCDs, Singles und Compilations unter Kontaktadresse). Kontakt: Shack Media, Lange Str. 27, 22711 Osterholz-Scharmbeck, T: 04791-980642, F: 04791-980643. E-Mail: shackmedia@t-online.de • Internet: home.t-online.de/home/ shackmedia

PEROTIC THEATRE, THE
Niklas David (keyb, p, org), Alex Wiemer (b/voc), Rudi Leichtle (dr/perc/Roland V-drum), Matthias Both (voc)
Die Südwestpresse bezeichnete die musikalische Ausrichtung der 1991 entstandenen Tübinger Gruppe als Avantgarde-Progressive-Psychedelic-Klassik-Art-Jazz-Rock, wollte und konnte keine Vergleiche ziehen und bemerkte am ehesten noch Einflüsse der frühen Pink Floyd, Peter Hammill und Keith Emerson. Die Lust am Experimentieren rückte sie in die Nähe von King Crimson. Keyboard, Orgel und Klavier bestimmten den Sound, erzeugten surrealistische Hörbilder, in

The Perotic Theatre

denen brachiale Gewalt und lyrische Passagen sich abwechselten, die oft von eigentümlichen Geräuscheskapaden unterbrochen wurden. Zwischen den Jahren 1991 und 1995 spielten sie verschiedene Demos ein und gaben Konzerte, überwiegend im Raum Stuttgart. Im Dezember 1994 nahmen sie am 8. Festival für experimentelle Literatur und Musik am Deutsch-Amerikanischen Institut in Heidelberg teil und am 7.1.95 traten sie beim 2. Stuttgarter Prog Rock Event auf. Die in Eigenproduktion hergestellte Debüt-CD »Prometheused« beinhaltete die Vertonung von William Blakes »Auguries Of Innocence« und war sehr ruhig und klassisch gehalten. Als Gast las Kiev Stingl ein Gedicht durch das Telefon. Mit diesem Werk im Rücken wandten sie sich wieder verstärkt Live-Aktivitäten zu, die häufig innerhalb der Social-Beat-Szene Berlin/Ludwigsburg sowie Open Air stattfanden. Ebenfalls in Eigenproduktion erschien 1997 ihr Werk »Dryve«, mit dem sie sich der progressiven Rockmusik der 70er Jahre näherten. 1998 ließen sie das sehr modern gehaltene Mini-Album »Tren d2 andy« folgen, worauf sie auch mit elektronischer Musik experimentierten. Dazu schrieb das Schwäbische Tagblatt Tübingen: »Böse quengelnde Störsounds äffen leichtgewichtigen Pop nach, bildungsbürgerliche Klavierattacken wechseln mit einer Kontaktaufnahme zum Dancefloor. Das ist keine lockere Lounge-Musik, sondern Heavy Listening als Qualitätsarbeit.« Ihr Konzert feierten die Stuttgarter Nachrichten wie folgt: Hier reagieren Musiker aufeinander, fertigen auf der Bühne ein Klangkunstwerk, und es läßt sich ahnen, wie unerschöpflich vielfältig das Medium Musik abseits unserer schematisierten Hörgewohnheiten sein muß.« Das Schreiben neuer Titel und verstärkte Aktivitäten zur Vorproduktion für das vierte Album ließen ihnen 1999 wenig Zeit für Auftritte. Konzerte wie im Aktionsraum der Staatlichen Akademie der Bildenden Künste in Stuttgart oder, für The Perotic Theatre schon fast Tradition, beim Merlin Sommerfestival bildeten in diesem Jahr die Ausnahme.

Discogr.: Prometheused (1995, Eigenproduktion), Dryve (1997, Eigenproduktion), Tren d2 andy (1998, Eigenproduktion). Kontakt: Niklas David, Schleifmühlenweg 33, 72070 Tübingen. E-Mail: niklas.david@student. unituebingen.de • Internet: home.t-online.de/ home.cp_mas/ tpt.htm

PETRY, WOLFGANG

Der in Köln geborene Sänger erlernte als Jugendlicher Klavier und Gitarre und trat 1974 erstmals mit seiner eigenen Band Top Singers auf. 1976 erhielt er einen Plattenvertrag und feierte gleich mit der ersten Veröffentlichung »Sommer in der Stadt« den Einzug in die Charts. Anschließend kamen mit »Jeder Freund ist auch ein Mann« und »Ein ganz normaler Tag« nur noch kleinere Hits heraus, bis er 1979 mit dem italienischen Cover »Gianna« wieder einen Platz-17-Erfolg verbuchen konnte. Sein Album »Einfach leben« bedeutete die Wende vom Schlager zu rockigeren Klängen und dieser musikalischen Ausrichtung blieb er fortan treu. Während der ersten Hälfte der 80er gelangte er mit »Tu's doch«, »Ich geh' mit dir«, »Der Himmel brennt« und »Wahnsinn« weiterhin in die Charts und baute sich in dieser Zeit eine treue Fangemeinde auf. Zwischen 1985 und 1989 wechselte er zweimal die Plattenfirma und konnte sich mit »Hey Sie, sind sie noch dran«, »Ich brauch' ne Dosis Liebe« und »Nur ein kleines Stück Papier« in den Airplay-Charts plazieren. Ab 1992 war er immer wieder in den Single-Charts vertreten, aber allmählich verkauften sich auch seine Longplayer sehr gut. Wolfgang Petry zog von den Clubs in die Hallen und von den Hallen in die Stadien. Mit »Alles«, einer Sammlung seiner größten Erfolge, erreichte er den Spitzenplatz der Verkaufs-Hitparade und als »Die längste Single der Welt« 1997 bis auf Platz 7 der Charts vorstieß, war Wolfgang Petry schon ein Superstar. Doch dieser fühlte sich nicht so, widmete seinen Fans viel Zeit, überzeugte sich in den Hallen selbst, daß auch die Hörer in den hinteren Reihen auf einen guten Sound vertrauen konnten und versuchte immer, soviel Kontakt wie möglich mit ihnen zu halten. Diese zahlten es ihm zurück und sorgten dafür, daß seine Alben »Einfach geil« von 1998 und »Alles live« von 1999 kurz nach der Veröffentlichung auf Platz 1 der Media-Control-Charts gelangten. Daran konnte auch ein Rundfunkboykott nichts ändern, dem der Sänger ausgesetzt war, nachdem Redakteure an Titeln wie »So ein Schwein«, »Himmel, Arsch und Zwirn« oder »Einfach geil« Anstoß genommen hatten. Trotzdem erhielt Wolfgang Petry im März 2000 als »Künstler des Jahres« den »Echo 2000« (Preis der deutschen Schallplattenindustrie), den er schließlich in der Sparte Schlager auch erhielt.

CDs: *Auswahl: Sehnsucht nach dir (1993) Na klar, Alles (1996) BMG/Na Klar, Nie genug (1997) BMG/Na klar, Einfach geil (1998) BMG/Na klar, Alles live (1999) BMG/Na klar, Komplett – 6CDs (1999) BMG/Na klar.* Kontakt: BMG Entertainment, Steinhauser Str. 1-3, 81677 München, F: 089-477608. Internet: www.bmg.de • www.bmgentertainment.de • www.wolfgangpetry.de

PHANTOMS OF FUTURE

Sir Hannes Smith (voc/special instruments/lyrics), Dr. Krid (g), Paul E. (b), Olaf Bolte (dr), Stephan Voigt (keyb)

Die Phantoms of Future waren ursprünglich das Zweitprojekt des Dortmunder Punkers Sir Hannes Smith, der mit seiner ehemaligen Gruppe The Idiots auf den Spuren des legendären Iggy Pop wandelte und sich manchmal mit den Scherben einer Bierflasche den Bauch aufschlitzte. Mit der Veränderung der musikalischen Richtung hin zu einer Mischung aus Metal, Crossover, Punk, Psychedelic und Grunge konzentrierte sich Smith auf die Phantoms of Future. Sie wollten musikalische Grenzen sprengen. Nach der Einspielung zweier Demo-Tapes erschien 1990 das Debüt »Cruel Times« bei Sucker Records. Diese Aufnahmen klangen noch nach Postpunk mit psychedelischem Gesang. Wesentlich experimenteller und ausgereifter hörte sich das zweite Album »Loco Poco« an. Smith hatte inzwischen Gesangsunterricht genossen, was dem Werk hörbar gut tat. Diverse Blasinstrumente waren ebenso zu hören wie Spielzeugflöten. Der Wirkungskreis der Band beschränkte sich längst nicht mehr auf Nordrhein-Westfalen und so stellten sie 1993 »Capter III – The Trance Album« in ganz Deutschland vor. Dabei erwies sich die Band mit ihrem charismatischen Sänger als äußerst spielfreudig. Das Tourprogramm hielten sie auf der selbstproduzierten Live-CD »This Flight Tonight« fest, wobei das von Nazareth übernommene Titelstück im Studio eingespielt wurde. Mit der Vertragsunterzeichnung bei Sony Epic und der neuen CD »Call Of The Wild«, die sehr aufwendig produziert wurde, kam der erste Einstieg in die Charts. Auch Dortmunds Teenager- und Fußballidol Lars Ricken stieg ein, und zwar bei zwei Songs des nächsten Albums »Chimera« von 1996, wo er Background-Vocals übernahm. Die Band hatte nicht mit einem solchen Aufsehen gerechnet. Sie legten wenig Wert darauf, auf diese Weise bekannt zu werden. Dies wollten sie lieber über ihre Konzerte. So spielten sie u.a. mit Cypress Hill, Sex Pistols, Sisters of Mercy, Prodigy, Monster Magnet und den → Fantastischen Vier. 1997 begann eine Zusammenarbeit mit der Sea Shephard Organisation und die Phantoms widmeten ihnen den Song »Sea Warrior«. Bis 1998 ließen sie sich Zeit, doch dann brachten sie das Album »Tie Me Up« auf den Markt, das sich bezüglich der Vielfalt noch schwerer einordnen ließ und bei dem es sich um den bisher härtesten Ausstoß der Band handelte. Das Album kam für fünf Wochen in die DAT 20 Charts. Aufsehen erregten sie mit der Gestaltung des Covers, das, inspiriert vom New Yorker Untergrund-Künstler John Willies, eine an einen riesigen

Stöckelschuh gefesselte junge Frau in Netzstrümpfen, Strapsen und Minirock zeigte. Dafür erhielten sie zwei Konzertabsagen wegen angeblich frauenfeindlicher Motive. Im März 98 überzeugten sie im Vorprogramm von Iggy Pop. Anschließend hatten sie genügend Selbstbewußtsein, als Weltpremiere den Auftritt vom 15.4.98 in Regensburg in voller Länge in Stereo mit Videobild im Internet zu übertragen. Aus privaten Gründen verließ Keyboarder Ted Lachmann die Band und machte für seinen Nachfolger Stephan Voigt Platz. Wie in jedem Jahr waren auch 1999 die Phantoms wieder mindestens einhundertmal auf der Bühne vertreten. Daneben begannen sie die Arbeiten zum nächsten Album. Zur Überbrückung konnten die Anhänger der Band eine Live-CD oder ein Video ihres Konzerts anläßlich der 3rd Fan Convention vom 3.4. und 4.4.1999 in Isny erwerben.

Discogr.: Cruel Times (1990, Sucker/Epic), Loco Poco (1991, Sucker/Epic), Chapter III – The Trance Album (1993, Gusch/Epic), This Flight Tonight (1993, Gusch/Epic), Call Of The Wild (1995, Epic), Chimera (1996, Epic), Tie Me Up (1998, Zyx Records), Live In Concert '99 (1999, Energie Music). Video: Live in Concert (1999, MV/EMI). Kontakt: Phantoms of Future Info, T/F: 0231-596472. E-Mail: info@phantoms.de/info@energie-musik.de • Internet: www.phantoms.de • www.energiemusik.de

PHONOROID

Vanessa Vassar (voc), Axel Heilhecker (g), Harald Großkopf (dr)
Phonoroid debütierte 1997 mit dem Album »Two Many Friends«. Diese deutsch-amerikanische Freundschaft hielt sich nicht an eine deutsche Welle, sondern vereinigte die Talente des Gitarristen Axel Heilhecker und der amerikanischen Sängerin Vanessa Vassar. Die in Dallas geborene Texanerin sang in Chören, Jazzensembles und Musicals und studierte die klassischen Ursprünge des Gesangs. In New York schrieb sie für MTV und sang in der Carnegie Hall als Chormitglied für Pavarotti und Marilyn Horn. Außerdem hatte sie Medienwissenschaften und Literatur studiert und als Journalistin, Schriftstellerin und Regisseurin von Musikvideos gearbeitet. 1991 kam Vanessa nach Berlin. Dort traf sie auf Axel Heilhecker, der schon eine bewegte musikalische Vergangenheit hinter sich hatte. Der frühere Gitarrist von Wolf Maahn hatte u.a. bereits für Willy deVille und Don Cherry gearbeitet, unter eigenem Namen Platten herausgegeben und sich an vielerlei Projekten beteiligt. Die beiden schlossen sich zusammen und fabrizierten 1997 das Werk »Two Many Frames«. Darin bereicherten sie amerikanischen Folk um Psychedelic Rock, World Music und klassische Einflüsse. Die Tracks dafür wurden in einer einzigen Aufnahmesession eingespielt. Die Zeitschrift »Saturn-Szene« wählte »Two Many Frames« zur Platte des Monats. Sowohl die Indie-Szene als auch kommerzielle Zeitschriften äußerten sich wohlwollend. Dies war Grund genug, den eingeschlagenen Weg weiter zu verfolgen. Deshalb ließen sie 1999 »Not On The Map« folgen. Fest dabei war als drittes Mitglied der Schlagzeuger Harald Großkopf, der sie schon auf ihrer Tour zwischen den beiden Veröffentlichungen in Deutschland und den Vereinigten Staaten begleitet hatte. Mit der CD lieferten sie eine zeitgemäße Arbeit ab. Zu den bekannten Stilen flossen elektronische Beats, Spuren von Ambient und LoFi-Elemente ein. Diesmal hatten sie sich mehr Zeit genommen und nicht nur »First Takes« verwendet. Dabei trommelte Großkopf, der schon zu Krautrockzeiten bei unzähligen Aufnahmen wie z.B. von Ash Ra Temple und Klaus Schulze mitgewirkt hatte, auf seinen »Trash-Drums«, die er aus alten Fundsachen selbst gefertigt hatte. Die Geschichten von Vanessa waren Alltagsbeobachtungen, wobei sie gerne mit der Sprache spielte. Sie handelten ebenso von öden Parties wie der Beobachtung von Gürteltieren, den Armadil-

los. Bei den Radio BTN Top 50 belegte im Monat Juni 99 die Single »Time Flies« im Billboard Talent Net Platz 5 der Charts. Zillo wählte Phonoroid zum Talentsupport des Monats und WOM ließ deren CD einen Monat lang über Kopfhörer spielen.

Discogr.: Two Many Frames (1997, ClandEstine/SMD), Not On The Map (1999, ClandEstine/SMD). Kontakt: ClandEstine Records c/o intuition, P.O. Box 270126, 50508 Köln; SMD GmbH, Carl-Zeiss-Str. 1, 55129 Mainz, F: 06131-505117

PICA PAU

Roland Langenegger, Uli Bammer, Stefanie Fischer und ca. 20 weitere Mitglieder
Ihre Konzerte gehen sie nach dem Motto an: »Wir lassen raus die Sau – wir sind Pica Pau«. Pica Pau hat aber nichts mit Schweinen zu tun, sondern ist das portugiesische Wort für Specht. Als Spechte klopfen sie ihre Samba-Trommeln. Dies geschieht so eindrucksvoll, daß sie ihr Weg aus einer bayerischen Scheune heraus durch ganz Deutschland führt. Im Jahr 1993 begann Roland Langenegger mit dem Trommelwirbel. Da man alleine die Nachbarn nicht so gut ärgern kann, suchte und fand er einige Gleichgesinnte, denn zusammen wird es lauter. Mit dem autodidaktischen Erlernen kamen sie nicht weiter und sie engagierten einen Lehrer aus München. Fast gleichzeitig führte Uli Bammer in Augsburg eine Sambagruppe an. Anfang 1994 beschloß man eine bayerisch-schwäbische Zusammenarbeit mit brasilianischer Musik unter dem Namen Pica Pau. Durch den Umstand, daß jeder Musiker sein Instrument selbst trägt und somit Bewegungsfreiheit gegeben ist, sind veränderbare und flexible Konzertsituationen möglich. Doch nicht nur Trommeln, sondern auch Gesang und Show gehören zum Konzept der Band, wobei auch Pyrotechnik zum Einsatz kommt. Dies führte dazu, daß die Formation sowohl für Latino-Parties als auch für Techno-Veranstaltungen, Paraden und Konzerte verpflichtet wurde. Dazu schrieb die Schwäbische Zeitung über einen Auftritt im Ulmer Roxy: »Das musikalische Programm von Pica Pau war nicht festgelegt. Ob die Rhythmen des Samba-Batuada, der Straßenmusik Brasiliens oder die schweren, stampfenden Rhythmen des Bioco-Afro aus dem Norden Brasiliens gespielt wurden: Auf ein Pfeifsignal hin wurden die Rhythmen geändert, setzten die verschiedenen Soli oder die klare Stimme von Stefanie Fischer ein. Als die Band, bekannt für ihre ›Feuer-Surdos‹, ihre Schlagzeugschlegel entzündete, war das nicht nur eine Augenweide, sondern es entstand auch ein Hauch Marke Karneval in Rio.« Bei der »Karibischen Nacht« vor 15.000 Partygästen wurde das Bayerische Fernsehen erstmals auf Pica Pau aufmerksam. Es kam das Mini-Album »Pica Pau«, das ausschließlich Eigenkompositionen der Band enthielt, heraus. Sie waren Stammgäste des jährlich im Juli stattfindenden Samba-Festivals in Coburg und einer der Höhepunkte des Karnevals der Kulturen in Berlin. 1999 waren sie Headliner der Brasilnacht im Wasserschloß Werdringen bei Hagen, sie spielten in der Olympiahalle in Innsbruck, vor 20.000 Zuhörer bei der Technoparty im Schloß Scherneck und im Kunstpark-Ost in München mit → Liquido, Fiddler's Green und Offspring. Die Musiker arbeiten (noch) nicht im Profibereich.

Pica Pau

Trotzdem wird die Band mit Auftrittsangeboten eingedeckt. Deshalb verzögerten sich bisher die Aufnahmen zum ersten großen Album.
Discogr.: Ritmo (MCD, Eigenvertrieb). Kontakt: Uli Brommer, Äußeres Pfaffengäßchen 24, 86152 Augsburg, T: 0821-510 305, F: 08 21-159345

PILOS PUNTOS

Martina Flüs (voc), Marc Heidermann (voc/keyb), Christian Buddrus (g), Klaus Laarmann (g), Axel Sardemann (b), Marcel Kowalewski (dr)

Pilos Puntos entstand 1985 als Kinder-Rockband unter dem Namen Pünktchen Pünktchen in ihrer Wuppertal-Ronsdorfer Schule. Ihre witzigen und originellen Texte verschafften ihnen nach einem Auftritt auf der Frankfurter Musikmesse, der live im Hessischen Rundfunk übertragen wurde, eine Einladung vom berühmtesten Geldkofferempfänger der Welt zum Kinderfest ins Kanzleramt. Außerdem traten sie beim Treffen »Junge Musikszene« auf der Funkausstellung in Berlin auf. Das schwedische Goethe-Institut lud die Wuppertaler Kinderband für eine Konzertreise durch Schweden ein, der Einladungen aus vielen anderen europäischen Ländern folgten. Zu einer Tournee durch Chile benannte sich die Jugendband in Pilos Puntos um. Das Goethe-Institut Deutschland drehte zur Unterstützung der jungen Künstler ein Video, produzierte eine MC und ließ ein Textbuch drucken. Es folgten Gastspiele auf der Insel La Réunion im Indischen Ozean, eine weitere Chile-Tournee und Konzerte in Sao Paulo, La Paz und Kairo. Anschläge der Neonazis auf türkische Einrichtungen und Familien in Deutschland veranlaßten Pilos Puntos zu einer Konzertreise durch die Türkei, um ihren Beitrag zu leisten, keinen Haß zwischen den Völkern aufkommen zu lassen. Inzwischen standen Texte der Gruppe in vielen Deutschbüchern rund um den Globus und französische Verbände mißhandelter Opfer des 3. Reichs würdigten in einem offenen Brief die zeitgemäße Form der Kommunikation der Formation. Die Mutter der Sängerin Martina Flüs stammt aus Südkorea und genau dort brachten Pilos Puntos ihr erstes Album mit deutschen und koreanischen Liedern heraus. Nach Schulabschluß und Abitur blieben sie weiter zusammen und unterschrieben bei EMI Electrola einen Plattenvertrag. Ihr Major-Debüt »Pilos Puntos« kam im September 99 auf den Markt und enthielt modern arrangierte, eingängige Pop- und Rockmusik mit deutschen Texten für ein erwachsenes Publikum. Am 6. November 1999 feierten sie mit 600 Fans ihre CD-Release-Party im Forum Maximum in Wuppertal-Elberfeld.
Discogr.: Wir rocken deutsch – als Pünktchen Pünktchen (1992, MC), Pünktchen Pünktchen (1993, Seorabul Records/Korea), Türme aus Kristall (1994, Los Puntos), Weltreise (1997, Los Puntos), Pilos Puntos (1999, EMI). Internet: www.pilospuntos.de

PINK CREAM 69

Alfred Koffler (g), Kosta Zafiriou (dr), Dennis Ward (b), David Readman (voc)

Die seit 1987 bestehende Karlsruher Rockformation Pink Cream 69 gewann 1998 mit dem Sänger Andy Derris den Newcomer-Wettbewerb der Zeitschrift Metal-Hammer in der Rockfabrik Ludwigsburg. Nach Angeboten von mehreren Schallplattenfirmen entschieden sie sich für CBS (jetzt Sony) und starteten 1989 unter der Regie von Dirk Steffen mit der LP »Pink Cream 69«. Das dynamische Debüt klang eigenständig und bewies internationales Format, erntete durchweg positive Kritiken und verhalf ihnen zu einer Europatour im Vorprogramm von White Lion. Nachdem sie 1990 zahlreiche Konzerte gespielt hatten, wurden sie eingeladen, am »New Music Seminar« in New York aufzutreten. Ihr zweites Werk »One Size Fits All«, wieder mit melodischem Rock, kam in Europa und Japan auf den Markt und erreichte in mehreren europäischen Ländern die Charts, wobei es in Deutschland bis auf Platz 22 vorstieß. Auf ihrer anschließenden Deutschland-Tournee nahmen sie die Little Angels ins Vorprogramm, bevor sie als Support von Europe wieder in Europa unterwegs waren. Höhepunkte ihrer bisherigen Karriere stellten die Headliner-Shows 1992 in Japan dar. Mit ihren Auftritten in 14 verschiedenen Staaten erwiesen sie sich als eine der am härtesten arbeitenden Bands ihrer Zeit. Das dritte von Dirk Steffens produzierte »Pink Cream 69«-Album hieß »Games People Play« und enthielt mit dem Titelsong ein zeitgemäß aufbereitetes Cover des alten Joe-South-Hits. Die Münchner Abendzeitung zeichnete die CD als »Album der Woche« aus. Während sich die Besucherzahlen bei ihren Konzerten ständig steigerten und »Games People Play« häufig im Rundfunk gespielt wurde, waren die Verkaufszahlen des Albums rückläufig. 1994 verließ Sänger Andi Deris vollkommen überraschend Pink Cream 69, um bei → Helloween den vakanten Posten des Sängers zu übernehmen. Unter den zahlreich eingegangenen Bewerbungen suchten sich die verbliebenen Mitglieder Dougie White als Nachfolger für Andi aus, der erst zu-, und – nachdem er ein Angebot von Ritchie Blackmore bekommen hatte – wieder absagte. Doch sie hatten Glück und fanden kurz darauf in David Readman mehr als nur einen Ersatz. Obwohl sich die Pinkies mit dem nächsten Album »Change« musikalisch weiterentwickelt hatten und von der Presse gelobt wurden (Eddy in der Rockfabrik-Zeitung: »...eines der besten Alben, das im Jahr 1995 das Licht der Welt erblicken wird« – M. Min: »...unterm Strich ist es aber zweifelsohne das beste Album der Karlsruher bisher«), wollten die alten Fans den neuen grungelastig-alternativen Sound nicht hören, und nachdem sie nur wenige neue Hörer überzeugen konnten, löste ihre Plattenfirma den Vertrag auf. Auf dem neuen Label High Gain brachten sie das in Eigenregie eingespielte Album »Food For Thought« heraus, das eine leichte Rolle rückwärts darstellte und mit dem sie einen Teil ihrer Fans zurückgewannen. Nach wie vor erfolgreich verliefen ihre Tourneen, was Anlaß genug war, von den aktuellen Gigs ein Live-Album aufzunehmen. 1998 stand ihr Album »Electrified« in den Läden und mit diesem Schritt zurück kamen sie wieder weiter vorwärts, wobei sie diesmal beweisen konnten, daß auch innerhalb des Hardrock noch Innovation möglich ist. Rock City News meinte sogar »Electrified ist das beste Album, das die Pinkies jemals produziert haben« und der Hammer vergab dafür die Höchstwertung von 6 Punkten. Auch die Japaner zeigten wieder Interesse, und nachdem die Band in Deutschland den Support für Bruce Dickinson bestritten hatte, düsten sie wieder in das Land der aufgehenden Sonne. Im Sommer 1999 lieferten Pink Cream 69 auf dem Bang-Your-Head- Festival in Balingen einen aktionsgeladenen Auftritt ab, bevor sie in Südamerika auf Tournee gingen und anschließend ihr neues Album einspielten, das zu Beginn 2000 unter dem Titel »Sonic Dynamite« erschien und schon in der ersten Woche Platz 58 der Media-Control-Charts erklomm.

Discogr.: Pink Cream 69 (1989, Epic), One Size Fits All (1991, Epic), Games People Play (1993, Epic), Change (1995, Epic), Food For Thought (1997, High Gain), Live (1997, High Gain), Electrified (1998, High Gain/Connected), Sonic Dynamite (2000, Massacre). Kontakt: CMM Promotion, Goethestr. 3/5, 30169 Hannover, F: 0511-36069099. Internet: www.cmm-music-promotion.de

PLEXIQ

Nils Kacirek (b), Lars Deutrich (dr), Felix Huber (keyb), Markus Ex (voc), Teun Leemreijze (Live- und Dub-EFX-Engineer am Saalmischpult)

Sie bezeichnen sich als Elektronikband, die das Rockinstrumentarium benutzt. Plexiq arbeiten seit 1997 in einer konventionellen Rockbesetzung ohne E-Gitarre unter Hinzunahme sparsamer

Plexiq

Samplings und live dazugemischter Dub-Effekte. Ein Rhythmusgespann unterstützt den elektronischen Part. Die »electronic groove music« liegt dabei als ästhetisches Gerüst zugrunde. Die Songs entstehen im Übungsraum beim Jammen. Beabsichtigt ist, Musik zu erzeugen, die sowohl den Kopf als auch die Füße beansprucht. Techno, Dub, House, Rock, Jazz, Grooves, Hooks, Sounds... alles hat bei Plexiq Platz. Schon die ersten beiden Vinyl-Maxis beinhalteten diese Mischung. Mit dem Erstling »Blech« von 1998 ließen sie die Musikwelt aufhorchen. ME/Sounds vergab die Höchstwertung von sechs Sternen. Björn Döring schrieb andererseits: »Durch wie viele mäßige Veröffentlichungen muß man sich durchhören, wieviel gesichts-, kopf- und konzeptlose Musik tagtäglich ertragen, bis man mit einer solchen Platte belohnt wird. Plexiq machen moderne, vielfältige, einfallsreiche Groovemusik, die nicht weiter beschrieben werden soll, denn die Freude des Entdeckens ist eines der größten Vergnügen.« Die Europatournee fand mit den Japanern von Audio Active statt. Dies war der Grund, daß die erste CD ursprünglich für den japanischen Markt bestimmt war. Reaktionen auf das Debüt gab es dann auch aus England und den USA. Im März 1999 kam dann das erste offizielle Album »Bambi Dragon Don't Spit No Fire...«. Diesmal war ME/Sounds nicht so eingenommen, lobte zwar die »erneut höchst experimentellen Songs von abenteuerlicher Statik«, bemängelte aber: »...nichts bleibt wirklich hängen – bis auf den Nachgeschmack eines originellen klanglichen Potpourris.« Dagegen wählte die Musiker Szene die CD zum »Album des Monats« und der New Musical Express bezeichnete Plexiq als »one of this years Top Ten tips«. Neben einer erfolgreichen Clubtour bewältigten Plexiq 1999 Auftritte in Deutschland, Österreich, der Schweiz und Großbritannien und gaben im Oktober '99 den Titel »Colour My Day« in verschiedenen Remix-Fassungen auf einer CD-Maxi heraus.

Discogr.: Blech (1998, EFA/Clearspot), Bambi Dragon Don't Spit No Fire (1999, CD & 2 x 12"LP – EFA/Clearspot), Colour My Day (1999, MCD – EFA/Clearspot). Kontakt: EFA Medien, F: 069-94342422. E-Mail: quintus@frankfurt.efa-medien.de/plexiq@online.de • Internet: www.efa-medien.de/homeframe.htm

POETS

Roberto Aiuto (voc/g), Olaf Schmidt (voc/g), Robert Hunecke-Rizzo (dr/back.-voc), Olaf Reitmeier (b/back.-voc)

Die Bandgründung nahmen die beiden Azubis Olaf Schmidt und Roberto Aiuto im Jahr 1994 vor. Schmidts Vorgängerband »Rubber Souls« zeigte seine Vorliebe für den Sound der Beatles. Aiuto kam von traditionellen Rock'n'Roll-Bands. Als Duo traten sie überall im Wolfsburger und Braunschweiger Raum auf. 1994 gelangten sie mit dem Titel »Kind Of Mystery« zum ersten Mal auf eine CD.

Poets

Sie waren damit auf dem Wolfsburger Sampler »Jingle-Bell-Rock II« zu hören. Olaf und Robert stießen 1995 zur Band, womit ihre musikalischen Möglichkeiten erweitert wurden. Im Jahr 1997 wurden sie unter 1.000 Bewerbern für die »ffn Local Hero«-Vorausscheidung ausgesucht. Die Fans forderten von den Poets eine CD. Sie spielten vier Titel ein, die den Geist von Del Amitri, James Taylor, Crowded House und den Beatles atmeten. Das Soundcheck-Magazin kürte sie mit dem Song »After All These Days« im Juni 1999 zur Band des Monats. Währenddessen arbeiteten sie an ihrem ersten Album, nachdem Material für mehrere vorhanden ist.

Kontakt: Olaf Schmidt (Poets), Klieverhagen 36, 38440 Wolfsburg, T: 05361-21820. E-Mail: SchmidtOlaf@wolfsburg.de

POMM FRITZ

Stefan Reisacher (Kehlkopf/Tuba/g/Kuhglocken), Hermann Schick (voc/dr/Alphorn), Joe Fels (Quetsche/Tasten/Kuhglocken), Stephan Leitritz (voc/g), Martin Eger (b/flh)

Sie kommen aus Ochsenhausen und sind der schwäbische Rinderwahnsinn. Doch Pomm Fritz machen satt und schmecken je nach Soße ganz verschieden. Sie sind eine süddeutsche Angelegenheit und geben seit ihrer Gründung pro Jahr ca. 60 Auftritte im Raum Bodensee, Freiburg, Stuttgart und München. Seit 1982 treiben sie ihr Unwesen. Von ihren sieben Tonträgern brachten sie über 100.000 Exemplare unter die Leute. Immer stand der Spaß an erster Stelle. Parodien und Imitationen mit vielen Kostümen und Show-Effekten gehörten dazu. Auf ihren Tonträgern fanden sich alle musikalischen Einflüsse vereint und wurden gleichzeitig parodiert. Sie zogen alles »durch den Kakao«. Nichts war vor ihnen sicher. In einem Lied (»Klara«) erklang eine Tuba zu einem Dance-Stück und das Publikum durfte dazu lauthals stöhnen, in einem anderen vereinten sie alpenländische Folklore mit Schlager und Rap (»Schellenschwof«). Und sie singen in schwäbischer Mundart. Deshalb gaben sie mit der ersten CD zunächst einmal Sprachunterricht. Sie hieß »Schwäbisch Lektion 1«. In der dazugehörigen Live-Show konnte man alles über die Paarungsgeschichte der Biene Maja erfahren und was mit einem Stück tiefgekühlter Hundescheiße passierte. Der Humor war urwüchsig und spontan. »Aus em wilda Süda« kam die nächste Scheibe mit Pop, Rock, Reggae, HipHop und vielem mehr. Danach begannen sie, für jede Show ein Konzept zu entwickeln. Auf der »Oxa-Tour« 95/96 versuchte ein ländlicher Schwabe in der großen Stadt an Weib und Geld zu kommen und trat dabei in jedes Fettnäpfchen, das nur für ihn hergerichtet schien. Musikalisch vereinten sie Grunge und Polka, Karl Moik und Nirvana und die gute, alte Zeit. Nachdem sie später noch eine Gaada Pardi gegeben hatten, wollten sie in Erfahrung bringen, was ein tibetanischer Mönch und ein New Yorker Yuppie gemeinsam haben. Sie kamen zu dem Ergebnis, daß es die tief in der menschlichen Seele verankerte, unbefriedigte, unbezähmbare Gier nach Urlaub war. Deshalb gründeten sie rasch »Pfui Tours« und unterhielten die Zuhörer mit schwäbischem Tango, Samba und Reggae. Sie erfanden den Zaziki-Tanz, frivole Trachtentänze und integrierten Boy- und Girl-Groups aus dem Publikum in ihre Show. Damit waren sie

Pomm Fritz

eine der großen Attraktionen beim Nürnberger Bardentreffen, wo die Besucher tatsächlich dichtgedrängt auf Tischen und Stühlen standen. Auch für die bisher letzte CD »Almfieber« vom Juni 99 wurde eine spezielle Show entwickelt, in der das Musical »Heidi« eingebunden war. Dieses Stück wurde sehr frei nach dem Jugendbuch gestaltet mit Peter Maffay, dem rosaroten Panther, Liquido's »Narcotic«, dem blauen Bock und der Geiß Nora, nach der Peter in schönster Modern-Talking-Manier suchte: »Wo isch mei Goiß« (You're my heart you're my soul). Zur CD gab es für die Fans die Ausgabe Nr. 6 der »Ersten Ochsenhauser Bandzeitung«. Der Computerbeauftragte von Pomm Fritz machte darin Werbung für sein Computer-Lexikon und druckte einen Auszug aus seinem Computer-ABC ab: com = Computer ohne mich, Megabyte = Riesenbiß, ROM = Rüben oder Möhren. Am 27. und 28.8.1999 organisierten sie das 3. Fantreffen mit 1.500 Litern Freibier. Da wesentlich mehr Anhänger der Band gekommen waren, blieb für den Einzelnen nicht mehr viel. Zumindest die Damen fanden ihr Vergnügen an den Ochsenhausener Dream Boys mit ihrer Joe-Cocker-Nudisten-Nummer »You Must Leave Your Sombrero On«.

Discogr.: Schwäbisch – Lektion 1 (1992, Koch International), Aus em wilda Süda (1994, Koch International), Oxa Tour (1996, Koch International), Gaada Pardi (1997, Koch International), The Hitz (1998, Koch International), Pfui (1998, Koch International), Almfieber (1999, Koch International). Kontakt: Pomm Fritz, Poststr. 24, 88416 Ochsenhausen, T: 07352-940942, F: 940943. Internet: www. pommfritz.de

POP TARTS

Julia Wilton (voc/b), Franzie Schwartz (g/voc), Olga-Louise Dommel (g/keyb/ voc), Hendrik Hellige (dr)
Musikalisch lassen sich die Pop Tarts unter explosive-melodic-take-no-prisoner-trash-pop-punk einordnen. Gemeint ist eine moderne Mixtur aus dem Sound der Ramones, Wire, Velvet Underground und Stereolab, den sie mit viel Humor würzen. Mit der 7"-Single »O.K.Vollgas« gab die Band im Juni 97 ihren Einstand auf dem Plattenmarkt und schon zwei Monate später ließen sie eine weitere 7"-Single unter dem Titel »Try Me« folgen. Beide Titel erregten die Aufmerksamkeit des legendären DJs John Peel und erhielten Rundfunkeinsätze bei XFM und Radio 1. Ihre erste CD nannten sie 1998 provokativ »Woman Is The Fuehrer Of The World«. In zehn Songs und einer Gesamtspielzeit von 25 Minuten bezogen sie kurz, knapp, humorvoll und zynisch in deutschen und englischen Texten Stellung zu Themen, die die Jugendlichen bewegen. Auf einer anschließenden 12" erwiesen sie sich als »Romantic Warriors«. Bob Stanley von Saint Etienne versuchte ergebnislos, die Pop Tarts für sein ex-Label EMI Disc zu gewinnen. Eine Absage erteilte die Band auch den Beastie Boys, die ihnen einen Platz im Vorprogramm ihrer Tour anboten. Die Ablehnung fiel ihnen nicht leicht, aber für Julia und Franzie ging die Schule vor. Die mit Ausnahme ihres Drummers noch junge Band ist selbstbewußt genug, daran zu glauben, daß sie auch später noch attraktive Konzertangebote bekommt.

Discogr.: O.K. Vollgas (1997, 7" – Bungalow Records), Try Me (1997, 7" – Bungalow Records), Woman Is The Fuehrer Of The World (1998, Bungalow Records), Romantic Warriors – Remixes (1998, 12" – Bungalow Records). E-Mail: lhi@berlin.snafu.de • Internet: www.bungalow.de

POPETTE BETANCOR (BERLIN)

Die Berlinerin Popette Betancor singt eigene Chansons in eigenwilliger Form. Ihre Texte sind witzig und intelligent und behandeln die Philosophie des Lebens. Sie spielt Gitarre, Schlagzeug, Klarinette, Saxophon und Trompete. Ihre CD »Privat ist modern« wurde von → Stoppok produziert. Auftritte von ihr, manchmal auch zusammen mit anderen Künstlerin-

nen als »Diven der Nacht«, gehören zu den Höhepunkten der Kleinkunstszene.
Discogr.: Platzkonzert (1999, Roof Music/ Indigo). Kontakt: Roof Music, Prinz-Regent-Str. 50-60, 44795 Bochum, F: 0234-770049. E-Mail: mail@roofmusic.de

PORNOMAT

Die Hamburger Band liebt die deutsche Sprache und geht mir ihr entsprechend sorgfältig um. Trotzdem ernteten sie für ihre Konzerte zwar viel Lob, aber auf ihrem ersten Album »Pornomat« fuhren sie nach Meinung ihrer Kritiker zu sehr im Wasser von Bands wie Selig, Tocotronic oder Yah Yah.
Discogr.: Pornomat (Polydor). Kontakt: Polydor, Glockengießerwall 3, 20095 Hamburg, F: 040-3087-2604. Internet: www.polydor.de

POTHEAD

Amis Brad (g/voc), Jeff Dope (b), Sebastian Mayer (dr)
Die beiden US-Amerikaner Brad und Dope gründeten Pothead bereits 1991 in Seattle/USA, zogen aber noch im gleichen Jahr nach Berlin-Kreuzberg um, da sie mit ihrem Hippie-Rock aus Blues, Rock, Punk und Country keine Chancen auf dem amerikanischen Markt hatten. Sie selbst sahen sich nicht als Rockmusiker, sondern als elektrisch verstärkte Singer/Songwriter. In den ersten beiden Jahren spielten sie schon über 400 Konzerte, bevor sie mit »USA« ihr erstes Album aufnahmen, das aus den beiden bisher in den USA und Berlin eingespielten Demotapes bestand. Ab der 94er CD »Rumely Oil Pull« gesellte sich der Schlagzeuger Sebastian Mayer zu den beiden Amis und Pothead veröffentlichte diese Scheibe auf dem bandeigenen Label Orangehaus Records. Die dritte Platte »Dessicated Soup« stellten sie vor über 800 Besuchern im Berliner Loft vor. Für den 97er Nachfolger »Learn To Hypnotice« übernahm die junge Plattenfirma Edel den Vertrieb. Diesmal erreichte die Qualität des Albums an die ihrer Auftritte heran, nachdem es ihnen bisher nicht gelungen war, die Klasse ihrer Konzerte auch auf Tonträger zu pressen. 1998 erfreuten sie ihre Fans mit der Herausgabe der EP »Pot Of Gold« und 1999 ließen sie mit »Fairground« ihr sechstes Werk folgen, das im Vergleich zum Vorgänger härter und moderner ausgefallen war. Zum Heimspiel in die Berliner Columbia-Halle kamen 1.760 Zuhörer, wobei hr folgenden Auftritt sah: »Ihre wachsende Popularität hat sicher mit der Bandbreite ihres Materials zu tun, das einen Bogen von Black Sabbath über ZZ Top bis hin zu Soundgarden schlägt. Entsprechend gemischt ist das Publikum: Vom hüpfenden Junior-Skater bis zu breitbeinigen Senior-Bikern drängte sich alles vor der Rampe. Erst nach drei Zugaben und zweieinhalb Stunden Spielzeit ließen die Berliner die entflohenen Häftlinge (Bühnenkleidung) wieder von der Bühne.«
Discogr.: U.S.A. (1993, Orangehaus), Rumely Oil Pull (1994, Orangehaus/EFA), Dessicated Soup (1995, Orangehaus/EFA), Learn To Hypnotice (1997, Edel/Slipdisc Records), Pot Of Gold (1998, EP), Fairground (1999, Goldrush/BMG Ariola). Kontakt: Orangehaus Records, Siggi Bender, Am Treptower Park 28-30, 12345 Berlin

POVERTY'S NO CRIME

Volker Walsemann (voc/g), Marco Ahrens (g), Christian Scheele (b), Marcello Maniscalco (keyb/voc), Andreas Tegeler (dr)
Die Prog-Metal Band aus dem niedersächsischen Twistringen veröffentlichte 1992 mit »My Favorite Delusion« ihr erstes Demo, dem sie ein Jahr später »Perfect Wings« folgen ließ. 1994 brachte sie auf dem Sampler »Peace Eater Vol. IV« den Titel »State Of Greed« unter. Vorwiegend aus dem Material ihrer Demo setzte sich ihr Debüt »Symbiosis« von 1995 zusammen, das Noise Records 1995 veröffentlichte. Trotz guter Kritiken ging das Debüt in der Flut der Veröffentlichungen weitgehend unter. 1996 gab es dann mit »The Autumn Years« das nächste Lebenszeichen, das deutlich auf-

wendiger produziert war, wieder gut besprochen wurde, aber ihnen trotzdem nicht zum Durchbruch verhalf, obwohl sie als Support von Victory sowie Angra und Virgin Steel auf Tour gingen und zahlreiche selbst organisierte Konzerte spielten. Doch Poverty's No Crime dachten nicht ans Aufgeben und 1999 erschien die seit ihren Anfangstagen in unveränderter Besetzung agierende Band mit dem neuen Partner Inside Out Music und der CD »Slave To The Mind« wieder auf der Bildfläche. Diesmal nahm die Presse mehr Notiz, lieferte wieder gute Rezensionen und wies damit den Weg nach oben. Der Hammer vergab für das Album die Höchstwertung von 6 Punkten und Matthias Mineur schrieb: »Die Musiker danken ihren neuen Vertragspartnern mit neun glänzenden Kompositionen, bei denen es keinerlei kompositorische Schwäche auszumachen gibt. Selbst zeitlich ausladende Songs wie ›A matter of taste‹ oder ›Now and again‹ verlieren niemals den roten Faden, sondern wirken auch in dieser Länge durchdacht und kompakt. Tolle Scheibe einer tollen Band.«

Discogr.: My Favourite Delusion (1992, Demo – Eigenvertrieb), Perfect Wings (1993, Demo-Eigenvertrieb), Symbiosis (1995, Noise Records), Autumn Years (1996, Noise Records), Slave To The Mind (1999, Inside out/SPV). Kontakt: Perfect Wings Management c/o Andreas Tegeler, Beim Schlatt 13, 27239 Twistringen, T/F: 04243/1730. E-Mail: POVERTY-SNC@AOL.com • Internet: members.aol.com/povertysnc

POWERAGE

Jochen Bierl (voc), Manni Kress (g), Rudi Jacob (b/voc), Mico Lazarov (dr), Simon Simon (g)

Powerage stehen seit 1984 für kraftvolle und energiegeladene Bühnenshows. Nicht umsonst holen sie sich ihren Namen von einem Album ihrer australischen Helden AC/DC. Gleich mit ihrem selbst produzierten Debüt »Too Much For Your Brain« von 1985 bliesen sie den Leuten das Hirn aus den Ohren. Davon waren vor allem die Süddeutschen begeistert. Inzwischen erzielt die Platte auf den Börsen Liebhaberpreise. Aufgrund von zwei Besetzungswechseln nahmen sie erst 1991 ihre zweite Platte »Down'n'Dirty« auf und festigten damit ihren Ruf als Rock'n'Roll-Partyband. Fans harter Rockmusik liebten die Gruppe, während viele Kritiker sie verteufelten. Nicht zuletzt deshalb traten sie vor allem in amerikanischen NCO-Clubs auf, in denen sie mehrere tausend Platten verkauften. Neben ihrem eigenen Material studierten sie noch ein Cover-Programm ein, um bei Feiern und Bikertreffen noch flexibler auf das Publikum reagieren zu können. Mit der 94er CD »Branded Skin« lösten sie sich musikalisch von ihren Vorbildern und klangen vielseitiger als bisher. Den Lohn für ihre überzeugenden Auftritte ernteten sie, als sie in der Folgezeit den Support für Saxon, Magnum, Slash und Rainbow abgeben durften. Ihre Fans wollten die eigenen Fassungen der Fremdkompositionen auf Tonträger erwerben, weshalb Powerage auf der CD »Motorcycle Dreams« nur zwei eigene Titel präsentierten und den Rest mit den Lieblings-Covers ihrer Anhänger füllten. Das nächste Album »Business Toys« kam erst 1999 auf den Markt. Simon Simon ersetzte den bisherigen Gitarristen Mike Krönert, der wegen privater Gründe die Band verlassen hatte. 1999 veröffentlichten sie das Album »Business Toys« mit dem gewohnten Riffrock zu eingängigen Melodien. Durchgehend handgemacht

Powerage

hielten sie damit die Fahne des True Metal hoch.

Discogr.: Too Much For Your Brain (1985), Down'n'Dirty (1991), Branded Skin (1994), Motorcycle Dreams (1996), Business Toys (1999, Connected). Kontakt: True Music Promotion, Platz der Opfer des Faschismus, 90461 Nürnberg, F: 0911-4742936. E-Mail: truemusic@t-online.de

PRAGER HANDGRIFF

Volker Rathman (Elektronik), Stefan Schäfer (voc)

Seit 1990 kämpft der Prager Handgriff mit hartem EBM und klaren Aussagen gegen politische und soziale Mißstände. Ein großes Thema betrifft die Auseinandersetzung mit dem Faschismus und der rechten Szene. Dabei sind sie nicht nur eine politisch agierende Formation, sondern sie greifen in ihren Texten auch alltägliche Begebenheiten auf. 1993 erschien ihr erstes Album »Arglistige Täuschung«, auf dem sie ihre politischen Themen mit der elektronisch erzeugten Musik in Einklang brachten. Ähnlich gut gelang ihr Zweitwerk »Täterschaft und Teilnahme« von 1994. »Maschinensturz« hieß 1995 ihr drittes Werk mit sphärischen Melodien, die nicht nur für EBM-Anhänger geeignet waren, sondern auch Synthiepopfans zu gefallen wußten. Zu der meist tanzbaren Musik gesellten sich überwiegend gesprochene Lyrik. Ihr Album von 1996 »Schlagende Wetter«, in dem die Gitarren verstärkt Einzug gehalten hatten, erreichte die DAC-Charts und wurde ihre bislang erfolgreichste Scheibe. Das zeigte sich auch darin, daß sich Fanclubs in Belgien, Frankreich und Brasilien bildeten, wobei sie in Brasilien sogar die Charts erreichten. 1998 ließen sie durch die Mini-CD »15 Jahre aufhorchen, bevor sie die bislang letzte Veröffentlichung aus dem Jahr 1999 wieder in alter Stärke mit harten Gitarren, harter Elektronik und ohne neuzeitliche Einflüsse einspielten. Live präsentierten sie das neue Album auf der »Schindluder«-Tour im Frühjahr 99.

Discogr.: Arglistige Täuschung (1993, GAR/ Semaphore), Täterschaft und Teilnahme (1994, SPV), Maschinensturm (1995, SPV), Schlagende Wetter (1996, SPV), 15 Jahre (1998, MCD – SPV), Schindluder (1999, SPV). Kontakt: Stefan Schäfer, Appelsiepen 120, 58313 Herdecke. E-Mail: webmaster@pragerhandgriff.de
• Internet: www.pragerhandgriff.de

PRIMAL FEAR

Ralph Schepers (voc), Matthias Laschaka = Mat Sinner (b), Tom Naumann (g), Klaus Sperling (dr), Stefan Leibing (g)

Noch ohne Stefan Leibing startete Primal Fear als Judas Priest-Coverband. Da die Musiker viel Spaß an ihrer Zusammenarbeit hatten, war der Gedanke nicht fern, auch eigene Titel zu komponieren, zudem es sich bei den Bandmitgliedern um Künstler handelte, die bereits in anderen Formationen wie Sinner, → Gamma Ray oder Prolopower auf ausreichende Erfahrungen verweisen konnten. Diese Titel veröffentlichten sie 1998 auf dem Debüt »Primal Fear«, das zur Überraschung aller bis auf Platz 48 der deutschen Charts stieg. Zwar lästerte das österreichische Libro Journal: »Komm großer Ironsaxonmanowarpriest und weise uns den glorreichen Weg zurück in die Zukunft«, dafür fand Rock Hard »ein erstklassiges Debüt, das einige Leute überraschen wird.« Die Überraschung verkaufte sich weltweit über 100.000 mal. Im Sommer 98 spielten sie einige große Festivals wie das Wacken Open Air und das With Full Force Open Air und gingen mit → Running Wild und Hammerfall auf Tour. 1999 brachten sie dann ihr Zweitwerk »Jaws Of Death« auf den Markt, das deutlich härter als ihr Debüt ausgefallen war und mit »Kill The King« ihre Version des Rainbow-Klassikers beinhaltete. Stefan Leibig, der schon mit Primal Fear aufgetreten war, spielte jetzt als festes Mitglied die zweite Gitarre. Besonders begeistert zeigte sich diesmal der Hammer, der die volle Punktzahl vergab. Danach waren wieder Open-Air-Auftritte wie in Wacken und Arnheim angesetzt und anschließend noch eine Clubtournee mit Metalium, die quer durch Europa führte.

Discogr.: Primal Fear (1998, Nuclear Blast/East West), Jaws Of death (1999, Nuclear Blast/East West). Kontakt: Nuclear Blast, Hauptstr. 109, 73072 Donzdorf, F: 071 62-24554. E-Mail: death@nuclearblast.de • Internet: www.nuclearblast.de

PRINZEN, DIE

Sebastian Krumbiegel (Tenor), Wolfgang Lenk (Tenor), Tobias Künzel (Bariton), Jens Sembdner (Baß), Henri Schmidt (Bariton)

Diese Prinzen sind kein echter Adel – aber Geldadel. Als arme Prinzen nannten sie sich Phoenix. Sebastian Krumbiegel und Wolfgang Lenk besuchten beide die Thomasschule in Leipzig und waren Mitglieder des Thomanerchores. 1981 gründeten sie die Rockband Phoenix, aus der 1987 die Herzbuben entstanden. Nebenbei studierte Sebastian Krumbiegel an der Leipziger Musikhochschule Gesang und Schlagzeug, wobei er Gesang mit Note 1 abschloß. Wolfgang Lenk studierte Gesang und Arrangement und unterrichtete Satzgesang. 1987 stieß Jens Sembdner, der 1976-1983 im Dresdner Kreuzchor gesungen hatte, zu den Herzbuben. Henri Schmidt, von 1977-1985 ebenfalls Mitglied des Thomanerchores, kam im Oktober 1989 zur Gruppe. Sebastian Krumbiegel verkündete mit seiner Gruppe »Ich bin der schönste Junge aus der DDR« und landete mit diesem Bekenntnis einen Hit. Mit der Produzentin Annette Humpe nahmen sie die Titel »Gabi und Klaus« und »Ich will dich haben« auf. Es folgte die Umbenennung in Die Prinzen und der Einstieg von Tobias Künzel. Dieser hatte ebenfalls im Thomanerchor gesungen, Schlagzeug und Gesang studiert und sich mit der Band Amor & die Kids Kultstatus in der DDR erspielt (Hit: »Komm doch mit zu ›nem Ritt auf dem Sofa«). Im Mai 1991 folgte die Veröffentlichung von »Gabi und Klaus«. Diese Nummer wurde der erste bundesweite Hit der Prinzen. Die CD »Das Leben ist grausam« wurde nachgeschoben. Zum Radiokonzert des NDR 2 am Steinhuder Meer kamen 18.000 Besucher. Von 1992-1997 landeten die Prinzen Hit auf Hit. 1992 brachten sie unter der Leitung von Annette Humpe die CD »Küssen verboten« heraus und wurden zur erfolgreichsten deutschen Nachwuchsgruppe gewählt. 1993 gab es einen Rundfunkboykott für den Titel »Die Bombe« und die Veröf-

Die Prinzen

fentlichung der CD »Alles nur geklaut«. Sie hatten auf ihrer Deutschlandtour über 200.000 Zuschauer und gewannen den Echo-Preis und Hit-Gold als erfolgreichste deutsche Gruppe 1992, die Goldene Stimmgabel, die Goldene Europa und den Musikpreis des Deutschen Musikverlegerverbandes. Für das Video zu »Alles nur geklaut« erhielten sie 1994 wiederum den Echo-Preis. Im April 1995 folgten die CD »Schweine«, die »Schweine«-Tour und der Gewinn des Goldenen RTL-Löwen. Mit Stefan Raab und Wolfgang Lenk als Produzenten nahmen sie 1996 die CD »Alles mit dem Mund« auf. 1997 traten sie mit dem Thomanerchor bei »Wetten dass...?« auf und sangen »Ganz oben«. Nach jahrelangem Streß verordneten sie sich eine einjährige Pause. Diese nutzten Tobias Künzel und Wolfgang Lenk, um das Musical »Elexier« zu schreiben. Es wurde in der »Musikalischen Komödie« mit Tobias Künzel in der Hauptrolle aufgeführt. Währenddessen arbeitete Sebastian Krumbiegel mit dem Schlagzeuger Ali Zieme an der CD »Kamma macha nix«, welche im Januar 1999 erschien. Im Oktober 1998 beendeten die Prinzen ihre Pause und schrieben auf Sizilien, wohin sie sich zurückgezogen hatten, in Gesellschaft streng katholischer Dorfbewohner und eines schwulen Hundes 13 neue Songs, die im Mai 99 unter dem Titel »So viel Spaß für wenig Geld« veröffentlicht wurden. Der Titelsong hatte bei »Geld oder Liebe« ARD-Premiere. Die CD schoß von Platz 0 auf 9 in die deutschen Charts. Das Jahr 1999 brachte weiter große Auftritte bei »Verstehen sie Spaß?« und der Musiksendung »The Dome« sowie den Gewinn des Fred-Jay-Preises für die besten Songtexte. Im Advent kam unter dem Titel »Festplatte« ein Album mit Weihnachtsliedern auf dem Markt, das neben eigenem Material auch viele neu arrangierte Evergreens enthielt. Dazu führten sie eine spezielle Tournee durch.

Discogr.: Das Leben ist grausam (1991, BMG Ariola), Gabi und Klaus (1991, SP – BMG Ariola), Millionär (1991, SP – BMG Ariola), Mann im Mond (1991, SP – BMG Ariola), Mein Fahrrrad (1991, SP – BMG Ariola), Küssen verboten (1992), Küssen verboten (1992, SP), Bombe (1992, SP), 1x (1992, SP), Vergammelte Speisen (1992, SP), Alles nur geklaut (1993), Alles nur geklaut (1993, SP), Überall (1993, SP), Du spinnst doch (1993, SP), Was soll ich ihr schenken (1993, SP), Schweine (1995), Schwein sein (1995, SP), Ich will ein Baby (1995, SP), Alles mit'm Mund (1996), Alles mit'm Mund (1996, SP), Hose runter (1996, SP), Heute ha-hahabe ich Geburtstag (1996, SP), Ganz oben – Best of... (1997), Ganz oben (1997, SP), Junimond (1997, SP), So viel Spaß für wenig Geld (1999), So viel Spaß für wenig Geld (1999, SP), Festplatte (1999, Hansa/BMG Berlin). Kontakt: Winnie Wahnsinn, PF 1136, 66579 Spiesen-Elversberg. Internet: www.dieprinzen.de

PROJECT PITCHFORK

Peter Spilles (voc/keyb), Dirk Scheuber (voc/keyb/g), Jürgen Janssen (keyb/samples) Projekt Pitchfork entstanden 1989 aus dem Zusammentreffen von Peter Spilles und Dirk Scheuber und gaben ihr erstes Konzert im Hamburger Club Kir im Jahr 1990. Unter dem Einfluß der Electric sBody Music von Front 242, Kraftwerk,

Project Pitchfork

DAF, Einstürzende Neubauten und des Gothic à la Sisters of Mercy erarbeiteten sich Projekt Pitchfork unter Beteiligung des Szene-Kenners Matthias Rewig ihr erstes 9-Track-Demo. Ihr Debüt auf dem Plattenmarkt gaben sie 1991 mit »Dhyani«, in dem die Titel »Fire And Ice« und »Killing Nature Killing Animals« enthalten waren, die sie noch heute in ihren Konzerten spielen und die nichts von ihrer Aussagekraft verloren haben. Auf ihr erstes Album fuhr vor allem die Gothic-Szene ab und mit den weiteren Veröffentlichungen »Lam-'Bras«, »Entities« »Corps d'amour«, »Souls« und »IO« wurden sie zu Lieblingen der Indies. Wobei besonders die Hymne »Souls« aus dem gleichnamigen Album zum »All time favorite« der Fans avancierte und ihnen zum ersten Charteinstieg verhalf. Aber auch andere Kreise interessierten sich für Projekt Pitchfork, wie die Einladung zu einem Konzert auf der Kasseler Kunstschau Documenta bewies. Auch »Alpha & Omega« von 1995 zeigte keine Ermüdungserscheinungen, beinhaltete mit dem Titelstück einen Dancehit sowie mit »Green World« und »The Longing« schöne ruhige Wave-Kompositionen. Wesentlich sperriger präsentierten sie sich mit dem Album »!Chakra:Red!« von 1997, in dem sie die Gitarre dominanter als je zuvor einsetzten. Auf ihrer Tournee ermöglichten sie → Rammstein, das Vorprogramm zu bestreiten und trugen damit zu deren Erfolg bei. Die nächste MCD »Steelrose« vertrieb die Major-Company »eastwest Records«. Einige Anhänger sahen dies als Ausverkauf an, aber für die Gruppe machte sich der Wechsel bezahlt, denn sie gelangten mit der kraftvollen dunklen Elektronummer in die Charts. Das dazugehörige Video erhielt eine Nominierung für den Echo-Preis 1998. Ein weiterer Schritt nach vorne und gleichzeitig zurück war das Ende 1998 veröffentlichte Album »Eon:Eon«. Musikalisch gingen sie zurück zu den Wurzeln der Elektronik, öffneten sich aber gleichzeitig modernen Einflüssen und arbeiteten in »Karma Monster« sogar mit HipHop-Grooves. Im Text erzählten sie eine Geschichte aus der Zukunft, in der jedem Menschen ein Chip implantiert wird, der sein Handeln, Denken und Fühlen kontrolliert. Ein Virus ermöglicht es dem Helden der Geschichte, sich selbst zu kontrollieren und gegen das herrschende System zu kämpfen. Platz 14 der Album-Charts und Platz 1 der Jahresauswertung der Deutschen Alternativ-Charts waren der Lohn ihrer Arbeit. Als Support ihrer ehemaligen Helden Front 242 hatten sie Gelegenheit, ihre Arbeiten in den USA vorzustellen, während in Deutschland die Schweden Covenant den Support für Project Pitchfork abgaben. Sie selbst glänzten in ihren Konzerten mit einer bombastischen Lichtschau, mit fluoreszierenden Farben bemalten Körpern und einem brillanten Sound.

Discogr.: Dhyani (1991, SPV), Entities (1992, SPV), Lam-'Bras (1992, SPV), I.O.(1994, SPV), Alpha & Omega (1995, SPV), »!Chakra:Red!« (1997, SPV), Steelrose (1998 MCD – eastwest), Eon:Eon (1998, eastwest). Videos: Glowing Like IQ Live (1994), Alpha & Omega Live (1995). Kontakt: Candyland Entertainment, Am Büchenberge 15, 30453 Hannover; Eastwest Records GmbH, Heußweg 25, 20255 Hamburg, F: 040-49062203. Internet: www.eastwest.de

PROLLS OF PROHLIS

Matthias Schulz (voc/g), Manuel Nitsche (voc/g), Robert Menzel (b), Stephan Eberlein (dr)

Die Dresdener Prolls of Prohlis, kurz genannt P.O.P. versuchen seit Oktober 97, etwa ein Jahr nach Beginn der ersten Proben, rhythmischen alternativen amerikanischen Gitarrenrock der sächsischen Bevölkerung schmackhaft zu machen. Von Beginn an schrieben sie ihre eigenen Songs und vermieden es, die üblichen Cover-Versionen zu spielen. Kurz vor ihrem ersten Auftritt mußte der Schlagzeuger ausgetauscht werden, da das Zusammenspiel nicht richtig klappen wollte. Ihr Live-Debüt gaben sie anläßlich des Jesus-

Festivals in der Dresdener Scheune. Obwohl sie sich selbst nicht besonders gut fanden, bejubelten mehr als 300 Fans ihren Auftritt und sie erhielten einige Anschlußkonzerte. Seit dieser Zeit sind sie hauptsächlich in Sachsens Clublandschaft unterwegs, sie spielten ihr erstes Demo ein und freuten sich über ihre eigenen musikalischen Fortschritte.
Kontakt: Stefan Mehnert, Laasackerweg 3b, 01239 Dresden, T: 0351-2707461. E-Mail: 03512842414-0004@t-online.de • Internet: www.inf.tu-dresden.de

PUHDYS
Peter Rasym (b), Klaus Scharfschwerdt (dr), Dieter Birr (g/v), Dieter Hertrampf (g/v), Peter Meyer (key/fl/sax)

Wer alles über die erfolgreichste Band der neuen Bundesländer wissen will, den verweise ich auf das Buch »30 Jahre Puhdys« im Verlag Schwarzkopf & Schwarzkopf. Hier erfolgt ein kurzer Überblick der Karriere der DDR-Vorzeige-Band. In anderer Besetzung bestanden die Puhdys bereits seit 1965, aber die Band bezeichnete den 19.11.69 als offizielles Gründungsdatum, den Tag, an dem sie im sächsischen Freiberg ihren ersten Auftritt hatten. Anfangs coverten sie noch Titel bekannter Hardrock-Acts und gewannen damit eine große Fangemeinde, aber 1971 stellten sie mit »Türen öffnen sich zur Stadt« ihren ersten deutschsprachigen Titel im DDR-Fernsehen vor, zu dem der Berliner Lyriker Wolfgang Tilgner den Text geschrieben hatte und der mehrere Wochen den ersten Platz der Hitparade belegte. Mit »Geh dem Wind nicht aus dem Weg« gelang ihnen 1972 sogar der Hit des Jahres. Ein Jahr später wirkten sie in dem Kultfilm »Die Legende von Paul und Paula« mit und tourten erstmals im westlichen und östlichen Ausland. 1974 veröffentlichten sie das lange ersehnte Debüt-Album »Puhdys«, auf dem hauptsächlich Titel enthalten waren, die sie beim DDR-Rundfunk produziert hatten. In den folgenden Jahren veröffentlichten sie regelmäßig Platten, die alle sehr erfolgreich wurden und ihnen den unbestrittenen ersten Platz in der Publikumsgunst sicherten. 1976 konnten die Puhdys erstmals in der Bundesrepublik auftreten und 1977 erhielten sie von der Westberliner Firma Hansa Records einen Schallplattenvertrag. Die ARD brachte in ihrer Sendung »Musikladen« eine Sondersendung über die Rocker aus dem Osten und das ZDF lud sie zu einer Ausgabe der Rocknacht ein. Im Westen verkauften sie regelmäßig ihre Platten, feierten aber keine großen Erfolge, während sie im Osten bis Mitte der 80er zu den absoluten Top-Acts gehörten. Ihr in London aufgenommenes englisches Album »Far From Home« war für den internationalen Markt bestimmt, lief allerdings nicht besonders. Mit »Wenn ein Mensch lebt«, »Doch die Gitter schweigen« und »Alt wie ein Baum« hatten die Puhdys Klassiker geschaffen und mit »Das Buch« gelang es ihnen nochmals, aber danach führte der Weg allmählich nach unten und im Herbst 1989 folgte die Auflösung. Als 1992 die Nachfrage nach Songs der Puhdys wieder stieg, beschlossen sie einen Neuanfang. In den folgenden Jahren tourten sie häufig durch die neuen Bundesländer. Mit der CD zum 30jährigen Bestehen zogen die Puhdys erstmals in die Media-Control-Charts ein. Dann ließen sie sich in der ausverkauften Berliner Waldbühne für ihr 3.000. Konzert feiern und tourten anschließend erfolgreich durch ganz Deutschland, bevor sie 1999 ein neues Studio-Album einspielten. »Wilder Frieden« erschien im Herbst 1999 und zeigte die Puhdys überraschend unverbraucht. Beim Titel »Gigolo«, dem Hauptthema eines Fernsehfilms, bei dem die Gruppe mitgespielt hatte, steuerte der Fernsehstar Mario Adorf den Gesang bei. Bis 1999 hatten die Puhdys in mehr als zwanzig Ländern über 18 Millionen Tonträger abgesetzt. Außerdem hatten sie sich im Kapitalismus gut eingelebt, denn inzwischen warben sie sowohl für Bier, Autos als auch Möbel.

CD Auswahl: Puhdys (1974), Sturmvogel (1976), Rock'n'Roll Music (1976), Perlenfischer (1978), 10 Wilde Jahre (1979), Live (1979), Heiß wie Schnee (1980), Far From Home (1982), Schattenreiter (1982), Computerkarriere (1983), Das Buch (1984), Live in Sachsen (1984), Ohne Schminke (1986), Neue Helden (1989) – alle Amiga. Die Puhdys kommen (1995), Die schönsten Balladen (1996), Zwanzig Hits aus 30 Jahren (1999) – Wilder Frieden (1999) – alle BMG/Hansa. Kontakt: BMG Berlin Musik, Wittelsbacher Str. 18, 10707 Berlin F: 030-25065. Internet: www.bmg entertainment.de • www.bmg.de

PUR

Hartmut Engler (v) Ingo Reidl (Tasten) Rudi Buttas (g) Roland Bless (dr/g/bv) Joe Crawford (b/bv/Pfeifer)
Im Inland sind die Bietigheimer Deutschlands erfolgreichste Rockband der 90er Jahre. Ingo und Roland hatten 1975 Crusade aus der Taufe gehoben, zu denen 1976 Hartmut Engler stieß. 1979 kam Joe zu Crusade, die sich 1980 für ihre Auftritte in amerikanischen Clubs Moonstone nannten. Nach der Umbenennung in Opus vervollständigte 1981 Rudi das Line-up, das im Gegensatz zum Bandnamen bis heute Bestand hat. Das Debüt 1983 hieß schlicht »Opus 1«, brachte progressiven Rock mit deutschen Texten und wurde wenig beachtet. Live is life – die deutschen Opus mußten sich aufgrund der rechtlichen Situation 1985 in Pur umbenennen. »Vorsicht zerbrechlich« dachten sich viele potentielle Käufer und ließen das Album im Laden stehen. Als Bundesrocksieger 1986 ergatterten sie einen Plattenvertrag bei Intercord, der ihnen ab 1987 mit dem Album »Pur« den Weg zum Erfolg ebnete. Der Südfunk entdeckte die Band und nahm fortan ihre Lieder ins Programm. 1988 gewannen sie die »Goldene Europa« und veröffentlichten das Album »Wie im Film« mit den ersten Radiohits »Funkenperlenaugen« und »Tango«. 1989 schrieb Hartmut Engler die Texte zu Peter Maffays Album »Kein Weg zu weit« und Pur profitierten von der bundesweiten Presse. Ein Jahr später gelang mit dem Longplayer »Unendlich mehr« und Titeln wie »Brüder« oder »Freunde« der erste Charteinstieg. Ein Jahr später gewann Hartmut Engler den Fred-Jay-Preis für seine Texte und daß »Alles geht« bewies die Zusammenarbeit mit Reinhard Mey. »Nichts ohne Grund« verkaufte aufgrund der Hitsingle »Lena« unendlich mehr Alben als die Vorgänger und die 91/92er Tournee geriet zum Triumphzug. Jetzt war alles Schokolade und das Sahnehäubchen war der Gewinn des Preises der Deutschen Schallplattenkritik. Nach dem erfolgreichen »Pur Live«-Album hievte »Seiltänzertraum«, das sich knapp 100 Wochen in den Charts hielt, die Band endgültig in den Himmel der Superstars, wie die dreifache Platin-Auszeichnung, der Gewinn des Echo-Preises, der Goldenen Stimmgabel, des Goldenen RTL-Löwen und RHS Gold bewies. Mit »Abenteuerland« gelang es ihnen nochmals, diesen traumhaften Erfolg zu wiederholen und die Band, die früher in jedem Club und in jedem Jugendzentrum gespielt hatte, konnte man nur noch in den größten Hallen und Stadien antreffen. Im Januar 1998 erschien mit »Mächtig viel Theater« das bislang letzte Album der Mannschaft, die von der Provinz aus Deutschland erobert hatte. Dieses Album kam erst nach 9 Monaten aus den Charts und hatte kurz nach der Veröffentlichung Platz 1 belegt, aber der immense Erfolg

Pur

der beiden Vorgängeralben ließ sich trotzdem nicht wiederholen. Mit einem Hitmix ihrer größten Erfolge gelangten Pur 1999 zwar ein weiteres Mal in die Charts, fütterten aber damit ihre immer zahlreicher werdenden Kritiker. Gegen Ende des Jahres 1999 spielten sie für den Fernsehsender RTL das Erkennungslied zur Vierschanzentournee »Adler sollen fliegen« ein und für Herbst 2000 ist die Herausgabe des nächsten Albums geplant.

Discogr.: Opus 1 (1983, Intercord), Vorsicht zerbrechlich (1985, Intercord), Pur (1987, Intercord), Wie im Film (1988, Intercord), Unendlich mehr (1990, Intercord), Nichts ohne Grund (1991, Intercord), Pur live (1992, Intercord), Seiltänzertraum (1993, Intercord), Abenteuerland (1995, Intercord), Live – die Zweite (1996, Intercord), Mächtig viel Theater (1998, Intercord), Adler sollen fliegen (1999, MCD – Intercord). Kontakt: Pur-Fanzentrale, Postfach 64, 74377 Ingersheim; Pur – Live Act Music GmbH, Postfach 1201, 74302 Bietigheim-Bissingen. Internet: www. pur.de

PURPLE SCHULZ

Purple Schulz (voc/keyb), Josef Piek (g/voc)
Aus der Kölner Formation Neue Heimat entwickelte sich das Trio Purple Schulz. Ihr erster großer Hit »Sehnsucht« vom Dezember 1984 (Platz 4 Airplay/Platz 6 Verkaufs-Charts) erschien noch unter Purple Schulz & die Neue Heimat, da der Titel ursprünglich auf dem letzten Neue-Heimat-Album »Hautnah« enthalten war, aber erst über ein Jahr nach Erscheinen ein Erfolg wurde. Mit dem Album und der gleichnamigen Single »Verliebte Jungs« (Platz 1 Airplay Charts) überzeugten sie Hörer und Kritik, die melodiöse, intelligente Rockmusik hörten, welche nie ins Schlagerhafte abglitt. Nach »Kleine Seen« folgten bis 1994 mehrere mittlere Hitparaden-Plazierungen, aber den großen Erfolg konnten sie vorläufig nicht wiederholen. Ende der 80er Jahre verließ Peter Hoff die Band und Purple Schulz (voc/keyb) und Josef Piek (g/voc) arbeiteten als Duo weiter. Höhere Positionen in den Charts gelangen vor allem mit den Compilations »Die Singles 1984-1992« im Jahr 1992 und mit »Sehnsucht – die Balladen 1984-1999«, obwohl ihre regulären Alben durchwegs gut besprochen wurden. 1999 verhalf ihnen die ex-Basis-Sängerin Kami mit der 99er Version von »Ich will raus (Sehnsucht)« zu einem überraschenden Einstieg in die Single-Charts. Weitere Anerkennung fanden Purple Schulz für ihre Auftritte in den Hallen der Republik als Gäste der Veranstaltung »Night of the Proms«, wo sie beweisen konnten, daß sie sich nicht hinter der internationalen Konkurrenz verstecken mußten.

Discogr.: (Auswahl): Hautnah (1984, EMI) Verliebte Jungs (1985, EMI), Singles 1984-1992 (1992, EMI), Sehnsucht – Die Balladen 1984-1999 (1999, EMI), Pop (1999, EMI) Kontakt: EMI Electrola, Maarweg 149, 50825 Köln, F: 0221-4902-2308. Internet: www.emimusic.de

PUSSYBOX

Bernd Spahlinger (voc/g), Daniel Lutz (g), Michael Lebherz (b), Marco Eckle (dr), Jochen Hartinger (keyb/perc)
Nachdem die fünf Musiker vorher schon in anderen Bands gespielt hatten, schlossen sie sich im Sommer 1997 zu Pussybox zusammen. Die verschiedensten Stimmungen ihrer Melodien mit noisigen Gitarrenwänden und dosierter Aggressivität bezeichneten sie als Charismarock. Noch ohne Keyboarder spielten sie das

Pussybox

Demo »Make-out Music« ein. Ihren ersten Gig lieferten sie im Januar 1998 bei einem örtlichen Nachwuchsfestival ab, das sie gleich gewannen. Kurz darauf stieg Jochen Hartinger ein. Mit ihm zusammen brachten sie im Sommer 1998 in Eigenregie ihr offizielles Debüt »Supereight« heraus. Die 500 Exemplare waren in kürzester Zeit ausverkauft. Im Winter 98/99 beschäftigte sich die Band erstmals mit dem Einsatz von Drumloops, die auf der Maxi »Devil's Hair« zu hören waren. Im Titelstück stellte Silke Dilger als Gastsängerin ihre Stimme zur Verfügung. Pussybox gewannen unter 1.500 Bewerbern die Endausscheidung des John Lennon Talent Award und erhielten damit den wichtigsten deutschen Nachwuchspreis. Diesen Wettbewerb präsentierten die Sender Viva I und Viva II. Beim »SWR 3 Baden-Württemberg rockt« gelangten sie unter 239 Gruppen ebenfalls ganz oben auf die Siegertreppe. Es war schon ein bißchen unfair, daß sie am Visions-Wettbewerb auch noch teilnahmen, denn auch die Visions Session Bühne verließen sie als Sieger. Die örtlichen Radiosender nahmen Pussybox in ihr Programm auf, wobei sie beim SWR 3 Rookie Wochensieger waren, und die Zeitschrift Visions räumte »Devil's Hair« Platz auf einem ihrer beigelegten Sampler ein. 1999 gaben sie bundesweit mehr als 50 Konzerte und waren u.a. auf dem MTV Southside Festival, dem Haldern Open Air und dem SWR 3 New Pop Festival vertreten.

Discogr.: Make-out Music (1997, Eigenregie), Supereight (1998, Eigenregie), Devil's Hair (1998 Maxi-CD – Eigenregie). Kontakt: Schizotainment, Barbara Zickler, Bahnhofstr. 4, 88662 Überlingen, F: 07551-60770. E-Mail: schizotainment@t-online.de • Internet: www. pussybox.de

PYOGENESIS
Flo V. Schwarz (voc/g)
Pyogenesis begannen 1990 mit derbem Trashcore, mutierten aber bald zum Death Metal. Neben Flo V. Schwarz stand mit Tim Eiermann ein Sänger und Gitarrist in der Band, der später mit → Liquido ein großer Star der deutschen Popszene wurde. Es entstand ihr erstes Demo und die beiden 7" »Rise Of The Unholy« und »Progeny Of Lost Sadness«. Für die Veröffentlichung stand ein kolumbianisches Ein-Mann-Label Pate. Näher bei Deutschland war das französische Label Osmose beheimatet, das den Vertrieb für die EP »Ignis creatio« übernahm. Doch neben den Satanistenbands dieser Firma fühlten sich Pyogenesis, bei denen inzwischen der Schlagzeuger Wolle Maier eingestiegen war, nicht wohl und sie suchten sich einen deutschen Partner, den sie in Nuclear Blast auch fanden. Mit der 93er »Waves Of Erotasia« begaben sich mit Anathema auf Tournee. Nach vier Jahren spielten sie endlich ihr lange erwartetes Debüt »Sweet X-Rated Nothings« ein, in dem sie über die Grenzen des Death Metal hinausgingen. Danach ersetzte der einarmige Roman Schönsee den bisherigen Bassgitarristen. Ein eigens konstruiertes Gerät ermöglichte Roman das vollwertige Spielen seines Instruments. Mit ihm nahmen sie das Album »Twinalebood« auf, das ihre alten Fans schockierte, weil sie den Death Metal zugunsten einer Mixtur aus Pop, Indierock, Core, Rock, Punk, Folk und Gothic endgültig aufgegeben hatten. Die Presse hingegen begeisterte sich für die Scheibe und prophezeite Pyogenesis den endgültigen Durchbruch. Ihr neues Programm stellten sie als

Pyogenesis

Support von Hate Squad, → Kreator, Grip Inc. und Cementary in vielen europäischen Staaten vor. Auf ihr drittes Album »Unpop«, das den Charteinstieg nur knapp verfehlte und von Christof Leim als »PPPP = Phantastische Pop-Punk-Perle« bezeichnet wurde, folgten 144 Konzerte, wobei sie diesmal auch den Support für Waltari abgaben, auf großen Festivals wie Rock am Ring/Rock im Park oder dem Budapester Pepsi-Festival spielten und sogar bis Mexiko reisten. Derweil stieg Roman wieder aus und Pyogenesis arbeiteten mit Gastbassisten weiter. Dann bereiteten sie die CD »Mono...Or Will It Ever Be The Way It Used To Be« vor, welche 1998 erschien und sogar eine elektronische Coverversion des Toto-Klassikers »Africa« und einige Drum'n'Bass-Einlagen enthielt. Der Hammer vergab für diese »richtige Sonnenscheinplatte« die Höchstwertung und Wärme kam in die Geldbörsen der Musiker, denn das Album belegte Platz 1 der Deutschen Alternativ-Charts. Für »Drive Me Down« erstellte Roxanne Film ein Video. In dieser Zeit begann der Erfolg von → Liquido. Einige Zeit versuchten Eiermann und der ebenfalls zu Liquido gehörende Wolle Maier, beide Formationen zu bedienen. Doch nachdem Pyogenesis immer größere Popularität erlangte und Liquido gar Starruhm erntete, wurde der Druck zu groß und machte das Ausscheiden unausweichlich.

Discogr.: Rise Of The Unholy (1991, 7"), Progeny Of Lost Sadness (1992, 7"), Ignis creatio (1993, EP – Osmose), Waves Of Erotasia (1994, EP – Nuclear Blast), Sweet X-Rated Nothings (1994, Nuclear Blast), Twinaleblood (1995, Nuclear Blast), Lovenation Sugarhead (1996, EP – Nuclear Blast), Unpop (1997, Nuclear Blast), Mono...Or Will It Ever Be...(1998, Nuclear Blast). Kontakt: Nuclear Blast c/o Pyogenesis, Hauptstr. 109, 73072 Donzdorf; Extratours, Brendlesäcker 5, 88512 Mengen, T: 07572-2909, F: 07572-2959. E-Mail: flo@nuclearblast.de/Extratours-Konzertbuero@t-online.de • Internet: www.brainzone.de • www.Extratours-Konzertbuero.de

PYRANJA/SCHATTENMANN

Die gut aussehende Rostocker Rapperin Pyranja überrascht bei ihren Auftritten mit derbsten Skills und messerscharfer Lyrik. Bekannt wurde sie durch die Zusammenarbeit mit Bands wie Pussy, Krisenstab oder der Underdog Cru, auf deren CD »Maximum« sie vertreten war. Mit dem »Smokin' Tuna Sound Brigade« Sound System tourte sie durch die gesamten Republik. Um sich als Solo-Künstlerin zu etablieren, nahm sie zusammen mit dem Schattenmann von Krisenstab ihre erste eigene MCD »Das Drama (Erster Teil)« auf und ging mit ihm und DJ MK One auf Konzertreise.

Discogr.: Das Drama – Erster Teil (1999, MCD – <B>eastside). Kontakt: <B>eastside, Schlesische Straße 31, 10997 Berlin, F: 030-6113375. E-Mail: beastside@top mail. de • Internet: www.beastside.de

Pyranja

QUADRO NUEVO
Andreas Mulo Franzl (s/cl), Robert Wolf (g), Heinz Lutger Jeromin (acc), D.D. Lowka (b)

Wenn der Franzl, der Robby, der Didi und der Heinz aus Bayern a Musi spiel'n, dürfte man feucht-fröhliche Bierzeltmusik erwarten. Wenn man den Einfluß fremder Kulturen in den Jazz integriert und auf höchstem Niveau Instrumentalmusik spielt, muß man sich schon Quadro Nuevo nennen. Robert Wolf war vom Flamenco beeinflußt, Bassist D.D. Lowka und Mulo Franzl hatten Erfahrung mit Tango und Latin und Heinz Ludger Jeromin liebte die französischen Musettes. Engagiert im Jahr 1996, um die Titelmusik für eine Vorabendserie zu schreiben, die letztlich nie produziert wurde, verstanden sie sich bei den Sessions so gut, daß sie beschlossen, ihren musikalischen Leidenschaften gemeinsam zu frönen. Auf der Grundlage des italienischen und französischen Tangos bauten sie ihre Melodien auf. In kleinen Clubs in und um Rosenheim, auf Hochzeiten und Privatfesten erprobten sie ihr Konzept. Bald waren sie auch in München gern gesehene Künstler. Schon im November 1997 wurden sie zum Jazzfest nach Aalen eingeladen, dem später weitere folgen sollten. 1998 veröffentlichten sie mit »Luna Rossa« ihr erstes Album. Es wurde ein Überraschungserfolg in der Jazz-Szene, obwohl einige Puristen ihre Nasen rümpften. Der Playboy sah in der CD »intelligente Musik, die Spaß macht«. Touren führten nun durch Gesamtdeutschland und sie begeisterten sowohl in Bremen als auch in Berlin und Ham-

Quadro Nuevo

burg. Argentinische und italienische Tangos, französische Musettes, Balladen und Walzer bildeten das Gerüst der zweiten CD »Buongiorno tristezza«. Eigenkompositionen und Covers ergänzten sich. Audio vergab in der Wertung 9 von 10 Punkten: »Das Ganze zieht vorüber in einem makellosen Klangbild, das mal die Intimität einer Tango-Kaschemme heraufbeschwört und mal die Weitläufigkeit eines Amphitheaters.« Stereo vergab 4 von 5 Ohren: »Von seiner Virtuosität hat das Quartett nichts verloren. Südamerika mit Bossa Nova, Samba und Tango bleibt federführend, Canzonetten, Walzer und Balladen fügen sich harmonisch ein.« 1999 war die Gruppe ununterbrochen unterwegs, gastierte dabei in ganz Deutschland und entwickelte sich zu einem unentbehrlichen Teil der deutschen Jazzszene.

Discogr.: Luna Rossa (1998, Minor Music), Buongiorno tristezza (1999, Minor Music). Kontakt: Karow Management, T: 08054-9303, F: 08054-9304. E-Mail: Minormusic@aol.com

QUARKS

Jovanka von Willsdorf (voc/Elektronik), Niels Lorenz (g/Elektronik)
Die Beherrscher des Wohnzimmerpops kommen aus Berlin und bringen minimal elektronische Musik mit ausgefeilten, doppelsinnigen, in die Tiefe gehenden Texten zum Zuhören. Im Oktober 97 erschien ihr Debüt »Zuhause«, das zumindest teilweise tatsächlich zu Hause aufgenommen wurde und das ihnen innerhalb kurzer Zeit eine beachtliche Fangemeinde verschaffte. Dazu verhalfen ihnen auch ihre Auftritte, in denen sie zum Schein einer Stehlampe möglichst nahe am Publikum intime Stimmung – eben Wohnzimmeratmosphäre – verbreiteten. Sie erzählten in Trommelfell schonender Lautstärke von ihren Gefühlen, alltäglichen Begebenheiten, »Wie das Herz schlägt«, vom »Sonntag« vom »Loch im Tag« und von »Feuerland«. Der Erfolg ihrer Single »Wiederkomm« in Japan veranlaßte das Berliner Duo, davon eine japanische Version »Kikyo« einzuspielen. 1999 kam aus dem Quarksland ihr zweites Album »Königin« auf den deutschen Markt, das wieder ausgefeilte elektronische Songs mit einfühlsamen kleinen Erzählungen, vorstellbaren Bildern und nachvollziehbaren Situationsbeschreibungen enthielt und wofür ME/Sounds fünf der sechs Sterne vergab. Auf der anschließenden Tournee durch Deutschland, die Schweiz und Österreich traten sie erstmals mit dem Schlagzeuger Denis Aebli auf.

Discogr.: Zuhause (1997, Monika/Indigo), Kikyo/Wiederkomm (1998, MCD – Monika/Indigo), Musik fürs Wohnzimmer (Compilation, 1998, Monika/Indigo), Königin (1999, Monika/Indigo). Kontakt: Monika Enterprise, T: 030-7852415

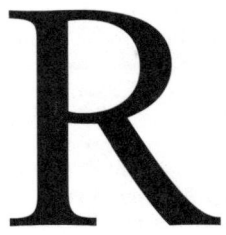

RAAB, STEFAN

Stefan Raab erlangte als Viva-Moderator Kult-Status und konnte später auf Pro 7 seine oftmals derben Scherze in seiner eigenen Abendshow verkünden. Nebenbei beschäftigte er sich mit seinem Hobby Nr. 1 – der Musik. Für die Sisters of Sound komponierte und textete er den Titel »Böörti Böörti Vogts« und für die → Prinzen machte er »Alles mit'm Mund«. Er ließ Guildo Horn verkünden: »Guildo hat euch lieb« und verschaffte sich und den Fun Kids einen Hit mit »Hier kommt die Maus«. Auf den eigenen Alben »Schlimmer Finger« von 1997, »Stefan Raab« und der Comedy-CD »Professor Hase« von 1998 machte er sich in gewohnter Weise über alles Mögliche lustig und zog dabei besonders gerne über Kollegen vom Fernsehen und dem Musikgeschäft her. Wie auch beim Publikum stieß er bei der Kritik nur auf geteilte Begeisterung. Ungeteilte Ablehnung bei der Presse, aber ungeheure Verkäufe erzielte Stefan Raab 1999, als er zusammen mit Truckstop den Country-Song »Maschen-Draht-Zaun« aufnahm, der am 29.11. 1999 von 0 auf 1 der Single-Charts stieg. Im Februar 2000 beteiligte sich Stefan Raab mit dem Nonsens-Song »Wadde hadde dudde da?« an der Vorausscheidung zum Grand Prix und gewann dieses ganz überlegen. In der ersten Woche stieg dieser Titel auf Platz 9 der Charts ein und eine Woche später plazierte er sich schon auf Platz 2. Wie allerdings das internationale Publikum sein Stück bewertete, konnte bis zum Redaktionsschluß dieses Buches nicht mehr festgestellt werden, aber vielleicht befassen sich auch bald die Finnen oder Chinesen mit diesem Text. Im März 2000 wurde Stefan Raab mit dem Echo-Preis als erfolgreichster Produzent des Jahres 1999 ausgezeichnet. Bei dieser Auszeichnung nahm er zu Plagiatsvorwürfen bezüglich seines Grand-Prix-Songs Stellung und meinte, wenn er schuldig sei, dann säßen auch »80.000 Jahre Knast im Publikum«.

CDs: *Schlimmer Finger* (1997) BMG/Rare, *Stefan Raab* (1998) Edel, *Professor Hase* (1998) BMG/Rare, *Maschen-Draht-Zaun* (1999) Edel/Brainpool, *Wadde hadde dudde da?* (2000) BMG/Rare. Kontakt: BMG Entertainment, Steinhauser Str. 1-3, 81677 München F: 089-477608. Internet: www.tvtotal.de • www.bmg-entertainment.de • www.bmg.de • www.edel.de

RADIOTRON

Nikolai Tomás (voc/filtering/Theremin), J. M. Giles (b) Arnold Kasar (keyb/voc), Carsten Krafka (dr), 309 (turntables/soundsystem) und Gäste

Nikolai Thomas war der Komponist, Texter und Sänger von »Poems for Leila«, einer der eindrucksvollsten deutschen Folkrockbands der späten Achtziger und frühen Neunziger. Als deren musikalische Möglichkeiten ausgeschöpft waren, löste er die Gruppe 1995 auf. Danach befaßte er sich mit Kompositionen für Filmmusik und Dokumentationen. Seine Hinwendung zur Elektronik manifestierte sich auf der ersten Solo-CD. 1998 kam es zur Gründung von Radiotron, wo er wieder als Sänger, Texter und Komponist auftrat. Er wollte Tanzmusik für das neue Jahrtausend schaffen, spielte mit Dubs, Loops, Scratches und Samples und lotete die Möglichkeiten der elektronischen Entwicklung aus. Gleichzeitig kamen Instrumente wie z.B. Viola und Cello zum Einsatz. Mit diesen Mitteln sollte eine entspannte Atmosphäre geschaffen werden, eine Musik, zu der man Cocktails genießen, mit dem Fuß im

Takt wippen oder über den Tanzboden schlurfen kann. Bei den Auftritten gehören Party-Event und Konzert zusammen. Das Konzept sieht vor, daß ein DJ den Abend beginnt. Nach und nach spielen Musiker dazu, ergänzen zuerst und übernehmen dann. Später geben sie die Führung wieder ab und der DJ läßt der Feier ihren Lauf.

Discogr.: Dangerous Love Songs (1999, Vielklang/EFA). Kontakt: Partysanen Musik Roma Casley, Skalitzer Str. 68, 10997 Berlin. E-Mail: info@vielklang.de • Internet: www.vielklang.de

RAGE
Peavy Wagner (voc/b), Victor Smolski (g), Mike Terrana (dr)

Die Metal-Band um den Herner Peavy Wagner, dem einzigen verbliebenen Original-Mitglied, bildete sich aus den 1984 gegründeten Avenger, die sich nach ihrem Debüt »Prayers Of Steel« aus rechtlichen Gründen in Furious Rage umbenennen mußten. Bereits auf dem Debüt »Reign Of Fear« von 1986 stand nur noch der Name Rage. Nach einer Tour mit → Kreator und Distruction begann sich das Personalkarussell zu drehen und erst nach »Execution Guaranteed« stabilisierte sich mit der dritten Scheibe »Perfect World« durch den Einstieg des Schlagzeugers Chris Efthimiadis und des Gitarristen Manni Schmidt die Besetzung. Für Rage war fortan die Welt perfekt, da sie durch dieses Album in die Oberliga der deutschen Metal-Acts gelangten. Natürlich entdeckten auch die Japaner, die besonders den Nachfolger »Secrets In A Weird World« liebten, die deutsche Band. Nach »Reflections Of A Shadow« von 1991 veröffentlichen sie 1992 »Trapped«, das von vielen Anhängern als die beste Scheibe der Metaller angesehen wird. Nachdem sie mit »10 Years In Rage – The Anniversary Album«, das viele unterbewertete Titel enthielt, ihr zehnjähriges Bestehen feierten, konnten sie ein Jahr später nochmals Champagner schlürfen, denn mit dem ersten Album (»Black In Mind«) für ihre neue Plattenfirma gelangten sie in die Media-Control-Charts. Statt Manni Schmidt standen jetzt mit Sven Fischer und Spiros Efthimidis zwei Gitarristen in der Band. Für ihre außergewöhnliche Scheibe »Lingua

Radiotron

mortis«, auf der sie Neufassungen ihrer beliebtesten Titel im klassischen Gewand mit dem Prager Symphonie Orchester eingespielt hatten, größtenteils arrangiert vom Keyboarder Christian Wolff, ernteten sie 1996 viel Lob und Anerkennung. Geradezu enthusiastisch bejubelte das Publikum 1997 ihre Aufführungen für Band und Orchester bei einigen Open Airs und ausgesuchten Konzerten. Dazwischen lag noch die Herausgabe ihres Studioalbums »End Of All Days« im Herbst 96, das mit »The Trooper« von Iron Maiden die erste von Rage eingespielte Cover-Version enthielt. Wieder mit Christian Wolff und dem Lingua Mortis Orchestra brachte Rage im März 1998 ihr Album »XIII« heraus, das wieder eine Melange aus Rock und Klassik bot. Während der Aufnahmen zu »Ghost« zerstritt sich der Rest der Gruppe mit Peavy Wagner und es kam zum totalen Split. Peavy holte sich mit Mike Terrana (→ Metalium/Yngwie Malmsteen /→ Gamma Rey) am Schlagzeug und mit Viktor Smolski (→ Mind Odyssey) an der Gitarre eine bereits im Vorfeld gepriesene Besetzung, während die ehemaligen Mitglieder mit der Aufnahme eines neuen Albums beschäftigt sind.

Discogr.: Prayers Of Steel (1995, Noise), Depraved To Black (1985, EP), Reign Of Fear (1986), Execution Guaranteed (1987), Perfect Man (1988), Secrets In A Weird World (1989), Reflections Of A Shadow (1990), Extended Power (1991, EP), Trapped (1992), Beyond The Wall (1992, EP), The Missing Link (1993), 10 Years In Rage (Best Of...) (1994), Black In Mind (1995, Gun/BMG), Lingua mortis (1996), End Of All Days (1996), XIII (1998), Ghost (1999). Kontakt: Gun Records, Bergerstr. 6, 58452 Witten, F: 02302-24091. Internet: www.gun-supersonic.de

RAIN MINISTERS

Farah Haldar (voc), Andre Michael George (voc/g), Anthony Steven Donald Wright (dr), Cebo Seyb (ac-g), Christian Kintscher

Rain Ministers

(keyb), Christian Kurilla (acc), Ludger Thomaßen (b)

1991 traten Cebo und Andre als songorientiertes Gitarrenduo bei einem Open Air Festival auf. Die heftigen Regenfälle brachten sie dazu, ihre Band Rain Ministers zu taufen. Eines Tages kam Farah aus Somalia zu einer Probe und stellte sich als Sänger und Trompeter vor. Er wurde sofort engagiert, mußte aber Trompete gegen Percussion tauschen. Im Laufe der Zeit bauten sie ihre Besetzung auf sieben Musiker aus. Die Musiker kamen aus dem Kreis Recklinghausen, Waltrup und Hagen. Sie entwickelten eine neue ungewöhnliche Musik mit Percussion, afrikanischem Reggae, Afro-Rap und Poprock. Bei ihren Konzerten wechselten sie scheinbar mühelos verschiedene Stile, Charakter und Farbe der Songs. 1995 wurde der erste Tonträger eingespielt. Die Zeitschrift »Kultkomplex« vergab dafür den Titel »CD der Woche«. Die Fernsehzeitschrift Gong sah den »Gegenbeweis, daß Ethno noch lange nicht out ist«. Für Intro waren sie eine »Multi-Kulti-Band, der schon jetzt eine Ausnahmestellung gewiß ist.« Enthalten waren rockige Titel, folkige Arrangements und Balladen, teils in englischer, teils in somalischer Sprache vorgetragen. Allerdings lagen die Qualitäten der Rain Ministers vor allem im Live-Bereich. Das führte zu unterschiedlichen Verpflichtungen. So bestritten sie beispielsweise das Vorprogramm von Status Quo und

Bill Cobham. Den Auftritt vor Status Quo hatten sie sich durch den Gewinn eines Bandwettbewerbs verdient, an dem mehrere hundert Gruppen aus Nordrhein-Westfalen teilgenommen hatten. Obwohl sie immer wieder mit ihren Konzerten auf den Bühnen vertreten waren, gab es erst 1998 die nächste MCD »Heads«. Diese war ein Vorbote zum lange erwarteten ersten Album der Band. Ihre musikalischen Höhepunkte 1999 sahen sie in den Auftritten bei den Ruhrfestspielen in Recklinghausen und dem Bullshit-Festival in Oer-Erkenschwick. Bezüglich des Wetters überlegen sich die Rain Ministers, ob sie zukünftig an ihrem Merchandising-Stand neben den üblichen Utensilien auch Regenschirme verkaufen sollen.

Discogr.: *Rain Ministers (1995, MCD – Tonhaus), Heads (1998, Tonhaus). Kontakt: Tonhaus Records, Postfach 150364, 44343 Dortmund, F: 0231-3339324/25. E-Mail: Tonhaus@aol.com • Internet: members.aol.com/rainmini*

RAINBIRDS

Katharina Franck (g/voc),
Ulrike Haage (keyb), Tim Lorenz (dr)
Die Gründung der Rainbirds geht auf das Jahr 1986 zurück. Sie benannten sich nach dem gleichnamigen Instrumentalstück aus dem Tom-Waits-Album »Swordfishtrombones«. Damals standen Katharina Franck noch Beckmann und Wolfgang Glum zur Seite. Während sie in Kanada unterwegs waren und in Clubs und deutschen Schulen auftraten, erreichte sie die Bitte ihrer Plattenfirma, nach Deutschland zurückzukehren, da ihr gerade veröffentlichtes Debüt in der einheimischen Musikpresse für viel Wirbel gesorgt hatte. Also machten sie sich auf den Weg nach Berlin, um Popstars zu werden. Dies gelang mit Hilfe des Hits »Blueprint«, der hoch in die Charts einstieg, Platz 7 erreichte, ein Evergreen wurde und auch heute noch gewünscht wird. Auch das Album verkaufte sich glänzend und kam sogar bis auf vordere Plätze der Media-Control-Charts. Endlose Rundfunk- und TV-Termine, Interviews und Auftritte waren die Folge des Ruhms. Erwähnenswert ist ihr Open Air in Ostberlin vor 90.000 Besuchern, während gleichzeitig im Westen der Stadt Michael Jackson und Pink Floyd vor dem Reichstag spielten. Sie ließen sich zwei Jahre Zeit, bevor mit »Call Me Easy Say I'm Strong Love Me In My Way It Ain't Wrong« der nächste Tonträger erschien. Anton Corbijns fertigte von »Love Is A

Rainbirds

Better Word« ein Video an. Dieser Titel ist bis heute eines von Katharinas Lieblingsstücken aus dieser Zeit. Der Gitarrist Rodrigo Gonzalez hatte inzwischen die Gruppe verstärkt. Schon mit diesem Werk machten sie klar, daß ein zweiter Aufguß von »Blueprint« nicht in Frage kam. Als sie 1989 auf Tour gingen, stand erstmals Ulrike Haage mit auf der Bühne. Danach kam es zum Split. Die neuen Rainbirds bestanden auf dem Album »Two Faces« von 1991 nur mehr aus Katharina Franck und Ulrike Haage. Dieses Album wies die Rainbirds als Künstlerinnen aus, die sich weit vom üblichen Popschema entfernt hatten. Zwar hatte dies einen Rückgang der Verkaufszahlen zur Folge, aber auch die endgültige Anerkennung der Kritiker und Kollegen. Katharina ging für einige Zeit nach Paris, wo sie die meisten Texte für das 93er Album »In A Different Light« schrieb, während sie durch die Straßen der französischen Hauptstadt wanderte. Das Album spielten die beiden Damen unter großem Aufwand mit vielen brillanten Musikern ein. Große musikalische und menschliche Übereinstimmung mit dem Schlagzeuger Tim Lorenz führte dazu, daß die Rainbirds fortan als Trio agierten. Dieses Line-up besteht bis heute. In dieser Besetzung führten sie unter dem Namen Three birds of a feather eine kleine Clubtour durch. Den Vertrag mit Mercury beendeten sie mit einem »Best of Album«, wofür Katharina Francke die Lieder entsprechend ihrer damaligen Meinung zusammengestellt hatte. Die 1994/95 geschriebenen und in Dänemark aufgenommenen Songs brachten sie 1996 unter dem Titel »Making Memory« heraus. Die Presse lobte die sparsam und effizient arrangierten Songs und die doppel- und tiefsinnigen Texte. Nach den Sommerfestivals 96 hatten sie schon wieder genügend Ideen gesammelt, um neue Songs einzuspielen. Das Album »Forever« befriedigte dann selbst Katharina Francks hohe Ansprüche. Eigene Loops und moderne Rhythmen hatten Einzug gehalten. Ihre Tour im Frühjahr 98 lief ebenfalls hervorragend. Zu hören ist dies auf der 99er CD »Rainbirds.3000 live«. Mit dem Titel wollten sie zeigen, daß sie der Zeit wieder einmal voraus waren.

Discogr.: Rainbirds (1987, Mercury), Call Me Easy (1989, Mercury), Two Faces (1991, Mercury), In A Different Light (1993, Mercury), Mercury Years (Best Of) (1995, Mercury), Making Memory (1996, Zomba), Forever (1997, Zomba), Rainbirds.3000 Live (1997, Zomba).
E-Mail: *rainbirds@rainbirds.com* • Internet: *www.rainbirds.com*

RALLEY

Tom Deininger (g), Sten Servaes (dr), Zscharnie (b), Suzie Q. (voc/g)

Ralley haben Drive, aber werden sie das lange Rennen durch die Weiten der Popmusik überstehen und letzten Endes im Spitzenfeld landen? Jedenfalls haben sie das Steuer fest im Griff. Denn die Kölner Band schreibt und produziert ihre Lieder selbst, erstellt das Artwork der Platten und Anzeigen, fertigt die Fotos und Videos. Dies passiert alles in dem eigenen Studio und Atelier, wo Mitglieder der Band in Wohngemeinschaft leben. Sie sind mitverantwortlich für die »Ganz Neue Deutsche Welle«. Und sie legen viel Wert darauf, nicht mit Bands der Hamburger Schule in einen Topf geworfen zu werden. Sie wollen keine Musik für intellektuelle Typen machen, sondern

Ralley

Leichtigkeit auf die Platten bringen, ohne seicht zu sein. Ihre erste Single hieß »Zelten« und brachte unverfälschten, fröhlichen Pop. Mit dieser Nummer erhielten sie bundesweiten Radioeinsatz und in Berlin gelang ihnen so etwas wie ein kleiner Sommerhit. 1997 erschien das erste Album. Während der Song »Zelten« noch als »frischer Pop« gelobt wurde, sah M. Sailer im WOM-Magazin in die Zukunft: »Entstanden ist das Debüt der vier frechen Hüpfer in Stockholm. Vielleicht kommt da der leichte Cardigans-Einschlag, der ihren ansonsten harm- bis belanglos dahinperlenden Gitarrenpop-Marshmellows doch zu etwas mehr Aufmerksamkeit verhilft. Ob das allerdings ausreichen wird, um Ralley ein Überleben nach dem Abebben der Welle zu sichern, bleibt abzuwarten.« Mit dem Album im Gepäck ging die Band auf Tour. Dabei präsentierte sich die Sängerin Suzie im knappen Mini und mit viel Charme als der Blickfang der Band. Neue Songs wurden geschrieben und der Nachfolger »1,2,3,4« kam auf den Markt. Am Pop der Band hatte sich nicht viel geändert, nur klangen sie jetzt gereifter und ausgefeilter, ohne die Unbekümmertheit verloren zu haben. Die Zeitschrift Gitarre & Bass verstieg sich sogar zur Behauptung: »Jetzt sind Ralley schon seit zwei Jahren das Beste, was der deutschen Popmusik passieren konnte, und kaum jemand hat davon etwas mitbekommen. Unangestrengter intelligenter Fun-Pop statt Bewußtseinsbefrustelung.«

Discogr.: Ralley (1997, Ballroom/BMG), Zelten (1997, MCD – Logic Records), 1,2,3,4 (1999, RCA/BMG). Kontakt: BMG Ariola, Hamburg, Osterstr. 116, 202059 Hamburg, F: 040-496164. Internet: www.bmgentertainment.de

RAMMSTEIN

Richard Z. Kruspe (g), Paul H. Landers (g), Till Lindemann (voc), Christian Lorenz (keyb), Oliver Riedel (b), Christoph Schneider (dr)

Rammstein nennen ihren Stil Tanzmetal. Sie stammen aus Berlin und Schwerin und waren Ende der Neunziger schwer in. Die einzelnen Mitglieder hatten bereits vorher Erfahrungen in anderen populären Gruppen wie den → Inchtabokatables, Feeling B und Das Auge Gottes gesammelt. Schon mit der Veröffentlichung der ersten CD »Herzeleid« im Jahr 1995 verwirrten sie ihre Kritiker. Hierbei handelte es sich um ein zorniges und animalisches Werk, bestehend aus hartem Metal, programmierten Computerklängen und kompromißlosen, teils obszönen Texten. Die Atmosphäre, die die Songs vermittelten, veranlaßte den amerikanischen Filmemacher David Lynch, Titel von ihnen für den Soundtrack seines Films »Lost Highway« zu verwenden. 1996 spielten sie insgesamt 66 Konzerte, zuerst als Support von Clawfinger in Österreich und der Schweiz, dann im Vorprogramm der Ramones in Deutschland. Ende des Jahres waren sie als Headliner unterwegs. Mit dem Titel »Engel« und dem dazugehörigen, aufwendigen Video kamen sie 1997 überraschend bis auf Platz 3 der Charts, obwohl einige Rundfunkanstalten das Stück nicht spielten. Durch diesen Erfolg gelangte das Debüt mit zweijähriger Verspätung in die Charts (Platz 6) und verkaufte 1997 über 200.000 Einheiten. Weitere Hits schlossen sich mit »Du hast« und »Herzeleid« an. Als dann die neue CD »Sehnsucht« im Herbst auf den Markt kam, spielte nicht nur Europa verrückt, sondern auch die Amerikaner kauften das deutschsprachige Album, das sich dort 20 Wochen in den Charts hielt und Platz 45 erreichte. Auch in Kanada und Australien belegten sie gute Positionen. Für das Video »Stripped« verwendeten sie Aufnahmen von Leni Riefenstahl, die sich mit Propagandafilmen im Dritten Reich zweifelhaften Ruhm erworben hatte. Auch wenn sie sich damit verteidigten, daß es nur um die Ästhetik der Bilder gegangen sei, sahen sich viele Kritiker bestätigt, welche die Gruppe schon immer in der braunen Ecke vermuteten. In England weigerten sich Künstler, mit Rammstein auf der Bühne zu stehen. Die Band sah sich gänzlich unpolitisch. Im Herbst 98 spielten sie 28 Gigs in den USA. Die Pyrotechnik beeindruckte die Amerikaner, die das Spiel mit dem Feuer und die satirische Darstellung sexueller Dreistigkeiten liebten. Im Frühjahr 1999 beehrten sie Südamerika, danach zusammen mit Soulfly und Skunk Anansie die Vereinigten Staaten und Kanada. Dabei wurden der Sänger Till und der Keyboarder Flake wegen lasziven Verhaltens auf der Bühne nach dem Konzert am 5. Juni in Worcester festgenommen und für wenige Stunden inhaftiert. Für Deutschland reichte es, im Herbst 99 ihren Konzertfilm »On tour« in den Clubs zu zeigen. An Auszeichnungen erhielten sie 1999 in den Staaten eine Grammy-Nominierung in der Sparte »Best Metal Performance« für »Du hast«, eine Nominierung für den MTV Europe Award in der Kategorie »Best Rock«, den Viva-Comet als beste Live-Band und den Echo 1999 als erfolgreichste nationale Künstler im Ausland für »Sehnsucht«, nachdem sie diesen Preis bereits 1998 für das beste Video »Engel« erhalten hatten. Schließlich gab es noch ab August 1999 die CD »Live aus Berlin«, die an zwei Abenden vor 40.000 Zuhörern in der Berliner Wuhlheide im August 1998 aufgezeichnet worden war. Das Video zu dem Titel »Bück dich« wurde in Deutschland erst ab 18 freigegeben und war im TV nur in einer zensierten Version zu sehen. Für das Album »Sehnsucht« erhielten sie in den Vereinigten Staaten Platin. Noch nie zuvor hatte eine deutschsprachige Band über eine Million Exemplare verkauft. Seit Beginn ihrer Karriere lieben Rammstein die Provokation, obwohl sie sich von den Nazis klar distanzieren. Auf die Frage eines Journalisten, warum sie keine abwechslungsreicheren Songs schreiben, antwortete Flake: »Wir können nicht mehr. Spielerisch endet es bei uns ziemlich schnell.« Hoffentlich lernen sie noch, ihre Instrumente ebenso zu beherrschen wie das Spiel mit dem Feuer.

Discogr.: Herzeleid (1995, Motor Music), Sehnsucht (1997, Motor Music), Live aus Berlin (1999, CD, DCD und CD-ROM, VHS-Video, DVD – Motor Music). Kontakt: Motor Music, Holzdamm 57, 20099 Hamburg, F: 040-3087-2596. Internet: www.motor.de

Rammstein

Rantanplan

RANTANPLAN

Tim *(voc/dr)*, Reimer *(voc/b)*, Marcus *(voc/g)*, Torben *(voc/g)*, Lars *(tp)*, Brian *(tb)*

Als sich 1995 die Musiker Torben und Reimer trafen, beschlossen sie, eine Musik zu spielen, die Punk und Ska vereinigt. Da Reimer die englische Aussprache nicht perfekt beherrschte, entschieden sie sich, ihre Texte in Deutsch zu schreiben. Es war ihnen wichtig, Geschichten und Gedichte zu schreiben, die den Zuhörer fordern und die sich oft erst zwischen den Zeilen offenbaren. Politische Meinungen und persönliche Erfahrungen geben sie in ironischer oder sarkastischer Form kund und bei ihren Konzerten legen sie Wert darauf, daß sich das Publikum amüsiert. Mit ihrer Mixtur aus Punk und Ska wollen sie die Revolution tanzbar machen. 1996 gingen sie mit ihrem ersten Demo auf Tour und danach spielten sie ihr Debüt »Kein Schulterklopfen (gegen den Trend)« ein. Diese Aufnahmen entstanden noch ohne den Trompeter Lars, der kurze Zeit später Rantanplan komplettierte. Bei ihren anschließenden Tourneen schlossen sie Österreich und die Schweiz mit ein, während sie Angeboten aus Finnland, den USA und Kanada nicht nachkommen konnten. Im Frühjahr 98 nahmen sie mit Christian Mevs, der auch das Mischen und Mastern übernahm, im Soundgarden Tonstudio ihr zweites Album »Köpfer« auf. Unverändert hart in den Texten präsentierten sie sich musikalisch noch vielseitiger. Deshalb bleibt es nach wie vor rätselhaft, warum sich eine intelligente Band ausgerechnet nach einem doofen und faulen Hund benennt.
Discogr.: Kein Schulterklopfen (gegen den Trend) (1996, B.A. Records), Köpfer (1998, B.A. Records). Kontakt: B.A. Records, Marktstr. 107, 20357 Hamburg, T/F: 040-4302020

RAYMEN

Die seit 1985 agierenden Lünener Rayman um Sänger Hank Ray sind eines der Aushängeschilder der norddeutschen Szene in Sachen Rockabilly, Psychobilly, Surf, Trash und Punk. Ihr mittlerweile vergriffenes Debüt »Desert Drive« aus dem Jahr 1986 gilt auch heute noch als Meilenstein und gesuchte Rarität. Ständige Bühnenpräsenz sichert ihnen bis heute eine treue Fangemeinde. Nach weiteren Veröffentlichungen, Compilations und Samplerbeiträgen zeigten sie auf der CD »Music To Lynch Your Lover By« ihren schwarzen Humor und ihre Nähe zu Bands wie Velvet Underground. Verstärkt Rockabilly mit einer gehörigen Prise Punk gab es dann wieder auf »Lucifer's Right Hand Men«. Mit der »There's A Lynchin' Party Going On«-Tour bewiesen sie, daß das Feuer auch nach den vielen Jahren noch nicht erloschen ist.
Discogr.: (Auswahl): The Rebel Years 85 – 87, Billion Sellers, Music To Lynch Your Lover By, Lucifer's Right Hand Men. Kontakt: Raymen c/o Loudsprecher, Voßstr. 53, 30163 Hannover, F: 0511-662093. E-Mail: loudsprecher@hotmail.com

Readymade

READYMADE

Steffen Hart (g), Udo Maszhoff (dr), Chris Adelhütter (b/keyb), Zachary Johnson (voc/g)

Die Wiesbadener Readymade stehen für britischen Gitarrenpop und amerikanischen College-Rock. Eltern, Verwandte und Freunde rieten ihnen ab, sich auf das Musikgeschäft einzulassen. Doch Readymade nahmen ein Demo auf, das ein befreundeter Musiker von Rekord dem Chef des Labels TamTam Records übergab. Dieser wiederum war von den Stücken dermaßen begeistert, daß er Readymade einen Vertrag gab und für den Vertrieb BMG Ariola gewann. Gleich mit der ersten Single »All These Things« erreichten sie die Rotation auf Viva 2 und MTV. Das Album »It Doesn't Make Sense« vom Februar 98 fand bei Presse, Rundfunk und TV Beachtung. Durchwegs gute Kritiken ernteten sie auf der Deutschland-Tournee im Vorprogramm von Cake. Nach zwanzig Monaten auf der Bühne spielten sie in Düsseldorf und Weilheim mit Hilfe von O.L.A.F., Opal und Mario Thaler (→ Notwist/→ Miles/Naked Lunch) das zweite Album ein. Ihre erste Single »Supernatural« aus der CD »Snapshot Poetry« lief mehrmals täglich bei Viva 2 und MTV. Das Stück erreichte Platz 4 der deutschen und Platz 2 der österreichischen Alternativ-Charts. In den folgenden drei Wochen nach Veröffentlichung des Albums gaben Readymade Konzerte in Österreich und Deutschland, wobei sie völlig unerwartet von Bryan Adams eingeladen wurden, einen Support-Auftritt in der Dortmunder Westfalenhalle zu absolvieren. In Hamburg und Berlin bestritten sie das Vorprogramm von Supergrass. Im Winter 99 tourten sie zusammen mit den Hitlieferanten Suede und im März 2000 erfreuten sie ihre Schweizer Fans. Als bisher letzte Single gab es von ihnen den Titel »d-major-day«.

Discogr.: It Doesn't Make Sense (1998, TamTam Records/BMG), Snapshot Poetry (1999, TamTam Records/BMG). Info: TamTam Records, Kaiserstr. 74, 60329 Frankfurt/M., F: 069-27136799. E-Mail: info@tamtam. records.de • Internet: www.readymade.de

REAKTOR

Mit einer Mischung aus treibendem Bass, Loops, Funk, Breakbeat, elektronischen Klangteppichen, sphärischem Gesang und einer energischen Bühnenshow spielte sich das Trio Flo, Karsten und Tromla alias Reaktor in die Herzen der jungen saarländischen Fans. Dance-Beats, Elektronik, Jungle, Drum'n'Bass und TripHop verschmolzen in ihrem Programm zu einer Einheit. Die experimentierfreudige Band nahm zuerst in Eigenproduktion eine Demo-CD mit drei Titeln auf, der sie im Herbst 99 eine weitere mit sechs Nummern folgen ließen, um sich damit auf Suche nach einem geeigneten Label zu begeben.

Kontakt: Florian Penner, Großherzog-Friedrich-Str. 103, 66121 Saarbrücken, T: 0681-635317, F: 06841-15458 (Wochenende)

REAL MOTHER FISHERMEN

Guido »Doc Rock« Norman (voc/g), Elmar Böhl (b), Michael Meimann (g/back.-voc), Christian Lentner (keyb), Jürgen Poppelreuter (dr/back.-voc)

Ihr Wahlspruch lautet: »Sind sie zu hart – bist du zu schwach«. Deshalb halten die Real Mother Fishermen, die im März 1994 von dem nach Andernach übersiedelten Guido Norman und dem Schlagzeuger Jürgen Poppelreuter gegründet wurden, unbeirrt an ihrem »Rap'n'Roll«

Real Mother Fishermen

fest. Die Mitglieder kamen aus verschiedenen musikalischen Richtungen wie Poprock, Blues und Heavy Metal. Bei den Fishermen setzten sie zusätzlich moderne Technik mit Samples und zeitgemäßen Keyboardsequenzen ein. Außerdem kam auch der Humor nicht zu kurz, wie ihre Persiflagen auf Michael Jackson oder Rammstein bewiesen. Nachdem sie mehrere Jahre lang vorwiegend im lokalen Bereich aufgetreten waren, begann 1997 Doc Rock das Management in eigene Hände zu nehmen. Sie meldeten sich für den RPR-Eifelrock-Wettbewerb an, verließen die Bühne als Sieger und durften deshalb das Vorprogramm von BAP am Deutschen Eck in Koblenz bestreiten. Gegen Ende des Jahres legten sie ihre erste CD »Witho« vor, die Crossover der härteren Gangart bot. Die nächsten Lorbeeren heimsten sie mit dem Gewinn des »Deutschen Rockpreises« des Deutschen Rock und Popmusikerverbandes im Jahr 1998 ein, an dem über 1.600 Bands teilgenommen hatten. Dafür konnten sie ihr Zweitwerk in einem Liverpooler Studio aufnehmen und eine Woche in England auf Tour gehen. Erstmals waren die Real Mother Fishermen den öffentlich-rechtlichen Fernsehanstalten einen Bericht wert. 1999 erzielten die Fischer ihren bisher größten Erfolg, indem sie sich Auftritte in der Mongolei angelten. In Deutschland noch ohne Plattenvertrag, behandelte man sie dort als Superstars und sie spielten in Erdenet vor mehr als 30.000 Menschen. Zeugnis von dem Mongolei-Aufenthalt gibt das Video zum Song »sajn bajn uu Mongolia«, das in der mongolischen Hauptstadt Ulan Bator gedreht wurde. Auch MTV Asia filmte mit. Inzwischen wurden sie ein zweites Mal zu einer einwöchigen Party in die Mongolei gerufen. Danach luden The Real Mother Fishermen die mongolische Topband Haranga zu einem Gegenbesuch nach Deutschland ein, wo sie ihnen ihr Studio in Andernach zur Verfügung stellten.

Discogr.: Witho (1997, Eigenvertrieb), Hit The Big Time (1999, MCD – Eigenvertrieb), Are You Tuned? (1999, Eigenvertrieb). Video: »sajn bajn uu Mongolia« (1999, Eigenvertrieb). Kontakt: Guido Norman, Jahnstr. 13, 56626 Andernach, T: 02632-5554. E-Mail: StarTraxStudio@t-online.de • Internet: www.musikplaza.de/musiker/fisher1.htm

REEL FEELINGS

Kerstin Braun (voc/g/fiddle/fl/whistles/ Bodhrán), Matthias Gebhardt (dr/perc/ voc), Uwe Lölke (voc/ac-g/mand/harm/ perc), Felix Richter (b/g), Heiko Schöley (el-g/voc)
Die eigentliche Bandgründung geht auf das Jahr 1985 zurück. Von der damaligen Besetzung ist heute nur noch Kerstin Braun dabei. Der Zusammenbruch der kulturellen Infrastruktur nach der Wende führte zum Ausstieg von vier der sieben damaligen Bandmitglieder. Nach einer harten Zeit rappelte sich die Band wieder hoch. Seit 1992 sind die Reel Feelings, wobei das Reel der Bezeichnung für schottisch-irische Tanzmelodien entlehnt ist, in der jetzigen Besetzung unterwegs. Auf den Spuren der keltischen Kultur von Galizien, der Bretagne, Schottland, England und Irland lassen sie sich auch von Klassik, Rock, Jazz, Blues, Songwritern, Ethno und World Music beeinflussen. Sie haben ihre eigenen musikalischen Vorstellungen und wenn man Vorbilder nennen könnte, kämen vielleicht Capercaille, Steeleye Span oder Spirit of the West in Frage. Ein erstes

Reel Feelings

Highlight war ihr Auftritt auf dem Laabertal-Festival 1992. 1994 spielten sie ihre erste MC »Hirschblut« ein, die nur über den Eigenvertrieb erhältlich war. Das Folksblatt bezeichnete das Tape als »...gelungene MC, die genügend Spannbreite hat, an jedes Ohr zu passen, auch wenn man kein Irland-Fan ist.« Ein erfolgreicher Auftritt beim Tanz- und Folkfest in Rudolstadt 1997 war ein weiterer Meilenstein in ihrer Karriere. In diesem Jahr veröffentlichten sie die erste CD »Bealtaine«. Als ein weiterer Höhepunkt galt ihr Auftritt beim Tempel Folk Fest in Duisburg 1998. Eine Next-Stop-Austria-Tour führte sie 1999 durch Österreich, wobei man sie auch im Niederösterreichischen Fernsehen erleben konnte. Über einen Auftritt in Stockerau schrieben die Niederösterreichischen Nachrichten: »Daß es gefiel, konnte die Band hören, von der ersten Nummer an tobte das sonst eher zurückhaltende Stockerauer Publikum. Drei Zugaben mußten die hervorragenden Musiker spielen.« Dann sandten sie die CD an das Musikmagazin Soundcheck. Die Expertenrunde kürte Reel Feelings zum Sieger des Monats Oktober 99. Währenddessen arbeitete die Band an den Aufnahmen zu ihrer zweiten CD.

Discogr.: Hirschblut (1994, MC – Eigenvertrieb), Bealtaine (1996, Eigenvertrieb). Kontakt: Kerstin Braun, Joseph-Zettler-Str. 9, 04157 Leipzig, T/F: 0341-9124920. E-Mail: browniekr@aol.com • Internet: www.musikplaza.de/bands/reelfeel.htm

REGENUNDMILD

Das Wiesbadener HipHop-Trio bemerkte »1000 Jahre sind ein Tag«, gab den guten Rat »Wir müssen alle viel länger schlafen« und traf damit den Nerv der Zuhörer, die mehr von den Jungs wollten. Entsprechend folgte im September 99 das unter der Regie von Peter Hoff aufgenommene Album »Im Bann des Plattenspielers« mit weiteren Geschichten der Hessen.

Discogr.: Im Bann des Plattenspielers (1999, Intercord/EMI Music). Kontakt: Intercord Tonträger, Aixheimer Str. 26, 70619 Stuttgart, F: 0711-4763-324. Internet: www. intercord. de/www.emimusic.de

RELLÖM ISM, KNARF

Knarf Rellöm (voc/g/harp), Victor Marek (voc/b/vib/electronic), Heinrich Köbberling (dr/Wurlitzer-org/TR 309/back.-voc))

Nach acht Jahren Ehe mit der Hamburger Band HUAH! war die Verbindung zum kreativen Stillstand gekommen, deshalb wollte Knarf Rellöm erst einmal alleine Musik machen. Durch seine Auftritte wurde er als skurril-sympathisches Unikum der Hamburger Szene angesehen. Aus dieser Zeit stammt sein Album »Ladies Love Knarf Rellöm« mit dem Hinweis für Plattenhändler »Bitte vor R.E.M. einordnen«. Darin erzählte er die »Autobiografie einer Heizung«, befriedigte die Lehrer mit dem »Grammatiksong« und beschwerte sich »Ihr seid immer nur dagegen, macht doch mal bessere Vorschläge«. Irgendwann dürstete ihn wieder nach Partnerschaft und zusammen mit Viktor Marek und Heinrich Köberlein fungierten sie unter dem Namen Knarf Rellöm ISM. Im Electric Avenue-Studio nahmen sie mit Tobias Levin die CD »Fehler Is King« auf. Darin arbeiteten sie weiter an der »Autobiografie einer Heizung Pt. 2« und fragten: »Was ist romantisch für Ted Gaier?«. »Ich bin auf dem Weg zu dir« sang Knarf Rellöm durch eine Mundharmonika und

Regenundmild

in »N.M.V. (Nicht mein Verein)« trug er Paranoiapamphlete im Micky-Maus-Falsett vor. Viele Gäste hatten sich auf der Platte versammelt, die lt. Friedemann Bald »die Chance nutzten, um ordentlich Punk zu machen und sich dabei trotzdem als moderne Künstler zu fühlen«. Knarf hofft, für das Album, das Position bezieht und nicht alltäglich klingt, genügend Käufer zu finden, die Interesse an der Band haben. Jedenfalls waren schon bald erste Erfolge zu verzeichnen, denn das Video zu »Hey! Everybody« lief auf Viva 2 in der N 2 Rotation. Über ein Konzert schrieb Simone Deckner: »Wenn Musik ein Experimentierkasten ist, dann sind Knarf Rellöm brillenbehangene Spätzünder, die alles anfassen müssen, in den Mund stecken und wieder wegschmeißen. Ein bißchen Punk, ein bißchen House, ein bißchen Blues, ein bißchen Soul, ein bißchen HipHop, ganz viel elektronisches Geblubber, Gepfeife, Gefiepe, Gepluckere, Computer, Computer, Computer, schlecht gestimmte Gitarren, Nebengeräusche, Zufälliges und ein Sänger, der aus der Musikgeschichte bewußt unvirtuos zusammenkleistert, sie, wenn er Lust hat, einfach fallen läßt und am Boden ächzend ihrem Schicksal überlässt.«

Discogr.: Ladies Love Knarf Rellöm (1997, What's so funny about/Indigo), Fehler Is King (1999, What's so funny about/Indigo). Kontakt: What's so funny about, Schanzenstr. 75, 20357 Hamburg, F: 040-4302565. E-Mail: zickzackhh@hotmail

REMAINS

Hanno Spendrin (g), Michael Horst Wenzel (b), Thomas Borchmann (voc), Sebastian Borchmann (g), Andy Guth (dr)
Noch ohne Plattenvertrag, aber bereits seit 1993 eine feste Größe in der Rockszene von Sachsen-Anhalt ist die Quedlinburg-Thaler Rockband Remains, die bislang hinlänglich bewies, daß aus dem Harz nicht nur Käse kommt. Die Zeitschrift Gaffa sah in der Band die »Doors für die Endneunziger«. In Eigenregie spielten sie das Album »Le triomphe de la mort« ein, das sich nach ihren Konzerten vielfach verkaufte und das sich auch für die Harzer Plattengeschäfte als Selbstläufer erwies. Die Release Party feierten sie zusammen mit mehr als 600 Fans. Weil ihre Konzerte im regionalen Bereich vielfach ausverkauft waren, gelang es der Band, Sponsoren zu finden, mit deren Geldern sie Werbung, auswärtige Konzerte und Tonträger finanzierten. Entsprechend spielten sie 1999 die Single CD »New Mexico« ein, die zwar die technischen Schwächen einer Eigenproduktion aufwies, aber wieder einmal das künstlerische Potential der Harzer aufzeigte. In ihren Konzerten begleiteten sie u. a. → Scycs, → Oomph, → Blind Passengers, → Thumb, → Subway to Sally, Krupps und Dan. Sie gewannen den Bundesdeutschen Talent Support der Fachzeitschrift Solo, waren bereits im MDR-Fernsehen zu sehen und in vielen Radiosendungen bei MDR life, MDR Sputnik und Radio SAW usw. zu hören. 1998 unterschrieben sie einen Vertrag bei Virtual Volume in Hamburg, die ihre Single auf zwei Samplern verwerteten. In naher Zu-

Remains

kunft ist die Produktion eines neuen Albums geplant.
Discogr.: Le triomphe de la mort – Eigenproduktion. New Mexico (1999) Single-CD. Kontakt: Remains, Andy Guth, Taubenbreite 9, 06484 Quedlinburg, T: 03946-8793, Mobil: 0171-7186191

RENFT (KLAUS RENFT COMBO)
Klaus Renft, Peter »Pjotr« Kschentz, Christian »Kuno« Kunert
Die Stones des Ostens sind eine der wichtigsten Bands der neuen Bundesländer und wurden bereits im »Rocklexikon der DDR« von Götz Hintze, erschienen im Schwarzkopf & Schwarzkopf Verlag, ausführlich behandelt. Erstmals erwähnt 1958 und bereits 1962 mit dem ersten Auftrittsverbot belegt, folgte 1964 die Gründung der Beatband Butlers, die aber 1965 ebenfalls nicht mehr spielen durfte. Nachdem 1967 die Klaus Renft Combo wieder werden konnte, begannen sie ab 1969 vermehrt eigene Lieder zu schreiben, zu denen Gerulf Pannach die Texte beisteuerte. Nach den ersten Rundfunkaufnahmen veröffentlichte die Combo 1973 die erste LP »Klaus Renft Combo« und 1975 das zweite Album »Renft«. Da Gerulf Pannach seit 1973 immer öfter unter Auftrittsverbot stand, ereilte die Renft Combo 1975 das endgültige Aus. 1976 reiste Klaus Renft nach West-Berlin aus und 1977 kaufte die BRD Gerulf Pannach und Christian Kunert frei. 1990 kam es zur Reunion der Band und einer triumphalen Tour durch die damals noch existierende DDR. Aus dem Nachlaß der von Amiga, übernommen von BMG, erschienen 1994 aufgrund der großen Nachfrage die CD »Renft – das alte Erbe« und 1996 »Renft – die schönsten Balladen«. Im März 1998 feierte die Klaus Renft Combo ihr 40jähriges Bestehen in der Originalbesetzung der 70er Jahre mit Auftritten in Leipzig und Berlin. In diesem Jahr mußten sie den Tod von Gerulf Pannach verkraften, zu dessen Ehren und mit dessen letzten Texten sie 1999 die CD »Als ob nichts gewesen wär« einspielten. Danach gingen sie ausgiebig auf Tour und bewiesen, daß sie nichts von ihrer Anziehungskraft verloren hatten.
Discogr.: Klaus Renft Combo (Buschfunk), Renft die 2. (Buschfunk), Renft – live in Concert (Buschfunk), Wer die Rose ehrt (mit alten Aufnahmen der 1. und 2. LP, 1994, BMG/Hansa), Renft – die schönsten Balladen (1996, BMG/Hansa), Als ob nichts gewesen wär (1999, BMG Hansa). Kontakt: BMG Berlin Musik, Wittelsbacher Str.18, 10707 Berlin, F: 030-25065. Internet: www.bmgentertainment.de

RIESSLER, MICHAEL
Der 1957 in Ulm geborene Michael Riessler absolvierte an den Musikhochschulen Köln und Hannover ein Diplomstudium Klarinette, bevor er ab 1978 im Ensemble Musique Vivante in Paris erste professionelle Erfahrungen sammelte. Mit Siegfried Palm und Aloys Kontarsky gab er ab 1982 Kammermusikkonzerte, spielte aber auch mit verschiedenen modernen Gruppen. Im Auftrag des Goethe-Instituts tourte er mit der Kölner Saxophon Mafia durch West- und Zentralafrika und von 1989 bis 1991 war er Mitglied des Orchestre National de Jazz. Sein Soloprogramm mit Werken von Karlheinz Stockhausen stellte er 1990 ausgiebig in der Sowjetunion vor und gemeinsam mit Peter Zwetkoff realisierte er Hörspiele wie »Der Herr der Ringe«. Weiterhin wirkte er in der Formation Le Bucher des Silences (1991) mit, gab Trio-Konzerte mit Valentin Clastrier (Drehleier) und Carlo Rizzo (Tambourin) und Auftritte im Duo mit dem Tänzer Nigel Charnock (1998). Für die im Auftrag der Donaueschinger Musiktage komponierte »Héloise« erhielt er 1992 den Preis der deutschen Schallplattenkritik. 1997 komponierte er für die Biennale das Werk »Honig und Asche«. Außerdem präsentierte er gemeinsam mit dem Drehorgelspieler Pierre Charial 1993 das Projekt »Momentum Mobile«, wozu er die Hilfe von 4 Jazzmusikern, einem Streichquartett und einem Blechbläserquintett benötigte. Er verwirklichte ver-

schiedene Radiokompositionen und Performances von Toronto bis Tokyo. Daneben nahm er sich seit 1988 noch die Zeit, als Gastdozent für Saxophon am Institut für zeitgenössische Musik in Darmstadt sowie in Den Haag, Graz, Orleans und Montreal zu unterrichten. Zu Beginn des Jahres 2000 veröffentlichte er mit Elise Caron (voc), Joen Louis Matinier (acc) und Pierre Charial (Drehorgel) das Album »Orange« als Referenz an Georges Perec.

Discogr.: (Auswahl): Momentum Mobile (1993), Champs magnétiques (1996), Honig und Asche (1997), Orange (2000, Act Company). Kontakt: Act Company, Seewiesstr. 1, 82340 Feldafing, F: 08157-922639. E-Mail: info@actmusic.com • Internet: www.actmusic.com

RILL, MARKUS & THE GUNSLINGERS

Markus Rill (ac-g/voc), Andreas Reif (b/fiddle), Marcus Staab (ld-g, slide-g), Robert Schreml (dr)

Markus Rill erlernte sein musikalisches Handwerk in Austin/Texas. Mit seiner Band Gunslingers bietet er Roadhouse Rock, Blues, Folk und Country-Anklänge. Er erzählt in seinen Geschichten von Menschen am Rande der Gesellschaft, von Outlaws und von Gescheiterten, vom harten Leben auf der Straße und Stories von Schuld und Sühne und folgt damit den Spuren von Woody Guthrie, Townes van Zandt, Steve Earle oder Bruce Springsteen. Der 1970 in Frankfurt/M. geborene Songwriter veröffentlichte 1997 sein Solo-Debüt »Gunslinger's Tales«, von dem die deutsche Ausgabe des Rolling Stone schrieb, daß es »authentischen Roots-Rock« enthielt, »kompetent musiziert, arrangiert und brillant getextet«. Auf den Bühnen präsentierte er sich zusammen mit Künstlern wie Townes van Zandt, Hazeldine, Stevy Wynn, Neal Casal und John Wesley Harding und den Shakin' Apostels, für die er 1998 sechzehn Gigs als Support absolvierte. Im Dezember 98 zog es ihn für eine Woche nach Spanien, und er absolvierte seine Auftritte mit so großem Erfolg, daß die Spanier ihn im August 1999 nochmals für eine Woche ins Land holten. Ansonsten hielt er sich in der ersten Jahreshälfte 1999 mit Konzerten zurück, da er mit der Produktion der CD »The Devil & The Open Road« beschäftigt war, die im November 99 das Label Blue Rose herausgab, das nur wenige deutsche Künstler unter Vertrag hat.

Discogr.: Gunslinger's Tales (1997, Eigenproduktion), The Devil And The Open Road (1999, Blue Rose). Kontact: Markus Rill, Sartoriusstr. 4, 97072 Würzburg, T: 0931-571667, F: 0931-284448. E-Mail: Rill@bigfoot.com • Internet: members.aol.com/masterlab/MarkusRill

RODGAU MONOTONES

Kerstin Pfau (voc), Ali Neander (g), Raimund Salg (g), Joky Becker (b), J. »Mob« Böttcher (dr), Henny Nachtsheim (s), Achim Farr (s)

Bereits im November 1977 standen die fünf Musiker aus dem Raum Rodgau erstmals im Proberaum. Anfangs brachten sie das Blut ihres Publikums mit Rock- und Blues-Cover-Songs in Wallung. Zu Beginn der 80er pilgerten bis zu 2.000 Fans zu ihren Konzerten. Dies auch, weil sie neben der Musik mit viel Show und Witz unterhielten. Sie nahmen »Marmor, Stein und Eisen bricht« als erste Single auf. Der Erfolg blieb ihnen noch verwehrt, aber die Rückseite enthielt mit »Das kann doch nicht wahr sein« ihr erstes selbstkomponiertes und getextetes Stück. Das

Markus Rill

Debüt »Wollt ihr Musik, oder was?« von 1982 lieferte ihnen einen Achtungserfolg, das 83er Album »Fluchtpunkt Dudenhofen« bewirkte mit der Single »Ei, Gude wie« den Durchbruch in Hessen und der Titel »Erbarme, zu spät, die Hesse kommen« sicherte den bundesweiten Charterfolg. Die Live-Power der Konzerte ist auf der CD »Live in der Offenbacher Stadthalle« gut nachvollziehbar. In der Folgezeit teilten sie mit Bob Dylan, Deep Purple, Tina Turner, Joe Cocker, Meat Loaf, Santana und vielen weiteren großen Stars die Bühne. Im November 85 traten sie im ARD-Rockpalast auf. Anschließend ließ der Erfolg wieder nach, aber die Gruppe blieb bis zum Ausstieg ihres Sängers Henny im Jahr 1990 weiter präsent. Dieser hatte inzwischen als Teil des Duos Badesalz dermaßen viel Erfolg, daß für beide Jobs keine Zeit mehr blieb. Nach eineinhalb Jahren Pause fanden sie in Kerstin Pfau eine stimmgewaltige Sängerin, mit der sie 1994 die CD »Eukalyptus Now!« einspielten. Sie konnten damit nicht an alte Erfolge anknüpfen, waren aber in den Konzertsälen nach wie vor gern gesehene Gäste. 1999 wollten sie es noch einmal wissen. Mit dem Label Ultrax im Rücken wagten sie mit der Single »Vielen Dank für Garnix« einen Neuanfang auf dem Plattenmarkt. Das nachfolgende Album »Adrenalin« sollte den entsprechenden Spiegel bei alten und neuen Fans wieder steigen lassen. Ihre neuen und viele alte Lieder stellten sie dann auf der anschließenden Tournee ab November 99 live vor.

Discogr.: Wollt ihr Musik – oder was? (1982), Fluchtpunkt Dudenhofen (1983), Volle Lotte (1984), Live in der Offenbacher Stadthalle (1984), Wir sehn uns vor Gericht (1985), Sportsmänner (1986), Schön, reich und berühmt (1988), Sieben (1990), Live (1992), Eukalyptus Now! (1994), Adrenalin (1999, Ultra/Eastwest). Kontakt: Eastwest Records, Heußweg 25, 20255 Hamburg, F: 040-490 62-267. Internet: www.eastwest.de

ROH

Carsten Pape (g), Lukas Hilbert (b), Meik Dobbratz (dr)

Fröhlicher Punk für die Welt. Roh bezeichnen sich als die erste ernstzunehmende Band seit Police und möchten deshalb nicht mehr mit der Kelly Family verwechselt werden. Pape und Hilbert komponierten Hits für die Prinzen (»Du mußt ein Schwein sein«), Nena, Vopa, → Lotto King Karl und → Spektacoolär. Damit verdienten sie sich zwar ihr Taschengeld, fühlten sich aber nicht ausgelastet. Deshalb gründeten sie die Gruppe Roh und fragten im Titel ihrer ersten CD von 1996: »Wie krieg ich die Zeit bis zu meiner Beerdigung noch rum?«. Die Rundfunkeinsätze hielten sich allein deshalb in Grenzen, weil zuviel Sendezeit damit verbraucht wurde, ihre überlangen Titel anzusagen. Diese Zeit wurde dringender für die Werbung benötigt. Aber Roh ging das »Am Arsch vorbei«. Deshalb drehten sie einen Film für den NDR, worüber »Die Welt« urteilte: »Wenn das Kultur ist, dann ist es ein Skandal.« Auch das war ihnen egal. Denn 1998 sangen sie das, »was viele nicht zu singen wagten« und zwar Bravo-Leserbriefe im Original und total unverändert. Claudia Nitsche vergab dafür in ihrer Rezension die Höchstnote, auch wenn sie beim Mitsingen rot wurde. 1999 nahmen Roh ihr drittes Album »Rohmantisch« auf, das die erste Jahrtausendveröffentlichung bei BMG Ariola wurde. Als Single brachten sie eine Neuauflage von »Ich liebe dich« heraus. Damit hatte Carsten Pape 13 Jahre zuvor mit seiner ehemaligen Band Clowns & Helden großen. Roh sind der Meinung, daß sie mit diesem Album weltweit Doppelplatin erhalten und ganz oben in den Billboard-Charts stehen würden, wenn sie englisch singen könnten. Andere gestanden ihnen zu, die besten Musiker seit Kevin Keegan zu sein. → Lotto King Karl gab bei vier ausgesuchten Konzerten in Berlin, München, Hamburg und Köln jedem Besucher 10 DM Prämie, der das Roh-Konzert bis zum Ende verfolgte. Das

Geld war dafür gedacht, daß Fans, die zuvor dem Alkohol zugesprochen hatten, mit dem Taxi zumindest einen Teil der Strecke nach Hause fahren konnten.
Discogr.: Wie krieg ich die Zeit bis zu meiner Beerdigung noch rum? (1996, EastWest), Was viele nicht zu singen wagten (1998, Mega/Vorsprung), Rohmantisch (2000, BMG Ariola). Kontakt: BMG Ariola München, Steinhauser Str. 1-3, 81677 München, F: 040-912060. Internet: www.roh-land.de • www.bmg.de

MARIANNE ROSENBERG

Die 1955 in Berlin als Tochter eines ungarischen Tanzmusikers geborene Marianne Rosenberg gewann bereits im Alter von 14 Jahren im »Romantischen Café« in ihrer Heimatstadt einen Nachwuchswettbewerb, der ihr zu einem Plattenvertrag verhalf. Gleich mit ihrem Debüt »Mr. Paul McCartney« zeichnete sie die Europawelle Saar mit der Goldenen Europa als beste deutsche Nachwuchssängerin aus. In der Folge hatte sie mit »Fremder Mann« und »Er ist nicht wie du« weitere große Hits. Ende der 70er ließ der Erfolg nach und 1981 wechselte sie ihre Schallplattenfirma. Mit deutschen Übersetzungen der Abba-Hits »The Winner Takes It All« und »One Of Us«, die bei ihr »Nur Sieger stehen im Licht« und »Ich sah deine Tränen« hießen, stand sie erneut im Rampenlicht. Danach verschwand sie zwar immer wieder aus dem Blick der Öffentlichkeit, wurde aber nie vergessen. Besonders die Schwulen- und Lesben-Szene fand Gefallen an der Sängerin, die dort mit schriller Show, greller Schminke und phantastischen Kostümen zum Topstar aufstieg. Ihre Alben in den 90ern zeigten einen gereiften Star und mit dem Revival des deutschen Schlagers war sie Mitte der 90er auch bei der breiten Masse wieder gefragt. Im Sommer 99 erschien das Album »Luna«, worauf sie sämtliche Songs selbst komponiert hatte.
CDs – Auswahl: Uns verbrennt die Nacht (1989), Und du kannst nichts dagegen tun (1991), fünf Tage und fünf Nächte (Best of) (1994), Spiegelbilder (1996), Träume (1998),
Die großen Erfolge (1997), Das Beste von Marianne Rosenberg (1998), Luna (1999) – alle BMG. Kontakt: BMG Berlin Musik, Wittelsbacher Str. 18, 10707 Berlin F: 030-25065. Internet: www.bmgentertainment.de • www.bmg.de

ROSENFELS

Michael Röhl (p), Sven Brandes (voc)
Rosenfels sind seit 1996 Bestandteil und Geheimtip der florierenden Braunschweiger Szene. Bei ihnen stehen Balladen im Vordergrund, die in Klavierbegleitung mit viel Pathos intoniert werden. In Eigenregie spielten sie ihr erstes Album »Schandelah« ein und gründeten das eigene Label Rosenfels gleich mit. Als Partner für den Vertrieb fanden sie die Firma Indigo, die zuerst die Single »Rizzi-Song« veröffentlichte, da dieses Stück in den Konzerten besonderen Anklang gefunden hatte. Im Februar 99 kam dann das Album »Schandelah« auf den Markt, das mit seinen überwiegend sanften Klängen die Herzen bewegte. Die Texte, die aus ehrlichen kleinen Geschichten bestanden, verhinderten, daß Rosenfels der Abteilung Schnulze zugeordnet werden konnte. Im März 2000 erschien unter dem Titel »Trespiano« das neue Werk von Rosenfels, in dem zwar nicht auf die gewohnte Melancholie verzichtet wurde, das aber auch fröhliche Melodien enthielt. An ihren Konzerten fanden 14jährige Mädchen ebenso Gefallen wie 40jährige Geschäftsleute, wodurch das Duo im Norden Deutschlands treue Fans fand. Konzerte in ganz Deutschland sollen dafür sorgen, daß Rosenfels zu einem Begriff in der gesamten Szene wird.
Discogr.: Rizzi Song (1998, MCD – Rosenfels/Indigo), Schandelah (1999, Rosenfels/Indigo), Trespiano (2000, Rosenfels/Indigo) Kontakt: Rosenfels, Altstadtring 19, 38118 Braunschweig, F: 0531-2805437. Internet: www.rosenfels.de

ROSENSTOLZ
Peter Plate (keyb/Musik/Text),
AnNa R. (voc)
Zwischen Osten und Westen gab es neben der Wiedervereinigung viele neue Vereinigungen. Eine musikalische war die von AnNa R. aus dem Osten und Peter Plate aus dem Westen, die 1991 zum Duo Rosenstolz zusammenfanden. Zuerst tummelten sie sich in der Kleinkunst- und Kabarett-Szene. Sie errangen die Aufmerksamkeit des Major-Labels »Polydor«. Auf ihrem Debüt riskierte AnNa R. 1992 einen Blick in die Zukunft und verkündete »Soubrette wird' ich nie«. Schon damals verbanden sie Popmusik mit Chanson und texteten dazu in Deutsch kleine Geschichten. Ihre Konzerte fanden anfangs besonders in der Schwulen- und Lesben-Szene großen Anklang. Obwohl sich heute ihr Publikum aus allen Bevölkerungsschichten zusammensetzt, halten ihnen diese Fans nach wie vor die Treue. Für die Berliner Firma Traumton brachten sie 1994 die CD »Nur einmal noch« heraus. 1995 gingen sie nochmals ins Studio und veröffentlichten das Album »Mittwoch ist er fällig«. Mit frivolen Liedern trieben sie ein prickelndes Spiel mit der Erotik. B.B. stellte dazu treffend fest: »Stellenweise klingen Rosenstolz so, als hätten Kraftwerk zusammen mit Marianne Rosenberg und Stephan Eicher eine Schmuseplatte für Patisseriebäcker aufgenommen. Man möchte sich von solch sinnlichen Texten hinreißen lassen und beispielsweise zur Übertragung der Eiskunstlaufweltmeisterschaft Petting auf dem frischgesaugten Teppich praktizieren.« Den Kleinkunstrahmen hatten sie inzwischen längst gesprengt. Aus Rosenstolz war eine Popband geworden, deren Wege durch ganz Deutschland führten. Der zunehmende Erfolg des Duos veranlaßte die Firma Polydor, das Duo wieder in ihr Lager zurückzuholen. Ihre Geschichten um Sex, Liebe und Beziehungen wurden auf der 96er CD zum »Objekt der Begierde«. Die musikalische Bandbreite reichte vom Chanson über Neue Deutsche Welle und Schlager bis zum Pop. »Die Schlampen sind müde« hieß ihre Veröffentlichung. Gar nicht müde gaben sie sich auf der Tournee, die viele Wiederholungskonzerte erforderte, da die gebuchten Hallen inzwischen zu klein waren. Mit dem Lied »Herzensschöner« nahmen sie an der deutschen Grand-Prix-Vorentscheidung 97 teil und nur der Rummel um → Guildo Horn verhinderte den Sieg. Trotzdem erwies sich die Plazierung als ein weiterer Schritt vorwärts. Sogar in der deutschen Schlagerparade feierten sie Erfolge und die 98er CD »Alles Gute – das Beste von 92-98« gelangte in die Top Ten der Media-Control-Charts. Lange Zeit als Geheimtip gehandelt, war es inzwischen ein gesellschaftliches Muß, Rosenstolz im Konzert gesehen zu haben. Erfolg versüßt das Leben, wahrscheinlich hieß deshalb das nächste Studioalbum »Zucker«. Auf dieses Album stürzte sich die gesamte Presse. Statt frivol-frecher Lieder bestimmten diesmal ehrliche tiefgehende Texte den Stil der Scheibe. Mit »Ja, ich will« gaben sie ihr erstes politisches Statement ab und lösten eine Kampagne für die Möglichkeit gleichgeschlechtlicher Heirat aus. Mit dem Album und der Single »Perlentaucher« stiegen sie (ohne Video) in die deutschen Charts ein. Die anschließende Tour führte sie durch 30 deutsche Großstädte, wobei die Berliner Columbiahalle an drei Tagen ausverkauft war. Die Stimmung der Konzerte wurde aufgezeichnet und im Herbst 99 auf Platte gepreßt. Da die Gruppe engen Kontakt zu den Fans hält, geben sie Neuigkeiten stets schnell auf ihrer Internetseite weiter. Diese entwickelte sich zu einer der meistbesuchten deutschen Künstleradressen.
Discogr.: Soubrette wird' ich nie (1992, Polydor), Nur einmal noch (1994, Traumton/ Indigo), Mittwoch is' er fällig (1995, Traumton/Indigo), Objekt der Begierde (1996, Polydor), Die Schlampen sind müde (1997, Polydor), Alles Gute – das Beste von 92-98 (1998, Polydor), Zucker (1999, Polydor), Zuckerschlampen live

(1999, Polydor). Buch: *Lieb mich, wenn du kannst, nimm mich, nimm mich ganz* (1997, dtv). Kontakt: Polydor, Glockengießerwall 3, 200 95 Hamburg, F: 040-3087-2604. Internet: www.rosenstolz.de • www.polydor.de

ROTOSONICS

Rikko Rekord (b), Andreas Einhorn (g), JoJo Büld (org/electronics/voc), Sebastian Harder (dr)

1997 wollte JoJo Büld eine Gruppe gründen, die sich mit instrumentaler Orgelmusik der 60er beschäftigen sollte, ohne in Retro auszuarten. Er fand seine Mitstreiter während eines Rock- und Popkurses an der Musikhochschule Hamburg in dem Drummer Sebastian Harder, der vom Country & Western kam, in Bassist Rikko Rekord, der in modernen Tanzkapellen gespielt hatte (u.a. bei → Plexiq) und dem Swing-Gitarristen Andreas Einhorn. Die ersten Konzerte verliefen sensationell. Für das Label Elbtonal nahmen sie ihr Debüt »The Rotosonics« auf, das neben Eigenkompositionen im souligen Gewand eine Bearbeitung einer Komposition des französischen Komponisten Erik Satie, die Evergreens »Diamonds Are A Girl's Best Friend« (Marilyn Monroe) und »Since You've Been Gone« (Aretha Franklin) und eine ungewöhnliche Bearbeitung von Europes »The Final Countdown« enthielt. Die Single »P.M. Undercover« wurde auf Wunsch des Eislaufpaares Mirko Müller und Peggy Schwarz speziell für deren Kurzprogramm geschrieben. Im Herbst 1999 begab sich das Quartett erstmals auf Tour durch die deutsche Clublandschaft. Discogr.: The Rotosonics (1998, Elbtonal) Kontakt: Dominique Hütten, Schliemannstr. 4, 10437 Berlin, F: 030-44049468; Elbtonal, Pastorenstr. 12, 20459 Hamburg, F: 040-37500185. E-Mail: Ritter.elbtonal@t-online.de

ROTTMUFF

Gregor Thiel (g/voc), Mike Menzel (b/back.-voc), Gregor Tymann (cello), Astrid Peek (viola/back.-voc), Markus Narloch (dr) Sascha Thiel (Roland 505)

Falls der geneigte Leser ein neues Schimpfwort benötigt – hier ist es: Rottmuff. Nach diesem holländischen Ausdruck für ihre deutschen Nachbarn benennt sich die Gruppe aus Gladbeck im Ruhrgebiet. Ihr Wunsch wäre es, daß dieses Wort in ganz Deutschland populär wird. Dies soll durch ihre Musik geschehen, die sich zwischen Neo-Psychedelia, Krautrock und Ambient bewegt. Sie verbinden traditionelle Rockmusik mit Elektronik und elektrifizierenden Streichern. Entstanden ist die Gruppe im Jahr 1995 in Trio-Besetzung. Zu ihrem ersten Demo-Tape 1996 gab es eine Besprechung im Magazin »Intro«, was dazu führte, daß sie von NRW-Records einen Vertrag erhielten. Mit dem Titel »She Said So« waren sie auf dem NRW-Sampler 1997 zu hören. Neben diversen Konzerten beschäftigten sie sich 1997 mit intensivem Songwriting. Das Ergebnis gab es dann auf dem »First Album« zu hören, das in limitierter Auflage erschien und inzwischen ausverkauft ist. Beflügelt durch diesen Erfolg machten sie sich an die Produktion des Nachfolgers, der im Juni 1999 unter dem Titel »Okolyth« erschien. Als Resonanz erhielten sie verschie-

Rotosonics

dene größere Radiospecials und 4 Sterne (von 6) in der Wertung vom ME/Sounds.
Discogr.: First Album (1998, NRW), Okolyth (1999, NRW). Kontakt: Shrooming music, T: 02043-57499. Mail: zoo-NRW@gelsen.net

ROUGH SILK

Bei Rough Silk handelt es sich um eine Rockband aus Hannover, die melodiösen, bombastischen Klängen nicht abgeneigt ist. Schon ihr Debüt, das vom Accept-Schlagzeuger Stefan Kaufmann produziert wurde, beinhaltete vom schnellen Metal bis zur gefühlvollen Ballade das gesamte Spektrum des Genres. »Walls Of Never« von 1994 und »Circle Of Pain« von 1995 zeigte die Gruppe mit gereiftem Songwriting, härteren Gitarren und dem üblichen Bombast à la Queen und Meat Loaf. »Mephisto« von 1997 geriet nach Meinung der Presse sehr theatralisch, die Experimente paßten nicht und der Sound war zu schroff. Mit dem neuem Sänger versuchte die Band 1998 neues Glück und bekam es mit der CD »Beyond The Sundown«, die gute Kritiken erhielt. Gegen Jahresende bot die Doppel-CD »Wheels Of Time« die Möglichkeit, einen Überblick über das Schaffen der Band zu erhalten.

Rottmuff

Discogr.: Roots Of Hate (1993, Massacre), Walls of never (1994, Massacre), Circle Of Pain (1996, Massacre), Mephisto (1997, Massacre), Beyond The Sundown (1998, Massacre), Wheels Of Time (1999, Massacre Records/Edel). Kontakt: Massacre Records, Rauheckstr. 10, 74232 Abstatt, F: 07062-64375. E-Mail: massacre.hertinho@-online. de • Internet: www.massacre-records.de

RUNDFUNK-ORCHESTER

»Scheiße, wir sind's geworden. Die anderen hätten es auch verdient.« So kommentierte der Sänger des Augsburger Rundfunk-Orchesters den Gewinn des Landesrockfestivals Bayern in Gerolzhofen, wo sie den Bayerischen Musiklöwen als beste bayerische Rockband in Empfang nehmen konnten. Damit qualifizierten sie sich gleich zweimal zum Halbfinale für den Deutschen Rockpreis, nachdem sie unter mehr als 700 Bewerbern per Tape-Entscheid direkt dafür nominiert waren. Angefangen hatte alles im Jahr 1996, als die bei einem privaten Rundfunksender beschäftigten musikalisch vorbelasteten Mitglieder sich spontan entschlossen, für einen Benefiz-Sampler den alten Hit »Moscow« mit dem Text »Augsburg« einzuspielen. Der Sampler wurde mehr als 5.000 mal verkauft und erreichte in Augsburg Platz 1 der Charts, woraufhin das Rundfunkorchester beschloß, es weiter gemeinsam zu probieren. Erste Auftritte stießen beim Publikum auf überwältigende Resonanz. Bite your Ear Reords veröffentlichte ihre erste Single »Nein« und die Band zeigte, daß sie nicht in die Funpunk-Mitgröhlecke abgeschoben werden wollte, sondern zu modernem alternativem Rock inhaltsreiche deutsche Texte abliefern konnte. Die VW-Sound-Foundation wurde auf die jungen Augsburger aufmerksam und drehte mit ihnen ein Video, das der Sender Viva in sein Programm nahm. Dann wurde das Rundfunk-Orchester als Begleitcombo für die Schauspielerin Heike Makatsch engagiert, mit der sie eine Neufassung des Simon & Garfunkel-Hits »50 Ways To Leave Your Lover« für den Film »Die Häupter meiner Lieben« einspielten. Während dieser Titel auf Viva rotierte, beschäftigte sich die Band mit den Aufnahmen zu ihrem ersten Album.

Discogr.: 50 Ways To Leave Your Lover (mit und unter Heike Makatsch, 1999, BMG Ariola),

Nein (Single – *Bite your Ear Records*). Kontakt: Bite your Ear Records, Langemarckstr. 9, 86156 Augsburg, F: 0821-444 5444

RUNNING WILD

Rock'n'Rolf = Rolf Kasparek (voc/g), Thilo Hermann (g), Thomas Smuszynski (b), Chris Efthimiadis (dr)

1972 hörte Rolf Kasparek im Alter von 11 Jahren zum ersten Mal im Radio »Paranoid« von Black Sabbath. Danach wollte er unbedingt eine Gitarre. Seine Eltern erfüllten ihm seinen Wunsch und er übte leidenschaftlich. Deshalb bekam er zu seinem 15. Geburtstag eine »Framus Les Paul«-Kopie. Mit Klassenkameraden gründete er die Schülerband »Granite Years« und komponierte bereits 1976 seinen ersten eigenen Titel »Purgatory«. 1979 suchte und fand er neue musikalische Mitstreiter. In einer Abstimmung entschieden sich die Mitglieder nach einem Judas Priest Titel für den Namen »Running Wild« und gegen Rolfs Vorschlag »Black Demon«. Dafür entwickelte er das Bandlogo und das Konzept für eine Pyro-Light-Show. Es entstanden mit »Blood's Running«, »War Child« und »Genghis Khan« die ersten eigenen Titel. Am 1. März 1981 gaben Running Wild in der Disco Mülltonne in Stade bei Hamburg vor 81 Zuschauern bei einem Eintrittspreis von 3,50 DM ihr erstes Konzert. Dabei trafen die in Leder und mit Nieten und Ketten behängten Metaller auf ein Publikum in Jacke und Krawatte. Auftritte auf Schul- und Stadtfesten verschafften ihnen ein treues Publikum. 2.300 DM für Produktion und Mix kosteten sie die beiden Titel »War Child« und »Hallow The Hell« für einen Sampler, der in einer Auflage von 1.000 Stück erschien und von den Bands zur weiteren Promotion genutzt werden sollte. Im Spätsommer stiegen der 2. Gitarrist und der Bassist aus, nachdem sie sich für die Punkband »Grober Unfug« entschieden hatten, die mit einem Plattenvertrag gesegnet war. Per Inserat fanden die verbliebenen Rolf und Hasche neue Mitstreiter, mit denen sie erstmals beim Teichwegener Festival auftraten. Ihr Auftritt dauerte nur 45 Minuten. Dennoch wurden sie für die Jugendlichen zum Stadtgespräch, wofür neben der Musik die ausgefeilte Pyro-Show sorgte, die auch ein mit brennenden Stöcken gespieltes Schlagzeugsolo enthielt. Die Titel »Soldiers Of Hell« und »Genghis Khan« wurden live mitgeschnitten und auf dem ersten und einzigen Demo der Band verewigt. Für den »Rock for Hell«-Sampler spielten sie die Titel »Adrian S.O.S« und »Chains & Leather« ein. Der Gründer des Noise-Records Labels Karl-Ulrich Walterbach, ein Fan harter Punk- und Metal-Musik, bot ihnen im November 83 einen Plattenvertrag an. Für den Sampler »Death Metal«, auf dem auch die Gruppe → Helloween vertreten war, nahmen sie die beiden Titel »Iron Heads« und »Bones To Ashes« auf. Im Juni 84 war es endlich soweit und sie erstellten ihr Debüt »Gates Of Purgatory«. Von dem knallharten Sound verkauften sie ohne großen Werbeaufwand innerhalb von zwei Monaten über 20.000 Exemplare. Die in limitierter Auflage von 8.000 Stück herausgegebene EP »Walpurgis Night« war in kürzester Zeit ausverkauft. Als eine der ersten deutschen Bands konnten Rolf und seine Freunde in den Staaten auf Tour gehen. Nach Veröffentlichung der zweiten CD »Branded And Exiled« verpflichteten sie Mötley Crüe 1986 als Support ihrer Theatre of Pain-Europa-Tour mit dem Hintergedanken, den ins Stottern geratenen Vorverkauf neu anzukurbeln. 1987 waren sie eine der ersten deutschen Bands, die im sozialistischen Ausland auftraten und dabei das polnische Metal-Mania-Festival beehrten. Mit der CD »Under Jolly Roger«, dem abgebildeten Piratenschiff und dem Hissen der Piratenflagge bei den Konzerten schufen sie sich ihr Piraten-Image. In den folgenden Jahren änderte sich immer wieder das Line-up, aber der typische harte Running Wild-Sound blieb trotzdem erhalten. So mußten diesmal der Drummer und Bassist ersetzt werden und nur Rolf Kasparek blieb von der Urbesetzung übrig. 1988 führten sie ihre erste Europa-Tournee durch. Das Live-Album »Ready For Boarding«, mitgeschnitten bei einem Auftritt in Budapest, gibt davon Zeugnis. Das vierte Werk »Port Royal« entstand mit neuem Management. Mit dem 89er Album »Death Of Glory« hielten sie sich wochenlang in den europäischen Verkaufs-Charts. 1991 erreichten sie mit »Little Big Horn« sogar Platz 34 der Single-Charts. Mit der Herausgabe von »Blazon Stone« und der Best Of-CD »The First Years Of Piracy« beendeten sie ein erfolgreiches Jahr. »Pile Of Skulls« von 1992, das sich textlich mit Korruption und Verschleierung des Vermögens befasste, und »Black Hand Inn« von 1994 setzten ihren Erfolgsweg fort. Dieses düstere Album enthielt die beliebten Hymnen »The Privateer« und »Fight The Fire Of Hate«. Zum 20jährigen Jubiläum gingen sie 1996 erneut auf Tour und veröffentlichten dazu »Masquerade«. Es folgte eine kurze Schaffenspause, bevor sie 1998 bei ihrer neuen Firma Gun Records das Album »The Rivalry« in Eigenproduktion schufen und damit die Fahne des True-Metal aufrecht hielten. Wie fast immer waren die Rezensionen unterschiedlich und die Metal-Fans waren wieder einmal sehr zufrieden. Im Januar 2000 krachten Running Wild mit dem neuen Album »Victory« durch die Lande und belegten damit schon in der ersten Woche nach der Veröffentlichung Platz 26 der Media-Control-Charts.

Discogr.: Gates Of Purgatory (1984, Noise Records), Walpurgis Night (1984, EP), Branded & Exiled (1985), Under Jolly Roger (1987), Ready For Boarding (1988), Port Royal (1988), Death Or Glory (1989), Wild Animal (1989), Blazon Stone (1989), The First Years Of Piracy (1991), Pile Of Skulls (1992, EMI), Black Hand Inn (1994, EMI), Masquerade (1995, Noise), The Rivalry (1998, Gun Records), Victory (2000, Gun Records). Kontakt: Drakkar Promotion, P.O. Box 1729, 58407 Witten; Gun Records, Postfach, 44787 Bochum, F: 0234-68792-22. Internet: www.gun-supersonic.de

RYKER'S

Kid D (voc), Grobi (g), Chris (b), Meff (dr)
Die Presse adelte die Band aus Kassel und bezeichnete sie als Hardcore-Fürsten. Diesen Titel hatten sie sich mit vielen Konzerten und mehreren CD-Veröffentlichungen seit 1992 erspielt. Nachdem sie 1993 mit der EP »Payback Time« auf sich aufmerksam gemacht hatten, folgte 1994 das rauhe Debüt »Brother Against Brother«. Wieder ein Jahr später brachten sie die nächste EP »First Blood« auf den Markt. Ihre Erfolge riefen den Mediengiganten WEA auf den Plan, für den sie 1996 das Album »Ground Zero« aufnahmen. Sie spielten im Vorprogramm von »Sick of it all«, traten auf dem Dynamo-Open Air auf und gaben eine Show in New York. Doch nach der nächsten Platte »A Lesson On Loyality«, die nach Meinung der Band beim Mastern zuviel Dynamik verloren hatte, beendete die Formation im gegenseitigen Einvernehmen mit der Firma den Vertrag, nachdem diese Ryker's in eine melodischere Richtung drängen wollte. Century Media nahm die Formation auf und 1999 erschien das aktuelle Album »Life Is A Gamble...So Is Death«, eine hammerharte Produktion mit treibendem Schlagzeug, fetten Gitarren und rauhem Gesang, das die alten Fans versöhnte und die einschlägige Presse bejubelte. Auf der Platte fand sich neben den eigenen Titeln eine originelle Version des Gerry & the Pacemakers-Hits »You'll Never Walk Alone«.

Discogr.: Payback Time (1993, EP – Lost & Found/SPV), Brother Against Brother (1994), First Blood (1995, EP), Ground Zero (1996, WEA), A Lesson In Loyality (1997, WEA), Blast From The Past (1998, MCD – Lost & Found/SPV), Life's A Gamble...So Is Death (1999, Century Media/SPV). Kontakt: Century Media/SPV, Schäferstr. 33a, 44147 Dortmund, F: 0231-8297101. Internet: www.spv.de

SACCO & MANCETTI

Jockl Peithner (voc/g), Erich Parzefall (dr), Herbert Schwarzfischer (b), Rudi Beer (voc/g) und als Dauergast Sepp Graf (harp)

Die Regensburger Sacco & Mancetti erspielten sich schon kurz nach ihrer Gründung 1985 mit klassischem zeitlosem Rock, Westcoast-Sound und etwas Blues den Ruf einer hervorragenden Live-Band. Viele Konzerte und vier Jahre später nahmen sie im Heimstudio ihre erste CD »The Best Of Sacco & Mancetti« in einer Auflage von 1.000 Stück auf und vertrieben sie auch selbst. Einige dieser Scheiben landeten bei verschiedenen Plattenfirmen und Chrysalis griff zur Überraschung der Regensburger Formation zu und stellte das Album unter professionellen Bedingungen nochmals her. Die Redakteure von Bayern 3 nahmen den Titel »Rainbows End« in ihr Programm auf und bescherten Sacco & Mancetti einen kleinen Hit. Der Titel war schon 1987 in unveränderter Form auf einem Regensburg-Sampler vertreten gewesen und Thomas Gottschalk hatte ihn auch schon in seinem Programm »Entdeck-Eck« gespielt, ohne daß damals weitere Reaktionen erfolgten. Diese folgten jedoch auf die erste Platte und rückten die Band in die Nähe der Dire Straits, was die Mitglieder der Formation selbst verwunderte. Prinz bescheinigte S & M, daß sie nicht wie Musiker aus Niederbayern klängen. Dies war auch einfach, wenn man bedenkt, daß Regensburg die Hauptstadt der Oberpfalz ist. Als sie im Münchner Theatron ihre Songs bei einem Free Concert vorstellten, fanden über 5.000 Zuhörer den Weg dorthin. 1992 legten die Oberpfälzer das Album »Famous« nach, das trotz guter Kritiken kein Hit wurde, worauf die Formation ihren Plattenvertrag verlor. Das virtuos und relaxt klingende dritte Album von 1994 »Big Audience« kürte die Münchner Abendzeitung zur CD der Woche. Das WOM-Journal hatte schon früher Sacco & Mancetti in »Travelling Rainsburys« umgetauft und meinte, daß auch das neue Album diesen Titel rechtfertigte. Allerdings hinkten sie mit ihrem handgemachten songorientierten Rock mit Blues- und Countryfärbung dem Zeitgeist hinterher und fanden trotz guter Besprechungen und erfolgreicher Konzerte nicht den großen Erfolg. Ähnlich verhielt es sich mit dem vierten Album »King«, das wieder zur »CD der Woche« in der Abendzeitung gewählt wurde und das sogar das Branchenblatt Musikwoche seinen Lesern empfahl. Zur CD-Präsentation im Regensburger Velodrom bildete sich trotz bitterster Kälte eine hunderte Meter lange Menschenschlange, von denen niemand die Premiere verpassen wollte. »Cool'n sexy« nannten sie 1998 die nächste Veröffentlichung, die im Gegensatz zum Titel eher locker und entspannt daherkam. Zur Premierenfeier fanden sich mehr als 3.000 Fans ein. 1999 mieteten sich Sacco & Mancetti ein Studio in Memphis, das noch im Original-

Sacco & Mancetti

zustand von 1962 war, holten sich zwei Backgroundsängerinnen und spielten das nächste Album ein. Sie selbst waren über den Rough Mix dermaßen erfreut, daß sie sich entschlossen, diesen ohne weitere Veränderungen im April 2000 unter dem Titel »Memphis TN« zu veröffentlichen. In ihrer bisherigen Karriere hatten Sacco & Mancetti viele große Auftritte wie z.B. zur Eröffnung des Franz-Josef-Strauß-Flughafens in München, aber für sie war ihr Konzert im Jugendclub Zapfendorf am schönsten, wo sich 800 Zuhörer in einen Raum für 140 Personen drängten.

Discogr.: *Best Of... (1990, Chrysalis), Famous (1992, Chrysalis), Big Audience (1994, BSC), King (1996, BSC), Cool'n Sexy (1998, Point Music), Memphis TN (2000).* Kontakt: Sacco & Mancetti, Dultplatz 3, 93059 Regensburg, F: 0941-88236. E-Mail: webmaster@sacco.com • Internet: www. sacco.de

SAMBA

Knut Stenert (g/voc), E.V. Hirzel (dr), Götz Grommek (b), Ramin Bijan (keyb)

Samba kommen aus Münster, ohne daß sie lateinamerikanische Rhythmen oder Hamburger Schule in ihrem Programm haben, denn sie lieben Rock, Pop und Groove. Noch als Trio boten sie auf der ersten CD von 1996 »Zuckerkick« dynamische Musik mit teils skurilen deutschen Texten wie »Das Licht, das auf mich scheint und aus dem Kühlschrank meiner Küche kommt«. 1996 gelang ihnen mit diesem Album, das der Major Sony Music veröffentlichte, ein erfolgversprechender Einstand auf dem Plattenmarkt, nachdem die Kritiken gut bis sehr gut ausgefallen waren. Mit der Single »Das Licht« landeten sie einen kleinen Hit und auf der anschließenden Tournee im Vorprogramm von Frank Black (ex-Pixies) ernteten sie viel Beifall. Ein Jahr später meinte zwar Thomas Wieland zum zweiten Album »t.b.a.«: »Samba beleben das intellektuelle Moment deutscher Popmusik mit saloppen Song-Exkursen«, trotzdem gelang ihnen der kommerzielle Durchbruch nicht. Sony löste den Vertrag mit Samba auf, Knut gefielen keine Rockgitarren mehr und der Keyboarder und Gitarrist Ramin stieß zu dem Trio. In Blickpunkt Pop fanden sie ein neues Label und auf der CD »Millionen ziehen mit« äußerten sie vergebliche Wünsche. Trotzdem konnten sie zufrieden sein, denn die Besprechungen für ihre erwachsen klingende Musik mit leichten Schrägtönen und viel Melodie weckten neue Hoffnungen. Mit einer Tournee im Oktober und November 99 spielten sie sich wieder in das Gedächtnis des Publikums.

Discogr.: *Zuckerkick (1996, Sony), t.b.a. (1997, Sony), Millionen ziehen mit (1999, Blickpunkt Pop).* Kontakt: Blickpunkt Pop, Postfach 750303, 81333 München. Internet: www.sambapop.de

SAND 11

Das Hamburger Duo Sand 11 = Jimi Siebels & Pascal Füllbrügge bewegt sich mit seiner Musik zwischen Club und Wohnzimmer. Nach zwei Maxi-CDs »Nn It« und »Reculer« im Jahr 1998 erschien im Mai 1999 ihr Debüt »Around The Day In A World«, auf der sie entspannte elektronische Musik zum Zuhören boten, die auch schon als slow relaxter House, der stark an Big Beat erinnert, bezeichnet wurde.

Discogr.: *Nn It (1998, MCD – Ladomat 2000/Sony), Reculer (1998, MCD – Ladomat 2000/Sony), Around The Day In A World (1999 – Ladomat 2000/Sony).* Kontakt: Ladomat 2000, Max-Brauer-Allee, 22765 Hamburg, F: 040-431664-44. E-Mail: lado@online-de • Internet: www.lado.de

SARBAND

Fadia el Hage (voc), Marianne Kirch (voc), Belinda Sykes (voc/Dudelsack), Vladimir Ivanoff (perc/Renaissance lute), Ihsan Özer (Kanun), Ahmed Kadri Rizeli (Kemenge/perc), Mehmet Cemal Yesilcay (du) und Gäste

Eigentlich zählen Sarband zu den bedeutendsten Klassik-Ensembles für frühchristliche und alte Musik. Doch auch die Jugend entdeckte sie und dabei besonders die Gothic-Szene, die immer auf der Suche nach geeigneten Klängen ist. Die multikulturelle Gruppe wurde 1986 zusammengestellt. Seit 1990 veröffentlichte sie sechs CDs. Dem gebürtigen Bulgaren Vladimir Ivanoff, einem promovierten Musikwissenschaftler und Absolventen der Lautenklasse an der Schola Cantorum Brasiliens, schwebte dabei vor, zwischen Wissenschaft und klingender Praxis zu vermitteln und zugleich die verbindenden Fäden zwischen Orient und Okzident zu zeigen. Er wollte Altes neu beleben und bewußt neue Hörerfahrungen einfließen lassen. Die Musik von Sarband sollte in Zeiten, wo sich zwischen Orient und Okzident die Gegensätze wieder verschärfen, völkerverbindend wirken und auf der Basis gegenseitigen Respekts die Menschen zusammenführen. Bei Sarband gilt die Musik als ein Zeichen des Friedens. Die erste CD »Cantico« von 1990 befaßte sich mit geistlicher Musik zwischen Orient und Okzident. Das Fono Forum wählte die CD zum besten Werk des Monats April 91. Weitere Veröffentlichungen folgten, wobei sie bei der 94er CD »Llibre Vermell de Montserrat« und bei der 98er CD »Fallen Woman – Arabic Byzentine Chant/Hildegard von Bingen/Codex las Huelgas« jeweils vom Osnabrücker Jugendchor unterstützt wurden. In »Fallen Woman« setzte Sarband zum 900. Geburtstag von Hildegard von Bingen deren Musik in Beziehung zu der anderer Frauen, die in frühchristlicher Zeit liturgische Musik komponiert hatten. Die Zeitschrift Zillo stellte das Album ausführlich vor. Auch im Konzert wußten sie zu überzeugen. Im Konzept von Sarband sind zwei Sängerinnen vorgesehen. Deshalb tritt Fadia El-Hage immer mit einer ihrer beiden Kolleginnen auf. Über ein Gastspiel in Hannover schrieb die Neue Presse: »...manchmal wirkt ihre Musik hypnotisierend, dann wieder traurig klagend und später wundervoll ernst und feierlich. Das homogene Ensemble spielte beeindruckend.« Die Musik von Sarband fand weltweit Anerkennung. Tourneen führten sie in alle großen Städte Europas, aber auch in den Libanon und 1999 in die USA zum Early Music Festival nach Boston. Es sei noch erwähnt, daß der musikalische Leiter Dr. Vladimir Ivanoff für sein musikalisches Wirken zwei Grammy-Award-Nominierungen erhielt.

Discogr.: Cantico (1990, Jaro Medien GmbH), Music Of The Emperors (1992, Jaro Medien GmbH), Llibre vermell de Montserrat (1994, Jaro Medien GmbH), Sepharad – Songs of the Spanish Jews in the Mediterranean and the Ottoman Empire (1996, Jaro Medien GmbH), Sephardic Songs – In the Hispano-Arabic Tradition of Medieval Spain (1997, Jaro Medien GmbH), Fallen Woman – Arabic-Byzentine Chant/Hildegard von Bingen/Codex las Huelgas (1998, Jaro Medien GmbH). Kontakt: Jaro Medien GmbH, Bismarckstr. 43, 28203 Bremen, F: 0421-74066 E-Mail: mail@jaro.de • Internet: www.jaro.de

Sarband

SASHA

Ob man mit dem Namen Schmitz eine internationale Karriere starten kann, wäre zu testen. Dem Dortmunder Sascha Schmitz gelang es mit dem Künstlernamen Sasha, einer der ganz großen Lieblinge der jungen Generation zu werden. Mit einer eigenen Band war er nur mäßig erfolgreich. Er verdingte sich als Backgroundsänger für Der Wolf und Sir Prize, bevor er den Gesang auf den Stücken »Walk On By« und »Wanna Be Your Lover« der Rapperin → Young Deenay beisteuerte. Die beiden Titel wurden große Hits und er bekam Gelegenheit, eine Single unter seinem Namen einzuspielen. »I'm Still Waiting« wurde ein Top-20-Hit. Die Nachfolgesingle »If You Believe« erreichte dann den dritten Platz der Charts, in Österreich gab es Gold und Platz 2 und sie war auch in der Schweiz erfolgreich. Dieser Titel war im gesamten europäischen Raum populär. Nach 750.000 verkauften Exemplaren war es an der Zeit für ein ganzes Album. Dieses hieß »Dedicated To...« und enthielt viele Balladen, Reggae-Groove und Uptempo-Funk sowie das Cover »Easy« von Lionel Richie. Die Auskoppelung »We Can Leave The World« zog selbstverständlich wieder in die Charts ein. Das österreichische Libro-Magazin vergab für die CD nur 4 von 10 Punkten: »Mit ›If you believe‹ und ›I'm still waitin‹ hat Sasha seine ersten großen Hits geschafft. Zuckersüße Melodien, ein sich stark an die junge amerikanische Black-Music-Produktionen anlehnender Sound und Sashas Gesangstalent sind dafür verantwortlich. Doch was diesem stromlinienförmigen Sound völlig fehlt, sind die Tiefe und das Gespür für gefühlsechte Stimmungen. Was fehlt, ist Soul, ist Charakter, ist eine einzige unerwartete Textzeile, die über die Klischeereime billiger Liebeslieder hinausgeht. Ist Sasha der Roy Black des Jahres 1999?« Ungeachtet mancher Kritik gab es mit »We Can Leave The World« und »I Feel Lonely« weitere Spitzenplazierungen. Promotionauftritte tätigte er in Norwegen, Tschechien, Italien, Frankreich, Belgien, Italien und den USA. 1999 beehrte er sein Publikum erstmals live, mit eigener Band. Sein Auftritt auf dem Wiener Donauinselfest im Juni 1999 auf dem vollkommen überfüllten Platz war ein Riesenerfolg, wobei er das überwiegend junge Publikum mit all seinen Hits bediente. Im Herbst 1999 folgte die erste

Sasha

große Tour durch Deutschland, die Schweiz und Österreich, wo er beweisen konnte, daß er seinen Erfolg nicht nur seinem Aussehen zu verdanken hat. Dabei half auch, daß er mit »Lonely« wieder einen Spitzenhit verzeichnen konnte. Inzwischen waren auch ältere Semester auf seinen Konzerten zu sehen, die verkraften mußten, daß die jungen Mädchen während des Konzerts ständig »Ausziehen« riefen. Zumindest in München kam Sasha diesen Wünschen nicht nach. In der Jahreswertung 1999 gelangte Sasha in der Sparte »Europäische MTV-Sieger« als bester nationaler Act hinter → Xavier Naidoo auf Platz 2. Im März 2000 erschien seine neue Single »Let me be the one«, durch die der Appetit auf das am 2. Mai 2000 erscheinende neue Album »...You« angeregt werden soll. Zudem veröffentlicht Sasha seine europäischen Single-Hits auch in den Vereinigten Staaten. Die Verleihung des Echo-Preises in der Sparte Nachwuchs im März 2000 ließ ahnen, daß das Ende des Erfolgs noch lange nicht erreicht ist.

CDs: Dedicated too... (1998) WEA, Let me be the one (März 2000) WEA, ...You (Mai 2000) WEA. Kontakt: WEA Records, Arndtstr. 16, 22085 Hamburg F: 040-22805-297. Internet: www.wea.de

SATYR

Satyr aus Leipzig mit ihrem musikalischen Kopf Pierre Bosolum veröffentlichten mit dem Album »Powwow« eine Produktion, die Einflüsse der World Music, des Progrock und des Folk in bisher ungewohnter Form vereinigte. Ihre sorgfältig ausgearbeiteten Kompositionen enthielten Klangelemente vieler Kulturen, ungewöhnliche Instrumentierungen, überraschten durch Wechsel von Tempo und Stimmungen und klangen trotz allem spannend und harmonisch. Als Gesang benutzten sie die deutsche und englische Sprache, aber auch die indische Notenlautschrift und Amency Waowhance, ein Idiom englischer Auswanderer, die im panamaischen Urwald siedelten und von der Außenwelt abgeschnitten waren.

Discogr.: Powwow. Kontakt: Bosolum Music T: 0341-9011670. Internet: www.leipzig-online.de/satyr

SCABIES
Steffen (voc), Roche (dr), Bobo (b), Tom (g)
Mit Scabies ist nicht die leicht übertragbare, durch die Krätzmilbe hervorgerufene Hautkrankheit, die sogenannte Krätze oder Räude, gemeint. Vielmehr geht es um blöde Punx aus dem Südwesten Deutschlands. Die Funpunk-Popband machte bereits im Winter 1992 ihre ersten Gehversuche. Mit einigen Promille im Blut dichteten der frühere Bassist Hagge und der ehemalige Trommler Ingo ein Stück namens »Alkohol« und gründeten dazu gleich eine Band. Sie beabsichtigten, eine Mischung aus Punk und Metal auf die Bühne zu bringen. Schon damals sang Steffen für »Die Strauchdiebe«, wie sie sich zuerst nannten. Noch fehlte ein Gitarrist. Es wurden gleichzeitig zwei zum Proben eingeladen. Die Folge war, daß sie auch mit zwei Gitarristen auftraten. Zur ersten Probe wurden noch sämtliche Instrumente ausgeliehen und es klappte nichts, aber sie hatten Spaß dabei. Bei einer Übernachtung in einem besetzten Haus in Stuttgart holte sich Steffen tatsächlich die Krätze. Die Band bewies Humor und änderte ihren Namen in Scabies. Ihre Konzerte waren von Beginn an sehr erfolgreich. Kritik war so gut wie nie zu hören. Dies führte bald zu Überheblichkeit und Staralllüren. Als sie auf Video einen ihrer Auftritte sahen, wurde es ihnen selbst bewußt, daß es so nicht weitergehen konnte. Mit dem festen Vorsatz, daß der Spaß an der Musik zum Ausdruck kommen mußte, arbeiteten sie an sich. Als sie dann beim Acherner Stadtfest 95 als einzige Punkband zwischen acht Bluesbands spielten und auf ein anfänglich desinteressiertes Publikum trafen, kämpften sie hart um jeden einzelnen Zuhörer und gewannen schließlich mit dieser Einstellung. Bald schon galten sie als die führende Liveband der Region. Dies hatte zur Folge, daß sie im Vorprogramm der → Bates, → Wizo, Yeti Girls und Toten Hosen sowie der amerikanischen Queers auftreten konnten. Ihr Demo »Wir sind blöde Punks« gelangte in die Hände des Verantwortlichen von Wolverine Records. Dieser bot ihnen einen Plattenvertrag an. Im Oktober 1997 nahmen sie die erste CD auf, die mit dem Titel »Blöde Punx« im März 1998 veröffentlicht wurde. Sie hatten die meisten Titel selbst geschrieben, aber auch die unfreiwillige Hilfe von Graham Gouldman (»No Milk Today«) und Mozart (»Alla turka«) in Anspruch genommen. Steve Miller verhalf ihnen zur nächsten Aufnahme. »The Joker« hieß die MCD, die im August 1998 herauskam. Innerhalb kurzer Zeit brachten sie davon mehr als 12.000 Exemplare un-

Scabies

ter die Leute. Ihren Erfolg feierten sie bei zahlreichen Auftritten bis weit in das Jahr 1999. Dann begannen sie mit den Vorbereitungen zum zweiten Album.

Discogr.: Blöde Punx (1998, Wolverine Records/SPV), The Joker (1998, MCD – Wolverine Records/SPV). Kontakt: Castor Promotions, Dragonerstr. 21, 30163 Hannover, F: 0511-392553. E-Mail: elke@castor-promotions.de
• *Internet: www.castor-promotions.de*

SCARLET ROSE

Coco Augustin (keyb/voc), Steffi Brill (voc), Frank Bulling (g/voc), Andy Keller (b/voc), Edgar Schmidt (loops/cymbals/effects/stickings)

Scarlet Rose wurden von Frank Bulling, Andy Keller, Michael Dorsch und dem amerikanischen Sänger Kurt Harley gegründet. Im April 89 nahmen sie ihr erstes Demo im Proberaum von → Pink Cream 69 auf. Schon im Oktober erstellten sie unter der Regie des Engländers Toni Scrivens ihr zweites Demo. Im Dezember des Jahres stieg der Schlagzeuger Edgar Schmidt ein. Im Juni 1990 kam es zum nächsten Besetzungswechsel, nachdem Kurt Harley in die Staaten zurückkehren mußte und dafür die Vokalistin Steffi Brill und die Keyboarderin Coco Augustin einstiegen. Von den Fans erhielten sie den Kosenamen Full-House. Das erste Demo kam in neuer Besetzung auf den Markt. Im Oktober 91 belegte Scarlet Rose beim »Metal Hammer«-Newcomerfestival Platz 2 und bekam einen Sonderpreis für herausragende Gitarrenarbeit. Das Rockmagazin »Breakout« wählte die Veröffentlichung zum Demo des Jahres. Sie glänzten beim Festival mit Bonfire, Thunderhead, Mama's Boys und Roko. Das Full House Demo wurde im Oktober 92 um fünf neue Live-Songs ergänzt. 1993 waren sie in Norddeutschland auf Tour, hatten einen Auftritt im ZDF und Edgar Schmidt erhielt beim Newcomerfestival die Auszeichnung als »Bester Drummer«. Die erste CD von Scarlet Rose unter dem Namen »Prime« gab es im April 95, die im Heidelberger »Schwimmbad-Club« vorgestellt wurde. Die »Prime«-Tour führte S.R. durch ganz Deutschland. Die Vokalistin Steffi spielte daneben im Musical »Human Pacific«. Ende des Jahres wurde sie zudem zur besten deutschen Rocksängerin gewählt. Im Januar 96 erhielt die CD im japanischen Magazin »Burn« 4

Scarlet Rose

von 5 Punkten und dadurch Rundfunkeinsätze im Land der aufgehenden Sonne. Auch im englischen Magazin »Frontiers« gab es eine Besprechung (9 von möglichen 10 P.), und der Titel »Enemy Land« erschien auf dem Sampler der Zeitschrift. »Prime«, konnte man in Holland, Norwegen, Belgien und Australien kaufen, sie belegte in Japan Platz 28 der Import-Charts und wurde im »Burn«-Magazin zu den Import-Alben des Jahres gewählt. Die neue Single »The Sun In Your Eyes« besprachen nationale und internationale Musikzeitschriften. Die Release Party zur neuen CD »F.A.C.E.S.« gab es dann im April 1998. »Breakout« lieh sich für den ihrer Zeitschrift beiliegenden Sampler den Titel »Ship From Outer Space« aus.

Discogr.: Demo I & II (1989), Demo III (1991), Demo III Second Edition (1992), Prime (1995, Pegasus-Records), The Sun In Your Eyes« (1997, Single – Goodlife Records), F.A.C.E.S. (1998, Goodlife Records). Kontakt: Goodlife Records, St.-German-Str. 7, 67346 Speyer. E-Mail: glrecords@aol.com • Internet: members.aol.com./glrecords • members.aol.com/srpoffice

SCENES

Hubi Meisel (voc), Chris Lorey (g), Eddi Nowroth (g), Viktor Schönfeld (keyb), Jan Ebert (b), Hendrik Edelthalhammer (dr)

Mit zwei Musikern und zwei Gitarren beginnt die Geschichte von Scenes. Chris Lorey und Matthias Garner arbeiteten nach einer Aufnahmesession weiter zusammen und nahmen im Januar 1995 ihr erstes Demo »Under A Dying Sun« auf. Da die Sonne nicht so schnell starb, konnten sie schon im April 95 das zweite Demo »Monuments« folgen lassen. Damals war ihre Musik sehr sanft und melodiös. Hendrik Edelthalhammer am Schlagzeug und Viktor Schönfeld an der Gitarre beeinflußten den Musikstil entscheidend. Die Formation setzte auf die Wiedergeburt der klassischen progressiven Rockmusik. Die nächste Ergänzung/Umbesetzung gab es 1998, als Viktor Schönfeld das Keyboard einbrachte und Matthias Garner für Eddy Nowroth den Platz an der Gitarre frei machte. Nun wurde ihr Sound noch mächtiger und einfallsreicher. Trotz intensiver Suche fanden sie keinen geeigneten Sänger, der fest in die Band einsteigen wollte. Die Folge war, daß sie ihre Auftritte mit verschiedenen

Scenes

Gastsängern absolvierten. Im Juli 99 war es endlich soweit. Hubi Meisel erhörte den Ruf von Scenes – sie hatten einen renommierten Sänger mit großer Ausstrahlung gewonnen. Als Vokalist der Gruppe Dreamscape war er maßgeblich an deren Erfolg beteiligt gewesen, hatte mit ihnen die viel beachtete CD »Very« eingespielt und mit der Neuauflage des Ultravox-Klassikers »Dancing With Tears In My Eyes« sogar einen Clubhit gehabt. Im Tritonus Studio in Ludwigsburg nahmen Scenes das Demo »New Beginning« auf als Anspielung auf das nun endgültige Line-up und die Weiterentwicklung der Band. Die vier Titel mit einer Spielzeit von 26 Minuten enthielten progressive Rockmusik mit viel Melodie. Anschließend begann die Produktion für das erste Album.

Discogr.: New Beginning (1999, Demo-CD – Eigenvertrieb). Kontakt: Jan Ebert, Mühlwingert 36, 71737 Kirchberg, T: 07144-36760. E-Mail: prog_rock_scenes@gmx.de

SCHÄL SICK BRASS BAND

Raimund Kroboth (Waldzither/Spielzeug-Piano/Musikdirektor), Maryam Akhondy (voc), Ebasa (tp), Detlef Heidkamp (as, bars), Marcellus Seng (ss, ts), Thorsten Heitzmann (tb), Joachim Gellert (Tuba), Josef Kirschgen (dr/perc/Dawul) und Gäste

Der Bayer Raimund Kroboth zog nach Köln und entdeckte nach seiner Zeit als Gitarrist der alternativen Rockszene über den Free Jazz die moderne ethnische Musik. Zunächst beschäftige er sich mit der Waldzither und bearbeitete darauf früher verhaßte Stücke der alten bayerischen Folklore. Nachdem er auf die rechte Rheinseite, die Schäl Sick, umgezogen war, gründete er dort die gleichnamige Brass Band mit Musikern, die ihren Ursprung in den verschiedensten musikalischen Sparten hatten. Mit unkonventionellen Bearbeitungen traditioneller Kompositionen fanden sie schon nach kurzer Zeit das Interesse der Öffentlichkeit. Durch den Eintritt der persischen Sängerin Maryam Akhondy und der starken Einbeziehung von orientalischen und asiatischen Klängen mutierte die Schäl Sick Brass Band endgültig zum offenen World Music-Ensemble. Als Speerspitze der Humba-Bewegung schafften sie einen multikulturellen Gegenpol zum traditionellen rheinischen Karneval. In ihren Konzerten und im Studio gaben sich internationale Künstler die Klinke in die Hand und ließen sich gerne in das offene Konzept der Band einbinden. Besondere Beachtung fand die bunte Truppe beim Westdeutschen Rundfunk, der ihnen in Zusammenarbeit mit der Network Medien GmbH Frankfurt/M. die Produktion der ersten CD »Majnoun« ermöglichte, die alles enthielt, was von den Konzerten bekannt und beliebt war. Gastspiele der Bläser fanden in ganz Deutschland statt und beim Bardentreffen in Nürnberg, dem größten mitteleuropäischen Festival für World Music, standen sie auf der Hauptbühne. Offene Ohren belohnte das zweite Album »Tschupun« vom Februar 99, auf dem sie ihre Blech-Jazz-World um Steel Drums und afrikanischen Reggae erweiterten.

Discogr.: Majnoun (1996, Network/WDR & 2001 Versand, Postfach, 60381 Frankfurt/M.), Tschulpun (1999, Edel-Contraire). Kontakt: Edel Contraire, Wichmannstr. 4, Haus 8, 22607 Hamburg, F: 040-891610. E-Mail: germany@edel.de • Internet: www.edel.de

SCHAMONI, (KING) ROCKO

»Du wählst CSU und darum mach' ich Schluß«. Wenn er seinen Text wahr macht, wird Rocko Schamoni angesichts der politischen Lage Ende 99 auf einen guten Teil der Zuhörer verzichten müssen. Dabei spricht sich die Qualität seiner Musik und seiner Auftritte immer weiter herum. Mitte der 80er Jahre zog Rocko Schamoni von Lütjenburg an der Ostsee nach Hamburg-St.Pauli. Er komponierte Schlager für den Abfall und sah seine Musik als Gegenbewegung zur Ernsthaftigkeit der Punk- und Rockmusik, ohne auf den Comic- oder Blödelzug aufzuspringen. Elvis war verstorben und der neue King noch nicht gekrönt. Deshalb adelte sich Rocko Schamoni selbst und trat fortan als King Rocko Schamoni auf. Die → Goldenen Zitronen wurden auf ihn aufmerksam und gaben ihm die Chance, in ihrem Vorprogramm sein Können zu beweisen. In seinem Debüt von 1988 »Vision« spielte er den Rockrebellen und posierte auf dem Cover in einem eng sitzenden Leopardendress. Klar, daß darin Titel wie »Der Tiger in der Nacht« oder »Vollgas« enthalten waren. Er erlangte die Aufmerksamkeit des Major-Labels »Polydor«, die 1990 sein nächstes Album »Jeans & Elektronik« veröffentlichten. Bei der Produktion half Bela B. Felsenheimer von den zwischenzeitlich aufgelösten → Ärzte(n). Futter für den Äther war die mit Michael Holm eingespielte Neufassung des Hits »Mendocino«. Leider war die Zeit noch nicht reif für das große Schlager-Revival. Nachdem damit nicht der große Wurf gelungen war, versuchte es der King auf der nächsten CD »Disco« mit Electronic-Grooves und Slow-House. Auf diesem Album war der anfangs genannte Titel »Du wählst CSU« enthalten. Auch mit der Wiederbelebung dieser Richtung kam er einige Jahre zu früh. Polydor stampfte seine Platten ein und sie beendeten ihre Zusammenarbeit. In den kommenden vier Jahren trat er in dem Roadmovie »Rollo Aller« auf, eröffnete zusammen mit Schorsch Kamerun den Szene-Treff »Pudel-Club«, spielte mit der Artrock-Band Motion das Album »Ex-Leben (Land, Meer)« ein, nahm ein Kunststudium auf und war Mitglied der »Pudel Overnight«-Nächte bei 3 Sat. Zusätzliches Geld verdiente er auch mit seinen Dia-Shows, die Titel trugen wie z.B. »20.000 Jahre Erde ein Jubiläum feiert Geburtstag«. 1996 kam unerwartet und von vielen erhofft das Album »Galerie Tolerance«. Der King war gestürzt und hieß nur noch Rocko Schamoni. Die Texte lagen am Puls der Zeit und hielten die Waage zwischen hintergründigem Humor und Ernsthaftigkeit. Er präsentierte sich auch wieder auf der Bühne und setzte die gewonnenen Erfahrungen beim nächsten Album um, das er 1999 im Studio live mit Band einspielte. »Showtime« enthielt fette Soulmusik mit satten Grooves, Dance, Disco, Rock und sentimentale Schlager. Intelligente Texte mit hintergründigem Humor sorgten für positive Resonanz bei Medien, Kollegen und Publikum. Dieses feierte ihn auf seiner Tournee durch Deutschland, Österreich und die Schweiz und ließ jeden Auftritt zu einer großen Party werden.

Discogr.: Vision (1988, Weser Label), Jeans & Elektronik (1990, Polydor), Disco (1991, Polydor), Galerie Tolerance (1996, Trikont/Indigo), Showtime (1999, Trikont/Indigo), Die frühen Werke des Monsieur... (1996, Weser Label/Indigo); als Motion: Ex-Leben (Land, Meer) (1993, Indigo). Kontakt: Trikont, Postfach 901055, 81539 München, F: 089-6927204. E-Mail: trikont@compuserve.com • Internet: www.trikont.de

SCHANDMAUL
Thomas Lindner (voc/g/acc/dr), Birgit Muggenthaler (voc/fl/Dudelsäcke/Schalmeien/

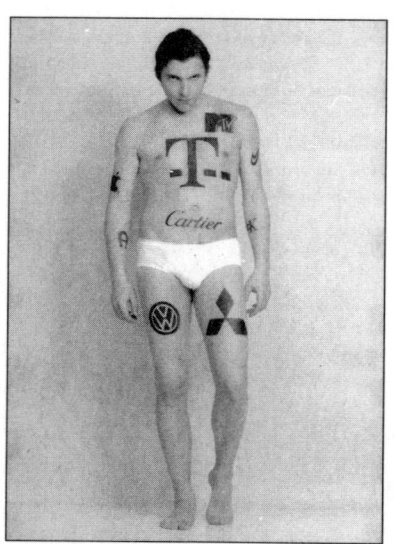

Schamoni

Drehleier/Dulzimer/Didgeridoo/dr), Hubsi Widmann (b/mand/Drehleier/voc), Martin Duckstein (g/Laute/voc), Anna Kränzlein (v/fl/Drehleier/voc), Stefan Brunner (dr/perc/dr/Fanfare/voc)

Im Frühjahr 98 fanden sich sechs außergewöhnliche Musiker und Musikerinnen zusammen, um in der Formation Schandmaul das Mittelalter wieder aufleben zu lassen. Dabei wollten sie weder dem Zuhörer das Trommelfell wegblasen noch dem Klassikliebhaber seinen Schlaf gönnen, sondern mit Können und Humor die Besucher zum Lachen, Tanzen und Staunen bringen. Ihr Sänger Thomas Lindner konnte auf eine mehrjährige klassische Gesangsausbildung und langjährige Bühnenerfahrung mit verschiedenen Bands zurückgreifen, während Birgit Muggenthaler bereits in anderen Mittelalter-Formationen und viele Jahre als Folkmusikerin tätig gewesen war. Der ehemalige Straßenmusiker Hubsi Widmann brachte es zum etablierten Tontechniker, während Martin Duckstein sein Können als Gitarrenlehrer an willige Schüler weitervermittelte. Neben verschiedenen Bands begleitete Stefan Brunner sechs Jahre lang mittelalterliche Fanfarenzüge und Anna Kränzlein durfte sich nach ihrem Studium am Konservatorium als Konzertmeisterin bezeichnen und wurde bei »Jugend musiziert« Bundespreisträgerin. Diese sechs Individualisten schufen auf der Bühne ein außergewöhnliches Klangspektrum aus traditioneller akustischer Musik, treibenden Rhythmen, Klängen der Spielleute des Mittelalters, gregorianischen Chorälen, keltischem Folk, Rock und Klängen aus Orient und Okzident. Ihre selbst geschriebenen Texte entführten in die Welt der Mythen und Sagen. 1999 brachten sie ihr Debüt »Wahre Helden« heraus, das durchweg aus selbst komponierten und getextetem Material bestand. Das Album gab einen Hinweis auf die Live-Qualitäten der Band, bei deren Konzerten die Zuhörer über die Vielzahl der Instrumente staunten, die von den einzelnen Mitgliedern hervorgezogen wurden und bei denen sie auf den Bänken hüpften und begeistert mitsangen.

Discogr.: Wahre Helden (1999, Extratours). Kontakt: Extratours, Brendlesäcker 5, 88512 Mengen, T: 07572-2909, F: 07572-2959. Mail: Extratours-Konzertbuero@T-online. de. • Internet:www.Extratours-Konzertbuero.de

SCHINDER, DIE

Dietrich (g/voc), O. Martin (g), D. Kaczmarek (voc), Sohn (dr), Benedikt Kern (keyb), T. Prager (b)

Die Schinder kommen aus Annaberg-Buchholz im Erzgebirge nahe der tschechischen Grenze. Sie sind geprägt von der Gegend und den finsteren Sagen der Region. Ihr Gothic-Metal ist düster und hart. Die Texte sind direkt und provokant. Früher waren sie im deutschen Underground unter »Eternal Peace« tätig. Sie änderten Namen und Konzept, nannten sich Schinderaas und feierten ihren Einstand 1995 mit der gleichnamigen CD. Ihre Konzert-Qualitäten dokumentierten sie auf dem Live-Video »Stechapfel«. Im Sommer 1998 erschien die CD »S« unter dem Namen »Die Schinder«. Der Hammer hörte »krachenden Gothic Rock mit verschrobenen – lüsternen deutschen Texten« und betrachtete den Sänger als eine »Mischung aus Hulk Hogan und Mika Lutinen, direkt aus dem Irrenhaus entkommen«. Die Schinder absolvierten bis Ende 1998 mehr als 150

Die Schinder

Gigs und waren u.a. mit → Rammstein, Moonspell, → Subway to Sally und → Das Ich aufgetreten. Nach dem erfolgreichen Gastspiel beim »With Full Force«-Open Air 1998 wurden sie auch 1999 wieder verpflichtet. Nach einer gemeinsamen Tour mit → Das Ich lud sie Bruno Kramm zu Aufnahmen in das Danse Macabre Studio ein. Dort schufen sie die neue CD »Gottesknecht«, wieder mit einer Mischung aus hypnotisierenden Keyboardsounds, hartem Schlagzeug und Gitarren und Anklängen von Industrial. Die Texte waren erneut sehr düster und direkt. In welcher Stimmung sie diese schrieben, läßt sich aus dem Booklet der letzten CD ableiten. Dort richteten sie ihren Fans aus: »Besten Dank und liebe Grüße an all' die, die uns auf unserem bisherigen Leidensweg unterstützt und begleitet haben.«

Discogr.: Schinderaas (1995, Schindermusic), »S« (1998, Schindermusic), Gottesknecht (1999, Moonstorm Records/EFA). Kontakt: Schindermusic, Salomonisstr. 1, 09481 Scheibenberg, T/F: 037349-6181. E-Mail: ina@ vielklang.de

SCHMIDBAUER, WERNER
Werner Schmidbauer (voc/g),
Marin Kälberer (Multi-Instrumentalist)
Werner Schmidbauer betont gerne, daß er in erster Linie Musiker ist. Das ist deshalb wichtig, weil man ihn als Moderator bundesweit vom Fernsehen kennt. Seine musikalische Laufbahn begann im Alter von 6 Jahren, als er das erste Mal Gitarrenunterricht erhielt. Mit 12 Jahren kam dann das Schlagzeug und mit 14 das Saxophon dazu. 1978 gründete er zusammen mit Ecco Meinecke das Duo Jedermann und absolvierte mit ihm ca. 1000 Auftritte. Zwischen 1980 und 1988 studierte er Kommunikationswissenschaften in München und übernahm dazwischen 1984 die Moderation der Sendung »Live aus dem Alabama«. Die Sendungen mit den wechselnden Schauplätzen »Live aus dem Schlachthof« und »Live aus dem Nachtwerk« leitete er bis 1994 ca. 460 mal. Wieder zusammen mit Ecco Meinecke, verstärkt durch die Sängerin Valerie McCleary, zogen sie als Trio Folksfest durch das Land. Sie gruben Schätze aus dem Fundus der internationalen Folkmusic aus und brachten sie in eigenen Versionen zu Gehör, wobei auch der Humor nicht zu kurz kam. Mit dieser Formation brachte es Schmidbauer bis 1999 auf ca. 400 Auftritte. Der viel beschäftigte Künstler gründete zudem 1991 die Band »SchmidbauerS« mit ausschließlich selbst komponierter und getexteter Musik. Vier Alben und ca. 250 Konzerte waren bis 1999 das Ergebnis. Seinen Ruhm mehrte er mit der Übernahme der Sendung »Dingsda«, die vom 3. Bayerischen Fernsehen in die ARD übernommen wurde und welche auch das Österreichische Fernsehen ausstrahlte. Zudem stand er Susanne Rohrer als Co-Moderator für das Frauenmagazin »Dieda« zur Seite. 1996 begann er, zusammen mit Martin Kälberer als Duo Zwoa Alloa ausgedehnte Tourneen durchzuführen. Der Multi-Instrumentalist hatte sich schon mit Raiz de Pedra, die brasilianischen Jazz spielten, einen Namen gemacht und 1994 die CD »Espaco« veröffentlicht. 1998 füllte er mit der bayerischen Folkrocklegende Schariwari die

Werner Schmidbauer

Hallen, wo sie ein Mystical namens »Bayerische Rauhnacht« aufführten. Währenddessen begann Werner Schmidbauer zu reden und er ließ reden. Dies geschah in Form einer Talkshow im Bayerischen Fernsehen unter dem Titel »Schmidbauer's«. Mit eigenen Kompositionen und Texten (mit einer Ausnahme), eingespielt, arrangiert, produziert und gemischt von vier Händen, und zwar denen von Schmidbauer und Kälberer, gab es im September 1999 die CD »Werner Schmidbauer – Viere«. Zur Vorstellung der neuesten Schöpfung ließen sie zwischen Schmidbauers TV-Aktivitäten 27 Gastspiele im bayerischen Raum folgen. Wer fragen will, wie man es schafft, dies alles unter einen Hut zu bringen, zudem zu heiraten und zwei Kinder zu zeugen und diese auch nicht zu vernachlässigen, kann sich direkt von Werner Schmidbauer beraten lassen.

Discogr.: SchmidbauerS (1994, t & t merchandising gmbh), AugnSchaugn (1995), Zeitlang (1997), Da wo de Leit san – live (1998, amigo records), Viere (1999). Kontakt: amigo records, Schmiedgasse 3, 83043 Bad Aibling; t & t merchandising GmbH, Schmiedgasse 3, 83043 Bad Aibling, T: 080 61-7356, F: 08061-37316. E-Mail: gaby_ schrodek@t-online.de • Internet: www. Schmidbauer'S.de

SCHNEIDER TM
Dirk Dresselhaus befriedigte sein Dasein in der Indierock-Band Hip Young Things nicht mehr. Im Umfeld der Weilheimer Hausmusik-Szene der → Notwist bekam er neue Impulse. Er fühlte sich mehr der Elektronik zugetan. Entsprechend setzte er sich an die Geräte, ließ es rattern, klappern, klopfen, klickern und rauschen, aber auch grooven und poppen. Innerhalb einer Woche war sein eigenes Album fertig, das er im April 98 unter dem Titel »Moist« veröffentlichte. ME/Sounds vergab dafür 5 Sterne und Spex meinte: »Schneiders Sound hat Kraft und Kalkül, Groove und Geschmack.« Die zweite Single »Masters« enthielt Remixe von Thursten Moore (Sonic Youth) und Sean O'Hagan (High Llamas). Im Gegenzug dazu hatte Schneider TM einen Remix für das High Llamas Album »Lollo Rosso« abgeliefert. Im Oktober 98 stellte er sein Werk in den Metropolen Deutschlands live vor.

Discogr.: Moist (1998, City Slang/EFA), UpTight (1998, MCD – City Slang/EFA), Masters (1998, MCD – City Slang/EFA) Kontakt: City Slang, Skalitzer Str. 68, 10997 Berlin, F: 030-6182781. E-Mail: info@cityslang.com • Internet: www.cityslang.com

SCHNITTER
Die seit 1996 agierenden Schnitter aus Kassel um Sänger und Gitarrist Ralf Kemper gehen eine Mischung aus deutschem Liedgut und Punk ein. Bereits ein Jahr nach ihrer Gründung beschäftigten sie sich auf dem Album »Mähdrescher« mit historischen Liedern, denen sie ein neues Gewand anlegten und die sie dem Nachwuchs mit peitschenden Gitarren und wildem Gefiedel näher brachten. Die Party setzten sie mit dem Album »Arg« von 1998 mit Einflüssen vom Mittelalter, Folk, Ska, Rock und Punk und historischen Texten munter fort und gaben außerdem nochmals zu verstehen: »Ich fühl' mich scheiße (Part II)«.

Discogr.: Mähdrescher (1997), Arg (1998, Costbar/EFA). Kontakt: EFA Medien GmbH, Arnsberger Str. 70, 60385 Frankfurt/M., F: 069-943424-22. E-Mail: frankfurt@efa-medien.de • Internet: www.efa-medien.de

SCHOCH, HEIKE
Die zierliche Heike Schoch entwickelt sich auf der Bühne zu einem Energiebündel, läßt die Powerfrau heraus und beweist, daß auch der Begriff der Entertainerin in Deutschland kein Fremdwort sein muß. Ihr Programm beinhaltet neben rockigen, souligen und bluesigen Eigenkompositionen auch Broadway-Melodien wie »Somewhere Over The Rainbow« oder »New York New York« und Jazz zum Mitschnippen, Humor, Tanz und Steptanz, wobei der Künstlerin der direkte Draht zum Publikum wichtig ist.

Obwohl sie die Presse mit Stars wie Whitney Houston oder noch öfter mit Liza Minelli verglich, verhinderte bislang der Umstand, daß sich die Sängerin weder in der Gestaltung ihres Programms noch in der Auswahl der Musik von den Plattenfirmen beeinflussen lassen will, einen Deal mit den Majors.
Discogr.: What's Your Problem (Air Records), Take It (KDC Records). Kontakt: Air-Play Mediengruppe, Pienzenauer Str. 54, 81925 München, T: 0171-5295490

SCHRÖDERS, DIE
Burger (voc), Hämpy (g/voc), Vipo (g/voc), Olli (b/voc), Zosch (dr)
Ein Schröder aus Niedersachsen ist kaum auszuhalten, aber bei fünf Schröders aus diesem Bundesland wird es schon wieder lustig, vor allem wenn es sich hierbei um fröhliche Punkrocker handelt, die in ihre Texte genügend Ironie einfließen lassen. Die 1989 in einer Telefonzelle neben der Bad Gandersheimer Polizeiwache gegründete Band »Die Schröders« spielte sich durch die Clubs ihrer Region und denen Deutschlands und des benachbarten Auslands. 1990 erschien ihre erste Single »Candy« beim Major EMI, und obwohl die Band davon über 15.000 Einheiten verkaufte, erfolgte der Wechsel zum kleinen Label T.A.O.B. Mit dem Album »Mutter horcht an deiner Tür« von 1991 im Gepäck unternahmen sie zusammen mit → Schweisser eine erste selbstgebuchte Tour durch Deutschland, Österreich und die Schweiz. Die Schröders tourten, übten und schrieben neue Songs, aber sonst passierte zunächst nicht viel, bis eines Tages WEA auf sie aufmerksam wurde und ihnen einen Vertrag anbot, den sie auch unterschrieben. Sie nahmen das Album »Frisch gepreßt« auf und koppelten die Single »Anna« aus, doch an diesem Mädchen bestand nur bedingt Interesse. Als nächstes gaben sie in Deutschland und Österreich die Single »Laß uns Liebe schmutzig machen« heraus und während die Deutschen sauber bleiben wollten, waren viele Österreicher neugierig, wie Liebe schmutzig machen zu bewerkstelligen ist. Es gab so viele wißbegierige Austrianer, daß sie damit auf Platz 1 der Single-Charts und mit »Frisch gepreßt« auf Platz 1 der Album-Charts gelangten. Als einzige deutsche Band erhielten die Schröders im Jahr 1995 in Österreich Platin. Ihre nächste Single »Wienerwald« nahmen sie speziell für den österreichischen Markt auf und sie lachten vom Titelbild des Rennbahn-Express, einer mit Bravo vergleichbaren Teenie-Zeitschrift, spielten auf dem Donauinselfest in Wien, dem größten europäischen »Umsonst & Draußen«-Festival, und führten zwei Tourneen im Nachbarland durch, wobei zu den Konzerten bis zu 4.000 Zuschauer kamen. In Deutschland nahm Viva 1 sich der Gruppe an und ließ »Laß uns Liebe schmutzig machen« auf Rotation laufen. Ihre Weihnachtstour stieß zwar auf große Resonanz, aber der große Durchbruch ließ hier immer noch auf sich warten, während sie in Österreich mit »Dein ist mein ganzes Herz« (Cover von Heinz Rudolf Kunze) die dritte Chartplazierung hintereinander erreichten. Die nächste Single »Frau Schmidt« schaffte auf Viva 1 wieder die Rotation und außerdem viele Rundfunkeinsätze, aber erst mit dem Album »Schwer Scheff« gaben sie ihren Einstand in der deutschen Hitparade (Platz 62). Auf über 40 Gigs mit → Joa-

Die Schröders

chim Witt im Vorprogramm präsentierten sie ihre bisher erfolgreichste CD in Deutschland und Österreich, wo »Schwer Scheff« ebenfalls in den Charts stand. Bon Jovi nahm die Schröders zusammen mit → H-Blockx für seine Tournee in sein Vorprogramm auf. Mit der CD »GILP« von 1997 konnten sie den Erfolg des Vorgängers nicht wiederholen und auch in Österreich ebbte die Euphorie trotz vieler Festivalauftritte langsam ab. Aber sie konnten sich nach wie vor auf die eigenen Anhänger verlassen, wovon mehr als 4.000 in eigenen Fanclubs eingeschrieben waren. Nach mehr als 700 Konzerten gab es bandinterne Schwierigkeiten, die 1998 eine mehrmonatige Pause auslösten, bevor sie sich mit neuer Rhythmusgruppe wieder auf Tour begaben. Mit der Single »Schröder/Wo geht der denn hin?« endete ihr Vertrag bei WEA. Sie produzierten deshalb ihr nächstes Album selbst vor, wechselten zur Booking-Agentur A.S:S. und spielten zum 10jährigem Jubiläum auf zahlreichen Sommerfestivals und der traditionellen X-Mas-Tour, da sie live mit ihrer Mischung aus Punkrock, Unterhaltung und Comedy nach wie vor angesagt waren. Neben dem erwarteten Album wird es im Jahr 2000 wieder viele Konzerte geben und wie immer werden alle, die Schröder heißen, freien Eintritt erhalten. Damit wäre es auch dem Bundeskanzler trotz leerer Kassen im Staat möglich, ein Konzert seiner Namensvetter zu besuchen, ohne in den Verdacht der Vorteilsnahme zu geraten.

Discogr.: Mutter horcht an deiner Tür (1991, T.A.O.B./SPV), Frisch gepreßt (1994, WEA), Schwer Scheff (1996, WEA), GILP (1997, WEA). Kontakt: A.S.S., Rahlstedter Str. 92a, 22149 Hamburg, F: 040-67569930. E-Mail: info@ass-concerts.de • Internet: www.die-schroeders.de • www.ass-concerts.de

SCHWANENSEE

Die kreativen Köpfe der Band Erosion Peter Ewaldt und Chris Zenk bildeten nach dem Split ihrer Gruppe zusammen mit Raj Sen Gupta (Girls under Glass) und Marcel Z. (Abwärts) die Hamburger Hardcore-Band Schwanensee, die im Juni 97 mit dem gleichnamigen Album ihr Debüt gab. Rock-Hard spendete dafür 8 Punkte und Wolf-Rüdiger Mühlmann schrieb: »Der Vierer brettert knackigen zeitgemäßen Metalsound jenseits gängiger Schubladen herunter. Manchmal überrascht man mit melodramatischer Sanftheit der Marke ›Hamburger Schule‹. Ein etwas altehrwürdiges Flair kommt in Form von AC/DC-Anleihen hinzu. Schwanensee bevorzugen grenzenlose, assoziative, mit Metaphern gespickte Texte voller Tiefgang, die man eben nicht stumpf mitgrölen kann.« Nach dem Weggang von Marcel Z. stießen mit Karsten Zisowsky (ex-Emils) und Oscar Munoz-Valderama zwei neue Mitglieder zu Schwanensee, die auf »Zwillingsmond« mit ihrem Gast → Joachim Witt den Beweis erbrachten, daß sich Härte und Anspruch nicht ausschließen müssen.

Discogr.: Schwanensee (1997), Zwillingsmond (1998, Zeitbombe/Indigo). Kontakt: Strange Ways Records, Eifflerstr. 8, 22769 Hamburg, F: 040-4307696. E-Mail: strangeways@compuserve.com • Internet: www.subaudio.net/strangeways

SCHWARZ

Wolf Schwarz (voc/g), Mario Kopowski (b), Nicolaj Gogow (dr), Andreas Apel (g)
Schwarz sind weder schwarz noch depressiv, weder düster noch satanisch. Schwarz ist die Band von Wolf Schwarz, der schon mit der Formation »Die Fremden« bekannt geworden war. Mit seiner neuen Gruppe führte er den bisherigen Weg konsequent fort und brachte in seinen Rock'n'Roll Elemente des Grunge, Industrial und Elmocore ein. Zu hören war dies auf seiner ersten CD »Schwarz«. Sie coverten Can (»Der Dieb« – »The Thief«) und zitierten Nietzsche. Fragiles klassisches Klavierspiel, Schalmei und Kontrabaß, Akkordeon und Violine, eine Volksweise aus dem Balkan, in der

Rock und Folklore vermischt wurden, und lyrische deutsche Texte zu infernalem Soundgewitter führten dazu, daß Zillo das analog eingespielte Album zum »Talentsupport« des Monats wählte. Für Schwarz bedeutet kommerzieller Erfolg, daß er sich im Supermarkt eindecken, ein warmes Zimmer haben und sich einen Urlaub leisten kann.

Discogr.: Schwarz (1998, Day-Glo/SPV). Kontakt: F.A.C. – Fucking Artist Consulting, Sven Sievers c/o Schwarz, Hauptstr. 159, 10827 Berlin. Internet: www.dayglo.de

SCHWEISSER

Buffo Völker (g), Miene Gruber (g), Tommi Böck (voc/g), Sepp Lauterbach (b), Greulix Schrank (dr)

Die Schweisser sind zweifellos ein Phänomen in der deutschen Popkultur, denn sie überstanden seit 1987 13 Jahre in diesem Gewerbe in unveränderter Besetzung. Ihre erste Platte »Schweisser« produzierten sie 1990 selbst in einer Auflage von 1.000 Stück und übernahmen dafür auch den Vertrieb, um ihren Funpunk unter die Leute zu bringen. Anschließend führten sie ihre erste große Deutschland-Tournee durch und beackerten dabei als einer der ersten die Clubs der gerade frisch geöffneten neuen deutschen Bundesländer. Für die nächste Veröffentlichung »Auf der Autobahn zur Hölle« fand sich mit dem Label Trikont endlich ein geeigneter Partner. Allerdings blieb dem punklastigen Album der Erfolg verwehrt. Lediglich der Titel »Ich bin der König vom Legoland« erreichte etwas größere Aufmerksamkeit. Durch ihre explosiven Auftritte avancierten sie im Münchner Raum zu Local Heroes. Mit der Herausgabe des durch Intercord vertriebenen dritten Albums »Eisenkopf« im Jahr 1994 erreichten sie endlich den Durchbruch in der Metal- und Hardcore-Szene. Dazu verhalfen ihnen harter Metal und intelligente deutsche Texte. Dank ihrer Zwischentöne blieben die Schweisser immer interessant. So waren sie eine der ersten, die ein Saxophon zu ihren harten Klängen einsetzten. Der Metal-Hammer kürte »Eisenkopf« im Dezember 94 zum Album des Monats und die Abteilung Viva-Hardcore/Metal erkor sie zum »Newcomer des Jahres«. Sie tourten mit Pro Pain und Morgoth, traten als erster deutschsprachiger Act auf dem Dynamo Festival in den Niederlanden auf und MTV sendete mit einem Schweisser-Video erstmals ei-

Schweisser

nes in deutscher Sprache. Mit ihrer vierten Veröffentlichung »Willkommen im Club« gelang ihnen mit Platz 45 ihr erster Charteinstieg. Die Dreharbeiten für das Video zur Single »Malaria« fanden in Indien statt, und dieser Aufwand lohnte sich, denn die Zuschauer von Viva wählten es zum besten Metal-Video des Jahres 1996. Auf der Malaria-EP fand sich unter dem Titel »Pressack« eine Malaria Bayern Version, auf der die Schweisser in Gstanzl-Form sangen und die Grenzen des Metals endgültig überschritten. Ein weiterer Charteinstieg auf Platz 50 gelang den Schweissern mit dem Nachfolgewerk »Heiland«, diesmal mit alternativen Rockelementen.1998 konnte man die Schweisser ganz anders als bisher erleben, denn sie führten eine Akustik-Wohnzimmer-Tour durch, wobei sie die Bühne mit echtem Kerzenlicht beleuchteten, Cellos auf die Bühne brachten und sangen statt zu brüllen. Ihre Erfahrungen dieser Auftritte flossen in die Arbeiten des Albums »Bitte warten« ein. Bei dem Titel »Zeig mir dein Gesicht« holten sie den weiblichen Kultstar Marianne Rosenberg ins Tonstudio. Ansonsten gaben sie ihrem Bedürfnis nach ruhigeren Stücken nach und klangen poppig wie nie zuvor, hielten aber in Komposition und Text ihr gewohnt hohes Niveau. Im Februar und März 2000 bereisten sie die Clubs in München, Rostock und Hamburg.

Discogr.: Schweisser (1990, Eigenvertrieb), Auf der Autobahn zur Hölle (1992, Trikont/EFA), Eisenkopf (1994 Intercord), Willkommen im Club (1995, Intercord), Malaria (1996, EP – Intercord), Heiland (1997, Intercord), Bitte warten (2000, Alternation/EMI). Kontakt: Wipfamily, Wilma Peters, T: 089-3072134. E-Mail: wilma@wipfamily.de • Internet: www.schweisser.de

SCHWERMUT FOREST

Mit leisem Gesang und reduzierten, abgespeckten Songstrukturen mit angedeuteten Melodien, begleitet von einem entspannten Saxophon, gaben Schwermut Forest 1995 auf der LP »Pilot« ihr Debüt auf den Plattenmarkt. Es folgte eine längere Pause, bedingt durch Umbesetzungen, Umzüge und einen längeren Aufenthalt eines Bandmitglieds in Tokio. Ihren kleinen swingenden Pop mit deutschen Texten brachten sie erst 1999 auf der CD »Sort Of«, die von Thomas Levin produziert wurde und mit »Guten Tag« einen kleinen Szene-Hit enthielt, wieder zu Gehör.

Discogr.: Pilot (1995), Sort Of (1999, Kitty Yo/Kollaps). Kontakt: Kitty-Yo Int., Rosenthaler Str. 3, 10119 Berlin. T/F: 030-283914-50/62 E-Mail: store@kitty-yo.de • Internet: www.kitty-yo.de

SCOLLO, ETTA

Etta Scollo (voc/g/harm), Ferdinand von Seebach (p/keyb), Frank Wulf (Multi-Instrumentalist), Hagen Kuhr (cello), Joe Huth (b), Stefan Rager (dr/perc)

Von den Fischen zu den Fischen zog es die italienische Sängerin Etta Scollo. Ihre Musik hat aber nichts mit der bekann-

Etta Scollo

ten Kälte der Fische zu tun. Sie beschreibt es am schönsten selbst: »Meine Musik riecht nach Meer, schmeckt nach Brot, bewegt sich schlafwandlerisch, streichelt, brennt.« Aufgewachsen ist sie in der sizilianischen Hafenstadt Catania. Die Liebe zur Musik entdeckte sie schon als Kind, da ihr Vater, eigentlich Rechtsanwalt, sie zu den abendlichen Sessions seiner Band mitnahm. Im Alter von zehn Jahren lernte sie, Gitarre zu spielen. Sie beschäftigte sich in den folgenden acht Jahren mit Bob Dylan, Rock, Blues, Jazz und Ethnomusik. Ihr Wunsch, Künstlerin zu werden, stieß im damaligen Sizilien bei ihren Eltern auf Schwierigkeiten. Sie zog nach Turin, begann mit einem Architekturstudium, das sie jedoch nicht abschloß, und spielte so oft wie möglich in den dortigen Jazzclubs und auf Festivals. Aus privaten Gründen zog sie nach Wien, wo sie sich am Konservatorium für die Bereiche Gesang, Jazzdance und Show einschrieb. Beim Jazzfestival in Diano Marina in Italien belegte sie den ersten Platz. Sie nahm eine klassische Gesangsausbildung auf, erhielt einen Plattenvertrag und zog gleich mit dem Titelsong der Blues-LP »Be baba leba boogie« in die österreichischen Top Ten ein. Im Anschluß an eine zweite Blues-LP tourte sie mit Größen wie Memphis Slim, Champion Jack Dupree und Oskar Klein. 1986 gab sie Konzerte mit dem Vienna Art Orchestra. Sie gründete die Etta Scollo Band, nahm eine CD gleichen Namens auf und erreichte mit dem Beatles-Cover »Oh Darling« die Nr. 1 der österreichischen Hitparade. Dieses Stück wurde auch im Süden Deutschlands häufig gespielt. Für die CD bekam sie Gold. Der Titel »Sole sun soleil« aus dieser CD war der nächste Hit und »Sulla pelle« ist bis heute eine der Höhepunkte ihrer Konzerte. Mit dem Titelsong »Stai« für die Tatort-Folge »Schimanskis Waffe« gelang ihr in der BRD ein Radio-Hit. Für die österreichische Nationalelf komponierte sie anläßlich der Fußball-Weltmeisterschaft 1990 den Titel »Insieme Fairplay«, was dieser allerdings auch nicht weiterhalf. Weitere 1. Preise heimste sie auf dem Songfestival »Golden Orpheus« in Bulgarien und beim »Baltic Song Festival« in Schweden ein. 1991 erschien die CD »Io vivro«, die Elemente des Rock, Blues und Italo-Sounds enthielt, insgesamt aber etwas uneinheitlich geraten war. C.S. allerdings meinte: »...hat packende, modern arrangierte Rocksongs, in denen Ettas Blues-Vergangenheit immer wieder würzig durchschmeckt. Die gescheiten, wach und sensibel beobachteten Texte sind das Nachlesen der deutschen Übersetzung im CD-Booklet Zeile für Zeile wert.« Nach einem Auftritt in den »Johnny Logan Series« zog sie sich alleine für zwei Monate nach New York und New Orleans zurück, trat aber auch dort mit Musikern der amerikanischen Szene auf. Ein Ergebnis war die CD »Soul Girl«. Etta Scollo besann sich ihrer musikalischen Wurzeln. Sie wollte weg von üppigen Arrangements und die Musik wieder auf das Wesentliche reduzieren. Vom Wiener Schmäh zog es sie zu den Hamburger Fischköpfen, bei denen sie seither ihren Wohnsitz hat. Als Trio spielten sie 1995 in einem alten Bauernhof an der Ostsee die nächste CD »Ter« ein, die mit einer Ausnahme nur selbstkomponierte Lieder enthielt, die sich im Rahmen von italienischen Chansons, Jazz und Folk bewegten. Die Konzerte in dieser Besetzung wurden zu einem Ereignis. Beim Bardentreffen in der Kirche St. Katharina gab es stehende Ovationen und beim »Umsonst & Draußen«-Festival in Würzburg harrten Tausende von Besuchern bei strömendem Regen bis zum Schluß aus. Für den Film »Für immer und immer« von Hark Böhm schrieb sie den Titelsong »Come la pioggia«, bevor es an die Arbeit zur nächsten CD »Blu« ging. Dazu spielte sie einige Titel mit dem London Session Orchestra und die Fremdkomposition »Caruso« von Lucio Dalla ein, ein Lied, das sie schon auf der Bühne gerne gespielt hatte. Mit neuer Band gab sie im Sextett wieder viele Konzerte und war als

Support von Gianna Nannini auf der 99er Tournee zu hören. Über einen Auftritt im Mai 1999 zogen die Badischen Neuesten Nachrichten Fazit: »Das Publikum im ›klag‹ tobte, war begeistert vom Auftritt der Sängerin mit der ungeheuren Ausstrahlung, lebte, litt und hoffte bei jeder Nummer mit.« Im Herbst 99 gastierte sie an fünf Tagen hintereinander im Münchner »Lustspielhaus« und überzeugte dabei auch die verwöhnte Münchner Presse. Sie selbst bezweckt mit ihren Auftritten folgendes: »Die Zeit bleibt stehen für mich, und ich hoffe, daß das Publikum diesen Moment mit mir teilt. Daß die Menschen vergessen, daß die Zeit vergeht. Daß alles leicht wird in diesem Augenblick.«

Discogr.: Be baba leba boogie (1982), 2 (1984), Etta Scollo (1989, EMI Columbia Austria), Il Vivro (1991, EMI Austria), Soul Girl (1992 EMI Austria), Ter (1995, WB Music Street), Blu (1999, Edel), I tuoi fiori (1999, Edel). Kontakt: Fliegende Bauten Produktionen Kraemer & Torna GmbH, Holländische Reihe 11, 22765 Hamburg, T: 040-3988140, F: 040-39881415. E-Mail: karindix@in-sta.de • Internet: www.fliegende-bauten.de

SCOOTER

H.P. Baxxter (voc), Rick Jordan (computer/synth)

Die Musiker Rick Jordan und H.P. Baxxter standen bereits in den 80ern gemeinsam in der Hannoveraner Avantgarde-Future-Pop-Formation Celebrate the Nun, mit der sie zwei Platten veröffentlichten und sogar den Sprung auf Platz 5 amerikanischen Dance-Charts schafften. Nach dem Split der Band arbeiten sie mit DJ Jens Thele und Ferris Bueller als Remix-Team The Loop und brachten unter Scooter die erste Single »Valles des larmes« heraus, wobei sich Jens im Hintergrund hielt. H.P. Baxxter, Rick Jordan und Ferris Bueller starteten 1994 mit der zweiten Single »Hyper Hyper«, von der alleine in Deutschland über 700.000 Exemplare abgesetzt wurden, eine ununterbrochene Hitserie. Mit ihrem Techno-Dance-Pop füllten sie die Tanzflächen und die nächsten Singles »Move Your Ass«, »Friends«, Endless Summer« und »Back In The U.K.« erreichten alle die Top Five der deutschen Charts. Ihr zweites Album »Our Happy Hardcore« enthielt als erstes in Deutschland einen eigenen CD-ROM-Part und verkaufte sich 120.000mal. Mit dem Billy-Idol-Cover »Rebell Yell«, »Fire«, in dem die elektrische Gitarre Einzug gehalten hatte, »Break It Up« als erste Techno-Ballade, »Age Of Love«, »Wicked« und »Hands Up« folgten weitere Charts-Singles. Ferris verabschiedete sich von Scooter, die inzwischen in Hamburg lebten, und wurde durch DJ Axel Coon ersetzt, mit dem sie den Monsterhit »How Much Is The Fish« verfaßten, dessen tiefere Bedeutung noch heute die Psychologen beschäftigt. Danach hieß es »Faster, Harder, Scooter« und nach »Call Me Manana« feierten sie die Jahrtausendwende mit »Fuck The Millennium« (Platz 11) und zogen damit und dem Album »Back To The Heavyweight Jam« (Platz 7) auch 2000 wieder in die oberen Regionen der Charts ein. Scooter sind nicht die Lieblinge der Techno-Szene, da ihr kommerzieller Pop sehr einfach gefertigt ist, aber ihre Fans lieben und feiern sie, wie das Konzert am 25.1.99 bewies, worüber Sascha Borowski schrieb: »Kaum läuft das Trio von Scooter auf die Bühne, recken 800 jubelnde Fans die Arme in die Luft. ›No time to chill‹ heißt die Tour, und für die nächsten 1 ½ Stunden bleibt im Prinz Garden tatsächlich niemandem Zeit zum Ausruhen. Scooter gelingt im Prinz Garden etwas, daß beim Genre ihrer Musik erstaunlich ist: Sie machen Techno, der live besser herüber kommt als aus der Konserve.«

Discogr.: …And The Beat Goes On (1995, MC/CD – Edel Club Tools), Our Happy Hardcore (1996, MC/CD), Age Of Love (1997, MC/CD), Rough And Tough And Dangerous (1997, DCD), No Time To Chill (1998, MC/CD), Back To The Heavyweight Jam (1999, MC/CD). Kontakt: Edel Promotion, Wich-

mannstr. 4, Haus 2, 22607 Hamburg, F: 040-89085-301. E-Mail: firstname_lastname @edel.com • Internet: www.edel.de

SCORPIONS

Das Aushängeschild des deutschen Hardrocks spielt sich seit 1965 unter der Leitung seines Gründers Rudolf Schenker durch die Hallen der Welt. Bereits in der Anfangszeit trat die Band im Vorprogramm der Lords, Searchers, Easbeats und Rattles auf. Nach einer kurzzeitigen Auflösung formierte sie sich 1968 neu und vollzog 1971 den Wechsel ins Profi-Lager. 1972 erschien ihr Debüt »Lonesome Crow«. Anschließend spielten die Hannoveraner überall, wo sie konnten und durften und begleiteten u.a. Rory Gallagher, Uriah Heep, Ufo, Kiss und Queen auf ihren Torneen. Nach »Fly To The Rainbow« stiegen sie mit »In Trance« in Japan zu Superstars auf. 1976 erhielten sie für die CD »Virgin Killer« von der Zeitschrift Musiker die Auszeichnung »LP des Jahres«, wobei gleichzeitig der Sänger Klaus Meine zum Sänger des Jahres und Ulli Roth zum Gitarristen des Jahres gewählt wurde. In Japan feierten sie mit weiteren Tourneen und der Live-Platte »Tokyo Tapes« große Erfolge und auch die Amerikaner begeisterten sich für die deutschen Skorpione, die dort mit den Alben »Lovedrive«, »Animal Magnetism« und »Blackout« riesige Erfolge feierten. Ihr »Blackout« brachte sie an die Spitze der internationalen Hardrockszene und »Love At First Sting« von 1984 übertrumpfte sogar noch den Erfolg des Vorgängers. Ihre Single zum Fall der Mauer »Wind Of Change«, wovon es auch eine russische Version gab, verhalf ihnen zum weltweiten Charterfolg und stellte vielleicht sogar den Höhepunkt der Karriere der Scorpions dar. Mit jeweils einem neuen Mann am Bass und an den Drums spielten sie 1993 das Album »Face The Heat« ein. Allerdings zeigte die Band zumindest auf den Tonträgern erste Abnutzungserscheinungen und das folgende Album »Pure Instinct«

konnte man als Tiefpunkt bezeichnen. Auch die modernere Gestaltung von »Eye To Eye« enttäuschte 1999 ihre alten Fans. CDs: Auswahl: Lonesome Crow (1972) Brain Fly To The Rainbow (1974) RCA, In Trance (1975) RCA, Virgin Killer (1976) RCA, Tokio Tapes (1978) RCA, Lovedrive (1979) EMI Electrola, Animal Magnetism (1980) EMI Electrola, Blackout (1982) EMI Electrola, Taken By Force (1983) RCA, Love At First Sting (1984) EMI/Harvest, Worldwide Live (1985) Emi Electrola, Savage Amusement (1988) Electrola/Harvest, Crazy World (1990) Universal/Mercury, Live Bites (1995) Universal/Mercury, Best (1999) EMI Electrola, Eye To Eye (1999) Eastwest Records. Kontakt: Eastwest Records, Heußweg 25, 20255 Hamburg F: 040-49062-267. Internet: www.eastwest.de

SCUMBUCKET
Kurt, Alex, Michael

Der Rhein überschwemmt in schöner Regelmäßigkeit Koblenz. Dafür überschwemmt die Koblenzer Formation seit 1997 die Republik mit interessanten, alternativen Alben. Der noch bei → Blackmail agierende Kurt gründete mit dem Blackmail-Livemixer Alex und mit Michael die Band Scumbucket, um seine eigenen musikalischen Ideen zu verwirklichen. Kurz darauf entstand ihr Album »Heliphole« mit harten Gitarrentönen und Hard-Bop. Besonders viel Lob ernteten sie für das zweite Werk »Batuu« von 1998. Beispielsweise schrieb das aktive Musikmagazin anschaulich: »Der bis zur Brachialität verzerrte Bass schwebt dick und gewaltig über das rotierende Schlagzeug, Gitarren verschmelzen zu Wänden, Soundgewittern und Feedback-Orgien. Durch den melancholischen, tiefen Sound-Tornado gleitet weich und melodiös die Stimme mit einem ganz kleinen Sound und ganz großen Melodien. Neben dynamischen Arrangements ist es vor allem der Gesang, der die Dramatik der Songs bestimmt. Es scheint unmöglich, die Höhepunkte einer Platte, die so homogen und in sich geschlossen wie ›Batuu‹ klingt, zu nennen. Scumbucket sind ganz groß, ›Batuu‹ ein Meisterwerk alternativer Popmusik.« Auf der anschließenden Tournee erwiesen sie sich als nahezu perfekte Musiker, die den Zuhörern mächtig einheizten, ohne die meist unter Lärm versteckten schönen Melodien zu vernachlässigen.

Discogr.: Heliphole (1997, BluNoise), Batuu (1998, Noise-O-lution/EFA). Kontakt: EFA Medien GmbH, Frankfurt Office, Arnsberger Str. 70, 60385 Frankfurt/M., F: 069-943 42422. E-Mail: frankfurt@efa-medien.de • Internet: www.efa-medien.de

SCYCS

Dirk Alstein (b), Marko Baumbach (dr), Stephan Michme (voc), Tom Michme (keyb/programm.), Mario Swigulski (g)

Die Scycs kamen 1995 in Magdeburg zusammen. Seit 1997 spielen sie in der derzeitigen Besetzung. Sie nennen sich eine Herbstband, da sie sehr melancholische Musik machen und das Gefühl haben, keine richtig lustigen Lieder schreiben zu können. Komponiert werden die Stücke im Stil des alternativen US-Gitarrensounds. Schon bei den ersten Konzerten beeindruckten Scycs. Jürgen Engler von den Krupps sprach ihnen Mut zu, eine eigene kleine Tournee zu organisieren. Bei der Ausscheidung des F6 Music Awards gewannen sie unter 700 Bewerbern den zweiten Platz und waren die Publikumslieblinge. Fritz Rau lud sie ein, beim Open Air am Sachsenring im Mai 1998 Peter Maffay und Eros Ramazzotti zu supporten. Der souveräne Gig beeindruckte 25.000 Zuhörer. Sie traten in der TV-Serie »Unter uns« auf und gaben dort den Titel »Searching« zum Besten. Mit der Single »Next November« landeten sie in den deutschen Charts. Mit ihrer Präsenz in der Bravo avancierten sie zu »Teenie-Stars«. 1999 kam die erste CD »Pay T.V.«, die alternativen Gitarrenrock, gefühlvoll gehaltene Rockballaden und sogar ein Lo-Fi-Stück enthielt. Die Single »Grounded« wurde ausgekoppelt. ME/Sounds war mit der CD nicht glücklich: »Ihre Kunst klingt recht muffig, von ihren Notenblättern blasen wir den Staub der 80er Jahre.« Andere Zeitschriften urteilten positiver, z.B. Activ: »Wieder einmal brillieren die Jungs durch musikalische Reife und einen super Gitarrensound.« X-Act Österreich: »Ich muß einige Vorurteile revidieren. Es handelt sich um eine eigenständige Rockband, die sicher ihren Weg machen wird.« Im September 99 erhielten Scycs den Medienpreis Comet in der Kategorie der VW Sound Foundation.

Discogr.: Lemon Kiss (Maxi-Single, Eigenvertrieb), 20 Hour Session (Maxi-Single, Eigenvertrieb), Next November (Maxi Single, Eigenvertrieb), Late November/Searching (1998, Maxi – Edel), Pay T.V. (1999, Edel), Grounded (1999) Maxi – Edel, Underwaterlovesong (1999, MCD – Edel). Kontakt: Edel Records, Wichmannstr. 4, Haus 2, 22607 Hamburg, F: 040-896521. E-Mail: firstname_lastname@edel.com • Internet: www.scycs.de • www.edel.de

SEER, THE

Shook = Jürgen Seipt (voc/g), Peter Seipt (keyb/p/acc/melodica/back.-voc), Michael Nigg (dr/perc/back.-voc), Jürgen Nils Möller (b/back.-voc), Joe Corda (v/mand/harm/back.-voc)

The Seer begannen 1990 als Trio und benannten sich nach einem Titel der englischen Folkrocker Big Country. Schon zu Beginn ihrer Karriere zeichneten sie sich

Scycs

mit ihrem melodischen folkbeeinflußten Gitarrenrock durch enorme Spielfreude aus, so daß sie schon nach kurzer Zeit bei kleineren Festivals als Headliner gebucht wurden und in immer größeren Lokalitäten spielten. Vom Start weg bestand ihr Programm vorwiegend aus eigenen Titeln und einigen Covers von U 2, Big Country und The Men they coudn't hang. Bis 1994 spielten sie vier Demotapes mit eigenen Liedern ein, die nach den Konzerten reißenden Absatz fanden. Inzwischen hatten sie sich durch Jürgen Nils Möller am Bass verstärkt und Jo Corda, ihr Teufelsgeiger, der anfangs nur sporadisch die Band begleitet hatte, wurde fest integriert. Den endgültigen regionalen Durchbruch schafften sie mit einem Auftritt im Vorprogramm der Hooters. Obwohl sie keine Gelegenheit zu einem richtigen Soundcheck hatten, begeisterten sie in der vollkommen ausverkauften Halle Publikum und Presse. Selbst die Hooters kamen aus ihren Kabinen, um sich den Auftritt anzusehen und später schickten sie sogar aus den Staaten ein Telegramm mit einem Produktionsangebot. Der bekannte Journalist Thomas Hammerl, der bei dem Konzert ebenfalls anwesend war, bot der Band an, das Management zu übernehmen. 1994 traten sie das erste Mal beim »Umsonst & Draußen«-Festival in Würzburg auf, spielten beim Bardentreffen in Nürnberg und zusammen mit Hubert von Goisern, den 4 Non Blondes und Huey Lewis & the News beim Open Air am Sarchiner Weiher, worüber die Mittelfränkische Zeitung schrieb: »Den qualitativen Vogel schossen The Seer aus Augsburg ab. Technisch perfekt und vokal um Längen vor musikalisch ähnlichen Bands animierten sie nicht nur eine starke Augsburger Fangruppe im Publikum zum ausgelassenen Tanzgelage. Irish-Neo Folk mit einem deftigen Schuß Rock hat seit diesem Wochenende auch in Ostbayern einen neuen Namen, der mehr als nur Aufmerksamkeit verdient hat.« Die Wirkung der Gruppe sprach sich langsam bis in die Chefetagen der Plattenfirmen vor und BMG bekam den Zuschlag. Internationale Stars wie Gary Langan (ABC, Mick Jagger), Calum Malcolm (Runrig), Peter Walsh (Simple Minds, Peter Gabriel) und John Hardy (ZZ Top) boten sich an, das Debüt der Augsburger zu realisieren, wobei schließlich Nick Griffiths (Pink Floyd – »The Wall«) den Zuschlag erhielt. Im Juni 95 präsentierten The Seer während des X-Large Festivals als Hauptact vor mehr als 10.000 Besuchern ihr erstes Album. Das Debüt »Across The Border« zeichnete die Münchner Abendzeitung als »Album der Woche« aus, der Titel »Take A Walk With Me« entwickelte sich zum regionalen Hit und fand auch bei den süddeutschen Rundfunkanstalten Beachtung. In »Live aus der Alabama« durften sie sich erstmals mit einem ganzen Konzert im Fernsehen (Bayern 3) präsentieren und im Herbst begleiteten sie Fish auf seiner Tournee. 1996 veröffentlichten sie die zweite CD »Own World«, die konstruierter wirkte als der Vorgänger und der auch etwas die Frische fehlte. Nach dieser Veröffentlichung folgte die Trennung vom bisherigen Manager, da sich die beiden Parteien nicht über den weiteren Weg einig wurden. Die Münchner Abendzeitung fand auch an »Own World« Gefallen und vergab wieder den Titel »CD der Woche«. Live bestritten sie Auftritte beim Karlsruher Open Air »Das

The Seer

Fest«, das der SWF 3 aufzeichnete und auf dem 25.000 Zuhörer anwesend waren, auf der Popkomm und beim German Prog-Rock Treffen in Bruchsal. Dazu Rock Hard: »Eigentlich schien der hyperdynamische Folkrock von The Seer nicht in das Gesamtbild zu passen. Mit unbeschwerter und lockerer Musik hüpften die Bayern über die Bühne wie Känguruhs on Kautschuk und rüttelten die teilweise schon etwas ermatteten Proggies wieder wach. Eindeutig die Überraschung des Festivals.« Für das erste Gastspiel in Österreich charterten The Seer einen Bus für ihre Fans, die für 15,- DM incl. Eintritt, Freigetränk und Brotzeit mit nach Kufstein reisen konnten. Im Herbst begleiteten sie ZZ Top auf deren Deutschlandtournee, bestritten das Vorprogramm der Who in der Münchener Olympiahalle und hatten am Ende des Jahres 20.000 km »on the road« verbracht. Michael Nigg flog nach England und spielte die Schlagzeugparts für das letzte Simple Minds Album ein. 1998 erschien dann das dritte Album »Liquid«, auf dem sie erstmals mit Samples und Loops arbeiteten und wovon die Single »Please«, eingespielt mit Streichern der tschechischen Philharmonie, Platz 1 der Elk-Charts im SWF 3 belegte vor Alanis Morissette, Aerosmith, Madonna und den → Guano Apes. Für ihr Konzert im Münchner Schlachthof erhielten sie von der tz München die »Rose der Woche«. Während der Weihnachtszeit feierten sie mit ihrem Publikum im völlig ausverkauften Spektrum drei Tage hintereinander Party, wovon ihr bisher letztes Album »Organic« Zeugnis ablegt, auf dem es gelang, die Dynamik ihrer Auftritte auf CD zu pressen. Trotz aller Fröhlichkeit klangen sie härter und rauher als im Studio und konnten endlich vermitteln, warum The Seer zu den gefragtesten Live-Bands in Deutschland und inzwischen auch der Schweiz gezählt werden. Nach einer Deutschland-Tour im Frühjahr begleiten sie Pur beim Music in the Green Festival in Dinkelsbühl, zogen sich dann aber eine Weile zurück, um an ihrem nächsten Album zu arbeiten.

Discogr.: Colours Of October (MC), Tir (MC), Land Of Legend (MC), Winter 93 (MC), Across The Boarder (1995, BMG Ariola), Own World (1996, BMG Ariola), Liquid (1998, BMG Ariola), Organic (1999, BMG Ariola). Kontakt: Hello Concerts, Schießgrabenstr. 2½, 86150 Augsburg, F: 0821-154020. E-Mail: helloshow@aol.com • Internet: www.theseer.com

SEESAW
Lothar Müller (voc/g), Oliver Reich (dr), Christian Horn (b), Oliver Rüger (g)

Seesaw kamen 1994 in Frankfurt/M. erstmals zusammen. Zwei Jahre später spielten sie ihren ersten Longplayer »Gas Food Lightning« mit alternativem Gitarrenrock ein, den die Zeitschrift Visions »eine der schönsten Popproduktionen der letzten Zeit« nannte. 1998 stieß Oliver Rüger als zweiter Gitarrist zur Band. Der Besuch eines Konzerts von Seesaw veranlaßte den bekannten Produzenten O.L.A.F. Opal gemeinsam mit Mario Thaler (→ Notwist) das Major-Debüt der Hessen zu produzieren, das im Sommer 1999 veröffentlicht wurde. »Blue Lava Style« enthielt gitarrenbetonte Popsongs zwischen Britpop und Grunge mit ausge-

Seesaw

feilten Arrangements, viel Melodie und einprägsamem Gesang. Auf einer Deutschland-Tour stellten sich Seesaw ihren Fans, und über einen Auftritt im »Kerosin« schrieb die Augsburger Allgemeine: »Seesaw um den stimmgewaltigen Sänger und Gitarristen Lothar Müller fesselte sodann mit durchdachter Popmusik, schönen Melodien ohne aufgesetzte Klischees und griffig komponierten Songs. Alles kommt locker, vital und zugleich kraftvoll rüber, wobei die vielschichtigen Arrangements besonders erfreulich sind. Am besten funktioniert dies dank der kompositorischen Qualitäten der Band bei eigenen Stücken. Ein gutes Konzert mit kräftigen Brit-Pop-Anleihen und ausschließlich englischen Texten macht deutlich, daß diese Band zu den talentierten Missionaren in Sachen moderner Rockmusik zu zählen ist.« Als erste Single veröffentlichten sie »Smoke« mit der Zeile »She went for cigarettes and did not come back«, worauf natürlich als zweite Single »Come Back And Stay« folgen mußte.

Discogr.: Gas food lightning (1996, Eigenvertrieb), Smoke (1999, MCD – Sony Music), Blue Lava Style (1999, Sony Music), Come Back And Stay (1999, Sony Music). Kontakt: Verstärker, Prinz-Regent-Str. 50-60, 44795 Bochum. Internet: www.sony.de

SEPPHOP

Jan Kahlert = Sepp Hopp (Singerei, Dängelei, Trommelei), Isabell Kienemann = Hoppala Hop (Singerei), Gudrun Allwang = Hula Hop (Singerei), Amit Datta = Aléz Hop (Singerei), Reinhold Hoffmann = Wiede Hop (Singerei, Quetscherei), Lothar Meid = Ellem Ba-zen (Singerei, Brummelei), Felix Occhionero = Wischm-Hop (Schrammelei, Brummelei) und Gäste

Sepp Hopp servieren einen afro-bajuwarischen HipHop-Cocktail. Man stelle sich vor: Hintertupfing ist zu Gast bei einem afrikanischen Dorffest in Bayerisch-Kongo. Da wird gemeinsam gesungen und getrommelt mit größter Selbstverständlichkeit, als ob es nie anders gewesen wäre. Und doch sind es nur Musikanten von SeppHop, die die Welt zum globalen Dorf machen. Nach dem Motto: Stämme aller Regionen vereinigt euch und musiziert miteinander! Von dieser Idee ist Jan Kahlert 1994 ausgegangen, als er SeppHop ins Leben rief. Jan hatte vier Jahre Musikwissenschaften studiert, im klassischen Chor Cappella Vocale gesungen, war Schlagzeuger der Funkband Mülltones gewesen und hatte Konzerte als Percussionist und Sänger mit dem Kameruner Djo Ferouze Darouiche gegeben. Seine Vorliebe für die bayerische Mundart beflügelte ihn, sich Mitspieler zur Gründung einer Gruppe zu suchen. Er fand den ersten in dem Römer Felix Occhionero, der Bassist bei der Voodoo Gang und Gitarrist bei den Changing Faces gewesen war und eine Ausbildung als Jazzgitarrist und Toningenieur abgeschlossen hatte. Auch die Sängerin Isabehl Kienemann, die 1994 mit Trude und Gert den Wahren Grand Prix gewonnen hatte, begeisterte sich für die Idee. Amit Datta, der einen indischen Vater hat und von der Gruppe Mülltones kam, stieß hinzu. Gudrun Allwang, eine Physikerin und Musical-Sängerin, ersetzte das Gründungsmitglied Julia von Miller, da diese von den Blauen Engeln zu sehr beansprucht wurde. Reinhold Hoffmann, der schon Lisa Fitz und Franek zur Seite gestanden hatte und Lothar Meid, früheres Mitglied von Passport, Amon Düül II und Roy Blacks Band, vervollständigten das Line-up. Auch ohne Tonträger erspielten sie sich ein großes Publikum. Ihre witzigen Darbietungen und musikalischen Überraschungen sprachen sich rasch herum. Dem Wunsch nach einer CD kamen sie mit der Einspielung ihres Werkes »SeppHop« nach. Damit leiteten sie die »afroindolatinobajuwarische« Welle ein. Die Abendzeitung in München garantiert, daß die Alpen glühen, wenn die SeppHop Singers gut drauf sind. Dann informieren sie uns nur über »Wilma, die Kuh«, »Leberkasrosen«, den »Autowahn«

und die Bedeutung des »Hiasigableedl-saubanaschneesl«.
Discogr.: SeppHop (1998, Lawine/BMG). Kontakt: Lawine, Schongauer Str. 13, 81377 München, F: 089-74141611. Internet: www. bmgentertainment.de

SETLUR, SABRINA
Sabrina Setlur lebte in einem Vorort von Frankfurt/M. und geriet in das Umfeld des Rödelheim-Hartreim-Projekts, in deren Büros sie Arbeiten erledigen und auf deren Platten sie Background-Vocals übernehmen durfte. Im Januar 95 erschien unter dem Pseudonym Schwester S ihr erstes Album »S ist soweit«, für welches Moses Pelham die Musik geschrieben und die Produktion übernommen hatte. Mit den Singles »Ja klar« und »Hier kommt die Schwester« etablierte sich die Künstlerin als die Königin des deutschen Rap, was 300.000 verkaufte Alben wie der Comet und das Echo nachhaltig bewiesen. 1998 bestätigte Sabrina Setlur mit der unter ihrem eigenen Namen herausgegebenen CD »Die neue S-Klasse« ihren Platz an der Sonne. Das Album warf mit der Single »Du liebst mich nicht« einen Superhit ab und präsentierte neben deftigem HipHop auch zarte Streicher-Arrangements, dezenten Funk und eine Portion Pop, wobei dieses Mal alle Texte von ihr selbst stammten. Mit diesem Album erzeugte sie bei der Kritik zwiespältige Gefühle, während man sich in Deutschland überwiegend lobend äußerte, fand das österreichische Libro-Magazin das Werk »nicht ausgereift«. Ähnlich unterschiedlich beurteilten die Journalisten die Person Sabrina Setlur, die von einigen als arrogant oder unsicher eingestuft wurde. Dagegen wirkte sie auf der Bühne sehr selbstsicher und ihren Fans gegenüber keineswegs unnahbar. Ihre Konzerte bestritt sie in voller Bandbesetzung und hob sich auch dadurch von vielen HipHop-Acts positiv ab. Sabrina genoß ihre Auftritte sichtlich. Sie spielte im Vorprogramm von Michael Jackson und für die englische Supergruppe Faithless rappte sie im Titel »Bring My Family Back« eine Strophe in deutsch. 1998 sah die Bild-Zeitung in der Künstlerin die erotischste Frau Deutschlands, wobei diese selbst den Titel gerne an Verona Feldbusch abtreten wollte. In »Aus der Sicht und mit den Worten von...« erzählte Sabrina Setlur 1999 neue Geschichten mit dem in diesem Genre übliche deftigen Vokabular und erreichte sowohl mit der Single »Ich leb für dich« als auch mit ihrem Album vorderste Positionen in den Charts. Das Intro zur CD sprach Wyclef Jean von den Fugees. ME/Sounds und das Libro-Magazin vergaben für die Platte jeweils 5 Sterne, wobei es bei ME/Sounds 5 von 6 und beim österreichischen Nachbarn 5 von 10 waren. Als weitere Auskopplung entschied sich die Sängerin für das mit → Cora E. und → Brixx aufgenommene »Hija«, womit erstmals drei weibliche deutsch rappende Damen auf einer Platte vereinigt waren. Im Januar 2000 begab sich die erfolgreiche Künstlerin auf Deutschland-Tournee. Dafür erfolgte als dritte Single-Auskopplung der Titel »Letzte Bitte«, die einen CD-ROM-Teil enthielt, auf der das dazugehörige Video und ein »Making of...« zu sehen war. Ganz lieblich präsentierte sie sich wieder im Montags-Talk bei Beckmann und bei der Verleihung des Echo-Preises im März 1999, den sie als beste deutsche Künstlerin des Jahres 1999 erhielt. Inzwischen hatte die Künstlerin im Umgang mit der schreibenden Zunft viel gelernt und präsentierte sich so freundlich und locker, daß zu befürchten ist, sie könnte noch »everybody's darling« werden.
Discogr.: Schwester S: S ist soweit (1995, Universal), Die neue S-Klasse (1998, 3p/Sony), Aus der Sicht und mit den Worten von... (1999, 3p/Sony), Letzte Bitte (2000, MCD). Kontakt: Pelham Power Productions, Fuchstanzstr. 33-35, 60489 Frankfurt/M., F: 069-978270-40. Internet: www.sony.de • www. 3-p.de

SHANES
Kornelius Flowers (voc/g/harp), Riccardo König (v/voc), Pearl Snare (el-g/voc), Step-

Shanes

han Zender (dr), Thomas Rebmann (acc/voc), Bernie Bredin (bjo/mand/el-g/voc)

Beeinflußt vom Irish-Folk, aber auch von der osteuropäischen Folklore, dem Punk, Country und Chanson erschienen die Shanes aus Trier 1992 ein Jahr nach ihrer Gründung mit ihrer eigenen bunten Mischung, genannt Feuerwasser-Folk, und dem Album »Songs From The Urban Country Hell« auf dem deutschen Plattenmarkt. Schon damals schrieb Frank Keil: »Wer die Shanes bis dato noch nicht live erlebt hat, wird es sich spätestens nach dem Hören ihres Albums wünschen. Mit soviel Spaß und Enthusiasmus arbeiten und musizieren längst nicht alle Gruppen.« Sehr stark irisch geprägt präsentierten sie 1993 ihr Album »Polka Hard«, für das sie die Presse mit den berühmten Pogues verglich und mit dessen Liedern sie die Hallen zu Tanzsälen umfunktionierten. Mit der Single »Love Will Tear Us Apart«, an der Katrin Achinger von den Kastrierten Philosophen maßgeblich beteiligt war, erreichten sie die deutschen Indie-Charts und Rundfunkeinsätze bei John Peel in England. Für die EP »These Days« coverten sie »A Glass Of Champagne« von Sailor und Jaques Dutroncs »Paris s'eveille«, wobei sie den Songs ihre spezifische Note verliehen. 1996 brachten sie speziell für den ungarischen Markt die CD »Budapest Sessions« heraus. Einen Überblick über fünf Jahre Shanes vermittelte das Album »4 U« (1993-1998 – 5 Years Of Hard Polka). Die neueste Produktion der Shanes heißt »The Haunted House Of Polka«, die sie im eigenen Studio anfertigten. Dabei wurden für die Herstellung keine Kosten und Mühen gescheut und ein Frauenchor, Bläser, ein Pianist und ein Death-Metal-Sänger engagiert. Die Coversongs hießen diesmal »Fire« von The Crazy World of Arthur Brown und »Fire« von Bruce Springsteen. Nach mehreren hundert Auftritten, bei denen sie u.a. mit → Guildo Horn, den → Lemonbabies, Whisky Priests, Canned Heat, Ukrainians und → Subway to Sally auf der Bühne gestanden hatten und die sie durch ganz Deutschland, die Schweiz, Frankreich und Österreich bis nach Ungarn (Pepsi-Szeget-Festival – größer als »Rock am Ring«) und Großbritannien (Gloucester Festival) führten, hatten sie nichts von ihrer Energie eingebüßt. Bei Konzerten in den USA im April 1999 erhielten sie ein Angebot für das Texanische Oktoberfest in Houston und eine kleine Tour durch den Süden der Staaten.

Discogr.: Songs From The Urban Country Hell (1992, Strange Ways Records), Polka Hard (1993, Strange Ways Records), These Days (1995, Strange Ways Records), Budapest Sessions (1996), 4 U – 5 Years Of Hard Polka 1993-1998 – Best Of (1998, Eigenproduktion), The Haunted House Of Polka (2000). Kontakt: Extratours, Andreas Walser, Brendlesäcker 5, 88512 Mengen, T: 07572-2909, F: 07572-2959. E-Mail: shanes@web-service.de • Internet: www.shanes.web-service.de

SHARON

Im Mai 99 erschien das erste Album »Edge Of Time« der Rockband Sharon aus Donaueschingen, das in eigener Verantwortung ohne Rückendeckung einer Schallplattenfirma entstanden war. Das Mixen und Mastern der fertigen Aufnahmen veredelte Charlie Bauernfeind im bandeigenen Studio. Inside Out Music nahm das aus krachigen Rockern und sanften Balladen bestehende Werk in ihr

Programm. Nachdem Sharon früher in Konzerten mit den Pretty Maids, Gotthard, Bob Dylan, Axxis und Molly Hatchet auf der Bühne gestanden hatten, planten sie für das Frühjahr 2000 eine eigene Tournee.
Discogr.: Edge Of Time (1999, Inside Out/ SPV). Kontakt: Inside Out Music, Römerstr. 38, 47533 Kleve, F: 0821-26920. E-Mail: info@insideout.de

SHEELA

Chris Moser (g), Andreas Keppler (voc), Reiner Backe (b/back.-voc) Jacky Voutay (dr), Markus Teske (keyb)

Schon in ihrer Gründerzeit im Jahr 1994 achtete die hessische Band darauf, mit ihrem vom Blues inspirierten Rockstil mit viel Melodie und Progeinflüssen nicht mit anderen Gruppen der Rock- und Metal-Szene verglichen und in bestimmte musikalische Schubladen gesteckt zu werden. Sie legten auch besonderen Wert darauf, neuen musikalischen Strömungen immer aufgeschlossen gegenüber zu stehen, ohne sich diesen anzubiedern. Ausgefeilte Arrangements und dreistimmiger Gesang wurden zum Markenzeichen der Band. Schon mit ihrem ersten Album »Burned Down« gelangten sie auf den japanischen Markt und die dortige Rock-Zeitschrift Burrn-Magazine vergab in ihrer Besprechung für die CD 86 der 100 Punkte. 1996 ersetzte Andreas Keppler den bisherigen Sänger und Reiner Backe den früheren Bassisten. Mit ihren Neuzugängen begaben sich Sheela zusammen mit der amerikanischen Band Oriental Spas auf ihre erste Deutschland-Tournee. Dabei illustrierte der französische Aktionsmaler Ibara, der auch für die Gestaltung der Album-Cover von Sheela zuständig ist, während des Konzerts auf einem zusätzlichen Bühnenaufbau die Songs der Band. 1997 realisierte Sheela das zweite Album »Changes«, das dank der beiden neuen Mitglieder moderner, experimenteller und stilistisch vielfältiger ausfiel und das mit dem Titel »Trapped« ein Stück enthielt, das viele Rundfunkanstalten sendeten. Die kanadische Gruppe Saga feierte in diesem Jahr mit einer Europa-Tournee ihr 20jähriges Bestehen und nahm Sheela als Support-Act mit, wobei die Hessen in ihrem 50minütigen Set nicht nur das Publikum überzeugten, sondern auch die Achtung und Freundschaft der Headliner gewannen. Nach Saga begleiteten die Frankfurter 1998 die Amerikaner »Fates Warning« auf ihrer Deutschland-Tournee, siegten drei Wochen später unter mehr als 4.000 Acts beim Karlsberg-Challenge und erhielten zusätzlich den Sonderpreis für die beste Bühnenperformance. 1999 präsentierten Sheela ihre Lieder vor mehr als 40.000 Zuhörern auf der German Bike Week sowie zusammen mit ihrem Special Guest Michael Sadler, seines Zeichens Sänger von Saga, vor 18.000 Besuchern auf der Hauptbühne der Saarbrücker ComPop im Vorprogramm von Pur. Danach begannen sie mit den Arbeiten an ihrem dritten Album »Straight Hearted One's«, dessen Veröffentlichung zuerst in Japan und im Spätsommer 2000 in Deutschland vorgesehen ist.
Discogr.: Burned Down (1994), Changes (1997), Straight Hearted One's (2000). Kontakt: Management VIP Productions, Sonnenberger Str. 82, 65193 Wiesbaden, T: 0700-4243-6282. E-Mail: Sheila@gmx.de • Internet: sheela.de

SHOPMOUSE

Mutzel (voc/b), Kiste (dr/back.-voc), Kay (voc/g), Matze (g)

Shopmouse sind Mäuse, die sich heimlich im Musikladen an allem Möglichen versuchen. Vier junge abgebrühte und ungelernte Arbeiter aus nicht intakten Familienverhältnissen, die miteinander befreundet waren, fanden in der Musik ihre gemeinsame Leidenschaft. Aus einer gemeinsamen Session in ihrem Heimatort Walsrode entstand 1998 Shopmouse. Sie entwickelten einen Sound aus alternativem Rock, Grunge, Britrock und Psychedelic. Einflüsse der 60er, 70er und 90er wurden gemixt. Sie selbst nannten ihre Musik Orange Beat-Rock. Ihrem 4-Track-Tape stellten sie das Motto voran: »Musik ist der Schlüssel zum weiblichen Herzen« (Johann Gottfried Seume). Daß sie damit richtig lagen, bewiesen zahlreiche Auftritte in Clubs und auf Open-Air-Veranstaltungen. Ihre Erfolge sprachen sich herum. Dazu gewannen sie noch einige regionale Nachwuchspreise. Dies alles veranlaßte das Hannoveraner Label Coastland, ihnen einen Vertrag anzubieten. Sie begannen im Januar 99 mit den Aufnahmen zu ihrem ersten Album, das sie im Herbst 1999 unter dem selbstbewußten Titel »Hit« veröffentlichten.

Discogr.: Hit (1999, Coastland Records)
Kontakt: Coastland Records, Im Eichholz 43, 30657 Hannover, F: 0511-6500180; Castor Promotion, Dragonerstr. 21, 30163 Hannover, F: 0511-392553. E-Mail: elke@castor-promotions.de • Internet: www.coastland.de

SIEBEN

Der Sänger und Gitarrist Angel, der zweite Gitarrist Bernd, der Bassist Sven und der Drummer Moritz nahmen in Hamburg als Sieben am Oxmox Talentwettbewerb und dem John-Lennon-Förderpreis teil und lernten dabei einen Produzenten kennen, der ihnen die Aufnahme der Mini-CD »Asyl« ermöglichte. Die positive Reaktion der Presse auf das vielschichtige Album mit intelligenten, sprachgewandten deutschen Texten, das ebenso melancholische Atmosphäre wie wütende Emotionalität vermittelte und Einflüsse des Funk, Metal und Psychedelic aufwies, ermöglichte ihnen zwar viele Konzerte, verschaffte ihnen aber noch keinen Plattenvertrag.

Kontakt: Sieben c/o Sven Berger, Geschwister-Scholl-Str. 148, 20251 Hamburg, T: 040-4605173

SILENT FACES

Thomas Behm (voc/g), Tom Weicker (g/back.-voc), Wendelin Hejny (b/back.-voc), Sebastian Altzweig (dr/perc)

Begonnen hatte alles mit der Band Tommy & the Moondogs, in der sie Songs der Beatles spielten. Seit 1990 beehren uns die Darmstädter als Silent Faces mit ihrem Gitarrenpop. Etwas blauäugig vertrauten sie einem fachfremden Manager, der ihnen einen Plattenvertrag mit dem Major Virgin versprochen hatte. Die aufwendige Produktion der ersten CD mußte schließlich von ihnen selbst bezahlt werden. Zudem unterschrieben sie noch einen Vertrag bei einer britischen Managementfirma, die sich für die Musiker kaum einsetzte, an die sie aber vertraglich gebunden waren. Die Band drohte daran zu zerbrechen, raufte sich aber letztendlich zusammen. Ihre schlechten Erfahrungen gaben sie selbstironisch auf ihrem ersten Album bekannt, das sie entsprechend »Should Have Been A Virgin« nannten. Eigenständig konnte man ihren Stil nicht nennen, denn U2, Police und Simple Minds hörte man zweifellos heraus. Trotzdem hatten die Kompositionen einen hohen Standard und ein Titel wie »Shout« sicherte den ersten Achtungserfolg. Eine zweite CD »Anna Is Mad« produzierte die Band selbst, dabei diente sie ihnen als Therapie und Demo. Breite Beachtung fand der nächste kreative Ausstoß mit dem Titel »Chrome«. Dafür hatten sie den Major EMI als Vertriebspartner gewonnen, konnten sich aber die

Shopmouse

volle künstlerische Freiheit sichern. Ein Teil der Rezensenten sah in ihnen eine Zweitausgabe von → Fury in the Slaughterhouse. Vor allem im Südwesten von Deutschland war die Band sehr erfolgreich. Besonders häufig fand man ihre Titel im Programm von SWF und Radio Regenbogen. Auftritte als Support von u.a. den Scorpions, Jethro Tull, Meat Loaf und Runrig machten sie weithin bekannt. Internationale Anerkennung ging von Radio Luxemburg aus, als die Hörer des Senders den Titel »Blinded By Your Love« auf Platz 11 der Airplay-Charts hievten. Die Schweiz zog mit einer Nominierung auf Platz 89 nach. In Deutschland gewann das dazugehörige Video in der ZDF-Sendung »Chart Attack« mit 59,1 % der abgegebenen Stimmen. Die Vorab-Single zur nächsten CD »Say Goodbye Before You Go« wählten die Hörer des SWF 3 auf Platz 1 der Elch-Charts. Eine weitere Nummer 1-Plazierung erreichten sie beim Sender Radio Regenbogen mit dem Titel »Last Farewell«. Auch wenn sie gerne Abschied nehmen, einer vom Erfolg war nicht dabei. Denn inzwischen gefielen den Spaniern, wahrscheinlich mehrheitlich den Spanierinnen, die stummen Gesichter. Festival- und Fernsehauftritte führten sie mit dem Titel »Another Time Another Place« direkt in die spanischen Charts. Sie spielten u.a. in Barcelona, Madrid, San Sebastian und Valencia. Mit der Veröffentlichung des Albums »Little Moments« legten sie ihren Ruf als Epigonen von → Fury in the Slaughterhouse endgültig ab. Den Nachweis dazu konnten sie auch auf dem SWF 3-Festival zum Sendestart in Baden-Baden bringen, wo sie eben auf diese trafen. Ihr melodiöser Gitarren-Poprock war durch vielschichtige Sound- und Samplefacetten bereichert worden. Dafür erhielten sie von Hajo im Feedback 10 der 10 Punkte. Für ihre Fesstivals und Tourneen unterstützte sie zudem die VW-Sound Foundation.

Discogr.: Should Have Been A Virgin (1993), Anna Is Mad (1994), Chrome (1997, Sowieso/EMI), Little Moments (1998, Sowieso/EMI). Kontakt: Sowieso Musikproduktion, Wittmannstr. 2, 64285 Darmstadt, F: 06151-64627. Internet: www.emimusic.de

SILVERSPOON

Lars Horstmann (dr), Tobias Splett (b), Nils Konvalinka (voc/g)

Silverspoon muß man entdecken, denn im Radio werden ihre Songs nur selten

Silverspoon

gespielt. Dies liegt einerseits an den überlangen Titeln, andererseits an ihrem Stil, den sie selbst als modernen Psychedelic Alternativ Rock bezeichnen. Ab Winter 97/98 arbeiteten sie an der Debüt-CD. Die Auslieferung des Albums begann offiziell am 1.1.99. 61 Minuten Spielzeit und nur sechs Titel ließen Platz für Improvisationen. Karl Jelinek schrieb zur CD in der Zeitschrift Hotline:»Dunkle, sphärische Klänge wabern leise durch den Raum und mischen sich mit klaren, hellen Gitarrenklängen, um von einer Welle anschwellender dröhnender Gitarren und dunklem, alles durchdringendem Baß weggeschwemmt zu werden, bis diese langsam in sich zusammenbricht und leise suchende Melodien zurückläßt. Der Aufbau einer dichten Atmosphäre, die einen umhüllt und forttträgt, ist auch der Kern von Silverspoon und das, was das Trio nahezu perfekt beherrscht. Am ehesten lassen sie sich wohl mit einer Mischung aus Kyuss und Tool vergleichen, ›but it's different anyhow‹. Eine Band, die definitiv das Potential hat, oben mitzuspielen.« Noch besser als auf Platte entfalteten sich ihre Songs im Konzert.
Discogr.: Ecdyson (1999, Town Music/Tonhaus Records). Kontakt: Tonhaus Records, Postfach 150364, 44343 Dortmund, F: 0231-3339325. E-Mail: Tonhaus@aol.com • Internet: aol.members.com/tonhaus

SINNER
Die schwäbische Rocklegende um Matthias Lasch = Mat Sinner erzielte 1984 mit der LP »Danger Zone« und melodischem Metal nach zwei relativ erfolglosen Alben und einigen Besetzungswechseln den nationalen Durchbruch. Ständig wechselnde Musiker und für die Fans zu glatter Sound verhinderten den Aufstieg in die obersten Etagen der Metalliga, was dazu führte, daß die Band nach »Dangerous Charm« vorläufig aufgab. Im Dezember 91 läuteten Sinner mit einer erfolgreichen Tournee ihr Comeback ein. »No More Alibis« hieß das solide Werk von 1992, an dem erstmals ein Keyboarder beteiligt war und dem in regelmäßigen Abständen weitere Neuerscheinungen folgen sollten. »Judgement Day« von 1997 avancierte mit harten Klängen zum erfolgreichsten Album der Bandgeschichte und auf »The Nature Of Evil« bauten sie sehr vorsichtig moderne Elemente in ihren Metal ein. »The Second Decade« leitete Ende 1999 mit vertrauten Klängen den Weg ins neue Jahrtausend ein.
Discogr.: (Auswahl): Danger Zone (1984, Noise), Touch Of Sin (1985, Noise), No More Alibis (1992, Mausoleum), Judgement Day (1997, High Gain), The Nature Of Evil (1998, Eastwest), The Second Decade (1999, Eastwest). Kontakt: Eastwest records GmbH, Heußweg 25, 20255 Hamburg, F: 040-49062-267. Internet: www.eastwest.de

SIOUX
Rolf-Dieter Schnapka (b/voc), Alf Schneider (dr), Thomas Hort (keyb)
Die Indianer aus dem Süden Deutschlands sind drei herausragende Musiker, die 1980 Blutsbrüderschaft schlossen und den Pfälzer Stamm der Sioux bildeten. In dieser Formation schöpften sie in den Klangwelten des Rock, Jazz, Latin, Ethno und erfanden ihre eigene Art des Crossover. Bevor es soweit war, hatten der Bassist und Sänger schon eine lange musikalische Laufbahn hinter sich. Nach seinem Musikstudium am Konservatorium in Kaiserslautern und Mannheim (Kontrabaß/Klavier/Gesang/Harmonielehre) schloß er sich der US-Formation Soul Crusaders an, gründete dann die Gruppe Penicillin, spielte in der Klassik-Rock-Band Tritonus, war Studio- und Tourgast bei Jim Kahr, Joy Fleming und Vince Weber und bereiste Europa mit Al Martino, Percy Sledge, den Supremes und den Platters. Außerdem engagierte ihn das Pfalz-Theater in Kaiserslautern für verschiedene Produktionen. Alf Schneider brachte eine musikalische Ausbildung beim renommierten Schlagzeuger Helle Peters in Hamburg hinter sich, gründete die Klassik-Jazz-Formation

Trignome, stieg ebenfalls bei Penicillin ein, spielte noch bei der Rockband Message, bevor er sich Tritonus anschloß und den weiteren musikalischen Weg oftmals mit Rolf-Dieter Schnapka ging. Thomas Hort studierte am Konservatorium in Kaiserslautern und in Darmstadt. Er erhielt Engagements für Eigenproduktionen am Staatstheater Darmstadt und ebenfalls am Pfalz-Theater in Kaiserslautern. Auch er begleitete viele ehemalige Stars wie Percy Sledge, George McCrae und Pete Lancaster auf deren Touren. 1988 beteiligte sich das Trio an Fernsehaufnahmen für SWF 3-SF für die Sendereihe »Geschichte der Rockmusik von 1950-1988«. Bereits 1980 brachten Sioux das Album »Spanish Dream« heraus und 1982 glänzte die Formation auf der LP »Fritz Schnitzel in Südamerika«. Aufgrund vertraglicher Probleme, die nur mit einem Prozeß, den sich die Band nicht leisten konnte, hätten gelöst werden können, erschien das dritte Album erst 17 Jahre später. Dazwischen lag noch eine CD-Einspielung, die Sioux nur zur Vertragserfüllung aufgenommen hatten und die nie veröffentlicht wurde. In den vielen Jahren hatten die Freunde nie den Kontakt verloren und sich vielen verschiedenen Aufgaben gewidmet. Beispielsweise baute Schnapka ein eigenes Tonstudio auf, gründete einen Musikverlag und ein Label und wirkte bei unzähligen Aufnahmen als Produzent oder Bassist mit. Das 99er Album »Dream Catcher«, eine überwiegend instrumentale Klangwelt aus Jazz, Rock, Funk, Latin und Ethno, entstand unter Mitwirkung verschiedener Freunde, die auch bei den Konzerten mit auf der Bühne standen. Ihre neuesten Kompositionen stellten sie während der 1. Pfälzer Musikmesse dem Publikum vor. Über ein Konzert des Trios schrieb die Rheinpfalz unter der Überschrift »Von einem anderen Stern«: »Das war eine wilde Verfolgungsjagd durch die Prärie. Massiv meldete sich die Gruppe ›Sioux‹ am Mittwochabend im Cotton Club des Kaiserslautener Kulturzentrums Kammgarn zurück, mit einer mitreißenden Show, gegen die die Rocky Horror Picture Show wie die Sonntagsmatinee beim Kaffeekränzchen eines Seniorenvereins wirkt. Höllisch groovte die Formation ab und heizte dem Publikum so ein, daß einem die Mütze fliegen ging.« Außer mit Sioux nahm Rolf-Dieter Schnapka zusammen mit Bob Brozman das Album »Kosmik Blues & Grooves« auf, das überwiegend Instrumentalmusik enthielt und mit seiner Mischung aus Blues, Ethno, Hawaii- und Karibikfeeling hervorragende Rezensionen bekam. So vergab Soundcheck die Höchstwertung und Feedback 9 der 10 Punkte und meinte: »Kosmik Blues & Grooves ist eine – zum großen Teil akustische – grenzenlose Scheibe, mit der man locker in andere Sphären vorstoßen kann.«

Discogr.: Spanish dream (1980, Rockport Records), Fritz Schnitzel in Südamerika (1982, Koch Records), Dreamcatcher (1999, RDS Music), Bob Brozman & Schnapka: Kosmik Blues & Grooves (1999, RDS Music). Kontakt: Schnapka Musik Verlag, Gehöllweg 10, 66871 Oberalben, T: 06381-3404, F:06381-8233

Sioux

SISSIES

Bei der Hamburger Band Sissies trifft Schweinerock auf Crossover. 1998 gewannen sie den Newcomer-Contest der Zeitschrift »Visions«, durch den schon → Liquido zu Hitehren gekommen waren, und auf dem Bizarre Festival machten die Sissies nachdrücklich auf sich aufmerksam. Nachdem sie auch auf der gemeinsamen Tournee mit Gluecifer eine gute Figur abgaben, beschloß das Label Loudsprecher, die selbstproduzierte CD »Fixed«, die bisher hauptsächlich während der Konzerte verkauft wurde, in ihr Programm zu übernehmen. Im März 1999 wurde das Album dem Markt zugänglich gemacht. Derweil waren die Sissies gemeinsam mit Payola und Smoke Blow auf Tour durch Deutschland.
Discogr.: Fixed (1999, Loudsprecher/Indigo) Kontakt: Loudsprecher, Voßstr. 53, 30163 Hannover, F: 0511-662093. E-Mail: loudsprecher@hotmail.com

SITTER

Die Münchner Underground-Helden Sitter verbanden Punk mit melodiösem melancholischem Pop und ließen in ihrer Anfangszeit zwei junge Damen, die Brutalen Blondinen, mit schrillen Showeinlagen für optische Auflockerung sorgen. Gegründet wurden Sitter 1995 von dem Gitarristen Andi Blab, der nach verschiedenen Gastrollen und experimentellen Studioprojekten in einer eigenen Gruppe musizieren wollte. 1996 erschien das durchgehend gelobte Debüt »Pastarello« mit einer Mischung aus eingängigen Melodien mit verzerrten Sounds und dichten Gitarrenwänden. Neben technisch sauberem Handwerk ließen Sitter in ihren Konzerten viel Leidenschaft erkennen, weshalb die Begeisterung beim Publikum von Song zu Song zunahm.
Discogr.: Pastello (1996, Veracity/EFA). Kontakt: EFA Medien GmbH, Arnsberger Str. 30, 60385 Frankfurt/M., F: 069-943424-22. E-Mail: frankfurt@efa-medien.de • Internet: www.efa.medien.de

SIX WAS NINE

Achim Degen (voc), Markus Tiedemanns (Instrumentierung)
Die beiden kreativen Köpfe von Six was Nine kannten sich schon lange und hatten gemeinsam in einer Coverband gespielt, die sich auf die Musik der 70er spezialisiert hatte. Gegen Ende der 80er Jahre bildeten Achim und Martin mit einigen Freunden die Soulformation Six was Nine, die im Laufe der Zeit im Mannheimer Raum wegen ihrer überzeugenden Konzerte viele Anhänger fand. Nach der Vertragsunterzeichnung mit dem Label Virgin erschien 1992 ihr Debüt »A Few Bold Strokes Of The Brush«, über das Audio schrieb: »Federleichter Hip-Hop im Beat, schwerblütiger Soul mit kratziger Stimme und ein Produzent mit viel Sinn für Motown-Gesänge, Philly-Streicher und House-Klavier am Mischpult.« Die Hörer nahmen 1993 erstmals bundesweit von der Band Kenntnis, und mit dem Titel »We Are Free« erreichten sie Platz 81 der Airplay-Charts. Mit dem zweiten Album »Let It Come Your Way« von 1994, das der Brite Mike Vernon (Fleetwood Mac) produziert hatte, und den Hits »Drop That Beautiful« und »Surprise Surprise« erreichten Six was Nine ihren endgültigen Durchbruch. Die deutsche Presse sah in ihnen die deutsche Antwort auf Simply Red und lag damit zweifellos nicht daneben. Auch das dritte Album »Walk With The Spirits« warf mit »Mission Of Love« und vor allem mit »Searching For A Soul« zwei respektable Hits ab. Keine geringere als Tina Turner nahm Six was Nine 1996 in das Vorprogramm ihrer Tournee. Trotz dieser Erfolge kam es zu keiner weiteren Veröffentlichung bei der bisherigen Plattenfirma, da diese ihre Erwartungen noch wesentlich höher geschraubt hatte. Turbulenzen innerhalb der Band gipfelten darin, daß von dem Quintett nur noch Achim Degen und Markus Tiedemann übrig blieben. Das nächste Album »Zen & Now« erschien 1998 bei BMG Entertainment und das Duo präsentierte sich

wesentlich rockbetonter als bisher. Die erste Auskopplung »Turning Wheel« kam auf Rang 26 der Airplay-Charts und erreichte in der Verkaufshitparade Platz 83 und mit dem Titel »Pilot« gelang ein weiterer kleiner Hit. Wieder einmal zeigte es sich, daß Six was Nine über treue Fans verfügten, aber mit ihrer Musik die breite Masse nicht erreichen konnten. Nicht der breiten Masse zugehörig war auch ein nicht genannter Journalist, der die Frankentaler ausbürgerte und als das österreichische Ensemble Six was Nine vorstellte.

Discogr.: A Few Bold Strokes Of The Brush (1992, Virgin), Let It Come Your Way (1994, Virgin), Walk With The Spirits (1996, Virgin), Zen & Now (1998, BMG München). Kontakt: BMG Ariola München, Steinhäuser Str. 1-3, 81677 München, F: 089-4136-144. Internet: www.bmg.de • www.bmgentertainment.de

SKAOS

Mad Wolley (ld-voc/tb), Pedro (s), Konsti »Linus« (tp), Lloyd Schiffi (keyb), Ice Scholl (b), Bobi C. Bobinger (dr), Enzo Glenzo (voc/g)

Gleich das erste Konzert der Krumbacher Ska-Band als Headliner endete Mitte der 80er Jahre im Chaos. Zu einem nicht genehmigten Punkfestival mit privatem Charakter kreuzte die Polizei auf und wollte das Konzert abbrechen. Die Besucher waren wütend und aufgebracht. Um Randale zu vermeiden und bevor die Situation eskalierte, enterten Skaos die Bühne und spielten solange, bis es der Polizei gelang, den Strom endgültig abzuschalten. Kurze Zeit später erreichten sie bei einem Talentwettbewerb des Bayerischen Rundfunks den 3. Platz und durften im Rahmen eines großen Festivals in der Münchner Alabama-Halle auftreten. Ihre eigenen schnellen Versionen bekannter Two-Tone-Hits begeisterten das Publikum. Sie erhielten die Möglichkeit, für das Label New Tone die EP »Inside« einzuspielen. Der erste Schlagzeuger Jah Hug erlebte die Veröffentlichung nicht mehr, er hatte sich im Winter 87 das Leben genommen. Ihre erste LP »Beware« war noch stark beeinflußt von Bands wie den Specials oder Bad Manners, aber trotzdem begann damit der überregionale Erfolg. Sie tourten mit Bad Manners durch Großbritannien und nahmen am 1. Internationalen Ska-Festival in London teil. Die Labels Blue Beat und Unicorn packten Lieder von Skaos auf ihre für den britischen Markt bestimmten Sampler. Es folgten Auftritte im Rundfunk und Fernsehen und die Besucherzahlen bewegten sich immer öfter im vierstelligen Bereich. Mit der zweiten LP »Catch This Beat« von 1989 versuchte die Band, den traditionellen Ska mit eigenen Mitteln neu zu erfinden. Der SFB übertrug Ausschnitte aus einem Konzert während der Independent Days in Berlin. Obwohl ihre Karriere bisher nur bergauf gegangen war, führten Streitigkeiten und Umbesetzungen zur Auflösung der Band. Am 30.12.90 spielten sie auf dem »Skankin' 'round the Christmas Tree«-Festival in Aachen zum letzten Mal. Bis 1995 tat sich nicht mehr viel. Dann kündigten sie für Februar 95 im Augsburger »Kerosin« einen Reunion-Gig an, der innerhalb kürzester Zeit rest-

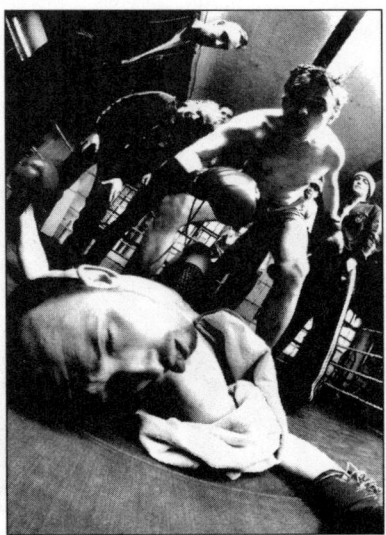

Skaos

los ausverkauft war und zu dem Fans aus Österreich und der Schweiz anreisten. Auf Tonträger meldeten sie sich mit der Konzert-CD »Back To Live« zurück. Auf der »Claus«-Tour bewiesen sie im Winter 95/96, daß sie nichts an Frische und Lebendigkeit verloren hatten. Im Sommer 96 rackerten sie auf vielen Open-Air-Bühnen und im Herbst beehrten sie Frankreich, Spanien und Italien mit ihrem Besuch. Dann spielten sie die CD »Ham & Eggs« ein, mit der sie beweisen konnten, daß auch der traditionelle Ska moderne Elemente verträgt. Die Brauerei Riegele (Spezi) trat als ihr Sponsor auf. Mit ihrer Hilfe schipperten sie über den großen Teich und sorgten in den USA für Skaos. Auch danach wirbelten sie wieder über die Bühnen Europas.

Discogr.: Inside (1987 EP – New Tone), Beware, Catch This Beat (1989), Back To Live (1995, Pork Pie/EFA), Ham & Eggs (1997, Pork Pie/EFA). Kontakt: Vielklang Musikproduktion GmbH, Forsterstr. 4/5, 10999 Berlin, F: 030-6189382. E-Mail: info@vielklang.de • Internet: www.vielklang.de

SKEPTIKER, DIE

Gogow (dr/back.-voc), H. Menke (b/back.-voc), T. Schwoll (g/back.-voc), L. Rudel (g/keyb/back.-voc), E. Balanska (voc)

Sie kamen aus Ostberlin und Brandenburg. Seit ihrer Gründung im Herbst 1986 gehörten die Politpunkrocker zum Untergrund der ehemaligen DDR. 1987 wurde einer ihrer Auftritte im Rundfunk mitgeschnitten. Eine Maxisingle mit den vier Titeln »Unmut«, »Jajaja«, »Pierre« und »Luce/Dada in Berlin« brachten sie überraschend 1988 bei der Plattenfirma Amiga unter. Von »Jajaja« wurde 1989 ein Videoclip hergestellt. Jeweils 1988 und 1989 produzierten sie selbst Demo-Tapes, die unter den Namen »O.T.« und »Schreie« verkauft wurden. Im April 1990 löste sich die Band auf. Der Sänger, Texter und Bandchef Eugen Balanskat wollte sein liebstes Kind nicht sterben lassen und machte mit vollkommen neuer Besetzung unter gleichem Namen und gleichem Konzept weiter. Im selben Jahr besangen sie auf ihrer Debüt-CD »Harte Zeiten«. Diese empfanden sie als »Sauerei« und taten dies 1991 entsprechend kund. Sie hatten sich in der DDR nicht den Mund verbieten lassen und pranger-

Die Skeptiker

ten auch nach der Wende die Mißstände an. In »Deutschland halt's Maul« sangen sie gegen Größenwahn und Ausländerfeindlichkeit an und stellten in einem anderen Titel fest: »Hinter den Mauern der Stadt, da sollte ein Paradies sein, aber hinter den Mauern der Stadt, da brach nur die Kälte herein.« Aber es gab noch vieles, das nicht richtig lief im Staate Deutschland und deshalb noch viele Themen für »Die Skeptiker«. Deshalb sandten sie 1993 »Schwarze Boten« in die Plattenläden. 1994 ließen sie ihre explosiven Auftritte auf CD und Video bannen. Endzeitvisionen, nationaler Größenwahn und moralischer Werteverfall waren Themen der CD »Stahlvogelkrieger« von 1995. 1996 feierte das gute Gewissen der Nation sein zehnjähriges Bühnenjubiläum mit einem Konzert im Berliner Kesselhaus, wobei viele ehemalige Musiker mitwirkten. Darunter fand sich auch die komplette Urbesetzung. In diesem Jahr veröffentlichen sie ihre frühen Werke auf der gleichnamigen CD. Weder die vielen Besetzungswechsel noch die Hinwendung der Bevölkerung zu einfacherer musikalischer Unterhaltung sowie zunehmendes politisches Desinteresse hinderten die Band daran, weiter mit voller Kraft ihr Konzept zu verfolgen. Die Bestätigung dafür war auf der CD von 1998 »Wehr dich« zu hören. Bei aller Wut bewiesen Die Skeptiker auch viel Humor, wenn sie beispielsweise bei den Konzerten Schlager aus den 20er Jahren in Opernmanier vortrugen.

Discogr.: Harte Zeiten (1990, CD/LP/MC – Deutsche Schallplatten GmbH Berlin/TRL), Sauerei (1991, CD/LP/MC – Our Choice/ RTD), Schwarze Boten (1993, CD/LP/MC – Our Choice/RTD), Live (1994, CD/LP/Video – Our Choice/RTD), Stahlvogelkrieger (1995, Our Choice/RTD), Frühe Werke (1996, Rebel Rec./SPV), Wehr dich (1998, Dröönland Production/EFA); weitere Maxis, MCs, Videoclips auf Anfrage. Band-Kontakt: T: 0172/ 3113128. Internet: www.efamedien.com

SKEW SISKIN

Nina C. Alice (voc), Jimi Vox (g), Jogy Rautenberg (b), Carsten Crash Klick (dr)

Nina C. Alice, eine ehemalige Punk-Drummerin und Schauspielerin in mehreren Untergrundfilmen und Theaterproduktionen, die auch Tanzunterricht genommen hatte und noch zum Musical wollte, traf 1989 auf den Gitarristen Jimi Vox, der einen geeigneten Sänger für seine Kompositionen suchte. Jimis musikalischer Background lag in Arbeiten mit Inga Rumpf, Joy Rider, PVC und einer eigenen Band, die er in New York während eines längeren Aufenthalts zusammengestellt hatte. Als Produzent von Jingo de Lunch verbuchte er in Deutschland weitere Erfolge. Ninas Stimme, geprägt vom Reißnägelessen zum Frühstück, paßte gut zu den rauhen Kompositionen von Jimi Vox, und mit dem Schlagzeuger Nik Terry und dem Bassisten Jogy Rautenberg entstand Skew Siskin. 1991 fertigten sie ihr erstes Demo-Tape an mit einer Mischung aus bewährtem Hardrock, Heavy Metal und Psychedelic Blues, die Nina sehr ausdrucksstark und gefühlvoll interpretierte. Dann nahmen Skew Siskin mehrere

Skew Siskin

Auftrittstermine in Deutschland wahr. Aufgrund des Tapes vermittelte der Frankfurter Tourveranstalter Ossy Hope der Band ein Showcase in Boston/USA, was ihnen einen Vertrag bei der amerikanischen WEA verschaffte. Skew Siskin siedelten nach L.A. über und veröffentlichen das hochgelobte selbstbetitelte Debüt. Ihre erste Single »If The Walls Could Talk« ließ sich ebenfalls gut an. Das Album wurde nach Amerika auch in Deutschland, GB, Japan und Asien vermarktet und im Vorprogramm von Black Sabbath, Ice T., Accept und Motörhead sowie einer Headliner-Show mit Seargant Fury und Hittman präsentiert. Allerdings stellten sich Probleme mit dem Management ein, das Nina in den USA als »Tits & Ass-Schlampe« vermarkten wollte. Nachdem das Album sich nicht so gut verkaufte, wie es sich WEA vorgestellt hatte, entließen sie Skew Siskin nach dem ersten Album aus dem Vertrag. Skew Siskin gingen nach Berlin zurück, dann ging Drummer Terry Zigaretten holen, kam nicht mehr zurück und wurde durch Carsten ersetzt. Lemmy von Motörhead, der von Skew Siskin begeistert war, schrieb spontan einige Stücke mit ihnen zusammen und steuerte auf »B4« Bass und Stimme bei. Diesen Titel findet man auf der »Voices From The War«-EP, die in limitierter Erstauflage dem nächsten Album »Electric Chair Music« beigefügt war, das von Gun Musik herausgegeben wurde. Das englische Frontiers Magazin vergab 6 Sterne und stellte fest: »Musically it's very hard and heavy, but with a discernible 90s edge. Well worth checking out.« Danach ließen sich Skew Siskin wieder viel Zeit, bis es 1999 zurück in die Zukunft hieß und sie mit antiquiertem Equipment wie Marshall-Verstärker und Fender-Stratocaster-Gitarren ein Rockmusik-Flair der 70er Jahre erzeugten. Das mit Vollgas eingespielte Werk, dessen Stil sie selbst als Flower-, Doom- und Psycho-Pop bezeichneten, nannten sie »What The Hell«, um damit die Nähe zu Berlin zu demonstrieren, wo sie sich der Hölle am nächsten fühlten.

Discogr.: Skew Siskin (1992, Giant/WEA), Electric Chair Music (1996, GunRecords), What The Hell (1999, Steamhammer/SPV). Kontakt: SPV/Steamhammer, Brüsseler Str. 14, 30539 Hannover, F: 0511-8709181. E-Mail: info@spv.de • Internet: www.spv.de

SLUT

Das Quartett aus dem Großraum Ingolstadt startete 1996 mit der CD »For Exercise And Amusement« mit abwechslungsreichem Gitarrenpop, der mal hart und schwer, dann wieder sehr subtil und zurückhaltend klang. Im Frühjahr 1997 begleiteten sie Locust Fudge auf deren Deutschland-Tournee, bevor sie für den Film »Die sieben Todsünden« den Titel »Phlegma« einspielten, der auf der EP »Sensation« von 1997 zu hören war. Wohldosierter schrammelnder Gitarrenkrach und sensible, melancholische Melodien bestimmten den Sound des 98er Albums »Interference«, der mit Elektronik, echten Streichern, Flügelhorn und Orgel aufgewertet wurde und wofür ME/-Sounds fünf ihrer sechs Punkte vergab. Matthias Wichmann schrieb dazu: »Das Album überzeugt vom ersten bis zum letzten Ton und darf zu großer Hoffnung Anlaß geben.«

Discogr.: For Exercise And Amusement (1996), Sensation (1997, EP), Interference (1998, Sticksister/Indigo). Kontakt: Sticksister, Wentorfer Str. 47c, 21029 Hamburg, F: 040-726 98581

SNAIL'S HOUSE

Timo Holstein (voc/b), Peter Klein (keyb), Günni Stöckel (g), Andy Klein (dr)
1992 begann die Kaiserslauterner Formation Snail's House als Coverband und erspielte sich bald einen guten Ruf in der Live-Szene. Nebenher schrieben sie eigene deutsche Songs, die sie als XB-liebig unter das Volk brachten. Beide Formationen kamen bei den Leuten gut an und 1996 legten sowohl Snail's House mit »Wahnsinn live« als auch XB-liebig mit

»Fang mich – live« eine eigene CD vor, wobei das XB-liebig-Album von Andy Kuntz (→ Vanden Plas) produziert wurde. Da beide Formationen inzwischen die gleiche Besetzung aufwiesen, entschlossen sich die Mitglieder, ab 1997 nur noch unter Snail's House zu agieren. Dabei mischten sie in ihrem Programm Fremdkompositionen mit ihren eigenen Erzeugnissen und bemerkten, daß die Hörer immer öfter die Snail's-House-Stücke hören wollten, die aus einer breiten Mischung Deutschrock, Deutschfunk und Balladen bestanden. Der gefragte Live-Act teilte sich mit → Brings, der Spider Murphy Gang, → Guildo Horn, → H-Blockx die Bühne und beschämte auf einem Festival Playback Acts wie Masterboy etc., indem sie als erste Band live spielten. 1999 entschloß sich die Gruppe, ihre nächste Konzert-CD »Unplugged – Live« zu veröffentlichen und mit »Ich will raus« die neuesten Eigenkompositionen zu Gehör zu bringen. Wieder hatte Vanden Plas-Mastermind Andy Kuntz hilfreich zur Seite gestanden. Für den Vertrieb gründeten Snail's House ihr eigenes Label 54 Music.

Discogr.: Wahnsinn – Live (1996, 54 Music), Fang mich – live (als XB-liebig, 1996), Unplugged – Live (1999), Ich will raus... (1999). Video: Wahnsinn – das Video. Kontakt: Eigen Art, T: 06352-740179. Internet: www.snailshouse.de

SOCCER – EHEMALS SOAP

Dieter P. Ileumann (voc), Christoph Schneider (b), Michael Krannich (g), Michael Schlücker (g), Mirko Heckhard (dr)

Der Kölner Fußball findet nur in der zweiten Liga statt. Aber die Jungs von Soccer peilen den Aufstieg in die erste Spielklasse an. Sie fanden im Jahr 1994 in Köln zusammen und tauften die Band auf den Namen Soap. Ihren melodiösen Gitarrenpop bezeichneten sie selbst als Noise-Pop. Im Herbst 94 traten sie erstmals in der jetzigen Besetzung auf. Das Demo-Tape »Tobi« veröffentlichten sie im Mai 95 und die Kölner Presse urteilte: »Soap sind eine, wenn nicht DIE beste unsigned Band der Gegend.« Nachdem sich die ersten Erfolge eingestellt hatten, kam es im April 96 zur Katastrophe. Auf dem Weg zu einem Konzert als Vorband für die Flowerpornoes brannte der Bandbus samt Equipment aus. Aber die Kölner Szene bewies, daß auch Solidarität unter Musikern möglich ist. Am 29.6.96 veranstalteten die Gruppen Bones, Tonic und Zinnober ein Benefiz-

Soccer – ehemals Soap

konzert zugunsten von Soap. Im August 96 erschien die Debut-Single »Four Chord Popsong About A Girl«. Das Fachblatt Musik vergab dafür »ein dickes Lob« und betonte, daß »neben dem Titelstück drei weitere schöne Nummern im Stil von melodiösem Britpop zu entdecken sind.« Zwischen August 96 und Mai 97 gab die Gruppe unentwegt Konzerte. Während die Auftritte in den alten Bundesländern erfolgreich verliefen, kam bei einem Konzert in Potsdam aufgrund widriger Umstände lediglich ein einziger zahlender Gast. Es sprach für die professionelle Einstellung der Band, daß sie trotzdem das volle Programm spielten. Weiter trübte ein Skinheadüberfall die Freude an der Tour. Anschließend zogen sie sich in ein Studio zurück, um an der ersten CD zu arbeiten. Diese wurde unter dem Titel »Supreme« am 24.10.97 im ausverkauften Kölner »Underground« präsentiert. Bei einer Umfrage der »Rheinischen Post« unter den Leverkusener Jugendlichen wurde auch die CD des Jahres bei den Local-Acts ermittelt. Mit großem Vorsprung gewann die CD »Supreme«, die auch überregional mit guten Kritiken bedacht wurde. Das Jahr 1997 endete mit dem 100. Konzert der Band, im ausverkauften Kölner Päff. In Zusammenarbeit mit der Düsseldorfer Band Subterfuge gelangte im Mai 98 eine Vinylsingle mit den Coversongs »Highwayman« und »ln The Mouth A Desert« auf den Plattenmarkt. Dies war die letzte Veröffentlichung unter dem Namen »Soap«. Fortan durfte der Name auf Druck einer dänischen Dance-Floor-Gruppe, welche die älteren Rechte für sich beanspruchte, nicht mehr verwendet werden. Die eingeschworenen FC-Fans wählten deshalb den Namen Soccer. Unter dem neuen Namen folgten die ersten Konzerte im Rahmen des Community Festivals der Popkomm, beim Ringfest und dem Bizarre Festival. Schließlich stieg im Dezember 98 Michael Schlücker als zweiter Gitarrist ein, was den Sound der Band noch dichter erscheinen ließ. Im Frühjahr 1999 war die Band auf Deutschland-Tour und arbeitete anschließend im Studio an neuen Songs. Drei neue Titel waren auf der MCD »Breaking With Emily« vom April 2000 zu hören.

Discogr.: Four Chord Popsong About A Girl (1996, SPV), Supreme (1998, SPV), Breaking With Emily (2000). Kontakt: Julia Reinhardt Pr., Rheinaustr. 19, 50676 Köln, T: 0221-312245, F: 2226827. E-Mail: Julia_Reinhardt@compuserve.com/soccer-cologne@geocities.com • Internet: www.soccer. popmusik.de

SODOM

Die Begeisterung von Tom Angelripper für den harten Rock Marke Motörhead führte zu Beginn der 80er Jahre zur Gründung von Sodom. Nach dem Einspielen zweier rüder Demo-Tapes nahm 1984 das Label Steamhammer das Trio unter Vertrag und nach der Debüt-EP »In The Sign Of Evil« von 1984 folge mit »Obsessed By Cruelty« der erste Longplayer. Im Laufe der Zeit wechselten zwar mehrmals die Gitarristen, aber die Härte ihrer Musik verminderte sich nicht und sie gewannen viele treue Freunde im Lager des True Metal. Den bis dahin größten Erfolg feierte der Dreier 1989 in Kattowice/Polen, wo über 10.000 Fans ihr Konzert besuchten, eine Zahl, die sie im Inland noch nicht erreicht hatten. Mit »Agent Orange« ging Sodom erstmals in die Charts (Platz 36) und ihr deutschsprachiger Titel »Ausgebombt« erreichte Kultstatus. Mit dem zweiten deutschen Titel »Wachturm« von »Tapping The Vain« legte sich Angelripper mit den Zeugen Jehovas an, über die er einen bösen Text geschrieben hatte und deren Zeitschrift er auf der Bühne öffentlich verbrannte. Zur Abwechslung tauschte er diesmal nicht den Gitarristen, sondern den Schlagzeuger aus und lieferte mit »Bitte mit Sahne« seine Hommage an Udo Jürgens ab. Zwei weiteren Prügel-Alben später folgte nach »Masquerade Of Love« ein Wechsel der Plattenfirma und der fröhliche Tom begann neben seiner

Tätigkeit mit Sodom seine Soloaktivitäten (siehe Tom Angelripper). Zur Abwechslung tauschte diesmal Angelripper Schlagzeuger und Gitarrist aus und spielte mit der neuen Mannschaft »'Til Death Do Us Unite« ein, das diesmal rückgängige Verkaufszahlen aufwies. 1999 besann sich Angelripper auf sein Erfolgsrezept von 1989 (Agent Orange) und hämmerte in diesem Sinne auf »Code Red« wieder munter drauf los.

Discogr.: *(Auswahl): Agent Orange (1989, Steamhammer), Better Off Dead (1990, Steamhammer), Taping The Vein (1992, Steamhammer), 'Til Death Do Us Unite (1997), Code Red (1999, Gun/BMG)*. Kontakt: Gun Records, Brückstr. 33, 44787 Bochum, F: 0234-68792-22. Internet: www. gun-supersonic.de

SÖLLNER, HANS

Die Geschichte von und um Hans Söllner wäre es wert, in einem eigenen Buch erzählt zu werden. Die Beschreibung seiner Auseinandersetzungen mit Politikern, Polizei, Justiz und Behörden würde alleine die Seiten füllen. Dabei sind seine Verbrechen lediglich der Gebrauch von Cannabis (schlimm) und die Beleidigungen gegenüber Polizisten (10 x schlimmer) und bayerischen Politikern (mindestens 1000 x schlimmer). Konzertbesucher gewinnen angesichts der anwesenden Aufpasser schon manchmal den Eindruck, daß es den Behörden wahrscheinlich wichtiger ist, Hans Söllner wegen Beleidigung zu verklagen als radelnde Vergewaltiger zu verfolgen. Denn bayerische Politiker müssen nicht nur vor Schmiergeldaffären geschützt werden, sondern vor allem vor aufmüpfigen Liedermachern. Dafür leisten sie sich auch gerne aufwendige Prozesse. Vielleicht stellt irgendwann jemand auch einmal die Frage, ob dem Sänger dadurch nicht zuviel Bedeutung zugestanden wird, auch wenn er zweifellos dem Wort Scheiße noch vor Tic Tac Toe zu ungewohnter Popularität verholfen hat. Auf alle Fälle rührt der Staat für ihn mächtig die Werbetrommel. So war sein letztes Konzert im Circus Krone in München vor mehr als 2.000 Zuhörern wochenlang vorher restlos ausverkauft. Seine Platte »Hey Staat« ging mehr als 100.000mal über die Ladentische, wovon der größte Teil in Bayern veräußert wurde. Dabei fing alles recht einfach an. Bevor er 1983 sein erstes Album »Endlich eine Arbeit – live« veröffentlichte, zog er schon jahrelang durch die kleinen Clubs und spielte auf vielen regionalen Festivals. Auf der Platte waren die beliebtesten Lieder seiner Konzerte versammelt. Neben einigen politischen Statements fanden sich viele satirische Beobachtungen des kleinbürgerlichen Lebens (Der Neuwagenbesitzer/Der Rasenmäher). Die nächsten Jahre spielte Hans Söllner wieder auf jeder Bühne, auf der er Platz fand. Langsam lockte er Besucher an, die nicht nur dem Umkreis der Liedermacher-Szene angehörten, denn seine aufmüpfige Art liebten die Bayern. Immer öfter hörte man bei seinen Konzerten den Satz »A Hund

Hans Söllner

iss er scho«, was Söllner nicht besonders schmeicheln konnte, da sein großer politischer Feind Franz Josef Strauß mit ähnlichen Worten gefeiert wurde. Drei Jahre ließ er sich Zeit, bis die nächste Platte »Für Marianne und Ludwig« erschien. Vermehrt flossen politische Themen in seine Arbeit ein. Bis zum nächsten Album dauerte es nur ein Jahr. Der Titel regte zum Nachdenken an und hieß: »Wos reimt se scho auf Nicki...«. Auf dem Album »Hey Staat« bot er dem bayerischen Minister Zimmermann Marihuana an (»Marihuana für Herrn Zimmermann«) und kam zu der Erkenntnis »Aba olle samma Wixa«. Damit feierte er seinen bisher größten Erfolg. Zu Marihuana gehört Reggae. Diesem Grundsatz entsprechend gründete Söllner mit Bayerman Vibration die erste original bayerische Reggaeband. Auch damit füllte er die Säle. Die Platte »Hans Söllner Live/Mit Bayerman Vibration« hielt dieses Vergnügen auf Tonträger fest. Der darauf enthaltene Song »Was denkts eich dabei« wurde zu einem der Höhepunkte jedes Programms. Söllner beherrschte in den nächsten Jahren weiter die Schlagzeilen. Einmal fühlte sich die Polizei beleidigt, dann zog wieder ein Politiker vor Gericht, dann gab es Auftrittsverbot und Überwachung und dazwischen wieder neue Tonträger und Kulthits. Einer dieser war auf der 92er CD »Der Charlie« zu finden und hieß »Der Perverse«. Zu der CD »Grea Göib Roud« stellte der Rolling Stone fest: »Söllner war und ist der Härteste, Böseste, Witzigste in Sachen Stimmungsmache gegen diejenigen, die alles dransetzen, diesen Planeten in die Luft zu jagen.« Sein Video von 1995 »Wer bloss lacht, is ned frei« zeigte auch den Privatmenschen und machte viele der radikalen Songs verständlich. 1997 kam sein Werk »A jeda« heraus, das ihn unverändert kompromißlos zeigte und von dem ME/Sounds schwärmte: »Söllner wird immer besser, bleibt dabei aber zu 100 % Söllner.« Seit 1997 mehrfach geäußerte Beleidigungen an die Adresse des harten, aber gerechten (besonders gegenüber Asylbewerbern) Innenministers Beckstein führten dazu, daß im Sommer 1999 Hans Söllner vom (demokratischen?) SPD-Bürgermeister in Ansbach Auftrittsverbot erhielt und von ihm als krankhaft bezeichnet wurde, wobei bis heute nicht bewiesen ist, wessen Demokratieverständnis krankhaft ist. Aber vielleicht ist das Schöne daran, daß man sieht, daß Politiker verschiedener Parteien nicht nur bei Diätenerhöhungen zusammenhalten können. Mehrere bayerische Bürgermeister setzten die Tradition der Berufsverbote fort und untersagten weitere Auftritte. Söllner ließ sich nicht unterkriegen und provozierte erst recht. Dies führte letztlich zu einer Hausdurchsuchung und zu einem Strafbefehl über 140.000 DM wegen Ehrbeleidigung hochgestellter Persönlichkeiten und der Polizei. Ob die hochgestellte Persönlichkeit Beckstein dabei auf eine Leiter gestellt wurde, ist leider nicht bekannt. Weitere Informationen zu diesem Thema und dem endgültigen Ausgang des Verfahrens gibt es unter der angegebenen Internet-Adresse. 1999 legte der Liedermacher eine Pause ein und gab nur wenige Konzerte. Von Januar bis März 2000 tourte er durch Österreich, das sich dem Sänger gegenüber weniger mimosenhaft zeigte als seine bayerische Heimat, bevor er wieder in Deutschland Konzerte gab und eine neue CD veröffentlichte.

Discogr.: Endlich eine Arbeit – live (1983, WVÖ 1998, Trikont), Für Marianne und Ludwig (1986, WVÖ 1998, Trikont), Wos reimt se scho auf Nicki... (1987, WVÖ 1998, Trikont), Hey Staat (1989, Trikont), Live/Mit Bayerman Vibration (1991, Trikont), Der Charlie (1992, Trikont), Grea Göib Roud (1995, Trikont), Wer bloss lacht, is ned frei (1995, Video – Trikont), A jeda (1997, Trikont). Kontakt: Trikont, Postfach 901055, 81539 München, F: 089-6927204. E-Mail: trikont@compuserve.com
• *Internet: www. trikont.de*

SPEKTACOOLÄR

Matthias »Chico« Reinsdorf (voc), Maik Jahnke (voc), Jörg Pape (Texte)

Maik Jahnke aus Braunschweig war u.a. als Bauschlosser, Drucker und Car-Hi-Fi-Händler tätig. Er hatte Klavierunterricht, spielte Keyboards und bewies Entertainerqualitäten als Elvis-Imitator. Nach einem einjährigen Sizilienaufenthalt lernte er Jörg Pape kennen und nahm mit ihm gemeinsam die Single »I Wanna Live On The Sunny Side« und die LP »The First Step« auf, wo zeitgemäße Sounds auf südamerikanische Rhythmen trafen. Sie fertigten eine Neufassung des Bee-Gees-Hits »How Deep Is Your Love« an. Kurz vor der Veröffentlichung stand die Abschiedssingle von Take That in den Läden, die diesen Song ebenfalls aufgenommen hatten. Matthias hatte mit neun die erste Heimorgel und mit vierzehn das erste richtige Keyboard, den ersten Mixer und den ersten Rechner. Unter dem Namen Spiro feat. Benjamin Philipp nahm er den Song »Moni You're My Lover« auf, der verschiedene Radioeinsätze erhielt. Nachdem Jörg und Maik 1993 mit Matthias die ersten Kontakte geknüpft hatten und feststellten, daß sie Deutschen HipHop und schwarze Musik liebten, beschlossen sie, gemeinsam unter dem Namen Spektacoolär aufzutreten. Mit Ersen Eren, dem deutschen Meister im Freestyle Dance, vervollständigten sie das Line-up. Fortan machten sie vor allem mit spektakulären Live-Aktivitäten von sich reden. Noch bevor sie einen Plattenvertrag erhielten, beschloß Jörg, nur noch im Hintergrund als Texter und Produzent für die Band zu arbeiten. Als Pro 7 für die Sendung »Ich zahle für die Liebe« noch Gäste suchte, bewarb sich Spektacoolär und hatte gleich einen Titelsong »Ich zahl für Liebe« parat. Kurz darauf erhielten sie einen Plattenvertrag. Mit der Single »Es wird ja alles wieder gut« gelang ihnen der erste Achtungserfolg. Im September 1997 stieg auch Ersen Eren aus, um in Berlin ein Café zu leiten. Die Single »Meine kleine Schwester«, welche sich inhaltlich um Gewalt an der Schule drehte, startete durch. Sie verkauften davon 250.000 Einheiten, erhielten Gold und, was noch wichtiger ist, regten damit zu zahlreichen Diskussionen an. Bei einer Tour mit Stefan Raab und Bürger Lars Dietrich bewiesen sie zusammen mit ihrer siebenköpfigen Begleitcombo ihre Qualitäten als Sänger, Rapper und Entertainer. Die erste CD »365 Tage« setzte den Erfolg genauso fort wie die Singles »Du bist abgehau'n« und »Ich zieh mich aus für dich«. Obwohl durchaus nicht auf schwere Themen programmiert, befaßte sich die neue Maxi »Geh nicht fort« sensibel mit dem Sterben, was allerdings vielen Gelegenheitshörern gar nicht auffiel. Noch nachdenklicher und persönlicher wurde das im Juni 1999 erschienene zweite Album »So ultimativ« mit einem musikalischen Mix aus HipHop, Rap, Soul und R&B.

Discogr.: Es wird ja alles wieder gut (1997, MCD – BMG), Meine kleine Schwester (1997, MCD

Spektacoolär

– BMG), *Du bist abgehau'n (1997, MCD – BMG), Ich zieh mich aus für dich (1998 MCD – BMG), 365 Tage (1998 CD/MC – BMG), Geh nicht fort (1999, MCD – BMG), So ultimativ (1999, BMG).* Kontakt: Spektacoolär Info Box, Jörg Pape, 38300 Wolfenbüttel. Internet: www.bmg entertainment.de

SPICE

Martin Bettinghaus (voc), Ingo Schröder (g), Martin Gontarski (b), Sven Kaiser (keyb), Kai Lipphard a.k.a. Max Oglivie (perc), Uli Schuster (dr)

Vor einem Spice-Konzert kann man getrost speisen. Denn diese Pfunde tanzt man sich garantiert wieder ab. Spice gab es erst ein paar Wochen, als sie auf ihre Bewerbung hin überraschend die Zusage bekamen, im Vorprogramm von Maceo Parker zu spielen. Sie hinterließen ein begeistertes Publikum. In diversen Clubs in und um Hannover sammelten sie weitere Erfahrungen und wurden zur Kultband der Funk- und Souljünger. Dann wagte man sich nach Berlin und ließ dort das Publikum ausflippen. Durch den Erfolg aufmerksam geworden, nahm SPV Records die Gruppe 1994 unter Vertrag. Schon das Debüt »Fred's Bowling Center« erzielte überraschend hohe Verkaufszahlen. Die Münchner Abendzeitung schrieb zu der CD: »Die Jungs gehen dermaßen frisch zur Sache, daß es eine wahre Freude ist.« Zur Vorstellung der zweiten Single »Funkiest Body In Town« gaben sie 30 Radiostationen Interviews. Nach einer Clubtour mit 25 Shows erhielten sie eine Einladung zu den MTV-Awards. Inzwischen war man sogar in der Schweiz auf Spice aufmerksam geworden. Dies wurde mit einer Headliner-Tour gefeiert. Im Fernsehen sah man sie im ZDF, DSF, Viva, MTV und RTL sowie im Ö 1. »Live aus dem Schlachthof« brachte in allen dritten Programmen einen Konzertmitschnitt. Zu einem Auftritt in München, Schlachthof, jubilierte die Abendzeitung: »Der Saal ergibt sich jauchzend der fröhlich stampfenden Zeitreise in die Siebziger. Spice sind natürlich ein Anachronismus. Aber dieser wird auf Oberklassen-Niveau getrieben. Sänger Martin Bettinghaus kann sich sogar die Nase zuhalten und hat dabei immer noch ein solches Volumen in der Stimme, daß die Mädels Gänsehaut kriegen.« Dann arbeiteten sie an ihrem zweiten Album, das im September 1996 erschien. Im Winter 96/97 waren sie auch in der Schweiz, in Frankreich, Belgien und Holland auf Tour. Derweil veröffentlichte das Label Acid Jazz die erste CD auch in England. Danach arbeiteten Spice an ihrem dritten Album. Um nicht im gleichen Fahrwasser zu bleiben, ließen sie sich viel Zeit. Dazwischen erfolgte im November 98 die Veröffentlichung der Single »Brick House«, die in die Top 30 der deutschen Dance-Charts vorstieß.

Discogr.: Turn It On (MCD, 1994) SPV Records), Fred's Bowling Center (1994, SPV Records), Funkiest Body In Town (1994, MCD/Video – SPV Records), Cookin' Blue Limited Edition EP (1995, MCD – SPV Records), Together Again (1996, MCD – SPV Records), Vario bel air (1996, SPV Records), Brick House (1998, MCD – SPV Records). Kontakt: Pox rock agency re: spice, Annenstr. 8, 30171 Hannover, T: 0511-858961, F: 0511-2834249. E-Mail: info@spv.de • Internet: www.spv.de

Spice

SPORTFREUNDE STILLER
Peter Brugger (voc/g), Rüdiger Linhof (b/Fußorgel/keyb/sampler), Florian Weber (dr, Casio, voc)

Sportfreunde Stiller

Sie sind nicht nur echte Sportfreunde, sondern auch echte Sportler. Peter und Florian studieren zudem Sport. Benannt nach einem Germaringer Fußballtrainer nutzen sie jede Gelegenheit, entweder Fußball oder Songs zu spielen. Ihre Musik bezeichnete ME/Sounds als Noisegitarrenklapperpunkpop mit deutschen Texten. Schon bevor die erste Platte erschien, hatten sie mit »Kleines Geheimnis« und »Wunderbare Jahre« Szene-Hits gehabt. Nachdem sie in fast jeder Kneipe spielten, wo sie auftreten durften, und jedesmal sportliche Höchstleistungen erbrachten, fielen sie im Vorprogramm von → Rekord im Münchner Atomic-Café dem Sohn des Veranstalters Marc Lieberberg auf. Dieser empfahl die Gruppe seinem Vater. Damit konnten sie 1998 als einzige Band ohne Plattenvertrag auf dem großen Festival »Rock im Park« spielen. Die in Eigenregie aufgenommen Mini-CD »Thonträger« mit sieben Songs erzielte unterschiedliche Wirkung. Das WOM-Journal wagte die Prognose: »Thonträger ist die geilste Platte von einer deutsch sprechenden Band, die seit langer, wer weiß wie langer Zeit erschienen ist. Mit zwei der schönsten Songs die ich kenne. Fast niemand wird diese Platte kaufen. Viele werden in vielen Jahren viel Geld dafür zahlen, wenn sie einem der seltenen Exemplare leuchtenden Auges gegenüberstehen – im gut sortierten Raritätenladen.« ME/Sounds vergab 4 Bälle: »Ihre zweite CD poppt und schraddelt frisch und catchy daher, ab und an holpern die Texte vielleicht ein bißchen, aber hey, geil.« Nur Linus Volkmann ließ sich nicht überzeugen: »Was für einen Mehrwert können Sportfreunde Stiller einbringen in deutschsprachigen Twen-Pop? Der Platte zufolge leider keinen. Klar, das machen sie nicht schlecht, aber in diesem Fall hält man sich lieber an die Vordenker als an die allzu soliden Nachfolger.« Ihre überzeugenden Clubgigs verhalfen ihnen schließlich zu einem Plattenvertrag beim Label Motor Music. Sie durften 1999 wieder beim »Rock im Park«-Festival teilnehmen. Dann erschien im Juli die Single »Wellenreiten ›54«. Derweil arbeiteten sie an weiteren Songs für das große Debüt-Album, mit dem sie sich erhoffen, im nächsten Jahrtausend eine der Größen der deutschen Szene zu werden. Und wenn es nichts wird, ist ihr Motto: »Macht doch was ihr wollt – ich geh jetzt« und dann spielen sie wieder Fußball.

Discogr.: Macht doch was ihr wollt – ich geh jetzt (1997, Mini-CD – Blickpunkt Pop), Thonträger (1998, Mini CD – Blickpunkt Pop), Wellenreiten ›54 (1999, MCD – Motor Music). Kontakt: Blickpunkt Pop, Postfach 750303, 81333 München, F: 089-7470269 E-Mail: marc_liebscher@freshnet.de • Internet: www.sportfreunde-stiller.de

STAHL
Peter Stahl (g/voc), Willi Brausch (b/voc), Astor (dr/voc)

Die Musiker hatten u.a. in Bands wie High Voltage, Panzerknacker, Jim Kahr Group und Tokyo Blade Erfahrungen gesammelt und waren somit dem Rock verbunden. Auf Initiative des Gitarristen Peter Stahl entstand die Gruppe Stahl. Seine Mitstreiter fand er in zwei Kumpels, mit denen er bereits früher durch das Land gezogen war. Sie kombinierten harten Rock und deutsche Texte und orientierten sich dabei an AC/DC oder ZZ Top. Da sie die ganze Zeit mit ihren Auftritten beschäftigt waren, dachten sie nicht daran, Tonträger aufzunehmen. Sie waren gern gesehene Gäste in der Biker-Szene. Bei einem von der Zeitschrift »Biker News« ausgeschriebenen Bandwettbewerb im Jahr 1995 gingen sie als Sieger hervor. Im Anschluß daran debütierten sie mit dem Album »Attacke«. Getragen von der Sympathie der Motorrad-Freaks spielten sie auf deren Festivals wie der German Bike Week oder dem Biker Union Festival in der Schweiz. Ihr nächstes Album nannten sie vollkommen überraschend »Rock'n'Roll« und zollten den Bikern Tribut mit Titeln wie »Der Tank ist voll mit Sprit« oder »Ein cooler Ritt«. Auf dem EU-Rock-Sampler (u.a. mit Gary Moore, Dire Straits) waren sie mit dem portugiesischen Titel »Que Cavalgada« vertreten. Dieses Stück widmeten sie ihrer neuen Heimat Portugal. Die Mitte 1998 veröffentlichte MCD enthielt das Rose Tattoo-Cover »Rock'n'Roll Outlaw«, das sie mit einem deutschen Text versehen hatten. Im Dezember 98 spielten sie im Vorprogramm von Doro (Pesch) im Mannheimer Capitol, wobei Doro nach Meinung von Jörg Schmitting nicht ihren besten Tag hatte: »Pe(s)ch gehabt! Ein Glück, daß Stahl, die Kultgruppe aus Frankenthal und Umgebung kurzfristig als Support-Act eingesprungen war. Geradlinig, bodenständig und ohne Schnörkel zeigten Peter Stahl, Willi Brausch und Astor was es bedeutet, alteingesessenen Rockgöttern zu frönen, ohne dabei albern oder klischeehaft zu wirken. So macht Musik einfach Spaß.

Gitarre, Baß, Schlagzeug und gerade auf die Zwölf. Doch noch Glück gehabt.« Rocker lieben markante Titel. Deshalb hieß im Frühjahr 99 das nächste Album »Bumba«. Sony Music fühlte sich durch Bumba angesprochen und übernahm fortan den Vertrieb der CD. Aber auch im Major-Vertrieb galt für Stahl: Stahl – das ist Rock'n'Roll, Stahl ist Bumba. Alle liebten Bumba. Der Hammer vergab 6 von 6 Punkten und Breakout bezeichnete Bumba als »richtige Soundbombe«. Das läßt erwarten, daß Stahl weiter Alben veröffentlicht, die man laut abspielen sollte und die von den wichtigsten Dingen im Leben handeln – von Liebe, Suff, Musik und Party. Im Herbst 99 hatten sie in Deutschland 20 Stationen zur Verfügung, um ihre Philosophie zu verbreiten.

Discogr.: Attacke (1995, Kick Start), Rock'n'Roll (1997, Trance Music), Rock'n'Roll Outlaw (1998, MCD – Trance Music), Bumba (1999, Trance Music/Sony). Kontakt: Trance Music, Müller-Guttenbrunn-Str. 6, 67373 Dudenhofen, F: 06232-94128. E-Mail: trancemusic@dc-net.de
• *Internet: www.dc-net.de/trance-music*

STALIN

Stalin sieht sich als Parodie der Parodie und als letzte Konsequenz der Ellbogengesellschaft, die mit schrecklichen Geschichten gegen weinerliches Sozialpädagogengewinsel ankämpft. Auf der ersten CD »Weißer Müll« von 1997 erzählten sie zu Trash, Techno, Punk und Metal mit fetten Beats und sägenden Gitarren in drastischer Form von Massenmördern und ekelerregenden Begebenheiten. Im Zweitwerk »Vater unser – schwarzer Müll« nahmen sie in erster Linie klerikale Auswüchse aufs Korn wie im Titel »Erzbischof Sex« oder »Der dunkle Pastor«, in dem sie die bekannten Vorkommnisse in einem österreichischen Internat schilderten.

Discogr.: Weißer Müll (1997), Vater unser: Schwarzer Müll (1999, Zeitbombe/Indigo).

Stahl

Kontakt: Strange Ways Records, Eifflerstr. 8, 22769 Hamburg, F: 040-4307696. E-Mail: strangeways@compuserve.com • Internet: www.subaudio.net/strangeways

STATION 17

1988 wurde die Idee geboren, musikalisch interessierte Behinderte der Wohngruppe 17 des Evangelischen Stifts Alsterdorf zusammen mit professionellen Musikern ein Album einspielen zu lassen. Nachdem die ersten Demos der Firma Phonogram angeboten wurden, erklärte sich diese unter der Bedingung bereit, das Projekt zu finanzieren und zu veröffentlichen, daß alle Beteiligten auf Lizenzen und Tantiemen zugunsten einer weiterführenden Arbeit verzichten. Unter Beteiligung von Musikern der → Toten Hosen, → Can, → Helloween, → Einstürzende Neubauten usw. entstand im Laufe der Jahre 1990 und 1991 das erste Album »Station 17«, das im März 91 veröffentlicht wurde, aus dessen Erlös und weiteren Spenden die ehemalige Anstaltsküche zu einem Musikübungsraum umfunktioniert werden konnte. Danach musizierten dort bis zu 50 MusikerInnen in acht Formationen, die → Toten Hosen gaben im Stift ein Konzert und Bands wie → Blumfeld, → Di Iries, → Die Sterne und viele weitere schlossen sich an. Im Dezember 91 spielte Station 17 in der Kulturfabrik Kampnagel zum ersten Mal selbst live, wobei NDR 3 das Konzert für das Fernsehen aufzeichnete. 1993 wurde ein Tournee-Konzept erarbeitet, für das sich eine Rockfraktion und ein Jazzkollektiv bildete, die beide unter dem Namen Station 17 bis heute Bestand haben. Im Juni des Jahres folgte das zweite Album »Genau so«, das vom Hamburger Label What's so funny about veröffentlicht und in der Hamburger Fabrik erstmals live vorgestellt wurde. Im Gegensatz zur ersten Scheibe, die die Gastmusiker prägten, entstand »Genau so« nach eigenen Ideen von Station 17, war aber musikalisch noch sehr der Rockmusik verpflichtet. Nach einem Auftritt auf der Popkomm und nach der Mitwirkung in dem Dokumentar-Spielfilm »Laebendig« von Hannes Schoenmann folgte im November 93 die erste große Deutschland-Tournee, wobei der Norddeutsche Rundfunk das Konzert im Hamburger Loge aufzeichnete. Ein weiterer Dokumentarfilm »Eiffe, alle Ampeln auf Gelb« sowie die zweite und dritte Deutschland-Tournee standen 1994 auf dem Programm, bevor 1995 mit »Station 17 – der Film« das nächste Zelluloidwerk Premiere feierte, das danach auch im Fernsehen und in einigen Programmkinos zu sehen war. Neben Musik und Film begannen 1995 die ersten Workshops für den »Sommernachtstraum« im neu entstandenen Theaterraum. Selbstverständlich entstand zu dem Stück ein neuer Dokumentarfilm (»Ein neuer Sommernachtstraum«), den wieder der NDR sendete. Acht im September 96 geplanten Aufführungen von Shakespeares Komödie mußten wegen des großen Erfolgs gleich danach sieben weitere und im Frühjahr 97 noch einmal vier hinzugefügt werden, bevor es in Dresden und Zürich zu weiteren Vorstellungen kam. Daneben fertigten sie 1997 ihre dritte Scheibe, genannt »Scheibe« an, eine tanzbare Scheibe, die scheibchenweise unters Volk und auf ihrer vierten Deutschlandtournee zu Gehör gebracht wurde. Ein 1998 vom Filmteam der Arbeitsgemeinschaft Behinderter aufgezeichnetes Konzert von Station 17 in München sendete DSF insgesamt dreimal in einer halbstündigen Fassung. Im Frühjahr 1998 folgte die inzwischen fünfte Tournee, bevor die Arbeiten am vierten Album mit der Veröffentlichung unter dem Namen »Bravo«, diesmal mit eigener Musik Richtung Electronic, Dance und HipHop, und einer weiteren Gastspielreise erfolgreich abgeschlossen werden konnten. Diesmal kamen erstmals gespendete und angesammelte Instrumente der ersten Technogeneration zum Einsatz und mit Hilfe von DJ Koze und Cosmic DJ von Fishmob gelangen mit »Lila Pause« und

»FC Ole« zwei hitverdächtige Nummern. Daneben liefen die Vorbereitungen für eine weitere Theaterproduktion und zu neuen Konzerten im April 2000.
Discogr.: Station 17 (1991, Phonogram), Genau so (1993, What's so funny about/ Indigo), Scheibe (1997, What's so funny about/Indigo), Bravo (1999, What's so funny about/Indigo). Kontakt: Station 17 c/o Stiftung Alsterdorf, Dorothea-Kasten-Str. 3, 22292 Hamburg, F: 040-5077-3578; What's so funny about, Schanzenstr. 75, 20357 Hamburg, F: 040-4302565. E-Mail: zickzack@ hotmail.com

STEINBERGER, SIO

Sio Steinberger stammt ursprünglich aus Weimar und zog nach München, um eine sozialpädagogische Ausbildung zu absolvieren und in einem Projekt für straffällig gewordene Jugendliche zu arbeiten. In seiner Heimat brannte ihm die Wohnung ab, danach sein Auto und es erfolgte die Trennung von seiner Frau. Dies war für ihn Anlaß genug, zumindest vorläufig in München zu bleiben. Bereits in Thüringen spielte Sio in verschiedenen Coverbands mit Schwerpunkt Rio Reiser, schrieb seine ersten eigenen Songs und machte in der Band Freisprung in Gera mit zwei Körperbehinderten Musik. Nach seiner Übersiedlung nach München spielte er viel als Straßenmusikant in der Fußgängerzone und verdiente sich damit mehr als 5.000 DM, wodurch er sich wieder ein Auto leisten konnte. Dann gründete er eine neue Band, mit der er hauptsächlich im regionalen Umfeld tätig wurde. Bei einem Auftritt entdeckte ihn Leslie Mandoki, der ihn nicht nur in sein Studio einlud, sondern auch anbot, sein erstes Album zu produzieren. Dort tauchte zufällig Peter Maffay auf und sie verstanden sich so gut, daß er Sio zwei seiner Kompositionen anbot und die Co-Produktion übernahm, für welche dieser dann noch die Texte fertigte. Auch Maffays Band begeisterte sich für Sio Steinberger, was dazu führte, daß einige Musiker sich an der Einspielung des Albums beteiligten und Ken Taylor eines seiner Stücke zur Verfügung stellte. Den Großteil seines Erstlings »Süchtig nach Leben« fertigte Sio Steinberger mit seiner eigenen Gruppe an, wobei die Musiker viele Ideen einbrachten und sich an den Arrangements beteiligten. Auf der Platte gab es traditionellen deutschen Rock, poetische Balladen, aber auch Ethno-Einflüsse, wie in »Erde als Prophet«, wo er seiner Verehrung der indianischen Lebensphilosophie Ausdruck geben konnte. Der Text dazu entstand nach Dough Boyds Erfahrungen mit einem Schamanen/Medizinmann der neuen Indianerbewegung Rolling Thunder. Seine Lieder stellte er mit Unterstützung von Mama Concerts auf einigen Open Airs, wie Rock am Ring/Rock im Park, und einer ausgiebigen Clubtour vor, wobei viele Termine in Thüringen stattfanden, so daß zumindest in den Konzerten die Einheimischen die Rückkehr des verlorenen Sohnes feiern konnten.
Discogr.: Süchtig nach Leben (1998). Kontakt: Absolut Connected, Türkenstr. 57, 80799 München, F: 089-27299587; EAMS Lesser

Sio Steinberger

GmbH, Gräfinger Str. 192, 94469 Deggendorf, F: 0991-24866. Internet: www. eams.de

STELLA
Elena Lange (voc/g), Thies Mynther (dr), Mense Reents (g)
Die Gründung von Stella geht in das Jahr 1995 zurück. Von Beginn an zielten sie darauf ab, zwischen der Arbeitsweise einer Rockband und den Produktionstechniken der elektronischen Musik zu pendeln. Elektronische Musik mit vertrackten Samples sollte mit Ska, House, New Wave, Punk und Piano harmonieren und nebenbei noch einige ohrwurmfähige Melodien abwerfen. Indierock ist nicht angesagt. In ihren Texten wollten sie Begriffe wie Linksradikalismus in die heutige Zeit zurückführen, denn die Feministin und Kommunistin Elena Lange ist bei den Texten federführend. Daher sahen sie sich selbst in der Nähe der Goldenen Zitronen und Chumbawamba, zu denen Elena jedoch einen Unterschied feststellte: »Aber die sehen Scheiße aus.« Im Mai 96 erschien ihre erste EP »Stella«. Dabei war es ihnen noch nicht gelungen, ihre Vorstellungen richtig zu verwirklichen. Ihre Erfahrungen, die sie 1996 auf ihrer ersten großen Tour sammelten, setzten sie aber auf der 97er MCD »O.K. Tomorrow I'll Be Perfect« gekonnt um. Ihrem Ziel, die verschiedenen musikalischen Ansätze zu verschmelzen, waren sie wieder ein gutes Stück näher gekommen. Noch besser gelang ihnen dies auf der CD »Extralife« von 1999. Dabei halfen ihnen Chris von Rautenkreuz, der bei einem Titel das Mischen und bei allen das Mastering übernommen hatte, und Tobias Levin als Co-Producer. Dieses Album liebte man ganz besonders im Indie-Bereich, doch auch die übrige Presse konnte sich darüber freuen. Spex: »Es macht Spaß, Stellas Platten anzuhören.« Intro: »Aufregende Elektro-Popband, die eine innovative und eigenartige Form der noch unterschiedlichen Strukturprinzipien Song und Track gefunden hat.« Rolling Stone: »Was es bei Stella gibt, ist aufgekratzte Popmusik in Gegensätzen, smart und radikal, Häuserkampf und Lippenstift, Aufruhr und Stil, Spaß und Revolution, subversiv usw.« Selbst die Japaner liebten Stella. Dort fand man sie in der Sparte »Happy charming fool dance music«.
Discogr.: Stella (1996, 12"), O.K., Tomorrow I'll Be Perfect (1997 7" & CDM), Extralife (1999, Ahoea/ Lado). Kontakt: Ladomat 2000, Max-Brauer-Allee 163, 22765 Hamburg, F: 040-

Stella

4305720. E-Mail: lado@on-line.de • Internet: www.lado.de

STENDAL BLAST

Kaaya Hoyda (voc), Bernhard Lottes (g), Fabian Dimski (b/electronics)
Gegründet wurde Stendal Blast im Jahr 1989 als Quartett in Düsseldorf und von Beginn an gehörten Vogelkäfig, Baumsäge, Vibrax, Xylophon, mit Glasscherben gefüllte Waschmaschinentrommel und Stahlträger zu ihrem Instrumentarium. Langsam entwickelten sich erste Songstrukturen und es entstand das erste Demo, das sie Müll nannten und das als der Grund dafür anzusehen war, daß sie von Gymnastic Records – jetzt Chrom Records – einen Vertrag erhielten. Die Band begann sich von der vollkommenen Improvisation zu lösen und schrieb durchdachte Songs, die trotzdem genügend Freiraum ließen. 1995 erschien ihr Debüt »Was verdorrt« mit harter elektronischer Musik und zynischen deutschen Texten und sorgte mit seiner Kompromißlosigkeit für reichlich Verwirrung und Aufsehen, landete aber mit »Neuer Mensch« und »Nie mehr mit dir schlafen« zwei Indie-Hits. Danach richtete sich die zum Trio geschrumpfte Formation ihr eigenes Studio ein, das sie Kakaphonia nannten. Auch auf dem nächsten Album, auf dem Bass und Gitarre mehr Raum einnahmen, provozierten Bürgerschreck Kaaja Hoyda und Co. mit ihren Texten über Tod und Zerstörung und der ausgefallenen Musik wieder in gewohnter Weise. Immerhin erreichten sie 1998 mit Titeln wie »Öl«, »Du bist nicht so schön« und »Der Hahn ist tot« aus dem Album »Alles Liebe« die Tanztempel der Indie-Szene und ließen der Veröffentlichung eine 30tägige Tournee folgen. 1999 verließ das Gründungsmitglied Hajo Mönninghoff das Trio und wurde durch Fabian Dimski ersetzt. Dann nahmen sie die Arbeiten zu ihrem dritten Album auf, das 2000 unter dem Titel »Morgenrot« erscheinen wird, und beschäftigten sich noch mit Theater- und Filmmusik.
Discogr.: Was verdorrt (1995, Gymnastic/EFA), Öl (1997, MCD – Chrom Records), Alles Liebe (1998, Chrom/EFA), Morgenrot (2000, Chrom/EFA). Kontakt: Chrom Records, Westermühlstr. 26, 80469 München, T: 089-202039450, F: 089-20239499. Internet: chrom.de/bands/stendal-blast

STEREO TOTAL

Francoise Cactus (voc/g/dr), Brezel Göring (voc/g/Effektgeräte/synth/org), Angie Reed (b/voc), San Reimo (voc/org)
Das erste Lebenszeichen von Stereo Total gab es 1993. Francoise Cactus war von 1986 bis 1991 Mitglied der Lolitas gewesen und hatte mit ihnen nicht weniger als sechs Platten eingespielt. Sie betätigte sich auch als Schriftstellerin und schrieb »Photo-souvenir«, ein Werk, das bisher nicht veröffentlicht wurde, und »Autobigophonie«, das 1996 im Martin Schmitz Verlag Kassel erschien. Sie wirkte in verschiedenen Filmproduktionen mit und arbeitet auch heute noch als Journalistin. Brezel Göring kam von der Sigmund Freud Experience. Er vertonte Arbeiten der Computerkünstlerin Sabina Maria von der Linden. Für die Amiga-Computermusik zur Animation »Megaflittchen« erhielt er die silberne Auszeichnung der Ars Digitalis. Die musikalische Vereinigung der beiden Künstler hieß Stereo Total. Sie hatten sich beim Einkaufen in einem Supermarkt kennengelernt. Den ersten kreativen Ausstoß nannten sie 1995 »Allo j'ecoute«. Dieser wurde mit vier Songs auf einer Vinyl-EP festgehalten. Das erste Album »Oh ah« spielten sie 1996 fast im Alleingang ein. Diabolo nannte dies »ein Beispiel tonaler Kreischigkeit, das dem abendländischen Verständnis von Pop in jeglicher Hinsicht widersprach«. Die Mixtur aus Lärm und Schlager in deutscher und französischer Sprache setzten sie auch 1997 auf dem Album »Monokini« fort. Hier trafen französische Chansons und Neue Deutsche Welle, Technobeats und Krachein-

lagen, Easy Listening und Pop, Punk und Rock'n'Roll aufeinander. Die Texte wurden in Japanisch, Französisch, Italienisch und Deutsch vorgetragen. Ihre Konzerte gaben Stereo Total in erweiterter Besetzung mit dem Bassisten Iznogood, der jedoch inzwischen in seine Heimat zurückgekehrt ist, und der Gitarristin Lesley Campbell. Nachdem diese 1997 die Band verlassen hatte, stieg die Italo-Amerikanerin Angie Reed ein, die extra für Stereo Total das Gitarrespielen erlernte. Inzwischen ist sie festes Mitglied der Band. Schon vorher war sie als neo-expressionistische Malerin bekannt. Das WOM-Journal wählte »Monokini« zur Platte des Monats. Auch die Japaner schienen deutsch-französische Easy-Listening-Computer-Spielereien zu mögen, was dazu führte, daß dort neben »Monokini« auch der Erstling »Oh ah« veröffentlicht wurde. Auch in Deutschland wurde »Oh ah« neu aufgelegt. Sogar die Amerikaner waren auf Stereo Total aufmerksam geworden und übernahmen eine 1998er Compilation der ersten beiden Alben. Die Band tourte durch Japan und die Vereinigten Staaten. In Deutschland warfen Stereo Total die dritte CD »Juke Box Alarm« auf den Markt. Erstmals gab es einen englischen Titel. Das Bemühen, etwas Neues zu schaffen, war nicht zu überhören. Trotz abstruser Kombinationen und stärkerem Einsatz der Technik klang das Album kompakt. Neben Entertainment und Unterhaltung waren auch romantische und düstere Töne angesagt. Während auch die Japaner das Album 1998 veröffentlichten, ließen sich die Amerikaner damit bis 1999 Zeit. »L'amour, c'est ma chanson« nannte Francoise Cactus den Nachfolger »My Melody« von 1999, während Brezel Göring ihn als »unsere Mädchenplatte« bezeichnete. In den Texten wurde das Thema Liebe in allen Varianten behandelt. Die CD stand unter dem Motto »Zurück in die Zukunft« und sollte so klingen, als wäre sie an einem Nachmittag zufällig und nebenbei aufgenommen worden, obwohl sie tatsächlich ein halbes Jahr daran gearbeitet hatten. Die handgespielten Instrumente standen im Vordergrund und wie üblich waren wieder einige Cover-Versionen enthalten. Von den japanischen Plastics übernahmen sie das

Stereo Total

Stück »I Love You Ono« und von Vanessa Paradis »Joe le taxi«. Musikalisch enthielt die Platte wieder alles, was sie bei ihren Fans beliebt machte.
Discogr.: *Oh Ah (1996, = Peace LP – Little Teddy Records), Monoki (1997, Bungalow), Juke Box Alarm (1998, Bungalow), My Melody (1999, Bungalow)*; außerdem Veröffentlichungen in GB, USA und Japan sowie verschiedene 7"- und 12"-Singles. Kontakt: Stereo Total c/o Powerline, Strelitzer Str. 18, 10115 Berlin. E-Mail: info@powerline. omc. net. Internet: www.bungalow.de

STEREOBUGS
Andreas Rose »Seife« (g), Torsten Jaksch »Schmuddel« (g/back.-voc), Justin Hossenfelder (b/voc), Dirk Lerch (dr)
Die Stereobugs traten bereits seit 1996 unter dem Namen »Pyre« in Frankfurt/M. und Umgebung auf. Im Januar 1998 wurde Mata Hari Enterprises durch ein übersandtes Demo auf die Band aufmerksam und gab ihnen Gelegenheit, im März 98 im Studio von Witte, der als Aufnahmeleiter und Produzent fungierte, eines ihrer Stücke zur Untermalung eines Films aufzunehmen. Dieser Titel kam in die Hände von Rodrigo Gonzalez (→ Ärzte), der sich bereit erklärte, die Produktion des ersten Demos zu übernehmen. Im Juli 98 entstanden mit seiner Hilfe die ersten vier Songs mit rauhem, dennoch melodischem Rock'n'Roll mit punkigen Einflüssen. Richtig zur Geltung kamen die Stücke vor allem in den Konzerten, wo die ungezähmte Band mit ihrem Publikum wilde Parties feierte. Der Einstieg des Gitarristen Andreas Rose gegen Ende des Jahres 98 führte zur Umbenennung. Ihr Plattenvertrag mit Rodrec und das im Juli 1999 unter die Leute gebrachte Demo läuft bereits unter dem neuen, jetzt endgültigen Namen Stereobugs.
Discogr.: *Stereobugs (1999, MCD – Rodrec)* Kontakt: Rodrec, Klecker Weg 4, 21244 Buchholz, F: 04181-98488. E-Mail: fkt666@aol.com

STEREOBUGS
Andreas Rose »Seife« (g), Torsten Jaksch »Schmuddel« (g/back.-voc), Justin Hossenfelder (b/voc), Dirk Lerch (dr)
Die Stereobugs traten bereits seit 1996 unter dem Namen »Pyre« in Frankfurt/M. und Umgebung auf. Im Januar 1998 wurde Mata Hari Enterprises durch ein übersandtes Demo auf die Band aufmerksam und gab ihnen Gelegenheit, im März 98 im Studio von Witte, der als Aufnahmeleiter und Produzent fungierte, eines ihrer Stücke zur Untermalung eines Films aufzunehmen. Dieser Titel kam in die Hände von Rodrigo Gonzalez (→ Ärzte), der sich bereit erklärte, die Produktion des ersten Demos zu übernehmen. Im Juli 98 entstanden mit seiner Hilfe die ersten vier Songs mit rauhem, dennoch melodischem Rock'n'Roll mit punkigen Einflüssen. Richtig zur Geltung kamen die Stücke vor allem in den Konzerten, wo die ungezähmte Band mit ihrem Publikum wilde Parties feierte. Der Einstieg des Gitarristen Andreas Rose gegen Ende des Jahres 98 führte zur Umbenennung. Ihr Plattenvertrag mit Rodrec und das im Juli 1999 unter die Leute gebrachte Demo läuft bereits unter dem neuen, jetzt endgültigen Namen Stereobugs.
Discogr.: *Stereobugs (1999, MCD – Rodrec)* Kontakt: Rodrec, Klecker Weg 4, 21244 Buchholz, F: 04181-98488. E-Mail: fkt666@aol.com

STERN COMBO MEISSEN / STERN MEISSEN
Die 1963 gegründete Tanzkapelle Stern Combo Meißen entwickelte sich in den späten 60ern zu einer Rockband und wechselte ab 1973 ins Profilager über. Durch den neuen Keyboarder Thomas Kurzhals wendeten sie sich dem Artrock zu, wobei sie zuerst Titel aus der Klassik entlehnten und bearbeiteten, aber bald darauf mit dem neuen Sänger Reinhard Fißler und durch selbst komponierte Stücke zunehmend an Eigenständigkeit gewannen. Viele ihrer Titel entstanden für den Rundfunk, aber 1977 erfolgte un-

ter »Stern Combo Meißen« ihr Debüt auf dem Plattenmarkt. Mit »Weißes Gold« und »Der weite Weg« gab es dann 1979 innerhalb eines Jahres gleich zwei Veröffentlichungen. Nach einigen Umbesetzungen, wobei der Einstieg des Gitarristen Uwe Haßbecker erwähnt werden muß, da durch ihn die Gitarre wieder Bedeutung erlangte, glänzte die Stern Combo Meißen, die sich jetzt nur noch Stern Meißen nannte, 1981 mit dem ambitionierten Album »Reise zum Mittelpunkt des Menschen«. Mit »Stundenschlag« von 1982 setzten Stern Meißen ihren Erfolg fort, wobei sich besonders das Titelstück zum All-Time-Hit entwickelte. Weitere Wechsel brachten eine Hinwendung zu kurzen tanzbaren Titeln, die erstmals auf »Taufrisch« 1985 zum Tragen kamen. Inzwischen war Uwe Lehrmann als Gitarrist für den abgewanderten Uwe Haßbecker eingestiegen und IC Schmidt hatte den Gesang übernommen. IC Schmidt erhielt als Sänger von Stern Meißen die Auszeichnung als »Pop-Interpret des Jahres«. Daneben trat er aber noch als Solo-Interpret unter dem Namen IC und nach der Wende als IC Falkenberg auf, landete jeweils 1985 und 1986 auf dem ersten Platz der Jahrescharts und bekam 1988 in der DDR die Goldene Amiga, eine mit dem Grammy vergleichbare Auszeichnung. Allerdings verloren Stern Meißen durch die Solo-Aktivitäten ihres Sängers an Bedeutung und lösten sich 1989 vorübergehend auf. Einige Zeit nach der Wende fanden alte Mitglieder der Formation wieder zusammen und begannen, wieder als Stern Combo Meißen erfolgreich durch die neuen Bundesländer zu touren. Die alten Platten und einige Hitkoppelungen fanden nach wie vor Absatz und im Oktober 99 veröffentlichten sie ein Album, das neben früheren Hits auch neue Titel enthielt.

CDs: Stern Combo Meißen (1977) Amiga, Weißes Gold (1979), Amiga WV auf CD: BuschFunk, Der weite Weg (1979) Amiga/WV auf CD: BuschFunk, Reise zum Mittelpunkt des Menschen (1981) Amiga, Stundenschlag (1982) Amiga, Taufrisch (1985) Amiga, Nächte (1987) Amiga, Hits (1996) BMG/Hansa, Live (1996) BMG/Hansa, Stundenschlag – als Stern Meißen (1997) BuschFunk, Sachsendreier – mit Electra & Lift (1999) BuschFunk, Stundenlang (1999) BMG/Hansa. Kontakt: BMG Ariola, Berlin Musik, Wittelsbacher Str. 18, 10707 Berlin F: 030-25065. Internet: www.bmgentertainment.de • www.bmg.de

STERNE, DIE
Frank Spilker (voc/g),
Thomas Wenzel (b), Christoph Leich (dr),
Frank Will (keyb, org, p)
Vier Sterne leuchten am Firmament, nicht deluxe (niemand sucht den fünften Stern), aber stärker als je zuvor. Bereits 1992 traten sie in der jetzigen Besetzung mit dem Ziel an, den Songs statt dem klassischen Rockaufbau eine groovig-funkige Unterlage zu geben. Zuerst coverten sie Material von Parliament und Funkadelic und schulten dabei ihr Rhythmusgefühl. Da ihnen die Sprache am Herzen lag, schrieben sie bald ihre deutschen Texte. 1992 gab es das erste Tondokument, die EP »Fickt das System«. Das erste Album mit dem Namen »Wichtig« ließen sie zu einem Aushängeschild der »Hamburger Schule« werden, obwohl sie bis heute über diese Eingruppierung nicht glücklich sind. Das Album enthielt ein Cover von Ton Steine Scherben und zwar den Titel »Jenseits von Eden«. VF schrieb über das Werk in seiner Kritik: »Eine Produktion, die nicht nur Kopf, sondern auch Bauch hat, poppig ist, reihenweise tanzbare Hits bietet und auch noch gut und professionell eingespielt wurde. Die Tatsache, daß ich fast nichts von den Texten kapiere, ist mit dieses eine Mal völlig egal.« 1994 gab es das Album »In Echt«, aus der sich das Stück »Universal Tellerwäscher« zum Ohrwurm entwickelte. Die MCD ist inzwischen vergriffen. Zur Überbrückung bis zur Veröffentlichung des dritten Studioalbums »Posen« wurde noch eine Koppelung aus den ersten beiden CDs plus Bonustitel

(DLP: »Unter Geiern«) auf den Markt gebracht. Der »Rolling Stone« widmete den Sternen zur Veröffentlichung von »Posen« eine eigene Seite und selbst der Autor wünschte sich, daß »sie jetzt berühmt werden«. Bezüglich der Verweigerungshaltung wurden wieder Vergleiche zu Ton Steine Scherben bemüht: »Vielleicht werden die Sterne auch nicht berühmt, aber dann kann man immer noch sagen, sie haben es wenigstens nicht probiert.« Die Tour durch deutsche Lande beinhaltete auch einen Auftritt im Münchner »Backstage«. Hierbei bezeichnete »GÜ« Frank Spilker als »unvergleichlichen Sprech-Crooner, wobei unser Ohr gespannt an seiner Zahnlücke klebt. ›Universal Tellerwäscher‹ und ›Wichtig‹ werden vom enthusiastischen Münchner Publikum endlich als die Hits wahrgenommen, die sie schon längst bundesweit sein sollten.« Aus dem »Posen«-Album wurden »Was hat dich bloß so ruiniert« und »Scheiß auf deutsche Texte« Dauerbrenner. Das Video zu »Was…« wurde 1996 eines der am meisten gespielten Clips auf MTV. Da die Sterne kurze Titel lieben, hieß das nächste Werk »Von allen Gedanken schätze ich doch am meisten die interessanten«, das wiederum drei Hits enthielt: »Die Interessanten«, »Bis neun bist du o.k.« und »Abstrakt«. Das Goethe-Institut lud sie im Oktober 98 zu einer mehrwöchigen Gastspielreise durch Kanada und die USA mit zwei zusätzlichen Auftritten in Mexico City ein, wo sie ihre Geschichten erzählten, um deutsch lernende Amerikaner zu frustrieren. Aber immerhin meinten sie: »Groove geht vor« und brachten das Publikum zum Tanzen, wobei die Mexikaner die bessere Figur abgaben. Im Juni gab es das nächste Beispiel ihrer Sprachakrobatik unter dem Titel »Wo ist hier«. Dabei modernisierten sie den Sound, Computerbearbeitungen flossen ein, es wurde mit Loops und Drum'n'Bass experimentiert, ohne daß sie ihren Stil vernachlässigten. Der Sänger sah dies auch nicht als einen Kniefall vor dem Zeitgeist: »Wenn man nur von Mode redet, verflachen die Inhalte und das finde ich ziemlich schrecklich.« Bei »Ich variiere meinen Stil« machten sie dies deutlich und »Big in Berlin« geriet zu einer kritischen Huldigung der Sterne-Art. Zu dem Stück »Ich variiere…« meinte Frank Spilker ganz schlicht: »Hätte ich das Stück mit Blick auf das Allgemeine geschrieben, meinetwegen mit Blick auf den Neoliberalismus, fände ich es fatalistisch. Obwohl es so ist, daß man sich durch das faktisch Politische auch laufend vor neue Situationen gestellt sieht, an deren Zustandekommen man in keiner Weise mitwirkt.« Und jetzt warten wir nur noch, daß Die Sterne eine Stadionhymne für den FC St. Pauli verfassen. Das WOM-Journal kürte die Gruppe mit »Wo ist hier« zum WOM-Act des Monats und selbst das Libro-Journal in Österreich vergab für die CD die Höchstwertung und bezeichnete Die Sterne als die »wahrscheinlich am hellsten leuchtenden Himmelskörper am deutschsprachigen Musikgestirn«.

Die Sterne

Discogr.: Fickt das System (1992, 12" – Ladomat 2000), Wichtig (1993, Ladomat 2000), In Echt (1994, Ladomat 2000), Unter Geiern (1995, Ladomat 2000), Posen (1996, Ladomat 2000), Themenläden und alle Remixe I & II (1996, Ladomat 2000), Von allen Gedanken schätze ich am meisten die interessanten (1997, Ladomat 2000), Stell die Verbindung her – Compilation (1998 – nur über Import), Wo ist hier (1999, Ladomat 2000), Das bißchen Besser (1999, MCD – Ladomat 2000). Kontakt: Ladomat 2000, Max-Brauer-Allee 163, 22765 Hamburg. Internet: www.lado.de

STICKSTOFF

Oliver Mathey (voc/g), Michael Koch (keyb/programm./g), Siggi Zufacher (b/ back.-voc), Sascha Martini (dr/perc), Birgit Auel (back.-voc), Anna Friebe (back.-voc)

Das Ereignis ist die Band. Die Band ist der Mittelpunkt. Jeder Mitspieler muß sich dem Bandgefüge unterordnen. So lautet die Philosophie von Stickstoff. Die Paderborner starteten 1997 und verschrieben sich dem deutschen Sprechgesang. Dabei war der Sänger und Sprecher Oliver Mathey der erste deutsche Sprachakrobat, der HipHop und Rockgitarre gleichzeitig zum Besten gab. Ihre Musik setzt sich aus Soul, Jazz, Pop, Funk, Rap und Rock zusammen, wozu Oliver seine Alltagsgeschichten erzählt und stimmlich von Birgit und Anna unterstützt wird. Im Konzert wird der Sound von echten Instrumenten erzeugt. 1999 veröffentlichten sie ihr Debüt »Ohrfrei«. Die CD enthielt all das, was ihnen in der Live-Szene zu einem guten Namen verholfen hatte. Damit überzeugten sie die Macher von Viva, die sie zum »Newcomer des Monats« wählten. Bei den Radio FFN-Parties wollten sie ihr Programm unbedingt live vorstellen und überzeugten damit das Publikum, während andere bekannte Bands das Playback bevorzugten. 1999 waren sie auf der Popkomm und beim Ringfest in Köln vertreten. Auf einer sogenannten Ochsentour traten sie in Clubs, auf Festivals und bei Stadtfesten von Hamburg bis ins Allgäu auf.

Stickstoff

Stoppok

Discogr.: Ohrfrei (1999, Mellow Music). Kontakt: Mellow Music, Dörener Platz 4, 33100 Paderborn, F: 05252-933081. Internet: www.mellow-music.com

STOPPOK

Er gilt als »der Barde aus dem Ruhrpott«, obwohl er sich inzwischen in Südbayern niedergelassen hat. Die → Popette Betancor sah ihn als Rock-Star-Lieder-Singer-Song-Schreiber. Seine Themen sind Geschichten von der Straße und von einfachen Menschen. Diese erzählt er liebevoll ironisch, manchmal auch nachdenklich oder traurig, wobei er sich nie über die Menschen erhebt. Mit zwölf Jahren entdeckte Stoppok die Liebe zur Musik. Einige Jahre später empfahl ihm der Professor einer renommierten Musikschule, bei der er die Aufnahmeprüfung ablegen wollte, es mit der Musik zu lassen. Zur Freude vieler (späterer) Fans kam er diesem traurigen Vorschlag nicht nach. Dafür holte er sich seine Erfahrungen als Straßenmusikant in Fußgängerzonen. Schon 1980 sorgte er mit der Stenderband für »Erfrischungen«. Das Label Risiko ging 1982 selbiges ein und veröffentlichte die erste Stoppok-LP »Saure Drops und Schokoroll«. Damit gewann er erstmals bundesweite Aufmerksamkeit. Dabei stammten drei Stücke aus der Feder des jungen Mediziners Georg Ringsgwandl. Der Major EMI brachte 1986 das Album »Nie genug« auf den Markt. Dieses Werk mit von ihm geschriebenen Liedern enthielt schon alles, wodurch er später populär wurde. Da er EMI nie genug verkaufte, lösten sie den Vertrag wieder auf. 1990 erzählte Stoppok seine Geschichten auf dem gleichnamigen Album, das BMG Ariola herausgab. Dort veröffentlichte er noch »A'schklar«. Eigentlich war es auch a'schklar, daß sich der Erfolg irgendwann einstellen würde. Dies geschah dann mit »Happy end im La-La-Land« 1993. ME/Sounds vergab in der Bewertung 5 Sterne: »Unterm Strich: 13 Song-Abenteuer von einem Kerl, der gerechterweise längst ein Star sein sollte.« Bis 1996 spielte er die Alben »Instrumentaal«, »Silber« und den Soundtrack zum Film »Das Superweib« ein. Zur Veröffentlichung von »Silber« widmete ihm der Rolling Stone eine Geschichte. »The cover of the Rolling Stone« – davon träumten nicht nur Dr. Hook. Stoppok war der erste deutschsprachige Künstler, der auf dem Titelblatt zu finden war. Das Fachblatt Musik Magazin wählte ihn in den Kategorien Sänger national und Gitarrist national jeweils auf Platz 3 der Besten-Liste 1995. Das Beste von ihm konnte man 1996 kaufen, auf der CD »Haste mal 'ne Mark – Best of«. Eine Mark reichte für den Kauf nicht aus – »mit Sicherheit«. So nannte er dann sein nächstes Werk, das erste, welches er für Epic/Sony Music aufnahm. Auch wenn die Grooves verstärkt und Samples genutzt wurden, Stoppok blieb Stoppok. Die Ruhrpottgeschichten, wie z.B. »Willie und Gerd« fanden bundesweit Anklang. Kritisch und sarkastisch zu gesellschaftlichen und politischen Dingen äußerte er sich in dem Titel »Feine Idee«. Eine feine Idee war es, seine nächste CD »Neues aus La-La-Land« zu nennen, denn damit brachte er fast die gesamte Presse hinter sich. Der Rolling Stone vergab 4 ½ seiner fünf Sterne, die Musikwoche bezeichnete die CD als ein »durchweg kurzweiliges Hörerlebnis«, und Harald Kepler kam zu dem Schluß

»daß Stoppok der beste Marius Müller-Westernhagen ist, den es je gab«. Die Finger wund gespielt vom vielen Touren, aber den Live-Sound noch nicht auf Tonträger festgehalten. Deshalb gab es im Herbst 1999 das Album »Auf Bühne...La-La-Live 99«. Damit konnten seine Fans Silvester stimmungsvoll in das neue Jahrtausend gleiten.

Discogr.: Stenderband: Erfrischungen (1980, Burlington Records), Saure Drops & Schokoroll (1982, Risiko; WVÖ – BMG/Chlodwig), Nie genug (1986, EMI), Stoppok (1990, BMG Ariola), A'schklar (1991, BMG Ariola), Happy end im La-La-Land (1993, Chlodwig/BMG), Instrumentaal (1994, Chlodwig/BMG), Silber (1995, Chlodwig/BMG), Das Superweib (1996, Chlodwig/BMG), Hast mal 'ne Mark – Best of (1996, Chlodwig/BMG), Mit Sicherheit (1997, Epic/Sony), Neues auss La-La-Land (1999, Epic/Sony), Auf Bühne...La-La-Live 99 (1999, Epic/Sony). Kontakt: LALA Office, F: 05073-7421. Internet: www.sonymusic.de/epic

STUDIO GRANDE

Kai Berner (voc/g), Peter Günnen (dr), Jockel Ürschel (b)

Der Krefelder Kai Berner leitete schon die Gruppe Birdy Num Nums und gründete mit Peter und Jockel die Formation Studio Grande, in der sie zu schrammeligem Gitarrenpop Marke Garage in nachvollziehbaren deutschen Texten über Gedanken und Gefühle ihrer Generation berichteten. Ihren Erstling »Studio Grande« spielten sie mit Hilfe des Produzenten Guido Lucas ein. Glocken, MS-20-Analog-Synthesizer, Mellotron, Gitarrenfeedbacks, Slide-Gitarre und weitere Feinheiten bereicherten den Sound. Die Presse reagierte auf die Veröffentlichung im November 98 mehr als positiv. So sah D.Ro. »ein fulminantes Debüt, das Hoffnungen macht« und W.K. »eine der Überraschungen des vergangenen Jahres«.

Discogr.: Studio Grande (1999, Day-Glo-Records/SPV). Internet: www.dayglo.de

STOUXINGERS

Bei den Stouxingers handelt es sich um ein Vokalensemble aus Halle/S., deren Geschichte bereits im Jahr 1993 begann. Zwischen 1993 und 1999 sangen sie in über 160 Konzerten, absolvierten eine Tournee durch die GUS und nahmen an verschiedenen Projekten wie dem Pop-Messias teil, den sie zusammen mit der Hallenser Philharmonie aufführten. Nach den beiden Alben »Singing & Shouting« von 1996 und »Voice On The Trigger« von 1998 bereiteten sie 1999 ihre dritte CD vor.

Kontakt: Stouxingers c/o Stephan Eisermann, Adam-Kuckhoff-Str. 1, 06108 Halle/S., T: 0345-2901034

SUBTERFUGE

Lars Schmidt (g/b/voc), Thomas Baumhoff (g/b/voc), Kai Blankenberg (b/g), Mark Specht (dr)

Bereits seit Herbst 1991 tummeln sich Supterfuge in der Szene. Drei Monate nach ihrer Gründung hatten sie den ersten Auftritt im Düsseldorfer Zakk. Seitdem geben sie in kleinen Popsongs ihre

Subterfuge

alltäglichen Erfahrungen weiter. Sie lieben eingängige Gitarrenmusik englischer Prägung und Schrammelgitarren im Bostoner Sound der späten 80er, schwebende Sounds und zweistimmigen Gesang. Begonnen hatten sie als Trio, doch bald schon stand mit Kai Blankenburg das endgültige Line-up und Wolverine Records gab ihnen einen Vertrag. Im Herbst 93 erschien ihr Debüt »Fabulous«, das auch ein Cover des Bananarama-Hits »Robert de Niro's Waiting« enthielt. Dazu nahmen sie das Video »Distance« auf, das mehrmals von Viva gesendet wurde. »Marc« widmeten sie das zweite Album im Jahr 1996. Streitigkeiten mit der Plattenfirma, die keinen Britpop mehr veröffentlichen wollte, hatte das frühere Erscheinen der bereits fertiggestellten CD verhindert. Das Video zu »Localization Blur« enthielt eine Mixtur aus alten Super-8-Szenen und Aufnahmen der Band. Visuell unterstützt wurde auch der nächste Titel »I Will Never Ever«. Wieder bekamen sie in den Spartenprogrammen von Viva Gelegenheit, ihre Produktionen vorzustellen. Der Zeitpunkt in Leipzig wählte »Marc« zur CD des Monats und das Fachblatt Musikmagazin zur Perle des Monats. Stephan Stoeckel schrieb zu einem Auftritt im Kronacher »Struwwelpeter«: »Wehmütige Melodien und jede Menge ins Ohr gehende ›Na na nas‹: Supterfuge klangen streichzart wie eine Margarine. Aber auch hart wie Butter aus dem Kühlschrank. Dann nämlich, wenn die Jungs das Popmäntelchen gegen die Lederjacke austauschten. Dann präsentierten sie sich als knallharte Rocker, die vor den Verstärkern kniend die Gitarren aufjaulen ließen oder in Windeseile durchs Punkland düsten.« Ihr letztes Video »Conval Hockey« stammte aus dem Jahr 1998. Hatten sie bereits vorher u.a. mit → Blumfeld, Sebadoh und Flowerpornoes die Bühne geteilt, so begleiteten sie im Herbst 99 → Readymade mit großem Erfolg auf ihrer Clubtour. Außerdem arbeiteten sie an den Aufnahmen zum dritten Longplayer.

Discogr.: Fabulous (1993, Wolverine Records), Marc (1996, Langstrumpf/East West). Kontakt: Julia Reinhardt, Rheinaustr. 19, 50676 Köln. E-Mail: julia@subterfuge.de • Internet: www.subterfuge.de

SUBWAY TO SALLY

Eric Hecht (voc/Dudelsack/Schalmei/fl), Frau Schmitt (v), Ingo Hampf (g/Laute), Bodenski (voc/ac-g), Simon (voc/ac-g), Sugar Ray Runge (b), David (dr)

Ihre ersten Konzerte als Subway to Sally gab die Band 1992. Die Mitglieder hatten bereits vorher in anderen Gruppen gespielt und wollten mit STS Rockmusik und Folk zusammenbringen. Zuerst spielten sie hauptsächlich in den neuen Bundesländern. Dort erarbeiteten sie sich schnell einen Ruf als hervorragende Liveband. Dies ermutigte immer mehr Veranstalter aus dem Westen der Republik, die Band zu verpflichten. Ihr Debüt von 1994 war noch sehr stark vom Einfluß der irischen und keltischen Musik geprägt. Schon während der Aufnahmen gab es Schwierigkeiten mit ihrer Plattenfirma, worin auch ein Grund lag, warum die Subways mit ihrer ersten Platte nicht ganz zufrieden waren. Auf der von Sven Regener (→ Element of Crime) produzierten CD »MCMXCV« mixten sie Minnesang mit Metal und Celtic Sounds mit Hardcore. Das Album war aufwendiger produziert und ungleich knalliger und härter als der Vorgänger. Es kamen drei musikalische Säulen aus hartem Metal-Rock, mittelalterlichen Klängen und ethnischen Einflüssen von Spanien bis zum Balkan zum Tragen. In ihren Texten erzählten sie erstmals durchgängig in deutscher Sprache finstere Geschichten aus dem Mittelalter. Das Fachblatt Musikmagazin wählte Subway to Sally im Juli 95 zur Gruppe des Monats. Erneut im Mittelalter und unter der Regie von Sven Regener spielten sie 1996 das Album »Foppt den Dämon« ein, wo wiederum E-Gitarren, Bass und Schlagzeug auf Dudelsack, Schalmei, Geige und Flöten trafen. Auf ihrem Album »Bannkreis« transportierten sie wieder Themen von heute in die Welt des Mittelalters wie in »Mephisto«, wo sie gegen die materielle Verführung ansangen. Mit dem Werk erreichten sie Platz 47 der deutschen Longplay-Charts. Zur Vorstellung der neuen CD kamen sie ins Ulmer Roxy, wo auch Kai Wendel anzutreffen war: »Ins Ulmer Roxy waren jedenfalls über 820 Metal-, Folk- und Punk-Fans gekommen, die ein absolut überzeugendes, fast zweistündiges Konzert geboten bekamen, das neben der bekannten Spontaneität und Spielfreude auch einige optische Neuerungen bot. Inzwischen sorgt nicht mehr nur die altbewährte Feuerspucker-Nummer der Frontleute für flammende Unterhaltung, sondern auch Pyro-Effekte wie Running Wild Böller und farbiges Feuer. Außerdem unterstrich die ausgeklügelte, aber niemals aufdringlich oder übertrieben wirkende Licht-Show äußerst effektiv die düstere, melancholische und mystische Atmosphäre der einzelnen Songs. Abschließend kann man sagen, daß STS mit diesem Konzert beweisen konnten, daß sie nicht nur gute Musiker sind, die den Rock'n'Roll im Blut haben, sondern auch zu den besten Live-Bands in unseren Breiten zählen.« Bis dahin hatten Subway to Sally mehr als 700mal auf der Bühne gestanden und Österreich, die Schweiz, die Niederlande und Amerika bereist. Die nächste Packung Mittelalter gab es 1999 mit dem Album »Hochzeit«. Den bisher aufwendigsten Tonträger der Band nahmen sie im Zeitraum von fünf Monaten in vier verschiedenen Studios auf. Die mehrstimmigen sakralen Gesänge waren streng nach den historischen Regeln geschrieben, der Satzgesang war deutlich verbessert und die Gitarren klangen zeitgemäß härter. Diese neue Härte bestätigten sie auf ihrer anschließenden Tour und vielen Open Airs im In- und Ausland wie dem Wacken Open Air oder dem Donauinselfest in Wien.

Discogr.: 1994 (1994, Costbar/EFA), MCM XCV (1995, Stars in the Dark/EFA), Foppt den Dämon (1996, Red Rooster/BMG), Bannkreis

Subway to Sally

(1997, BMG Ariola), Hochzeit (1999, BMG Ariola). Kontakt: Vielklang Musikproduktion GmbH, Forsterstr. 4/5, 10999 Berlin, F:030-6189382. E-Mail: info@vielklang.de • Internet: www.subwayto sally.com

SUCH A SURGE

Olli Schneider (voc), D. Graef (g), Carsten »Antek« Rudo (dr), Axel Horn (b), Michel Begeame (voc)

Die Band nennt als Termin ihrer Gründung nach einer gemeinsamen Session mit Olli Schneider den August 92, obwohl sie ohne ihn schon vorher bestanden hatte. Ende des Jahres erschienen die ersten gemeinsamen Arbeiten auf dem »That's Real Underground«-Sampler und Mitte 93 folgte die inzwischen legendäre »Gegen den Strom«-EP auf dem Braunschweiger Label Rap Nation. 1994 traten Such a Surge im Vorprogramm von Dog Eat Dog und Biohazard auf und erspielten sich mit einer Ochsentour durch die Clubs mit einer Mixtur aus rüden Raps, harten HipHop-Beats und grollenden Gitarren eine stabile Fanbasis. Es erfolgte das Signing bei Epic und die Veröffentlichung der CD »Under Pressure«, worin der ME »...ein donnerndes Debüt, mit dem die Band Vergleiche mit nationalen Kollegen relativ entspannt entgegensehen kann« sah. Außergewöhnlich war, daß die Titel in englischer, französischer und deutscher Sprache vorgetragen wurden. Das erste Album lieferte mit »Gegen den Strom« und »Schatten« zwei Clubhits ab, das Album erreichte die Charts und verkaufte sich über 100.000 mal. Nach vielen Auftritten in Deutschland und einer Frankreich-Tournee mit Suicidal Tendencies coverten sie für den Film »Strange Days« den alten Song der Doors. 1996 veröffentlichten sie ihr zweites Album »Agoraphobic Notes«, das für Pressetexte sorgte wie »kaum eine Band agiert so abwechslungsreich wie dieses Sextett« oder »welchen Stempel man diesem Genre auch aufdrücken möchte, spielt bei wirklich guter Musik, mit der es wir hier zweifelsfrei zu tun haben, keine Rolle«. Auf ihrer anschließenden Tournee wurde die Band allerdings unterschiedlich beurteilt. In Bielefeld hieß es: »Stumpf ist Trumpf – es bleibt der Nachgeschmack eines Fast-Food-Mahls, es macht zwar satt, aber irgendwie schmeckt alles nach Pappmaché.« Die Münchner Presse hielt dagegen: »Die großartig aufgelegten Braunschweiger tobten sich im ausverkauften Backstage aus – ein rundum gelungenes Konzertvergnügen.« 1997 gründeten Such a Surge ihr eigenes Label Surge Music und nahmen sowohl Artwork, Terminplanung und Merchandising als auch Anzeigen und Management selbst in die Hand. Mit dem 1998 veröffentlichtem Album »Was besonderes« beschritt die Band mit der Hinwendung zu mehr Melodie und Pop wieder neue Wege, ohne daß sie alte Stärken vernachlässigten. Die Kritiken waren diesmal sehr zwiespältig und gipfelten in der Behauptung: ›Was besonderes‹ ist das nicht, was da zusammengeschrammt, geholzt, gegröhlt und geknüppelt wird: Blöde Lieder, öd und bieder (WOM).« Dermaßen harte Beurteilungen blieben aber die Ausnahme und bei ihren Konzerten ließ die Gruppe weiterhin nichts anbrennen. »20 Sekunden waren nötig, um das rappelvolle Backstage in eine überhitzte Sauna zu verwandeln. Besonders Sänger Olli hatte jede Situation im Griff, bis er schließlich im Publikum lag. Die Menge tobte. Ein Kollege meinte zu dem Auftritt: »Sprechgesang reduzieren – Brüllen erhöhen – saugute Idee.« Neben ihrem Such-a-Surge-Programm komponierte die Band Hardcore-, Punk- und Noise-Stücke, die sie unter dem Namen Pain in the Ass veröffentlichten. Auf der Such a Surge-Tournee bestritt die Band als Pain in the Ass ihr eigenes Vorprogramm. »Jetzt ist's gut« und »Nie mehr Love-Songs« hatten die Hits geheißen,

Such a Surge

die das Album »Was besonderes« abwarf. 1999 brachten Such a Surge als Nachfolger die EP »Tropfen« heraus, die neben zwei eigenen Songs je ein Lied von Pain in the Ass und O-Ton enthielt, dem Solo-Projekt von Olli Schneider. Für den Longplayer »Der Surge Effekt« vom Winter 1999/2000 vergab der Hammer die Höchstwertung (6 Sterne): »Der Surge Effekt ist ein facettenreiches Album geworden, das die Ausnahmestellung der Band unterstreicht, die sie nur einem einzigen zu verdanken haben: sich selbst.« Mit der Single »Chaos« stiegen sie unverzüglich in die Charts ein. Zu Beginn des Jahres 2000 folgte dann ihre neue CD »Der Surge Effekt«.

Discogr.: Gegen den Strom (1993, EP – Rap Nation), Under Pressure (1994, Epic/Sony), Agoraphobic Notes (1996), Was besonderes (1998), Tropfen (1999, EP), Der Surge Effekt (2000 – Surge Music/Epic). Kontakt: Epic, Stephanstr. 15, 60313 Frankfurt/M., F: 069-13888440. Internet: www.suchasurge.de • www.sonymusic.de/surge

SUMMERHOUSE

Phil G. Barnes (voc/ac-g/keyb/perc), Zp Septinus (g/voc), Dryman (b), Knut Knoop (dr/perc/voc), Tobias (keyb/acc/voc)

Mit Summerhouse stellt sich ein weiterer Gewinner des von Radio ffn veranstalteten »Local heroes«-Wettbewerbs vor. Die Rock- und Popgruppe gewann diesen Bandwettstreit 1997 nach → Be und den → Guano Apes. Der Name rührt daher, daß die Gründung der niedersächsischen Band mit Wohnsitz Celle 1994 in einem dänischen Sommerhaus stattfand. Alle Mitglieder hatten schon vorher musikalische Erfahrungen gesammelt, wobei der englische Frontmann, Texter und Sänger Phil G. Barnes früher als Straßenmusikant unterwegs gewesen war. Zuerst agierten sie noch ohne Keyboards. Zugunsten eines stärkeren musikalischen Ausdrucks nahmen sie hierzu 1996 Tobias in die Band auf. Nachdem sie durch häufiges Auftreten einen großen Fankreis vorweisen konnten und eine immer größere Nachfrage nach einem Tonträger bestand, ging die Band 1996 in ein Studio und spielte einige Songs ein. Statt diese zu veröffentlichen, bewarben sie sich damit beim oben genannten Wettbewerb. Darauf erhielten sie bei Enola Music einen Plattenvertrag. Das Ergebnis hieß »Hitchhiker's Run«. Diese CD wurde allerdings nur auf Bestellung oder bei ihren Konzerten verkauft. Ihre Texte hatten soviel Substanz, daß sich die Firma erlauben konnte, im Beiheft die deutschen Übersetzungen anzubieten. 1997 waren sie mit »Another Generation« auf dem Benefiz-Sampler »Klasse 9a Die CD zum Lehrstellenprojekt« vertreten. 1999 waren sie fast jedes Wochenende unterwegs und gaben das ganze Jahr Konzerte im kleineren Rahmen. Im Herbst erschien die Single »Tomorrow Maybe«, die vollkommen neu eingespielt wurde.

Discogr.: Hitchhiker's Run (1998, Enola Records). Kontakt: Enola – Summerhouse, Fridastr. 18, 30161 Hannover, F: 0511-388 4960. Internet: www.enola.de • www. summerhouse.celleweb.de

SUNNYLAND

Shaun Williamson (voc), Gerd Vogel (g), Thomas Klippel (keyb), Tom Bornemann (b), Marcel Millot (dr)

Schnucki oh Schnucki – jetzt fahren wir nach Kentucky – dies könnte bei Sunnyland zutreffen, nachdem sie mit ihrem Album »Mean Dog« Platz 3 der dortigen Rhythm'n'Blues-Charts belegten, wäh-

Sunnyland

rend in Deutschland der endgültige Durchbruch noch nicht geschafft war. Als Sunnyland Bluesband spielten sie jahrelang vornehmlich Cover-Songs in den kleinen Clubs im hessischen Raum. Mit dem Einstieg von Gerd Vogel, den John Mayall als besten Gitarristen Deutschlands bezeichnete, wurde die Musik ernsthafter betrieben. 1994 stieß der Bassist und Diplom-Biologe Tom Bornemann zur Band. Die Erfolgsstory begann allerdings erst richtig 1996 mit dem Sänger Shaun Williams, der nur seine Eltern in Kaiserslautern besuchen wollte. Er war von 1985 bis 1988 Leadsänger der Atlanta Rhythm Section gewesen. Shaun kannte Sunnyland von früheren Besuchen in Deutschland. Als er eines abends ein Konzert von ihnen besuchte, sang er bei einem Stück mit. Der Funke sprang sofort über und Shaun blieb in Deutschland. Vier Monate später holte er seine Schwester Shelly zur Band. Sie hatte bereits in den Staaten in einem Acoustic-Duo und als Background-Sängerin musikalische Erfahrungen gesammelt. Die erste CD »Mean Dog« nahmen sie im Sommer 1996 auf. Ließ der Erfolg in Deutschland noch auf sich warten, schafften sie es in den Staaten, außer in Kentucky auch noch in anderen Bundesstaaten in den einschlägigen Charts zu landen. 1998 ließen sie die Konzerte unter dem Titel »Live 98 – The Mean Dog Tour« auf CD pressen. Dieses Album kann nur bei ihren Konzerten erworben werden. Danach verzichteten sie auf ihren Beinamen Bluesband, um nicht in einer musikalischen Schublade stecken zu bleiben. Deutlich rockorientierter fiel dann auch »Out Of Time« von 1998 aus, wobei es auch Einflüsse von Soul und Funk gab. Neu hinzugekommen war inzwischen Keyboarder Thomas Klippel, der schon bei der Herbert-Grönemeyer-Gruppe Johnny and the Bad Boys gespielt hatte. In ganz Deutschland nahm die Presse von Sunnyland Notiz. Die Münchner Abendzeitung zeichnete »Out Of Time« als CD der Woche aus. Das Fachblatt Musikerszene widmete der Band vier Seiten und bezeichnete sie »als einen der heißesten Live-Acts, den Deutschland momentan zu bieten hat«. Ihre dynamischen Auftritte sprachen sich schnell herum. In der BRD erhielten sie als erste Band überhaupt im Frühjahr 99 den »Talking-Blues-Award«. Der endgültige Durchbruch schien nur eine Frage der Zeit, da gab Shelly, die inzwischen eine Identifikationsfigur der Band geworden war, ihren Ausstieg bekannt. Sie war schwanger und wollte sich der Erziehung ihres Kindes widmen. Auch der bisherige Schlagzeuger machte nicht mehr weiter. Die Band mußte sich wieder neu orientieren. Die vier Restmitglieder beschlossen, vorläufig ihre Auftritte mit einem Gastschlagzeuger und einer Sängerin für die Backing Vocals zu absolvieren. Dann fand sich mit Marcel Millot ein neuer Drummer, der bei Joe Porcaro, dem Vater des verstorbenen Toto-Schlagzeugers, studiert hatte und der gut zu dem hohen musikalischen Niveau der Sunnyland-Musiker paßte. Einstweilen richteten Sunnyland ein eigenes Studio ein und hatten dadurch die Möglichkeit, innerhalb der handgemachten Musik aus Soul, Blues und Rock neue Wege zu gehen. Sie konnten mehr experimentieren, als ihnen früher möglich gewesen war und dazu luden sie sich auch Gäste in ihr Studio ein oder begleiteten andere Sänger bei deren Auftritten. *Discogr.: Mean Dog (1997, Inak), Live-98 – Mean Dog Tour (1998 – Verkauf über Konzerte), Out Of Time (1998). Kontakt: Tom Bornemann, T: 0611-9450469, F: 0611-9018737. Internet: www.sunnyland.de*

SUNSTALKER

Sa Bee (voc), Matt Elten (g),
Chris Pruessing (b), Danny Blades (dr)
Der Grundstein zu Sunstalker wurde schon 1988 gelegt. Matt und Chris sprachen auf dem Schulhof Nik von Wurzbach an und fragten ihn, ob er nicht als Schlagzeuger bei ihnen einsteigen wolle. Im dreizehnten Stock eines Hochhauses hatten sie ihren Proberaum. Sie übten ein

Programm ein, das aus Instrumentalversionen u.a. von Dire Straits-, Cult-, Police-, Saga- und ZZTop-Songs bestand und auf Parties gespielt wurde. Nach Plakatsuchaktionen und Sänger-Rehearsals fanden sie 1990 eine Sängerin, die von derselben Schule wie die Gründungsmitglieder kam. Nachdem innerhalb eines Jahres ein 90minütiges Programm mit Eigenkompositionen aus gitarrenorientiertem Rockpop eingeübt worden war, fiel ihnen während einer Pause beim Sonnenbaden das Wort »Sun Stalker« (Sonnenpirschjäger) als neuer Bandname ein. Mit dem Kauf einer Tonanlage, die auch heute noch benutzt wird, verschuldete sich die Band. Ihr erstes Demo nutzten sie zu Bewerbungen für Live-Gigs. Der erste öffentliche Auftritt erfolgte in einem gut gefüllten Jugendclub in Düsseldorf. Nachdem sie bei mehreren Bandwettbewerben zweite und dritte Plätze belegt hatten, gewannen sie 1993 zwei dieser Ausscheidungen. Nik mußte aufgrund einer schweren Krankheit aufgeben und übernahm das Management der Band, die ihn durch Danny ersetzte. Mit völlig neuem Songmaterial spielten sie 1994 ihr drittes Demo ein, während sie Auftritte 1994 und 1995 nur sporadisch wahrnahmen. 1996 nahmen sie ihre erste CD »Navel« auf. Sie wurde bei Konzerten und in lokalen Plattenläden verkauft. Sunstalker erwarb sich in der Folge den Ruf einer der fleißigsten Livebands Düsseldorfs. Sie gewannen zwei weitere lokale Wettbewerbe, traten erstmals im WDR-Fernsehen (»Happy Hour«) auf und ihre Lieder wurden im lokalen Radio gespielt. Im Frühjahr 1997 ging die Gruppe mit eigenem Bandbus auf Livetour durch die neuen Bundesländer. Ende des Jahres gewannen sie den vom WDR mitausgerichteten Düsseldorfer »CityBeats«-Wettbewerb. Neben einer CD-Single mit einer 1.000-Stück-Auflage und drei Studiotagen in den »Skyline«-Studios Düsseldorf gewann die Band einen gemeinsamen Auftritt mit → Vivid, der am 16.10.98 zustande kam. Sie erhielten einen Vertrag bei InterPool-Records Köln. Diese ermöglichten ihnen, die nächste CD in den Brilliant Studios in San Francisco einzuspielen. Dort hatten schon die Breeders, Faith no More und Nirvana aufgenommen. Gleich nach der Landung machte sich die Formation an die Aufnahmen zu »Down To Earth«. Anfang Mai 1999 erschien das Album, das von Sony Music vertrieben wird. Darauf zu hören ist songorientierte Rockmusik, die manchmal aggressiv rockig und manchmal verträumt und sanft klingt. Besonders lobte die Presse den Gesang von SaBee. Auf einer ausgedehnten Tour stellten sie ihre neuen Kompositionen vor.

Discogr.: Navel (1996, Eigenvertrieb), Down To Earth (1999, InterPool/Sony). Kontakt: Management Nick von Wurzbach, T: 0211-308737. E-Mail: sunstalker@interpool-online.de • Internet: www.interpool-online.de/sunstalker.html

SUPERPUNK
»A bisserl was geht immer« meinte die Hamburger Punkband um den Songwriter Carsten Friedrich im Januar 99. Diese in loser Besetzung agierende und aus bekannten Musikern der Hamburger Szene

Sunstalker

bestehende Supergruppe war über Jahre eine der heißesten Festival- und Partybands der norddeutschen Szene. Mit dem Einstieg von Carsten Friedrichs stabilisierte sich das Bandgefüge und im Januar 99 erschien die oben genannte Scheibe mit lautem Garagenbeat, Rock'n'Roll und Punk, wobei wegen der Mitsing-Refrains der feine Wortwitz manchmal etwas unterging.

Discogr.: A bisserl was geht immer (1999, Fidel Bastro/EFA). Kontakt: EFA Medien, Billwerder Neuer Deich 72, 20539 Hamburg, F: 040-782783. E-Mail: hamburg@efa-medien.de • Internet: www.efa-medien.de

SURROGAT

T.T. Mai-Linh (dr), Tilo Schierz-Crusius (b), Patrick Wagner (g/voc)
Surrogat gehörten zur Berliner Noise-Fraktion. 1993 trafen sie sich mit dem Vorsatz, mit Bass, Gitarre und Schlagzeug Krach zu machen, drastisch und unanhörbar zu lärmen und dazu in Deutsch zu singen. Ihre frühen und selbstverständlich lauten Auftritte sorgten in der Berliner Szene für Aufsehen. Erst einmal veröffentlichten sie die 7" »Tick/Custacean«. 1995 nahmen sie für Kitty-Yo ihre Debüt-CD »Unruhig« auf, die sich zum Klassiker der Noise-Szene entwickelte. Dabei hieß ihr Motto: Wieviele Breaks verträgt ein Stück, ohne daran zu zerbrechen? Spex nannte das Album ein »modernes Scherbengericht der knackigen Art«. Nebenbei gaben sie zwischen 50 und 80 Auftritte pro Jahr, tourten mit Steel Pole Bath Tub durch Europa und wurden damit weiter bekannt. Ihre musikalische Weiterentwicklung war auf der CD von 1996 »Soul feat. MMM« hörbar. Sie verließen ihr Terrain und vereinten Groove mit subtiler Intensität. Die Berliner Elektro-Formation MMM war dabei mit vier obskuren Titeln vertreten. Nach der Zeitschrift Skug bündelten sie darin »die Brutalität der Anfangstage zu subtiler Härte und reiner Energie«. Surrogat spielten außer in Deutschland auch in Italien und Frankreich. Dann ließen sie 1997 die Mini-CD »Hobby« folgen, wozu das erste Video »Locker« gedreht wurde. Diesmal gelang es ihnen, die Dynamik und Intensität der Auftritte auf der Scheibe festzuhalten. Einflüsse von Funk, Soul, Elektronik und Klassik auf den Noise-Rock machten weitere Fortschritte hörbar. Mit verantwortlich für die Aufnahmen war Mario Thaler (→ Notwist), in dessen Weilheimer Studio die CD aufgenommen wurde. Michael Heilrath (→ Couch) und → Tarwater steuerten Remixe bei.

Surrogat

Discogr.: Tick/Crustacean (1994, 7"), Unruhig (1995), Soul feat. MMM (1996), Hobby (1997, Mini-CD). Kontakt: Kitty-Yo Int., Rosenthaler Str. 3, 10119 Berlin. F: 030-28391452. E-Mail: store@kitty-yo.de • Internet: www.kitty-yo.de

SWINGVERGNÜGEN

Aus den Staaten schwappte gegen Ende der 90er Jahre die Swingwelle in die Metropolen Deutschlands. Allerdings nahmen die neuen Bands den Swing nur als Grundlage ihrer Musik und garnierten ihn mit Rock'n'Roll, Punk und manchmal auch mit lateinamerikanischen Rhythmen und nannten dies alles Neo-Swing. In der Metropole Wiesloch bildete sich das bekannteste deutsche Neo-Swingorchester – The Swingvergnügen, an dem Mitglieder der → Busters beteiligt waren und das mit ausschließlich eigenem Material 1999 ihre erste CD »Road Rage« auf den Markt brachte. Dafür bescheinigte ihnen die Presse, daß sie sich mit dieser witzig-spritzigen Produktion nicht hinter ihren amerikanischen Kollegen zu verstecken bräuchten.

Discogr.: Road Rage (1999, Dogsteady Records/SPV). Kontakt: SPV GmbH, Brüsseler Str. 14, 30539 Hannover, F: 0511-870 9181. Internet: www.spv.de

Swingvergnügen

SWOONS

Jutta (voc/s), Stefan (g/voc), Mayo (dr), Axel (b)

Die Heimat der Swoons ist Wolfhagen bei Kassel. Auf einer Abiturfeier entschlossen sich Stefan, Mario, Axel und Thomas 1990 zur Gründung einer Band und lärmten vorerst munter vor sich hin. Sie integrierten 1992 mit Tanja und Tina zwei Sängerinnen, schrieben eifrig eigene Songs, die sie auf vielen Compilations unterbrachten und nahmen die beiden Demos »Aua« und »Klaus Is Dead« sowie die EP »We Are Exactly What You Want« auf. Mehr oder weniger aus dem Bauch heraus spielten sie die Musik zu ihrer Debüt-CD mit wenig Geld als Low-Fi-Produktion ein und betitelten sie ebenfalls »Klaus Is Dead«. Sie enthielt den gewohnt schnellen und fröhlichen Speedpunkpop. Der berühmte englische DJ John Peel wurde auf sie aufmerksam und setzte die Songs in seinem Programm ein. Mit den → Bates durften sie auf Tournee. Durch ihre spontanen und frischen Konzertaktionen gewannen sie viele Fans. Dabei wurden schon Blutwürste versteigert, ein Unterhosen-Contest unter den männlichen Besuchern durchgeführt oder Rasseln und Zahnbürsten an das Publikum verteilt. Auf der 7"-EP »bABBAlgum« coverten sie 1993 vier Abba-Songs und von der 94er Maxi behaupteten sie »Sicher gibt es schlechtere Platten.« Inzwischen verkauften sie ihre Tonträger in ganz Europa, Nord- und Südamerika und sogar in Hongkong. Als 1994 die CD »Sonic Baby« auf den Markt kam, hatte sich die Sängerin Tanja bereits verabschiedet, da sie nicht mehr die nötige Zeit für die Band aufbringen konnte. Das Fachblatt Musikmagazin wählte die Formation im September 94 zur Gruppe des Monats und Plasticbomb nannte »Sonic Baby« die »...Pop-Punk Scheibe des Sommers«. Die Swoons ließen 1996 auf »Klein und faul« ihre Botschaften in deutschen, englischen und französischen Texten vernehmen. Im Anschluß an die Veröffentlichung tourten sie durch Deutschland, Österreich und Holland. Im Rahmen des Musikladens wurde am 22.8.96 ein 45minütiges Konzert im TV übertragen. In den USA brachte das Label Last Resort/Comfour das Album »You Ass. Ey« heraus. Auf »Hart aber herzlich« klangen die Swoons schneller und härter als beim Vorgänger. Sie zitierten zwar die Who, Clash und Nirvana, die gewohnten Cover-Songs liehen sie sich jedoch von Nick Kershaw (»The Riddle«) und den Kinks (»Till The End Of The Day«). Erstmals vernahm man auf einer Swoons-CD auch nachdenkliche Töne. Der Hessische Rundfunk präsentierte am 22.5.97 die Release Party. Im Mai und Juni stellten sie ihre neuen Titel bundesweit live vor. In Japan veröffentlichte 1 & 2 Records auf CD und Picture-LP »Japanese Killer Drops« und das dänische Radio stellte die Swoons als die deutschen No Doubt vor. Der zunehmende Erfolg führte zu Streßsituationen, denen die Frontfrau Tina nicht mehr gewachsen war, weshalb sie im August 97 kurzfristig ausstieg. 22 gebuchte Konzerttermine mußten abgesagt werden und die Band stand vor dem Aus. Unter dem Namen Sperm Donors ließen die Herren mit aggressivem Punk den Frust raus. Dann trat die Saxophonistin und Sängerin Jutta in ihr Bandleben. Die wiederbelebten Swoons meldeten sich im August 98 mit »Hart aber herzlich« zurück. Die vier Stücke der EP enthielten ausschließlich Texte in deutscher Sprache. Im Oktober 98 bewies die Gruppe bei ihren Konzerten, daß sie nichts von ihrem Charme und ihrer Energie eingebüßt hatte und Jutta durchaus als Bereicherung eingestuft werden konnte. Mit einer gehörigen Portion Ska angereichert, präsentierten sie im Herbst 99 »Magnetsignale aus dem Nichts«. Die Coverversionen hießen dieses Mal »Du hast den Farbfilm vergessen« (Nina Hagen) und »What's The Colour Of Money« (Hollywood Beyond). Vier Swoons-Titel in Ska-Versionen konnte man auf der EP »Mach das Licht an« hören, die zu einem Sonderpreis von 5 DM unter das Volk gebracht wurde.

Discogr.: Klaus Is Dead (1992, Langstrumpf), Sonic Baby (1994, Langstrump), Klein und faul (1996, Hulk/SPV), You Ass. Ey (1996, Last Resort/Comfour – USA), Hart aber herzlich (1997, Hulk/SPV), Japanese Killer Drops (1997, 1&2/Cargo – Japan), Magnetsignale aus dem Nichts (1999, Vitaminepillen Records/Cargo). Kontakt: Vitaminepillen Records, Labertusstr. 20, 52538 Selfkant-Hoengen, F: 02456-501086; Swoons, Tannenstr. 13, 34311 Naumburg, F: 05625-925 0594. E-Mail: info@swoons.de • Internet: www.swoons.de

SYMPHORCE

Aufgrund von Meinungsverschiedenheiten wegen der weiteren musikalischen Ausrichtung der Gruppe Ivanhoe verließ deren Sänger Andy B. Franck die Formation und stellte auf Wunsch der Plattenfirma, die ihn wegen seiner Stimme in den eigenen Reihen halten wollte, eine neue Band zusammen, die er »Symphorce« taufte und in der er seine Vorstellungen vom schnörkellosen harten Metal verwirklichen konnte. Im Mai 99 erschien das Debüt »Truth To Promises«, auf der sie intelligenten, modernen Metal präsentierten und besonders für die Ballade »Forevermore« gelobt wurden.

Discogr.: Truth To Promises (1999, Noise Records/SPV). Kontakt: SPV GmbH, Brüsseler Str. 14, 30539 Hannover, F: 0511-8709181. Internet: www.spv.de

Swoons

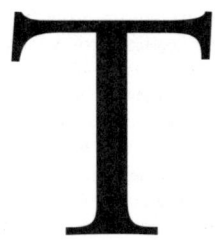

TAB TWO

Hellmut Hattler (b), Joo Kraus (el-tp/voc)

Die Geschichte von Tab Two begann, als Joo ein Angebot bekam, einen Electronic Valve Instrument Workshop zu leiten und Hattler, der schon mit seiner früheren Gruppe Kraan zu Erfolg und Ehren gekommen war und Joo seit 1986 kannte, ihm eine gemeinsame Präsentation vorschlug. Aus der Zusammenarbeit entstand ihr HipJazz, eine Mischung aus Jazz, Acid-Jazz, HipHop und Rock mit Samplern und Drum-Machine, wobei besonders auf die Tanzbarkeit geachtet wurde. Aus der musikalischen Ehe Hattler/Kraus kommen bisher sieben Alben. Das erste erschien 1991 mit dem Titel »Mind Movie«. Der Nachfolger »Space Case« verschaffte ihnen internationale Anerkennung. Besonders die Franzosen liebten den Sound der Ulmer. Im Dezember 92 spielten sie auf dem »Transmusicales Festival« in Rennes und 1993 besuchten sie u.a. Paris, Nancy und Bourges. Daneben führten sie eine Deutschland-Tournee als Support von US3 durch. Die japanische Firma JVC gab ihnen einen Vertrag für 5 Alben. Das 3. Album »HipJazz« vom Januar 94 stellte Tab Two in Singapur und auf dem berühmten Roskilde Festival in Dänemark vor. Anfang 1995 waren sie auf der MIDEM in Cannes vertreten. Die nächste Platte »Flagman Ahead« nahmen sie 1995 für Virgin Records auf. Ihr Einkommen besserten sie mit Kompositionen für Fernsehen, Rundfunk und Werbung (Mercedes Benz) auf. Im Mai lauschten die Engländer und Finnen und im Juli die Nordamerikaner den Klängen der Ulmer. Darunter befand sich ein Auftritt beim Jazz-Festival in Montreal. Zur Tour veröffentlichten auch die Amerikaner ihre »Flagman Ahead«-CD. Durch den Erfolg beflügelt, bereisten sie im Herbst 95 ein zweites Mal die USA. 1996 begann für das Duo glänzend, denn Tina Turner coverte die Tab-Two-Komposition »Thief Of Hearts« für ihr Album »Wildest Dreams«. Im Juni waren sie bereits das dritte Mal in den Vereinigten Staaten unterwegs. Im Anschluß daran spielten sie ihr fünftes Album »Belle affair« ein. Die Japaner kamen im Februar 97 in den Genuß einiger Tab-Two-Konzerte. Am 1.7.97 freute sich das Publikum beim weltberühmten Jazz-Festival in Montreux (Schweiz) über zwei ihrer Shows. »Sonic Tools« hieß ihr Instrumental-Remix-Album vom August 97 mit einer Auswahl ihrer Stücke aus den vergangenen sechs Jahren, die teilweise neu eingespielt wurden. Dabei experimentierten sie mit Drum'n'Bass, Jungle, TripHop und Bebop. Mit der Veröffentlichung des Silberlings »Tab Two« in den nordamerikanischen Staaten ging bereits die vierte Tournee einher. Nach Schweden 97 besuchten sie im Frühjahr 98 Polen, wo ihr Konzert in Kraków live im Fernsehen übertragen wurde. Danach war wieder Studioarbeit angesagt, denn das nächste Werk »Between Us« beanspruchte die Formation bis Februar 99. Dann gingen sie wieder auf Tour. Seit seiner Gründung gab das Duo mindestens 100 Konzerte im Jahr und verbrachte den Rest der Zeit gemeinsam im Studio. Deshalb wollten sie etwas kürzer treten und dem Privatleben einen höheren Stellenwert geben. Zu Beginn des Jahres 2000 erschien die lang erwartete Live-CD von Tab Two, auf der sie ihre Fähigkeiten besonders demonstrieren konnten.

Discogr.: Mind Movie (1991, Intercord), Space Case (1992, Intercord), HipJazz (1994, Intercord), Flagman Ahead (1995, Virgin), Belle affair (1996, Virgin), Sonic Tools (1997, Virgin), Between Us (1999, Polydor), Zzzzip - Live Album (2000) Polydor. Kontakt: Polydor GmbH, Glockengießerwall 3, 20095 Hamburg, F: 040-3097604. Internet: www. polydor.de • www.tabtwo.de

TANKARD – TANKWART
Andreas Geremia (voc), Andy Bulgaropulos (g), Frank Thorwarth (b), Olaf Zissel (dr)
Die Metalcombo aus Frankfurt/M. mit Hang zu Punk und Bier fing im Frühjahr 1982 am Goethe-Gymnasium der Stadt an und debütierte 1986 auf Noise Records mit der LP »Zombie Attack«. Mit dem zweiten Album »Chemical Invasion« und ihrem Hoch auf das deutsche Reinheitsgebot konnten sich viele Plattenkäufer identifizieren und die anschließende Tour mit Deathrow lief glänzend. Nach dem nächsten Album »The Morning After« bezeichnete die Presse Tankard als die Erfinder des Alkohol-Metal und um diesen Ruf zu festigen, gingen sie mit den Erfindern des Alkohol-Punk, den Dimple Minds, auf Promille-Tour. Dem bisher erfolgreichsten Album ließen die Hessen in Deutschland 1989 die EP »Alien« folgen, während sie für das Vereinigte Königreich eine »Best Of«-Sammlung unter dem Titel »Hair Of The Dog« einspielten. Nach der Auswechslung des Drummers gab die Band einige Benefiz-Konzerte in der Noch-DDR, wovon eines für das Video »Open All Night« aufgezeichnet wurde. Mit dem nächsten Album »The Meaning Of Life« fanden sich Tankard das erste Mal in den Charts wieder, bevor 1991 die Fans ihr erstes Live-Album zu Gehör bekamen. Die Titel ihres nächsten Albums »Stone Cold Sober« durften Tankard auch in der Türkei und in Bulgarien vorstellen. Nach einem erneuten Wechsel des Schlagzeugers und der Herausgabe des Albums »Two Faced« mußte der Gitarrist und Songschreiber der Band Axel Katzmann aus gesundheitlichen Gründen aufgeben. Zudem endete der Plattenvertrag mit Noise, Tankard gingen zu Century Media und lieferten zur allgemeinen Überraschung mit »The Tankard« ihr bisher reifstes Werk ab. Auf »Disco Destroyer« von 1998 klangen sie noch genauso frisch wie am Beginn ihrer Karriere und verkündeten: »From Frankfurt To Frisco We Destroy Every Disco.« Nachdem Tankard 1993 als Tankwart mit der EP »Aufgetankt« und Bearbeitungen von Neuen-Deutschen-Welle-Hits großen Erfolg verzeichnen konnten, begaben sie sich 1996 in die Niederungen des deutschen Schlagers und servierten »Himbeereis zum Frühstück«, das besonders gut mit einer Portion Alkohol zu ertragen war.

Discogr.: Zombie Attack (1986, Noise), Chemical Invasion (1987), The Morning After (1988), Alien (1989, EP), The Meaning Of Life (1990), Hair Of The Dog (Best Of) (1990), Fat, Ugly & Live (1991) , Stone Cold Sober (1992), Two Faced (1994), The Tankard (1996, Century Media), Disco destroyer (1998, Century Media); als Tankwart: Aufgetankt (1993, EP – Noise), Himbeergeist zum Frühstück (1996, Century Media). Kontakt: Century Media

TANZWUT – CORVUS CORAX
Teufel (voc), Brandan (g/Dudelsack), Willi (Dudelsack/Schalmaien), Castus (Drehleier/SchalmaienDudelsack/Drumscheit/programm./voc), Koll. A. (Dudelsack/Schalmaien)
Nachdem Corvus Corax, die mit ihren mittelalterlichen akustischen Darbietungen vornehmlich auf historischen Festen und Märkten spielten, in eine kreative Sackgasse gerieten, beschlossen die Mitglieder 1996, elektrische Gitarren und Computer in ihre Musik mit einzubeziehen und fortan zweigleisig zu fahren. Sie schufen eine Musik aus hartem Metal, mittelalterlichen Elementen, elektronischen Beats, Trance und Drum'n'Bass. Mit spektakulären Konzerten, in denen sie sich mit Gesichtsmasken, in mit Ketten behängten nacktem Oberkörper, Lederrock, Schandgeige (tragbarer Pran-

ger), fünf Dudelsäcken und einer Pyro-Show präsentierten, sorgten sie landesweit für Aufsehen. Dabei kam es schon vor, daß der Mann am Pranger vom Publikum mit Gegenständen beworfen wurde. Nur statt Steine oder Eier waren es glücklicherweise meistens weibliche Dessous. His Master's Voice hörte die Minnegesänge, Tanzwut erhielten einen Vertrag bei EMI und im März 1999 stand das Debüt »Tanzwut« in den Läden. Die Band erzielte nicht nur mit dem Album und der Mischung aus Naturinstrumenten, Elektro, harten Gitarren und historischen Klängen mehr als einen Achtungserfolg, sondern waren vor allem auf der Bühne ein gern gesehener Gast. Ihren größten Treffer landeten sie jedoch bei einem Konzert in Mexiko, zu dem mehr als 16.000 Besucher kamen und die Stimmung außer Kontrolle zu geraten schien. Im Juni 99 gaben die Freunde des aggressiven Bewegungssports die MCD »Augen zu« heraus und zogen im Herbst 99 mit ihren Freunden von → Umbra et Imago auf einer stark umjubelten Tournee durch deutsche Landen. »Weinst du?« nannte sich der gemeinsame Titel der beiden Formationen. Im Februar 2000 kündigten sie mit der Herausgabe der Single »Teufel, Post und Dudelsack« ihr voraussichtlich im Juni erscheinendes zweites Album an, das zwar das alte Konzept weiterverfolgen soll, in dem aber mehr Dudelsäcke und tanzbare Klänge eingebracht werden. Für ihre Auftritte ist eine neue Show mit anderen Outfits geplant. Mit akustischer mittelalterlicher Musik waren die Mitglieder von Tanzwut unter dem Namen Corvus Corax schon seit etlichen Jahren in der Szene unterwegs. Dabei gastierten sie auf historischen Festen aller Art und brachten die Besucher dazu, das Tanzbein zu schwingen. Hierzu übernahmen sie Original-Kompositionen der vergangenen Jahrhunderte, die sie wesentlich schneller spielten. Das Album »Live aus dem Wäscherschloß« reflektierte die Atmosphäre ihrer Auftritte besonders gut. Sie hatten auch vorher bereits einige Alben auf dem eigenen Label veröffentlicht, diese jedoch weitgehend bei ihren Konzerten verkauft. Da jedoch historische Musik zunehmend an Beliebtheit gewann, entwickelten sich Corvus Corax im Laufe der Zeit zu einem Tip, der über die Szene hinausreichte. Zu einem Hörgenuß sollte das Album »Tempi antiquii« von 1999 werden, auf dem Instrumente wie Riesenbordun, Darabuka, Eisenpatsche und Gertentrommel zum Einsatz kamen. Corvus Corax und Tanzwut sollen auch in Zukunft nebeneinander existieren.

Discogr.: Tanzwut (1999, EMI), Augen zu (1999, MCD – EMI), Weinst du? feat. Umbra et Imago (1999, Oblivion/SPV), Teufel, Pest & Dudelsack (2000, MCD – EMI). Kontakt: E.S.P., Föhringer Allee 27, 85774 Unterföhring, F: 089-95008725. E-Mail: marion. lange@esp-agentur.co, Corvus Corax: Inter deum (1995, MdG-Scene), Live aus dem Wäscherschloß (1998, Corvus Corax, Eigenvertrieb), Viator (1998, Corvus Corax), Tritonus (1999, WVÖ – Corvus Corax), Ante casu peccati (1999, WVÖ – Corvus Corax), Congregatio (1999, WVÖ – Corvus Corax), Tempi antiquii (1999, Corvus Corax). Kontakt:Fanclub Corvus Corax, Greifswalder Str. 224, 10405 Berlin. E-Mail: corvus@startplus.de • Internet: www.corvuscorax.de

TARWATER

Bernd Jestram (Computergenerierte Instrumentierung/b/keyb/g/samples), Ronald Lippok (Computergenerierte Instrumentierung/dr/keyb/Plattenspieler/voc/samples)
Bernd Jestram beschäftigt sich in seinem eigenen Studio mit Theater- und Filmmusik, produziert andere Musiker und Gruppen und tritt zusammen mit Ronald Lippok, der auch bei To Rococo Rot tätig ist, als Duo Tarwater auf. Bereits früher hatte das Duo in verschiedenen Projekten wie Ornament & Verbrechen zusammen seine Kunst verbreitet. Für die Predigt »John Donne – Todesduell« schrieben Bernd und Roland die Hintergrundmusik, bevor sie 1996 mit dem Album

»11/6 12/10« ihren ersten Streich landeten, ein mit dunklen elektronischen Klängen, die dennoch genügend Popmaterial enthielten, eingespieltes Werk. Die Resonanz auf das Album blieb beim breiten Publikum spärlich, obwohl Kritik und Kollegen durchaus positiv reagierten. Dies führte dazu, daß andere Künstler wie Bo Kondren und die Elektronauten 1997 von den Titeln des »11/6 12/10« Albums Remix-Fassungen schufen. 1998 ließen Tarwater mit »Silur« aufhorchen und fanden mit der Mischung aus Düsternis, TripHop und Chanson internationale Anerkennung.

Discogr.: John Donne – Todesduell (1996, Kitty-Yo), 11/6 12/10 (1996), Rabbit Moon (1997, MCD/CD/LP), Silur (1998). Kontakt: Kitty-Yo International, Rosenthaler Str. 3, 10119 Berlin, T/F: 030-283914-50/52. E-Mail: store @kitty-yo.de • Internet: www.kitty-yo.de

THIEVES LIKE US

Molle Flanke (voc/g), Frank M. (dr/voc), Peggy Pop (b/voc)

Drei ausgebrochene Zuchthäusler schlagen sich in Robert Altmans Film durchs Leben. In Hessen kämpfen sich drei musikalische Desperados durch die Welt der Popmusik. Sie nennen sich Thieves like us. Anfangs war ihr Motto: »Besser gut geklaut als schlecht erfunden.« Dabei gelang ihnen ein locker gespielter Indie-Gitarrenpop mit Elementen aus Punk, Wave und Folk. Unverkennbar war die Absicht, die Musik unkompliziert und mit Spaß unter das Volk zu bringen. Im Laufe der Zeit wurde der Folk zugunsten modernerer Einflüsse weitgehend verdrängt. Seit 1990 ist die Band in Hessen unterwegs. Die Liebe zur Musik hat nie nachgelassen und auch heute trifft sich die Band noch zwei- bis dreimal wöchentlich zu Proben. 1994 wurde die CD »The Hurlyburly's Done« veröffentlicht. Schon hier war das Talent erkennbar, wunderschöne Pop-Perlen zu produzieren. Dies setzte sich mit der zum Namen der Band passenden EP »Steel It« im Jahre 1996 fort. Nachdem sich die Musiker im hessischen Raum einen guten Ruf als »Live-Band« erspielt hatten, konnten sie im Vorprogramm der Rainbirds überzeugen. Es gelang ihnen, ihre eigene Begeisterung dem Publikum zu vermitteln. Besonders haften geblieben ist ein Open-Air-Auftritt mit Paddy goes to Holyhead vor 2.000 enthusiastischen Fans. Weniger glücklich waren sie bei einem Fernsehauftritt in Sat 1. Eingestellt auf einen Livegig, sollten sie nur Playback spielen. Sie hatten aber keine CDs dabei und konnten so durchsetzen, doch echt zu spielen. Für die Band war während der Aufnahmen kein Gesang hörbar. Sie ärgerten sich, daß sie ausgerechnet beim ersten Fernsehauftritt nur instrumental zu hören waren. Erst nachträglich erfuhren sie, daß der Gesang doch über den Sender gegangen war. Im Jahr 1998 wurde die dritte CD »Cool So Far« in Eigenregie auf den Markt gebracht. Das Fachblatt Musik wählte mit dieser Veröffentlichung die Band zur Gruppe des Monats. Besonders erwähnt wurden die schönen Melodien, die abwechselnd von Wolle und von Peggy und manchmal wunderschön im Duett gesungen wurden. Die Musiker Szene kürte den Tonträger zur »CD des Monats« und urteilt: »Bei dieser in den Wiesbadener Basement Studios eingespielten CD zappt man von Titel zu Titel und ist hocherfreut, hier auf keine negativen Punkte zu stoßen. Die Com-

Thieves like us

bo spielt auf technisch hohem Niveau und sämtliche Stücke der Scheibe klingen ausgesprochen gut. Die Musik bewegt sich im Bereich des Gitarrenpop, dabei hört man auch Britpop, Wave und Punk deutlich heraus.« Die erste und die zweite Auflage sind inzwischen ausverkauft.
Discogr.: The Hurlyburly's Done (1994), Steal It (1996, EP), Cool So Far (1998). Kontakt: Thieves like us, T/F: 0611-4060173. E-Mail: Thieves@t-online.de

TERRORGRUPPE

Als die Terrorgruppe 1997 ihr Album »Nonstopaggropop 1977-1997« auf den Markt brachte, konnten sie bereits auf 20 Jahre Erfahrungen im Musikgeschäft verweisen. Zur gleichen Zeit, als die Sex Pistols oder The Clash ihre große Zeit hatten, fiel auch der Startschuß für die Berliner Punker, die manchmal in harten Worten, manchmal zynisch und dann wieder ganz einfach ihre Meinung ausdrückten, ohne sich unter Druck setzen oder beeindrucken zu lassen. Sie berichteten über das »Abenteuer Bundeswehr«, freuten sich: »Der Rhein ist tot, die Kellys sind ertrunken«, begehrten Einlaß »Ich will in dein Gehirn«, philosophierten »Die Gesellschaft ist schuld, daß ich so bin«, schrieben ein »Unmoralisches Liebeslied«, wußten »Mein Skateboard ist wichtiger als Deutschland«, verfaßten den »Katholikenska«, erkannten »Nazis im Haus«, ärgerten sich, daß »Der blöde Chef« wieder seinen Mund aufriß und forderten »Keine Airbags für die CSU«. Allerdings standen sie immer im Schatten der → Toten Hosen und der → Ärzte, mit denen sie die Split-Single »Rockstars vs. Straßenköter« einspielten, womit sie die Single-Charts erreichten. 1996 veröffentlichte das Better Youth Organisation Label in Los Angeles die Hitkoppelung »Terrorgruppe Over Amerika«, nachdem sie dort einige Auftritte gegeben hatten. Während sie in den letzten Jahren die Ärzte, die Toten Hosen, Green Day und NOFX als Support begleitet und für Lagwaggon auf der Tour durch Italien, Spanien und Frankreich das Vorprogramm bestritten hatten, ermöglichten sie selbst Bands wie den Beatsteaks oder Mad Sin, vor ihnen und damit vor vielen Zuhörern zu spielen.
Discogr.: (Auswahl): Musik für Arschlöcher (1995, Alternation), Musik für Milliarden (1996, Alternation), Nonstopaggropop 1977-1997 (1997, Alternation), Keiner hilft euch (1998, Alternation). Internet: www.terrorgruppe.com

THINK ABOUT MUTATION

Donis (voc), Joey (g), Heavyette (g), Rajko (b), Steffen (keyb), Kay (dr)
Im Jahr 1992 schlug die Geburtsstunde von Think about Mutation = tam. Mit dabei war der Sänger Donis, der von den Darkwavern → Love is colder than Death umgestiegen war, während Joey und Heavyette ihre Wurzeln im Hardcore und Metal hatten. Wie bei ihrem Demo-Tape vermengten sie bei der ersten CD »Motorrazor« Metal mit harter elektronischer Musik. Ihre ungezügelten und explosiven Livegigs verhalfen ihnen vor allem in den neuen Bundesländern zu großer Popularität. Die ersten Popeinflüsse hörte man in den beiden Nachfolgealben »Housebastards« und »Hellraver«. Ihr Stammpublikum schockten sie, als sie ausgerechnet mit Depeche Mode auf Tournee gingen und auch noch verkündeten, diese Band gut zu finden. Die Stammkundschaft erschreckten sie ein zweites Mal mit der Maxi »Reflected«, die zum rauhen und noisigen Refrain auch Discoelemente enthielt. Die Schwierigkeiten mit der alten Plattenfirma wurde für tam letztlich zum Glücksfall. Sie konnten einen Vertrag bei Motor Music ergattern. Sehr vielseitig fiel ihr erstes Album für den neuen Vertragspartner aus: Auf »Virus« brachten sie Metal, Techno, Big Beat, House, Drum'n'Bass und Gothic unter einen Hut. Diesmal spielte die Elektronik die übergeordnete Rolle. Bassist und Mastermind Billy Gould von Faith no More stellte sich für die Mixe des nächsten Albums »Highlife« zur Verfügung. Nicht

zuletzt deshalb klangen sie diesmal erdiger und rockiger. Ohne den Zeitgeist zu vernachlässigen, standen die Gitarren wieder mehr im Vordergrund. Dem Cover »Two Tribes« (Frankie goes to Hollywood) verpaßten sie ein Rockgewand, während sie dem Sex Pistols-Klassiker »Pretty Vacant« elektronischen Schliff gaben. »Two Tribes« spielten sie für den Kinofilm »Over The Rainbow« ein und das Stück fand außerdem Verwendung als Titeltrack des PC-Spiels »Command & Conquer«. Im November 99 konnten sie als Support der angesagten Bloodhound Gang in ausverkauften Hallen ihr Können unter Beweis stellen. Nach eigener Aussage mußten sie hierbei für die Backstage-Exzesse nicht trainieren, da sie in solchen Dingen jahrelange Live-Erfahrung hatten.

Discogr.: Motorrazor (1993, Dynamica/ Modern Music), Housebastards (1994), Hellraver (1996), Virus (1998, Motor Music), HighLife (1999, Motor Music). Kontakt: In Move Konzertproduktionen GmbH, Schulstr. 38, 09125 Chemnitz, F: 0371-5228275. Internet: www.tam-club.de • www.tam-net.de

THREESTYLE

Sören Jordan, Marcel Millot und der Österreicher Umbo U. bilden seit 1995 das in Karlsruhe ansässige Rockfunkbluessoulpopintrumtenals spielende Trio Threestyle. Den ersten Auftritt bestritten sie im Karlsruher Jubez und schon 1995 absolvierten sie eine Österreich-Tournee. 1996 konnten sie beim Karlsruher Open Air »Das Fest« vor mehr als 25.000 Zuhörern ihre Künste zeigen, obwohl sie immer noch keinen Tonträger auf dem Markt hatten. Dieser erschien 1997 unter dem Titel »Pasta & Perverts«. Nach einem Auftritt auf der Hauptbühne während der Frankfurter Musikmesse 1998 starteten sie eine Clubtournee durch Deutschland, Österreich und die Schweiz. Ihr musikalisches Können stellten sie im Studio für viele andere Künstler wie Laurie Jones, Eat the Beat und Them zur Verfügung, bevor sie das zweite Album »Sex & Other Sad Stories« in Angriff nahmen, das schließlich 1999 fertiggestellt wurde.

Discogr.: Pasta & Perverts (1997), Sex & Other Sad Stories (1999, Eigenvertrieb). Kontakt: Sören Jordan, T/F: 0721-814107. Internet: www.threestyle.com

THUMB

Claus Grabke (voc), Axel Hilgenstöhler (g), Steffen Wilking (dr), Jan-Hendrik Meyer (b), Jen »Lupe« Goeßling (DJ)

Schon bevor Thumb auf dem Plattenmarkt vertreten waren, kannte man sie seit März 1994 als energiegeladene Live-Band. In ihren Reihen stand mit Claus Grabke ein ehemaliger deutscher Skateboard-Meister am Mikrophon. Ihr guter Ruf verschaffte ihnen Auftritte im Vorprogramm der → Fantastischen Vier/Megavier und → H-Blockx. Im Dezember 94 produzierte der Gütersloher Filmemacher Thilo Gosejohann ein Promo-Video incl. des Homevideos zu »No More Blood« für die Band. 1995 erschien ihr Debüt »Thumb« mit harten Gitarrenriffs und wilden Raps mit englischen Texten. Geholfen hatte hierbei Uwe Sabirowski, der schon an der Erstellung der Demotapes mitgewirkt hatte. Bereits mit dem ersten Album belegte die Gütersloher Band im Visions-Poll 1996 hinter Garbage den 2. Platz in der Rubrik »Newcomer des Jahres«. Für die Antipelzkampagne »Rather Be Naked Than Wear Fur« stellten sie Nacktfotos zur Verfügung. In diesem Jahr spielten sie mehr als 120 Gigs. Dabei standen sie mit Biohazard, The Prodigy, Headcrash, Foo Fighters, Dog eat Dog und vielen anderen auf der Bühne und fungierten als Headliner der Visions-Party-Tour. Ende 96 stand das Album »Encore« in den Läden, in dem das komplette »Thumb«-Album enthalten war, angereichert mit 8 Songs, darunter einer Neueinspielung der erfolgreichen Single »Red Alert 96« und fünf Live-Aufnahmen. Das Album kam in die Media-Control-Charts und belegte Platz 87. In den Alternativ-Album-Charts erreichten sie sogar Platz 4 und »Red Alert 96« brachte es auf Platz 3 der Single-Charts. Noch erfolgreicher war »Exposure«, mit dem sie auf Platz 52 der Album-Charts gelangten. Darin hatten sie sich zunehmend von den HipHop-Einflüssen entfernt und mehr dem Hardcore zugewandt. Im Anschluß an die Veröffentlichung stellte Thumb als Support der Rollins Band ihr Programm vor, bereicherten europa- und amerikaweit die Warped Tour und bestritt ebenfalls in ganz Europa das Vorprogramm von Bad Religion. Als Fan-Paket gedacht war das Album »Maximum Exposure« mit 8 Liveaufnahmen, wobei die letzten vier einen ungeschnittenen Teil des Roskilde-Auftritts wiedergaben sowie einen Track mit Thomas D (→ Fantastische Vier) und 3 Videos auf CD-ROM sowie die komplette »Exposure«-CD. Auf die jeweiligen Konzerttitel legten Thumb besonders viel Wert, da sie sich in erster Linie als Live-Band sahen. Über einen ihrer Auftritte schrieb die Augsburger Allgemeine: »Eine brodelnde Kombination aus Hardcore-Power, vertrackter Rhythmik und aggressiv-aufwühlendem Gesang packte sofort die Anwesenden. Stücke wie ›Fascism sucks‹ oder das Thema ›Keine Tiere töten‹ in ›No more blood‹ wurden besonders bejubelt. Die Vegetarier-Band legte sich unter metallischem Donner akrobatisch ins Zeuge.«1999 gönnten sie sich eine Bandpause und investierten danach ihre Arbeitskraft in die Vorbereitung zur nächsten CD. Daneben befaßten sie sich mit ihrer Homepage, die von der Band selbst erstellt und aktualisiert wird.

Discogr.: Thumb (1995 Spin/EMI), Thumb Encore (1996, Spin/EMI), Exposure (1997, Spin/EMI), Maximum Exposure (1999, Spin/EMI). Kontakt: Blue Star Promotion, T: 0421 -344077. Internet: www.emimusic.de

TIED & TICKLED TRIO
Johannes Enders (ts/p), Micha Acher (tp/tb/p/b), Andreas Gerth (elektronics), Markus Acher (dr/elektronics), Christoph Brandner (dr/elektronics), Ulrich Wangenheim (bcl/ts)
6 Musiker : 2 = 1 x Tied Trio und 1 x Tickled Trio = Tied & Tickled Trio. Besser als diese Erklärung ist auf alle Fälle die Musik des Tied & Tickled Trios, das aus der Weilheimer Szene um die Brüder Acher (→ Notwist) entstand und für sein Debüt »Tied & Tickled Trio« im Jahr 1997 mit spannungsgeladener Instrumentalmusik im freien Spiel zwischen Jazz und Elektronik euphorische Reaktionen erntete. Die Zeitschrift Spex: »Ein einzigartiger komprimierter Glücksfall, dessen Bedeutung vielleicht erst in Jah-

Tied & Tickled Trio

ren wirklich eingeschätzt werden kann.« Es folgte eine Tour mit Stereolab, und als sie 1999 bei der Popkomm auftraten, hatten sie einen viel zu kleinen Saal zur Verfügung, da dieser mit 800 Besuchern restlos ausverkauft war. Ebenfalls gut besucht war ihre Tournee im Herbst 99, mit der sie ihr neues Album »EA1 EA2« ankündigten, das im November 1999 erschien und das, obwohl sie darauf ihrer Experimentierfreudigkeit besonderen Ausdruck gaben, noch mehr zum Grooven verleitete. Im Berliner Club Supamolly setzten die Organisatoren in Absprache mit der Band in der Nacht kurzfristig ein zweites Konzert an, weil viele keinen Eintritt mehr fanden. Für das Album vergab ME/Sounds 5 der 6 Sterne und das amerikanische Label Drag City vertrieb »EA 1 EA2« auch in den Vereinigten Staaten.

Discogr.: EA1 EA2 (1999, Payola/Community/Virgin). Kontakt: Verstärker, Prinz-Regent-Str. 50-60, 44795 Bochum, F: 0234-76796. Internet: www.virgin.de

TILL & OBEL

Till Hoheneder (voc/Ähnliches/g), Obel Obering (voc/Ähnliches/dr), Volker Wendland (Ähnliches/voc/keyb)

Seit 1986 tollen Till und Obel durch die Gegend. Ihr Markenzeichen sind aberwitzige musikalische Parodien und Blödeleien. Im September 89 feierten sie mit ihrem Programm »Jasicha« Premiere. 1990 wurde das Fernsehen auf Till & Obel aufmerksam. Ingolf Lück lud sie in seine Sendung »Hut ab« ins ZDF ein, und die ARD ließ sie in »Geld oder Liebe« auftreten. In RTL plus präsentierten sie im Oktober 91 erstmals die Till & Obel-Show. Ab 1992 gingen sie wieder mit eigenem Programm auf Tour. Unter dem Titel »Keine Gnade 92-95« brachten sie wieder skurrile und kuriose Geschichten unter die Leute. Ausschnitte aus dem Programm gaben sie im Januar 93 in der Sendung »Till und Obel live...aus dem Nachtwerk« im 3. Bayerischen Fernsehen zum Besten. Nachdem sie im September 94 noch kurz Jürgen von der Lippe in »Geld oder Liebe« besucht hatten, widmeten sie danach dem damals noch amtierenden Bundeskanzler den Titel »Weil ich der Kanzler bin«. Da sich George Lucas mit der Fortsetzung der Star-Wars-Reihe viel Zeit ließ, sprangen Till & Obel ein und kündigten »Die Rückkehr der Jodelritter« an. Wieder parodierten sie alles, was Rang und Namen hat und waren trotzdem ganz nahe am Original. Der in BR 3 gesendete Konzertausschnitt erreichte die bis dahin größte Einschaltquote der Reihe »Live aus der Alabama«. Im Mai 95 begaben sie sich mit ihrer ersten CD auf politisches Terrain und hießen die Käufer »Willkommen auf der blöden Seite der Macht«. Dann gingen sie auf eine ausgedehnte Deutschland-Tournee und stellten ihre Tonträger in verschiedenen Fernsehsendungen vor. Als erster Comedy-Act überhaupt spielten sie 1996 im Rockpalast des WDR. Nachdem sie endgültig oben waren, verkündeten sie auf CD und im Konzert »Uns kann keiner.« Schon das dritte Mal strahlte das Bayerische Fernsehen eines ihrer Konzerte aus. Auf der »Uns kann keiner«-Tour legten sie 65.432 km zurück. Gar nicht typisch für die Szene war der Getränkeverbrauch von 570 Litern Apfelschorle. Rockstars sind bekannt dafür, das Mobiliar der Hotels zu zerlegen. In dieser Hinsicht beließen es Till & Obel bei einem kaputten Lichtschalter im Hotel »Goldener Hirsch«. Im Dortmunder FHH-Congress-Centrum startete im Januar 98 die »Mit alles«-Show. Dabei kam Joe Cocker mit seiner Simultanübersetzerin auf die Bühne und in der volksdümmlichen Hitparade interpretierte Stefan Mross Songs von Frank Zappa. Mit dieser Tournee kamen sie ihrem Ziel, zu den 1.000 wichtigsten Künstlern Nordrhein-Westfalens zu gehören, wieder etwas näher.

Discogr.: Weil ich der Kanzler bin (1994, BMG Ariola), Willkommen auf der blöden Seite der Macht (1995, Lawine/BMG Ariola), Uns kann keiner (1997, Lawine/BMG Ariola)

Kontakt: Manny Scheerer Mannygement, Bähringhausen 40, 42929 Wermelskirchen, F: 02196-971840. E-Mail: obel@tillundobel.de/ manny@ mannygement.de • Internet: www.till-undobel.de

TILMAN ROSSMY QUARTETT

Folke Jensen (g/bjo/b), Tilman Rossmy (voc/ac-g), Rob Feigel (dr/perc), Ralf Schlüter (keyb)

Nach dem Split der Hamburger Band Die Regierung, die zwischen 1991 und 1994 Kultstatus erlangt hatte und mit der er drei Platten herausbrachte, beschloß deren musikalischer Kopf Tilman Rossmy, künftig alleine zu arbeiten. Noch bei seinem alten Label spielte er 1996 das Album »Willkommen Zuhause« ein, dem er 1997 »Selbst« folgen ließ. Obwohl sich Dirk von Lotzow (Tocotronic) und Bernd Begemann (Die Antwort) an der Erstellung dieser Alben beteiligten, blieben sie kommerziell erfolglos. Rossmy beschloß einen Wechsel der Plattenfirma und fand in Glitterhouse Records einen neuen Partner. Außerdem beendete er sein musikalisches Junggesellendasein und gründete mit seinem neuen Mitstreiter Folke Jensen (ex-Die Ledernacken) das Tilman Rossmy Quartett, mit dem er die CD »Passagier« innerhalb kürzester Zeit einspielte. Durchschnittlich probten sie jeden Song etwa eine halbe Stunde, bevor sie ihn auf Band bannten. Auf dem Album erzählte er in traditioneller amerikanischer Songwritermanier zu mit Country- und Blueselementen gewürzter Musik Geschichten über sich, seine Frauen und sein Leben. Nach 15 Jahren im Musikgeschäft konnte er immer noch keine Hitparadenplazierung vorweisen, aber diesmal nahm die Presse seine Veröffentlichung positiv zur Kenntnis und er bekam Gelegenheit, seine Geschichten in den Clubs dem Publikum näherzubringen. Dabei wurde durch Hermann Halb am Bass aus dem Quartett ein Quintett.

Discogr.: Willkommen Zuhaus (1996, L'age d'or), Selbst (1997, L'age d'or), Passagier (1998) Glitterhouse. Kontakt: Glitterhouse Records, Grüner Weg 25, 37688 Beverungen, F: 05273-21329. E-Mail: info@glitterhouse.com • Internet: www.glitterhouse.com

TO ROCOCO ROT

Robert Lippok, Ronald Lippok, Stefan Schneider

Robert und Ronald Lippok lernten Stefan Schneider im Club einer gemeinsamen Freundin beim Auflegen von Platten kennen. Stefan Schneider war Mitglied der bekannten nordrhein-westfälischen Band → Kreidler, während Ronald Lippek mit seiner Formation → Tarwater erfolgreich war. Sie trafen sich in Berlin wieder, um gemeinsam eine 12"-Maxi zu produzieren, die als Audio-Katalog zu einer Ausstellung mit Klanginstallationen von Robert und Roland gedacht war. Daraus entstand eine als Vinyl-Picture-Disc herausgegebene Langspielplatte. Als Gruppennamen wählten sie To Rococo

Tilman Rossmy

Rot, weil dieser ähnlich wie Otto von hinten und von vorne gelesen werden kann. Ihnen schien das Prinzip Techno als System aus maschinengenerierten Sounds, DJs und Partyekstase zwingend. Das Debüt stand im Kontext »electronics meets acoustics«. Die Zeitschrift Spex sah darin eine »micro Sensation in Sachen Verkoppelung, die beste BRD-Platte dieser Tage«. 1997 brachten sie die zweite CD »Veiculo« heraus. Akustik und Elektronik bildeten hierbei eine Einheit. Dabei sollte die Musik so bearbeitet werden, daß es nicht mehr möglich ist, die Instrumentengruppen den Personen zuzuordnen. Sie selbst nannten ihren Stil Instrumental-Ambient-Elektro-Swing. Für die Band war »Veiculo« eine Betrachtung der Welt im Vorbeigehen, eine Sammlung von flüchtigen Intensitäten, Übergängen und Leerstellen. Die nächste Veröffentlichung »The Amateur View« war für sie das kurze Festhalten von Momenten, vergleichbar mit dem Fotografieren. Live stellten sie das Album u.a. bei Festivals in Rom und London vor. Außerdem lud sie John Peel zu einer seiner berühmten Sessions ein. Die Band hatte sich inzwischen international etabliert, was die gleichzeitige Veröffentlichung des Albums in Europa, den USA, Japan und Australien bewies.

Discogr.: To Rococo Rot (1996, Kitty Yo), Lips (1997, EP – City Slang), Veiculo (1997, City Slang), To Rococo Rot (1997, Kitty Yo), Plane Of Immanence (1997, Video), Telema (1999, MCD – City Slang), The Amateur View (1999, City Slang); außerdem weitere Veröffentlichungen in Frankreich, UK und USA. Kontakt: City Slang, Skalitzer Str. 68, 10997 Berlin. E-Mail: trr@cityslang.com • Internet: www.cityslang.com

TOCOTRONIC

Jan Müller (b), Dirk von Lowtzow (g/voc), Arne Zank (dr)

»Ich habe mit Tocotronic Bier getrunken«, freute sich die Gruppe »Heinz aus Wien«. Zu diesem Zeitpunkt gehörte Tocotronic schon zu den populärsten deutschen Bands. Entstanden aus dem Zusammenschluß der beiden Hamburger Punker Jan Müller und Arne Zank von Meine Eltern/Punkarsch mit dem Freiburger Sänger und Gitarristen Dirk von Lowtzow benannten sie sich nach einem

To Rococo Rot

Vorläufer des Gameboy. Enge Werbe-T-Shirts, Trainingsjacken und Cordhosen als Bekleidung und der ausgesprochen höfliche Umgangston fanden besondere Aufmerksamkeit und viele Nachahmer. Ihr erster Fanclub Megatronic erstellte 1994 das Fanzine Masterplan. Es erschien die erste Single mit den vier Titeln »Meine Freundin und ihr Freund«, »Wir sind hier nicht in Seattle Dirk«, »Hamburg rockt« und »Letztes Jahr im Sommer«. Tocotronic schrieben das Lied »Ich möchte Teil einer Jugendbewegung sein«, das Jochen Distelmeyer von → Blumfeld in den Song »Sing Sing« einbaute. Von Dirk gesungen erschien es auf einer CD von → Blumfeld. Dazu wurden Jugendbewegungs-T-Shirts angefertigt. Eine erste Tournee führten sie mit »5 Freunde« in Hessen und NRW und mit → Blumfeld in Norddeutschland und Österreich durch. Mit der 95er LP »Digital ist besser« trafen sie den Nerv der intellektuellen und ausgegrenzten Jugendlichen. Arne Zank veröffentlichte im Eigenvertrieb die MC »Die Mehrheit will das nicht mehr hören, Arne«. Die Band führte das Prinzip »Platten machen wie Tagebuch schreiben« ein und gab die Mini-CD »Nach der verlorenen Zeit« heraus. Darauf waren selbstreflexive Statements zur Rezeption der Band und persönliche Stücke über Freundschaft und Beziehungen, aber auch das erste Gitarrensolo der Bandgeschichte. Der Tod des Schriftstellers Michael Ende veranlaßte sie, das Lied »Michael Ende du hast mein Leben zerstört« für immer aus dem Programm zu nehmen. Zur Herbst-Tournee hatten sie die neuen Singles »Du bist ganz schön bedient/You Are Quite Cool« und »Freiburg« im Gepäck. Von der Zeitschrift Spex wurde Tocotronic zum besten Newcomer 95 gewählt, die Hörer der Sendung »Der Ball ist rund« auf Hessen 3 bestimmten die CD »Digital ist besser« zur Platte des Jahres. Erstmals traten sie 1996 in den Niederlanden auf, nachdem sie auch dort im Radio Premiere hatten. Anschließend beehrten sie zusammen mit den Amerikanern Chokebore Süddeutschland, Österreich und die Schweiz. Dies führte zur gemeinsamen Single mit einer rockigeren Neueinspielung von »Gott sei Dank haben wir beide uns gehabt«. Das schwierige dritte Al-

Tocotronic

bum »Wir kommen um uns zu beschweren« wirkte zwischen Punkrock und tiefer Melancholie sehr reif. Erstmals plazierten sie sich in den deutschen Album-Charts, wo sie auf Rang 47 vorstießen. Die anschließende Tournee war weitgehend ausverkauft und oft mußten Auftritte von Clubs in Hallen verlegt werden. Im Sommer 96 beteiligten sie sich an einem Benefizauftritt (mit → Blumfeld, Lassie Singers, Flowerpornoes und → Kante) für den Gitarristen Joe Balza, dem bei einem Nazi-Überfall in Berlin die rechte Hand gebrochen worden war. »Die Welt kann mich nicht verstehen« hieß der Titel, den der Berliner Radiosender Fritz unentwegt spielte. Darauf standen die Berliner, ihre beiden Konzerte zur Eröffnung der Theatersaison waren vollkommen ausverkauft. Sie sollten den Comet-Award in der Rubrik »Jung, deutsch und auf dem Weg nach oben« erhalten und lehnten bei der Gala den Empfang mit der Begründung ab, daß sie nicht stolz darauf seien, jung und deutsch zu sein. Für die Vergewaltigungsopfer-Hilfsorganisation »Wildwasser« gaben sie im Frühjahr 1997 zwei Konzerte. Die Leser von Spex wählten Tocotronic zur viertbesten und die vom Rolling Stone zur sechstbesten nationalen Band. Der Österreicher Hans Platzgumer produzierte das vierte Album »Es ist egal aber...« und war auch für die Streicher-Arrangements zuständig. Der WDR engagierte sie im März 97 für die Rocknacht zusammen mit den Lemonheads, Suede, Offspring, → H-Blockx und Social Distortion. Ihre Vorab-Single »Sie wollen uns erzählen...« stieg in die Single-Charts ein und die Kollegen von → Fink stellten davon im Herbst eine Cover-Version vor. Eine Weiterentwicklung war dem Album »Es ist egal, aber...«, das im Juli 1997 veröffentlicht wurde, deutlich anzuhören. Der Gesang war ausgefeilter und Texte und Musik ergänzten sich besser als vorher. Mit dem Album belegten sie Platz 13 der deutschen und Platz 21 der österreichischen Charts und in der Jahreswertung in Deutschland immerhin Platz 37. Im Winter 97/98 legten sie drei Monate Bandpause ein. In dieser Zeit produzierten Jan und Arne das Debüt von → Jonas, Arne drehte mit Georg Stockmann den Trickfilm »Das Experiment« und Dirk schrieb für den ungarischen Regisseur die Filmmusik zu »Crossroads«. Im März 98 traten Tocotronic erstmals in den größten Städten der USA auf. Dazu erschien ein »Best Of...«-Album unter dem Titel »The Hamburg Years«. Im Sommer spielten sie u.a. auf dem Hurricane Festival neben den Beastie Boys, Björk und Pulp. Mit Hilfe von Micha Acher von → Notwist spielten sie das Album »K.O.O.K.« ein, das es nach der Vorabsingle »Let There Be Rock« im Juli zu kaufen gab. Jan fand noch Zeit, das zweite Album von »Jonas« zu produzieren. Tocotronic führte eine Tournee in deutsche Theater. Felicia Engelmann schrieb zu einem Auftritt im Münchner Volkstheater: »Wenn Hans Christian Müller auch nur für eine seiner Premieren so viel Applaus bekommen hätte wie Tocotronic an diesem Abend, wäre das Volkstheater sicher nicht so ins Trudeln gekommen. Andererseits wäre im ausverkauften Haus dann wohl kein Abend frei gewesen, um die Hamburger Indie-Rockband einzuladen, die Trauben von kartensuchenden Jugendlichen anzog.« Danach lehrten sie die Holländer, Belgier, Schweizer und Österreicher den Umgang mit der deutschen Sprache. Im Oktober 99 versuchten sie erneut das Glück auf dem Plattenmarkt mit der Herausgabe der Single »Jackpot«.

Discogr.: Digital ist besser (1995, L'age d'or/Rough Trade), Nach der verlorenen Zeit (1995, L'age d'or/Rough Trade), Wir kommen um uns zu beschweren (1996, L'age d'or/ Motor Music/Rough Trade/PV), Es ist egal, aber (1997, L'age d'or/Motor Music/Rough Trade/PV), K.O.O.K. (1999, L'age d'or/Motor Music/Rough Trade/PV), Jackpot (1999, MCD – Ladomat 2000/Motor Music/Universal). Kontakt: Ladomat 2000, Max-Brauer-Allee 163, 22765 Hamburg, F: 040-431664-44

E-Mail: scott@lado.de • Internet: www.lado.de • www.tocotronic.de

TOO STRONG

Die Dortmunder Too Strong feierten 1999 ihr zehnjähriges Bestehen in Sachen deutscher HipHop. In dieser Zeit entwickelten sie sich zu einem der wichtigsten Acts in diesem Genre, der vor allem durch ständige Bühnenpräsenz auf sich aufmerksam machte. Die inzwischen als Trio agierende Band lebte die HipHop-Kultur aus, befaßte sich auch mit Graffiti, Jams und Breakdance und beschäftigte sich in den Texten mit politischen und sozialen Themen. Ihr bisher letztes Album »Die 3 vonne Funkstelle« bot Beats, Loops und Samples mit Ansätzen von Funk, Oldschool und Pop und Texte, die es verdienen, gehört zu werden.
Discogr.: Greatest Hits (1994), Intercity Funk (1996), »Die 3 vonne Funkstelle« (Virgin). Kontakt: Virgin Schallplatten GmbH, Herzogstr, 64, 80803 München, F: 089-38195-118. Internet: www.virgin.de

TORN

Michael Hutter (voc), Nils Westermann (g/voc), Ciriaco Taraxas (g/voc), Dieter Rausch (b), Jürgen Spiegel (dr)
Fünf junge Typen trafen sich mehr oder weniger regelmäßig in Oldenburg, um zusammen zu jammen. Die im Sommer 95 gegründete Session-Band legte Wert darauf, daß der Spaß- und Feier-Faktor im Vordergrund stand. Nebenbei entstanden einige eigene Songs. Dabei ließen sie Einflüsse von Led Zeppelin, Deep Purple, Pearl Jam, Soundgarden, Live, Pantera, den Beatles sowie aus Folk und Klassik zu. Nachdem sie als Support-Act für eine andere Band einspringen konnten, probten sie Songs für ein komplettes Programm. Dabei sahen sie es als wichtigen Aspekt an, daß die in Gemeinschaftsarbeit entwickelten Lieder auch dann bestehen konnten, wenn sie auf minimalste Strukturen reduziert wurden. Ihr Auftritt, noch unter dem Namen Bloom, begeisterte einen anwesenden A&R-Mann von Polydor und verhalf ihnen zu einem Plattenvertrag. Doch dazu mußten sie ihren Namen ändern. Mit den Gründungsmitgliedern Nils, Dieter und Michael und den 1998 neu dazu gekommenen Ciriaco und Jürgen stand die endgültige Besetzung. Besonders Ciriaco bereicherte mit seiner akustischen Gitarre den Sound der Band. Jetzt nannten sie sich Torn. Inzwischen waren sie nach Hamburg umgezogen. So spielten sie die CD »A Million Dollars« ein. Zwar wurden sie damit vielfach als eine deutsche Ausgabe von Pearl Jam angesehen, trotzdem gab es viel Lob für die Gruppe, wobei besonders die kraftvolle Stimme des Sängers Michael Hutter gepriesen wurde. Die Kritik bestätigte ihnen auch, daß sie den Songs einen eigenen Charakter gegeben hatten. Von den guten Rezensionen ließen sich leider nicht viele Rundfunkredakteure anstecken. Entsprechend rar waren die Radioeinsätze. Doch die Bandmitglieder ließen sich nicht entmutigen. Sie schreiben weiter an neuen Songs. Dabei ist es ihnen wichtig, nicht einen zweiten Aufguß des Debüts abzuliefern.
Discogr.: A Million Dollars (1999, Bonanza/Polydor). Kontakt: Polydor GmbH, Postfach 104909, 20034 Hamburg, F: 040-3087604 Internet: www.polydor.de

Torn

TOTEN HOSEN, DIE
Andi (b), Breiti (g), Campino (voc), Kuddel (g), Wölli (dr) oder Vom (dr)

Nach dem Split der Punkband ZK begann deren Sänger Campino mit Andi und Kuddel und dem KFC-Schlagzeuger Trini Trimpop den Club der Toten Hosen zu gründen, aber schon bald verließen sie den Club und nannten sich bereits auf der ersten Single (»Wir sind bereit«/«Reisefieber«), die auf dem Totenkopf-Label erschien, nur noch Die Toten Hosen, die allerdings 1982 im Bremer Schlachthof noch als die Toten Hasen angekündigt wurden. Die Hosen erhielten von EMI einen Plattenvertrag und das erste Ergebnis nannte sich »Opel Gang«, das mit dem Titellied eine Mitgröhl-Hymne abwarf. Bei der Präsentation des Albums kam es zwischen den Fans der Toten Hosen und der Polizei zu Krawallen. Die sogenannten Skandale setzten sich fort, als sie Auftritte mit einem Heino-Double, dem einzig wahren Heino, veranstalteten und das EMI Symbol, einen sitzenden Hund vor dem Grammophon, als Skelett abdruckten. Diese Begebenheiten führten nach der zweiten LP »Unter falscher Flagge« zur Trennung von der Plattenfirma und durch die verlorenen Prozesse mit Heino und EMI fast zum Tod der Hosen. Allerdings erkannte Virgin das Potential der Band und gab ihnen einen Vertrag. Inzwischen erkoren die Fans den Titel »Eisgekühlter Bommerlunder« zu ihrer Hymne, während Die Toten Hosen jede Gelegenheit wahrnahmen, um aufzutreten, egal ob bei Protestveranstaltungen, in Clubs oder während ihrer »Magical Mystery Tour« in den Wohnzimmern ihrer Fans. Es folgte die dritte Platte »Damenwahl« und eine Umbesetzung am Schlagzeug, da Trini ins Management wechselte und Wölli von den Berliner Suurbiers ihn ersetzte. Mit dem Album »Never mind the Hosen – here's die Roten Rosen«, dessen Cover dem des Sex Pistols-Albums nachgebildet worden war, begann der nationale Siegeszug. Mit ihren punkigen Schlagerparodien eilten sie Guildo Horn und Dieter Thomas Kuhn um Jahre voraus. Nach dem Konzertmitschnitt »Bis zum bitteren Ende – live« lieferten Die Toten Hosen 1988 mit »Ein kleines bißchen Horrorshow«, der Musik zur Bühnenbearbeitung von Clockwork Orange, ein wahres Meisterstück ab, wenngleich vom ursprünglichen Punk nicht mehr viel zu hören war. Von diesem entfernten sie sich auch mit dem Nachfolger »Auf dem Kreuzzug ins Glück«, auf dem sie die bayerische Politkabarettgruppe Biermösl Blosn in ihr Konzept einbezogen. Die Rückbesinnung auf alte Zeiten lieferte die Scheibe »Learning English Lesson 1« mit Coversongs alter Punkhits unter Einbeziehung der Künstler, die diese Stücke im Original vorgelegt hatten. Die Toten Hosen waren jetzt nicht nur in Deutschland Superstars, sondern tourten auch durch Skandinavien, die Türkei, Nord- und Südamerika und verkauften in London den berühmten Marquee Club aus. Für die nächsten Produktionen ließen sich die Hosen viel Zeit, und nachdem 1993 »Kauf mich« in die Charts zog, machten sie erst wieder 1996 mit »Opium fürs Volk« auf sich aufmerksam. Die Zeit dazwischen nutzten sie zur Gründung ihrer eigenen Firma und zu Konzerten rund um den Globus, wobei sie auch in Argentinien zu Stars aufstiegen. Besonders gewürdigt werden muß ihr Engagement gegen das Aufkommen nationalsozialistischer Kräfte in Deutschland. Durch den Tod eines Mädchens, das von der Menschenmasse erdrückt wurde, endete das 1000. Konzert im Düsseldorfer Rheinstadion mit einer Katastrophe. Die Band war sichtlich geschockt und anschließend sah man Campino mehr im Fernsehen als auf der Bühne. Ende 1998 ließen die Roten Rosen mit der Weihnachtsplatte »Wir warten aufs Christkind« mit Weihnachtsliedern in besonderer Form wieder von sich hören. Während der Aufnahmen zum nächsten Album erkrankte der langjährige Schlagzeuger Wölli, übernahm einen Firmenposten bei den Hosen und überließ Vom seinen Platz. Ende 1999 brachten sie ihre nächste CD »Unsterblich« heraus, das Die Toten Hosen in glänzender Form zeigte. Sie provozierten den FC Bayern München (»Muß denn sowas wirklich sein? Ist das Leben nicht viel zu schön? Sich selber so wegzuschmeißen, und zum FC Bayern zu geh'n«), besangen »lesbische, schwarze Behinderte« und fanden in »Unsterblich« die richtigen Worte für Liebende. Der Einzug auf Platz 1 der Charts bewies, daß Die Toten Hosen noch lange nicht Vergangenheit waren.

Discogr.: Opel Gang (1983, EMI), Unter falscher Flagge (1984 EMI), Liebesspieler/Die John Peel Sessions (1984, EP – EMI), Battle Of The Bands (1985, EP – Virgin), Damenwahl (1986, Virgin), Never mind the Hosen – here's die Roten Rosen (1987, Virgin), Bis zum bitteren Ende – live (1987, Virgin), Ein kleines bißchen Horrorshow (1988, Virgin), Auf dem Kreuzzug ins Glück (1990, Virgin), Learning English Lesson 1 (1991, Virgin), Kauf mich (1993, Virgin), Love, Peace And Money (1994, Virgin), Reich und Sexy – ihre größten Erfolge (1993, Virgin), Musik war ihr Hobby (1995, Virgin), Opium fürs Volk (1996, JKP), Unsterblich (1999, JKP/Eastwest), Never mind the Hosen – here's die Roten Rosen (1987, Virgin), Wir warten aufs Christkind – die Roten Rosen (1998, JKP/Eastwest). Kontakt: JKP, Postfach 103162, 40022 Düsseldorf, T: 01805-312412 Internet: www.dietotenhosen.de

TRITOP

Antye Greie-Fuchs (programm./voc), Jürgen »Jotka« Kühn (g/programm.), Marko Timlin (programm./dr)

Die Musiker sehen in Tritop ein Projekt, das Welten verbindet. Im Studio treffen Drum'n'Bass auf Dub-trippigen Sound. Im Konzert stehen die Gitarre und das Schlagzeug im Vordergrund. Mit diesem Sound fungieren Antye und Jürgen von → Laub zusammen mit dem Schlagzeuger Marko Timlin unter dem Namen Tritop. Begonnen hatte alles auf einer Party im Oktober 96 als Ergebnis eines aufregenden Konzerts auf improvisatorischer Basis. Aus Spaß wurde Ernst. Die ersten Aufnahmen zur Platte entstanden im März 97 im leerstehenden E-Werk in Weimar. Innerhalb einer Woche spielten sie 70 Minuten Musik ein. INFRACom bot ihnen an, einen Longplayer zu veröffentlichen. Im Laufe des nächsten Jahres begannen sie, einen Weg zu finden, weg von der Improvisation zum Arrangement zu kommen, ohne ihre Ansprüche an modernen Sound und Instrumentierung zu vernachlässigen. Das Album wurde mit Gitarre, Schlagzeug und Kontrabaß live eingespielt. Das Ergebnis hieß »Rosenwinkel« und kam im November 1998 auf den Markt. Die Band selbst bezeichnet es als ihr Popalbum. Wie schon → Laub erntete auch Tritop viel Kritikerlob.

Discogr.: Rosenwinkel (1998, INFRACom) Kontakt: INFRACom, Weserstr. 7, 60329 Frankfurt/M., F: 069-244500-20. E-Mail: Infracom@t-online.de

TÜLAY

Die in Frankfurt/M. lebende Künstlerin stieg mit 13 Jahren in das Eurasia-Projekt ihres Vaters ein und begann in einer türkischen Coverband zu spielen. Mit 18 war sie bereits fester Bestandteil der Frankfurter Szene, wurde als Backgroundsängerin und Tänzerin für verschiedene Soul- und Dancepop-Stars engagiert und baute ihre eigene Band Tülay auf. Mit dieser erhielt sie einen Vertrag bei Marlboro Music und veröffentlichte die beiden Alben »Tülay« (1992) und »Six Hours In Mauritius Blue« (1993). Das Debüt »Tülay« wirkte noch unausgeglichen, da sich die Band nicht zwischen Pop, Rap, Jazz, Soul, Funk, Balladen und Ethno entscheiden konnte und zuviel auf einmal wollte, wobei die persönlichen Texte des Albums durchaus erwähnenswert sind. Mit »Tülays Song« gelang ein erster kleiner Hit. Beim zweiten Album herrschte das Soul-Feeling vor, aber auch ethnische Einflüsse hörte man deutlich heraus. Obwohl die Band mit ihrer charismatischen Frontfrau in den Konzerten die Zuhörer begeisterte, blieb vor allem dieses Album in den Geschäften liegen. Ihr Plattenvertrag wurde nicht erneuert, aber nach wie vor war sie auf den Bühnen ein gern gesehener Gast und begeisterte z.b. beim »Umsonst & Draußen«-Festival in Würzburg 1999 viele tausend Besucher. Im selben Jahr erschien Tülay mit dem türkischen Song »bütün dünya« auf dem Sampler »The Music Of One World«. Inzwischen unterschrieb sie einen Vertrag bei EMI; sie singt in ihrer türkischen Muttersprache und vermischt die Klänge des Orients mit aktuellem R&B und groovendem Soul.

Discogr.: Tülay (1992), Six Hours In Mauritius Blue (1993, Virgin). Kontakt: EMI Electrola, Maarweg 149, 50825 Köln, F: 0221-4902100. Internet: www.emimusic.de

TWELVE AFTER ELF
Oliver Pohl (b), Tuncay Türkel (g), Jörg Schmaus (dr), Maze Jablonski (voc)
Mortality und Panacea waren zwei Münchner Bands, die bei der harten Fraktion der Münchner Szene einen guten Ruf genossen. Anfang 1994 schlossen sich Mitglieder dieser Formationen zu Twelve after Elf zusammen. Auch in der neuen Gruppe pflegten sie den harten alternativen Hardcore. Auftritte als Support von Danzig und Living Color standen in ihrem Programm. Sie veröffentlichten ihr erstes Demo »TAE«. Schon damals prophezeite die Münchner Presse ihnen eine große Zukunft. Außerdem nahmen sie am Bandwettbewerb Feierwerk in München teil. Als einer der vier Sieger waren sie mit zwei Titeln auf dem Sampler »Feierwerk Sieger 94« vertreten und stellten vor ausverkauftem Haus ihr Programm vor, wobei besonders der ausdrucksstarke und charismatische Sänger für Aufsehen sorgte. Im Mai 95 erhielten sie von der Zeitschrift Visions für »TAE« die Auszeichnung »Demo des Monats«. Mit dem zweiten Demo von 1995 »Taunus« bekamen sie von diesem Magazin die »Bohrmaschine des Monats«. Die Handelskette WOM nahm Twelve After Elf in ihr Förderungsprogramm auf und veröffentlichte die 4-Track-CD »Limitiert und exclusiv«, die nur bei WOM erhältlich war. Immerhin wurde der Tonträger besonders in den Mittelpunkt gestellt und war in jeder WOM-Filiale in Deutschland erhältlich. Das dritte Demo »Kleiner Raum« von 1997 bezeichnete das »Intro«-Magazin 11/97 als »das bisher beste und intensivste Demo des laufenden Jahres«. Im März 98 erlangten sie als Support von → Schweisser auf deren Deutschland-Tournee die Achtung der Besucher. In und um München hatten sie inzwischen viele Fans gewonnen und galten für die Veranstalter als sichere Bank. Sie traten bei vielen Open Airs und Konzerten auf und spielten dabei u.a. mit Rinderwahnsinn, → Megaherz, Headcrash und Harmful. In den letzten Jahren bemühten sich viele Firmen um einen Vertrag mit Twelve after Elf, wobei es jedoch nie zu einer Unterzeichnung kam. Erst im September 99 erschien das Debüt »TAE« auf Raid Records. Ihr Hardcore und Metal war mit Pop und Ethno sparsam angereichert. Für die Abendzeitung München stellte sich Antonio Seidemann vor, daß der Sänger eigentlich die »ideale männliche Besetzung für ein Sex-Telefon« wäre. Es bleibt zu hoffen, daß Twelves after Elf von ihrer Musik leben können, damit er solchen Empfehlungen nicht nachkommen muß.

Discogr.: Limitiert und exklusiv (1996, WOM), TAE (1999, Raid Records/Connected). Kontakt: Raid Records, F: 089-304872. E-Mail: verlag@piranha-media.de

TWO REMARKS
Reiner Bublitz (voc/g), Mark Smith (voc/b), Tim Engel (dr), Jochen Topp (perc), Michael Knauer (keyb), Sven Zimmermann (b), Hake Kliem (g)
Two Remarks sind Reiner Bublitz und Mark Smith. Als Duo bevölkerten sie die Fußgängerzonen im Norden Deutschlands. Sie coverten erfolgreich Fremdkompositionen, wobei ihre Interpretationen der Titel von Elton John und Curtis Stigers besonders beliebt waren. Mit

ihrem Auftreten, ihren Balladen und Folksongs fanden sie nicht nur Anklang in Form von klingenden Münzen im Hut, sondern auch in Form von Bitten um Zugaben. Aus den Einnahmen finanzierten sie Aufnahmen für CDs, auf denen hauptsächlich Fremdwerke zu hören waren. Darunter mischten sie immer wieder eigene Lieder. Dabei war auch das Stück »Words Don't Come Easy«. Ein Redakteur des Regionalsenders Schleswig-Holstein setzte das Lied im Radio ein und die Hörer wählten es prompt in die Charts. Nachdem auch die ersten Bühnenauftritte von Erfolg gekrönt waren, interessierte sich die Industrie für das Duo. Für die Firma Polydor nahmen sie ein Album auf, für das ihnen der Produzent Dieter Falk zur Seite gestellt wurde. Dieser hatte u.a. schon für → Pur und Pe Werner gearbeitet. Er kleidete ihre melodischen Songs und Balladen in ein chartgerechtes Gewand. Mit dem Titel »Hold On Tight« hielten sie auch gleich Einzug in dieselben. Das bereits fertiggestellte Album »A Moment To Talk« kam allerdings nicht auf den Markt. Ein Jahr später übernahm Jack White für sein neugegründetes Label Seven Days Music Two Remarks mitsamt dem Album. Dieses erschien 1999 mit den gleichen Songs unter dem Titel »Flying High«. Für ihre Konzerte hatten sie inzwischen eine feste Band. Am 18.8.99 sendete NDR 2 ein Konzert der Gruppe im Abendprogramm. Ihre Beliebtheit hatte inzwischen so zugenommen, daß der Auftritt bereits im Vorverkauf völlig ausverkauft war.

Discogr.: Flying High (1999, Seven Days Music/BMG). Kontakt: Seven Days Music, Schwere-Reiter-Str. 35, Haus 2b, 80797 München, F: 089-303079. E-Mail: DaysMusic@aol.com • Internet: www.bmgentertainment.de

Two Remarks

UH BABY UH

Kein Buh, sondern ein Uh für die Sängerin und Gitarristin Catherina Boutari und ein Uh für die Sängerin und Pianistin Ulita Knaus, die zusammen mit den männlichen Babys Sebastian Klapcia (dr), Karlos Klapcia (b) und Yogi Yogusch (perc) die Hamburger Noisepop-Formation Uh Baby Uh bilden. Ein Jahr nach der Gründung im Jahr 1996 erreichten sie das Finale des John-Lennon-Förderpreises und über eine Bewerbung bei der Zeitschrift Visions wurden sie unter ca. 1000 Einsendungen als Teilnehmer für das Bizarre Festival nominiert. In ihren Aufführungen glänzten sie mit intensiven Darbietungen zwischen Pop und Art und boten ihre Texte in deutscher und englischer Sprache an. Einer ihrer Konzerterfolge, der Titel »Lovechild«, war als Appetitanreger für das kommende Album gedacht.
Discogr.: Lovechild (1999, MCD – Bite your Ear/Indigo). Kontakt: Bite your Ear Records, Langemarckstr. 9, 86156 Augsburg, F: 0821-4445444

ULTRA VIOLET

Sandra Baschin (voc), Pay Kohn (b), Simon Hauser (dr), Jahn Lehmann (keyb)
Ultra Violet ist die neue Band der Berliner Szene-Größe Sandra Baschin. Sie hatte sich schon seit frühester Jugend mit Musik beschäftigt, erste Erfahrungen sammelte sie in Bands unterschiedlichster Genres. Sie begann ein Gesangsstudium, das sie aber wegen zuviel Theorie wieder abbrach. Dann startete sie erste Versuche als Songwriterin. Anfang der 90er begab sie sich nach England und blieb einige Zeit im Umfeld von Peter Gabriels Real World Studios. Die dort gesammelten Erfahrungen waren prägend für ihre Zukunft. Ein Konzert von Björk beeindruckte sie so stark, daß sich in ihr der Gedanke festsetzte, sie müsse eine ähnliche künstlerische Reife erlangen. Zunächst versuchte sie dies in einer Band namens »SINAI«. Diese Formation setzte sich aus Studenten der Berliner Musikhochschule zusammen, die technisch versiert spielten und anspruchsvolle, kopflastige Popmusik boten. Damit gewannen sie 1997 den Deutschen Rockpreis. Sandra lernte auf einer Party den Musikproduzenten und Computerfreak Simon Allert kennen, den Kopf des Produzententeams Tokyo Bazaar. Er hievte Sandras Lieder in nie erwartete elektronische Dimensionen. Eine Demo-CD mit fünf Songs zwischen Songwritertum, Dancepop und TripHop wurde aufgenommen. Sandra vermißte die Bühne und wollte ihre neuen Ideen unbedingt live vorstellen. In Musikern der ehemaligen Funkband Dubone fand sie begeisterte Mitstreiter. Die Berliner Zeitung schrieb zu einem Auftritt der jungen Truppe: »Ultra Violet bestachen durch ausgereiftes Zusammenspiel von Samples, Keyboard-Melodien, donnerndem Bass und aggressiven Jungle-Drums. Ihr größter Trumpf ist die Sängerin Sandra Baschin. Die 28jährige besitzt nicht nur eine intonationssichere Stimme, sondern hat auch einen Pop-Appeal, dem man sich nicht entziehen kann.« Eine erste Clubtour führte die Gruppe durch Deutschland und Österreich. 1999 erfolgte die Teilnahme am Bandwettbewerb f6-Music Award, der größten diesbezüglichen Veranstaltung der neuen Bundesländer. Unter 707 Teilnehmern belegten sie schließlich den ersten Platz. Vor ihnen war niemand außer der Plattenvertrag von BMG Berlin Musik GmbH. Schon sprachen die Medien von der »Madonna« Berlins. Im

September 1999 erschien bundesweit die erste Single mit dem Titelsong »What A Wonderful World« des Films »Helden wie wir«. Eine von MTV unterstützte Tournee schloß sich an, wo Ultra Violet zusammen mit drei weiteren Bands ihr Programm ausgiebig vorstellen konnten.
Discogr.: What A Wonderful World (1999, MCD – BMG Hansa). Kontakt: Upbeat Promotion, F: 030-61283871. Internet: www.upbeat.de

UMBRA ET IMAGO

Mozart (voc/Text/Komp.), Mike Schwarz (dr), Lutz Demmler (b/programm./back.-voc/Komp.), Freddy S. (g), Matze B. (keyb)
Umbra et Imago ist die nach der Auflösung der Vorgängerband The Electric Avenue 1991 entstandene Karlsruher Gruppe um den charismatischen Sänger Mozart. Eine der Kernthemen der Gothic-Band war das Spiel mit der Erotik, insbesondere des S/M-Bereichs, wobei die Gruppe mit viel schwarzem Humor und derber Ironie arbeitete, was allerdings nicht alle Kritiker verstanden. Dem keyboardlastigen Debüt »Träume, Sex und Tod« von 1992 folgte 1993 das Album »Infantile Spiele«, mit dem bis heute in ganz Europa gefragten Clubklassiker »Gothic Erotic«. Wegen ihrer außergewöhnlichen Show entwickelten sie sich zum Geheimtip der schwarzen Szene. Mit der MCD »Remember Dito« von 1994 läuteten Umbra et Imago die Hinwendung zum Goth-Metal ein, der sich nach Line-up-Wechseln auf dem Album »Gedanken eines Vampirs« endgültig vollzogen hatte. Gegen Ende des Jahres 1995 erschien die nächste MCD »Sex statt Krieg«, die später Kultstatus erreichte, und in der dazugehörigen Show tauchten erstmals die berühmt-berüchtigten Sado/Maso-Elemente auf. Während sich ihre Fans dafür begeisterten und sie im Osten Deutschlands besonders beliebt wurden, stießen die Vorführungen bei den Behörden gelegentlich auf Widerstand. Mehr Gothic und weniger Härte beinhaltete das 96er Album »Mystica sexualis«, worauf sich Peter Heppner von → Wolfsheim als Gastsänger (»Kleine Schwester«) die Ehre gab und das auch die Vertonung eines Textes von Francois Villon (»Requiem«) enthielt. In einem Interview erzählte Satan, daß ca. 1/3 seiner Geschichten autobiographisch sind, 1/3 von Beobachtungen herrühren und das letzte Drittel seiner Phantasie entspringt. Der Trend zu anspruchsvolleren Texten hielt auch auf der MCD »Kein Gott und keine Liebe« und dem nächsten Studio-Album von 1998 »Machina Mundi« an, die neben den erotischen auch sozialkritische, philosophische und poetische Stücke aufwies und musikalisch-ethnische Anhänge mit einbezog. Vor diesem Album hatten sie noch »The Hard Years – Live« veröffentlicht, das hörbar machte, wie die Band im Konzert wirkte. In der Zwischenzeit verbesserten sie ihre Performance weiter und bauten auch Pyro-Elemente mit ein, aber nach wie vor gab es Veranstalter, denen ein Auftritt von Umbra et Imago im wahrsten Sinne zu heiß war. So schrieb Attila über einen Auftritt: »Die Stadt Nürnberg kastrierte die freizügige Show und die Feuerwehr untersagte die komplette Pyrotechnik, was die Band jedoch nicht hinderte, Kerzen auf die Bühne zu stellen und die eine oder andere zu rauchen. Trotz der Beschränkungen gab es einiges zu sehen und daß es mächtig was auf die Ohren gab, war sowieso klar.« Gerade richtig war der Frontmann Mozart jedoch für Verona Feldbusch, von der er eine Einladung für ihre Show »Peep« erhielt. Im Herbst 99 schloß sich die Band mit der mittelalterlichen Elementen arbeitenden → Tanzwut zusammen; sie begaben sich gemeinsam auf Tournee und gaben die MCD »Weinst du?« heraus. Mozart ist neben seiner Tätigkeit bei Umbra et Imago noch Vorsitzender des Trägervereins der Kulturruine in Karlsruhe mit Saal, Tonstudio, Ateliers und Domina-Studio, Chef eines Labels und Mitinhaber des Tonstudios. Außerdem leitet er das Projekt Dracul, von dem bisher die beiden

Alben »Die Hand Gottes« und »Speichel und Blut« erschienen. Während das erste Album mit viel Gitarren eingespielt wurde, verband »Speichel und Blut« Elektronik, Loops und Samples mit Percussion, Dudelsack und Drehleier.

Discogr.: Träume, Sex und Tod (1992, Ausfahrt/EFA), Infantile Spiele (1993), Remember Dito (1994, MCD), Gedanken eines Vampirs (1995, Spirit Prod./SPV), Sex statt Krieg (1995, MCD), Mystica Sexulias (1996), Kein Gott und keine Liebe (1997, MCD), The Hard Years – Live (1997, Oblivion/SPV), Machina mundi (1998, Oblivion/SPV), Weinst du? (mit Tanzwut, 1999, Oblivion/SPV). Video: Live (1998, Spirit Production/SPV). Dracul: Die Hand Gottes (1998, Spirit Production/SPV), Speichel und Blut (1999, Spirit Production/SPV). Kontakt: Spirit Production, Marienstr. 40, 76137 Karlsruhe, F: 0721-33429. Internet: www.geocities.com/spirit-realm • http://fly.to/spirit

ÜNLÜ

Tayfun Ünlü (g/b/voc), Mehmet Ünlü (keyb/drprogramm.), Sven Stichter (g)

Die Gebrüder Ünlü sind in der türkischen Großstadt Zonguldak am Schwarzen Meer geboren. Die Familie zog in das schwäbische Pforzheim. Während Tayfun mit den Eltern umzog, verblieb Mehmet zunächst bei den Großeltern. Tayfun hatte immer Musik im Kopf. Er liebte vor allem die britische Rock- und Punkmusik. Neben seinem Wirtschaftsstudium gründete er folglich eine türkische Punkband. Sein Bruder Mehmet, der inzwischen nachgezogen war, spielte in dieser Formation Keyboard und strebte den Beruf eines Wirtschaftsingenieurs an. Nach dem Ende des Studiums gründeten die Geschwister ein Innenarchitektur- und Designbüro. Daneben begannen sie, unter dem Familiennamen Ünlü, der soviel wie prominent oder berühmt bedeutet, Rockmusik mit europäischen und türkischen Einflüssen zu spielen. Während ihre Eltern in die Türkei zurückkehrten, blieben sie in Deutschland. Aber seitdem pendeln sie viel zwischen beiden Ländern und sind für diese Art von Musik prädestiniert. Dabei haben sie wenig Konkurrenz. Sowohl in der Türkei als auch bei den türkischen Jugendlichen in Deutschland gibt es neben der nach wie vor starken traditionellen Szene viele Popmusiker, die amerikanische und englische mit türkischer Musik mischen. Harte Rockmusik wie die von Ünlü bleibt aber eher die Ausnahme. Sven Richter schloß 1992 eine Ausbildung am American Institute of Music in Wien ab und erteilt seitdem professionellen Gitarrenlehrern Privatunterricht. Nachdem er ein Demo von den Ünlü-Brüdern in die Hände bekommen hatte, bewarb er sich um Aufnahme in die Band. Die erste CD »Son defa« blieb in Deutschland weitgehend unbeachtet, avancierte aber in der Türkei zu einem Achtungserfolg. Durch Tarkan und Sezen Aksu waren auch deutsche Jugendliche auf den Geschmack gekommen. Deshalb vertrieb eastwest das zweite Werk der türkisch-deutschen Formation »O ve z hikayesi« (»Von Huren und Heiligen«). Wieder texteten die Gebrüder Ünlü in türkischer Sprache, wobei im Booklet die deutschen Übersetzungen beigefügt waren. Ihre Geschichten handelten von erfüllter und unerfüllter Liebe, der Sehnsucht und den Wanderungen zwischen den Welten.

Discogr.: Son defa, O ve z hikayesi (1999, Enola Records). Kontakt: Enola, Fridastr. 18, 30161 Hannover, F: 0511-3884960. E-Mail: lothar.immer@enola.de • Internet: www.enola.de

V

VACANCY
Robbie Stöltzel (voc), Jochen Schmidt (dr), Jürgen »Jay« März (g), Quincy Phelps (b)
Vacancy haben ihre Wurzeln im Rock der 70er Jahre und stehen für groovigen Sound mit einer großen Portion good time feeling. Hervorgegangen 1989 aus dem Split von Renegade, konnten die Franken 1992 im Frankfurter Studio von Rocko Kohlmeier ihr erstes Demo einspielen und gewannen im selben Jahr den Rockwettbewerb »Battle of the Bands«. Die Veröffentlichung des zweiten Demos veranlaßte den Zentralnerv, Vacancy als Bayerns Hardrockband Nummer 1 zu bezeichnen und man fragte sich dort verwundert, warum diese Band immer noch bei keinem Major-Label untergekommen war. 1994 gewannen Vacancy unter 800 Bewerbern den Varta-Musikpreis in der Sparte »Hard'n'Heavy«. Dieser Gewinn ermöglichte ihnen die Aufnahme ihres Debüts »Gimme Lovin« sowie Auftritte mit Gotthard und Sinner und verschaffte ihnen Zugang zu einem renommierten Management, das auch u.a. Pink Cream 69 betreute. Doch große Erwartungen erfüllten sich nicht. 1998 gerieten sie durch die Aufnahmen der Fanhymne »Hier kommt der Club« für ihren Fußballverein 1. FC Nürnberg wieder in die Schlagzeilen. Die Band legt allerdings Wert darauf festzustellen, daß der anschließende Abstieg aus der 1. Bundesliga nichts mit ihrem Song zu tun hatte. Neben vielen Clubgigs begleiteten sie Gotthard bei einigen Konzerten im Süden der Republik. Dann gingen sie wieder einmal ins Studio und nahmen das Album »Stranded« auf, das im Oktober 1999 veröffentlicht wurde und wieder klassischen und melodischen Hardrock enthielt. Die Presse beurteilte das Album positiv, sah darin aber trotzdem nur ein weiteres gutes Werk unter den vielen interessanten Veröffentlichungen in der Vorweihnachtszeit. Besondere Erwähnung fand das gelungene Cover des Bobby-McFerrin-Hits »Don't Worry Be Happy«.
Discogr.: Gimme Lovin' (1994, MCD – Varta Music Power), Hier kommt der Club (1998, MCD – Sky Productions), Stranded (1999, Sky Productions). Kontakt: True Music Promotion, Platz der Opfer des Faschismus 6, 90461 Nürnberg, F: 0911-4742936. E-Mail: truemusic@t-online.de

VAN DANNEN, FUNNY
»Das Leben ist wie eine Buchstabensuppe – lehrreich, aber macht nicht satt.« »Wer Rasen sät, wird Mäher ernten.« »Ich denke oft an Uruquay, drei U auf engstem Raum.« »Heute leben viele Menschen ungesund, sie sagen Ficksau, Scheiße, Kohlenmonoxid, kein Wunder,

Vacancy

daß man nur noch Kranke sieht. Alle sollten sagen so, jetzt bin ich wieder froh.« »Und wenn sie mich fragen, warum ich das singe? Ich bin nicht mehr jung und ich brauche das Geld.« – Dies sind Auszüge aus den Werken von Funny von Dannen. Er ist derjenige, der in Deutschland die Kunst des Liedermachens aufrechterhält. Ihn bezeichnete »Die Zeit« schon in ihrer Ausgabe vom 15.12.95 »als Genie des Trivialen« und »den begabtesten Seelenfänger, den wir zur Zeit haben.« Funny van Dannen wurde 1958 in Tüddern geboren, das damals noch zu den Niederlanden gehörte. Durch Grenzkorrekturen kam Tüddern 1963 zu Deutschland und Funny hieß plötzlich auf gut deutsch Franz-Josef Hagmanns. Schon als 16-Jähriger sang er im südholländischen Dialekt Lieder zur Gitarre. Zur beruflichen Absicherung erlernte er den Beruf des Werbegrafikers, übte diesen aber nie aus. Nach seinem Umzug nach Berlin spielte er in diversen Punk- und Jazzbands. Er war einer der Mitbegründer der Lassie-Singers, die er jedoch schnell wieder verließ. In den 80ern hatte er noch bei der Schlagergruppe »Hallo-Trio« als Gitarrist mitgewirkt. Sie coverten Hits wie »Mit verbundenen Augen« und »Das schöne Mädchen von Seite 1« und kamen damit Guildo Horn und Dieter Thomas Kuhn zuvor, aber auch dem Zeitgeist. Um seinen Lebensunterhalt zu verdienen, schlug Funny sich mit verschiedenen Jobs durchs Leben. Außerdem beschäftigte er sich mit der Malerei. Es entstanden Aquarelle, Ölbilder und Comicgemälde. Was ihm sonst noch eingefallen war, konnte man in den Büchern »Spurt ins Glück«, »Jubel des Lebens« und »Am Wegesrand« nachlesen. Mit eigenen Liedern trat er immer wieder in Berliner Clubs auf. Vor allem in Studentenkreisen machte er sich sehr schnell einen guten Namen. Allerdings kam es auch vor, daß er bei Auftritten außerhalb der Hauptstadt vor wenig mehr als zehn Zuhörern auftreten mußte. Aber diese waren von den unkonventionellen, schrägen, verschrobenen und hinterfotzigen Liedern begeistert. Die Mundwerbung begann für ihn zu arbeiten. 1995 traute sich das Münchner Label Trikont, seine Stücke auf CD zu bannen. Die »Clubsongs« wurden live aufgenommen und enthielten mit »Gutes Tun«, »Als Willy Brandt Bundeskanzler war« und »Nana Mouskouri« Höhepunkte jedes Konzerts. Die Resonanz zum ersten Album brachte BvS auf den Nenner: »Der Berliner Funny van Dannen beliebt zu scherzen. Nachzuhören ist dies auf seinem viel gelobten und wenig verstandenen Album ›Clubsongs.'« Ein Jahr später war Funny wieder mit einem neuen Programm zu hören. Das Album »Basics« wurde am 14.2.96 bei einem Konzert in der Alten Mälzerei in Regensburg mitgeschnitten. Darauf bewies er »Künstler sind nicht überflüssig.« 1997 gab es wieder Stoff zum Lesen (»Am Tag als Rosie kam«) und zu hören. Die CD »Info 3« war sein erstes und bislang einziges Studioal-

Funny Van Dannen

bum. Diesmal war er etwas ernsthafter geworden. 1999 ließ er mit dem Album »Uruquay« wieder seine Tradition aufleben, einen Konzertmitschnitt mit ausschließlich neuen Liedern zu veröffentlichen. Richard Oehmann schrieb zur CD: »Spätere Generationen werden diese Lieder eines Tages als wahre Meisterwerke unseres Jahrzehnts aus dem Flohmarkt fischen.« Inzwischen war der ewige Geheimtip kein ganz geheimer mehr. Die Clubs, in denen er auftrat, waren größer geworden. Selbst das Österreichische Fernsehen widmete ihm einen Beitrag im Kulturmagazin und bejubelte seinen Auftritt in der Wiener »Szene«. Im Herbst 1999 bearbeiteten die → Toten Hosen auf ihrer CD »Unsterblich« gleich vier Titel des Liedermachers, wobei »Schön sein« auch auf Single erschien. Die schönsten Worte zu Funny van Dannen fand Felicia Engelmann von der Abendzeitung München: »Die Wunder des Kleinen und die Besonderheiten des Alltags verpackt er so reizend, daß alles besonders scheint, und jede Kleinigkeit einen kleinen Witz entwickelt. Selbst wenn er über Liebe dichtet, scheint die Welt der Gefühle wunderlich, aber trotzdem nicht sonderbar, sondern so spannend, als erlebte man sie zum ersten Mal. Die Kunst des Großen im Kleinen ist die des Funny van Dannen, und er braucht keine Band dazu, sondern begleitet sich auf der akustischen Gitarre. Ein wenig scheint es dabei manchmal, als erzähle er sich seine Geschichten selbst, und man muß Glück haben, ihm in der lauten Welt zu begegnen.« Und Funny selbst zieht das Resümee: »Jetzt bin ich Vater, früher war ich Sohn. Inzwischen bin ich Künstler, und das ist wunderschön. Dabei wollte ich ursprünglich – nur nicht arbeiten gehen.«
Discogr.: *Clubsongs* (1995, Trikont/Indigo), *Basics* (1996, Trikont/Indigo), *Info 3* (1997, Trikont/Indigo), *Uruquay* (1999, Trikont/Indigo). Kontakt: Trikont, Postfach 901055, 81539 München, F: 089-6927204. E-Mail: trikont@compuserve.com • Internet: www.trikont.de

VAN DER MEER, SUSIE
Susie van der Meer (voc), Moses Schneider (b), Ben Lauber (dr/sampler/keyb/Glockenspiel)
Der Berliner Produzent Moses Schneider entdeckte Susie van der Meer in dem Nordseeort Varel. Er war von ihren Liedern angetan und verschaffte ihr die Möglichkeit, diese in Berlin aufzunehmen. Wegen der Musik, der Abenteuer und der Liebe blieb Susie dort hängen. Das fertiggestellte Produkt überzeugte auch die Verantwortlichen des Majors Polydor, wo das Album »Static Warp Bubble« erschien. Die Newcomerin konnte mit der ersten Single »Shakin' An Ass« ausreichend Rundfunkeinsätze verbuchen und gelangte damit in die Media Control Charts. Es bleibt letztlich ein Geheimnis, warum Susie trotz des überraschenden Erfolgs ihren Plattenvertrag verlor. Schuld daran war eine umfangreiche Neustrukturierung der Plattenfir-

Susie van der Meer

ma. Dieser Tiefschlag löste bei der Sängerin höchstens eine Trotzreaktion aus. Im Herbst 98 zog sie mit ihren beiden Musikern Ben Lauber und Moses Schneider quer durch Deutschland und stellte auf 22 Bühnen ihr Programm vor. Darüber schrieb die Augsburger Allgemeine im November 98: »Der Hit ›Shakin' an ass‹ wurde außen vor gelassen, dafür gab's beispielsweise ›Somebody has to pay‹ aus dem Film ›Lola rennt.‹ Pop mit Lärmfaktor im Breitwand-Sound: Knackige Gitarren kontrastieren mit Mädchengesang, Elektronisches vom Sampler mit Melodie und Refrain, heftig rockende mit verträumt atmosphärischen Passagen. Mit vertrackt treibenden Rhythmen und intensiven Ambient-Soundwelten zogen die drei das Publikum in ihren Bann.« Auch Dany Levys hochgelobter Film »Meschugge« kam nicht ohne Susie aus. »Victim Of Myself« nannte sich ihr Beitrag zum Soundtrack. Im Frühjahr 99 begann Susie van der Meer mit den Aufnahmen für das Zweitwerk »Luciferin«.
Discogr.: Static Warp Bubble (1997, Polydor), Luciferin (2000, Double T.). Kontakt: GTM, Schlesische Straße 31, 10997 Berlin, F: 030-6113375. E-Mail: gtmmusik@snafu.de

VÄTH, SVEN

Sven Väth ist einer der einflußreichsten Vertreter der Partykultur der 80er und 90er Jahre. 1983 begann er als DJ in der Frankfurter Diskothek »Vogue« zu arbeiten. Mit seiner »goldenen Nase« roch er förmlich die jeweiligen neuesten Trends und war seiner Zeit meistens voraus. Er versorgte die Tänzer mit dem neuesten amerikanischen Stoff. Mit seiner Single »Electric Salsa« gelang ihm ein Millionenerfolg. 1987 kümmerte er sich um »Electric Body Music« und 1988 brachte er den britischen Acid-House-Sound ein. Mit seinem erworbenen Kapital gründete Väth zwei eigene Labels. Mit Technohouse und Trance stand er wieder in der ersten Reihe. Sein erstes Album für den Major WEA »Accident In Paradise« festigte seinen Ruf auf dem Plattenmarkt. Der innovative Nachfolger »The Harlequin – The Robot And The Ballet Dancer« wurde zu einem der Meilensteine der Techno-Musik und Väth

Sven Väth

feierte internationale Erfolge. Der Melody Maker wählte ihn unter »die 10 schrägsten Vögel der Gegenwart« und für den New Musical Express war er »definitely the star of European Techno«. Er stieß seine eigenen Labels wieder ab und unterschrieb einen Vertrag bei Virgin. Das Album »Fusion« diente mit BigBeats, spaciger Elektronikmusik, Techno, House und TripHop den DJs als Plattenfutter. »Six In The Mix« vereinte sechs Titel der CD in Remix-Fassungen bekannter nationaler und internationaler Künstler. 1999 begann Väth mit den Arbeiten für sein Album »Contact«. Die vorab veröffentlichte Single »Dein Schweiss« verband den Mythos der 80er mit der Technik des Jahres 2000. Der junge Produzent Anthony Rother mit seinem Faible für die Elektronik-Pioniere Kraftwerk beeinflußte das Album entscheidend, besonders zu hören im Titelstück »Pathfinder«. Die drei weiteren Produzenten Johannes Heil, Roland Flügel und Jörn Elling-Wuttke (Alter Ego) sorgten für Klang- und Stilvielfalt. Für weitere Arbeiten wie Artwork, Styling-Konzept und Fotos setzte Sven Väth Freunde aus seinem Frankfurter Umfeld ein und legte es bewußt darauf an, daß die CD als Frankfurter Projekt betrachtet wurde. Ab Februar 2000 ging der Künstler auf Tournee und absolvierte 33 Gigs in drei Monaten.

Discogr.: Accident In Paradise (1993, WEA), The Harlequin, The Robot And The Ballet Dancer (1994, WEA), Touch Themes Of Harlequin... (1995, WEA), Fusion (1998, Virgin), Six In The Mix (1999, Virgin), Contact (2000, Virgin). Kontakt: Virgin Schallplatten GmbH, Herzogstr. 64, 80803 München, F: 089-381 95118. E-Mail: mpunsch@t-online.de • Internet: www.virgin.de

VANDEN PLAS

Andy Kuntz (voc), Stephan Lill (g), Torsten Reichert (b), Günter Werno (keyb), Andreas Lill (dr)

Vanden Plas gingen aus der Formation Exodus hervor. Nachdem sie sich dem Hardrock zugewandt hatten, tauften sie die Band in Vanden Plas um, benannt nach der holländischen Bezeichnung für die Nobelvariante eines Jaguars. Sie hielten ihre Fans mit traditionellem Hardrock bei Laune. Mehrere Demos wurden aufgenommen, aber nicht vertrieben. Mit der Single von 1986 »Raining In My Heart«, mit einem Keyboarder eingespielt, waren sie erstmals im Radio und Fernsehen zu hören und zu sehen. Kurzzeitig verfielen sie der Popvariante des Rock, nachdem Markus Ziegler eingestiegen war und den Gesang bestimmte. Nach dessen Ausstieg gab es wieder Härteres für die Ohren. Für Janus-Musik nahmen sie eine Langspielplatte auf, die wegen des Konkurses der Firma nie veröffentlicht wurde. Es wurde 1991, bis sie ihr erstes Demo »Days Of Thunder« aufnahmen, das drei Titel enthielt, die deutlich energischer wirkten als das, was sie bisher vorgestellt hatten. Stephan Kuntz, Mittelstürmer des 1. FC Kaiserslautern und Bruder des Sängers, wurde mit seinem Verein 1992 Deutscher Meister im Fußball. Dazu gratulierten Vanden Plas mit einer deutschen und englischen Version des Titels »Keep On Running«, bei dem die Spielerfrauen mitgesungen hatten. Vom Herbst 92 bis April 94 engagierte das Stadttheater Saarbrücken die Musiker für Andrew Lloyd Webbers »Jesus Christ Superstar«, wobei die Band zusammen mit dem klassischen Orchester spielte und der Sänger Andy Kuntz als Schauspieler mitwirkte. Verpflichtungen für das Musical »Der kleine Horrorladen« und die »Rocky Horror Show« am Pfalztheater Kaiserslautern schlossen sich an. Die Berührung mit der klassischen Musik hatte ihre Spuren hinterlassen. Die selbstfinanzierte CD »Colour Temple« beinhaltete progressiven Metal und ließ lt. Rock Hard »die Platte zu einem der besten Debüts aus deutschen Landen werden«. 1995 übernahm das Label Dream Circle den Vertrieb. Ihre Liebe zum 1. FC Kaiserslautern teilten sie auf der MCD »Das ist für euch« mit.

Dieses Lied entwickelte sich zur offiziellen Fanhymne. Die guten Erfahrungen bei einigen »unplugged«-Konzerten in Frankreich veranlaßten sie, einige ihrer Lieder in Akustik-Versionen aufzunehmen. Die EP »Accult« enthielt zusätzlich noch einige Covers wie Marillions »Kayleigh« und kam 1996 auf den Markt. Die englische Zeitschrift Frontier vergab 9 der 10 Punkte und Gordon Speirs schrieb: »Vanden Plas are rapidly becoming one of my favourite bands and there's plenty an offer here to see why. The queue for the next album starts here.« Auslandsgastspiele im Vorprogramm von Angra führten sie nach Italien und Frankreich. Die Arbeiten an der CD »The God Thing« waren von Pleiten, Pech und Pannen begleitet. Der Gitarrist hatte mit einer Sehnenscheidenentzündung zu kämpfen, der erste Mix wurde verworfen, das erste Mastering klappte ebenfalls nicht und die Band hatte die Aufnahmen vorfinanzieren müssen, da ihre alte Plattenfirma die Optionen nicht erfüllen konnte. Zum Glück fanden sie in InsideOut Music einen neuen Partner. Wie beim Vorgänger verwendeten sie für das Cover eine Skulptur des italienischen Künstlers Cesare Marcotto. Aber die Mühen hatten sich gelohnt. Das Presse-Echo fiel positiv aus. Rock Hard stellte fest: »So ist knapp eine Stunde verstrichen und kein Ausfall mußte registriert werden. Die Platte präsentiert sich wie aus einem Guß.« Die Band stellte ihre Kompositionen auf einer achtwöchigen Tour als Support von Dream Theater vor. Auch bei Savatage bestritten sie das Vorprogramm. 1999 veröffentlichten sie ihr Konzeptalbum »Far Off Grace«, das auf einer Kurzgeschichte ihres Sängers Andy Kunz basierte und für das sie vielfach gelobt wurden. Der Hammer vergab dafür die Höchstwertung von 6 Punkten. Aufgrund der äußerst positiven Resonanz zu »Accult« ist auch diesbezüglich im Jahr 2000 eine Fortsetzung geplant.

Discogr.: Raining in my heart (1986, Bee), Days Of Thunder (1991, Demo), Keep On Running (1991, Mons), Fire (1992, MCD – Eigenvertrieb), Das ist für euch (1994, MCD – New sceneland), Colour Temple (1995, Dream Circle), AcCult (1996, Dream Circle), The God Thing (1997, InsideOut/SPV), Far Off Grace (1999, InsideOut/SPV). Kontakt: InsideOut Music, Kleiner Markt 10, 47533 Kleve, F: 02821-26920. E-Mail: info@insideout.de • Internet: www.insideout.de

Vanden Plas

VEGA

Veronika Tomasevic Lanz, Tim Neumann
Vega ist der auffälligste und hellste Planet im Sternbild Lyra. Vega ist auch ein spanisches Wort und bedeutet übersetzt »fruchtbarer Boden«. Beides ist auch ein Symbol für das hessische Duo. Veronika und Tim lernten sich in einem Basketballclub im hessischen Langen kennen. Beide waren aktive Sportler, wobei sie es sogar bis ins Team der 2. Damenbundesliga schaffte. Eine weitere gemeinsame Leidenschaft gehörte der schwarzen Musik. 1996 begannen sie im Jugendzentrum zu Beats und Loops zu singen und zu rappen. Sie kamen damit an und erhielten viele Einladungen zu Parties und Festen in der Langener Umgebung. Dazu benutzten sie den Namen Vega. In Eigenregie spielten sie ihr erstes Demo ein. Als sie in einer Kneipe auf den Produzenten Steffen Britzke = Stevie B=Zet trafen, drückten sie ihm ein Exemplar in die Hand. Er fand Gefallen daran und nahm die beiden unter Vertrag. Sie begannen mit der Produktion des ersten Albums, das im Frühjahr 1999 unter dem schlichten Namen »Vega« erschien. Darauf sangen und sprachen sie über Generationskonflikte, Beziehungen, Liebe und den alltäglichen Rassismus, dem sie selbst glücklicherweise nicht ausgesetzt waren. Tim ist Halb-Ceylonese und Veronika hat eine spanische Mutter und einen Vater aus Bosnien. Musikalisch bewegten sie sich im HipHop-Pop-Bereich, wozu sich schon einmal TripHop, Drum'n'-Bass, Trance oder etwas Jazz gesellte. Auch die Umsetzung des Programms auf der Bühne glückte, wie sie im Vorprogramm der Tournee von → Xavier Naidoo beweisen konnten. Da sie viel Wert auf ihre Geschichten legen, wollen sie auch auf dem zweiten Album die deutsche Sprache beibehalten, ohne daß sie englische oder gar spanische Interpretationen ausschließen.

Discogr.: Vega (1999, Epic). Kontakt: Stephanstr. 15, 60313 Frankfurt/M., F: 069-138 88440. Internet: www.vega-online.de • www.sonymusic.de/epic

VENUS IN FURS

Matthias Witt (voc), Robert Augustin (g), Gunnar Krauß (b), Andreas Glanz (dr/perc)
Groovehardrockfunkpopjazzcrossovergrungemusic – experimentell – diese Bezeichnung geben Venus in Furs ihrer Musik. Gegründet hatten sie sich im Jahr 1994. Das erste Demoband produzierten sie ein Jahr später. Richtig los ging es bei ihnen erst 1996 nach einem Besetzungswechsel. Ihr Debüt gaben sie im April 1997 unter dem Titel »Nothing Is Real«. Michael Roch schrieb dazu:»Mal fetzen harte Rockgrooves, mal schmeicheln Bläser- und Geigenarrangements dem Hörer, dann wieder reiben sich funkige Wahs mit Ansätzen von Artrock zu einer ganz und gar eigenwilligen Melange. ›Nothing is real‹ ist ein ausgeschlafenes Produkt. Mein Urteil deshalb lautet: Schönes Teil, weiter so.« Der Veröffentlichung ließen sie eine Promo-Tour durch die neuen Bundesländer folgen. Ende 1997 nahmen sie am Hamburger Bandfestival teil, wo sie den fünften Platz belegten. Anschließend begaben sie sich

Vega

wieder in ein Studio, um die Demo-CD »I Swear« einzuspielen, welche sie im März 1998 herausgaben. Das ganze Jahr über stellten sie ihre Musik in den Clubs im nördlichen Teil der Republik vor. Im April 1999 nahmen sie am Bandwettbewerb in Leipzig anläßlich der Veranstaltung »Jugend gegen Gewalt und Rassismus« teil. Diesmal gingen sie unter 70 Bands als Sieger vom Platz. Kurz darauf spielten sie mit den → Prinzen, Fools Garden und Ina Deter ein Konzert am Leipziger Völkerschlachtdenkmal. Über einen Auftritt in Halle/S. schrieb T. Friesecke in der MZ: »Auf- und abschwellende Trommelgewitter, hastige, doch bewußt gesetzte Rhythmuswechsel, fein verzerrte E-Gitarren-Klänge und melodiöse Basslinien sind das musikalische Gerüst von Venus in Furs. Zwei Diaprojektoren werfen auf eine Leinwand im Hintergrund Bildassoziationen des Künstlers Siegfried von der Heide. Nach wie vor verwertet Sänger Matthias Witt in seinen Texten das Phänomen von Virtualität.« Eine Promotiontour führte sie 1999 wieder durch die deutsche Clublandschaft. Gleichzeitig arbeiteten sie an einem neuen Album und an der ersten Videoproduktion.

Discogr.: Nothing Is Real (1997, Silbersack Recordings), Venus in Furs (1998, Promoalbum),
I Swear (1998, Single – Cabinet Nightlife Compilation). Kontakt: Agentur Supernova, Ludwig-Wucherer-Str. 86, 06108 Halle/S., F: 0345-2908773

VERANDA MUSIC

Nicolai von Schweder-Schreiner (voc/g/keyb/org/p), Christoph Kähler (dr/voc/Rhodes/p), Lars Precht (ac-b, el-b)

Will man auf der Veranda entspannt Musik hören, nimmt man am besten: Veranda Music. Nicolai von Schweden-Schreiner verband in seinen Kompositionen, die sehr sorgfältig in vielen Jahren entstanden, klassisches und modernes Songwriting und ließ Einflüsse aus Liverpool, Lissabon, St. Louis und Sao Paulo zu. Um seine selbst geschriebenen Titel musikalisch gut umzusetzen und diese auch live spielen zu können, bat Nicolai Christoph und Lars um Unterstützung. Christoph Kähler hatte u.a. auf drei Alben der → Fantastischen Vier Schlagzeug gespielt und bei Lars Precht handelte es sich um ein früheres Mitglied der Band Migraine. Nach eigener Aussage verbindet sie eine bestimmte organische Musikalität, Stilgebundenheit und Selbstverständlichkeit von Musik. Sie arbeiteten einige Monate daran, fünfzehn bereits vorhandene Aufnahmen als Trio im Bandformat umzusetzen. Im Juni 99 erschien das Debüt »Here's To Them All«. Neben der Nähe zu den klassischen Songwritern hörte man Low-Fi-Skizzen, Synthieklavier, Südseerhythmen, Bossa-Nova-Gitarren und Bohème. Dabei blieb die Musik immer leicht und gut hörbar. Die Presse jubelte und bemerkte Einflüsse von Tom Waits, Joni Mitchell, Bob Dylan, Leonard Cohen, Steely Dan und Dire Straits. Diese Vergleiche sollten allerdings nur zur Orientierung dienen. Till Briegler schrieb über die CD: »Nicolai Schweden-Schreiner besitzt alles, außer dem passenden Namen. Eigenwilliges Songwriting, persönliche Arrangements, Originalität im Singstil und eine Er-

Veranda Music

weckungsstimme. Die 16 Songs von ›Here's to them all‹ sind ein echtes deutsches Ausnahmeerlebnis. Unbeleckt von Trends und Deutsch singendem Gruppenzwang spielt Schweden-Schreiner mit seiner Band Ergreifendes in Minimalbesetzung. Hier singt's. Grandios.« Und die Musiker Szene wählte sie im August zur »Gruppe des Monats« und nannte sie »eine Perle der Independent -Musik«. Um noch mehr Dynamik und Magie in ihren Songs zu erhalten, spielen sie auch gerne in erweiterter Besetzung. Ihre Musik bietet dazu viel Raum für Improvisationen. Beispielsweise gaben sie ein Weihnachtskonzert in der Schilleroper, wo sie sich von einer Bläsersektion begleiten ließen und ihre Lieder im Jazzgewand darboten. Außer in Opernhäusern treten sie viel in Clubs auf und wären auch bereit, in fast jeder Kebab-Bude zu spielen, um ihre Musik, von der sie überzeugt sind, zu Gehör zu bringen.

Discogr.: Here's To Them All (1999, iXiXeS Records/Indigo). Video: Boy, Girl, Canoe (1999, iXiXeS Records/Indigo). Kontakt: iXiXeS Records, Ruth Witte/Michael Hess GbR, Wohlwillstr. 2, 20359 Hamburg, F: 040-317 94372. E-Mail: Mhessxxs@aol.com

VERMOOSTE VLØTEN

Hanne Bluum & Libojah Shnukki singen und spielen Baß, Banjo, Bontempi-Orgel, Casio-Orgel, Drum Computer, Guitars, Hells Bells, Hihat, Mandoline, Organs, Rhythmbox, Samples, Stylophone und Tambourine. In der Silvesternacht 1992/93 begann die Zusammenarbeit von Hanne Blum und Libojah Shnukki, als sie mit einem Vier-Spur-Gerät ihre erste Aufnahme verwirklichten. Ihnen ging es nicht darum, in den jeweiligen Instrumenten-Polls die Spitzenpositionen einzunehmen. Nach ihren Vorstellungen sollen die Instrumente nicht beherrscht werden, sondern sie sollen sich einfach nur wohl fühlen. Daraus entstanden kleine liebevolle Popwerke mit viel Wärme, Humor, Charme und Ausstrahlung. Das Ergebnis war zuerst nur in den Berliner Clubs zu hören. Bald schon weiteten sie ihre Aktivitäten auch nach Nord- und Süddeutschland aus und vergaßen dabei auch die neuen Bundesländer nicht. Dabei arbeiteten sie im Laufe der Zeit u.a. mit Künstlern wie den Aeronauten, → Britta, Lassie Singers, Barbara Morgenstern, Stereo Total und Nikki Sudden zusammen. Immer daran interessiert, neue

Vermooste Vløten

Dinge auszuprobieren, nahmen sie an Ausstellungen und Vernissagen teil, erweiterten ihre Vorstellungen ins Audio-Visuelle und erfanden Musikmöbel wie die Iggy Pop-Maschine. 1997 produzierten sie in Eigenregie ihr Debüt »Crankle«, unterstützt von Nikki Sudden. Herman Halb zog einen Vergleich: »Wie wenn betrunkene Kinder versuchen, Velvet Underground nachzuspielen.« Dafür schickte der berühmte DJ John Peel eine Fanpostkarte und ließ sie wissen: »The more I hear it, the more I like it.« Fernab von dieser Welt schien auch die zweite CD »Ngongo« von 1999 mit ihren kurzen Pop-Perlen zu sein. In dieses Gesamtbild paßten die fast ohne Gesang auskommenden Titel »Mojo« und »Louis Louis«, die auch zur Untermalung eines Science-Fiction-Titels dienen könnten sowie die beiden Fremdkompositionen »She Sleeps Alone« und »True Love«. In der »Polka For Christian Klar« fragten sie den bekannten Terroristen nach seiner Lieblingsmahlzeit und dem Leben ohne Unterhosen. Auch bei diesem Album erhielten sie wieder Unterstützung von Nikki Sudden. Die CD stellten sie im »Underground« in Köln während der Popkomm vor, bevor sie im Herbst 99 auf Tournee gingen.

Discogr.: Crankle (1997, Eigenvertrieb), Ngongo (1999, Flittchen Records). Kontakt: Flittchen Records, Torstr, 68, 10119 Berlin, F: 030-280988-72. E-Mail: flittchenrec@planet.interkom.de • Internet: www.flittchen.de

VICKI VOMIT & DIE CREUTZFELD JACOB-SISTERS
Vicki (g), Kai (dr), Philipp (b)

Glück im Spiel – Pech in der Liebe. Der Erfurter Vicki Vomit wollte Liebe mit Claudia – aber Claudia Nolte wollte nicht, wie sie sollte. Dafür erhielt er immerhin viel Presse. Schließlich hat auch nicht jeder das Glück, von einer Ministerin angezeigt zu werden. Dabei war schon seine Debüt-CD von 1994 »Ein Schritt nach vorn«, denn sie enthielt den Kulthit »Arbeitslos und Spaß dabei«. Es gelang dem Newcomer, vom Album 5.000 Stück zu verkaufen. Geholfen hatten ihm seine Auftritte, in denen er eine Show mit grober parodistischer Performance und Punkrockmusik zeigte. Die → Bates boten ihm an, mit ihnen auf Deutschlandtournee zu gehen. Danach veröffentlichte er die Alben »Ich mach's für Geld« und »Die fäkalischen Verse« gleichzeitig. Im Titel »Paul« ließ er den Papst oh oh onanieren und stellte beim ehemaligen Bundeskanzler fest: »Helmut pupst beim Essen«. Im Anschluß daran ging er erstmals mit kompletter Band auf Tournee. Der Grund dafür war, daß er sich als Rockstar verpflichtet fühlte, ständig Orgien zu feiern, und Orgien alleine seien langweilig. Seine Begleitbands nannte er Sisters of Jelzin, Power of Parkplatz und die Kraft der zwei Herzen. 1997 folgte sein nächstes Werk »Bumm bumm«. Mit diesem leicht nachvollziehbaren Titel erreichte er seinen bislang größten Verkaufserfolg. Das Bumm Bumm bezog sich auf die »Liebe mit Claudia« Nolte. Der perverse Erfurter fand, daß die Politikerin über eine streng-ero-

Vicki Vomit & die Creutzfeld Jacob-Sisters

tische Ausstrahlung und blendendes Aussehen verfügte. Doch die damalige Familienministerin aus Thüringen wollte mit dem Landsmann weder mit noch ohne Gummi etwas zu tun und das Stück mußte von der Platte genommen werden. Seine Auftritte wurden Kult und es war zu lesen: »Er zelebriert schrilles heftiges Liedgut im Rock'n'Roll Style. Zum Beispiel. Und sein Publikum? Das tanzt und hüpft und staunt und lacht und krächzt und schwenkt Bierchen und wartet auf Vicki's nächste Verkleidung. Vicki Vomit – die Mutter aller Schallplatten. Urkomisch, unpeinlich und punktgenau.« Ein Jahr später riet Vicki Vomit dringend zum Kauf seines neuen Tonträgers »Kuschelpunk 5«. Als Grund gab er an, »dadurch ganz doll viel Geld zu verdienen.« Das wollte er mit Liedern wie »Blümchen ist 'ne alte Kackstelze«, »Mein Leben ist so hart wie eine Latte« und »Oma ist wieder auf Droge«. Von Georg Kreisler übernahm er »Taubenvergiften im Park«. Er besang »Die Titten von Mutter Theresa«, die hoffentlich nicht deswegen kurz darauf verschied. Einer bereits verschiedenen englischen Prinzessin widmete er sein Lied »Sie war eine Prinzessin« (»wie aus dem Märchenland, ich fand sie immer scheiße und ziemlich überspannt«). Die Firma Sony Music sah in dem Cover einen ihrer größten Erfolge der Lächerlichkeit preisgegeben und ließ den ursprünglichen Titel schon kurz nach der Veröffentlichung gerichtlich verbieten. Deshalb war es nur noch möglich, diese unter dem Titel »(Zensiert) 5« zu erwerben. Die Staatsanwaltschaft Magdeburg wollte das Aufhängen seiner Plakate gerichtlich verbieten lassen und in Thüringen erhielt er für diese eine Strafanzeige. Die Formel: Viele Skandale = viel Presse = viele Auftrittsmöglichkeiten ging voll auf. 1999 war Vicki Vomit mit seiner Band bei den größten Open Airs wie etwa »Rock am Ring«/»Rock im Park« vertreten. Dort verkündeten sie ihre Botschaft: Saufen und Humanismus. Für alle Leser der »Bild-Zeitung« kann noch als Ergänzung zur täglichen Weiterbildung das parteiische, voll abhängige Blatt »Super Vomit« empfohlen werden. Diese vier Seiten erscheinen einmal im Jahr und Fans, die der Bandphilosophie folgen, können sie sich während der nüchternen Momente zu Gemüte führen.

Discogr.: Ein Schritt nach vorn (1994), Ich mach's für Geld/Die fäkalischen Verse, Bumm Bumm (1997, Noise Records/SPV), Kuschelpunk 5/Zensiert 5 (1998, Modern Music/ Noise Records/SPV). Kontakt: Vicki Vomit Fanclub, Thomas Kaiser, Tungergasse 19, 99099 Erfurt, T: 0361-4230845. E-Mail: Mumaro@compuserve.com
• *Internet: www. mega-musicstore.com*

VIKTORIAPARK

Susie Pinkawa (voc), Dünner Mann (voc/g), Berndorff Jr. (b), Tex Morton (g), Tommy Scholz (dr)
Das Musical über Viktoriapark würde heißen »Die Schöne und der Dünne«. Denn die schöne Susie und der »Dünne Mann« trafen sich öfter im Viktoriapark in Berlin, wo sie sich gegenseitig ihre Lieblingssongs vorspielten. Daraus wurde ein Duo, das ihr Programm in den Berliner Clubs vorstellte. Für ihre Auftritte stellten sie sich unter dem Namen Viktoriapark vor, in Erinnerung an den Ort, wo sie ihre ersten musikalischen Begegnungen hatten. Nach und nach erhielten sie personelle Verstärkung, bis sich daraus die derzeitige Besetzung entwickelte. Die Band stellte sich in einem Berliner Promotionbüro vor. Dort überzeugte sie hinsichtlich ihrer Musik und ihrer Ausstrahlung. Sie erhielte einen Plattenvertrag. Die Firma gab ihr Gelegenheit, eine CD in Berlin und auf Malta einzuspielen. Das Ergebnis war ein intimes Album mit Gitarrenrock, der Vergleiche zu den Pixies, Eeels oder Mudhoney produzierte, und Texten, die aus ihrem Leben erzählten. Aber auch Erinnerungen an die Neue Deutsche Welle wurden wach. Feedback vergab die Höchstwertung von 10 Standing Ovations: »Eine Berliner Band der neuen Sorte. Aufgenommen mit viel Raum, bekommt die

Produktion einen lebendigen Sound, und die klassische Besetzung plus Geige und Klavier fügen sich perfekt ein. Die Texte sind selbstkritisch, humorvoll und strotzen auch mal vor Sarkasmus oder machen Ausflüge ins Dadaistische. Kompositorisch wissen Viktoriapark mit Sensibilität und Liebe zum Detail in jedem Song zu überzeugen.« Weniger begeistert war der Rolling Stone: »Man hört ihnen die Inspirationen an, doch enden viele in dem typischen Deutschrock-Biedersinn.« Doch auch ME/Sounds lobte das Werk: »Bei soviel Abwechslung wird das Debüt dieser Kreuzung aus Pixies, Cardigans und Sundays nie langweilig.« Nachdem sie im Oktober ihr Programm als Support von The King vorstellen durften, gingen sie im November noch einmal auf Solo-Tournee. Sie spielten auch im Vorprogramm der Dandy Warhols. Dazu schrieb Intro: »Live dagegen sind Viktoriapark eher eine straighte Angelegenheit, die Gitarrenarbeit hat Vorrang vor komplexen Arrangements und das ist gut so. Sängerin Susi Pinkawa besitzt eine anheimelnde Bühnenpräsenz, die so manche Peinlichkeit in Text und Posing vergessen macht. Insgesamt ein gelungener Livetest, noch dazu als Support einer Band, der eine fanatische Gefolgschaft nachgesagt wird.« Im Jahr 1999 entwickelte die Band nur wenige Live-Aktivitäten, da sie mit dem Schreiben neuer Lieder und der Vorproduktion der nächsten CD beschäftigt war.

Discogr.: In Teufels Küche (1998, EastWest) Kontakt: Partysanen Music, Skalitzer Str. 68, 10997 Berlin, F: 030-6114019. Internet: www.eastwest.de • www.discover.de/stories/viktoriapark.html

VITAMIN X

James Gazo (dr/voc), Emmanuel Kormedoda (b/voc), Mwanalushi Spuky Mulemwa (g/voc) und Gäste

Seit 1981 verkünden Vitamin X ihre Botschaft für Frieden, Liebe und Einigkeit. Die in Deutschland beheimateten Musiker aus Jamaika, Ghana und Sambia waren eine der ersten, die neben Reggae auch afrikanische Musik boten. Nachdem ihre Konzerte immer erfolgreicher wurden, erschien 1983 die erste Langspielplatte »Brothers And Sisters«. Roots-Reggae und traditionelle westafrikanische Folkmusik wie Makossa, Kavasha und Soukous mit einer Portion Pop bildeten das musikalische Gerüst. Bis 1997 folgten weitere acht Platten, CDs und MCs. Dabei blieben sie ihrem Stil treu, obwohl sie sich modernen Einflüssen nicht verschlossen und auch moderne Dancehall-Rhythmen, Rap und HipHop hinzukamen sowie Synthesizer und Electronic-Drums zu hören waren. Mit der CD »Secrets Of Life« waren sie 1989 kurzzeitig bei Ariola gelandet. Auch die Auflösung des Vertrags war für die Musiker kein Grund zur Resignation. Ihre wahre Stärke zeigten Vitamin X in ihren Konzerten, die durchaus drei Stunden dauern konnten. Im Laufe der Jahre teilten sie die Bühne u.a. mit den Wailers, Ziggy Marley, Third World, Santana, Burning Spear und Kool & the Gang. Ihre Auftritte führten sie in das gesamte europäische Ausland, wobei sie auch in der GUS die kühlen Russen ins Schwitzen brachten. Ein weiterer Höhepunkt in ihrer Karriere war der zweite Auftritt beim Gla-

Viktoriapark

stonbury Festival in England. Nachdem sie schon 1996 auf einer kleinen Bühne gespielt hatten, wurden sie 1997 für die Hauptbühne verpflichtet. Auf dem »Avalon Stage Sampler« 1997 ist davon ein Ausschnitt auf CD festgehalten. Über einen Auftritt in Oldenburg schrieb die Nordwest-Zeitung: »Dies war eine der besten Darbietungen der letzten vier Kultursommer. Vitamin X und 5.000 Zuschauer zeigten, was Kunst auch sein kann, ein Fest für alle Beteiligten.« 1999 bewiesen sie auf der »Homeward Journey Tour«, daß sie nach wie vor mit Begeisterung bei der Sache sind und unverändert die Besucher der Clubs ins Schwitzen bringen.

Discogr.: Brother And Sisters (1983, W.O.M. Kiel), Dzalele (Jah live) (1987, Stop Records Hamburg), No Smoke Without Fire (1988, MC – Eigenvertrieb), Secrets Of Life (1989, Ariola München), Vitamin X Live (1992, MC – Eigenvertrieb), Togetherness (1993, Eigenvertrieb), One Voice (1994, Impact Rhythm), Peace Love Unity Sampler (1995, Impact Rhythm/Talking Drum Prod.), Avalon Stage Sampler (1997, Glastonbury Festival CD). Kontakt: Talking Drum Produktions, Lünninghauser Str. 108, 28865 Lilienthal, F: 0421-4997540. E-Mail: Castor@music-radar.de • Internet: castor.music-radar.de

VIVID

Thomas Hanreich (voc), Matthias Kloß (g), Holger Schmidt (b), Torsten Kluske (dr)
»Wir lieben die Musik, sind lebendig, lebhaft, impulsiv, laßt uns Vivid gründen«, meinten im Jahr 1991 die vier Freunde. Mit alternativem amerikanischem Rock in englischer Sprache grasten sie die Clubs und Jugendzentren in Niedersachsen ab. 1994 produzierten sie in Eigenregie ihre erste CD. Anfragen bei den großen Plattenfirmen blieben ohne Ergebnis, da der Stil nicht in die damalige Zeit paßte. Aufmunternde Worte gab es jedoch für das Songwriting und die Melodien. Den Liedern wurde ein neuer Anzug verpaßt und dieser paßte der Firma Virgin, bei denen sie einen Vertrag erhielten. Im August 97 wurde das auf Malta aufgenommene Album »Go« veröffentlicht. Die Singles »Still« und »We Have« wurden Radiohits und enterten die deutschen Charts, was auch dem Album gelang (Platz 62). Die Münchner »Abendzeitung« wählte das Album zur CD der Woche, was für eine sogenannte preußische Band eher die Ausnahme darstellt. Thomas Weiland nannte das Werk einen mutmachenden Beitrag für einheimische Musiker, die sich der internationalen Vorlage gegenüber minderwertig fühlen – und ein gutes Debüt. 1998 gewannen sie den begehrten Hamburger Nachwuchspreis »Echo«. Ferner war ein Auftritt beim »Rock am Ring«-Festival im Programm. Ein Konzert im Nürnberger Hirsch wurde wie folgt beschrieben: »Alle sind nett hier. Wer mag schon rumnörgeln, daß Gevatter Grunge doch längst verblichen ist. Vivid setzen alles auf eine längst ausgereizte Karte, hantieren dabei aber so geschickt, daß die Fans jubeln und die Feinde nicht böse sein kön-

Vitamin X

Vivid

nen.« Zwischen dem Festivalsommer und ihrer Herbsttour richteten sie sich in Salzgitter ein eigenes Studio ein. Als Produzenten der nächsten CD verpflichteten sie Peter Walsh, der schon mit Peter Gabriel gearbeitet hatte. Es entstand das Album »Sundown To Sunrise«. Aufgebaut auf einer atmosphärischen, leicht melancholischen Grundstimmung wurden verschiedene Stile kombiniert und diverse Musikrichtungen ausprobiert. Im Sommer 1999 folgten einige Radioshows wie in Koblenz beim »Rhein in Flammen«, Auftritte beim »Tollwood Festival« in München und gemeinsam mit Pulp in Duisburg.

Discogr.: Sun Go Down (Eigenvertrieb), Go (1997, Virgin), Sundown To Sunrise (1999, Virgin). Kontakt: Virgin Schallplatten, Herzogstr. 64, 80803 München, F: 089-38195-118. E-Mail: webcrew.@virgin.de • Internet: www.virgin.de

V-LENZ
Stefan Lenz (Rap), DJ Dezibel

Nach dem Abitur wollte der Ruhrpottler Musik machen und sonst nichts. Das brachte ihm den Ruf eines Faulenzers ein. Als es darum ging, einen Namen für seine Band zu finden, nannte er diese V-Lenz. Die Musikleidenschaft hatte Stefan schon lange im Blut. Er experimentierte auf einem Amiga-Computer. Dann stieg er in eine regionale Metal-Crossoverband namens Victim ein. Trotzdem schrieb er weiter Texte für sich und komponierte eigene Stücke auf seinem Computer. Stefan Lenz und DJ Dezibel stiegen Mitte 1997 bei Victims aus und gründeten V-Lenz. Aus Samples und Computerklängen schufen sie einen Crossover-Sound aus Metal, Rap und Techno, wobei sie sich stilistische Offenheit bewahren wollten. Ihre Texte waren sehr kalt und kamen aus dem Horror-Szenario. Er wollte Tiefe in den Texten und sah seine Werke als Kunst. Die Düsternis kam daher, daß Stefan besonders inspiriert war, wenn er sich mit dunklen und negativen Stimmungen herumschlug. Allerdings wollten sie keinesfalls mit der Neuen Deutschen Härte in einen Topf geworfen werden. Durch Auftritte auf Punk-Events, Rockfestivals und HipHop-Parties wurden sie bald zu regionalen Lieblingen. Sie nahmen die erste CD »Willst du?« auf, die 1998 erschien und von der Gruppe unter Hilfe von Mark Stagg, dem Programmierer von → Rammstein, selbst produziert wurde. Arne schrieb hierzu: »Zusammen fabrizieren die beiden eine sehr abgefahrene Musik, bei der vor allem die nihilistischen Texte auffallen. Tanzmusik in verschiedensten Variationen gepaart mit selbstzerstörerischen Texten, das ist wahrlich nett. In den Weiten des HipHop finden sie sich ebenso wieder wie in der Elektroecke. So vielseitig sollten mehr Alben sein.« Der Rolling Stone stellte u.a. V-Lenz in die politisch rechte Ecke, sprach von Gewaltverherrlichung und einkalkulierten Mißverständnissen. In einer Stellungnahme widersprachen V-Lenz heftig: »Die Texte handeln nur auf den ersten Blick von Mystik, Untergangsstimmung und dem Bösen im Allgemeinen. Aber auch bei oberflächlicher Annäherung wird man keine Hinweise finden, die darauf schließen lassen, daß hier jemand mit dem Rechtsradikalismus und Faschismus kokettiert oder die Diskriminierung von Minderheiten propagiert. Im Gegenteil: Das V-Lenz-Team distanziert sich vehement von diesen Ideologien und Tendenzen.« V-Lenz gingen mit Bif und → Joachim Witt auf Tour. Verstärkt von zwei Backgroundsängern und zeitweise von zwei eingeflogenen Tänzerinnen schrieb Claudia Nietsche zum Auftritt im Münchner Incognito: »Was auf dem Album als scratchender, nicht wirklich zündender Eiertanz um härtere Techno-Rap-Drum & Bass-Elemente lediglich annehmbar ist, verwandelt sich live in ein verdammtes Feuerwerk, das aus Rap- und Metalraketen zu bestehen scheint.« 1999 spielten sie als Support für → Such a Surge und die → Blind Passengers und auf vielen Festivals. Von der Zukunft erhofft Lenz sich »...daß ich in meinem Leben wenigstens alles tue, um die Chance auf einen Klassiker so groß wie möglich zu machen.« Und er hat den Auftrag, den Soundtrack für eine Geisterbahn zu komponieren.

Discogr.: Willst du? (1998, Headshock/EMI Electrola). Kontakt: Headshock Musik- und Kommunikationsagentur. E-Mail: v-lenz@headshock.com • Internet: www.headshock.com • www.emimusic.de

VON DEN KETTEN

Ron Porzatek (voc), Holger Kämpf (g), Johann Grimm (keyb), Harald von Bordellen (g), Jens Hofmann (b), Mang (dr)

Metallica und Slayer waren Vorbilder der Band aus dem sächsischen Plauen, die in den 80ern unter dem Namen Dynamic Front agierte. Ihren harten Rock brachten sie aus Protest gegen entsprechende Verordnungen in der ehemaligen DDR in englischer Sprache unter das Volk. Sie standen im Vorprogramm vom Disharmonic Orchestra, → Rage und → Blind Guardian auf der Bühne. Anfang der 90er versuchten sie erstmals, harte Klänge mit deutschen Texten zu kombinieren. Die handgemachte Musik wurde mit harten elektronischen Klängen angereichert. Auf der Debüt-CD »Tausend Seelen« hörte man harte Gitarren zu atmosphärischen Melodien. Mit weiteren Elektro-Metal-Crossover-Bands wie → Rammstein und → Think about Mutation grasten sie die kleinen Clubs ab. Sie spielten mit → Schweisser und → Oomph und im

V-Lenz

Vorprogramm von Crematory, Skyclad und Amorphis. 1997 entschlossen sie sich, den englischen Namen zu streichen, da dieser nicht mehr zum musikalischen Konzept passte, und nannten sich fortan »Von den Ketten«. Unter der Regie von Mike Stolle (Messer Banzani, Think about Mutation) und Oswald Henke (Goethes Erben) arbeiteten sie an der Debüt-CD »Getrieben«, die interpretierbare Metaphern über Gesellschaft und Sozialkritik enthielt.

Discogr.: Getrieben (1998, Zeitbombe/ Strange Ways Records). Kontakt: Strange Ways Records GmbH, Eifflerstr. 8, 22769 Hamburg, T: 040-4307666, F: 040-4307696. E-Mail: Strangeways@compuserve.com • Internet: www.subaudio.net/ strangeways

V-PUNK

Bob (dr), Kissi (voc/b), Marco (g/b), Zeljko (Lärmgitarre)

Augen zu und volle Pulle Lärm. Im Sinne des traditionellen Punk der Sex Pistols und der Dead Kennedys hetzen V-Punk durch ihre 1-3minütigen Songs. Schon kurz nach der Gründung 1996 spielten sie in Eigenregie das Album »Nightmare« ein. Auf zwei Tourneen mit → Elf und Witte XP stellten sie sich in ganz Deutschland vor. Viele große Musikzeitschriften berichteten über die Gruppe und sowohl MTV als auch Viva sendeten Trailer ihrer Stücke. Dies führte dazu, daß sie von ihrem Debüt 7.000 Exemplare unter die Leute bringen konnten. Besonders durch die kraftvollen Live-Darbietungen erhielten sie den Status eines Geheimtips in der Szene. Weitere Konzerte mit Hass, Bruisers, → Terrorgruppe und Total Chaos folgten. Das Label Hass nahm V-Punk unter Vertrag. Dort erschien 1998 unter ihrem Motto »Punk über alles« das Album »Just A Dream«. Unter die englischen Texte mischte sich auch das von der Schülerin Hanna Punk gesungene »Das kotzt mich an«. Nicht angekotzt fühlten sich die Hörer, denn immerhin kauften mehr als 5.000 diese Scheibe. Schwierigkeiten hatte die Band mit einigen Kollegen, die nicht verstehen wollten, daß V-Punk wenig Wert auf Politik, Anarchismus und »No future« legten. Außerdem beherrschten sie ihre Instrumente, was manchmal auch mißtrauisch beäugt wurde. Trotzdem setzten sie unbeirrt ihren Weg fort und hielten auch auf der dritten CD »Failed again« die Fahne des traditionellen Punk hoch. Diesmal sangen sie die beiden Stücke »Alles nur Illusionen« und »Spiel« in deutscher Sprache und ließen die junge Hanna Punk in »Ich hab einen Knall« wieder zu Stimme kommen.

Discogr.: Nightmare (1996, Eigenproduktion), Just A Dream (1998, Kellerrecords/ SPV), Failed Again (1999, Kellerrecords/SPV)
Kontakt: Brainstorm Music Marketing GmbH, Badeweg 4, 87509 Immenstadt, F: 08323-963329/30. E-Mail: info@brainzone.de • Internet: www.brainzone.de

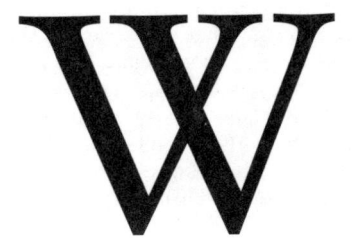

WALLENSTEIN, ABI

Abi Wallenstein, der Mann mit dem Stirnband, ist schon seit 1966 eine feste Größe in der Bluesszene. Nachdem er zuerst in verschiedenen Bands tätig war, entschloß sich der Wahl-Hamburger, sein Glück alleine oder in unterschiedlichen Besetzungen zu versuchen. Einen lukrativen Plattenvertrag lehnte er ab, um sich nicht selbst untreu zu werden. Er war in den Fußgängerzonen ebenso zu finden wie in den einschlägigen Clubs und auf vielen Festivals. Auch in den 90ern verbreitete er unbeirrt den traditionellen Blues. Auf »Blues Avenue« von 1996 coverte er Bluesnummern von Sonny Boy Williamson, Chicken Shack bis hin zu Free. Auf »Blues On Air« von 1998 frischte er mit Unterstützung von Joja Wendt den alten Blues mit Groove auf. Zusammen mit Axel Zwingenberger, Inga Rumpf, Gottfried Böttger, Joja Wendt und einigen anderen Freunden spielte er 1998 das Album »Hamburg Blues Celebration – For Hinz und Kuntz« ein, dessen Erlös Hamburger Obdachlosen zugute kam.

Discogr.: (Auswahl): Good Morning Blues (mit Joja Wendt, 1996, New Music Publishing), Blues Avenue (1996, Elbtonal/Indigo), Blues On Air (1998, New Music Publishing), Abi Wallenstein & Friends (1998, Brunswick/Polymedia). Internet: www.Blues-Germany.com

WEETH EXPERIENCE, DAS

Christoph Jessens (g), Jens Petri (dr), Jeremiah Joseph Hogan (b)

Die seit Beginn der 90er Jahre agierende Hamburger Band um den Gitarristen Christoph Jessens und den Drummer Jens Petri liebt das freie Musizieren und die Improvisation. Christoph und Jens bildeten den Kern der Spacerock-Band, während sich die Männer am Bass die Klinke in die Hand gaben. Das Trio erhielt einen Vertrag bei Strange Ways Records, das vielen außergewöhnlichen Musikern eine Heimat gab und deren Debüt 1994 unter eigenem Namen veröffentlichte. Das Weeth Experience bekam Gelegenheit, mit ähnlich gearteten Bands wie Giant Sand oder Yo Le Tango zu touren. Im Laufe der Zeit entwickelte sich mit diesen Gruppen eine Freundschaft und sie waren zukünftig noch mehrmals gemeinsam unterwegs. Auf dem zweiten Werk »Planet Weeth« ließen sie der Musik wieder freien Lauf. In Deutschland fand die Band nicht die verdiente Anerkennung, dafür erhielten sie viel Lob aus den Vereinigten Staaten. 1998 lernten Christoph und Jan bei einem Gig in der GUS den irischen Bassisten Jeremiah Joseph Hogan kennen. Da sie gerade wieder einmal einen Mann am Bass brauchten, stieg Jeremiah beim Weeth Experience ein und obwohl anfangs Skepsis herrschte, weil der Ire in seiner eigenen Band Mainstream-Rock gespielt hatte, stimmte die Chemie sofort. 1999 erschien in der neuen Besetzung das atmosphärische Album »Audio Scenic Drive« mit vielen langen Instrumentalteilen, die von Christophs Gitarre getragen wurden.

Discogr.: Weeth Experience (1996, Strange Ways Records/Indigo), Planet Weeth (1996), Audio Scenic Dive (1999). Kontakt: Weeth Experience, Strange Ways Records, Eifflerstr. 8, 22769 Hamburg, T: 040-4307666, F: 040-4307696. E-Mail: strangeways@compuserve.de • Internet: www.subaudio.net/strangeways

WEINERT, SUSAN & BAND

Susan Weinert (g), Martin Weinert (b), Hardy Fischötter = Terminator II (dr)

Die Jazz- und Fusionsgitarristin Susan Weinert und ihre Combo aus Neunkirchen gehören seit ihrer Gründung 1985 mit durchschnittlich 170 Auftritten zu den aktivsten, aber auch angesagtesten Live-Acts in Europa. Sie sind in Skandinavien, Frankreich, Benelux, Polen und den Vereinigten Staaten ebenso gefragt wie in ihrer Heimat. Susan Weinert hat inzwischen eine Spitzenposition unter den europäischen Jazzgitarristinnen inne. Alle Kompositionen stammen aus eigener Feder. Die Selfmade-Frau und ihr Ehemann managen und erledigen alles selbst, einschließlich des Buchens der Konzerte und der Betreuung der Fans mit Newslettern. Dazu geben sie im Sinne der Nachwuchsförderung so viele Workshops wie möglich. Auch Dozenten-Tätigkeiten werden erledigt. Ihr Können hatte sie sich als Schülerin von Mike Stern und John Abercrombie angeeignet. Nach ihren Vorstellungen möchte sie jeder Veröffentlichung ihren eigenen Stempel aufdrücken. Aufsehen erregte sie schon mit der ersten CD »Mysterious Stories« von 1992. Darauf hielt sie ihre Arbeit mit dem Gitarrensynthesizer fest. Ein zusätzliches Schmankerl war die Stimme des Schauspielers Klaus Kinski, die per Telefon zu hören war. Allerdings wurde diese von Klaus Weinert gedoubelt. Die CD »Crunch Time« enthielt Keyboards in ausschließlich begleitender Funktion. Als Quartett-Album eingespielt, erhielt die Pianistin und Keyboarderin Rachel Z dagegen als Solistin auf »Bottom Line« von 1996 viel Freiraum für Improvisationen. Auf der CD »Point Of View« von 1999 erweiterten sie die Besetzung um einen Gastsänger, Pianisten und Saxophonisten. Susan wollte schon längere Zeit Kompositionen für größere Besetzungen schreiben und hatte sich damit einen Traum erfüllt. Akustische Klänge beherrschten die Scheibe. Mit »Liebman« war eine Hommage an Dave Liebman enthalten, von dem sie in den 80ern viel gelernt hatte, und »Les trois arbres« war dem französischen Impressionisten Claude Monet und einem seiner Bilder gewidmet. Ihre Tourneen bestreiten aber nach wie vor hauptsächlich als Trio. Kostengründe sind dafür ebenso ausschlaggebend wie der Umstand, daß ihr Programm hauptsächlich von elektrischen Instrumenten geprägt ist. Susan

Susan Weinert & Band

Weinert scheint mit all den anfangs erwähnten Tätigkeiten immer noch nicht ausgelastet, denn sie arbeitet zusätzlich an einem Buch über ihre Aktivitäten in den 90ern, garniert mit Anekdoten aus dem Musikerleben.

Discogr.: Mysterious Stories (1992, Intuition/Schott Music & Media), Crunch Time (1994, Intuition/Schott Music & Media), The Bottom Line (1996, Intuition/Schott Music & Media), Point Of View (1999, Intuition /Schott Music & Media). Kontakt: Susan Weinert Band, Haspelstr. 16, 66538 Neunkirchen, F: 049-6821864312. E-Mail: susweinert@aol.com • Internet: www.jazzpages.com

WEISSGLUT

Giedeon Winter (g), Tom von Kügelgen (voc), Bernhard Stein (keyb), Thomas auf dem Berge (dr), Sid Venus (b)

Gegründet wurde Weissglut 1996 und im Januar 98 nahmen sie ihre erste CD mit deutschsprachigem Gothic-Metal auf, die beim Label Semaphore unter dem schlichten Titel »Weissglut« veröffentlicht wurde. Nach der Pleite dieser Firma nahm Dragnet/Sony die Band unter Vertrag und brachte diese Scheibe ein halbes Jahr später mit 2 Bonustracks nochmals heraus, diesmal unter dem Titel »Etwas kommt in deine Welt«. Das Album glänzte mit dunklen, harten Klängen, metallischen Gitarren, bombastischen Keyboards und poetischen Texten. Frank Albrecht meinte dazu: »Langer Rede kurzer Sinn: Wenn diese Band nicht groß wird, verstehe ich die Welt nicht mehr.« Sein Unverständnis beruhte auf seiner Unwissenheit, daß der Sänger Josef Klump der rechtsradikalen Zeitschrift »Junge Freiheit« ein Interview gegeben hatte, der »Spiegel« diesen Tatbestand ausschlachtete und die gesamte Gruppe den Jungnazis zuordnete. Zwar wehrte sich Josef Klump gegen den Vorwurf, rechtsradikale Tendenzen unterstützt zu haben, und verwies auf den vollständigen Inhalt seiner Aussagen, sah aber trotzdem die nachfolgende Kündigung als gerechtfertigt an. Diese hatten nach einer gewissen Zeit des Zögerns die restlichen Bandmitglieder ausgesprochen, da sie keinesfalls mit der rechten Szene in Zusammenhang gebracht werden wollten. Nachdem einige Selbstzweifel über das Fortbestehen der Band unter dem alten Namen über Bord geworfen wurden, machten sich die Hessen auf die Suche nach einem neuen Sänger und fanden ihn in dem Ruhrpottler Tom v. K. Mit ihm zusammen begannen sie die Arbeiten an dem zweiten Album, das 2000 erscheinen soll und wovon sie hoffen, daß diesmal nach der Veröffentlichung nur von ihrer Musik die Rede ist.

Discogr.: Etwas kommt in deine Welt (1998, Dragnet/Sony). Kontakt: Sony Music/EPIC Germany, Stephanstr. 15, 60313 Frankfurt/M., F: 069-138880. Internet: www. weissglut.de

WILD SILK

Mathias Kohlmann (fiddle/Bouzouki/g/ mand/Bodhran/voc), Simone Freimüller (ld-voc/g/Bodhran/perc), Berk Demiray (ld-oc/-g/Saz), Rainer Burgmer (tin whistle/ cl/low whistle/Bombarde/fl/Uileann pipes/ voc)

Unter dem Namen Silk zogen Simone Freimüller und Berk Demiray mit traditioneller irischer Folklore durch die Lokale. Wild wurde es erst, als Rainer Burgmer und Mathias Kohlmann, der bereits professionelle musikalische Erfahrungen gesammelt hatte, zu dem Duo stießen. Noch im ersten Jahr des Bestehens spielten sie die CD »Looking For A New World« ein. Dabei übernahmen sie von Beginn an alle anliegenden Arbeiten selbst – Komposition und Text, Produktion und Management lagen in ihren Händen. Traditionelle Lieder und Fremdkompositionen erhielten eigene Arrangements. Wenn Vergleiche bemüht werden sollen, könnte man den Sound von Wild Silk als Weiterentwicklung von Steeleye Span ansehen oder auch Clannad oder Capercaillie nennen. Neben dem keltischen Ursprung fanden auch Einflüsse alter deutscher und orientalischer Musik sowie Ethno ihren Platz. Instrumente wie Saz, Bouzouki, Bombarde (ein bretonisches Doppelrohrblatt) und Klarinetten waren zu hören. Sie spielten viel und verbrachten die restliche Zeit mit den Aufnahmen für die CD »Touch Of A Rainbow«, die 1996 erschien. Da sie den berühmten Goldtopf am Ende des Regenbogens nicht fanden, verdienten sie sich ihren Lebensunterhalt weiterhin mit permanenten Touren. Alleine 1998 gaben sie mehr als 100 Konzerte. Das Rieder Wochenblatt beschrieb einen Auftritt in Flonheim: »In der alten Festhalle wurde ungemein vielseitige Musik, die traditionell aus Schottland, Irland und der Bretagne stammt, dargeboten. Das Publikum ging mit, es wurde getanzt und getobt. Mittelalterliche, orientalische und Ethno-Elemente bereicherten bei ihnen den Sound. Einfühlsame, melodische Balladen, die Simone Freimüller mit ihrer glockenhellen Stimme überzeugend vortrug, stimmten nachdenklich und luden zum Träumen ein. Berk Demiray sang mit einer Stimme, die unter die Haut geht.« Die einhelligen Meinungen strotzten nur so von Superlativen. Von »absolute Spitzenklasse« über »einfach phantastisch« bis hin zu »Wild Silk sind die Allergrößten« erstreckte sich das Lob. Ein Höhepunkt des Jahres war das Konzert mit der Folklegende Fairport Convention im ausverkauften Kronesaal in Darmstadt. Inzwischen kennen sie in Hessen wahrscheinlich jeden Auftrittsort. Sie waren aber nicht nur in Deutschland vertreten, auch das europäische Ausland lauschte ihren Klängen. Statt Kühlschränke nach Alaska trugen sie keltische Folklore nach Dunlow (Irland), wo sie bei einem Festival mit der bekannten Formation Altan auftraten. Auch 1999 konnten sie wieder mit ca. 100 Konzertabenden aufwarten, obwohl sie die CD »Dreams & Doubts« aufgenommen hatten. Auf der CD war das Stück »Behind The Old Tree«, in dem sie zu einer altdeutschen Melodie das Thema Landminen behandelten. Für das Jahr 2000 sind nicht weniger Auftritte geplant, wobei sie ihre Fühler zunehmend nach dem internationalen Markt ausstrecken.

Discogr.: Looking For A New World (1994, EAN & Indigo), Touch Of A Rainbow (1996, EAN & Indigo), Dreams And Doubts (1999, EAN & Indigo). Kontakt: Wild Silk Fan-Briefkasten, Postfach 62, 69488 Birkenau; Management: M. Kohlmann, Hermannstr. 1, 64285 Darmstadt, F: 06151-963089. E-Mail: Wild.Silk@t-online.de • Internet: www. wildsilk.de

WILDEVE

Lili Plieninger (voc/keyb/ac-g), Alex Müller (g), Sandro Guidati (b), Hardy Philipp (dr)
Die Künstlerin Lili Plinienger ist schon lange Teil der internationalen Musikszene. Neben einer Ausbildung an Klavier, Violine und Gitarre nahm sie noch Gesangsunterricht. Zwischen 1988 und 1993 war sie Mitglied in verschiedenen regionalen Rockbands. Seit 1990 nahm sie eigene Stücke auf, wobei es ihr gelang, einige Songs an den Produzenten von Mandy Winter zu verkaufen. Unter dem

Wildeve

Pseudonym Eileen Ruthford fungierte sie bereits 1992 als Gastsängerin der holländischen Prog-Rock-Formation Casino. 1993 konnte man sie auf dem Album »Infinity Parade« von Landmarq hören. Zwei Jahre später gründete Lili ein Projekt, aus dem sich 1996 die Gruppe Wildeve entwickelte. Ihren Namen entliehen sie dem Roman »The Return Of The Native« des englischen Autors Thomas Hardy. Eines ihrer Demos erreichte das norddeutsche Label WMMS, das sie unter Vertrag nahm. Daraufhin spielten sie ihr Debüt »Touch And Go« ein, das Ende 1996 veröffentlicht wurde. Folkige Einflüsse, amerikanisches Songwritertum und melodische Rockmusik trafen aufeinander. Getragen wurden die Stücke von der klassisch ausgebildeten und ausdrucksstarken Stimme ihrer Bandleaderin. Sie stellten das Album auf einer Tour im süddeutschen Raum ausgiebig vor und spielten u.a. mit → Coalminer's Beat, → Jule Neigel und → Kinderzimmer Productions. Viele Rundfunkanstalten im Süden der Republik, aber auch in den Niederlanden, gaben ihnen Airplay und besprachen das Album. Obwohl die CD im Ausland nur über Mailorder erhältlich war, gingen Anfragen und Resonanzen aus Italien, Frankreich, Holland und Großbritannien ein. Nebenbei sang Lili auf Veröffentlichungen von Hyper Project, Angel oder Rejoice aus Italien, leistete einen Beitrag als Texterin für Exit und komponierte für Nicki den Track »Soviel mehr«, der im Herbst 1999 von Virgin als Single auf den Markt gebracht wurde. 1998 ackerte die Gruppe nochmals auf diversen Open Airs und in vielen Clubs. 1999 wurden einige Umbesetzungen notwendig, bevor sie mit der Vorproduktion des zweiten Albums beginnen konnten.

Discogr.: Touch And Go (1996, WMMS). Kontakt: Wildeve, Gsteinig 8, 73098 Rechberghausen, T: 07161-683894. E-Mail: wildeve@t-online.de • Internet: www.wildeve.de

WITT, JOACHIM
Der Hamburger Joachim Witt gehört eigentlich zu den alten Hasen im Popgeschäft. Mit 14 kaufte er sich eine Gitarre und schon kurze Zeit später spielte er in einer Band. Die ersten Versuche mit deutschen Texten fanden bereits 1973 statt, bevor er eine Schauspielschule besuchte und am Hamburger Thalia Theater spielte. Ab 1977 war er Mitglied der deutschen Band Düsenberg, die drei Alben mit vom Westcoast-Sound beeinflußter Musik veröffentlichte und dafür den Deutschen Schallplattenpreis in der Kategorie »Beste deutsche Nachwuchsband« erhielt. Danach wollte er sich als Solist etablieren und das gelang ihm im Rahmen der aufkommenden Neuen Deutschen Welle vortrefflich. Obwohl er sich nie als Teil dieser Welle sah, stand er 1981 mit der Single »Goldener Reiter« auf Platz 2 der deutschen Single-Charts und trabte erst 29 Wochen später wieder heraus. Dieses Stück war für Witt Fluch und Segen zugleich, denn einerseits landete er einen unvergessenen Hit, andererseits identifizierte ihn der Durchschnittshörer nur mit diesem Song. Auch das Album »Silberblick« bescherte ihm großen Erfolg und mit »Kosmetik« und »Tri tra Trullala (Herbergsvater)« gelangten noch zwei weitere seiner Titel in die Charts. Auch »Strenges Mädchen«, »Mit Rucksack und Harpune« und »Edelweiß« liebte das Publikum. Die weiteren Platten der 80er fielen unterschiedlich aus, wobei sich Witt zunehmend dadaistischer Lyrik zuwandte, aber die Verkäufe gingen immer weiter zurück. Der »Kapitän der Träume« (Album) schien die seinigen in Bezug auf eine dauerhafte Karriere begraben müssen, denn der Künstler geriet zunehmend in Vergessenheit. Ohne Vornamen, dafür mit Partner Peter Heppner (Wolfsheim), gelangte Witt im Frühjahr 1998 mit dem düsteren »Die Flut« vollkommen überraschend in die Single-Charts, blieb dort 35 Wochen und erreichte Platz 2, obwohl einige Rundfunkanstalten diesen Song

nicht spielten. Auch das Album »Bayreuth 1«, das Witt weitgehend alleine eingespielt hatte und auf dem er mit Hilfe von Industrial und düsterer Electronik gegenüber früher härtere Akzente setzte, blieb mehrere Monate in der Wertung und nahm als Spitzenposition Platz 12 ein. Schließlich verkaufte der Künstler von der Single mehr als 500.000 und vom Album über 150.000 Exemplare. Ein weiterer Witt-Hit hieß im Oktober 98 »Und...ich lauf« und belegte Platz 25 in den Media-Control-Charts. Auf seiner gut besuchten Tournee servierte er neben seinen Hits immer wieder poetische Verse. 1999 begann der Hamburger mit den Arbeiten an einem würdigen Nachfolger seines letzten Meisterwerks.

Discogr.: (Auswahl): Silberblick (1981/1990, WEA), Edelweiß (1981/1996, WEA), Mit Rucksack und Harpune – 10 Millionen Parties, Goldener Reiter – Hits 1981-85 (1985, Compass), Kapitän der Träume (1992/98) What's up/Universal), Das Beste (1998, MC/ CD – WEA), Bayreuth I (1998, Epic Sony). Kontakt: Sony/Epic o. Strange Ways Records, Eifflerstr. 8, 22769 Hamburg, F: 040-430 7696. Internet: www. subaudio. net /strangeways • www.sonymusic.de

WITTE XP

Als 1998 sein Debüt »Wie du« erschien, galt er in Hamburg schon lange als Kultfigur. Er war maßgebend bei Nina Hagens Album »Punkhochzeit« beteiligt und erlangte mit den Noise Annoys bei Virgin einen kurzfristigen Plattenvertrag. Außerdem produzierte er die Bronx Boys und griff bei den Szene-Hits »Leichenzähler« und Kuhmörder« in die Saiten. Die → Ärzte coverten seinen Song »25 Stunden« und revanchierten sich, indem sie sich am Titeltrack seines Albums »Wie du« beteiligten. Neben seiner Version von »Heut' nacht« ließ er neben eigenen Titeln auch bei der Neueinspielung des Sex-Pistol-Klassikers »God Save The Queen« den Punk krachen, wobei das Album neben ironischen und heiteren Titeln auch ernste Stücke enthielt.

Discogr.: Wie du (1998, fkk/Indigo). Kontakt: Indigo, Jaffestr. 12, 21109 Hamburg, F: 040-752499-99. Internet: www.indigo.de

WOLF, LENNY & KINGDOM COME

Aufgrund verlockender Angebote jettete Lenny Wolf 1983 über den großen Teich, um die Gruppe Stone Fury ins Leben zu rufen, die laut dem Sänger »der Flop des Jahrhunderts« war. 1987 lernte er Derek Shuman kennen, der bereits Bon Jovi und Cinderella entdeckt hatte. Lenny stellte eine neue Band zusammen, die er Kingdom Come nannte und produzierte mit Bob Rock das Debüt »Kingdom Come«. 1,3 Millionen verkaufter Exemplare und Platz 12 der US-Charts standen 1988 Vorwürfe der Pressevertreter gegenüber, die in Kingdom Come Klone von Led Zeppelin sahen. In den nächsten Jahren ebbte der Erfolg langsam ab und konnte auch durch Änderungen des Line-up und der Hinwendung zum Mainstream-Rock nicht wiederholt werden. Wieder zurück in Deutschland, erneuerte Lenny Wolf Kingdom Come mit ausschließlich deutschen Musikern und verbuchte noch einen mittleren Erfolg mit dem Album »Twilight Cruiser« und der ehemaligen Titelmelodie zu der Fußballsendung »Ran«. Nachdem Lenny seit 1991 immer wieder einmal einen deutschen Song geschrieben hatte, reifte 1997 die Idee, ein Album mit diesen Liedern einzuspielen. Mit den Musikern von Kingdom Come verwirklichte er auf eigene Kosten und in eigener Verantwortung seine Vorstellungen. Das Ergebnis stellte er 1999 unter »Lenny Wolf« vor und es enthielt klassischen Hard-Rock mit ehrlichen und eingängigen Texten.

Discogr. (Auswahl): Kingdom Come (1998, Polydor), In Your Face – Kingdom Come (1989, Polydor), Twilight Cruiser – Kingdom Come (1995, Viceroy), Master Seven – Kingdom Come (1997, Dogondke/Bellaphom), Lenny Wolf (1999, Salami/Eastwest). Kontakt: Eastwest Records GmbH, Heußweg 25, 20255 Hamburg, F: 040-49062-267. Internet: www.eastwest.de

WOLFI, ANJA & DIE GANG

Wolfram Rieder, Anja Nedolas, Jasper (Rap)
Anja, Wolfi und Jasper lieben Pommes. Die meisten Kinder lieben Pommes. Es ist anzunehmen, daß Anja und Wolfi, nachdem sie sich über ihren Produzenten kennengelernt und sympathisch gefunden haben, bei einer Portion Pommes auf die Idee kamen, Popmusik für Kinder zu schreiben und diese auch auf die Bühne zu bringen. Die beiden Fische suchten einen Stier als Frontmann und fanden den jugendlichen Jasper, der das Line-up vervollständigte und für den Rap zuständig war. Die Eigenkomposition »Welcome To The Club« wurde zur Hymne der TV-Sendung »Tigerentenclub«. Auf der ersten CD »Mädchen träumen rosa – Jungen träumen blau« wurden neben Mitmachnummern auch ernste Themen angesprochen, welche Kinder und Jugendliche beschäftigen. Für die Sparkassen-Zeitschrift Knax gingen sie vom Mai bis Oktober 99 auf eine ausgedehnte Tournee durch Deutschland und Österreich. Mit großem Werbeaufwand (100 Trailer im Kinderprogramm/bundesweite Verteilung eines Sparkassen-Club-Flyers mit einer Seite über die Band) gestartet, erreichten sie ca. 350.000 meist kind- und jugendliche Zuhörer. Nach der Tour kamen die Bandmitglieder dazu, ihren Hobbys nachzugehen. Jasper konnte klettern, schwimmen und lesen, Wolfi sportln und Musik hören und Anja Geld zählen.

Discogr.: Mädchen träumen rosa – Jungen träumenblau. Kontakt: Wolfi, Anja & die Gang c/o Deshima Music, Friedrich-List-Str. 9, 71364 Winnenden. E-Mail: info@deshima.de • Internet: www.deshima.de

WOLFSHEIM

Peter Heppner (voc/Text), Markus Reinhardt (alle Instrumente)
Nach einer Figur aus F. S. Fitzgeralds Roman »Der große Gatsby« benannt, bereichert seit dem Jahr 1987 die Gruppe Wolfsheim die deutsche Musikszene. Ihnen schwebte eine moderne Variante des Stils von Kraftwerk/Bauhaus vor. Ein erstes Demo-Tape wurde gestaltet. Schon nach drei Monaten ersetzte Peter Heppner, ein Fan der Band, der alle Texte kannte, den damaligen Sänger Pompeio auf dessen eigene Empfehlung. Mit Olli Reinhardt als zweitem Keyboarder spielte man in Trio-Besetzung die ersten Konzerte. Noch 1997 verließ Olli die Band, die seitdem in unveränderter Zweierbesetzung spielt. 1988 nahmen sie ihr erstes Tape auf: »Can Manage«, dem 1999 ein zweites folgte, welches ursprüngliche Versionen der Hits »Elias«, »Kissing The Wall«, »It's Not Too Late« und »Where Greeds Talk« enthielt. Bewerbungen bei 10 Plattenfirmen blieben erfolglos. Auf eigene Kosten nahmen sie 1990 die Maxi »The Sparrow And The Nightingale« im Studie des Yello-Gründers Carlos

Wolfsheim

Peron auf. Strange Ways Records veröffentlichte das Stück, das sich seinen Weg durch die Clubszene bahnte und sich mehr als 10.000mal verkaufte. Nach der zweiten MCD »It's Not Too Late« kam das Album »No Happy View«, womit nicht die Verkaufszahlen von immerhin 40.000 Stück gemeint sein konnten. 1993 gab es den »Popkiller«, ein Album, für das Wolfsheim mit Depeche Mode und Soft Cell verglichen wurden. 1995 erschien ein »Best Of«-Album mit dem Titel »55578«, das die besten Stücke aus den MCDs und den beiden CDs enthielt. Mit Platz 79 in den Media-Control-Verkaufscharts gab es die erste Hitparadenplazierung. 1996 brachten sie nach dreijähriger Arbeitszeit das Album »Dreaming Apes« heraus, das auf Platz 91 der Charts einstieg und sich fünf Wochen hielt. Jek bezeichnete es als »sehr gute Arbeit und mitunter blitzt echte Klasse auf (Old man's valley).« An die Veröffentlichung des Albums schloß sich eine Tour durch Deutschlands Hallen an. Beim 3. Super Crash Open Air spielten sie mit Sisters of Mercy, → Project Pitchfork, → Oomph und Laibach. Im Jahr 1997 war Markus Reinhardt an dem Projekt Neustart beteiligt, wobei die CD »Der genetische Traum« dessen experimentelle Seite aufzeigte. Peter Heppner war zudem Gast von → Umbra et imagos CD »Mystica sexualis«. Als Dokument der Tour veröffentlichte Wolfsheim das Live-Album »Hamburg-Rom-Wolfsheim«, wobei allerdings den Italienern der Genuß dieser Musik nicht wirklich vergönnt war und auch in Wolfsheim (Rheinland-Pfalz) hatten sie nicht gespielt. 1998 überschlugen sich die Ereignisse. Peter Heppner textete für → Joachim Witt den Titel »Die Flut«, der einer der größten Hits des Jahres wurde (Platz 2 der Verkaufscharts). Von Wolfsheim konnte man die Single »Once In A Lifetime« erwerben, die es bis auf Platz 23 der Charts brachte. Außerdem tourten sie wieder durch Deutschlands ausverkaufte Hallen. Sie schrieben den Titelsong zu Detlev Bucks »Liebe deine Nächste«. »It's Hurting For The First Time« kam dann auf Platz 68. Im Januar 1999 erschien endlich das neue Album »Spectators«. Ein besonderes Augenmerk sollte man auf den Titel »Heroin She Said« legen, der sich dem Drogenproblem widmete. Die Fans hatten sehnsüchtig auf das Album gewartet, was der Charteinstieg auf Platz 3 bewies. Die CD kletterte noch auf Platz 2 und blieb für Wochen unter den Top Ten. Die Kritik war gespalten. ME/Sounds vergab nur 3 Sterne (1-6), im Feedback erhielten sie 9 von 10 Punkten Als nächstes nahmen sie den deutschsprachigen Titel »Künstliche Welten« neu auf, wofür sie mit dem Prager Symphonieorchester ins Studio gingen. Auf der Frühjahrstour konnten sie ihren Erfolg auskosten. Erstmals traten sie auch auf großen Festivals wie »Rock am Ring« und »Rock im Park« und Woodstage auf. Nicht schlecht für zwei stilsichere Dilettanten, wie sie sich selbst bezeichnen.

Discogr.: The Sparrow And The Nightingales (1991, MCD – Strange Ways Records), It's Not Too Late (1992, MCD – Strange Ways Records), No Happy View (1992, Strange Ways Records), Thunderheart (1992, MCD – Strange Ways Records), Now I Fall (1993, MCD – Strange Ways Records), Pop Killer (1993, Strange Ways Record), Elias (1994, MCD – Strange Ways Records), 55578 – Best Of (1995, Strange Ways Records), Closer Still (1995, MCD – Strange Ways Records), Dreaming Apes (1996, Strange Ways Records), A New Starsystem Has Been Explored (1996, MCD – Strange Ways Records), Hamburg Rom Wolfsheim – Live (1997, Strange Ways Records), Once In A Lifetime (1998, MCD – Strange Ways Records), It's Hurting For The First Time (1998, MCD – Strange Ways Records), Spectators (1999, Strange Ways Records), Künstliche Welten (1999, MCD – Strange Ways Records), Sleep Somehow (1999, MCD – Strange Ways Records). E-Mail: strangeways@compuserve.com • Internet: www.wolfsheim.de und www.subaudio.net/strangeways

WOLZ, CHRISTIAN
Bei Christian Wolz handelt es sich um einen außergewöhnlichen, in Berlin lebenden Stimmakrobaten, dessen frühe Auftritte die Presse mit denen von Diamanda Galas verglich. Seine schweren düsteren Werke um Geburt, Leben und Tod bewegten sich bei minimaler Instrumentierung zwischen Schreien, Flüstern, Trauern, Klagen und Leiden und stellten weitgehend die düstere Seiten des Lebens dar. Die avantgardistischen Darbietungen forderten und faszinierten die Hörer gleichermaßen und gefielen hauptsächlich den Kunstliebhabern und der Gothic-Szene. Nicht zuletzt deshalb unterstützte ihn → Das Ich beim ersten Teil seiner geplanten Trilogie, den er »El castata – die Geburt« nannte und den er schon 1992 veröffentlicht hatte, während der zweite Teil erst 1998 unter dem Titel »Aza-Domana/H/Ertum« auf den Markt kam.
Discogr.: Aza-Domane/H/Ertum (1998, Kip Records/NRW-Vertrieb). Kontakt: NRW Records, Dorstener Str. 468, 44623 Herne, F: 02325-797872. E-Mail: info@nrwrecords.de

WONDABRAA
Wondabraa ist das Projekt um den früheren → Fury in the Slaughterhouse-Keyboarder Kai Liekenbroecker, der Ende der 90er mit einer Mischung aus Trip-Hop, Electronic, Drum'n'Bass, Pop, Jazzanklängen und sphärischem Gesang im Mai 1999 das Album »Would You Kiss Me« veröffentlichte. Bereits im April 1999 eilte die MC »Explore Me«, die sich zu einem Szene-Hit entwickelte, dem Longplayer voraus. Nicht zuletzt deshalb spielte das Kölner Trio auf seiner Tour in gut gefüllten bis ausverkauften Klubs und brachte die Besucher in beste Tanzlaune. Besonders live nutzte Liekenbroecker die Möglichkeiten der Elektronik aus, arbeitete mit Samples und Beats, während der Schlagzeuger, unterstützt vom elektrischen Bass, für den nötigen Groove sorgte. Dabei vergaß das Trio weder die Melodien noch die ruhigen, entspannenden Phasen. Zum Jahresende erschien auf Maxi-CD eine für den Rundfunk geeignete Version des Album-Openers »King Kong 500 Times«.
Discogr.: Explore Me (1999, MCD – Multicolor/Zomba), Would You Kiss Me (1999, Multicolor/Zomba), King Kong 500 Times (1999, MCD – Multicolor/Zomba). Kontakt: Zomba Records GmbH, Eickeler Str. 25, 44651 Herne, F: 02325-697223. E-Mail: info@zomba.de • Internet: www.zomba.de

XIAME

Naja Storebjerg (voc), Jorge Degas (b/voc), Michael Rodach (g), Andreas Weiser (perc), Kenny Martin (dr)

Xiame sind ein Projekt, das aus fünf Künstlern besteht, die sich alle der brasilianischen Musik verschrieben haben. Jeder der Musiker hat eine eigene beeindruckende Biographie. Das Gründungsmitglied Jorge Degas ist in Rio de Janeiro geboren, wirkte bei annähernd 200 Schallplattenproduktionen mit (u.a. Al Di Meola, Martinho da Vila) und spielte beim Jazzfest in Montreux, in Rio de Janeiro und Nigeria. Michael Rodach war das zweite Gründungsmitglied. Er hatte klassische Gitarre in Karlsruhe studiert, schrieb Musik für Filme, Hörspiele und Theater und veröffentlichte drei Solo-Alben. Seit Beginn dabei ist auch Andreas Weiser, der außer als Musiker auch als freier Journalist tätig ist. Schwerpunktthema ist dabei Brasilien. Einer seiner Beiträge wurde mit dem »Journalistenpreis Entwicklungspolitik« ausgezeichnet. Auf dem dritten Album war erstmals die dänische Sängerin Naja als Gast zu hören. Auch sie hat ein abgeschlossenes Musikstudium. Aufgrund gegenseitiger Begeisterung und Anerkennung blieb sie Xiame erhalten und prägte fortan entscheidend Stil und Erscheinungsbild der Band. Der gebürtige New Yorker Kenny Martin hatte Musik und Contemporary Jazz am Berklee College of Music in Boston und am Five Towns College in New York studiert, war von 1982-92 Schlagzeuger bei Defunkt und seit 1995 festes Mitglied bei Xiame. Mit ihrem Debüt gelang ihnen eine eigene Mischung aus Latin-, Folk-, Pop- und Jazz-Elementen zwischen tanzbarem Groove und atmosphärischen Balladen. »Das Lied der Seele« (»Canto d'Alma«) entwickelte sich 1995 zum internationalen Verkaufserfolg und war besonders in den Vereinigten Staaten gefragt. Hier war erstmals Naja auf drei Titeln zu hören. Noch mehr musikalische Einflüsse wurden auf »The Shadow Of My Soul« von 1997 verar-

Xiame

beitet. Der einfühlsame, soulige Gesang von Naja stand jetzt im Vordergrund und setzte die Akzente. 4½ Sterne gab es dafür im Rolling Stone: »'The shadow of my soul« hat die perkussiven brasilianischen Wurzeln durchaus im Boden der Trance, steht aber doch, wenn Naja Störebjerg den Schatten ihrer Seele besingt, zugleich in der Tradition des amerikanischen Popsongs. So ist das tranquilierende Amalgam überraschenderweise auch noch nichts weniger als hitverdächtig.« Nach einer ausgiebigen Tour gingen die Mitglieder vorerst einmal Solo-Aktivitäten nach.

Discogr.: Xiame (Traumton), Pensal (1992, Traumton), Canto d'alma (1995, Traumton), The Shadow Of My Soul (1997, Traumton) Kontakt: Traumton Records, Grunewaldst. 9, 13597 Berlin, F: 030 -3319370. E-Mail: traumton@traumton.de • Internet: www.traumton.de

X-PERIENCE
Claudia »Kiki« Uhle (voc), Matthias »Dr. Bello« Uhle (keyb/p/electronics), Alex Kaiser (g)
Im Gegensatz zu vielen anderen Pop- und Dancegruppen handelt es sich bei X-Perience um eine Popformation, bei denen sich die einzelnen Künstler seit frühester Jugend mit Musik beschäftigen. Singen gehörte für Claudia Uhle bereits seit ihrer Kindheit zum gewöhnlichen Alltag. Aber sie stellte ihre 3-Oktaven-Stimme nicht nur verschiedenen Chören zur Verfügung, sondern lernte zusätzlich Flöte und Klavier und begleitete viele Berliner Gottesdienste auf der Orgel, um damit ihren Gesangsunterricht zu finanzieren. Ähnlich besessen war ihr Bruder Matthias, der schon als Schüler regelmäßig jobbte, um sich Keyboards und Effektgeräte anschaffen zu können. Alex ist der Dritte im Bunde, der schon als 7jähriger auf der Gitarre übte und nach seinem Umzug von Eisenach nach Berlin Anfang der 90er auf die Geschwister Uhle traf. Fünf Jahre übten und experimentierten sie, schrieben Songs und traten auf, ohne daß sie ein Management oder gar einen Plattenvertrag in Aussicht hatten. In Eigenregie und Eigenproduktion nahmen sie die Single »Circle In Love« auf, mit dem sie, nachdem WEA die Gruppe übernommen hatte, erstmals Einzug in die Hitparade hielten. Mit ihrer zweiten MCD »A Neverending Dream« erreichten sie Platz 4 der Media-Control-Charts und mit »Magic Fields« gelang ihnen ihr dritter Hit in Folge. Auch das Album »Magic Fields« kam zu Chartehren und die Verkäufe in Deutschland, Skandinavien, Tschechien, Polen, Ungarn und Polen überstiegen die Grenze von zwei Millionen. Dieser traumhafte Erfolg ließ sich nicht wiederholen, obwohl das Album »Take Me Home« von 1997 nochmals in die Charts einzog (Platz 22), aber mit »I Don't Care« nur einen mittleren Single-Hit abwarf. Nach dem Wechsel der Plattenfirma von WEA zu Polydor erschien 1999 als Vorbote zum nächsten Album die Single »The Journey Of Life«.

Discogr.: Circles Of Love (1996, MCD – WEA), A Neverending Dream (1996, MCD – WEA), Magic Fields (1996, MCD – WEA), Magic Fields (1996, WEA), Mirror (1997, MCD – WEA), I Don't Care (1997, MCD – WEA), Take Me Home (1997, The Journey Of Life (1999, MCD – Polydor). Kontakt: Polydor GmbH, Glockengießerwall 3, 20095 Hamburg, F: 040-30872-176. Internet: www.polydor.de

X-Perience

Y

YELLOWIDE

Stefan Oliver Knoess (voc/g), Jörg Sander (g), Marc Henk (keyb/voc), Wolfgang Riehn (b), Jens Carstens (dr)

Sie hatten mit Dance- und Disco-Musik nie etwas am Hut. Trotzdem nannten sie sich Disco. Ihre rauhen und scheppernden, aber dennoch eingängigen Klänge hielten sie auf der CD »Kitsch Space Creatures« fest. Sie erhielten dafür gute Kritiken und die Gelegenheit, im Vorprogramm von Simple Minds, Echobelly und → Fury in the Slaughterhouse zu spielen. Dann wurde es still um sie. Zwei Jahre später tauchten sie wieder auf und nannten sich jetzt Yellowide. Der alte Name hatte zu vielen Mißverständnissen geführt. Unter Yellowide orientierten sie sich an der britischen Musik der vergangenen dreißig Jahre. Kleidung und Stil waren als Ausdruck ihrer Kultur ebenfalls darauf abgestimmt. Die erste CD unter dem neuen Namen hieß nur ganz einfach »Yellowide«. Produziert hatte das Album Frank Plasa (Selig). Nicht nur in Deutschland fand die Veröffentlichung Gefallen. Das Magazin »X-Act« aus Österreich schrieb: »Wenn der Sänger der Band Yellowide, Stefan, sagt: ›Uns geht es nicht darum, Popmusik neu zu erfinden, ich sehe den Platz unserer Musik irgendwo im weiten Feld von Beatles, U2 und David Bowie‹, so kann ich ihm da nur zustimmen, wenn ich versuchen würde, die Musik der jungen Band aus Deutschland zu definieren. Gleich beim ersten Track ›Back to myself‹ dachte ich mir auch, er singt ein bißchen wie Bowie. Der Mix, den die Jungs allerdings rauslassen, hat aber doch aufgrund des Mischverhältnisses wieder etwas eigenständig Prägnantes. Die Platte muß man gehört haben.« Das WOM-Journal wählte die Gruppe zum WOM-Act des Monats. Dazu suchte sich Til Schweiger den Titel »Lift You Up« für seinen Film »Knockin' On Heaven's Door« aus. Im Herbst 98 führten sie eine Tour durch die deutschen Clubs durch, um ihr Album vorstellten.

Discogr.: als Disco: Kitsch Space Creatures (1996, Sony Epic), Yellowide (1998, Laughing Horse). Kontakt: Laughing Horse Music, Alexander-Zinn-Str. 4, 22607 Hamburg, F: 040-82272120; Yellowide, Postfach 602064, 22220 Hamburg. Internet: www.laughinghorse.com

YETI GIRLS

Harry Navratilova (voc), Krolli (b), Wendelix (dr), Yessica Yeti (g)

Die vier Männer der Yeti Girls stapfen seit 1990 durch die deutsche Punklandschaft. Die eifrige Live-Band brachte zwei Kassetten heraus, die von ihnen selbst vertrieben wurden. Bei ihrer Suche nach einem Label half ihnen ihr Produzent Paul Grau, der die Band in seinem Studio umsonst aufnehmen ließ und sie auch betreute. Dann erhielten sie die Möglichkeit, ein Album für Wolverine Records einzuspielen. Auf ihrer ersten Scheibe »Squeeze« brachten die Yeti Girls einen CD-ROM-Track unter und waren damit eine der ersten Indie-Bands, die zu diesem Mittel griffen. Die Funpunkband Köln sorgte noch mit der Afri-Cola-Hymne »Seximinisuperflowerpopopcolafan« für Schlagzeilen. Mit dem Yetimeister vertrieben sie eine eigene Schnapssorte und sorgten leider auch für mehrere Führerscheinverluste. 1997 nahm der Major WEA Records die fröhlichen Punker unter Vertrag, die zwar überwiegend Englisch sangen, aber auf ihren Alben immer wieder deutsche Titel unterbrachten. Das erste Ergebnis waren die Single

»Love Letter Days«, die auf Viva rotierte und das Album »Kitty Train«, worauf der neue Sänger Harry Navratilova sein Debüt gab. Konzertfreudig wie immer gaben sie 1997 mehr als 100 Konzerte u.a. mit Green Day, No Doubt, → Fury in the Slaughterhouse, den → Bates und auf dem Bizarre Festival mit → Rammstein. Außerdem produzierten sie eigenartige Cover-Versionen der Hits von Madonna, Violent Femmes und E.L.O., eröffneten eine Presseschlacht mit Reinhold Messner, in der sie darauf bestanden, daß der Yeti sie selbst sind und er kein Bär ist und suchten über die AMICA Single-Börse Kontakt zu echten Mädchen. Mit dieser Aktion hatten sie anscheinend Erfolg, denn sie verkündeten auf der nächsten Single »Die mag ich.« Später stellten sie sich als »Superfreunde« vor, die auf dem 32 Song starken Album »Spring« bewiesen, daß sie auch in der Lage waren, ein komplettes Album deutsch zu texten. Musikalisch flossen diesmal auch Ska, Rock'n'Roll-Bubblegum, Neue Deutsche Welle, italienischer Discobeat und Britpop in manche nicht ganz ernst gemeinten Songs ein. Auf einer ausgedehnten Clubtour und auf Festivals wie »Rock gegen Regen« stellten sie die neue CD ausführlich vor und brachten dabei viel Action, Spaß und Humor mit, der auch in den Ansagen zum Vorschein kam (Bandprotest: »Wir machen keine Ansagen, wir reden einfach nur«). Die Yetis drohten damit, als nächstes ein hebräisches Album zu machen. Vielleicht sollte sie jemand darüber aufklären, daß dadurch ihre Chancen auf dem arabischen Markt rapide sinken.

Discogr.: Squeeze (1995, WolverineRecords), Kitty Train (1997, WEA), Spring (1999, WEA)
Kontakt: Yeti Girls c/o Absolut Promotion, Schliemannstr. 4, 10437 Berlin
Internet: www.yetigirls.de

YOU

Harry Klenk (voc/g), Heidi Roth (back.-voc), Roland Meissner (g), Michael Steiner (s/didgeridoo/back.-voc), Oliver Bauer

Yeti Girls

You

(p/keyb), Tobias Mürle (b), Frank Berger (perc/acc), Erich Ulmer (b)

You sind einer der Aufsteiger der bundesdeutschen Szene des Jahres 1999. Begonnen hatte alles, als der musikalische Kopf der Band Harry Klenk zur Einspielung seiner Lieder einige befreundete Musiker ins Studio holte. Mit diesen trat er auch zur Präsentation der CD »Every Minute« auf und nachdem die Schwingungen stimmten, blieben die Künstler zusammen. Die acht Musiker um Komponist, Gitarrist und Sänger Harry Klenk und ihre Sängerin und Texterin Heidi Roth nutzten jede sich bietende Gelegenheit zu einem Auftritt, egal, ob in Clubs, auf Open Airs oder als Support für Bell, Book & Candle, America oder Marla Glen. Selbst eine Italien-Tournee stand bereits auf ihrem Programm. Die acht Musikanten mit ihrer Mischung aus Rock, Pop und Ethno wurden die Landessieger Baden-Württemberg beim Deutschen Rockpreis, mit der Maxi «Time Will Tell« Vierter beim »SWF 3 Rookies Wettbewerb« und Vizemeister bei »Baden-Württemberg rockt«, was zur Folge hatte, daß sie in die Rockstiftung Baden-Württemberg aufgenommen wurden. Ihre in Eigenproduktion hergestellten Maxis stellten die großen Rundfunksender im Süden Deutschlands vor und viele ihrer Titel landeten auf Compilations. 1997 gingen sie mit einem 16köpfigen Kinderchor auf Tour, um ihre Maxi-Single »Crazy Way« vorzustellen, der allerdings nicht der erhoffte Erfolg beschieden war. 1998 begannen sie mit den Arbeiten am nächsten Album, dessen gewissenhafte und zeitintensive Produktion fast ein Jahr dauerte. Diesen Aufwand konnte sich die Band nur deshalb leisten, weil ihnen ein eigenes Studio zur Verfügung stand. Mit dem Album bewarben sich You um einen Plattenvertrag, aber ihre Bemühungen blieben erfolglos, bis einige Radiomacher, denen die Albumversionen zu lang waren, selbstgebrannte gekürzte Titel im Rundfunk einsetzten. Aufgrund der regen Kaufnachfragen der Hörer faßten You nochmals Mut und sprachen erneut bei den Firmen vor. Schließlich fanden sie in Blue Flame Records einen Partner und in BMG/Aris einen Vertrieb. Zuerst brachten sie die Single »The Bugler« heraus, die sie neu eingespielt hatten und die kurz nach der Vorstellung mehr als 12 Wochen Platz 1 der SWR-Radiocharts blockierte und in die Top 100 der deutschen Media-Control-Charts einzog. Im September 99 erschien ihre CD »Seasons Of Life«, auf der sie Instrumente wie Akkordeon, Dudelsack, Flöten und Didgeridoo einsetzten und Indianergesänge und spanische Textfragmente in ihren Worldpop einfließen ließen. Soundcheck vergab dafür die Höchstwertung und fand: »Seasons of life lädt ein zum Mitschnippen, zum Träumen oder einfach nur zum entspannten Zuhören: schubladenfreie Qualität aus deutschen Landen.« Das Album wurde inzwischen in ganz Europa veröffentlicht und stand auch in den USA und in asiatischen Ländern in den Plattenläden. Der Rundfunksender Bayern 3 verpflichtete You von Januar bis März 2000 für die B 3-Wintertour, auf der sie Weltcup-Skirennen und Rundfunkparties musikalisch begleiteten.

Discogr.: Every minute (1994, Eigenvertrieb), Time Will Show (1995, MCD), Crazy Way (1997, Mini-CD), The Bugler (1999, MCD), Seasons Of Life (1999, Blue Flame/BMG), My Friend (1999, MCD); eigenes Fanzine »News for you« und weitere Veröffentlichungen auf

Sampler über Kontaktadresse. *Kontakt: Exciting Events c/o Michael Rauch, Dieselstr. 2, 75210 Keltern, F: 07236-980137. E-Mail: youmusic@hotmail.com • Internet: www.you-music.de • www.rocknetz.de • www.bloom.de/You*

YOUNG DEENAY

Die auf Mali geborene und im Ruhrgebiet aufgewachsene Rapperin lernte über eine Freundin ihren Produzenten kennen, dem sie eine MC mit eigenen Aufnahmen in die Hand drückte. Sie erhielt einen Vertrag beim Major WEA. Schon die Debüt-Single »Walk On By« erreichte Platz 5 der deutschen Charts und wurde mit Gold ausgezeichnet. Tatkräftige Unterstützung erhielt sie durch den befreundeten Sänger → Sasha, der die Backing-Vocals beigesteuert hatte. Auch der wieder gemeinsam aufgenommene Nachfolger »Wanna Be Your Lover« trat auf Position 10 der Charts ein und stieg bis zur Nummer 7. Sie und → Sasha wurden erklärte Lieblinge der Jugendpresse. Entsprechend enterte auch das erste Album »Birth« die Hitparade. Die »Queen of HipHop« setzte die Erfolgsserie mit der Single »I Want 2 Be Your Man« fort, wobei sie der Vokalist Steve Redman im Refrain begleitete. Eine Nominierung als »Beste Nachwuchskünstlerin« für die Verleihung des Viva-Comet schloß das erfolgreiche erste Kapitel ab. Young Deenay konzentrierte sich zunächst auf ihr Abitur, bevor sie 1999 die Aufnahmen zum zweiten Album begann.

Discogr.: Birth (1998, WEA). Kontakt: WEA Records, Arndtstr. 16, 22085 Hamburg, F: 040-22805297. Internet: www.wea.de

YULARA

Die musikalischen Vertreter von Greenpeace in Berlin nennen sich Yulara (Ausdruck der Aborigines für das Heulen der Dingos) und sind die Formation um die Berklee-Absolventin Annie Hilsberg (s/fl) und den Roland Matt (keyb), die bereits seit 1994 zusammenarbeiten. Damals entstand das Album »All Is One«, auf dem sich Jazz, Funk, Soul, Pop und Ethno trafen. Das zweite Werk erschien erst 1999 unter dem Titel »Cosmic Tree« und enthielt harmonische Klänge aus New Age, Ethno, World Music und Jazz mit Trance und HipHop-Grooves. In ihrer Musik wollten Yulara die Verbundenheit zwischen Geschöpf und Natur hörbar machen, und für die größtmögliche Verbreitung suchten sie sich den Major Virgin aus.

Discogr.: All Is One (1994), Cosmic Tree (1999, Higher Octane/Virgin). Kontakt: Virgin Schallplatten GmbH, Herzogstr. 64, 80803 München, F: 089-38195-118. Internet: www.virgin.de

Young Deenay

ZEICHEN, DAS

Raphaela Hermes (V/performance), Dirk Schlömer (voc/g/keyb)

Mit Dirk Schlömer und Raphaela Hermes trafen sich in Köln zwei Seelenverwandte, die nicht nur ihre Liebe zu mystischen, meditativen Klängen verbindet. Der Musiker, Komponist und Produzent Dirk Schlömer war einst Mitglied der legendären Ton Steine Scherben. Danach war er als Künstler und Produzent an vielen Einspielungen aktiv beteiligt. Unter dem Namen Zikato veröffentlichte er seine eigenen Titel. Raphaela Hermes gibt als Berufsbezeichnung Sängerin, Malerin und Schamanin an. Sie führt seit 1983 eine entsprechende Praxis und bietet dort auch Yoga an. Des weiteren leitet sie seit 1990 ihre Schule der Sinnlichkeit und verwendet dabei im Unterricht eigene meditative Kompositionen und Gesänge. Die erste Zusammenarbeit erschien unter dem Namen Amygdala und dem Titel »Momento mori«. Das sehr klassisch gehaltene Instrumentalalbum betonte die dunkle Seite der Ambientmusik und setzte sich mit dem Tod auseinander. Immer noch sehr mystisch war das nächste Projekt »Stella Maris«. Die gleichnamige CD klang allerdings wesentlich freundlicher und enthielt viele Elemente der ethnischen Musik. Der Einfluß von Raphaela Hermes war diesmal viel stärker, so daß es getrost als gemeinsames Werk bezeichnet werden konnte. Schwierigkeiten bereitete allerdings die Bühnenaufbereitung. Konzerte konnten nur im Halbplaybackverfahren durchgeführt werden. Doch sie wollten ihre Musik auf die Bühne bringen und gründeten deshalb die Gruppe Das Zeichen. Unter Mithilfe von Steve Baltes (keyb/electronic tools) Carsten Agthe (perc) und Esther Arenz (Tanz-Performance) verwirklichten sie ihre Vorstellungen. Sie verbanden Visuelles und Tänzerisches mit einer vielschichtigen und hypnotischen Klangwelt aus Trommelgrooves, zerbrechlichen Gesängen, Mantras, Flöten, Keyboards und klassischen Gitarren zwischen Ethno, Ambient, Trance und Klassik. Hören konnte man dies auf dem Album »Aufgewacht«, das zu Beginn des Jahres 1999 erschien. Bis zum Herbst 99 hatten sie noch weitere Kompositionen auf Lager. Dies führte im Oktober 99 zur Veröffentlichung von »Church o.e.o.« (Church Of Everyone). Zu organisch fließenden Grooves erklangen meditative Stücke aus Ethno-, Welt- und esoterischer Musik mit psychedelischen Einflüssen. Dieses Album konnte die Lücke ausfüllen, die Dead Can Dance hinterlassen hatte. Als Gast wirkte der berühmte Jazzmusiker Gunther Hampel mit. Den ersten 1.000 Exemplaren wurde eine zweite 30minüti-

Das Zeichen

ge Chill-out-Bonus CD beigelegt. Anschließend stellten sie das Album auf einer bundesweiten Tour vor.
Discogr.: Amygdala – Momento Mori (1998, Hyperium), Stella Maris (1998, Hyperium), Das Zeichen – Aufgewacht (1999, Hyperium), Das Zeichen – Church o.e.o. (1999, Strange Ways). Kontakt: Strange Ways, Eifflerstr. 8, 22769 Hamburg, F: 040-4307696. E-Mail: strangeways@compuserve.com

ZENTRIFUGAL

Der HipHop-Poet Bastian Böttcher, dessen Kunst dem Goethe-Institut auffiel, sandte den reimenden Bremer bereits 1995 zum Deutsch-Nuyorican-Poets-Festival nach New York. Der Gewinner einiger Poetry Slams veröffentlichte zusammen mit DJ Loris Negro 1996 unter Zentrifugal das »Poesiealbum«, das ihnen einen respektablen Einstand im Musikmarkt bescherte. Als Nachfolger erschien 1999 »Tat oder Wahrheit« mit gewohnter Wortakrobatik und vielseitiger Musik von DJ Loris Negro, der seine Beats und Samples von Kraftwerk, vom Jazz, dem Raggamuffin und sogar aus der Meditationsmusik holte.
Discogr.: Poesiealbum (1996, Operation/Indigo), Tat oder Wahrheit (1999, Jive/Zomba) Kontakt: Jive Records, Im Mediapark 6, 50670 Köln, F: 0221-912668-67. Internet: www.jive.de

ZÖLLNER, DIRK

Dirk Zöllner (voc), Steffen Heß (dr), Andrew McGuinness (D-dr), Robert Gläser (b/ac-g/voc), Reinhard Petereit (g/ac-g/voc)
Dirk Zöllners Karriere als Berufsmusiker begann im Jahr 1985 mit der Band Chicoree. Die stark auf ihn ausgerichtete Gruppe wurde zu einer gefragten Live-Band. Aus dieser Zeit stammt sein Hit »Käfer auf'm Blatt«. Seine nächste Band nannte er Zöllner. Mit der bis zu zwölf Mann starken Formation kam er zwischen 1988 und 1997 auf mehr als 800 Konzerte. Eines der bedeutendsten war das »Konzert für Berlin« zum Fall der Mauer in der Deutschlandhalle. Mit der Mischung aus Soul und Rock mit starkem Bläsereinsatz begeisterten sie auch im Westen. Vor allem in den neuen Bundesländern hatten sie mit »Café Größenwahn« (1990), »Aus Liebe« (1993), »Über'n See« (1995) und »Goodbye Cherie« (1997) große Rundfunkerfolge. Aber sie sangen nicht nur über Beziehungen, sondern waren eine der ersten Bands, die in ihren Liedern vor aufkeimenden Faschismustendenzen warnten. Für Dirk Zöllner schien 1997 des Potential der Gruppe erschöpft. Während der Produktion der CD »Good Bye Cherie« löste er die Zöllner kurzerhand auf, verabschiedete sie aber noch auf einer ausgedehnten Tournee. Danach überraschte er seine Fans mit dem Bandprojekt »Zonaluna« und dem Einsatz von reichlich Technik. Mit der Konzentration auf minimalistische elektronische Strukturen verband er typische Zöllner-Texte um Liebe, Haß und Eifersucht, Begehren und Aussteigen. Im Oktober 1999 brachte er die Single »Was weiß ich?« unter seinem Namen Dirk Zöllner heraus. Sein Album dazu hieß sehr selbstbewußt: »Ich darf alles«. Damit wollte er demonstrieren, daß er sich in keinerlei Hinsicht irgendwel-

Dirk Zöllner

chen Zwängen ausgesetzt sah. Bei der Produktion des Albums hatte ihm Stefan Fischer geholfen, der schon u.a. für die Guano Apes gearbeitet hatte. Im Oktober 1999 stellte er sein Album auf einer Tour durch neun deutsche Großstädte vor.

Discogr.: Ich darf alles (1999, Cabinet Nightflight). Kontakt: Sohela Emami, Etterschlagerstr. 60, 82237 Wörthsee, F: 08153-8500. Mail: Pr.emami@t-online.de • Internet: www.cabinetnightflight.de

ZOMBIE JOE

Cornelius Ochs = Ox (voc), Hannes Scheffler (g), Leeman (b), Frank Albrecht (dr)
Gleich nach ihrer Gründung 1996 begannen Zombie Joe an Konzept und Tourprogramm zu arbeiten. Ihre Musik besteht aus brachialer Härte mit Grooves und Gitarrenriffs sowie aus getragenen Harmonien. Die Texte versinnbildlichen die Faszination des Morbiden und Häßlichen. Ende 1996 begannen sie mit der Produktion des ersten Demos. Im Frühjahr nahmen sie am Kickstart-Festival teil und konnten als Gewinner im März 97 drei Titel für den Kickstart-Sampler aufnehmen. Im August 97 brachten sie einen Titel auf dem Stadtsampler Halle/S. und im Dezember 97 auf dem Festivalsampler »Der große Reiz – Leipzig« unter. Im Februar 1998 folgte eine weitere Produktion für den Stadtsampler Dessau, bevor sie im Juli 98 ihre eigene Single »Die Mondin« einspielten. Der April 99 war der Teilnahme an der Ausscheidung des größten Bandwettbewerbs der neuen Bundesländer, dem f6-music-award, in Sachsen-Anhalt vorbehalten. Wieder gingen sie als Sieger hervor und waren damit in der Endausscheidung. Obwohl sie mit dem Auftritt die beste Resonanz beim Publikum erreichten, wählte die Jury Zombie Joe nur zum Vizemeister. Der Gewinn des 2. Platzes verhalf ihnen aber doch noch zu einem Plattenvertrag. Begeistert von dem Auftreten zeigte sich die Zeitschrift Gaffa: »Letzte Band des Abends und eindeutiger Favorit des Publikums waren Zombie Joe aus Halle. Mit ihrer wagnerschweren Voodoo-Metal-

Zombie Joe

Mischung ›hypnotisierten‹ sie das Publikum vom ersten Ton an. Sänger Cornelius führte den Kollegen der anderen Bands kurz die Bedeutung des Wortes Charisma vor. Viele im Publikum konnten es gar nicht fassen, daß solch eine Band bei einem Nachwuchswettbewerb antritt. Zwar erreichte die dunkle Magie, die Zombie Joe ausstrahlen, das Publikum, die Jury zeigte sich jedoch nicht so überwältigt und wählte die Hallenser auf den zweiten Platz.« »Zombie Joe sind mit nichts und niemandem zu vergleichen und mit das beste, was die deutsche Szene derzeit zu bieten hat.«

Discogr.: Die Mondin (1998, Eigenvertrieb) Kontakt: DK Management, Stiller Winkel, 01561 Skassa, T/F: 03521-7800113/118. Internet: www.anhalt.net/zombiejoe

ZÜNDER

Der Darmstädter Gitarrist und Songschreiber Axel Ritt, der mit seiner früheren Rockformation Domain auf beachtliche Erfolge verweisen konnte und der den Soundtrack für die ARD-Trilogie »Der Bastard« verfaßte, gründete mit dem Sänger Detlev Otto (u.a. Captain Jack) das Duo Zünder, das anspruchsvolle deutschsprachige Rockmusik für den erwachsenen Zuhörer mit echtem Songwriting schaffen wollte. Kurze Zeit später stockten sie das Duo durch den Einstieg des Bassisten Dirk Beckers und des Schlagzeugers Burkhard Mayer-Anderson zum Quartett auf, um ihr Konzept auch live umsetzen zu können. Im August 99 erschien das Debüt »Zünder«, von dem Soundcheck meinte, es sei »eine Offenbarung für alle, denen Marius zu flach und Stoppok zu depressiv rockt.« Im Anschluß an die Veröffentlichung gingen sie als Support für Los Lobos auf Tour und bestritten einige Shows mit John Mayall.

Discogr.: Zünder (1999, Humbucker/BMG Ariola). Internet: www.humbucker-music.de

ZWINGENBERGER, AXEL

Der Hamburger Jazz-Pianist Axel Zwingenberger brachte 1976 seine erste Platte »Boogie Woogie Session« heraus und noch Ende 99 standen in den Läden 22 CDs der Leitfigur der deutschen Blues- und Boogie-Szene zum Kauf bereit. In der Zeit dazwischen hatte er unzählige Konzerte gegeben, mit vielen Größen des Jazz und Blues auf der Bühne gestanden und Alben mit Big Joe Turner, Champion Jack Dupree, Jay McShann und Vince Weber veröffentlicht. Wenn Axel auf Achse war, führten ihn seine Wege nach Paris, London, Wien, Kalkutta, Casablanca, aber auch nach Hanau, Hof und Augsburg. Seine Qualitäten beschrieb die Augsburger Allgemeine in einem Konzertbericht, der zeigte, daß der Hamburger nach all den Jahren nichts von seiner Spielfreude verloren hatte: »Eindeutiges Indiz für die Begeisterung, die der weltweit gefeierte Boogie-Spezialist Axel Zwingenberger im Spektrum auslöste, war die gefesselte Konzentration, mit der das Gros der Hörer seinem phänomenalen Tastenzauber folgte. Nicht minder beeindruckend die rasante Fingerfertigkeit und Lockerheit des Anschlages; der Pianist absolvierte atemberaubende Triller und Triolen. Zwingenbergers technische Brillanz und Virtuosität, die an die Präzision einer Maschine erinnern, ergeben in der Kombination mit seiner kreativen Musikalität und seiner variationsreichen Interpretation der Boogie Woogies und Blues-Sätze ein großartiges Revival dieses traditionsreichen Jazz-Klavierstils.«

Discogr.: (Auswahl): Boogie Woogie Live (1988, DA Music/Vagabond), Between Hamburg und Hollywood – A.Z. & Friends (1992, DA Music/Vagabond), Boogie Woogie Classics (1997, DA Music/Vagabond), Brothers In Boogie – A.Z. & Torsten (1999, DA Music/Vagabond), The Boogiemeisters – A.Z. & Vince Weber (1999, DA Music/Vagabond). Kontakt: DA Music GmbH, Kruppstr. 7, 49356 Diepholz, F: 05441-986969. E-Mail: info@da-music.de
• *Internet: www.da-music.de*

LEXIKON

Je 350 – 420 Seiten, DM 29,80